Moormann/Fischer
(Herausgeber)
Handbuch Informationstechnologie in Banken

Prof. Dr. Jürgen Moormann
Thomas Fischer
(Herausgeber)

Handbuch Informationstechnologie in Banken

GABLER

Die Deutsche Bibliothek – CIP-Einheitsaufnahme

Handbuch Informationstechnologie in Banken / Jürgen Moormann;
Thomas Fischer (Hrsg.). – Wiesbaden: Gabler, 1999
 ISBN 3-409-14691-1

Alle Rechte vorbehalten
Betriebswirtschaftlicher Verlag D. Th. Gabler GmbH, Wiesbaden 1999
Lektorat: Sandra Käfer/Thomas Häcki

Der Gabler Verlag ist ein Unternehmen der Bertelsmann Fachinformation GmbH.

Das Werk einschließlich aller seiner Teile ist urheberrechtlich geschützt. Jede Verwertung außerhalb der engen Grenzen des Urheberrechtsgesetzes ist ohne Zustimmung des Verlags unzulässig und strafbar. Das gilt insbesondere für Vervielfältigungen, Übersetzungen, Mikroverfilmungen und der Einspeicherung und Verarbeitung in elektronischen Systemen.

Internet-Adresse: http://www.gabler-online.de

Höchste inhaltliche und technische Qualität unserer Produkte ist unser Ziel. Bei der Produktion und Verbreitung unserer Bücher wollen wir die Umwelt schonen. Dieses Buch ist auf säurefreiem und chlorfrei gebleichtem Papier gedruckt. Die Buchverpackung besteht aus Polyäthylen und damit aus organischen Grundstoffen, die weder bei der Herstellung noch bei der Verbrennung Schadstoffe freisetzen.

Die Wiedergabe von Gebrauchsnamen, Handelsnamen, Warenbezeichnungen usw. in diesem Werk berechtigt auch ohne besondere Kennzeichnung nicht zu der Annahme, daß solche Namen im Sinne der Warenzeichen- und Markenschutz-Gesetzgebung als frei zu betrachten wären und daher von jedermann benutzt werden dürften.

Satz: Dörlemann Satz, Lemförde
Druck: Wilhelm & Adam, Heusenstamm
Buchbinderische Verarbeitung: Osswald & Co., Neustadt/Weinstraße
Printed in Germany
ISBN 3-409-14691-1

Vorwort

Die Bankwirtschaft befindet sich derzeit in einem gravierenden Umbruch. Unternehmensstrategien werden überarbeitet, Geschäftsprozesse neu gestaltet und Strukturen radikal verändert. Der stattfindende Wandel ist sowohl sichtbar als auch unsichtbar, nicht aufzuhalten und akzellerierend. Die treibende Kraft dieses Wandels ist der technologische Fortschritt. Immer mehr wird das Bankgeschäft geprägt durch Engineering, Service und vor allem durch Software. In den Banken bzw. Bankenverbünden findet derzeit eine massive Aufrüstung durch Informations- und Kommunikationstechnologie (IT) statt. Institute, die sich diesen Wettkampf nicht leisten können, müssen die Zusammenarbeit mit anderen suchen oder werden gezwungen sein den Markt zu verlassen.

Die Durchdringung der Bankwirtschaft mit der Mikroelektronik ist gekennzeichnet durch hohe Dynamik und bringt Veränderungen in allen Aspekten des Geschäfts und für alle Beteiligten mit sich. Die Veränderungsgeschwindigkeit wird in besonderem Maße in den Anforderungen an die Informationstechnik fokussiert. Längst ist die IT über die reine Transaktionsverarbeitung zur rationellen Produktion bankbetrieblicher Leistungen hinausgewachsen. Schließlich handeln Banken mit Informationen und sind damit von einer schnellen und sicheren Verarbeitung ihrer Handelsware abhängig. Die geeignete Synthese aus Informationen über Kunden und Märkte führt zu Wissen, das – zu Finanzdienstleistungen konfektioniert – einen höherentwickelten Nutzen und damit eine überlegene Kundenorientierung verspricht. Wenn es gelingt, die Informationsverarbeitung zur Wissensverarbeitung zu kultivieren, dann stellt die IT nicht länger nur ein wichtiges Produktionsmittel für die Bankleistung dar, sondern leistet in der Wertschöpfungskette der Bank einen generischen Beitrag. Dies wird allerdings durch lediglicher Fortschreibung der bisherigen Aufgabe der IT und gegebenenfalls Erhöhung ihrer Entwicklungsbudgets nicht zu haben sein. Vielmehr ist ein Paradigmenwechsel erforderlich, der die Rolle der IT im Unternehmen neu definiert. Daß dies eine strategische Aufgabe par excellence darstellt, ist einleuchtend.

Für die Verantwortlichen in Banken stellt die Planung und der Einsatz von Informationssystemen eine zentrale Herausforderung dar, die nicht mehr an einen DV-Beauftragten delegiert werden kann. Zu sehr greifen neue Technologien in Kundenbeziehungen, in Wettbewerbsstrukturen und damit in die eigene Marktposition ein.

Das vorliegende Handbuch hat das Ziel, die bankbetriebliche Informationsverarbeitung und die ihr zugrundeliegenden Technologien für die wichtigsten Bereiche des Bankgeschäfts zu beleuchten. Dementsprechend ist das Handbuch aufgebaut. Im ersten Kapitel werden Grundstrukturen der bankbetrieblichen Informationsverarbeitung diskutiert. Den Ausgangspunkt bildet ein Überblick zum aktuellen Stand. Es folgen Beiträge zur Eigenentwicklung, Kooperation und zum Einsatz von Standardsoftware. Die Kapitel 2 bis 4 beschäftigen sich mit spezifischen IT-Problemen der kundennahen Geschäftsbereiche – dem Privatkundengeschäft, dem Firmenkundengeschäft und dem Investment Banking. Im fünften Kapitel werden IT-Konzepte zur Steuerung einer Bank behandelt. Der Blickwinkel des sechsten Kapitels ist darauf gerichtet, wie IT-Leistungen einer Bank überhaupt erstellt werden. Da Banken auf vielfältige Weise mit ihrer Umwelt verbunden sind, ist das Kapitel 7 den Transaktionen auf elektronischen Märkten, den Systemen wichtiger Partner und der informationstechnologischen Integration der Banken gewidmet.

Frankfurt/Stuttgart im Herbst 1998   JÜRGEN MOORMANN
                                              THOMAS FISCHER

Autorenverzeichnis

Dr. Dr. Ayad Al-Ani	Manager, Andersen Consulting, Wien
Matthias Bendzulla	Referent im Stab des Informatikzentrums der Sparkassenorganisation GmbH (SIZ), Bonn
Jürgen Blitz	Vorsitzender des Vorstands, Deutsche Börse Clearing AG, Frankfurt am Main
Carsten Braue	Berater, Mitchell Madison Group GmbH, Frankfurt am Main
Prof. Dr. Georg Disterer	Fachbereich Wirtschaft, Fachhochschule Hannover
Thomas Fischer	Mitglied des Vorstands, Landesgirokasse, Stuttgart
Dr. Christiane Fotschki	Beraterin, Financial Services Group, Booz, Allen & Hamilton, München
Dr. Thomas Garside	Senior Manager der Oliver, Wyman & Company, London
Dr. Werner Gothein	Geschäftsführer, Value & Risk GmbH, Bad Homburg v. d. Höhe
Hans-Peter Grundner	Leiter der Anwendungsarchitektur, Zentralbereich Organisation und Informatik, Bayerische Hypo- und Vereinsbank AG, München
Wendelin Hartmann	Mitglied des Direktoriums der Deutschen Bundesbank, Frankfurt am Main
Lars Hille	Abteilungsdirektor, Investment Banking, DG BANK Deutsche Genossenschaftsbank AG, Frankfurt am Main
Prof. Dr. Dimitris Karagiannis	Institut für Angewandte Informatik und Informationssysteme, Universität Wien
Christian Kothe	Regional Director Deutschland, Schweiz, Liechtenstein, S.W.I.F.T. Germany GmbH, Frankfurt am Main
Dr. Hans-Dieter Krönung	Geschäftsführer, CONTEXT Management Consulting Unternehmensberatungsgesellschaft mbH, Bad Homburg v. d. Höhe

Thomas Krebs	Leiter des Bereichs Anwendungskoordinationszentrum, Informatikzentrum der Sparkassenorganisation GmbH (SIZ), Bonn
Prof. Dr. W. Angelika Kreitel	Fachbereich Betriebswirtschaftslehre, Fachhochschule Würzburg-Schweinfurt-Aschaffenburg
Dr. Matthias Leclerc	Global Head of Middle Office, Dresdner Kleinwort Benson, Frankfurt am Main
Prof. Dr. Rudolf Marty	Geschäftsführer der IFA Informatik, Tochtergesellschaft der UBS Schweizerische Bankgesellschaft, Zürich
Dr.-Ing. Olaf F. Mehlmann	Leiter des Projekts 3MP (Multimedialer Marktplatz), Bereich Forschung und Technik, Daimler-Benz AG, Berlin
Prof. Dr. Jürgen Moormann	Hochschule für Bankwirtschaft (HfB), Private Fachhochschule der Bankakademie e.V., Frankfurt am Main
Peter Ostermann	Partner, Andersen Consulting, Wien
Dr. Eberhard Rauch	Mitglied des Vorstands, Bayerische Hypo- und Vereinsbank AG, München
Andreas Rothe	Seniorberater im Bereich Org/DV, Landesgirokasse, Stuttgart
Stephen Schapp	Executive Vice President, VISA International, Foster City (San Francisco, CA)
Dr. Gerhard Schlangen	Mitglied der Geschäftsleitung, LBS Westdeutsche Landesbausparkasse, Münster
Armin Schulz	Seniorberater, Diebold Deutschland GmbH, Eschborn/Ts.
Bernhard Schüller	Geschäftsführer, BWS Bank für Wertpapierservice und -systeme AG, Frankfurt am Main
André Steiner	Manager/Leiter Business Consulting Banken/Data Warehouse, NCR GmbH, Geschäftsstelle München
Henry Stott	Direktor der Oliver, Wyman & Company, London
Peter Strabel	Geschäftsführer, CSC Ploenzke Consulting GmbH, Wiesbaden
Karl-Heinz Streibich	Mitglied der Geschäftsführung, debis Systemhaus GmbH, Stuttgart
Dr. Gunther Strothe	Direktor und Leiter der deutschen Beratungsaktivitäten der Oliver, Wyman & Company GmbH, Frankfurt am Main

Alexander von Stülpnagel	Sprecher der Geschäftsführung, Informatikzentrum der Sparkassenorganisation GmbH (SIZ), Bonn
Dr. Olaf Theilmann	Mitglied der Geschäftsleitung, Booz, Allen & Hamilton, München
Dr. Christian Thiel	Referent im Bereich Sicherheitskompetenzzentrum, Informatikzentrum der Sparkassenorganisation GmbH (SIZ), Bonn
Volker Visser	Mitglied des Vorstands, Advance Bank AG, München
Hans-Werner Weber	Abteilungsleiter Architektur und Projekte, BV-Info GmbH, München
Volker Willgosch	Geschäftsführer, Genossenschaftlicher Informations Service GIS GmbH, Frankfurt am Main
Dr. Jörg H. Wittenberg	Abteilungsleiter Produktmanagement Zahlungsverkehr, Deutsche Postbank AG, Bonn
Dr. Karsten Wohlenberg	Geschäftsführer, Value & Risk GmbH, Bad Homburg v. d. Höhe
Dirk Wölfing	Sector Consultant, Bereich Finanzdienstleistungen, debis Systemhaus Dienstleistungen GmbH, Eschborn/Ts.
Hermann Wurster	Geschäftsführer, RWG GmbH Datenverarbeitungsgesellschaft, Stuttgart
Rüdiger Zastrow	Geschäftsführer, EDS Electronic Data Systems Industrien (Deutschland) GmbH, Rüsselsheim
Joachim Zimmermann	Betriebswirtschaftlicher Unternehmensberater, Burgdorf.

Abkürzungsverzeichnis

4GL	Fourth Generation Language
ANSI	American National Standards Institute
API	Application Program Interface
ASCII	American Standard Code of Information Interchange
ATM	1. Asynchronous Transfer Mode, 2. Automatic Teller Machine
BCS	Banking Communication Standard
BIZ	Bank für Internationalen Zahlungsausgleich
BÖGA	Börsengeschäftsabwicklungssystem
Btx	Bildschirmtext
CAPM	Capital Asset Pricing Model
C++	Objektorientierte Programmiersprache
CARAD	Central Application for Registration and Administration of Securities Document Numbers
CARGO	Central Application for Registered Shares Online
CASE	Computer Aided Software Engineering
CIO	Chief Information Officer
CMS	Cash Management System
COBOL	Common Business Oriented Language
CORBA	Common Object Request Broker Architecture
CTI	Computer Telephony Integration
DAX	Deutscher Aktienindex
DB2	Datenbanksoftware (IBM)
DBMS	Datenbankmanagementsystem
DCOM	Distributed Component Object Model
DDE	Dynamic Data Exchange
DES	Data Encryption Standard
DFÜ	Datenfernübertragung
DTA	Datenträgeraustausch
DTAZV	Datenträgeraustausch Auslandszahlungsverkehr
DTB	Deutsche Terminbörse
DV	Datenverarbeitung
EAF	Elektronische Abrechnung Frankfurt
ECC	EDI Clearing Center
EDI	Electronic Data Interchange

EDIFACT		Electronic Data Interchange for Administration, Commerce and Transport
EDV		Elektronische Datenverarbeitung
EIS		Executive Information System
ELS		Elektronischer Schalter
EMV		Europay, MasterCard, VISA
ESZB		Europäisches System der Zentralbanken
EWU		Europäische Wirtschafts- und Währungsunion
EU		Europäische Union
EZB		Europäische Zentralbank
FIBV		Federation Internationale des Bourses de Valeurs
FSDM		Financial Services Data Model
FTAM		File Transfer, Access and Management
FX		Foreign Exchange
G30		Group of Thirty
GAA		Geldausgabeautomat
GUI		Graphical User Interface
HBCI		Home Banking Computer Interface
HTML		Hypertext Markup Language
HTTP		Hypertext Transfer Protocol
IBIS		Integriertes Börsenhandels- und Informationssystem
IBOS		Inter-Bank Online System
IDEA		International Data Encryption Algorithm
IS		Informationssystem
ISDN		Integrated Services Digital Network
ISF		Informationssystem Finanzberichtswesen
ISO		International Organization for Standardization
ISSA		International Society for Securities Administrators
IT		Informationstechnologie
IuKDG		Informations- und Kommunikationsdienstegesetz
KADI		Kapitaldienste-System
KWG		Kreditwesengesetz
LAN		Local Area Network
LIPS		Luxembourg Interbank Payment System
LZB		Landeszentralbank
MaH		Mindestanforderungen an das Betreiben von Handelsgeschäften
MERVA		Message Entry and Routing with Interfaces to Various Applications

MIPS		Million Instructions per Second
MT		Message Type
OFX		Open Financial Exchange
OLAP		Online Analytical Processing
OMG		Object Management Group
OTC		Over the Counter
PBX		Private Branch Exchange
PIN		Persönliche Identifikationsnummer
POPS		Banks Online System for Express Transfers and Cheques (engl. Übersetzung der finnischen Bezeichnung)
POS		Point of Sale
POZ		Point of Sale ohne Zahlungsgarantie
P&L		Profit & Loss
ROI		Return on Investment
RTGS		Real-Time Gross Settlement
RTS		Real-Time Settlement
RZ		Rechenzentrum
SB		Selbstbedienung
SET		Secure Electronic Transaction
S-HTTP		Secure Hypertext Transfer Protocol
SIZ		Informatikzentrum der Sparkassenorganisation GmbH
SNA		Systems Network Architecture
SQL		Structured Query Language
SSL		Secure Socket Layer
S.W.I.F.T.		Society for Worldwide Interbank Financial Telecommunication s.c.
TAN		Transaktionsnummer
TARGET		Trans-European Automated Real-Time Gross Settlement Express Transfer
TCP/IP		Transmission Control Protocol/Internet Protocol
TP		Teleprocessing
TRaCS		Trading Room and Continuity Services
TRUST		True Settlement
VaR		Value at Risk
VoD		Video on Demand
WAN		Wide Area Network
WfMC		Workflow Management Coalition
WFMS		Workflow-Management-System

WM	Herausgebergemeinschaft Wertpapiermitteilungen, Frankfurt am Main
WOSA-XFS	Windows Open Service Architecture – Extension for Financial Services
WPDL	Workflow Process Definition Language
WWW	World Wide Web
XETRA	Exchange Electronic Trading
ZKA	Zentraler Kreditausschuß

Inhaltsübersicht

I. Grundstrukturen der bankbetrieblichen Informationsverarbeitung

Umbruch in der Bankinformatik – Status quo und Perspektiven für eine Neugestaltung
Migration in eine Client/Server-Architektur auf Basis von Windows NT
Industrielle Fertigung von Banksoftware
Kooperative Entwicklung einer Informatikplattform in einem großen Verbund
Entwicklung einer IT-Plattform für Bausparkassen
Neue Architektur für die spartenneutrale Kontoführung

II. Informatik im Privatkundengeschäft

Multi-Channel-Konzepte für den multimedialen Marktplatz
Zahlungssysteme im Internet
Sicherheit in der elektronischen Geschäftsabwicklung
IT-Struktur einer Direktbank

III. Informatik im Firmenkundengeschäft

Portfoliomanagement des Kreditrisikos
IT-gestützte Verwaltung von Sicherheiten
Abwicklung des Zahlungsverkehrs im Firmenkundengeschäft
Internet Banking mit Firmenkunden

IV. Informatik im Investment Banking

Technologie im Handelsraum
Architektur im Middle Office
IT-Konzepte der Informationslieferanten für Banken

V. Informatik in der Banksteuerung

Data Warehouse und Data Mining
Informationstechnologie für das Bankcontrolling
IT für das Risikomanagement in der Gesamtbank

VI. Die Produktion bankbetrieblicher Informatikleistungen

IT-Architektur als Strategiepfeiler bankbetrieblichen Technologieeinsatzes
Einsatz von Workflow-Technologien zur Umsetzung von Geschäftsprozessen
Sourcing von IT-Leistungen
Vorgehensmodell zum Outsourcing von IT-Leistungen
IT-Struktur einer Service-Bank für die Wertpapierabwicklung
Planung und Steuerung von IT-Projekten
Die Organisation des IT-Bereichs in Banken

VII. Elektronische Märkte

Wertpapierhandelsprozesse und elektronischer Börsenhandel
Das nationale und internationale Clearing von Wertpapiergeschäften
Zahlungstransaktionen am elektronischen Marktplatz
Die Abwicklung des Eurozahlungsverkehrs
Weltweite Zahlungsverkehrs- und Wertpapiertransaktionen im S.W.I.F.T.-Netz

Inhalt

Vorwort V
Autorenverzeichnis VII
Abkürzungsverzeichnis XI
Inhaltsübersicht XV

I. Grundstrukturen der bankbetrieblichen Informationsverarbeitung

Jürgen Moormann
Umbruch in der Bankinformatik – Status quo und Perspektiven für eine Neugestaltung 3

1. Bedeutung der Informationsverarbeitung in Banken 5
   1.1 Banken im Umbruch 5
   1.2 Schlüsselrolle der Informationstechnologie 6
   1.3 Begriffe 7
2. Situation der bankbetrieblichen Informationsverarbeitung 8
   2.1 Entwicklungsstufen der Bankinformatik 8
   2.2 Struktur der heutigen Anwendungslandschaft 10
   2.3 Probleme der Informationsverarbeitung 11
   2.4 Aktuelle Anforderungen an die Bankinformatik 12
3. Grundsätzliche Optionen für eine Neugestaltung 13
   3.1 Auslagerung an externe Anbieter 14
   3.2 Einsatz von Standardsoftware 15
   3.3 Kooperation mehrerer Banken 16
       3.3.1 Kooperation in der Sparkassenorganisation 17
       3.3.2 Kooperation in der Genossenschaftsorganisation 17
       3.3.3 Kooperation von privaten Banken 18
   3.4 Eigenerstellung 18
4. Ausblick 19
Literaturhinweis 20

Eberhard Rauch/Hans-Peter Grundner/Hans-Werner Weber
Migration in eine Client/Server-Architektur auf Basis von Windows NT 21

1. Ausgangssituation 23
2. Anforderungen an die Informationstechnologie einer Universalbank 23
3. Entscheidung für Windows NT 24
4. Systemarchitektur 25

5. Anwendungsarchitektur		27
6. Realisierung		27
	6.1 Entwicklungsphase	28
	6.1.1 Softwareproduktion	28
	6.1.2 System- und Netzwerkmanagement	29
	6.1.3 Unterstützungsfunktionen	30
	6.2 Pilotphase	30
	6.3 Flächeneinsatz	30
7. Ausblick		33

Thomas Fischer/Andreas Rothe
Industrielle Fertigung von Banksoftware 35

1. Einleitung		37
2. Revolution in der Softwareindustrie		37
3. Notwendige Elemente einer industriellen Softwareentwicklung		40
	3.1 Frameworks als Basistechnologie	40
	3.2 Komponenten: Bausteine zur Softwaremontage	45
	3.2.1 Abgrenzung zwischen Komponenten und Anwendungen	46
	3.2.2 Softwaremontage mit Komponenten	47
	3.3 Middleware: Moderne Montagetechnik für Softwarekomponenten	48
	3.4 Möglichkeit der Variantenentwicklung	50
	3.5 Produktparametriesierung	51
4. Der Nutzen der Komponentenarchitektur		53
Literaturhinweis		54

Alexander von Stülpnagel/Matthias Bendzulla
Kooperative Entwicklung einer Informatikplattform in einem großen Verbund 55

1. Notwendigkeit einer Informatikplattform		57
2. Anforderungen an eine Informatikplattform		58
	2.1 Zielsetzung	58
	2.2 Ordnungsrahmen	59
	2.3 Facharchitekturen	61
3. Prozeßmanagement für die Plattformentwicklung		62
	3.1 Rollen- und Prozeßmodell	62
	3.2 Produktmanagement	65
	3.3 Erfolgsfaktoren	66
4. Beispiele für operative Plattforminhalte		67
	4.1 Einheitliche Archivschnittstelle	67
	4.2 Verbundweites Datenmanagement	68
	4.3 Programmierschnittstelle für Sicherheitsdienste	71
5. Ausblick – Der Weg ist das Ziel		72
Literaturhinweis		72

Dr. Gerhard Schlangen
Entwicklung einer IT-Plattform für Bausparkassen 73

1. Situation des Bausparens in Deutschland 75
2. Erfolgsfaktoren im Bauspargeschäft 75
3. Struktur des Bausparmarkts im Wandel 76
    3.1   Haupttendenzen 76
          3.1.1   Zunehmende Konkurrenz 76
          3.1.2   Bedeutungsverlust der lokalen Erreichbarkeit 77
          3.1.3   Steigende Markttransparenz 77
          3.1.4   Wachsende Kundenansprüche 77
          3.1.5   Internationalisierung des Bauspargeschäfts 78
    3.2   Konsequenzen für die Unternehmensstrategie 78
4. Neuausrichtung der IT 79
    4.1   Vorgehensalternativen 79
          4.1.1   Kritische Würdigung der vorhandenen IT-Landschaft 79
          4.1.2   Handlungsalternativen 80
    4.2   Neuentwicklung einer zukunftsorientierten IT-Plattform 80
          4.2.1   Umfang 80
          4.2.2   Anforderungsprofil 80
          4.2.3   Architektur 81
5. Ausblick 84

Peter Strabel
Neue Architektur für die spartenneutrale Kontoführung 85

1. Anforderungen an moderne Bankanwendungen 87
    1.1   Allgemeine Anforderungen 87
    1.2   Anforderungen aus Sicht der Kunden 88
2. Merkmale einer modernen Bankanwendung 89
3. Zielsetzung für das Buchungssystem Konto3000 91
4. Architektur des Buchungssystems Konto3000 92
    4.1   Fachliche Architektur 92
    4.2   Funktionaler Überblick 93
    4.3   Softwaretechnische Architektur 95
    4.4   Objektorientierte Entwicklung auf Basis von COBOL II 98
    4.5   Montage des Programms 100
5. Fazit 101

II. Informatik im Privatkundengeschäft

Dirk Wölfing/Olaf F. Mehlmann
Multi-Channel-Konzepte für den multimedialen Marktplatz 105

1. Neue Anforderungen an den Bankvertrieb 107
2. Begriffsabgrenzungen 108
   2.1 Electronic Banking 108
   2.2 Elektronischer Vertriebsweg und Multi-Channel-Vertrieb 108
   2.3 Skalierbare Produkteigenschaften 110
3. Weiterentwicklungen im Electronic Commerce 112
   3.1 Rolle der Banken in unternehmensübergreifenden Geschäftsprozessen . 113
   3.2 Interaktivität und Individualität an der Mensch/Maschine-Schnittstelle . 114
4. Kerntechnologien aus Projekten der Daimler-Benz-Forschung
   zur Online-Präsenz 115
   4.1 Konfiguration von Produkten 115
   4.2 Generierung von Angebotsalternativen 116
   4.3 Angebotsvorschläge bei unspezifischer Nachfrage 118
5. Entwurf einer Softwarearchitektur für den Multi-Channel-Vertrieb 119
   5.1 Anforderungen 119
   5.2 Das Transaktionsmanagement 119
   5.3 Spezifische Funktionen für den Electronic Commerce 121
6. Das Middle Office als organisatorische und technische Schicht
   im Bankvertrieb 122
Literaturhinweis 124

Jörg H. Wittenberg
Zahlungssysteme im Internet 125

1. Bezahlen im Internet – ein neuer Markt für Kreditinstitute 127
2. Grundkonzepte von Internet-Zahlungssystemen 129
   2.1 Onlinebasierte versus offlinebasierte Systeme 129
   2.2 Buchgeldkontenbasierte versus tokenbasierte Systeme 130
   2.3 Sicherheitsanforderungen und -konzepte 130
3. Ausgewählte Internet-Zahlungssysteme im Überblick 131
   3.1 Ecash 131
   3.2 NetCash 132
   3.3 First Virtual 133
   3.4 CyberCash 134
   3.5 Kreditkartenzahlungen bei VISA und MasterCard 135
   3.6 GeldKarte-Zahlungen mit Payline 137
4. Erfolgskriterien für Internet-Zahlungssysteme 138
   4.1 Sicherheit 138
   4.2 Kosten 139

4.3	Verbreitungsgrad	140
4.4	Einfachheit	140
4.5	Schnelligkeit	141
4.6	Zahlungsgarantie	141
4.7	Dispositionsfähigkeit	141
4.8	Übertragbarkeit	142
4.9	Teilbarkeit	142
4.10	Transparenz	142
5. Die Gewinner im Systemwettlauf		143
Literaturhinweis		145

Thomas Krebs/Christian Thiel
Sicherheit in der elektronischen Geschäftsabwicklung 147

1. Anforderungen an die Sicherheit		149
2. Basisverfahren der Informationssicherung		151
2.1	Verschlüsselungsverfahren	152
2.2	Elektronische Unterschrift	153
3. Infrastrukturen zur Informationssicherung		155
4. Sicherung der Geschäftsabwicklung im Internet		156
4.1	Netzwerkabsicherung	157
4.2	Kommunikationsabsicherung	159
4.3	Anwendungsabsicherung	160
	4.3.1 Secure Electronic Transaction (SET)	160
	4.3.2 Home Banking Computer Interface (HBCI)	161
5. Stand zur digitalen Signatur		162
Literaturhinweis		163

Volker Visser/Georg Disterer
IT-Struktur einer Direktbank 165

1. Zielsetzung bei Gründung einer Direktbank		167
2. Grundstruktur der neuen Bank		168
2.1	Aufbau eines Verbunds mit Kooperationspartnern	168
2.2	Funktionale und technische Ziele	171
2.3	Umsetzung der Strategie	172
3. Technologie für den Bankbetrieb		172
3.1	Systemarchitektur	172
3.2	Systemkonfiguration	174
4. Sicherung der Transaktionsverarbeitung		177
5. Erfahrungen und Ausblick		180
Literaturhinweis		181

III. Informatik im Firmenkundengeschäft

Thomas Garside/Henry Stott/Gunther Strothe
Portfoliomanagement des Kreditrisikos 185

1. Einleitung 187
2. Kreditrisikomessung 188
3. Bonitätsrisikomethoden 191
   3.1 Ratinganalyse und Ratingmigrationsanalyse 191
   3.2 Auswirkungen von Änderungen der Bonitätsstufe auf die Korrelation .. 193
   3.3 Bewertung der Kreditportfolios 196
4. Daten- und Systemanforderungen 197
   4.1 Anforderungen an die Datenerfassung 199
       4.1.1 Gesamtausfallraten 199
       4.1.2 Gegenproben 200
       4.1.3 Stichproben vollwertiger und nicht ausgefallener Kreditnehmer .. 201
       4.1.4 Ratingveränderungen 201
       4.1.5 Historische Daten zur Besicherung 202
       4.1.6 Sekundärmarktinformationen 202
   4.2 IT-Architektur von Kreditportfoliomodellen 202
   4.3 Übersicht über die gegenwärtigen Ansätze zur Kreditportfoliomodellierung .. 204
5. Umsetzungsbeispiele 205
Literaturhinweis 207

Hermann Wurster
IT-gestützte Verwaltung von Sicherheiten 209

1. Anforderungen an die Verwaltung von Sicherheiten 211
   1.1 Bankenaufsichtsrechtliche Anforderungen 211
   1.2 Handhabung von Mehrfachzuordnungen 212
   1.3 Vorteile einer getrennten Speicherung von Sicherheiten und Vermögenswerten .. 213
       1.3.1 Automatische Beleihungswertermittlung 213
       1.3.2 Integriertes Scoring 214
       1.3.3 Speicherung in einem Data Warehouse 214
       1.3.4 Bestandteil des Risikomanagements 214
       1.3.5 Nutzung für die Anlageberatung und das Marketing ... 215
2. Informationsmodell für die Sicherheitenverwaltung 215
   2.1 Kreditnehmereinheit, Person und Kunde 215
   2.2 Zweckerklärung, Konto und Sicherheit 216
   2.3 Sicherungsobjekt, Verpflichteter und Vermögenswert 216
3. Integration in die Kreditsachbearbeitung 216
   3.1 Kopienkonzept 217

3.2	Vorgangsbearbeitung	218
3.3	Sicherheitenspiegel	219
3.4	Kreditprotokoll	219
3.5	Vertragswesen	222
4.	Technische Realisierung	222
4.1	Objekttechnologie und relationale Datenbanktechnik	222
4.2	Client/Server-Architektur	223
4.3	Sicherheitsaspekte	223
4.4	Verbindung zu zentralen Datenbankbeständen und Fremdsystemen	224
5.	Ausblick	224
5.1	Die elektronische Kundenakte	225
5.2	Elektronisches Grundbuch	225
5.3	Genossenschaftlicher FinanzVerbund	225
5.4	Risikoorientierte Konditionsgestaltung	226
6.	Resümee	226

Armin Schulz
Abwicklung des Zahlungsverkehrs im Firmenkundengeschäft 227

1. Bedeutung des Zahlungsverkehrs im Firmenkundengeschäft 229
    1.1 Bedeutung aus Sicht der Firmenkunden 229
    1.2 Bedeutung aus Sicht der Banken 229
2. Produkte des Zahlungsverkehrs im Firmenkundengeschäft 230
    2.1 Zahlungsverkehrsabwicklung 230
    2.2 Cash Management 231
    2.3 Weitere Produkte im Zahlungsverkehr 232
3. EDIFACT im Zahlungsverkehr mir Firmenkunden 232
    3.1 Bisherige Abwicklung des EDIFACT-Einsatzes 232
    3.2 EDIFACT-Einsatz in Banken 234
    3.3 Zukünftige EDIFACT-Dienstleistungen der Banken 236
4. Auswirkungen der Europäischen Währungsunion auf den Zahlungsverkehr
   mit Firmenkunden 237
5. Erfolgsfaktoren für den zukünftigen Zahlungsverkehr mit Firmenkunden . . . 239
Literaturhinweis 240

Olaf Theilmann/Christiane Fotschki
Internet Banking mit Firmenkunden 241

1. Strategische Bedeutung des Corporate Internet Banking 243
2. Anforderungen durch Electronic Commerce 245
3. Angebotstrends 246
    3.1 Zahlungsverkehr 247
        3.1.1 Zahlungsverkehrssysteme 247
        3.1.2 Zahlungsverfahren 248

3.2	Cash Management	250
3.3	Kommerzielles Auslandsgeschäft	251
3.4	Handelsprodukte	252
4. Marktentwicklung		253
5. Handlungsanforderungen für deutsche Banken		255
Literaturhinweis		257

IV. Informatik im Investment Banking

Matthias Leclerc
Technologie im Handelsraum . . . 261

1. Drei Trends im globalen Handel . . . 263
2. Integration der Handelssysteme: Komponentenarchitektur als Weg . . . 264
   - 2.1 Ausgangssituation . . . 264
   - 2.2 Anforderungen . . . 265
   - 2.3 Komponentenarchitektur . . . 268
3. Kommunikation: Infrastruktur virtueller Handelsräume . . . 271
   - 3.1 Kommunikationsbausteine . . . 272
   - 3.2 Kombination der Kanäle . . . 275
4. Kooperation mit dem Kunden: Dialog über Extranets . . . 275
   - 4.1 Anforderungen des Kundengeschäfts . . . 275
   - 4.2 Konzept einer Extranet-Struktur . . . 277
5. Ausblick . . . 280

Hans-Dieter Krönung
Architektur im Middle Office . . . 283

1. Aktives Risikomanagement des Handels unter Gesamtbanksteuerungsaspekten . . . 285
   - 1.1 Einbindung der Handelssteuerung in die Gesamtbanksteuerung . . . 286
   - 1.2 Anforderungen an Schnittstellen und Datenbanksysteme . . . 288
   - 1.3 Integration von Handels- und Gesamtbankinformationen . . . 289
2. Anforderungen an die Ausgestaltung eines Middle Office Systems . . . 291
   - 2.1 Funktionale Anforderungen . . . 291
   - 2.2 Technische Anforderungen . . . 293
3. Architekturmodell für das Middle Office . . . 294
   - 3.1 Probleme bei traditionellen Architekturkonzepten . . . 294
   - 3.2 Prinzip bei Publish/Subscribe-Architekturen . . . 296
4. Ausblick . . . 298

Volker Willgosch
IT-Konzepte der Informationslieferanten für Banken 299

1. Finanzmarktinformationen und ihre Bedeutung für das Bankgeschäft 301
2. Die Notwendigkeit einer offenen Informationsplattform 302
3. Funktionale Anforderungen an die Informationsplattform 304
4. Technische Anforderungen an die Informationsplattform 308
5. Der „Genossenschaftliche Informations Service" als Fallbeispiel 311
6. Fazit 313

V. Informatik in der Banksteuerung

André Steiner
Data Warehouse und Data Mining 317

1. Notwendigkeit für kundenbezogene Datenanalysen in Banken 319
2. Data Warehouse und Data Mining 320
   - 2.1 Zweck eines Data Warehouse 320
   - 2.2 Funktionsweise eines Data Warehouse 320
   - 2.3 Nutzung von Data Mining 321
3. Einsatz von Data Warehouse und Data Mining am Beispiel des
   Kundenbindungsmanagements 323
   - 3.1 Aufbau eines Frühwarnsystems zur Kundenbindung 323
     - 3.1.1 Ausgangssituation 323
     - 3.1.2 Vorgehensweise 324
     - 3.1.3 Überprüfung 325
   - 3.2 Rahmenbedingungen für erfolgreiche Kundenbindungsmaßnahmen . . . 326
4. Zusammenfassung 328
Literaturhinweis 328

Joachim Zimmermann
Informationstechnologie für das Bankcontrolling 329

1. Informationsverständnis und Informationsmanagement 331
   - 1.1 Dramatische Umweltveränderungen 331
   - 1.2 Panta rhei … 331
   - 1.3 Optimierte Nutzung der Ressource Information 332
   - 1.4 Veränderte Formen der Informationsbereitstellung 333
2. Controlling: Anforderungen und Zielsetzungen 333
   - 2.1 Definition des Controlling 333
   - 2.2 Konzeptioneller Ansatz des Bankcontrolimg 334
3. Technischer Stand des Bankcontrolling 335
   - 3.1 Vernetzte Datenbanken als Grundlage 335

3.2	Data Warehouse Management		335
3.3	Führungsinformationssysteme		337
3.4	Neuere Entwicklungen		338
3.5	Ergänzende Modelle und Systeme		339
4. Konkretisierung am Beispiel von SAP R/3			339
	4.1	Anwendungssysteme auf der Basis von Standardsoftware	339
	4.2	Branchenlösung für Banken (SAP Banking)	340
	4.3	Das Executive Information System SAP-EIS	342
5. Ausblick			342
Literaturhinweis			343

Werner Gothein/Karsten Wohlenberg
IT für das Risikomanagement in der Gesamtbank 345

1. Steuerung von Risiko und Return			347
	1.1	Konzeption der Steuerung	347
	1.2	Methodik zur Quantifizierung	347
2. Konsument von Risikomanagementinformationen			348
3. Unterschiedliche Aktualität der Informationen			350
4. Performance und Komplexität der Methodik			351
5. Systeme für das Risikomanagement			352
	5.1	Anforderungen	352
		5.1.1 Marktpreisrisiko	352
		5.1.2 Adressenausfallrisiko	353
		5.1.3 Ergebnisrechung	354
		5.1.4 Marktkonformität	354
		5.1.5 Back Testing	354
		5.1.6 Generelle Anforderungen	355
		5.1.7 Der Stolperstein: Datenanforderungen und Qualität	356
	5.2	Strategien zur Architektur	356
		5.2.1 Anwendungsbasierte Systeme	357
		5.2.2 Framework-basierte Systeme	358
		5.2.3 Komponentenbasierte Ansätze	360
6. Projektdurchführung			362
7. Resümee			363

VI. Die Produktion bankbetrieblicher Informatikleistungen

Rudolf Marty
IT-Architektur als Strategiepfeiler bankbetrieblichen Technologieeinsatzes 367

1. Einleitung	369
2. IT-Wertschöpfung und IT-Architektur	370
3. Ziel und Struktur einer IT-Architektur	372

4. Inhalt einer IT-Architektur		375
4.1	Applikationsarchitektur	375
4.2	Softwarearchitektur	378
4.3	Plattformarchitektur	382
4.4	Methodenarchitektur	382
5. Abschließende Bemerkungen		384
Literaturhinweis		384

Dimitris Karagiannis
Einsatz von Workflow-Technologien zur Umsetzung von Geschäftsprozessen 385

1. Einleitung			387
2. Workflow-Management: Evolution der Anwendungsentwicklung			389
2.1	Technologie, Systeme und Produkte		389
	2.1.1	Die Workflow-Technologie	389
	2.1.2	Workflow-Management-Systeme	389
	2.1.3	Workflow-Management-Produkte	391
2.2	Einordnung der Workflow-Technologie		392
	2.2.1	Sicht der Anwendungsentwicklung	392
	2.2.2	Der Einführungsprozeß	392
3. Das BPMS-Vorgehensmodell als Integrationskonzept			394
4. Bankbetriebliche Anwendungsbeispiele			398
4.1	Baufinanzierung		398
4.2	Sparverkehr		399
5. Ausblick			402
Literaturhinweis			403

Rüdiger Zastrow
Sourcing von IT-Leistungen 405

1. Informationstechnologie als Motor im Bankgeschäft		407
2. Gestaltungsmöglichkeiten: Outsourcing, Insourcing und Joint Ventures		409
2.1	Outsourcing	409
2.2	Insourcing	410
2.3	Joint Ventures	411
3. Strategischer Einsatz der IT im Bankgeschäft		412
3.1	Konzentration auf das Kerngeschäft	412
3.2	Hilfe durch externe Unterstützung	413
3.3	Aufbau einer Partnerschaft	413
3.4	Möglichkeiten für Auslagerungen	413
3.5	Auslagerung des Wertpapierhandels	414
4. Fallbeispiel: Bankhaus Sal. Oppenheim jr. & Cie.		416
5. Fazit		419
Literaturhinweis		420

Karl-Heinz Streibich
Vorgehensmodell zum Outsourcing von IT-Leistungen 421

1. Relevanz des Outsourcing 423
2. Chancen und Risiken des Outsourcing von IT-Leistungen 425
    2.1   Grundsätzliche Motivation für ein Outsourcing von IT-Leistungen . . . 425
    2.2   Stärken von IT-Outsourcern 426
    2.3   Risiken des IT-Outsourcing 427
3. Der Weg zum IT-Outsourcing 428
4. Sicherstellung einer permanenten technologischen Innovation 430
5. Vom IT-Outsourcing zum Auslagern von Geschäftsprozessen 431
6. Fallbeispiele 432
    6.1   Komplettauslagerung der Datenverarbeitung der Privatbankengruppe
           Banco Ambrosiano Veneto 432
    6.2   Application Management für die DG Bank 433
Literaturhinweis 434

Bernhard Schüller
IT-Struktur einer Service-Bank für die Wertpapierabwicklung 435

1. Der Wandel in der Wertpapierindustrie 437
    1.1   Entstehung eines Wertpapier-Service-Markts 437
    1.2   Kernausprägungen im Back Office 438
    1.3   Optionen der Marktteilnehmer 438
    1.4   Kritische Masse als Erfolgsfaktor 439
    1.5   Sprengung regionaler Bindungen 440
2. Produkte einer Service-Bank 440
    2.1   IT als Treiber der Entwicklungen 440
    2.2   Outsourcing von Prozessen 441
           2.2.1   Die IT als erste Stufe 441
           2.2.2   Das Back Office als weitere Möglichkeit 442
           2.2.3   Das Full Service Back Office als Endstufe 442
    2.3   Organisation der Zusammenarbeit 442
3. IT-Systeme einer Service-Bank 443
    3.1   Handels- und Ordersysteme 443
    3.2   Informationsbasen 445
    3.3   Abwicklungssysteme 445
    3.4   Drittsysteme 446
    3.5   Schnittstellen 447
4. Die langfristige Vorausschau 448

W. Angelika Kreitel
Planung und Steuerung von IT-Projekten 450

1. Projekte und Projektmanagement im IT-Bereich 451
   1.1   IT-Projekte als Bewegungsform in der Softwareentwicklung 451
   1.2   Paradigmawechsel 452
2. Projektmanagement als Rahmen für Planung und Steuerung 454
   2.1   Strategisches Projektmanagement 454
   2.2   Operatives Projektmanagement 455
3. Unterstützung durch Projektmanagement-Werkzeuge 458
   3.1   Projektmanagement-Software als Mittel zum Zweck 458
   3.2   Einsatz eines Projektmanagement-Werkzeugs in der
         Dresdner Bank AG 460
         3.2.1   Zielsetzung und Rahmenbedingungen 460
         3.2.2   Realisierung 461
         3.2.3   Ergebnisse 463
   3.3   Voraussetzungen für den Erfolg 463
4. Resümee 464
Literaturhinweis 465

Ayad Al-Ani/Peter Ostermann
Die Organisation des IT-Bereichs in Banken 467

1. IT-Organisation als Erfolgsfaktor 469
2. Zusammenhang von Unternehmensszenarien und IT-Aufgaben 470
   2.1   Veränderungsmanagement und Erzielung von Wettbewerbsvorteilen . . 471
   2.2   Erreichung von Wettbewerbsvorteilen und Aufrechterhaltung
         des Betriebs 471
   2.3   Kostenvorteile und Aufrechterhaltung des Betriebs 472
   2.4   Veränderungsmanagement und Kosteneinsparungen 473
3. Die Auswirkungen der IT-Szenarien auf das IT-Prozeßmodell 473
4. IT-Strukturmodelle 474
   4.1   Generelle Leitlinien für IT-Strukturen 477
   4.2   Gestaltung der Beziehung zwischen Fachbereich und IT-Bereich 478
   4.3   Gestaltung eines Projektmanagements 481
   4.4   Kompetenzmanagement: HR-Modell für die IT-Organisation 482
   4.5   Linienorganisation der IT 484
5. Transformation des IT-Bereichs 487
6. Zusammenfassung 489
Literaturhinweis 489

VII. Elektronische Märkte

Lars Hille/Carsten Braue
Wertpapierhandelsprozesse und elektronischer Börsenhandel 493

1. Wertpapierhandelsprozesse 495
   1.1 Prozeßkette – idealtypisch und bei Nutzung des Parketthandels 495
   1.2 Anforderungen an den börslichen Wertpapierhandel 496
2. Elektronisches Börsenhandelssystem Xetra als zentrales Element
   der Prozeßkette 497
   2.1 Marktmodell des elektronischen Handelssystems 497
   2.2 Technische Struktur des elektronischen Handelssystems und
       der Teilnehmeranbindung 501
   2.3 Implementierungspfad des elektronischen Handelssystems
       bis Ende 1999 504
3. Auswirkungen des elektronischen Börsenhandels auf Investoren und
   Intermediäre 505
   3.1 Transparenz und Standortunabhängigkeit 505
   3.2 Geschäftspotentiale, Prozeßverbesserungen und Kostenreduktion 507
Literaturhinweis 510

Jürgen Blitz
Das nationale und internationale Clearing von Wertpapiergeschäften 511

1. Aufgaben der Deutsche Börse Clearing AG 513
2. System zur Abwicklung des Inlandsgeschäfts 513
   2.1 Auftragsarten 513
   2.2 Börsliche und außerbörsliche Transaktionen 514
   2.3 Steuerung der Geschäftsabwicklung 515
   2.4 Weitere CASCADE-Funktionen 516
   2.5 Geldclearing 516
3. System zur Abwicklung des Auslandsgeschäfts 516
4. Kapitaldienste und Kapitalveränderungen 517
5. Wertpapierleihe Inland 517
6. Neue Produkte der Deutsche Börse Clearing AG 518
7. Zukünftige IT-Plattform 520

Stephen Schapp
Zahlungstransaktionen am elektronischen Marktplatz 521

1. Elektronische Marktplätze 523
   1.1 Eine europäische Vision 523
   1.2 Entwicklung von Bankdienstleistungen 526

2. Zahlungstransaktionen 527
   2.1 Die Klassifizierung von Zahlungen 527
   2.2 Konkretisierung der Zahlungsklassen 527
       2.2.1 Megazahlungen 527
       2.2.2 Makrozahlungen 527
       2.2.3 Minizahlungen 528
3. Implementierung von Makrozahlungen 529
   3.1 Zahlungskarten 529
   3.2 Secure Electronic Transactions (SET) 530
   3.3 Andere Optionen 532
4. Implementierung von Minizahlungen 533
   4.1 Implementierungsplattformen 533
       4.1.1 Hardware oder Software? 533
       4.1.2 Zahlungen oder Rechnungsstellung? 533
   4.2 Elektronische Geldbörsen 534
   4.3 Digitales Bargeld 536
   4.4 Elektronische Zähler 536
   4.5 Digitale Abrechnungen 537
5. Schlußfolgerung 537
Literaturhinweis 538

Wendelin Hartmann
Die Abwicklung des Eurozahlungsverkehrs 539

1. Entwicklungslinien des unbaren Zahlungsverkehrs 541
   1.1 Allgemeine Vorgaben 541
   1.2 Technische Entwicklungen 541
2. Die Abwicklung des Großzahlungsverkehrs 542
   2.1 Nationales und europäisches Umfeld 542
   2.2 Nationale RTGS-Systeme 542
       2.2.1 Merkmale von RTGS-Systemen der Zentralbanken 542
       2.2.2 Der Eilige Zahlungsverkehr der Deutschen Bundesbank . . 543
             2.2.2.1 Teilnehmer und abzuwickelnde Zahlungen im EIL-ZV . 543
             2.2.2.2 Technische Infrastruktur 544
             2.2.2.3 Verfahrensbeschreibung des EIL-ZV 545
   2.3 Das TARGET-System 546
       2.3.1 Ziele und Grundprinzipien 546
       2.3.2 Teilnehmer und abzuwickelnde Zahlungen 547
       2.3.3 Geschäftspolitische Ausgestaltung 548
             2.3.3.1 Betriebszeiten 548
             2.3.3.2 Feiertagsregelung 549
             2.3.3.3 Preispolitik 549
       2.3.4 Technische Infrastruktur 550
   2.4 Nettosysteme 550

  2.4.1 Vor- und Nachteile von Nettosystemen 550
  2.4.2 Die Rolle von nationalen und grenzüberschreitenden
     Nettosystemen 551
  2.4.3 Die EAF der Deutschen Bundesbank. 551
    2.4.3.1 Teilnehmer und abzuwickelnde Zahlungen in der EAF . . 551
    2.4.3.2 Verfahrensbeschreibung der EAF 552
    2.4.3.3 Technische Infrastruktur 553
  2.4.4 Das Clearingsystem der Euro Banking Association (EBA). 554
  2.4.5 Sonstige Nettosysteme in Europa 554
3. Die Abwicklung des Massenzahlungsverkehrs 555
 3.1 Gegenwärtige Organisation des europäischen Massenzahlungsverkehrs . 555
 3.2 Probleme im europäischen Massenzahlungsverkehr 555
 3.3 Die Entwicklung neuer Zahlungsmedien 556
4. Weltweite Aspekte des künftigen europäischen Zahlungsverkehrs 557
Literaturhinweis 558

Christian Kothe
Weltweite Zahlungsverkehrs- und Wertpapiertransaktionen im S.W.I.F.T.-Netz . . . 559

1. Bedeutung von Informationstechnologie und Telekommunikation 561
2. Aufgabenbereiche von S.W.I.F.T. 561
 2.1 Integration aller relevanten Marktteilnehmer 562
 2.2 Durchführung des Nachrichtenverkehrs 562
3. Neue Herausforderungen an die Telekommunikationsinfrastruktur 564
 3.1 Aktuelles und zukünftiges Kommunikationsnetzwerk von S.W.I.F.T. . . 564
 3.2 Zusatzleistungen im nationalen und grenzüberschreitenden
   Zahlungsverkehr, Geld- und Devisenhandel 565
 3.3 Vernetzung und Verknüpfung von Marktteilnehmern und
   Marktinfrastrukturen 567
 3.4. Etablierung einheitlicher globaler Standards und Formate 567
4. Telekommunikationsdienste und Zusatzleistungen in der
  Wertpapiergeschäftsabwicklung 570
5. Telekommunikationsdienste und Zusatzleistungen für den dokumentären
  Zahlungsverkehr 571
6. Ausblick 571

Stichwortverzeichnis 573

I. Grundstrukturen der bankbetrieblichen Informationsverarbeitung

Jürgen Moormann

Umbruch in der Bankinformatik – Status quo und Perspektiven für eine Neugestaltung

1. Bedeutung der Informationsverarbeitung in Banken
    1.1 Banken im Umbruch
    1.2 Schlüsselrolle der Informationstechnologie
    1.3 Begriffe
2. Situation der bankbetrieblichen Informationsverarbeitung
    2.1 Entwicklungsstufen der Bankinformatik
    2.2 Struktur der heutigen Anwendungslandschaft
    2.3 Probleme der Informationsverarbeitung
    2.4 Aktuelle Anforderungen an die Bankinformatik
3. Grundsätzliche Optionen für eine Neugestaltung
    3.1 Auslagerung an externe Anbieter
    3.2 Einsatz von Standardsoftware
    3.3 Kooperation mehrerer Banken
        3.3.1 Kooperation in der Sparkassenorganisation
        3.3.2 Kooperation in der Genossenschaftsorganisation
        3.3.3 Kooperation von privaten Banken
    3.4 Eigenerstellung
4. Ausblick
Literaturhinweis

1. Bedeutung der Informationsverarbeitung in Banken

Die schnelle und sichere Verarbeitung von Daten und Informationen hat existentielle Bedeutung für die Zukunft jeder einzelnen Bank. Der Einsatz von Informationstechnologie (IT) gilt daher als ein zentraler Erfolgsfaktor im Wettbewerb. Der Stellenwert der IT wird vor dem Hintergrund der gravierenden Umwälzungen innerhalb der Bankwirtschaft verständlich.

1.1 Banken im Umbruch

Der Bankensektor befindet sich in einem tiefgreifenden Strukturwandel. Zum einen führt dieser zu enormen Anforderungen an die Bankinformatik, zum anderen beschleunigen aufkommende Technologien den Umbruch. Die gewaltigen Veränderungen in der Kreditwirtschaft sind u.a. auf folgende Entwicklungen zurückzuführen:

- Die Märkte sind weitgehend verteilt. Banken haben mit ihren Standardprodukten eine hohe Marktdurchdringung erreicht. Bei stagnierender Konjunktur wird nach Nischen (national) oder aufstrebenden Märkten (international) gesucht, in denen noch zusätzliches Geschäft möglich ist.

- Eine hohe Transparenz der Bankleistungen sowie die zunehmende Erfahrung der Bankkunden haben zu gestiegenen Qualitäts- und Serviceansprüchen der Kunden geführt. Dazu hat die Sensibilisierung durch z.B. Verbraucherschutzorganisationen, aber auch die Verbreitung von Kommunikationstechnologien beigetragen.

- Die Wertvorstellungen der Kunden ändern sich zunehmend. Daneben geht die Entwicklung in Richtung eines Wertepluralismus. Dieser führt zur Forderung nach individualisierten Konzepten der Kundenbetreuung.

- Da die Banken mit weitgehend identischen Produkten am Markt agieren, sind länger anhaltende Differenzierungen im Wettbewerb nur über Verfahrensinnovationen möglich. Daher überarbeiten die Banken ihre Geschäftsprozesse grundlegend.

- Die Eintrittsbarrieren werden niedriger. Für Nichtbanken (z.B. Versicherer, Industrieunternehmen) wird es immer leichter, in lukrative Geschäftsfelder der Banken einzubrechen. Über das Internet können Unternehmen die Banken als Finanzintermediäre umgehen oder selbst in den Wettbewerb mit etablierten Kreditinstituten treten. Das Filialnetz, eine einstmals hohe Eintrittsbarriere, ist für viele Banken zur Austrittsbarriere geworden.

- Die Banken stehen unter steigendem Kostendruck. Zum einen verursacht der Betrieb einer Bank einen erheblichen Personal- und Sachaufwand, zum anderen ist ein Preisverfall für Bankleistungen zu beobachten (kostenlose Kontoführung, minimale Margen im Firmenkundengeschäft). Daraus resultiert der Trend zu industrieller, hocheffizienter Abwicklung von Bankleistungen (z.B. in Back-Office-Factories[1]).

- Die ehemals regionalen oder nationalen Märkten entwickeln sich zu einem Weltmarkt. Die derzeit stattfindende weltweite Vernetzung (Globalisierung) führt zu einer durchgängigen Weltwirtschaft. Der Finanzdienstleistungsbereich ist davon besonders betroffen. Es entsteht ein Markt ohne räumliche und zeitliche Grenzen.
- Klassische Organisationsstrukturen der Banken lösen sich auf. Es entstehen kleinere, prozeßorientierte Geschäftseinheiten, die flexibel am Markt agieren. Zudem verwischen die Grenzen eines Bankunternehmens zusehends. Sie integrieren sich mit strategischen Partnern und Kunden. So entstehen völlig neue, vernetzte Strukturen.
- Die Mitarbeiter werden als wichtigste Ressource der Bank erkannt. Immer wichtiger sind hohe soziale und fachliche Kompetenz, Erfahrung und Initiative des Personals. Die fachliche Kompetenz beschränkt sich nicht mehr auf bankbetriebswirtschaftliches Wissen, sondern umfaßt zunehmend Kenntnisse über moderne Technologien.

1.2 Schlüsselrolle der Informationstechnologie

Bei der Bewältigung des Strukturumbruchs kommt dem Einsatz von Informationstechnologie die Schlüsselrolle zu. Sowohl Bankstrategien als auch die bankbetriebliche Organisation sind eng mit der IT verknüpft. Vielfach wird die IT als „Enabler" betrachtet, der es erst ermöglicht, ein Unternehmen wirklich leistungsfähig zu gestalten.[2] Der Stellenwert der Informatik in Banken wird deutlich, wenn man sich vergegenwärtigt, wie der Fertigungsprozeß in Kreditinstituten aussieht. Dieser besteht aus den vier Subprozessen Akquisition, Vereinbarung von Geschäften, Abwicklung von Geschäften und Bereitstellung von Informationen.

Der Subprozeß *Akquisition* enthält alle Aktivitäten, die mit der Identifikation von Kunden oder Kundengruppen, deren Ansprache und dem Angebot von Bankprodukten zusammenhängen. Die Aktivitäten können über verschiedenste Vertriebskanäle erfolgen und werden zunehmend technisch unterstützt.

Die *Vereinbarung von Geschäften* umfaßt die Beratung, die Entscheidung durch Kunden und Bank, den Vertragsabschluß sowie die möglichst abschließende Sachbearbeitung am POS *(Point of Sale)*. Ein Bankgeschäft wird im Front Office der Bank abgeschlossen – im Zusammenwirken des Kunden mit dem Kundenberater, durch Nutzung von Selbstbedienungsgeräten (Multifunktionsterminal, PC, interaktives Fernsehen) oder über hybride Formen (Kundenberatung per Video-Übertragung).

---

[1] Derartige Dienstleistungsunternehmen werden auch als Transaktionsbanken, Service- oder Abwicklungsbanken bezeichnet.
[2] Vgl. Davenport, T.H./Short, J.E. (1990); Hammer, M. (1990); Davenport, T.H. (1993); Venkatraman, N. (1994).

Die *Abwicklung von Geschäftsvorfällen* erfolgt im Back Office einer Bank oder einer Back-Office-Fabrik. Hier wird das vereinbarte Geschäft technisch umgesetzt. Es werden die Daten des Kundenauftrags an interne und externe Systeme weitergeleitet, verarbeitet, verbucht und gespeichert.

Abschließend erfolgt die *Bereitstellung von Informationen*. Für den Kunden werden Informationen in Form von Konto-, Depotauszügen etc. zur Verfügung gestellt. Für bankinterne Zwecke werden Informationen u.a. zur Vertriebssteuerung, für das Bankcontrolling oder für externe Stellen (z.B. Bundesaufsichtsämter) aufbereitet.

Der Fertigungsprozeß einer Bank besteht also im wesentlichen aus der Verarbeitung von Informationen. Auch ein Bankprodukt ist, als Ergebnis des Fertigungsprozesses, nichts anderes als Information.[3] Über die Qualität der gelieferten Information differenziert sich die Bank im Wettbewerb. Die Informationsverarbeitung stellt damit das Herzstück der bankbetrieblichen Fertigung dar. Aufgrund der enormen Bedeutung einer leistungsfähigen Informatik wird verständlich, warum Banking vielfach als ein technologiegetriebenes Geschäft bezeichnet wird. Diese Entwicklung wird sich durch die weitere Entmaterialisierung der Bankprodukte (papierloser Kontoauszug auf dem eigenen PC, Sparkonto auf einer Chipkarte usw.) zukünftig noch verstärken.

1.3 Begriffe

In Literatur und Bankpraxis werden die Begriffe Informatik, Datenverarbeitung, Informationsverarbeitung und Informationstechnologie nicht einheitlich genutzt. In diesem Beitrag sollen folgende Definitionen gelten.

Unter *Datenverarbeitung* (DV, auch: Elektronische Datenverarbeitung, EDV) wird die Eingabe, Speicherung, Verarbeitung und Wiedergewinnung von Daten mit Hilfe von DV-Systemen verstanden. Diese umfassen Hardware und Software. Letztere wird in Systemsoftware (Betriebssystem/Monitor, Datenbanksystem) sowie Anwendungssoftware (z.B. Beratungs-, Handels-, Abwicklungssysteme) unterschieden.[4] Die klassische DV beschränkt sich weitgehend auf die Verarbeitung von Transaktionsdaten.

Unter *Informatik* wird die Wissenschaft, Technik und Anwendung der systematischen und automatischen Verarbeitung von Informationen verstanden. Informationen sind Daten, denen eine Bedeutung zugeordnet wurde – sie sind zweckorientiertes Wissen.

Der Begriff *Informationsverarbeitung* (IV) bezeichnet den Prozeß, in dem Informationen erfaßt, gespeichert, übertragen und transformiert werden. Die IV schließt neben der Datenverarbeitung auch andere Formen ein, z.B. die Wissensverarbeitung. Die Informationsverarbeitung erfolgt in Informationssystemen. Darunter sollen in diesem

---

[3] Vgl. Krönung, H.D. (1996), S. 48ff.
[4] Während die Systemplattform (Hardware und Systemsoftware) branchenneutral ist, sind die Anwendungssysteme, die die Geschäftsprozesse einer Bank unterstützen, bankspezifisch.

Kontext ausschließlich Systeme verstanden werden, die auf Informatikkomponenten basieren (im Gegensatz zu nichtinformatikgestützten Informationssystemen).

Informationstechnologie (IT) faßt die den Informationssystemen zugrundeliegenden Informations- und Kommunikationstechnologien zusammen. Der Begriff IT wird im Singular gebraucht, wenn er als Oberbegriff für die einzelnen, in einer Branche relevanten Technologien der Informationsverarbeitung genutzt wird.[5] Mit IT wird die Gesamtheit von Hardware, Software, Kommunikationstechnik einschließlich der Verfahren zur Systemplanung und -entwicklung bezeichnet. Unter Techniken sind Verfahren der Informationsverarbeitung zu verstehen – im wesentlichen Ein- und Ausgabetechniken, Speichertechniken, Datenübertragung und Verarbeitungstechniken.

2. Situation der bankbetrieblichen Informationsverarbeitung

Die IT-Infrastruktur unterscheidet sich zum Teil erheblich zwischen einzelnen Kreditinstituten sowie zwischen den Bankengruppen. Dennoch gibt es gemeinsame Grundstrukturen der Bankinformatik, die im folgenden skizziert werden.

2.1 Entwicklungsstufen der Bankinformatik

Kreditinstitute waren früh mit der Massenverarbeitung von Daten konfrontiert. Dementsprechend war die Bankbranche eine der ersten Anwender von Groß-EDV. Die Entwicklung des IT-Einsatzes vollzog sich über vier Dekaden, die jeweils von Technologiewellen geprägt waren (Abbildung 1).[6]

Ausgangspunkt der bankbetrieblichen DV war die Aufnahme des Privatkundengeschäfts im großen Stil in den 60er Jahren. Dementsprechend stand die Entwicklung von Buchungssystemen, die große Datenmengen aus der Kontoführung verarbeiten konnten, im Vordergrund. Die Verbuchung erfolgte im *Batch-Verfahren*: Nach einem sogenannten Buchungsschnitt wurden (und werden bis heute) die Daten über Nacht vom Großrechner *(Mainframe, Host)* als „Stapel" verarbeitet *(Batch-Datenverarbeitung)*.

In den 70er Jahren entstanden in den Banken Programme für die einzelnen Banksparten (z.B. Kredit-, Spar- und Wertpapierabwicklung). Dabei handelte es sich zunehmend um Dialoganwendungen, die im *Time-Sharing-Verfahren* arbeiteten. Damit erhielten die Bankmitarbeiter im Rahmen dieser Programme Zugriff auf den Großrechner der Bank *(Time-Sharing-Datenverarbeitung)*.

---

[5] Zu Technologien in Banken vgl. Daniel S./Weber G. (1998).
[6] Vgl. zur Historie der Bankinformatik Dube, J. (1995), S. 25ff.

Phase 1: Batch-Daten- verarbeitung	Phase 2: Time-Sharing- Datenverarbeitung	Phase 3: Individualisierte Informationsverarbeitung	Phase 4: Vernetzte Informationsverarbeitung
– Kontoführung – einfache Systeme der Zahlungsverkehrsabwicklung – Verarbeitung von Massendaten – Buchungssysteme – COBOL-Programmierung – Lochkarten	– Entstehen von Spartenanwendungen – bildschirmgestützte Dialoganwendungen – Terminalisierung der Filialen – Zentrale EDV-Abteilung – Plattenspeicher, Magnetbänder, TP-Steuerungsprogramme	– Ergänzung um Auftragsabwicklungssystem – vorgeschaltete Auftragsverwaltungssysteme – isolierte PCs – Intelligenz am Arbeitsplatz – individuelle DV, 4GL-Sprachen – Electronic Banking	– Inhouse-Vernetzung globale Netze – verteilte Verarbeitung, Client/Server-Architekturen – Workflow-Management-Systeme – CASE-Werkzeuge – Objektorientierte Programmierung – Internet, Multimedia – IT als Servicefunktion – Komponentensoftware – Real-Time-Verarbeitng
1960	1970	1980	1990 2000
Komplexität des Bankgeschäfts: niedrig, stabiles Umfeld	Komplexität des Bankgeschäfts: mittel, sich veränderndes Umfeld	Komplexität des Bankgeschäfts: hoch, instabiles Umfeld	Komplexität des Bankgeschäfts: sehr hoch, Umfeld mit Überraschungen

Abbildung 1: Entwicklung der Informatik in Banken

Die Bearbeitung von Kundenaufträgen wurde in der Folgezeit durch Auftragsbearbeitungs- und Verwaltungssysteme erleichtert. Für interne Zwecke kamen Programmiersprachen der vierten Generation (*Fourth Generation Languages*, 4GL) zum Einsatz. Dadurch war es Mitarbeitern aus Fachabteilungen erstmals möglich, auf Großrechnerdaten zuzugreifen und daraus Informationen zu generieren. Darüber hinaus hielten Ende der 80er Jahre PCs Einzug in die Banken, so daß von einer Dekade der individualisierten Informationsverarbeitung gesprochen werden kann.

Die 90er Jahre stehen im Zeichen der *vernetzten Informationsverarbeitung*. Die Banken bauen ihre eigene nationale und weltweite Vernetzung aus, konzipieren neue IT-Systeme als Client/Server-Strukturen und forcieren den elektronischen Datenaustausch. Zunächst nur mit Firmenkunden, aber die Präsenz von PCs in Privathaushalten und die explosionsartige Verbreitung des Internet sorgen für eine zunehmende elektronische Vernetzung auch mit Privatkunden.

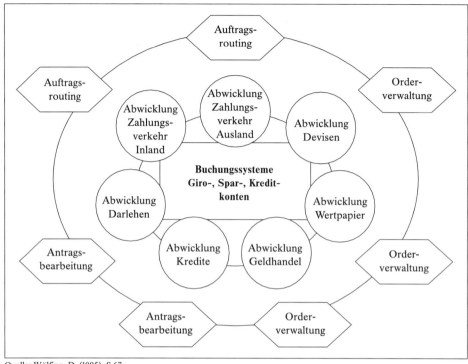

Quelle: Wölfing, D. (1995), S.67

Abbildung 2: Basisstruktur operativer IT-Systeme in Banken

2.2 Struktur der heutigen Anwendungslandschaft

In vielen Instituten finden sich heute schwer zu durchschauende, hochintegrierte IT-Strukturen. Verständlich wird die Komplexität der Systeme durch die spezifische historische Entwicklung der bankbetrieblichen Informationsverarbeitung (Abbildung 2).[7]

Zunächst waren umfangreiche, auf Großrechnern installierte Buchungssysteme entstanden, deren Architektur das Konto ins Zentrum stellte. Jedes Konto wurde mit Hilfe einer Lochkarte repräsentiert. Auch die Umsätze auf diesem Konto wurden durch Lochkarten dargestellt. Die Aufgabe der Programmierer bestand darin, den damals teuren Speicherplatz optimal auszunutzen. Die Buchungssysteme wurden in der Folge um einfache Systeme der Abwicklung von Zahlungsverkehrsaufträgen ergänzt. Zudem wurden um das Konto herum Spartenanwendungen entwickelt. Das Kontokorrentkonto wurde zum Spar- bzw. Kreditkonto modifiziert, später folgte analog das Wertpapierdepot. Die Informatik folgte damit dem Organisationskonzept der Banken, nach dem deren unterschiedliche Geschäftsarten (Funktionen) jeweils in einer eigenen Abteilung (Sparte) aus-

---

[7] Vgl. dazu Wölfing, D. (1995), S. 66f.

geführt wurden. Um die Buchungssysteme legte sich anschließend ein weiterer Applikationsring. Vor die Abwicklungssysteme wurden nun Programme zur Unterstützung der Kundenberatung und Sachbearbeitung gesetzt. Dabei handelte es sich um Bearbeitungs-, Verwaltungs- und Routingprogramme.

Die Anwendungssysteme der Banken sind damit über die Zeit gewachsen und zu hochintegrierten Paketen geworden. Die Grundstruktur ist bis heute praktisch unverändert geblieben. Entsprechend der Orientierung an den Funktionen spricht man von Spartensystemen oder Silo-Strukturen. Da die Funktions- und Datenstrukturen der operativen Systeme vielfach aus den 60er und 70er Jahren stammen, werden diese Anwendungen auch als Altsysteme *(Legacy Systems)* bezeichnet.

2.3 Probleme der Informationsverarbeitung

Die enorme Bedeutung der Informationsverarbeitung wirkt sich u.a. in erheblichen Investitionen in die IT-Infrastruktur aus. Binnen weniger Jahre ist die Informationsverarbeitung zu einem wesentlichen Kostenverursacher im Bankgeschäft geworden. Eine Abschätzung der tatsächlich investierten Beträge gestaltet sich schwierig. Die konkreten Zahlen werden in der Regel nicht offengelegt. Zudem wird höchst unterschiedlich mit der Abschreibung sowie der Kostenzurechnung auf IT-Bereich bzw. Fachbereiche verfahren. Als Hilfsgröße kann der in den Gewinn- und Verlustrechnungen angegebene Verwaltungsaufwand herangezogen werden. Erfahrungsgemäß lagen die IT-Kosten deutscher Filialbanken im Durchschnitt bei etwa 10–15 % vom Verwaltungsaufwand.[8] Seit Mitte der 90er Jahre ist es jedoch zu einer drastischen Steigerung der IT-Aufwendungen gekommen, so daß viele Institute bereits die 20 %-Marke erreicht haben. US-amerikanische Institute liegen seit längerem in dieser Größenordnung, Investmentbanken eher bei 30 % vom Verwaltungsaufwand. Ausgehend von dem konservativen Wert von 15 % des Verwaltungsaufwands ergibt sich für das IT-Budget großer Banken folgende Schätzung.[9] Demnach lagen 1996 die IT-Ausgaben der Deutschen Bank bei über 2,2 Mrd. DM, der Dresdner Bank bei 1,2 Mrd. DM, der Bayerischen Vereinsbank und der Hypobank zusammen bei rund 1 Mrd. DM und der Commerzbank bei knapp 800 Mio. DM. Allein die zehn größten Institute in Deutschland dürften jährlich zwischen 7 und 8 Mrd. DM für ihre IT ausgeben, die IT-Ausgaben aller deutschen Kreditinstitute dürften derzeit zwischen 18 und 22 Mrd. DM p.a. liegen. Die Banken haben es hier mit einem ganz erheblichen Kostenblock zu tun. Da die Institute den neuen technischen Entwicklungen folgen müssen und bereits ein Innovations- und Technologiewettbewerb entbrannt ist, werden die IT-Kosten weiterhin überproportional steigen. Schätzungen gehen von einem Anstieg um mindestens 10 % pro Jahr aus.

---

[8] Vgl. Moormann, J./Wölfing, D. (1991), S. 677f.
[9] Die Angaben beruhen auf der GuV-Position Allgemeine Verwaltungskosten (bestehend aus Personalaufwand und anderen Verwaltungsaufwendungen) und beziehen sich auf Konzernzahlen.

Trotz der erheblichen Investitionen ist die IT-Situation in vielen Instituten alles andere als zufriedenstellend.[10] In den meisten Häusern stellen die operativen Systeme das größte Problem dar:

- Die Verarbeitungssysteme für die Grundfunktionen (Kontokorrent, Zahlungsverkehr, Verwaltung der Kontostammdaten) sind bei vielen Instituten veraltet. Durch vielfältige Erweiterungen sind schwer zu durchschauende, monolithische Blöcke entstanden. Anpassungen an neue Anforderungen sind zeitaufwendig und teuer, da die Systeme nicht parametergesteuert sind.

- Ursprünglich als reine Buchungssysteme zur Bewältigung der Massendaten konzipiert, sind diese Systeme heute zu unflexibel. Eine integrierte Vorgangsbearbeitung war nicht vorgesehen. Mit modernen Front-End-Lösungen sind die Altsysteme häufig nicht kompatibel, weil diese in der Regel auf proprietären Rechner- und Netzlösungen basieren. Da die Systeme spartenorientiert und nicht an den Geschäftsprozessen der Bank ausrichtet sind, ist eine durchgängige Bearbeitung oft nicht sichergestellt. Bei den Altsystemen steht das Konto und nicht – wie es heute notwendig ist – der Kunde im Zentrum der IT-Architektur.

- Die Vielzahl heterogener Teilsysteme hat zu einer ausgeprägten Interdependenz der IT-Anwendungen geführt – und damit zu extrem vielen Schnittstellen sowohl zwischen internen Systemen (insbesondere im Kontokorrentbereich) als auch zu externen Systemen (Börsen etc.). Zudem gestaltet sich der Umbau zu verteilten Anwendungen aufgrund der traditionellen Großrechnerorientierung als schwierig.

- Aufgrund einer fehlenden gemeinsamen Datenbank stellen die bisherigen operativen Systeme zudem eine ungeeignete Basis für Controlling-Auswertungen dar. Inkonsistente Zahlen sowie ein enormer Aufwand bei der Datenzusammenführung sind die Folge.

Die Ursachen für die gegenwärtige Situation sind vielschichtig. Ein Grund mag darin liegen, daß mittel- und langfristige IT-Strategien selten erkennbar sind. Aber nur mit einer klaren Ausrichtung ist das Informatikmanagement in der Lage, die Flut von Wünschen und Anforderungen zu bewerten und zu kanalisieren. Interviews ergaben, daß IT-Managern die Geschäftsstrategie ihrer Bank oft unbekannt ist.[11] In einem solchen Fall wird die Priorisierung von IT-Projekten schwierig sein. Durch den hohen Wartungsaufwand für Altsysteme (z.T. zwei Drittel der Entwicklungskapazitäten einer Bank) bleibt nur wenig Raum für einen grundlegenden Neubau der Bankinformatik.

2.4 Aktuelle Anforderungen an die Bankinformatik

Das primäre Problem der Bankinformatik ist struktureller Art und muß durch Ablösung oder Umbau der Altsysteme gelöst werden. Darüber hinaus strömen auf die IT-Verantwortlichen permanent neue Anforderungen ein. Hierzu zählen neben der Um-

---

[10] Vgl. auch Brombacher, R. (1995), S. 12f.
[11] Vgl. Moormann, J. (1994), S. 28ff.

stellung auf die Euro-Währung und der Datumsumstellung auf das Jahr 2000 folgende Aspekte:
- Umsetzung einer Vielfalt neuer gesetzlicher Rahmenbedingungen im Inland sowie neuer EU-Gesetze und -Richtlinien,
- Erstellung wissensbasierter Systeme, elektronischer Produkte für die Bankkundschaft und Multimedia-Komponenten im Front-Office-Bereich,
- Aufbau von Handelsräumen und Abwicklungssystemen für das Investment Banking,
- Unterstützung sämtlicher Geschäftsprozesse durch Workflow-Management-Systeme und Groupware-Systeme,
- weitere Automatisierung des Back-Office-Bereichs,
- Real-Time-Verbuchung zumindest von Großbeträgen im Firmenkundengeschäft,
- Unterstützung der bankbetrieblichen Steuerung (Systeme des strategischen und operativen Controlling, der Treasury und des Risikomanagements),
- Aufbau von Data-Warehouse- und Data-Mining-Strukturen für das Marketing,
- Investitionen in neue IT-Welten (Internet, interaktives Fernsehen usw.), um in neuen Geschäftsfeldern aktiv werden zu können (Direktbankgeschäft, Betrieb elektronischer Shopping-Malls u.ä.).

Schon heute sind viele Institute kaum in der Lage, die anstehenden Aufgaben in technischer, personeller und finanzieller Sicht allein zu lösen. Die IT-Ressourcen sind in der Regel gebunden, gleichzeitig erfordert der Markt jedoch neue Anwendungen. Der schnelle Fortschritt der systemnahen Software und der Entwicklungswerkzeuge überfordert gerade kleine und mittelgroße Institute. Möglicherweise kommt es zukünftig zu Unternehmenszusammenschlüssen, weil einzelne Banken ihre Informationsverarbeitung nicht mehr bewältigen können. Eine Anpassung der bankbetrieblichen Produktionsstruktur erscheint dringend notwendig.

3. Grundsätzliche Optionen für eine Neugestaltung

Voraussetzung für die Neugestaltung der Informatik ist die Existenz einer klaren strategischen Ausrichtung der Gesamtbank. Das Institut muß auf eindeutige Unternehmensziele und strategische Geschäftsfelder ausgerichtet sein. Außerdem sind die bankindividuellen Geschäftsprozesse zu identifizieren. Erst die Kenntnis der Prozesse ermöglicht die Ableitung einer fundierten Informatikstrategie für das Institut.[12]

Ausgangspunkt IT-strategischer Überlegungen muß die Analyse des Zusammenhangs zwischen der gewählten Unternehmensstrategie und den Konsequenzen für das IT-Konzept sein. Dazu kann das Modell der generischen Wettbewerbsstrategien von Porter ge-

---

[12] Die Geschäftsprozesse müssen im Rahmen von Reengineering-Projekten optimiert werden, bevor IT-Anwendungen neu gestaltet werden. Zu Auswirkungen von Reengineering auf die Bankinformatik vgl. Moormann, J. (1996).

Grundstrategie (nach Porter)	Interpretation	Konsequenzen für die IT-Strategie
Kostenführerschaft	kostengünstige Abwicklung des Mengengeschäfts, Rationalisierung	Standardsoftware für die Basisanwendungen, Kooperation, Outsourcing
Differenzierung	Profilierung gegenüber dem Wettbewerb, Preisspielräume	Eigenentwicklung, Kooperation mit strategischen Partnern
Spezialisierung	Konzentration auf ausgewähltes Marktsegment (Nische), Kostenvorteile oder Differenzierung	*bei Kostenaspekt:* Standardsoftware, Kooperation, Outsourcing *bei Differenzierungsaspekt:* Individuelle IT-Lösungen

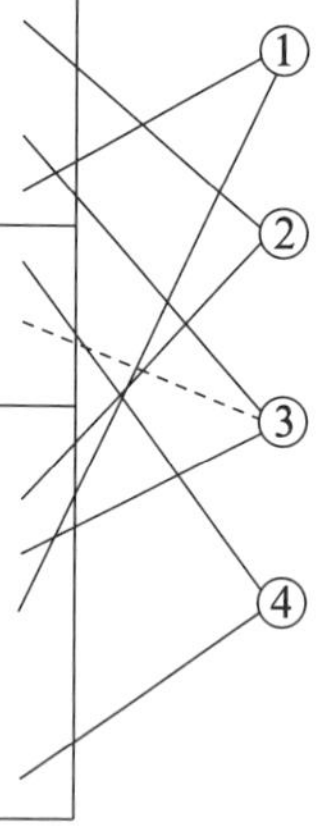

Abbildung 3: Vier Lösungsansätze für die Bankinformatik

nutzt werden. Er unterscheidet drei Strategietypen, die einen nachhaltigen Wettbewerbsvorteil für das Unternehmen sicherstellen sollen: die Strategie der Kostenführerschaft, die Differenzierungsstrategie und die Strategie der Fokussierung.[13] Eine Bank kann in ihren Geschäftseinheiten durchaus unterschiedliche Grundstrategien verfolgen. Zudem versuchen einige Institute, hybride Strategien – Kombinationen aus Kostenführerschaft und Differenzierung – zu realisieren. In Abhängigkeit von der strategischen Ausrichtung ergeben sich vier grundsätzliche Möglichkeiten für die Bankinformatik (Abbildung 3):

- die Auslagerung an externe Anbieter (①),
- der Einsatz von Standardsoftware (②),
- die Kooperation mehrerer Banken (③) sowie
- die Eigenerstellung (④).[14]

3.1 Auslagerung an externe Anbieter

In der Industrie wird die Verringerung der Fertigungstiefe seit vielen Jahren verfolgt. Schon längst produziert kein Automobilhersteller eigene Vergaser, Elektronik usw. Stattdessen hat sich eine starke Zulieferindustrie entwickelt, die nach dem *Just-in-Time-Prinzip* liefert und in die Wertschöpfungskette integriert ist. Ähnliche Entwicklungen sind im Schiffbau, Anlagenbau usw. zu beobachten. Das Ziel besteht darin, die Teile einer Wertschöpfungskette, in denen andere Hersteller ihre Kernkompetenzen haben und damit

---

[13] Vgl. Porter, M. (1992), S. 62 ff.
[14] Vgl. Moormann, J./Wölfing, D. (1994), S. 193 f.

leistungsstärker sind, von Dritten zu beziehen. Das Auslagern in größerem Stil *(Outside Resource Using, Outsourcing)* ist im Bankgewerbe erst in dieser Dekade zu beobachten. Dazu bieten sich diejenigen Bereiche an, die für die Bank keine strategische Bedeutung haben und in denen grundsätzlich Economies of Scale zu erzielen sind – etwa die Abwicklung des Zahlungsverkehrs, des Wertpapiergeschäfts usw.

Einzelne Komponenten des bankbetrieblichen Fertigungsprozesses und damit der Informatik werden schon seit Jahren von fremden Dienstleistern zugeliefert, z.B.

- der Betrieb des Rechenzentrums (RZ) der Bank und/oder das Back-up des RZ,
- die Pflege und Wartung von bankbetrieblichen Altanwendungen,
- der Betrieb des gesamten Client/Server-Netzes,
- die Übernahme sämtlicher Back-Office-Arbeiten des Wertpapiergeschäfts,[15]
- die Abwicklung des Zahlungsverkehrs Inland/Ausland und
- die technische Abwicklung des Kartengeschäfts (Kartenprocessing).[16]

Zurückhaltender sind die Banken bei der kompletten Übertragung der Informatik auf externe Dienstleister.[17] Unter dem Aspekt der Konzentration auf die unternehmerischen Kernkompetenzen, also das eigentliche Bankgeschäft, bietet sich jedoch die Vergabe der Massen-DV an einen Outsourcing-Anbieter an – zumal die Kernkompetenz eines IT-Spezialisten gerade im Informatikservice liegt. So hat die Schutzgemeinschaft für allgemeine Kreditsicherung (SCHUFA) schon vor vielen Jahren ihre komplette Datenverarbeitung an einen externen Dienstleister abgegeben. Aktuelle Beispiele für vollständige Auslagerungen sind das Bankhaus Sal. Oppenheim in Deutschland und die Privatbankengruppe Banco Ambrosiano Veneto in Italien.[18]

3.2 Einsatz von Standardsoftware

Sofern die Informationsverarbeitung durch das Institut selbst erfolgt, ist der Einsatz von standardisierter Bankensoftware zu prüfen.[19] Aus Kostengründen sollte diese eingesetzt werden, wo immer es möglich ist. Das gilt insbesondere für die Bereiche, in denen sich die Bank nicht von anderen Häusern unterscheidet, also vor allem für die Abwicklung von Basistransaktionen. Grundsätzlich ist Standardsoftware in Gesamtbankpakete und Teillösungen zu differenzieren.

Gesamtbankpakete sind in Deutschland seit rund 30 Jahren im Einsatz. Sie eignen sich primär für kleine und mittelgroße Banken. Technisch sind sie auf Plattformfamilien bezogen (IBM /390 oder AS/400, SNI BS2000). Relativ erfolgreich sind die Pakete Kordoba (SNI) für Retailbanken und Paba (Actis) für Auslandsbanken mit rund 60 bzw. 50

---

[15] Vgl. dazu Schüller, B. (Beitrag in diesem Buch).
[16] Vgl. auch Moormann, J./Wölfing, D. (1991).
[17] Einige Kreditinstitute haben die eigene IT in separate Gesellschaften ausgegliedert, wie z.B. BV-Info GmbH (Bayerische Vereinsbank) und H.E.L.B. der Hypobank. Dabei handelt es sich jedoch nicht um Outsourcing im eigentlichen Sinn.
[18] Vgl. Zastrow, R. und Streibich, K.-H. (Beiträge in diesem Buch).
[19] Unter Standardsoftware soll Software verstanden werden, die mehrmals identisch installiert ist.

Installationen. Das dritte Paket, MBS (Alldata), ebenfalls für Retailbanken, bewegt sich bereits an der Schnittstelle zu Teillösungen. In Marktnischen finden neuere Konzepte, die auf Client/Server-Lösungen basieren, wie Bancos (G&H) oder The Boss (SBZ) ihren Einsatz. International hat Midas (BSI) eine relevante Verbreitung gefunden. Insgesamt war den Gesamtbankpaketen bisher wenig Erfolg beschieden.[20] Der Markt ist klein, da sich die Pakete für Großinstitute nicht eignen und sich sowohl die Sparkassen- als auch die Genossenschaftsorganisation zu kooperativen Lösungen entschieden haben. Zudem sind die verbreiteten Produkte nicht an den Geschäftsprozessen einer Bank orientiert, sondern folgen dem traditionellen Konzept der Spartenorganisation. Grundsätzlich wird durch Standardsoftware zwar die kostenaufwendige Erstellung und Pflege der Individualsoftware abgeschafft, aber häufig können die geschäftlichen Anforderungen mit reiner Standardsoftware nicht erfüllt werden. Funktionen, die von der Standardsoftware nicht abgedeckt werden, müssen in Form sogenannter Rucksäcke hinzugefügt werden. Diese Zusatzprogramme sind von der Bank selbst zu entwickeln und zu warten.[21]

Neben den Gesamtbankpaketen sind am Markt Softwarepakete verfügbar, die Teillösungen für das Bankgeschäft bieten. Vorgefertigte Anwendungspakete finden sich in bankinternen Bereichen (z.B. SAP Banking für Kostenrechnung, Risikomanagement und Bilanzstrukturmanagement, Peoplesoft und PAISY im Personalbereich, Samba im Meldewesen). Darüber hinaus wird in Banken eine Vielzahl von Standardprodukten im operativen Bereich eingesetzt. Beispiele sind BSP im Wertpapiergeschäft, Devon für den Derivatehandel sowie Pakete für die elektronische Abrechnung, das Auslandsgeschäft etc.

Leider verfügen vorgefertigte Produkte oft nicht über standardisierte Schnittstellen und fördern damit die Heterogenität der IT in Banken. Der Trend geht deshalb zu modularen Lösungen, die über gemeinsame Schnittstellen zu größeren IT-Systemen zusammengesetzt werden können. Ein anderer Weg besteht in der Entwicklung für zunächst ein Institut und anschließender Vermarktung der Software[22] bzw. in der Pilotierung in einem Institut und paralleler Vermarktung.[23]

3.3 Kooperation mehrerer Banken

Der steigende Wettbewerb im Finanzdienstleistungsbereich führt zu neuen Konzepten in der bankbetrieblichen Produktion. Während in der Vergangenheit die Fertigung im Alleingang üblich war, gewinnt nun die gemeinsame Fertigung und die Teilung der Fixkosten an Bedeutung. Unter diesem Aspekt erscheint die Zusammenarbeit mehrerer Banken in der Anwendungsentwicklung und/oder beim RZ-Betrieb zunehmend inter-

---

[20] Mehrfach sind Großprojekte für standardisierte Bankenpakete gescheitert, z.B. Bank2000 (NCR) und Unibank (Unisys).
[21] Als Faustregel gilt, daß beim Einsatz von einer DM für Standardsoftware weitere zwei DM für Anpassungsmaßnahmen einzuplanen sind.
[22] Vgl. Schlangen, G. (Beitrag in diesem Buch).
[23] Vgl. Strabel, P. (Beitrag in diesem Buch).

essant. Eine gemeinsame Ressourcennutzung, selbst zwischen Konkurrenzunternehmen, wird deshalb im Bankenbereich zukünftig ein zentrales Thema sein.

Kooperationsprojekte sind wiederum in denjenigen Bereichen sinnvoll, in denen kein strategischer Wettbewerbsvorteil liegt. Insofern bietet sich die Zusammenarbeit gerade bei der kostenintensiven Abwicklung des Mengengeschäfts an. Interessant kann aber auch die Kooperation mehrerer Partnerbanken bei der Entwicklung strategisch sensibler Anwendungen sein. Da die Kooperationsbestrebungen in den drei Bankengruppen sehr unterschiedlich verlaufen sind, werden diese im folgenden separat betrachtet.

3.3.1 Kooperation in der Sparkassenorganisation

Die Kooperation im Sinne des Betriebs gemeinsamer Anwendungssoftware ist im Sparkassenbereich weit fortgeschritten. 98% aller Sparkassen sind an Verbandsrechenzentren angeschlossen, die von neun Datenverarbeitungsgesellschaften betrieben werden (z.B. dvg Hannover und Informatik-Zentrum Bayern mit jeweils über 100 angeschlossenen Sparkassen). Die in diesen DV-Gesellschaften eingesetzte Software unterscheidet sich jedoch. Über das Informatikzentrum der Sparkassenorganisation (SIZ) wird versucht, die Anwendungsentwicklung zu koordinieren und schließlich zu einer verteilten, aber einheitlichen Software zu gelangen.[24] Einige wenige Sparkassen haben sich für die Eigenentwicklung entschieden, wobei es sich dabei um größere Häuser (z.B. Hamburger Sparkasse, Landesgirokasse, Stadtsparkasse München) handelt.

Differenzierter sieht die Situation bei den Landesbanken aus. Aufgrund geschäftspolitischer Überlegungen haben sich mehrere Häuser zu Allianzen zusammengefunden. Als Folge daraus übernehmen diese Institute z.T. gegenseitig Teile der Anwendungssoftware (WestLB, Landesbank Schleswig-Holstein, Hamburgische Landesbank) oder gründen gemeinsame IT-Gesellschaften (Nord/LB und Bankgesellschaft Berlin). Andere setzen dagegen auf Eigenentwicklung (Bayerische Landesbank, Landesbank Hessen-Thüringen). Darüber hinaus gibt es projektbezogene Kooperationen (z.B. Wertpapieranwendung für die SüdwestLB und die Bayerische Landesbank).

3.3.2 Kooperation in der Genossenschaftsorganisation

Auch die Genossenschaftsbanken sind den Weg der Kooperation konsequent gegangen. Die genossenschaftlichen Primärinstitute sind nahezu komplett an Gemeinschaftsrechenzentren angeschlossen. Diese werden von sieben DV-Gesellschaften betrieben, wobei der Norden Deutschlands von der GRZ Lehrte/GAD Münster und der Süden (sowie Berlin) von der Fiducia dominiert wird. Damit hat sich der genossenschaftliche Filialbankenbereich im wesentlichen auf zwei Bankanwendungen konzentriert. Anders stellt sich die Situation für die drei regionalen Zentralbanken und die DG BANK dar. Jedes dieser Institute betreibt derzeit weitgehend eigene Anwendungssysteme.

---

[24] Vgl. von Stülpnagel, A./Bendzulla, M. (Beitrag in diesem Buch).

3.3.3 Kooperation von privaten Banken

Im Bereich der privaten Kreditinstitute hat es ebenfalls Versuche der gemeinsamen Anwendungsentwicklung gegeben. Diese sind praktisch durchweg gescheitert. Teilweise waren die Wünsche der beteiligten Banken bezüglich der Funktionalität des Systems zu unterschiedlich oder die Komplexität aufgrund der notwendigen Integration in die Altsysteme zu groß. Auch wurden die Möglichkeiten von Entwicklungswerkzeugen *(CASE-Tools)* überschätzt, eine Durchgängigkeit von der fachlichen Spezifikation der Funktionalität bis zum lauffähigen Programmcode zu erhalten. Als Beispiel für eine neue Kooperation kann die ESG, EDV-Service Gesellschaft für Hypothekenbanken mbH, genannt werden, die als gemeinsame DV-Servicetochter der Deutschen Bank und der Dresdner Bank ein Anwendungssystem für Realkreditinstitute weiterentwickeln soll.

3.4 Eigenerstellung

Seit Beginn der elektronischen Datenverarbeitung sind Banken typische Eigenentwickler und Betreiber eigener Rechenzentren.[25] Individualsoftware bietet – im Rahmen der verfügbaren Ressourcen – Unabhängigkeit und Flexibilität des Bankhauses. Damit sind aber Nachteile verbunden. Die Wartung und Erweiterung der Anwendungen stößt schnell an die Grenzen der Kapazität des IT-Bereichs.

Heute sollten Anwendungen nur in den Bereichen selbst entwickelt werden, in denen Outsourcing, Standardsoftware oder Kooperation nicht in Frage kommen. Die Eigenerstellung der operativen Systeme findet dementsprechend nur noch in wenigen Kreditinstituten statt, d.h. bei großen Privatbanken, großen Sparkassen, Landesbanken und genossenschaftlichen Zentralbanken, Hypothekenbanken, Bausparkassen und Transaktionsbanken.[26] Für kleine und mittelgroße Institute ist die Eigenentwicklung nur noch für Teilbereiche relevant.[27]

Selbst für Großinstitute bietet sich ein differenzierter Ansatz an. Abbildung 4 zeigt, daß nur dort, wo der Wettbewerbsvorteil hoch ist (und sich der Geschäftsprozeß von dem anderer Banken unterscheidet), die Eigenentwicklung betrieben werden soll – und zwar unabhängig vom Entwicklungsaufwand. Zum Beispiel könnten Individualentwicklungen von Vertriebsunterstützungssystemen für die vermögende Privatkundschaft, Expertensysteme zur Kreditbeurteilung oder intelligenten Datenbanksystemen für das Marketing erwogen werden.[28] In diesen spezifischen Bereichen wird IT als strategische Waffe der Bank eingesetzt.

---

[25] Eigenentwicklung bleibt es für eine Bank auch dann, wenn sie auf externe Personalressourcen zur Erstellung ihrer Systeme zurückgreift oder die Softwareentwicklung in einem anderen Land (z.B. Deutsche Bank in Bangalore/Indien) oder global verteilt erfolgt (relokierte Eigenerstellung).

[26] Vgl. zur Eigenerstellung Fischer, T./Rothe, A. und Rauch, E./Grundner, H.-P./Weber, H.-W. (Beiträge in diesem Buch); Moll, K.-R. (1994), S. 69ff.

[27] Anders stellt sich die Situation für Institute dar, die sich auf ein bestimmtes Geschäftsfeld spezialisiert haben. Um sich hier differenzieren zu können, ist die Individualentwicklung sinnvoll.

[28] Vgl. auch Vögtle, M. (1997), S. 122ff.

Ist der erwartete Wettbewerbsvorteil niedrig (und der Geschäftsprozeß dem anderer &Institute ähnlich), kommt die Auslagerung, der Einsatz von Standardsoftware oder die Kooperation mit anderen Unternehmen in Frage. Für diese Bereiche (Abwicklung von Zahlungsaufträgen und Wertpapierorders, Personalabrechnung, usw.) gilt die IT als Commodity; hier muß permanent nach preiswerten Alternativen gesucht werden.

Bei mittleren erwarteten Wettbewerbsvorteilen und mittlerem bis hohem Entwicklungsaufwand muß von Fall zu Fall entschieden werden, ob eine Eigenentwicklung sinnvoll ist oder einer der anderen Wege beschritten werden soll.

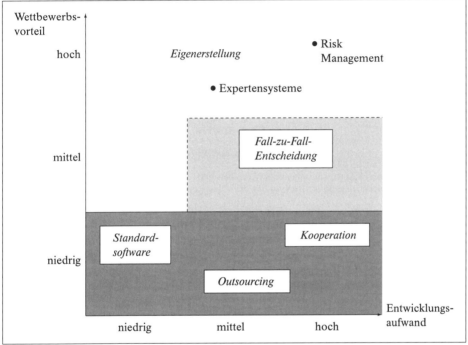

Quelle: In Anlehnung an Deutsche Bank AG (1995), S. 32

Abbildung 4: Entscheidungsportfolio zur IT-Produktion

Jede Bank muß sich damit selbst ein Portfolio ihrer Anwendungssysteme – differenziert nach den unterschiedlichen Optionen – zusammensetzen.

4. Ausblick

Vor dem Hintergrund des harten Wettbewerbs muß der Fertigungsprozeß in Banken restrukturiert werden. Die Unterstützung dieser Aufgabe stellt für die Informatik eine große Herausforderung und einen Umbruch aus der traditionellen DV-Welt in eine technisch neue Welt quer über alle Anwendungsbereiche dar. Als Optionen der IT-Leistungserstellung sind Outsourcing, Standardsoftware, Kooperation oder Eigenerstellung zu erwägen, nach Kosten/Nutzen-Kriterien zu beurteilen und in einem bankspezifischen IT-Portfolio zu integrieren. Die in vielen Instituten anstehende Neukonzeption sollte als Chance aufgefaßt werden, die Informatik konzeptionell neu auszurichten. Dann entstehen vielversprechende Perspektiven, neue kostengünstige Konzepte zu verwirklichen sowie flexiblere Systeme zu installieren und die Leistungsfähigkeit des gesamten Hauses deutlich zu verbessern.

Literaturhinweis

BROMBACHER, R., Ansätze zur Bewältigung der Softwarekrise bei Banken und Versicherungen, in: Information Management, 1995, Nr. 3, S. 12–20.

DANIEL, S./WEBER, G., Survey of Relevant Information Technologies in Banking, Arbeitsbericht Nr. 2 des ADAPT Projekts „IT in Banking", Fachhochschule Darmstadt 1998.

DAVENPORT, T.H., Process Innovation. Reengineering Work through Information Technology, Boston/MA 1993.

DAVENPORT, T.H./SHORT, J.E., The New Industrial Engineering. Information Technology and Business Process Redesign, in: Sloan Management Review, 1990, Nr. 4, S. 11–27.

DEUTSCHE BANK AG (Hrsg.), Informationstechnologie und Bankgeschäft, Festvortrag von Dr. Michael Endres, Broschüre, Frankfurt/M. 1995.

DUBE, J., Informationsmanagement in Banken, Wiesbaden 1995.

HAMMER, M., Reengineering Work: Don't Automate, Obliterate, in: Harvard Business Review, 1990, Nr. 4, S. 104–112.

KRÖNUNG, H.-D., Die Bank der Zukunft. Plattformen schaffen, Flexibilität und Leistungsfähigkeit sichern, Wiesbaden 1996.

MOLL, K.-R., Informatik-Management, Berlin 1994.

MOORMANN, J., Banken brauchen neue Informatik-Konzepte, in: Banking & Finance, 1994, Nr. 1, S. 26–31.

MOORMANN, J., Auswirkungen von Reengineering-Projekten auf die Informatik in Banken, in: Al-Ani, A. (Hrsg.), Business Reengineering in Banken: Erfahrungen aus der Praxis, Wien 1996, S. 65–84.

MOORMANN, J./WÖLFING, D., Fertigungstiefe in Banken verringern, in: Die Bank, 1991, Nr. 12, S. 677–680.

MOORMANN, J./WÖLFING, D., DV-Strategien in deutschen Banken, in: DV-Management, 1994, Nr. 4, S. 191–195.

PORTER, M., Wettbewerbsstrategie, 7. Aufl., Frankfurt/M. 1992.

VENKATRAMAN, N., IT-enabled business transformation: from automation to business scope redefinitions, in: Sloan Management Review, 1994, Nr. 4, S. 73–87.

VÖGTLE, M., Intelligente Informationssysteme für das Bankgeschäft. Eine theoretische und empirische Analyse ihrer strategischen Bedeutung, Freiburg i. Br. 1997.

WÖLFING, D., Vom Konto zum Kunden. Ansätze zur Bewältigung von Software-Altlasten bei Kreditinstituten, in: Information Management, 1995, Nr. 3, S. 66–72.

Eberhard Rauch/Hans-Peter Grundner/
Hans-Werner Weber

Migration in eine Client/Server-Architektur auf Basis von Windows NT

1. Ausgangssituation
2. Anforderungen an die Informationstechnologie einer Universalbank
3. Entscheidung für Windows NT
4. Systemarchitektur
5. Anwendungsarchitektur
6. Realisierung
    6.1 Entwicklungsphase
        6.1.1 Softwareproduktion
        6.1.2 System- und Netzwerkmanagement
        6.1.3 Unterstützungsfunktionen
    6.2 Pilotphase
    6.3 Flächeneinsatz
7. Ausblick

1. Ausgangssituation

Weltweit sehen sich die Finanzdienstleister grundlegenden Veränderungen ausgesetzt. Die Verschärfung des Wettbewerbs sowie gestiegene Erwartungshaltungen der Kunden erfordern eine kontinuierliche Überprüfung und Anpassung der Unternehmensstrategie. Probleme in den Universalbanken bestehen weiterhin durch das rasante Wachstum der Banken in der Vergangenheit, eine hohe Zahl neuer, unterschiedlicher Produkte und den zusätzlichen Aufbau alternativer Vertriebsnetze wie z.B. SB-, Direkt- und Online-Banking.

Zur Unterstützung der sich verändernden Prozesse werden in der Vereinsbank zunehmend technologische Innovationen berücksichtigt bzw. eingeführt. Die Definition einer unternehmensweiten IT-Architektur und die Auswahl der strategischen Partner sind hierbei von entscheidender Bedeutung. Zu beachten ist ferner, daß der IT-Bereich dabei nicht zu einem limitierenden Faktor für die Entwicklung des Unternehmens wird. Ursachen hierfür können sein:

- Der erhöhte Ressourcenbedarf für die Integration inkompatibler IT-Systeme von Konzernunternehmen,
- der notwendige Aufwand in Höhe von 10% bis 15% der jährlichen Entwicklungskosten für die Umsetzung von gesetzlichen Auflagen und Anforderungen,
- die Explosion der IT-Anforderungen aus den Bereichen Controlling, Marketing, Risikomanagement und Treasury,
- der Zwang, die Software künftig den internationalen Erfordnissen anzupassen,
- der weiterhin erforderliche Betrieb von veralteten (> 20 Jahre) Softwaresystemen.

Dieser Beitrag beinhaltet die Überlegungen der Vereinsbank zur Einführung einer neuen Systemplattform auf Grundlage von Microsoft Windows NT und beschreibt die hierzu erforderlichen Einführungsmaßnahmen.

2. Anforderungen an die Informationstechnologie einer Universalbank

Mit vorhandenen Systemplattformen können die heutigen Anforderungen an die Informationstechnologie nicht mehr erfüllt werden. Gefordert werden für die Zukunft

- Systeme mit grafischer Oberfläche zur einfacheren und schnelleren Bedienung,
- Bürokommunikationswerkzeuge als einheitliche Basis für Texte, Tabellenverarbeitung und Grafik, um Aufgabenstellungen der Anwender auch ohne aufwendige Programmierung lösen zu können,
- Internet-Zugang für neue Kommunikationsmöglichkeiten mit den Kunden,

- Intranet-Anwendungen, die helfen, den Informationsbedarf in der Bank strukturierter und gezielter zu erfüllen,
- Mechanismen und Funktionen, die die Fachbereiche in die Lage versetzen, ohne die Einschaltung eines zentralen IT-Bereichs eigenständig Intranet-Applikationen zu entwickeln und einzusetzen,
- interne und externe Erreichbarkeit aller Mitarbeiter im Unternehmen durch Nutzung von E-Mail-Systemen,
- Workflow-Systeme zur Umsetzung der in den Fachbereichen definierten Prozesse,
- Dokumentenmanagement-, Archiv- und Scanner-Systeme, um eine elektronische Bearbeitung aller Arten von Dokumenten zu ermöglichen,
- Multimediafähigkeit, um komplexe Zusammenhänge aussagefähig darstellen zu können sowie
- die Einbindung des heute noch dediziert betriebenen Business-TV-Netzes der Vereinsbank (V!A, Vereinsbank Interaktiv).

3. Entscheidung für Windows NT

Um diese Anforderungen zu erfüllen, wird eine hinsichtlich Funktionalität und Leistungsfähigkeit skalierbare Systemplattform gefordert. Sie muß offen sein für neue Technologien, durchgängig in sich geschlossen funktionieren und wirtschaftlich betreibbar sein. Diese Plattform muß eine Basis bilden, auf der Standardsoftware einfach integriert werden kann und Anwendungen mit minimalem Aufwand erstellt und schnell in der Bank eingesetzt werden können. Mit der von Microsoft angebotenen Produktfamilie können die Anforderungen erfüllt und entsprechende Systemplattformen aufgebaut werden:

- Die Skalierbarkeit von NT reicht vom Notebook bis zum leistungsfähigen Server,
- die Kosten von NT-Systemen liegen deutlich unter denen von UNIX, insbesondere für den Client,
- Windows-Oberflächen werden von vielen Anwendern beherrscht, die privat oder geschäftlich mit einem Computer arbeiten; dadurch kann der Ausbildungsaufwand reduziert werden,
- Microsoft verbindet NT mit bestehenden Host- und UNIX-Welten,
- mit COM *(Component Object Model)* steht ein praktikabler Ansatz für die Komponentenbildung zur Verfügung,
- durch die wachsende Anzahl der am Markt vorhandenen Standardprodukte für Windows NT können Anforderungen im Unternehmen schnell (Time to Market) erfüllt werden und
- mit der in NT integrierten Web-Technologie können multiple Oberflächen für identische Funktionen realisiert werden.

Dabei ist mit NT nicht nur das Betriebssystem zu betrachten, sondern das gesamte Umfeld und die Middleware (SNA-Server, SQL-Server, Exchange usw.), die Microsoft ergänzend zu NT liefert. Nur so ist sichergestellt, daß Systemfunktionalitäten ineinandergreifen und systemweit genutzt werden können. Damit wird erreicht, daß die eigene Systemprogrammierung auf das notwendige konzentriert werden kann. Die Integration der jeweiligen Systemkomponenten liefert der Hersteller ganzheitlich. Die umfassende Produktfamilie reduziert den Aufwand bei der Softwareauswahl und bei der Fehlerbehebung. Probleme werden nur an einen Hersteller adressiert.

Die vorliegenden Erfahrungen bestätigen die getroffene Entscheidung. Hinderlich sind zur Zeit noch die teilweise zu langen Produktzyklen, Schwächen im Systemmanagement und die unvollständige Integration von Fremdsoftware in die NT-Plattform (z.B. Adaption der Sicherheitsmechanismen).

4. Systemarchitektur

Das Filialnetz der Vereinsbank umfaßt im In- und Ausland 700 Standorte. An ca. 25 000 Arbeitsplätzen in Filialen, Niederlassungen und Zentralbereichen wird Informationstechnologie hochgradig genutzt. Der überwiegende Anteil dieser Arbeitsplätze und Personal Computer basiert heute noch auf der 3270-Technologie, Windows 3.1 und dem 4700-Bankensystem von IBM. Diese Arbeitsplätze sind direkt an den Großrechner angeschlossen. Lokale Netze auf UNIX-Basis werden vorwiegend in den Handelsbereichen (Devisen- und Wertpapierhandel) eingesetzt. In Einzelfällen finden lokale OS/2-Netze Verwendung.

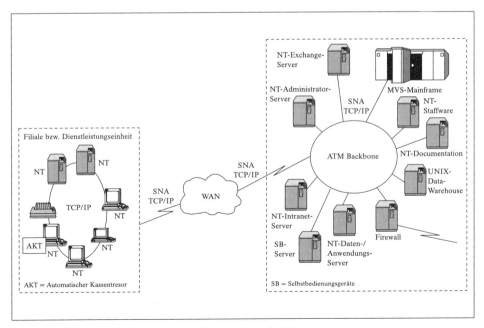

Abbildung 1: Aufteilung der Hardwarekomponenten im Netz

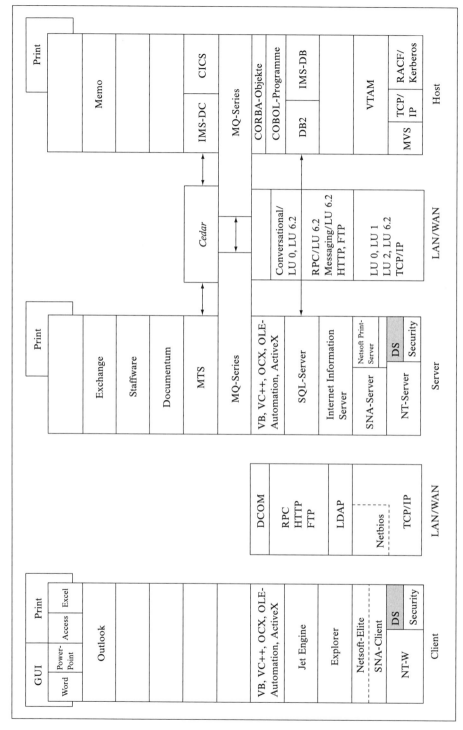

Abbildung 2: Aufteilung der Softwarekomponenten im Netz

Die künftige Systemarchitektur der Vereinsbank sieht NT-Client als Arbeitsplatzrechner, NT-Server als dezentralen und zentralen Server vor. Daneben existieren IBM-Großrechner als zentrale Basis für die Batch-Verarbeitung, als Daten-Server für operative Daten und für den Betrieb vorhandener 3270-Online-Systeme. Im Data-Warehouse-Bereich werden Oracle-Datenbanken auf UNIX-Plattformen eingesetzt. Die Verbindung der Systeme untereinander erfolgt mit Standardprotokollen und -schnittstellen. Kern der neuen IT-Strategie sind zentral installierte Server. Clients beschränken sich in Zukunft auf die Unterstützung Browser-fähiger Anwendungen auf der Basis von Web-Technologien. Funktions- und Daten-Services können damit zentral betrieben, modifiziert und administriert werden. Dadurch werden die laufenden Kosten eines flächendeckenden und international ausgeprägten Netzes beherrschbar. Die Abbildungen 1 und 2 skizzieren die Zusammenhänge hinsichtlich der Hard- und Softwarekomponenten.

5. Anwendungsarchitektur

Die Anwendungsarchitektur sieht

- die Zerlegung von operativen und informativen Komponenten,
- die Trennung von Prozeßsteuerung und Funktionen,
- eine Aufteilung der Anwendungen in die Schichten GUI *(Graphical User Interface)*, Geschäftslogik und Datenspeicher,
- die Einbindung der Office-Produkte in die Anwendungsentwicklung und
- umfassendere Standardisierung vor.

Diese Ausrichtung und die neuen Techniken bilden die Plattform für den integrierten Arbeitsplatz. Damit wird ein Rahmen für die Anwendungsentwicklung im Client/Server-Umfeld geschaffen. Basierend auf Kundenmanagement- und Produktprozessen, die der Fachbereich mit Hilfe von ARIS, einem Programmpaket zur Darstellung von Geschäftsprozessen, modelliert, erfolgt die Umsetzung der Prozesse mit dem Workflow-Werkzeug Staffware. Exchange als Message- und Groupware-Werkzeug ist die Kommunikationsdrehscheibe zwischen den Benutzern. In diese Prozesse werden die DV-Funktionen eingebunden. Die Daten werden in einem Datencontainer, der aus der operativen Datenwelt der Hosts gespeist wird, den Anwendungen zur Verfügung gestellt.

6. Realisierung

Die umfassende Einführung komplexer Client/Server-Systeme stellt besondere Herausforderungen an ein Unternehmen. Stabilität und Aufrechterhaltung des laufenden Produktionsbetriebs sowie eine reibungslose, problemfreie und effiziente Migration in die neue Plattform stehen dabei im Vordergrund. Klar definierte Zielsetzungen, Aufgabenstellungen und der Aufbau einer adäquaten Projektorgansiation sind wesentliche Faktoren für eine erfolgreiche Realisierung. Dem Umfang und der Komplexität der Aufgaben entsprechend wurden Teilthemen in unterschiedlichen Projektphasen bearbeitet.

Die Gesamtzielsetzung des Realisierungsprojekts lautete „Konzeption, Entwicklung und Einführung eines neuen Vertriebssystems für die Vereinsbank-Gruppe auf Grundlage Microsoft Windows NT bis Ende 1998". Folgende Prämissen waren hierbei zu berücksichtigen:

- Die Entwicklung eines ganzheitlichen Lösungsansatzes für die betroffenen Arbeitsplätze sowie die umfassende Ablösung der heutigen Technologien,
- eine an den Interessen und Aufgabenstellungen des Anwenders orientierte Einführungs- und Migrationsstrategie,
- die Durchführung begleitender organisatorischer Maßnahmen,
- der Aufbau geeigneter Netzinfrastrukturen und
- die Überführung in einen stabilen Produktionsbetrieb.

6.1 Entwicklungsphase

Schwerpunkte der Entwicklungsphase waren

- die Definition und die Standardisierung der Systemarchitektur und der Betriebsplattform,
- die Entwicklung und der Test neuer Applikationen,
- das Adaptieren und Migrieren vorhandener Anwendungen,
- die Planung notwendiger Inhouse- und Weitverkehrstopologien,
- eine Festlegung der erforderlichen Betriebs- und Produktionsprozesse und
- die Einführung geeigneter System- und Netzwerkmanagementsysteme.

Einen wesentlichen Anteil an den Entwicklungstätigkeiten hatten produktions- und betriebsrelevante Aspekte und Funktionen. Hierzu war es notwendig, bestehende interne Abläufe und Produktionsprozesse an die veränderten Anforderungen der NT-Zielarchitektur anzupassen bzw. vollständig neu zu entwickeln.

6.1.1 Softwareproduktion

Zusätzlich zu den bestehenden Test- und Qualitätssicherungsverfahren der System- und Anwendungsentwicklung erfordert der Betrieb von Client/Server-Umgebungen weitergehende Prozesse, die den besonderen Qualitätsanforderungen vernetzter Systeme gerecht werden. Erhöhte betriebliche Risiken in einer Client/Server-Umgebung entstehen im wesentlichen durch eine dramatisch gestiegene Anzahl von Zielsystemen (Server, Client), die Komplexität vernetzter Anwendungssysteme, den Einsatz verteilter Daten und verteilt operierende Applikationen sowie ein heterogenes Betriebsumfeld.

Für die Vereinsbank-Gruppe wurden Softwareproduktions- und Freigabeprozesse standardisiert und etabliert, die die betrieblichen Risiken minimieren und gleichzeitig hohe

	Entwicklung		Produktionseinführung		
	Entwicklung	Integrationstest	Systemtest	Produktions-übernahme umgebung	Produktion
Nutzer	• Entwickler	• Entwickler • Anwender • FB-Betrieb	• Prozeß-Owner • FB-/Vertriebsmit-arbeiter • Projektleitung	• BV-Info GmbH Betriebsverant-wortung	• FB-/Vertriebs-mitarbeiter
Was bzw. womit	• Tools bzw. Werk-zeuge • Tests von Einzel-modulen	• Tests von Appli-kationen	• Komplette Releases	• Softwareverteil-barkeit • Betriebskriterien • Multiple Hard-warekonfiguration	• Nutzung Anwendung
Aus-prägung	• Relativ unge-sicherte Um-gebung	• Reduzierte Tools • Reduzierte Frei-heiten	• Gesicherte Um-gebung	• Gesichert • Management und Betrieb durch BV-Info GmbH (Filiale 0: Produk-tionsstandard)	• Zentrales Management
Ziel	• Funktions-fähigkeit Module	• Optimierung und Funktionsfähigkeit Module • Gesamtverant-wortung	• Abnahme kom-pletter Releases für das Feld • Verifizierung Feldprobleme	• Sicherstellung der Installierbarkeit und Managebarkeit	• Stabile und hochverfügbare Anwendungen

FB = Fachbereich

Abbildung 3: Softwareentwicklungs- und -einführungsprozeß

Durchsatzgeschwindigkeiten in der Software- und Anwendungsentwicklung gestatten. Das Release- und Change-Management wird dabei durch Workflow-Systeme unterstützt. Abbildung 3 zeigt den Ablauf der Softwareproduktion.

6.1.2 System- und Netzwerkmanagement

Der weltweite Netzverbund der Vereinsbank-Gruppe beinhaltet Arbeitsplätze unterschiedlicher Prägung. Neben 3270-Systemen werden insbesondere in den Bereichen Geld-, Devisen- und Wertpapierhandel UNIX-basierende Client/Server-Netze eingesetzt. Der Betrieb, die Überwachung und Steuerung des gesamten Netzwerks wird durch die BV-Info GmbH, der IT-Dienstleistungstochter des Konzerns, an zentraler Stelle in München durchgeführt.

Aufgabenstellung im Rahmen des beschriebenen Projekts war die Integration der künftigen NT-Client/Server-Plattform in vorhandene Betriebs- und Steuerungsabläufe. Zu berücksichtigen waren dabei System- und Netzwerkmanagementdisziplinen wie

Konfigurationsmanagement, Change Management, Problemmanagement, Asset Management und Automation von Betriebsabläufen.

Das Gesamtkonzept der Betriebs- und Systemmanagementarchitektur wird unterstützt durch die Kernsysteme Maincontrol, Impact und Tivoli. Maincontrol liefert Funktionen für das Asset Management und die Softwareversorgung, Tivoli ist die Plattform für

Überwachungs- und Steuerungsprozesse. Das Bindeglied zwischen diesen beiden Systemen bildet Impact mit den Mechanismen und Funktionen für Konfigurations-, Problem- und Change Management.

Im nächsten Schritt wird die Integration der vorhandenen Infrastruktur und Netztopologie des Vereinsbank-internen Business TV in diese Gesamtarchitektur durchgeführt. Neben dem Aufbau eines integrierten Netzes für künftige Multimedia-Anwendungen werden dadurch zusätzlich breitbandige Transportkapazitäten für die Verteilung von Massendaten und Softwareprodukten erschlossen.

6.1.3 Unterstützungsfunktionen

Begleitend zur Entwicklung der System- und Anwendungsplattform wurde die an den Betriebsnotwendigkeiten der NT-Zielwelt orientierte Supportstruktur definiert. Die Realisierung erfolgte zusätzlich zu vorhandenen Strukturen für bestehende Systeme und Netze. Diese Differenzierung ermöglicht den Parallelbetrieb in der Übergangsphase ohne Beeinträchtigung bestehender Funktionen und Abläufe. Zum Ende der Projektlaufzeit werden die neuen Strukturen in den Regelbetrieb überführt. Darüber hinaus ist dadurch ein kontinuierlicher Know-how-Transfer der in diesem Bereich tätigen Mitarbeiter gewährleistet.

Generelle Anforderungen an einen effizienten zentralen Support sind die Unterstützung der Anwender in Problemfällen, die Gewährleistung eines stabilen laufenden Betriebs und die schnelle und qualitativ hochwertige Bearbeitung auftretender Probleme. Die Basis für die erfolgreiche Bewältigung dieser Aufgaben bildet das integrierte System- und Netzwerkmanagement. Weiterhin werden moderne Call-Center-Lösungen für eine zentrale und bundesweit einheitliche Problemannahme eingesetzt.

6.2 Pilotphase

In einer umfangreichen und mehrmonatigen Pilotphase, an deren Ende ca. 1000 Bankarbeitsplätze an verschiedenen Standorten und in unterschiedlichen Organisationseinheiten im Bundesgebiet involviert waren, wurden die Systeme, Anwendungen und Betriebsprozesse einem intensiven Feldtest unterworfen. Die Ergebnisse dieser Pilotphase bildeten die Grundlage für den anschließenden Flächeneinsatz der neuen IT-Architektur.

6.3 Flächeneinsatz

Grundlegender Bestandteil der Flächeninstallationsphase ist neben dem technologisch einwandfreien Aufbau der Client/Server-Strukturen in der Vereinsbank-Gruppe die anwendergerechte Einführung der neuen Systeme. Diese wird durch installationsbegleitende Maßnahmen gewährleistet:

- Direkte Kommunikation mit den betroffenen Einheiten der Vertriebsorganisation,
- Information der Anwender durch unternehmensinterne Medien wie die Nutzung des Vereinsbank-internen Business TV und hausinterner Informationsschriften,
- Durchführung begleitender Ausbildungsmaßnahmen,
- Einsatz von Standby-Mitarbeitern, die den einzelnen Anwendern in den ersten Tagen vor Ort als Gesprächspartner und Unterstützer zur Verfügung stehen und
- Nutzung des Intranet für den Austausch aktueller Informationen.

Zusätzliche regelmäßige Gespräche mit Anwendervertretern sichern die Qualität der initiierten Maßnahmen. Daneben stehen sämtlichen Anwendern des Unternehmens neue Wege der Ausbildungmethodik zur Verfügung. Ein multimediales, interaktives Schulungsprogramm macht mit den Grundbegriffen der NT-Plattform und der neuen Anwendungen vertraut. Vervollständigt wird das Ausbildungsangebot durch Schulungsmaßnahmen in dafür vorbereiteten Zentren. Ziele dieser umfangreichen Ausbildungsmaßnahmen sind neben der Wissensvermittlung auch die Motivation der Anwender und somit eine wesentlich erhöhte Akzeptanz der neuen Arbeitsplatzfunktionalitäten.

Insgesamt werden im Zuge dieser Realisierung 12 000 Arbeitsplätze im Vertrieb der Vereinsbank-Gruppe mit der neuen Technologie ausgestattet. Der Logistikprozeß umfaßt für jeden Standort die folgenden Einzelaktivitäten:

- Vorbereitung und Errichtung der lokalen Infrastruktur,
- Bereitstellung der Weitverkehrsnetzanbindung,
- Beschaffungs-/Entsorgungslogistik,
- Systemgenerierung der neuen Strukturen,
- Durchführung der Ausbildungsmaßnahmen,
- Installation vor Ort,
- Entsorgung der Altgeräte und
- Abnahme der Einzelinstallation.

Wesentlicher Bestandteil der Logistik ist die Nutzung des Vereinsbank-internen, SAP-gesteuerten Warenwirtschaftsprozesses. Insgesamt werden im Projektverlauf ca. 150 000 Einzelkomponenten (Drucker, Bildschirme, Arbeitsplätze, Server, Netzwerkkomponenten, Entsorgung Altgeräte) mit diesem Verfahren abgewickelt. Ziel ist es, die Installation an jedem Standort ohne Beeinträchtigung des laufenden Geschäftsbetriebs durchzuführen und dies für sechs bis acht Installationen täglich. Durch die konsequente Prozeßorientierung und eine kontinuierliche Qualitätssicherung wird die Stabilität der Umstellungsmaßnahmen sowie eine hohe Durchsatzgeschwindigkeit und Installationsfrequenz gewährleistet.

Zur Erzielung einer hohen und gleichbleibenden Installationsqualität sind Verfahren zur automatischen Installation und Parametrisierung sowie zum Test eines lokalen Netzes verfügbar. Jede Konfiguration wird in einem für diesen Zweck zur Verfügung stehenden Pre-Installationscenter vorbereitet und vor der Auslieferung umfassend getestet. Die Installationsmaßnahmen an den jeweiligen Standorten lassen sich dadurch auf das notwendige Minimum reduzieren (Geräteabbau/-aufbau, Datensicherung, Abnahmetest). Abbildung 4 demonstriert die Vielfalt der Interaktionen in diesem Projekt.

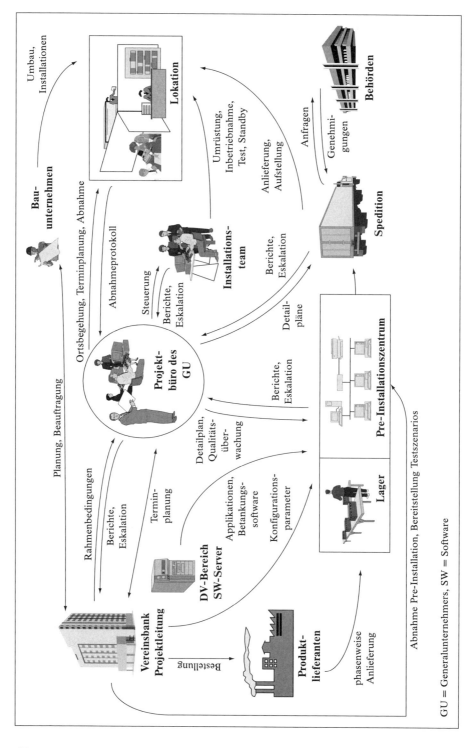

Abbildung 4: Projektabläufe

7. Ausblick

Die NT-Architektur ist Kern der IT-Strategie der Vereinsbank. Im Dezember 1998 wird die Einführung in den Einheiten des Vertriebs abgeschlossen sein. Darüber hinaus wird diese Technologie in den Zentralbereichen und Stabsfunktionen des Konzerns eingesetzt. Zusätzlich werden bis Ende 1999 identische Strukturen und Topologien in den Vertriebseinheiten und Zentralbereichen der zukünftigen Bayerischen Hypo- und Vereinsbank AG aufgebaut. Die neue Bank wird dann ca. 30 000 NT-Clients und ca. 3 000 NT-Server betreiben. Mit der Entscheidung für den Einsatz einer Client/Server-Architektur auf Grundlage von Microsoft Windows NT wurden die Weichen für den Aufbau einer zukunftsorientierten Technologieplattform für die Vereinsbank-Gruppe gestellt. Nur durch konsequentes und systematisches Vorgehen wurde der Projekterfolg sichergestellt.

Thomas Fischer/Andreas Rothe

Industrielle Fertigung von Banksoftware

1. Einleitung
2. Revolution in der Softwareindustrie
3. Notwendige Elemente einer industriellen Softwareentwicklung
    3.1 Frameworks als Basistechnologie
    3.2 Komponenten: Bausteine zur Softwaremontage
        3.2.1 Abgrenzung zwischen Komponenten und Anwendungen
        3.2.2 Softwaremontage mit Komponenten
    3.3 Middleware: Moderne Montagetechnik für Softwarekomponenten
    3.4 Möglichkeit der Variantenentwicklung
    3.5 Produktparametrisierung
4. Der Nutzen der Komponentenarchitektur
Literaturhinweis

1. Einleitung

Der rasche Anstieg der IT-Kosten zwingt die IT-Verantwortlichen der Banken, nach neuen Lösungsansätzen der Softwareentwicklung zu suchen. Der Kern des Problems liegt – trotz der beachtlichen Fortschritte, die in den letzten Jahren in der Softwareentwicklung erreicht werden konnten – in der nach wie vor überwiegend handwerklichen Fertigung der Softwaresysteme. Nur eine Softwareentwicklung, die sich an industriellen Maßstäben messen lassen kann, wird langfristig einen Ausweg aus der Softwarekrise versprechen. Industrielle Fertigung ist immer dann der handwerklichen Fertigung überlegen, wenn sich das zu fertigende Produkt in Grundbestandteile (Komponenten) zerlegen läßt, die gleichzeitig eine hohe Wiederholmenge aufweisen. Beides trifft in der Regel für die Softwaresysteme der Finanzwirtschaft zu, so daß deren grundsätzliche Eignung für einen höheren Automatisierungsgrad des Softwarefertigungsprozesses unterstellt werden darf.

Diesem Ziel kommt die Arbeit der Object Management Group (OMG), einem Zusammenschluß nahezu aller bedeutenden Softwarehersteller und zahlreicher großer Anwenderunternehmen, entgegen. Die zunehmende Verbreitung neuer Technologien wie Objektorientierung, Frameworks, Middleware und Komponententechnik ist vor allem der Standardisierung durch die OMG zu verdanken. Marktanforderungen und Verfügbarkeit der genannten Technologien begünstigen die Standardisierungsbemühungen. Grundlage der industriellen Fertigung von Software aus Komponenten sind in jedem Fall einheitliche und durchgängige Standards.

Der vorliegende Beitrag beschäftigt sich mit dem aktuellen Stand der Softwareentwicklung auf der Basis von Frameworks, Middleware und Komponententechnik und erklärt die Technologie sowie die möglichen Einsatzfelder in der Bankinformatik. Darüber hinaus werden praktische Erfahrungen am Beispiel des Einsatzes bei der Landesgirokasse dargestellt.

2. Revolution in der Softwareindustrie

Um als Bank langfristig am Markt erfolgreich zu sein, braucht ein Finanzdienstleister erstklassige Mitarbeiter, ein für den Kunden attraktives Produktspektrum und wirtschaftliche Prozesse, um Leistungen schnell und kostengünstig anbieten zu können. Alle genannten Faktoren erfordern eine leistungsfähige IT. Aus Sicht der Softwarefertigung heißt dies, die fachlichen Anforderungen der Bank in der erforderlichen Qualität und Zeit bei vertretbaren Kosten durch entsprechende Software befriedigen zu können.

Es ist bislang nicht gelungen, die dafür notwendigen industriellen Fertigungsverfahren, z.B. aus der Automobilindustrie, die als Schlüsselbranche für neue Organisations- und Produktionsverfahren gelten darf, auf die Belange der Softwareindustrie zu übersetzen.

Seither erzielte Produktivitätsfortschritte in der Anwendungsentwicklung wurden durch die steigende Komplexität der Systeme wieder kompensiert. Es ist daher erforderlich, nicht nur etwas besser zu werden, sondern eine Revolution in der Entwicklungstechnik anzustreben, ähnlich der, die Ford bereits 1903 in der Automobilentwicklung erreichte. Fords Erfindung war nicht, wie viele Leute glauben – das Fließband. Es war vielmehr die vollständige und paßgenaue Austauschbarkeit der Bauteile und die Einfachheit ihres Zusammenbaus.[1]

In der Fertigungs-Industrie besteht weitgehend Verständnis darüber, wie ein Endprodukt aus Bauteilen zusammengesetzt werden kann. In der Softwareindustrie fehlt diese Erkenntnis bisher. Um Software jedoch aus vorgefertigten Komponenten montieren zu können, muß zunächst die Form der Teile festgelegt und Einigkeit über deren technische Verbindung erzielt werden. Nur so können die bestehenden und die noch weiter steigenden Anforderungen hinsichtlich der Senkung der Entwicklungszeit von Software, der Flexibilisierung der Produktunterstützung sowie der Verbesserung der Erweiter- und Wartbarkeit erfüllt werden. Übersicht 1 gibt einen Überblick über die Unterschiede zwischen handwerklicher und industrieller Fertigung sowie die Übertragung der Konzepte der industriellen Fertigung auf die Softwareentwicklung.

Übersicht 1: Gegenüberstellung der Merkmale der Fertigungstypen

Merkmal	Handwerk	Industrielle Fertigung (Güter)	Industrielle Softwarefertigung (Bank)
Form der Bauteile	Spezifisch für das Endprodukt entwickelt	Bauteile wie z.B. Reifen, Zündkerzen; Baugruppen wie z.B. Motorblock, Instrumentenblock	Bauteile wie z.B. Adresse, Bonusrechnung; Baugruppen wie z.B. Person oder Konto
Produktionsart	Einzelfertigung	Massenproduktion, Variantenfertigung	Variantenfertigung : Der Vorteil entsteht daraus, daß nicht alle Teile neu entwickelt werden müssen, sondern Baugruppen genutzt werden können.
Qualifikation	Universalität	Hohe Spezialisierung	Hohe Spezialisierung; neue Rollen wie Frameworkspezialist, Komponentenentwickler etc.

---

[1] Vgl. Womack, J./Jones, D./Roos, D. (1992), S. 31.

Merkmal	Handwerk	Industrielle Fertigung (Güter)	Industrielle Softwarefertigung (Bank)
Organisation	Wenig ausgeprägt, orientiert am Meister	Hybridorganisation	Hybridorganisation: Organisation nach Funktionseinheiten; temporäre fachliche und disziplinarische Zuordnung von Mitarbeitern zu Projekten
Systemarchitektur	Geringe Bedeutung	Hohe Bedeutung durch Notwendigkeit der paßgenauen Fertigung der Bauteile; Baugruppen	Hohe Bedeutung durch generalisierte Architektur auf Basis eines Frameworks mit Komponenten und Middleware
Fertigungstiefe	Hoch	Niedrig	Mittelfristig noch relativ hoch; enge Zusammenarbeit mit wenigen Zulieferfirmen; langfristig steigt das Angebot standardisierter Komponenten auf Basis einer Norm (Form der Komponente und deren technische Verbindung) für vertikale Märkte
Standardisierung	Gering	Relativ hoch bei Reifen, Zündkerzen, Schrauben etc.; Verwendung von Baugruppen in mehreren Entwicklungslinien	Anzustrebende hohe Standardisierung der Form und der technischen Verbindung der Komponenten
Planung	Auftragsbezogen	Langfristig; mehrere Großprojekte koordinierend	Langfristige Planung der Entwicklung der Anwendungslandschaft; wenige Großprojekte
Werkzeuge	Generelle Werkzeuge	Hohe Spezialisierung der Maschinen für Fertigungsstufen und für die Baugruppen	Hohe Spezialisierung für die Entwicklung von Oberflächen, Datenzugriffe etc.

Ein Vergleich der Merkmale mit der Vorgehensweise in Softwareentwicklungsprojekten (nicht nur der Banken) zeigt, daß heute Software weitgehend noch nach handwerklichen Prinzipien entwickelt wird.

3. Notwendige Elemente einer industriellen Softwareentwicklung

Im Grundsatz können die Konzepte und der Nutzen der industriellen Entwicklung und Fertigung auf die Softwareindustrie übertragen werden. Software ist dabei das Endprodukt, das aus vorgefertigten Teilen entwickelt wird. Industrielle Softwareentwicklung erfordert einen Montagerahmen, auf dem die Anwendungsteile montiert werden können, sowie vorgefertigte, parametrisierbare eigen- oder fremdentwickelte Komponenten, um aus diesen die Anwendung zusammenzustellen. Um die Komponenten mit dem Montagerahmen und untereinander zu verbinden, ist eine entsprechende Verbindungstechnik erforderlich.

3.1 Frameworks als Basistechnologie

Ein *Framework* ist ein Softwaregrundgerüst, das an dafür vorgesehenen Stellen um anwendungsspezifische Teile zu ergänzen ist. Das Framework gibt somit für den Anwendungsentwickler die Architektur vor und enthält eine Reihe von Grundfunktionen, die dem Entwickler zur Verfügung stehen (z.B. Datenzugriffsfunktionen, Transaktionssicherung, Steuerung von Oberflächen). Auch wenn die Software nach außen sehr unterschiedliche Anwendungsfelder abdeckt, das Skelett (das Framework) mit seinen anwendungsneutralen Grundfunktionen bleibt das gleiche.

Beim Design großer Anwendungssysteme hat sich die Einteilung der Software in Schichten unterschiedlicher Funktionalität bewährt. Die Unterteilung wurde auf das Design von Frameworks übertragen. Ein Framework ist daher wie ein Anwendungssystem in Schichten unterteilt, die jedoch keine anwendungsspezifischen Funktionen mehr enthalten (Übersicht 2).

Übersicht 2: Typische Gliederung der Frameworks in Schichten

Softwareschicht	Funktion	Anwendungsneutrale Funktionen der Schicht
Präsentation	Diese Schicht repräsentiert die Schnittstelle nach außen. Bei Client-Frameworks werden hier der Aufbau der Benutzeroberfläche und die verfügbaren Bildschirmelemente (Listbox, Button etc.) ergänzt. Bei Server-Frameworks enthält diese Schicht die Schnittstellenbeschreibung zur Kommunikation mit der Komponente und mit anderen Komponenten (z.B. die Anbindung an eine Middleware).	Set der verfügbaren Bildschirmelemente; automatisches Update von Feldern; Belegen von Feldern mit vorherigem Wert auf Anforderung; automatische Aufbereitung von Maskendruck.

Softwareschicht	Funktion	Anwendungsneutrale Funktionen der Schicht
Ablauffunktionen	Eine Ablauffunktion enthält die Reihenfolge der fachlichen Funktionen (z.B. Ein-/Auszahlung, Kontoeröffnung). Aktionen an der Oberfläche oder der Aufruf einer Ablauffunktion direkt über die Kommunikationsschnittstelle bewirken den Aufruf der für die Abarbeitung der Anforderung erforderlichen Ablauffunktion.	Grundsätzliche Funktionen für die Reaktion auf Oberflächenaktionen (z.B. Schließen Fenster, Prüfen von Update-Notwendigkeit etc.); Transaktionssicherung; Rücksetzen von Aktionen (Undo/Redo) etc.
Basisfunktionen	In dieser Schicht werden die eigentlichen fachlichen Funktionen (Geschäftsregeln) ergänzt. Fachliche Funktionen (Basisfunktionen) sind z.B. Rechne Zinsen, Prüfe Vertragssperren, Schreibe, Lese etc.	Automatische Bearbeitung von Abbruchanforderungen (Rücksetzen, Berechtigung usw.).
Datenzugriffsschicht	Trennung der logischen Datenrepräsentation (ein Objekt oder eine Komponente fordert nur Daten an, ohne deren physische Repräsentation zu kennen).	Datenquellenunabhängigkeit (ASCII-Datei, SQL IMS-DB etc.); Wandlung von Relationen zu Objekten; Trennung der physischen und logischen Sicht auf Daten; Cache-Speicher von Entities; Navigation über Relationen; Generieren und Ausführen der Datenbankabfragen.

Der Programmierer muß an den dafür gekennzeichneten Stellen die Anwendungsteile ergänzen. So beinhaltet das Framework leere Methoden[2] für die Realisierung der anwendungsspezifischen Teile. Der Programmierer paßt die Funktionen an, indem er die Methode (Leerformular) mit der fachlich notwendigen Implementierung überschreibt (Abbildung 1).

Um das Framework durch die eigentliche Anwendung zu ergänzen, muß der Programmierer den Entwurf und die Anwendungsarchitektur des Frameworks zumindest bis zu einem gewissen Detaillierungsgrad verstanden haben. Je stärker jedoch die Trennung zwischen anwendungsneutralen Frameworkfunktionen und je größer die Stabilität des Frameworks in seiner Grundstruktur ist, desto weniger ist dieses Detailverständnis notwendig. Das Framework wird zu einer Black Box, die anwendungsneutrale Funktionen und die Architektur einer Anwendung enthält und determiniert.[3]

---

[2] Methode = Bezeichnung für „Unterprogramm".
[3] Vgl. Pree, W. (1997), S. 19f.

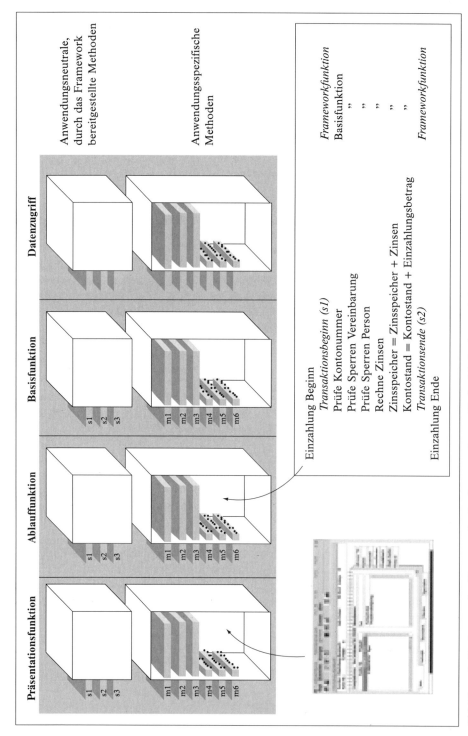

Abbildung 1: Ergänzung des Frameworks durch anwenderspezifische Methoden an dafür vorgesehenen Stellen

Neben der inneren Gliederung von Frameworks sind drei Typen von Frameworks zu unterscheiden, die dem Entwickler zur Verfügung stehen:

- *Client-Frameworks:* Das Client-Framework enthält zahlreiche Funktionen zur Steuerung von Benutzeroberflächen. Eine einheitliche Benutzeroberfläche wird immer wichtiger, da sich Banken zunehmend vom Produkt- zum Lösungsverkäufer wandeln. Dies erfordert eine an den Prozessen der Bank orientierte Anwendung für den Berater, die nicht nach Sparten trennt, sondern den Kunden und dessen Nutzungsverhalten (Historie) sowie sein Produktportfolio in den Mittelpunkt stellt. Vorteil eines Frameworks ist die standardisiert unterstützte Möglichkeit, eine einheitliche Oberfläche zu bieten und im Hintergrund die Verbindung zu den bestehenden Systemen herzustellen. Die Verbindungstechnik ist Leistung des Frameworks. Client-Frameworks sind sinnvollerweise in Java zu realisieren, um eine auf dem Framework basierende Anwendung auf unterschiedlichen Plattformen nutzen zu können. Der Benutzer-PC (Client) eines Beraterarbeitsplatzes, eines Home-Banking-Benutzers oder eines Informationsterminals muß so nicht mehrmals entwickelt werden. Das Client-Framework nimmt Leistungen des Server-Frameworks über eine Middleware (vgl. Abschnitt 3.3) in Anspruch. So kann eine Ablauffunktion eine Methode direkt in der eigenen fachlichen Schicht aufrufen (z.B. Prüfe Kontonummer) oder eine Leistung einer Server-Komponente (Lese Adresse) anfordern.
- *Server-Frameworks:* Ein Server-Framework enthält in der Präsentationsschicht keine Oberfläche, sondern die Kommunikationsschnittstelle zur Bereitstellung von Methoden der Komponente und zur Kommunikation mit anderen Komponenten. Ein Framework für Serverkomponenten wird häufig als *Template* (Muster) für die Entwicklung neuer Komponenten bezeichnet. Durch Verbindung des Frameworks mit der Komponente können die Leistungen des Frameworks sofort in Anspruch genommen werden, ohne daß das Framework mehrmals existiert (Abbildung 2).
- *Steuerungsframework:* Ein Spezialfall eines Server-Frameworks ist das Steuerungsframework. In einem Steuerungsframework werden Ablauffunktionen eingehängt, die fachliche Leistungen zu sinnvollen Einheiten zusammenfassen, aber aus Performancegründen nicht direkt vom Client genutzt werden können. Das Steuerungsframework bietet an anwendungsneutralen Funktionen vor allem Leistungen, die im Rahmen der Ablaufsteuerung erforderlich sind (z.B. Statusführung). Von der grundsätzlichen Logik entspricht dieses Framework dem Ansatz eines Workflow-Management-Systems. Dieser Begriff soll jedoch nicht verwendet werden, da diese Steuerungsframeworks für sehr hohe Transaktionsraten gedacht sind. Im System Konto 3000[4] wird von einem Auftragsmanager gesprochen – ein Begriff, der dem Auftragscharakter in einem Client/Server-Paradigma entspricht.

Wie die Erfahrung zeigt, beträgt bei der Neuentwicklung von großen Systemen der Anteil der grundsätzlichen, durch das Framework bereitgestellten anwendungsneutralen Funktionen ca. 30–40% des Gesamtaufwands. Wird bei der Entwicklung eines neuen Systems oder einer neuen Komponente ein Framework benutzt, spart das Unternehmen

---

[4] Vgl. Strabel, P. (Beitrag in diesem Buch).

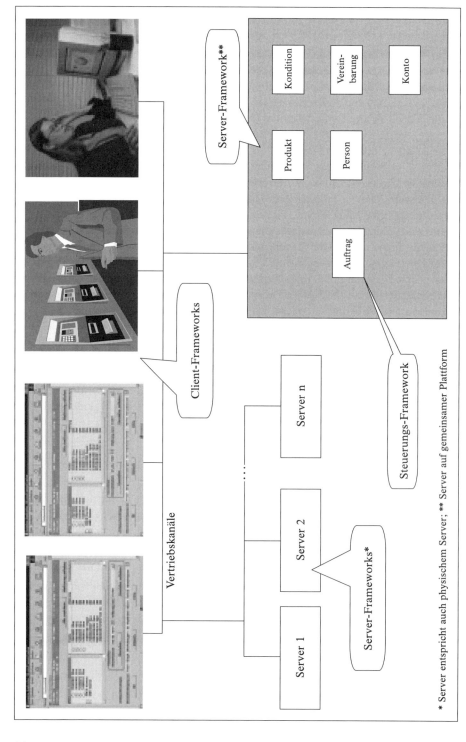

Abbildung 2: Zusammenwirken der auf den Framework-Typen realisierten Komponenten

den entsprechenden finanziellen und vor allem zeitlichen Aufwand. Die Erfahrung der Landesgirokasse bei der Entwicklung eines Frameworks für die Client/Server-Plattform[5] und im weiteren Verlauf im Rahmen des Projekts Konto 3000 auch für den Host zeigt, daß die Vorteile der Framework-Technologie in der Praxis realisiert werden können. Durch die Verwendung der Framework-Technologie steht heute für den Client/Server-Bereich und für den Mainframe eine leistungsfähige Softwareentwicklungsbasis zur Verfügung, in die neue Komponenten flexibel in die jeweiligen Frameworks eingehängt werden können oder auch neue Komponenten auf Basis der Frameworks selbst hergestellt werden können.[6]

3.2 Komponenten: Bausteine zur Softwaremontage

Im Zukunftsszenario wählt der Programmierer aus einem Komponentenkatalog die für ihn interessanten Funktionen aus. Um die Funktion nutzen zu können, bindet er die Verbindungsbeschreibung in seine Anwendung ein, unabhängig davon, von welchem Hersteller die Komponente stammt. Eine Middleware sorgt für die reibungslose Kommunikation der Komponenten, auch wenn diese auf unterschiedlichen Plattformen realisiert sind. Soweit die Vision.[7]

Nach Meinung der Analysten wird noch eine ganze Zeit vergehen, bis diese Vision Realität wird. Auch wenn die Verbreitung von Komponenten stark wächst, gibt es noch viele Detailprobleme zu lösen. Dabei haben auch die großen Hersteller diesen Markt für sich entdeckt und versuchen, ihre Software unter dem Label Componentware zu vermarkten. Werden strenge Richtlinien an die Bewertung dieser Komponenten angelegt, zeigt sich, daß eine Abgrenzung zu Anwendungen nicht möglich ist. Ein Altsystem einer Bank, um das eine Zugriffsschicht für eine Middleware gelegt wird, ist weiterhin eine Anwendung und keine Komponente. Wann eine Anwendung im Sinne der industriellen Softwareentwicklung eine Komponente ist, muß nach verschiedenen Kriterien bewertet werden. Zu unterscheiden ist zunächst zwischen technischen und fachlichen Komponenten:

Technische Komponenten sind Bausteine für die Benutzerschnittstelle (Buttons, Listboxen, Spreadsheets etc.), die Sicherheit (z.B. Verschlüsselung), das Datenmanagement usw., die der Anwendungsentwickler in seine Anwendung einbinden kann. Insbesondere für die Client-, aber zunehmend auch für die Server-Programmierung ist das Angebot dieser Komponenten sehr umfassend. Der Bereich der technischen Komponenten ist zur Zeit der am schnellsten wachsende Markt, in dem bereits mehrere hundert Millionen Dollar p.a. umgesetzt werden. Der Anwendungsentwickler kann durch Nutzung

---

[5] Im Rahmen der Entwicklung eines prozeßorientierten Beraterarbeitsplatzes auf Basis von Smalltalk.
[6] Zahlreiche Anbieter haben den Framework-Markt für sich entdeckt, auch wenn hinter dem Begriff Framework häufig die alten 4GL-Entwicklungsumgebungen oder Klassenbibliotheken stecken. Ein Unternehmen, das sich dieser Technologie bedienen möchte, sollte daher genau prüfen, welche Leistungen geboten werden und ob das Framework tatsächlich durch das Schichtenmodell eine Softwarearchitektur für die eigene Entwicklung enthält und auf einer standardisierten Programmiersprache basiert.
[7] Vgl. Dömer, F. (1997), S. 11.

dieser Komponenten den Aufwand der Entwicklung stark reduzieren sowie wesentlich leistungsfähigere und vor allem komfortablere Anwendungen schneller bereitstellen. *Fachliche Komponenten* bieten eine bestimmte fachliche Leistung über eine definierte Schnittstelle. Für den Client hat sich das Angebot insbesondere im Bereich der Beratungskomponenten in jüngster Zeit deutlich verbessert, so daß zunehmend mehr Komponenten eingesetzt werden können. Bei den fachlichen Komponenten für Kernfunktionen der Bank sieht es mit der Verfügbarkeit noch schlecht aus. Die Gartner Group rechnet einerseits damit, daß entsprechende Produkte nicht vor 1999 verfügbar sein werden, glaubt aber andererseits, daß bis zum Jahre 2001 schon mehr als 75 % aller Neuentwicklungen von Anwendungen auf Componentware basieren werden.[8]

Die einfache Definition einer Komponente bietet keine sinnvolle Abgrenzung zu einer Anwendung. Das Spektrum des fachlichen Umfangs einer Komponente im oben genannten Sinne könnte von einem einfachen Zinsberechnungsmodul bis zu einer umfangreichen Anwendung wie z. B. einer Baufinanzierungsberatungssoftware reichen. Um die Abgrenzung zu einer Anwendung vornehmen zu können, muß das Design von Anwendungen für Banken näher betrachtet werden.

3.2.1 Abgrenzung zwischen Komponenten und Anwendungen

Es besteht weitgehend Einigkeit über die grundsätzliche Struktur eines Unternehmensdatenmodells für Banken. Vereinfacht werden in einem Unternehmensdatenmodell alle Informationen einer Bank (die Attribute) zu sinnvollen Informationsobjekten geordnet. So werden die Attribute ‚Name', ‚Vorname', ‚Adresse' einem Informationsobjekt „Person" zugeordnet, die Attribute ‚Kontonummer', ‚vereinbarte Laufzeit', ‚gewünschte Kontoauszugsversendungsart' etc. einem Informationsobjekt „Vertrag".

Bei der Funktionsmodellierung hat sich ein Wandel von funktionalen zu datenorientierten Modellierungsmethoden durchgesetzt. Richtete sich früher der Entwurf der Struktur einer Software an den Funktionen aus, wird bei den datenorientierten Methoden die Struktur des Datenmodells als Strukturierungsgrundlage verwendet. Die objektorientierten Entwurfsmethoden, die sich zur Zeit durchsetzen und sich bereits in zahlreichen Projekten bewährt haben, beruhen auf der Idee, die Strukturen der Funktionen (Klassen) an denen der Daten zu orientieren.[9] Aus einem Datenmodell wird durch die Ergänzung der auf die Daten anwendbaren Funktionen ein fachliches Komponentenmodell. Im folgenden sollen die Komponenten „Person", „Vertrag" etc. als fachliche Server oder Kernkomponenten der Bank bezeichnet werden.

Die Montage von Komponenten ist eine Anforderung und gleichzeitig eine Herausforderung an ein gutes Design der Komponentenstruktur. Um die Montage von Komponenten zu ermöglichen, sollen Komponenten nur Funktionen bankfachlich ähnlicher

---

[8] Vgl. Natis, Y. (1997), S. 2.
[9] Nicht alle objektorientierten Methoden weisen direkt auf die Möglichkeit hin, das Datenmodell als Entwurfsmuster für die Klassenstruktur zu verwenden. In der Regel wird aber die Struktur der „Business Objects" an der Datenstruktur ausgerichtet.

Art enthalten, d.h. nur Methoden, die einer Kernkomponente zugehörig sind. Eine Komponente ist eine Kernkomponente (wie „Person" oder „Konto"), wenn sie alle Methoden der zugehörigen Kern-Entität enthält. Ansonsten enthalten Komponenten Methoden zur Ergänzung einer Kernkomponente. Sind die fachlichen Anforderungen der Zuordenbarkeit der Methoden zu nur einer Kernkomponente erfüllt, kann von einer fachlichen Komponente im Sinne dieses Beitrags gesprochen werden.

Die paßgenaue Montage von Komponenten erfordert die grobe Strukturierung des Gesamtsystems, um auf dieser Basis einen Baukasten von vorgefertigten Komponenten entwickeln zu können. Durch die Aufstellung eines Gesamtplans auf Basis des Unternehmensdatenmodells liegt eine solche Struktur vor.[10] Dadurch ist nun die notwendige Basis für eine Softwaremontage aus Komponenten geschaffen.

3.2.2 Softwaremontage mit Komponenten

Softwareentwicklung, also die Montage einer Anwendung, erfolgt durch Nutzung der Methoden der Komponenten in der notwendigen Reihenfolge (Ablauffunktion). Wird eine Ablauffunktion in einem Steuerungsframework hinterlegt, kann diese von beliebigen Clients verwendet werden.[11] Durch die Verknüpfung der Komponenten – genauer den Aufruf der angebotenen Leistungen in der erforderlichen Reihenfolge – entsteht so eine Anwendung. Der Anwendungsentwickler wählt dazu aus einer Liste der zur Verfügung stehenden fachlichen Methoden (Basisfunktionen) die benötigten Methoden aus.

Spartenübergreifende Funktionen (Cross-Product-Funktionalität) wie z.B. Kontoauszug, Überziehungsbearbeitung, Zinsermittlungsmethoden (z.B. Bonus, Prämie), Fälligkeitsbearbeitung (z.B. Ratenüberwachung, Vertragsende) etc. können durch Aufruf in einer Ablauffunktion in allen Sparten einer Bank genutzt werden. Der limitierende Faktor bei der Umsetzung von Produktinnovationen ist nicht länger die IT, sondern die Kreativität des Produktentwicklers. Darüber hinaus müssen die Funktionen nur einmal entwickelt und gepflegt werden, ein nicht zu unterschätzender Vorteil, wenn z.B. gesetzliche Änderungen nur einmal in einer Komponente realisiert werden müssen statt in zahlreichen Spartensystemen. Durch Hinzufügen von Komponenten mit Methoden gleicher bankfachlicher Funktionen (Personen-, Vertrags-, Konditionenfunktionen etc.) können die zur Verfügung stehenden Eigenschaften (Methoden) der Kernkomponenten der Bank schrittweise erweitert werden. Die Kernkomponente „Konditionen" mit Grundmodellen für Gebühren- und Zinsberechnungen kann durch Einstecken zusätzlicher Komponenten wie z.B. Bonus erweitert werden. Der Anwendungsentwickler kann dann die zusätzlichen Funktionen in seiner Anwendung direkt nutzen.

---

[10] Durch die strukturelle Übereinstimmung der Unternehmensdatenmodelle praktisch aller Anbieter (wie z.B. das SKO-Datenmodell der Sparkassenorganisation, das FSDM-Modell der IBM oder das Ploenzke-Modell) ist davon auszugehen, daß die Struktur generalisiert auf andere Banken übertragen werden kann.
[11] Physisch kann zwischen einer Ablauffunktion in einem Steuerungsframework und in einem Client- oder Server-Framework unterschieden werden (dem Ort der Implementierung). Auf den fachlichen Leistungsumfang bzw. das fachliche Modell hat dies keinen Einfluß.

Je granularer die Strukturierung der Komponenten ist und je monolithischer diese nur die Funktionen einer Kernkomponente unterstützen, desto einfacher ist die Integration gekaufter Komponenten. Die beschriebene fachliche Struktur der Komponenten auf Basis des Unternehmensdatenmodells ist ein erster Schritt zur industriellen Entwicklung von Software aus eigenentwickelten Komponenten auf Basis einer unternehmensinternen Konvention bzgl. Form und Schnittstellen der Komponenten. Wünschenswert wäre natürlich, daß paßgenaue Bausteine auch von anderen Banken und Herstellern verwendet werden können. Da es aber noch keinen Standard der fachlichen Struktur, also der Form der verwendeten Komponenten gibt, wäre es purer Zufall, wenn eine Komponente eines anderen Herstellers passen würde. Während in Teilbereichen, wie z.B. für die Bankenperipherie, erste Normungen und Produkte[12] verfügbar sind (ähnlich wie für die Automobilindustrie), sieht es im Bankensektor selbst insgesamt noch düster aus. Als Untergruppe der OMG bemühen sich verschiedene Hersteller um ein Bankenarchitekturmodell. Vor dem Jahr 2001 wird jedoch nicht mit einer verabschiedeten Struktur gerechnet, weil Hersteller wie Oracle, SAP oder IBM völlig unterschiedliche Zielsetzungen und Vorstellungen über die Standardisierung eingebracht haben. Gefragt sind hier die Banken selbst, die nicht über das mangelnde Angebot an Komponenten klagen dürfen, ohne sich an der Standardisierung selbst zu beteiligen. Zusätzlich entwickeln verschiedene Hersteller außerhalb der Standardisierungsbemühungen proprietäre Lösungen, um durch eine frühe Verfügbarkeit den Markt für sich zu gewinnen. Das System „Konto 3000" der Firma CSC, das gemeinsam mit der Landesgirokasse entwickelt und dort erstmals eingesetzt wird, beruht auf der Framework- und Komponententechnologie. Durch die frühe Verfügbarkeit, die Komponententechnologie und die Vollständigkeit des fachlichen Modells bestehen gute Chancen für eine weitere Verbreitung.

3.3 Middleware: Moderne Montagetechnik für Softwarekomponenten

Komponenten sind die fachlich sinnvolle Zusammenfassung von Leistungen, die über fest definierte Einstecknoppen miteinander verzahnt werden. Um die Leistung einer Komponente in Anspruch nehmen zu können, müssen die Komponenten miteinander verbunden werden. Technisch geschah dies bisher durch den Aufruf eines Unterprogramms. Die Programme mußten zu einem Monolithen verbunden werden, und vor allem mußten die Unterprogramme auf der gleichen Plattform installiert sein.

Unter dem Begriff *Middleware* werden unterschiedliche, zum Teil seit langem bekannte Systemsoftwarefunktionen zusammengefaßt, wodurch der Begriff jedoch unscharf geworden ist. Übersicht 3 gibt einen Überblick über die verschiedenen, unter diesem Begriff zu zählenden Funktionen und deren Anwendungsbereiche.

---

[12] Z.B. WOSA-XFS (Windows Open Service Architektur-Extension for Financial Services) ist eine Norm zur Ansteuerung und Verwaltung von Bankperipherie. Entsprechende Software und Treiber werden durch die Hersteller der Peripherie (z.B. SNI) geliefert.

Übersicht 3: Überblick über die Arten und Anwendungsbereiche von Middleware

Middleware	Anwendungsbereich	Produkte/Normung
Programm-zu-Programm-Kommunikation	Aufruf von Methoden/Leistungen von Komponenten über Plattformen hinweg. Dies ist der mit Abstand größte Anwendungsbereich von Middleware. So wird auch in der Literatur größtenteils nur diese Funktionalität unter dem Begriff Middleware verstanden.	DCOM (Microsoft), Encina (IBM), Orbix (IONA), ORB PLUS (HP), IIOP[13]
Datenzugriff	Trennung von Datenzugriff und Datenhaltung über Plattformen hinweg. Aus Sicht der Anwendung wird ein Datenzugriff immer über die genormte Schnittstelle der Middleware abgewickelt. Das Datenhaltungssystem kann ohne Änderung der Anwendung ausgetauscht werden. Neben der Programm-zu-Programm-Middleware, ist dies die zweite wichtige Methode zur Integration von Standardsoftware. Die Technik eignet sich aber nur begrenzt für Systeme, bei denen die Datenstruktur über ein Standarddatenbanksystem verfügbar und offengelegt ist.	ODBC, JDBC
Datenverteilung	Durch die funktionsorientierte Struktur von Anwendungspaketen im Investment Banking-Bereich ist es erforderlich, eine Information (z.B. einen Aktienkurs) gleichzeitig in zahlreiche Systeme zu verteilen. Hierfür eignet sich ein „Datenbus". Bisher gibt es für diesen Bereich jedoch noch keine Standardisierung.	TIBCO, MQ-Series
Fachliche Funktionen	Unter dem Begriff *Middleware* werden auch fachliche Funktionen / Standards subsummiert, die speziell für den Finanzsektor gelten. Zu nennen ist hier vor allem eine Middleware zur Ansteuerung von Bankperipherie, die es ermöglicht, immer über die gleiche Schnittstelle (z.B. einen Geldausgabeautomaten, einen Kartenleser oder einen Drucker) anzusteuern. Wird eine neues System eingeführt, muß die Ansteuerung nicht neu programmiert werden.	WOSA-XFS (Microsoft, SNI, NCR, AT&T, IBM etc.)
Office-Systeme	Auch die Nutzung von Messaging-Systemen sollte möglichst auf Basis eines einheitlichen Standards erfolgen. Die Verwendung eines herstellerspezifischen Message-Systems ist durch die „Middleware" transparent für die Anwendung. Analog gilt dies für Workflow-Software, Dokumentenverwaltung etc.	POP3, MAPI, WfMC

---

[13] Künftige Version von CORBA, die eine Anbindung an Java ermöglicht. Mit entsprechenden Produkten ist jedoch nicht vor Ende 1998 zu rechnen. Vgl. Pezzini, M. (1997), S. 1.

Hauptsächlich wird unter Middleware die Programm-zu-Programm-Kommunikation verstanden oder, wie Gartner und Microsoft es nennen, „der Kleber, der verteilte Anwendungen zusammenhält".[14] Über diese Art von Middleware kann die Leistung (die Methoden) einer Komponente genutzt werden, unabhängig davon, ob diese Komponente auf demselben Rechner oder einer entfernten Plattform unter einem anderen Betriebssystem realisiert ist. Middleware bildet zusammen mit der Framework-Technologie die Grundlagentechnologie, um die Zukunftsvision Componentware mittelfristig verwirklichen zu können. Auf Basis dieser Technologie wird die Entwicklung von Komponentenvarianten möglich. Dies ist eine wichtige Voraussetzung für einen funktionierenden Komponentenmarkt.

3.4 Möglichkeit der Variantenentwicklung

Komponententechnologie nutzt sehr viele Eigenschaften der Objektorientierung, ohne deren Nachteile zu besitzen.[15] Eine wesentliche Eigenschaft der Objektorientierung, die auf die Komponententechnik übertragen werden kann, ist die Möglichkeit, bestehende Komponenten durch Vererbungsmechanismen zu spezialisieren. Vererbung ermöglicht die Modifizierung oder Erweiterung der Eigenschaften einer Komponente (einer Methode), ohne die Komponente (Originalmethode) zu verändern. Kann eine eigenentwickelte oder gekaufte Komponente nicht genau so wiederverwendet werden, muß die Komponente und damit einhergehend die Beschreibung geändert werden. Durch die vorhandenen Unterschiede der Banken oder auch von Sparten, in denen die Komponente verwendet wird, ist dies eher Regel als Ausnahmefall. Üblicherweise führt dies zu verschiedenen Versionen der Originalkomponente. Wird eine neue Version der Originalkomponente geliefert, wären alle Änderungen einschließlich der Beschreibungen verloren.[16]

Durch die Komponententechnik und die Middleware-Technologie ist es möglich, Detailänderungen vorzunehmen, ohne die bestehende Originalkomponente und deren Beschreibung (selbst) zu ändern. Durch eine Stecktechnologie, die durch Middleware-Produkte und intelligente Frameworks verfügbar ist, können Methoden der Originalkomponente modifiziert oder um zusätzliche Methoden ergänzt werden, indem die Änderung in Form einer Komponente an die Originalkomponente „angedockt" wird (Variante der Originalkomponente). Die gleiche Technik dient zur Modifizierung der Eigenschaften oder zur Erweiterung des Leistungsumfangs, z.B. von Kernkomponenten im oben beschriebenen Sinne (Abbildung 3). Der große Vorteil dieser Technik ist, daß ein neues Release der Hauptkomponente geliefert werden kann, während die unternehmensspezifischen Änderungen (Varianten) erhalten bleiben. Durch die Einheit von Analyse, Design und Realisierung – gemeinsame Eigenschaft von Komponententechnik und

---

[14] Vgl. Schulte, R. (1997), S. 1.
[15] „Components appear to be the mainstream incarnation of objects and bring 80 percent of the benefits of objects (the flexible way of building and managing applications) without dragging in 80 percent of the cost of object computing (complexities of a fine-grained multi-inherited application environment)." Natis, Y. (1997), S. 27.
[16] Vgl. Perr, W. (1997), S. 4.

Objektorientierung – kann somit auch die fachliche Beschreibung der Hauptkomponente ausgewechselt werden, ohne daß Änderungen verloren gehen. Dies erlaubt ein echtes Release-Management von Komponenten. Kernkomponenten können so von einem Hersteller geliefert werden. Die jeweilige Bank muß die Spezialisierung und Anpassung für das eigene Unternehmen vornehmen. Dies ermöglicht eine Normierung der Kernkomponenten, z.B. durch internationale Normungsgremien, ohne daß ein für alle Banken gültiges Komponentenmodell mit allen Methoden bis auf Detailebene vorliegen muß. Es reicht zunächst eine grobe Normung der grundsätzlichen Komponenten und deren Methoden.

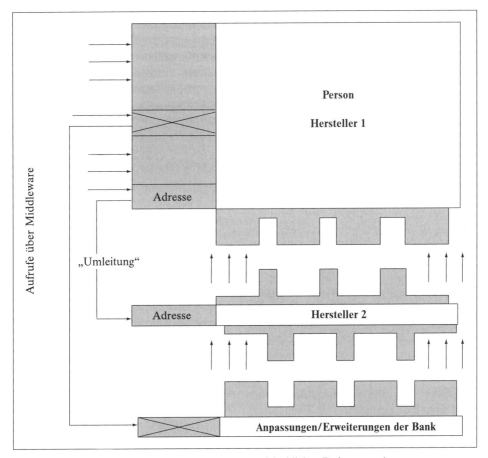

Abbildung 3: Spezialisierung von Komponenten und fachlicher Dokumentation

3.5 Produktparametrisierung

Vor dem Hintergrund der Verkürzung der Lebenszyklen für Bankprodukte steht die Forderung, Produkte innerhalb kürzester Zeit mit der dafür erforderlichen IT zu unterstützen. Eine Lösung bietet die bei vielen Banken mittlerweile genutzte Möglichkeit, Bankprodukte durch eine Liste von Parametern wie Laufzeit, Rate etc. zu beschreiben (Übersicht 4). Die Parameter dienen dann zur Steuerung der Softwarekomponenten. Durch den Erfahrungsaustausch zwischen Banken, die diese Technik bereits nutzen, hat sich eine relativ gefestigte Liste dieser Parameter etabliert.

Übersicht 4: Stark vereinfachte Parametertabelle (Auszug)

Parameter	Spar-Express	CAP
Zinssatz	3 %	Fibor
Zinszeitraum	1 Jahr	1 Jahr
Zinsbasis	Valutasaldo	Vereinbarungssumme
Zinsmethode	Deutsch	Euro
Zinsobergrenze	–	6 %
Zinsuntergrenze	–	2 %
Laufzeit min.	1 Jahr	1 Jahr
Laufzeit max.	6 Jahre	1 Jahr
Zinsabschlagsteuerpflicht	30 %	30 %
.....		

Über die Produktparameter kann ein neues Produkt sehr schnell beschrieben und unterstützt werden. Ein neues Bankprodukt ist letztlich nichts anderes als eine neue Kombination bestehender Parameter und deren Ausprägungen (Werte).[17] Dies konnte in der Landesgirokasse erfolgreich im System zur Abwicklung des Spargeschäfts gezeigt werden. Dauerte die Entwicklung eines neuen Sparprodukts früher bis zu einem Jahr, so kann heute in der Regel durch die stringente Ausrichtung der Software auf die Produktparameter ein neues Produkt bereits nach wenigen Wochen unterstützt werden. Nur die Einführung eines neuen Produktparameters würde die Programmierung einer neuen Eigenschaft in der Produkt-/Konditionskomponente erfordern. Die Erfahrungen in der LG zeigen jedoch, daß neue Produktparameter selten sind.

Die Erfahrungen mit dem Sparsystem wurden auf das System Konto 3000 übertragen. Zusammen mit der Cross-Product-Funktionalität, die durch die Komponenten möglich wird, steht eine leistungsfähige Technologie zur Verfügung, um die Forderung nach kürzeren Entwicklungszyklen für die Einführung neuer Produkte in die Realität umsetzen zu können. Das Framework-Konzept, die Komponententechnik und die Middleware bieten zusammen mit dem Konzept der Variantenfertigung und Produktparametrisierung die technische Basis dafür.

Der effektive Zusammenbau von Komponenten erfordert eine gute fachliche, genormte Struktur. Je schneller ein solches Modell genormt wird oder auch ein prosperitäres Modell

---

[17] Vgl. Wieczorrek, H. (1998), S. 80 ff.

sich am Markt durchsetzt, desto schneller wird die Vision, Software nicht nur aus eigenentwickelten Komponenten montieren zu können, Wirklichkeit (auch wenn der Vorteil einer unternehmensinternen Konvention schon deutlich für diese Technologie spricht). Dazu müssen die Banken ihren Beitrag leisten, indem Normungsansätze aktiv unterstützt und die Technologie im eigenen Unternehmen bekannt gemacht wird. Der Erfolg der Technologie hängt dann von der Fähigkeit des Personals ab, die Technologie zu nutzen – aber gerade das Personal dazu zu befähigen, erweist sich als größte Herausforderung.

4. Der Nutzen der Komponentenarchitektur

Komponentenarchitektur auf Basis von Middleware und Framework-Technologie ermöglicht, aber garantiert nicht den Erfolg. Neben den Chancen, die sich aus der Entwicklungstechnik ergeben, ist der gezielte Know-how-Aufbau und die Weiterentwicklung der IT-Mitarbeiter zu betreiben und sind adäquate organisatorische Rahmenbedingungen zu schaffen. Dann läßt sich das hohe Nutzenpotential industrieller Softwareentwicklung erschließen:

- *Schnellere Implementierung neuer Systeme:* Nicht nur die Kosten für ein neues IT-System, sondern auch das Entwicklungsrisiko und die Entwicklungsdauer sind kritische Erfolgsfaktoren. Durch Komponententechnik kann der Aufwand zur Integration zusätzlicher Anwendungen um bis zu 30 bis 40% gesenkt, das Risiko reduziert und die Entwicklungszyklen entsprechend gekürzt werden.

- *Schnellere Unterstützung neuer Produkte durch Produktparametrisierung:* Ist ein System auf Basis von Komponenten stringent auf die Parametrisierbarkeit von Produkten ausgerichtet, können neue Produkte in kurzer Zeit bereitgestellt werden.

- *Interoperabilität:* Über die Middleware-Architektur können Systeme miteinander über Plattformen hinweg verbunden werden. Die Komponententechnik erlaubt durch die Nutzung der Methoden über eine Middleware eine einfache und flexible Einbindung neuer und Austauschbarkeit bestehender Bestandteile einer Anwendung.

- *Reduktion des Wartungsaufwands:* Durch die Verwendung von laufend verbesserten Komponenten kann die Fehleranfälligkeit wesentlich verringert werden. Komponententechnik bewirkt durch spezielle, in die Komponente integrierte Testmechanismen ein weitgehend automatisches Qualitätsmanagement. Komponenten wie z.B. Fälligkeitsüberwachung, Kontoauszug, Prämie, Bonus, Überziehungsbearbeitung etc. brauchen nur einmal realisiert und gewartet zu werden.

- *Qualität der Systeme:* Frameworks geben die Softwarearchitekturen für den Framework-Spezialisten und den Anwendungsentwickler vor. Durch die Framework-Technologie finden neue Technologien (Architekturvorgabe) und eine neue Softwareergonomie (Vorgabe des Oberflächenparadigma) leichter im Unternehmen Akzeptanz und Verbreitung.

- *Komplexität beherrschen:* Mit Komponententechnik kann ein Projekt in Teilprojekte, aufbauend auf der Komponentenstruktur, unterteilt werden. Den Teilprojekten läßt sich entsprechend die Verantwortung für die einzelnen Komponenten zuordnen. Ein Projekt wird infolgedessen überschaubarer und einfacher beherrschbar.

Abschließend kann gesagt werden, daß eine rationelle Fertigung von Software auf Basis von Komponenten heute möglich ist. Kritische Erfolgsfaktoren hierfür sind stabile, leistungsfähige Frameworks und leistungsfähiges IT-Personal, das mit diesen Technologien umzugehen weiß.

Durch die Möglichkeit, mit Komponententechnik sehr schnell neue Produkte und Prozesse unterstützen zu können, wird diese in Zukunft wesentlich an Bedeutung gewinnen. Das hat auch eine wachsende Zahl innovativer Hersteller erkannt, die zunehmend mit Komponenten oder Komponentenbaukästen auf den Markt drängen. Es bleibt abzuwarten, ob sich ein Standard eines Normierungsgremiums oder eines Herstellers am Markt durchsetzt – eine wesentliche Voraussetzung für eine echte industrielle Fertigung von Software auf Basis vorgefertigter Komponenten.

Literaturhinweis

DÖMER, F., Auf ins Legoland, in: Diebold Management Report, 1997, Nr. 1, S. 11–14.
NATIS, Y., Object Transaction Monitors: The Foundation for a Component-Based Enterprise, in: Gartner Group (Hrsg.), Strategic Analysis Report (SSA), 1997, Nr. 8.
PEZZINI, M., The Role of IIOP in Distributed Computing, in: Gartner Group (Hrsg.), Research Note (CS), 28.4.97.
PREE, W., Komponentenbasierte Softwareentwicklung mit Frameworks, Heidelberg 1997.
SCHULTE, R., Middleware: The Glue That Holds Distributed Computing Together, in: Gartner Group (Hrsg.), InSide Gartner Group (IGG), 8.10.97.
WIECZORREK, H., Neue Bankdienste erweitern Software-Anforderungen, in: IT Management, 1998, Nr. 1, S. 80–85.
WOMACK, J. P./JONES, D. T./ROOS, D., Die zweite Revolution in der Autoindustrie, 7. Aufl., Frankfurt/M. 1992.

Alexander von Stülpnagel/Matthias Bendzulla

Kooperative Entwicklung einer Informatikplattform in einem großen Verbund

1. Notwendigkeit einer Informatikplattform
2. Anforderungen an eine Informatikplattform
    2.1 Zielsetzung
    2.2 Ordnungsrahmen
    2.3 Facharchitekturen
3. Prozeßmanagement für die Plattformentwicklung
    3.1 Rollen- und Prozeßmodell
    3.2 Produktmanagement
    3.3 Erfolgsfaktoren
4. Beispiele für operative Plattforminhalte
    4.1 Einheitliche Archivschnittstelle
    4.2 Verbundweites Datenmanagement
    4.3 Programmierschnittstelle für Sicherheitsdienste
5. Ausblick – Der Weg ist das Ziel
Literaturhinweis

1. Notwendigkeit einer Informatikplattform

Durch den Einsatz der Informationstechnologie (IT) in der Kreditwirtschaft werden die Geschäftsprozesse immer besser unterstützt, die Entwicklung neuartiger Finanzprodukte ermöglicht und eine direktere Kundenkommunikation erreicht. Diese Entwicklung macht eine stärkere Vereinheitlichung in der Informatikunterstützung innerhalb eines Finanzunternehmens, eines Finanzverbunds mit mehreren Dienstleistern oder über mehrere Finanzunternehmen hinaus notwendig. Nur so können die steigenden Kosten für die IT-Bereitstellung reduziert, die rechtzeitige Nutzung der Anwendungssysteme gesichert und die im Wettbewerb durch neue Informationstechnologie bedingte Innovationsgeschwindigkeit innerhalb der Informatik beherrscht werden.

Auch angesichts des gegenüber anderen Branchen extrem hohen Integrationsgrads einer Banken-Anwendungslandschaft genügt es nicht mehr, einzelne Prozeßschritte isoliert zu automatisieren oder einem bestimmten Fachbereich ein individuelles Anwendungssystem bereitzustellen. Mehr denn je ist eine extreme Flexibilität und Durchgängigkeit in der IT-Unterstützung der Unternehmensprozesse auch über Unternehmensgrenzen hinweg gefordert. Deshalb werden unternehmensweite Standards in der Informatik benötigt, die sowohl die Informatikprozesse und den Informatikbetrieb selbst vereinheitlichen als auch ihre Nutzung für die IT-Unterstützung der Unternehmensprozesse (Abbildung 1).

Ausgehend von den Anforderungen an eine solche gemeinsame Informatikplattform wird im folgenden beschrieben, wie eine solche Vereinheitlichung insbesondere in einem dezentralen Unternehmensverbund grundsätzlich zu organisieren ist. Anhand konkreter Ergebnisse wird aufgezeigt, wie eine operative Informatikplattform in einem existierenden Finanzverbund funktioniert.

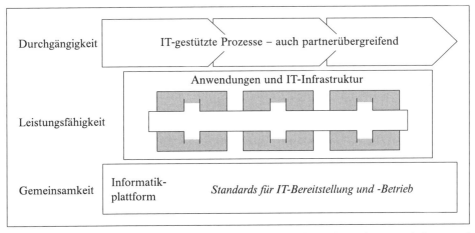

Abbildung 1: Informatikplattform als Basis für leistungsfähige Informationsverarbeitung und durchgängige Prozeßunterstützung

2. Anforderungen an eine Informatikplattform

Gerade in einer Zeit, in der sich Finanzdienstleister zu größeren Einheiten zusammenschließen, ist das Thema einer gemeinsamen Informatikplattform von strategischer Bedeutung. Der Grad der Gemeinsamkeit hängt dabei wesentlich von der Zielsetzung des Zusammenschlusses ab.

2.1 Zielsetzung

Soll ein Anwendungssystem aus Kostengründen gemeinsam durch unterschiedliche Partner entwickelt werden, wie dies beispielsweise in Anwendungskooperationen (auch zwischen Mitbewerbern) praktiziert wird, so bestimmt diese Anwendung die gemeinsame Plattform. Je nach Integrationsgrad dieser neuen Anwendung mit den übrigen Anwendungen der einzelnen Partner wird die Entwicklung zeigen, ob und wann angesichts unterschiedlicher fachlicher Anforderungen und vorhandener technischer Plattformstandards der gewünschte Nutzen eintritt. Nicht selten werden die Schwierigkeiten zwischen Vereinheitlichung und Flexibilität unterschätzt, so daß es zur Einstellung solcher gemeinsamen Vorhaben kommen kann.

Sollen in einer Informatikkooperation mehrere, für alle Partner gleiche Anwendungen bereitgestellt werden, so darf nicht eine Anwendung die Gemeinsamkeiten der Plattform bestimmen. Vielmehr muß am Anfang eines solchen Vorhabens ein Einigungsprozeß über die Plattform selbst stehen. Dieser wiederum wird maßgeblich dadurch bestimmt, ob es sich um einen freiwilligen oder um einen zentral angeordneten Zusammenschluß handelt. Dagegen bestimmen bei einem Informatikverbund, der seinen Partnern unterschiedliche Anwendungen bereitstellen soll, eher technische Gemeinsamkeiten die Informatikplattform. Synergien können hier zwar meist schneller erzielt werden (Stichwort Rechenzentrumsverbund), erreichen oftmals aber auch einen geringeren Nutzen gegenüber einem Anwendungsverbund.

Das Spektrum einer Zielsetzung für eine Informatikplattform reicht also von der Bereitstellung einer einheitlichen Soll-Anwendungslandschaft, über die Schaffung eines Regelwerks zur gleichartigen Unterstützung unterschiedlicher fachlicher Prozesse bis hin zur Standardisierung des technischen Zusammenspiels zwischen den verschiedenen Komponenten. Dabei sind nationale und internationale Normierungen eine erste Basis. Ein ZKA-Standard oder ein internationaler Standard für den Zahlungsverkehr sind zwangsläufig Bestandteil einer jeden Informatikplattform in der Kreditwirtschaft. Zukünftig werden übergreifende fachliche Standards, wie beispielsweise EDIFACT[1] oder technische Standards wie die Internet-Technologie, hinzukommen.

---

[1] Vgl. hierzu Schulz, A. (Beitrag in diesem Buch).

Aber selbst diese von außen vorgegebenen Gemeinsamkeiten bieten noch einen enormen Spielraum, wie und in welchen Anwendungssystemen sie fachlich und technisch implementiert werden. Dazu kommt, daß Standards erst über einen längeren Zeitraum entstehen. Rechenzentralen sind darum oft gezwungen, sich eigene Standards zu schaffen, die dann später durch allgemeingültige abgelöst werden. Nicht selten hat sich die Informatik im Fachbereich wegen des permanenten Anwendungsstaus verselbständigt. Die Folge sind unter Umständen kurzfristige Problemlösungen aus der Sicht des Fachbereichs, z.B. durch individuelle Datenverarbeitung oder den unkoordinierten Zukauf von Softwareprodukten, die aber auf das Regelwerk einer Informatikplattform wenig Rücksicht nehmen und deshalb später zu einem hohen Integrationsaufwand führen können. Um diese Entwicklung zu vermeiden, muß dem Fachbereich die Möglichkeit gegeben werden, konsistent sowohl das Angebot einer Rechenzentrale als auch dessen Erweiterung, Ergänzung und individuelle Anpassung für seine optimale Prozeßgestaltung zu bewerkstelligen.

Betrachtet man die technologische Seite einer Informatikplattform, so ist festzustellen, daß die Entwicklung weg von einer zentralen, an einem Hersteller ausgerichteten Infrastruktur hin zu einer dezentral verfügbaren, offenen System- und Kommunikationstechnik eine Informatikplattform als Standardisierer geradezu unentbehrlich macht. Viele Anwender haben angesichts nicht ausreichender bzw. nicht ausreichend durchgesetzter Standards viel Lehrgeld für die Beherrschung einer dezentralen Technik bezahlen müssen. In manchen Fällen wurde darüber hinaus der Einsatz dieser Technik aus der Informatik heraus getrieben, ohne die Geschäftsprozesse zuvor anhand der neuen informationstechnologischen Möglichkeiten umzustrukturieren.

Gemeinsames Ziel von Informatikplattform und den darauf basierenden Anwendungssystemen in einem Finanzverbund muß es deshalb sein,

- sich durch herstellerneutrale Entwicklungen insbesondere von der Proprietät bankspezifischer Hardware unabhängiger zu machen,
- für die Unterstützung von Kernprozessen (z.B. Buchung von Geschäftsvorfällen) den Einsatz von Standardsoftware oder Anwendungskooperationen stärker zu forcieren,
- die unterschiedliche Nutzung gleicher Anwendungskomponenten (z.B. gleiche Produktgestaltung und -abwicklung für unterschiedliche Vertriebswege oder gleiche Data-Warehouse-Techniken für unterschiedliche Steuerungs- und Controllingprozesse) zu ermöglichen und
- in einem Informatikverbund eine flexible Aufteilung der Informatikdienstleistung zwischen internen und externen Partnern herzustellen.

2.2 Ordnungsrahmen

Bereits vor Beginn eines jeden Informatikvorhabens sind Aussagen über die Integration in die bestehende Anwendungslandschaft und in die reibungslose Produktion gefordert. Zudem muß sich jede Rechenzentrale gleichzeitig mit einer Vielzahl von Projekten beschäftigen, und es muß berücksichtigt werden, daß Bankanwendungen, nicht zuletzt wegen der hohen Anforderungen an Sicherheit, Verfügbarkeit und Performance, oft eines längeren Entwicklungszeitraums bedürfen, bis sie dem Fachbereich zur Verfügung gestellt werden können. In dieser Zeit entwickeln sich aber sowohl die fachliche als auch die technische Welt weiter. Daher ist es für eine Informatikplattform unumgänglich, Systematiken zur Verfügung zu stellen, mit denen die fachliche und technische Zukunft antizipiert bzw. auf Änderungen flexibel reagiert werden kann. Aus fachlicher Sicht heißt dies, anwendungsübergreifende bankfachliche Zusammenhänge über Fachbereiche hinweg sichtbar zu machen, um den Spagat zwischen einer fachlich optimalen Einzellösung und einer informationstechnisch notwendigen Gesamtbetrachtung zu meistern. Dies schließt Mechanismen ein, mit denen der laufende Migrationsprozeß (z.B. durch Schnittstellen) gemanagt werden kann. Auf der technischen Seite gilt es, im ständigen Spannungsfeld zwischen zu langem Beharren auf bewährten Technologien (Investitionsschutz) und zu frühem Wechsel in ein neues Paradigma (Investitionsrisiko) das richtige Maß zu finden. Eine Informatikplattform muß eine Vordenkerrolle unterstützen, um rechtzeitig Chancen und Risiken neuer Technologien für die Fachbereiche erkennbar zu machen. Dazu müssen die Auswirkungen auf das bestehende Umfeld kompetent bewertet werden.

Zur Strukturierung einer Informatikplattform eignen sich am besten Architekturen.[2] Mit der Zusammenführung der erforderlichen Architekturen in einen Ordnungsrahmen kann die Welt der Informatik und die der Anwendungssysteme hinsichtlich ihrer Inhalte, ihrer Schnittstellen und ihrer Beziehungen in Form von Komponenten (Architekturelemente) vollständig beschrieben werden. Noch gibt es im Gegensatz zu anderen Wirtschaftszweigen kein eindeutiges Beschreibungsmuster, kein genormtes Strukturierungsschema und keine verbindliche Darstellungsform für bankbetriebliche IT-Architekturen. Das bedingt, daß innerhalb eines Unternehmens und innerhalb eines Unternehmensverbunds erst ein Ordnungsrahmen für die gemeinsame Informatikplattform entwickelt werden muß.

Die nachfolgenden fünf grundsätzlichen Architekturgruppen stellen zusammen mit den für das Kreditwesen besonders wichtigen übergreifenden Regelwerken für Sicherheit, Verfügbarkeit und Performanz einen grundsätzlichen Rahmen für eine Gestaltung einer Informatikplattform im Verbund dar. Der Ordnungrahmen besteht aus

- einer *Geschäftsprozeßarchitektur*, mit der die Unternehmensprozesse dokumentiert werden können. Sie legt fest, wann und wo ein Geschäftsprozeß mit welchen Geschäftsobjekten abläuft. Geschäftsprozesse sind die Wege zur Erreichung von Unternehmenszielen. Es gibt manuelle und IT-gestützte Prozeßschritte.

- einer *Anwendungsarchitektur*, mit der ein Anwendungssystem einschließlich seiner Schnittstellen modellhaft dargestellt wird. Sie ist somit der Konstruktionsplan für die Entwicklung und Ausführung IT-gestützter Unternehmensfunktionen. Sie beschreibt sowohl das Zusammenwirken der einzelnen Anwendungsbausteine als auch deren externe Sicht (Welche Dienste werden wie angeboten?).

---

[2] Vgl. Marty, R. (Beitrag in diesem Buch).

- einer *Anwendungsentwicklungsarchitektur*, die nach den Konstruktionsprinzipien der Anwendungsarchitektur den Entwicklungsprozeß definiert. Bestandteile der Anwendungsentwicklungsarchitektur sind die Entwicklungsprozeßarchitektur und die Werkzeugarchitektur.

- einer *Architektur der IT-Infrastruktur*, die die für den Betrieb erforderlichen physischen Infrastrukturkomponenten wie Hardware, Netze sowie systemnahe Software und deren Nutzungskonzepte in ihrer Gesamtheit beschreibt. Sie zeigt anwendungsneutral auf, wie Präsentationen, Verarbeitung oder Daten einer Anwendung verteilt werden.

- einer *Produktionsmanagementarchitektur*, die die Überwachung, Steuerung und Administration des Betriebs der Anwendungen in der IT-Infrastruktur gewährleistet. Hierbei sind die einzelnen Disziplinen in eine ganzheitliche Verfahrenskonzeption zu integrieren, um heterogene Systemlandschaften betreuen zu können.

Jede Architektur des Ordnungsrahmens muß so detailliert sein, daß eine Implementierung im Rahmen einer anwendungsbezogenen Umsetzung oder einer anwendungsübergreifenden Infrastrukturmaßnahme konsistent möglich ist. Dabei läßt eine Architektur insbesondere in einem Unternehmensverbund mehrere einander entsprechende Implementierungen zu. Der Ordnungsrahmen enthält somit sowohl die Methodik, wie er zu füllen ist, als auch die jeweiligen Ergebnisse auf den einzelnen Detaillierungsstufen selbst.

2.3 Facharchitekturen

Die Detaillierung des Ordnungsrahmens wird nicht in einem reinen Top-down-Ansatz, orientiert an den Unternehmenszielen, erfolgen können. Erstens gibt es nicht nur eine IT-Gesamtarchitektur, zweitens setzt dies gleiche Zielsetzungen für den gesamten Unternehmensverbund voraus und drittens würde es viel zu lange dauern, bis ein unmittelbarer Nutzen in Form einer gemeinsamen Anwendung im Verbund entsteht. Eine Möglichkeit für die Detaillierung des Ordnungsrahmens besteht darin, zunächst die technischen Gemeinsamkeiten zu vereinbaren und damit die fachlichen Architekturelemente für die (wettbewerbsneutralen) Buchungs- und Stammdatensysteme zu vereinheitlichen. In einem zweiten Schritt werden dann die eigentlichen Vertriebs-/Abwicklungs-/Verwaltungssystemstandards geschaffen, um schließlich zu den Geschäftssteuerungssystemen zu kommen. Dieses Szenario wird insbesondere bei Konzernen mit dem Ziel einer Fusion angewandt. Denn zum einen nimmt der Übereinstimmungsgrad von innen nach außen in der Regel ab, zum anderen ist eine Einigung auf die gleichen technischen Infrastrukturen meist als erstes Ziel von oben verordnet.

Bei dezentralen Informatikverbünden ist eher der Weg über eine bedarfsorientierte Füllung des Ordnungsrahmens durch einzelne Architekturelemente sinnvoll. Ausgehend von einem bestimmten Anwendungsbereich wird der Ordnungsrahmen genutzt, um über die konkret zu realisierende Lösung hinaus allgemeingültige Teilarchitekturen zu definieren. Aus einer Anwendungskooperation für das Controlling kann so z. B. ein Einstieg in ein unternehmensweites Datenmodell gelingen. Der Kauf einer Standardlösung kann dabei die Normierung auf eine IT-Infrastruktur erzwingen.

Gelingt es, sich anwendungsbezogen auf gemeinsame Inhalte für verschiedene Architekturgruppen des Ordnungsrahmens zu verständigen, so sprechen wir von sogenannten *Facharchitekturen*. Diese haben zwar ihren Ursprung in der gemeinsamen Anwendung, abstrahieren aber von der konkreten Lösung, um weitergehende Implementierungen zu ermöglichen. Beispiele für anwendungsübergreifende Facharchitekturen können sein: die Einführung eines Home-Banking-Standards,[3] eine gemeinsame Data-Warehouse-Architektur, eine unternehmensweite Netzwerkarchitektur oder eine standardisierte Zahlungsverkehrsarchitektur.

3. Prozeßmanagement für die Plattformentwicklung

Im folgenden wird davon ausgegangen, daß es sich bei dem Informatikverbund um einen größeren Unternehmensverbund handelt, dessen Partner auf freiwilliger Basis mittelfristig zu gemeinsamen Anwendungssystemen (Anwendungslandschaft) konvergieren wollen. Dabei wird unterstellt, daß die Partner selbständige Rechenzentralen sind, die für die jeweiligen Geschäftsstrategien ihrer angeschlossenen Institute Lösungen bereitstellen müssen. Grundkonsens besteht nur darin, daß für dieses Ziel eine gemeinsame Informatikplattform geschaffen werden muß. Für ein solches Umfeld ist die Bildung einer Gemeinschaftseinrichtung der Verbundpartner notwendig, welche als neutraler Verantwortlicher für den Koordinations- und Standardisierungsprozeß fungiert. Als Moderationspool fördert sie die Zusammenarbeit mit dem Ziel, den Verbund über eine gemeinschaftliche Informatikplattform zu einer einheitlichen Anwendungslandschaft zu bringen.

3.1 Rollen- und Prozeßmodell

Unabdingbare Voraussetzung für die Umsetzung einer Informatikplattform ist ein Rollen- und ein Prozeßmodell, das die involvierten Parteien auf allen Ebenen zu aktiven Beteiligten macht. Das partnerschaftliche Zusammenspiel umfaßt mehrere Rollen:

- Die Koordinationszentrale
    - verantwortet sowohl die gesamte Grundlagenarbeit, die für die Entwicklung der Informatikplattform notwendig ist, als auch alle verbundeinheitlichen Anwendungssysteme,

---

[3] Vgl. SIZ GmbH (1997a).

- bündelt die Interessen der Gemeinschaft in der Zusammenarbeit mit Herstellern bzw. Standardisierungseinrichtungen zur Kostendegression und zur Erzielung von Entwicklungsvorteilen für die beteiligten Parteien,
  - vertritt die Rechenzentralen bei der Erarbeitung verbundübergreifender Unternehmensstrategien, mit dem Ziel, rechtzeitig Umsetzungsvorschläge mit den Partnern abzustimmen,
  - bahnt zwischen den beteiligten Parteien der Gemeinschaft Kooperationen zur Gestaltung von informationstechnischen Dienstleistungen an, insbesondere mit dem Ziel der Schaffung von plattformkonformen Anwendungen, und
  - bietet den beteiligten Parteien individuelle Dienstleistungen zur Umsetzung der Standards an. Diese können auch die Zertifizierung der Plattformkonformität beinhalten.

- Beteiligte Rechenzentralen
  - stellen Ressourcen für die Erarbeitung von Elementen der Informatikplattform zur Verfügung,
  - übernehmen die Selbstverpflichtung zur zeitnahen Umsetzung der Informatikplattform,
  - erstellen in eigener unternehmerischer Verantwortung oder im Auftrag der Koordinationszentrale Anwendungen bzw. Bausteine für den internen Markt und
  - unterstützen die Koordinationszentrale bei der Anbahnung von Anwendungskooperationen.

- Die Lenkungskommission
  - ist besetzt durch Entscheidungsträger der beteiligten Rechenzentralen und der Koordinationszentrale,
  - entscheidet über die strategische Vorgehensweise zur Schaffung der Informatikplattform und den Einsatz der von den Gesellschaftern genehmigten finanziellen Budgets und
  - beschließt die Abnahme der Architekturelemente und die Klassifizierung innerhalb der Plattformstandards.

- Das Steuerungsgremium
  - ist besetzt durch Generalisten der beteiligten Rechenzentralen und der Koordinationszentrale und
  - bereitet die Entscheidung für die Lenkungskommission im Sinne eines fachlichen Gesamtcontrollings vor.

- Die Arbeitskreise
  - sind besetzt durch Spezialisten der beteiligten Parteien und
  - begleiten die eigentlichen Standardisierungsarbeiten fachlich.

Dabei gilt es, trotz der grundsätzlichen Verpflichtung zur freiwilligen Übernahme der Standards ein Problem zu lösen. Die Marktteilnehmer werden nur zögerlich die unter Umständen sehr teure Migration auf diese gemeinsame Plattform vornehmen, wenn nicht eine ausreichende Menge von Anwendungen, die auf den gemeinsam definierten Standards (Plattformkonformität) basieren, vorhanden ist. Umgekehrt wird jeder Partner nur dann zu motivieren sein, einen höheren Aufwand für die Entwicklung einer solchen plattformkonformen Lösung in Kauf zu nehmen, wenn durch zeitnahe Umsetzung der Plattform eine Abnahme durch die Marktteilnehmer gewährleistet ist. Die Lösung dieses Problems liegt in zwei komplementären Prozessen. So erfolgt einerseits eine Standardisierung über die Beauftragung und Finanzierung einer Gemeinschaftsanwendung durch die Koordinationsstelle und damit der Gemeinschaft (Standardisierungsprozeß) und andererseits eine Umsetzung ohnehin notwendig gewordener Plattformadaptionen im eigenen Unternehmen (Umsetzungsprozeß). Diese komplementäre Struktur wird im Folgenden beschrieben.

Die Koordinationszentrale treibt den Prozeß zur Schaffung informationstechnologischer und bankfachlicher Standards von der gemeinsamen inhaltlichen Definition über die übergreifende fachliche Abstimmung mit allen Beteiligten bis hin zur formalen Abnahme durch den Lenkungsausschuß. Dieser *Standardisierungsprozeß* kann von zwei Seiten initiiert werden:

1. Von den Arbeitskreisen, die sich als Impulsgeber für neue oder fortzuschreibende Standards für die Koordinationszentrale verstehen. Diese muß einen fachlichen Konsens über die Anforderungen innerhalb der Gemeinschaft erreichen, eine Einordnung des Standards in den oben beschriebenen Ordnungsrahmen vornehmen und ihn inhaltlich im Rahmen von Grundlagenprojekten unter Beteiligung von internen und externen Spezialisten entwerfen.

2. Von der Koordinationszentrale, die als Vordenker neue Entwicklungen aufgreift, um gemeinsam mit den Rechenzentralen einen einheitlichen Weg zur Nutzung dieser Technologien zu finden. So kann es erforderlich sein, über einen DV-technischen Prototyp die Notwendigkeit eines neuen Standards zu demonstrieren (Beispiel Chipkartentechnologie), um Akzeptanz für diesen zu schaffen.

Komplementär dazu legen die Rechenzentralen ihren individuellen Prozeß *für die Umsetzung* der freigegebenen Standards fest. Dies erfolgt in der Regel aufgrund einer Strategie, mit der eine Rechenzentrale diese Standards für ihre Adaption zu einer einheitlichen Informatikplattform einsetzen will. Der Standardisierungsprozeß macht nur Sinn, wenn der Umsetzungsprozeß durchgeführt wird. Entscheidend ist bei der Standardisierung, daß mindestens mittelfristig ein Mehrwert für die Rechenzentrale entsteht. Durch frühzeitige Kommunikation über geplante Standardisierungsvorhaben durch die Koordinationszentrale und parallele Praxiserprobung des Standards mit einzelnen Rechenzentralen können Vorreiter für eine flächendeckende Umsetzung gewonnen werden.

Es kann überdies angebracht sein, die beiden Teilprozesse zu vertauschen, d.h. einen praktizierten Quasi-Standard direkt zum gemeinsamen Standard zu erklären. Dies setzt nicht nur eine entsprechende Qualität der Ergebnisse voraus, sondern auch die Bereitschaft, das „Not-invented-here"-Syndrom zu überwinden. Auf die Koordinationszentrale kommt dabei die Aufgabe zu, den Konsensfindungsprozeß zu steuern, die Qualität im Sinne der durch sie repräsentierten Gemeinschaft sicherzustellen und den Standard mit den übrigen Inhalten des Ordnungsrahmens abzustimmen.

3.2 Produktmanagement

Die Inhalte einer Informatikplattform unterliegen einem ständigen Wandel. Architekturen werden erweitert, neue Standards entstehen, Regelwerke müssen an die Praxis angepaßt werden, Plattformprodukte (das sind eigene oder am Markt angebotene einheitliche Anwendungen, systemnahe Software, Verfahren, Werkzeuge etc.) können weiterentwickelt werden oder vom Markt verschwinden. Dieser Wandel muß im Prozeßmodell von Anfang an berücksichtigt werden. Als Mindestempfehlung gilt, die jeweils gültige Festlegung auf ein oder mehrere Architekturelemente in konsistenter und aktueller Form zu dokumentieren.

Die Festlegung auf Marktprodukte ist ein wesentlicher Mechanismus zur Steuerung der konkreten Gestaltung einer Informatikplattform und Grundlage weiterführender Regelungen für deren Einkauf. Für alle Plattforminhalte, die nicht auf Marktprodukte verweisen, muß Vertrauen in ihre Qualität geschaffen werden. Um dieses zu erreichen, genügt es nicht, den jeweiligen Entwicklungsprozeß zu beherrschen. Eigene Entwicklungen, die ebenfalls Produktcharakter haben, müssen vielmehr wie ein Marktprodukt gemanagt werden. Dieses Produktmanagement erfordert die Bereitstellung der für den Vermarktungsprozeß notwendigen Unterlagen bereits im Entwicklungsprozeß. Produktmanagement ist die Klammer von der Release-Planung mit Klassifizierung der jeweils gültigen Release-Stände bis hin zu den wirtschaftlichen und fachlichen Vorgaben für einen Weiterentwicklungsprozeß.

Die Vorgehensweise zur Bereitstellung von solchen Plattformprodukten ist Teil des Gesamtkonzepts der Plattformentwicklung und regelt die Schaffung plattformkonformer Anwendungssysteme. Plattformkonformität ist prozeßbezogen definiert und darf nicht mit einer technischen Konformität, wie beispielsweise „erfüllt Schnittstellenspezifikation eines Betriebssystems" oder „muß entwickelt sein mit bestimmtem Werkzeug", verwechselt werden. IT-Produkte werden dazu mit Hilfe des Ordnungsrahmens klassifiziert und eindeutig bezeichnet. Anhand dieser Komponentenzuordnung läßt sich der Beitrag eines IT-Produkts zu einer Informatikplattform bewerten. Die wesentlichen Bewertungsinformationen sind zum einen der Status hinsichtlich der Kategorien „Verbindlichkeit", „Empfehlung" oder „Lösungsraumalternative" und der Hinweis über den Lebenszyklus eines IT-Produkts innerhalb der Informatikplattform. Der Lebenszyklus läßt sich ausdrücken über die Kategorien „Fortschreibungsbedarf", „in Planung" oder „in Ausmusterung". Für eine angemessene verbundweite Dokumentation der Produktinformationen bietet sich die Verankerung in einem zentralen Kommunikationsinstrument an.

Eine produktorientierte Vorgehensweise kann organisatorisch bis hin zur Einrichtung von dezentralen Informatikfachzentren im Verbund ausgebaut werden. Inwieweit ein Ergebnis mehrfach genutzt wird, regelt ein geschlossener Markt innerhalb des Verbunds. Im Verbundmarkt übernimmt die Koordinationszentrale die wichtige Aufgabe einer Informationsdrehscheibe auch für den Vertrieb. Der Vertrieb von im Verbund geschaffener Informatikprodukte außerhalb des geschlossenen Verbundmarkts bedarf eigener Regelungen, um die mit der gemeinschaftlichen Informatikplattform verfolgten Interessen zu stärken und zu schützen.

3.3 Erfolgsfaktoren

Der Erfolg einer Informatikplattform ist in einem partnerschaftlichen Umfeld maßgeblich durch das jeweilige Involvement der beteiligten Parteien bestimmt. Ein weiterer wichtiger Faktor ist die Erwartung an Verbesserungen für die individuelle IT-Bereitstellung und -Infrastruktur. Im konkreten Fall müssen deshalb oft Hemmnisse überwunden werden, die durch historisch bedingte Heterogenität der vorhandenen Anwendungslandschaft und Selbständigkeit entstehen. Zur Überwindung dieser Hemmnisse haben sich folgende Erfolgskriterien bewährt:

- Wenn durch das gemeinschaftlich erzielte Ergebnis auch regionale Probleme unmittelbar gelöst werden,
- wenn die Informatikplattform eine neue Technologie beinhaltet, für die ebenfalls Bedarf besteht,
- wenn bei individueller Betrachtung die Kosten/Nutzen-Bilanz positiv ausfällt und
- wenn es der Eigentümer einer Rechenzentrale für strategisch hält.

Eine große Chance für alle Unternehmen besteht im derzeitigen technologischen Umbruch durch die Internet-Technologie. Geschäftsprozesse müssen über Unternehmensgrenzen hinweg neu strukturiert werden (z.B. Extranet) und führen zu neuen Anwendungen. Die Beziehungen zum Kunden werden vielfältiger (z.B. Internet), was eine veränderte IT-Infrastruktur voraussetzt. Die technologischen Standards im Zusammenhang mit der Internet-Technologie können auf die bestehenden traditionellen Client/Server-Lösungen angewendet werden (z.B. Intranet). Es werden also alle oben genannten Erfolgskriterien erfüllt. Diese Chance für das Zustandebringen von neuen Informatikverbünden sollte genutzt werden. Ebenso sollte die Vereinheitlichung bestehender Informatikverbünde beschleunigt werden. Dazu sind Pilotierungserfahrungen, die in den gemeinschaftlichen Prozeß eingebracht werden, ebenso erforderlich wie eine ganzheitliche Betrachtung. Denn auch diese technologische Entwicklung wird zu gegebener Zeit durch ein weiteres Paradigma abgelöst werden. Allerdings stellt gerade die Weiterentwicklungsgeschwindigkeit der DV-Technologie den Koordinierungs- und Standardisierungsprozeß vor eine zeitliche Herausforderung. Unternehmen, die erst heute mit dem Aufbau einer einheitlichen Informatikplattform beginnen, werden zunächst durch den Aufbau der oben beschriebenen Rollen- und Prozeßmodelle Zeit benötigen, bis sie die Chancen der weltweiten Standardisierung nutzen können. Aber auch Unternehmen, die bereits einen etablierten Prozeß zur Bildung einer Informatikplattform implementiert haben, müssen heute z.B. durch Schwerpunktbildung und Konzentration aller Kräfte, die oben beschriebenen Prozesse lenken.

4. Beispiele für operative Plattforminhalte

Die bisherigen Aussagen werden nun anhand von Beispielen aus einem konkreten Koordinationsprozeß für eine einheitliche Informatikplattform innerhalb der Sparkassenorganisation verdeutlicht.

4.1 Einheitliche Archivschnittstelle

Herkömmliche Archivsysteme bestehen in der Mehrzahl aus einem speziellen Archivsystem-Client, einer Anwendung, einer Indexdatenbank und einem Archivspeichersystem. Alle benötigten Anwendungen müssen direkt in den Client oder in die Archivanwendung eingebunden werden. Bedingt durch die dezentrale Struktur der Sparkassenorganisation und die künftigen Anforderungen an die Bereitstellung von Informationen werden moderne, verteilte Lösungen benötigt, bei denen verschiedene Clients und Anwendungen auf Archive zugreifen können. Der Anwender soll sich also nicht darum kümmern müssen, wo seine Information abgelegt wird und wo er sie später wiederfindet.

Ein Archivsystem verfügt über zwei unterschiedliche Ebenen:[4]

- Die Ablage zur Speicherung in Bearbeitung befindlicher, veränderlicher und temporärer Dokumente sowie zur Aufbereitung von Informationen für Anzeige, Druck, Speicherung etc. (auch als traditionelles Dokumentenmanagement bezeichnet) und
- das Archiv zur langfristigen, revisionssicheren Archivierung großer Informationsmengen auf nur einmal beschreibbaren optischen Speichern (WORM – Write Once Read Many).

Betrachtet man die einzelnen Komponenten im Zusammenhang, ergibt sich ein Nutzungskonzept aus drei Ebenen – der Client-, der Ablage- und der Archivebene. Ein derartiges Nutzungskonzept kann als Vorstufe zur Festlegung von Architekturen mit technischen Gemeinsamkeiten angesehen werden. Über die verschiedenen Anwendungsschnittstellen können Archivdienste auch durch Groupware- und Workflow-Produkte oder Sparkassenanwendungen genutzt werden. Eine fachlich modulare Architektur erlaubt die Konstruktion auch großer, verteilter Archivlösungen. Derartige Lösungen beruhen auf Architekturelementen, die für genau diesen Anwendungszweck in einer Facharchitektur zusammengeführt sind. Der den Architekturelementen zugrundeliegende Standardisierungsprozeß bildet die Basis zur Lösungsintegration in die IT eines Unternehmens.

---

[4] Vgl. SIZ GmbH (1997b).

4.2 Verbundweites Datenmanagement

Grundsätzlich lassen sich bei einer unternehmensweiten und/oder unternehmensübergreifenden Datenmodellierung der Top-down-Ansatz und der Bottom-up-Ansatz unterscheiden. Aufgrund der föderativen Organisationsstruktur bietet sich in der Sparkassenorganisation (SKO) prinzipiell ein dezentraler Ansatz (bottom-up) für das Datenmanagement an. Für ein Top-down-Vorgehen mit zentralem Datenmanagement spricht allerdings, daß das Sparkassengeschäft in allen Sparkassen und Landesbanken gleichartig verläuft und daher auch informationstechnisch einheitlich unterstützt werden sollte. Als Lösung wird eine Kombination aus dezentralem Datenmanagement mit zentraler Koordination praktiziert. Sie stellt besondere Anforderungen an die Struktur des übergreifenden Datenmodells sowie an die Datenmanagementprozesse zu seiner Nutzung und Fortschreibung. Der top-down orientierte Architekturansatz baut deshalb auf einem Ebenenkonzept auf, das mit wechselnden Detaillierungsgraden unterschiedliche Benutzergruppen anspricht. Gleichzeitig unterstützen projektspezifische Ebenen die Bottom-up-Sicht einzelner Projekte. Die Modellarchitektur wird in Abbildung 2 gezeigt.

Die oberste Schicht *(A-Ebene)* des zentralen Datenmodells beinhaltet neun abstrakte Kern-Entitäten, die eine Struktur für alle nachfolgenden Ebenen vorgeben. Kern-Entitäten repräsentieren u.a. Vereinbarungen, Ressourcen, Produkte, beteiligte Parteien etc. aus der Sparkassenwelt.

Die *B-Ebene* ist ein Fachbegriffsdatenmodell und dient primär der einfachen Handhabung des Datenmodells in der Praxis. Das zentrale Datenmodell hat den Anspruch, spartenübergreifend die gesamte bankfachliche Begriffs- und Datenwelt der Sparkassenorganisation zu erfassen und abzubilden. Dadurch wird das Modell zwangsläufig sehr umfangreich und unterliegt der Gefahr, daß es unübersichtlich (zur Zeit ca. 3500 Begriffe) und schwer zu handhaben wird. Die hierarchische Struktur erleichtert die Navigation im Datenmodell und die Ausschnittbildung für konkrete Vorhaben im Bereich der Anwendungsentwicklung. Diese Ausschnittbildung ist die Grundlage für die später beschriebenen Prozesse zur Fortschreibung des zentralen Datenmodells.

Das eigentliche verbundweite Datenmodell ist auf der *C-Ebene* als *Entity-Relationship-Modell* (ER-Modell) abgelegt. Die C-Ebene ist gewissermaßen der größte gemeinsame Nenner für die Datenmodellierung innerhalb der Sparkassenorganisation. Es handelt sich hier um ein generisches und logisches ER-Modell oder – anders ausgedrückt – um ein konzeptionelles ER-Modell mit logischen Erweiterungen. Die logischen Erweiterungen betreffen insbesondere die Nutzung künstlicher Primärschlüssel, den Verzicht auf n:m-Beziehungen, die Normalisierung bis zur dritten Normalform sowie die explizite Modellierung von Domänen als Entitäten. Die C-Ebene enthält in der aktuellen Version des SKO-Datenmodells ca. 4450 Elemente.

Für konkrete Anwendungsentwicklungsprojekte reicht der Detaillierungsgrad der C-Ebene jedoch nicht aus. Zudem wäre es nicht praktikabel, die C-Ebene gleichzeitig durch verschiedene Projekte zu ändern und fortzuschreiben. Aus diesem Grund werden in den Entwicklungseinheiten eigene Projektmodelle auf der sogenannten *C'-Ebene* gebildet. Diese C'-Modelle lassen sich auf der Basis eines C-Ebenen-Ausschnitts projekt-

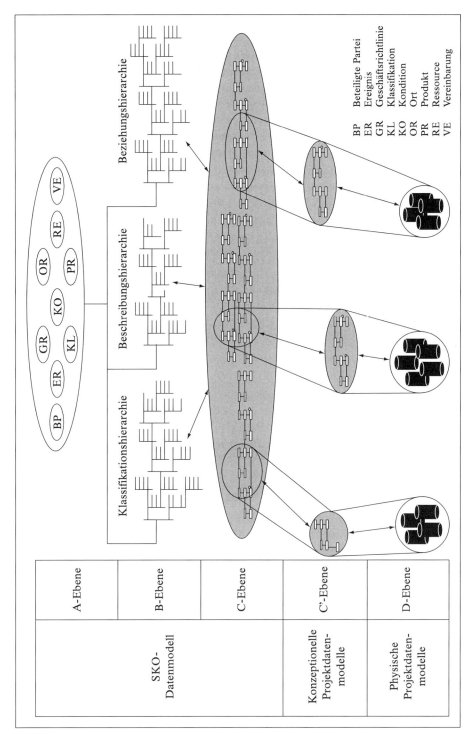

Abbildung 2: Ebenenkonzept des Referenzdatenmodells der Sparkassenorganisation

und anwendungsspezifisch so ausarbeiten, daß man das physische Datenmodell aus ihnen ableiten kann. Sie stellen also die Voraussetzung für den Übergang zur physischen Datenbank dar (*D-Ebene*).

Von zentraler Bedeutung für die Praktikabilität der vorgestellten Datenmodellstruktur ist die Herstellung der Verbindung zwischen den einzelnen Ebenen. Der inhaltliche Zusammenhang zwischen den Ebenen wird über sogenannte *Leitbilder* sichergestellt. Leitbilder reflektieren die bankfachlichen Grundstrukturen des SKO-Datenmodells, die sich in der Projektarbeit als regelbedürftig und standardisierbar herausgestellt haben. Als Beispiel kann die prinzipielle Trennung von Vertragsdaten und Kontodaten dienen. So gehören zu den Vertragsdaten alle Vereinbarungen, die mit dem Kunden getroffen worden sind, wie z.B. das Abschlußdatum. Auf einem Konto werden dagegen nur buchhalterische Daten (z.B. Rückzahlungssaldo) geführt.

Ein inzwischen verbindliches Konzept regelt die Nutzung dieses zentralen Modells im Rahmen der projektspezifischen Modellierungsprozesse und der verbundweiten Datenmanagementprozesse. Am Anfang eines jeden Projekts steht die Bestimmung des Informationsbedarfs. Je nach Ausgangssituation stehen dazu völlig unterschiedliche Informationsquellen, wie z.B. vorhandene Datenmodelle, Formulare, Masken oder Reports, zur Verfügung. Ergebnis dieses Prozesses ist der abgestimmte Begriffshaushalt des Projekts. Der Begriffshaushalt wird im nächsten Schritt mit der B-Ebene des zentralen Datenmodells abgeglichen. Dieser Abgleich dient sowohl der Vorbereitung zur Eingrenzung des projektrelevanten Ausschnitts auf der C-Ebene als auch der gegebenenfalls notwendigen Ergänzung und Fortschreibung der B-Ebene. Schon in diesen ersten Schritten wird der bestimmende Einfluß des begriffsorientierten Modellierungsansatzes und der Struktur des Datenmodells auf die Prozeßfolge deutlich.

Nach Abschluß dieser Schritte kann bereits ein Pre-Review der Projektinhalte und der geplanten Vorgehensweise mit der zentralen Datenadministration als erste Qualitätssicherungsmaßnahme erfolgen. Danach wird der projektrelevante Modellausschnitt gebildet. Zusätzlich kann ein bereits vorhandenes Projektdatenmodell an die semantischen Konzepte angepaßt und formal an das zentrale Datenmodell angeglichen werden, bevor es fachlich weiter ausgearbeitet wird. Damit die Modellierungsergebnisse später in das zentrale Datenmodell eingearbeitet werden können, erfolgt bei allen Prozeßschritten gleichzeitig eine Dokumentation der relevanten Änderungen und Erweiterungen. Im letzten Schritt wird das konzeptionelle Projektdatenmodell gegen das SKO-Datenmodell referenziert. Dies reicht bereits aus, um im Qualitätssicherungsprozeß festzustellen, ob das Projektdatenmodell konform zu den Vorgaben des zentralen Datenmodells entwickelt worden ist.

4.3 Programmierschnittstelle für Sicherheitsdienste

Zur Absicherung des elektronischen Datenaustauschs werden neben einer standardisierten Vorgabe für die Infrastruktur eines Zertifizierungssystems (asymmetrisches Schlüsselmanagement)[5] auch anwendungsneutrale Sicherheitsdienste für die verschiedenen Einsatzgebiete benötigt. Deshalb wurde für die Verbundgemeinschaft der Rechenzentralen der Sparkassenorganisation eine Programmierschnittstelle (API)[6] entwickelt. Diese hat zum Ziel

- kryptographische Programmteile, welche sich in vielen Anwendungsprogrammen wiederholen würden, zusammenzufassen und in einem eigenständigen Modul auszulagern sowie
- diese kryptographischen Dienste durch eine einheitliche, infrastrukturunabhängige Realisierung möglichst umfassend wiederverwendbar zu machen.

Damit sind in den Anwendungsprogrammen nicht mehr die kryptographischen Programmteile selbst, sondern nur noch Aufrufe an ein *Krypto-API* enthalten. Gleichzeitig sollen Anwendungsprogrammierer und Benutzer der Anwendungsprogramme von kryptographischem und verfahrensspezifischem Detailwissen entlastet werden. Darüber hinaus kann das Krypto-API eine Reihe von Verwaltungsfunktionen zentral mit übernehmen und Vorprüfungen durchführen.

Die anwendungsneutrale Gestaltung und die Einordnung in die Plattform ermöglichen einen Einsatz in allen Anwendungsbereichen, in denen unter Berücksichtigung eines hohen Sicherheitsanspruchs ein elektronischer, automatisierter Datenaustausch erforderlich ist. Beispiele dafür sind Anwendungen im Bereich des Zahlungsverkehrs (Home Banking, GeldKarte etc.), für deren Weiterentwicklung (u.a. im Hinblick auf das Internet) zukünftig verschärfte Sicherheitsanforderungen gelten werden. So stellt das im Informations- und Kommunikationsdienste-Gesetz enthaltene Signaturgesetz hohe Sicherheitsanforderungen an kryptographische Komponenten und insbesondere an Zertifizierungsinfrastrukturen.

Mit dem weitreichenden Nutzen des Krypto-API gewinnt der Produktgedanke an Bedeutung. Potentielle Abnehmer für ein solches API sind nicht nur die Rechenzentralen der Sparkassenorganisation, die es als zentralen Baustein in Auftrag gegeben haben. Auch für weitere DV-Abteilungen aller Institutionen des deutschen Kreditgewerbes sowie für Softwareunternehmen, die Produkte in Bereichen des elektronischen Datenaustauschs für Kreditinstitute entwickeln bzw. anbieten, dürfte ein solches API interessant sein. Durch den Einsatz des qualitätsgesicherten Produkts werden ihre elektronischen Daten im Hinblick auf Vertraulichkeit, Integrität und Authentizität geschützt. Das erfordert innerhalb des Verbunds, das Produkt im Markt anzubieten und setzt ein funktionierendes Produktmanagement voraus. Anwendungsneutralität und Plattformunabhängigkeit sowie die Konformität zu bestehenden internationalen Standards rechtfertigen einen solchen Schritt.

---

[5] Vgl. dazu Krebs, T./Thiel, C. (Beitrag in diesem Buch).
[6] API = Application Program Interface.

5. Ausblick – Der Weg ist das Ziel

Die obigen Beispiele zeigen, wie die Ziele der Informatikplattform erreicht werden können. Entscheidend sind dabei Herstellerunabhängigkeit, Wiederverwendung gleicher Komponenten, Öffnung des Markts für Standardanwendungen und die Verteilung der Entwicklungskapazität in einem Unternehmensverbund auf freiwilliger Basis. Es ist ein weiter Weg bis zu einer einheitlichen Informatikplattform. Letztendlich ist das Verhältnis von qualitativem und quantitativem Nutzen, den ein Mitglied aus der Verbundgemeinschaft erzielt, und dem entsprechenden Aufwand, den die Anpassung an gemeinsame Standards mit sich bringt, der Gradmesser für jeden Teilnehmer eines solchen Verbunds. Nur bei langfristiger Betrachtung werden sich die hohen Anpassungsinvestitionen der Partner durch entsprechend höherwertige Rückflüsse kompensieren lassen. Der gemeinsame Weg ist also eher das Ziel, nicht die informationstechnologische Vereinheitlichung des Verbunds. Auf diesem Weg müssen Rahmenbedingungen dafür sorgen, daß die Richtung eingehalten wird, daß also auch die individuellen Pläne diese Richtung mit berücksichtigen. Solche Rahmenbedingungen sind:

- Die Gemeinschaft kommuniziert offen und aktuell.
- Für unmittelbaren wirtschaftlichen Nutzen und als Beitrag zur einheitlichen Anwendungslandschaft kann die Koordinationszentrale damit beauftragt werden, gemeinschaftsweit gültige Anwendungen zu schaffen.
- Innovative Vorhaben, insbesondere die Entwicklung von Prototypen zur Erprobung neuer technologischer Grundlagen, sind gemeinschaftliche Validierungsvorhaben und verhindern damit ein Auseinanderdriften einer Informatikplattform bei Fortschritten.
- Die Auseinandersetzung der Gemeinschaft mit den neuen technologischen Entwicklungen ist eine laufend zu koordinierende Regeltätigkeit.

Für die Sparkassenorganisation kann gesagt werden, daß sich der Weg zu einer stärkeren Gemeinsamkeit in der Informatik über ihr Informatikzentrum (SIZ) bewährt hat. Inzwischen liegen weit über 100 Standards fest, die Entwicklungsprozesse für diese Standards sind eingeschwungen und erste SIZ-konforme Anwendungen im Einsatz. Noch sind es erst vereinzelte gemeinsame Puzzlesteine innerhalb des großen Puzzle einer Anwendungslandschaft für Landesbanken und Sparkassen, die in den jeweils unterschiedlichen Puzzles der verschiedenen Rechenzentralen Verwendung finden. Da es (noch) keine Vorgabe für eine einheitliche Anwendungslandschaft gibt, gibt es zu diesem zugegeben langsamen Weg des SIZ derzeit keine Alternative.

Literaturhinweis

SIZ GmbH (1997a), HBCI – Die neue Welt des Homebanking, Bonn 1997.
SIZ GmbH (1997b), Architektur von Archivsystemen, Bonn 1997.

Dr. Gerhard Schlangen

Entwicklung einer IT-Plattform für Bausparkassen

1. Situation des Bausparens in Deutschland
2. Erfolgsfaktoren im Bauspargeschäft
3. Struktur des Bausparmarkts im Wandel
   3.1 Haupttendenzen
      3.1.1 Zunehmende Konkurrenz
      3.1.2 Bedeutungsverlust der lokalen Erreichbarkeit
      3.1.3 Steigende Markttransparenz
      3.1.4 Wachsende Kundenansprüche
      3.1.5 Internationalisierung des Bauspargeschäfts
   3.2 Konsequenzen für die Unternehmensstrategie
4. Neuausrichtung der IT
   4.1 Vorgehensalternativen
      4.1.1 Kritische Würdigung der vorhandenen IT-Landschaft
      4.1.2 Handlungsalternativen
   4.2 Neuentwicklung einer zukunftsorientierten IT-Plattform
      4.2.1 Umfang
      4.2.2 Anforderungsprofil
      4.2.3 Architektur
5. Ausblick

1. Situation des Bausparens in Deutschland

Die Bausparbranche weist in den letzten Jahren Neugeschäftsrekorde aus. Angesichts der erzielten Markterfolge gerade jetzt über die Informationstechnologie (IT) als einem strategischen Erfolgsfaktor zu sprechen, erscheint auf den ersten Blick vielleicht überraschend. Tatsächlich aber befindet sich das Bausparen mit der neuen Wohneigentums- und Wohnungsbauprämienregelung sowie dem niedrigen Zinsniveau derzeit in einer Phase sehr günstiger Marktbedingungen, von der alle Institute unabhängig von ihrer Vertriebsphilosophie profitieren. Diese Sondersituation überlagert die Sicht auf die Erfolgsfaktoren, die die Marktstellung und den an der Rentabilität gemessenen nachhaltigen unternehmerischen Erfolg, d.h. auch den Erfolg in kritischen Marktphasen primär beeinflussen. Aktuelle Markttrends zwingen zu einer Überprüfung bisheriger Erfolgsfaktoren und stellen die Unternehmensstrategie vor konkrete Anforderungen. Dabei zeigt sich, daß die erfolgreiche Umsetzung der Unternehmensstrategie in Zukunft weit mehr als bisher von der Leistungsfähigkeit der IT abhängt.

Der Bausparmarkt setzt sich in Deutschland auf der Angebotsseite derzeit aus 34 sehr unterschiedlich erfolgreichen Instituten zusammen. Das Leistungsspektrum reicht im bundesweiten Marktauftritt von 0,2 % bis 35,8 % Marktanteil (Gruppenergebnis der regional tätigen Landesbausparkassen), in der Produktivität von 726 bis 2 778 Verträgen pro Mitarbeiter, bei den Stückkosten von 84 bis 228 DM pro Vertrag und in der Rentabilität von –0,7 % bis +2,0 % Betriebsergebnis in Relation zur Bilanzsumme.

2. Erfolgsfaktoren im Bauspargeschäft

Die Antwort auf die Frage nach den Ursachen solcher Spreizungen ist im wesentlichen in den unterschiedlichen Ausprägungen der strategischen Erfolgsfaktoren der Bausparkassen zu suchen.

Im Bereich des Front Office bzw. des Marketings sind vor allem vertriebliche und kommunikative Faktoren relevant. Primär zu nennen sind eine hohe Vertriebsdichte, die Mehrgliedrigkeit der Marktzugangswege sowie die Vertriebsqualität. Weiterer Erfolgsfaktor ist der kommunikative Auftritt. Dieser zielt primär auf ein positives Unternehmensimage sowie einen hohen Bekanntheitsgrad und schafft damit die Basis für den Vertragsabschluß, aber auch für die Stützung einer bestehenden Kundenbindung. Aus Sicht des Kunden sind Beratungsqualität, Erreichbarkeit, Kompetenz, Vertrauen und Service entscheidend. Einzelne Produktmerkmale sind dagegen erfahrungsgemäß eher in der vertikalen Konkurrenz ausschlaggebend. Dieses hat seine Ursache primär in einer weitgehenden Markt- und Leistungsintransparenz. In Kombination mit der unterschiedlichen Erreichbarkeit der Bausparkassen wirkt diese Intransparenz tendenziell als Marktbarriere.

Im Back Office steht eine ausgewogene Kollektivsteuerung und die Effizienz der Betriebsabläufe im Vordergrund. Die Kollektivsteuerung muß die zum Teil divergierenden Anforderungen an die Attraktivität des Produkts, an die Zuteilungssicherheit und an die Unternehmensrentabilität in Einklang bringen. Effizienzsteigerungen in den Betriebsabläufen haben in Bausparkassen besondere Bedeutung. Nur so lassen sich bei systembedingt konstanter Marge des Bausparvertrags, bei weitgehend verwehrtem Ausweichen auf alternative Produkte sowie unter der Prämisse eines langfristig begrenzten Marktwachstums inflatorische Kostensteigerungen auffangen. Im Ergebnis sind die Kosten pro Vertrag zu stabilisieren. Die Anforderungen an die Effizienz werden offensichtlich in der Branche nicht mit gleicher Priorität bzw. mit gleichem Erfolg umgesetzt, so daß die Bausparkassen bereits jetzt bezüglich der Leistungskennziffern – wie geschildert – deutliche Unterschiede aufweisen.

3. Struktur des Bausparmarkts im Wandel

Neuere Tendenzen im Finanzdienstleistungsmarkt führen zu zunehmendem Wettbewerb, einem Wandel der Marktstrukturen und zwingen dazu, die Ausprägung der Erfolgsfaktoren zu überprüfen.

3.1 Haupttendenzen

3.1.1 Zunehmende Konkurrenz

Kreditinstitute und Versicherungsunternehmen nutzen in den letzten Jahren verstärkt den Bausparvertrag zur Abrundung des Finanzdienstleistungsangebots. Durch Neugründungen erhöhte sich die Zahl der Bausparkassen seit 1987 um sechs auf 34. Ziel ist die Erhöhung des Neugeschäfts durch Nutzung der Verbund- bzw. Konzernpotentiale *(Cross Selling)* sowie eine Intensivierung der Kundenbindung, zu der das Bausparen durch eine kontinuierliche Begleitung des Kunden vom ersten Eingang vermögenswirksamer Leistungen bis zur Tilgung der Hypothek beiträgt. Die jungen Bausparkassen legen zum Teil kräftig zu und sind insgesamt bereits an jedem zehnten Neuvertrag beteiligt.

Eine wachsende Rolle im Zukunftsszenario spielt sicherlich die Europäische Wirtschafts- und Währungsunion und die geplante Einführung des Euro. Insbesondere die vertikale Konkurrenzsituation dürfte sich durch die Vereinheitlichung der europäischen Märkte verstärken. Die daraus zumindest mittelfristig zu erwartende weitere Wettbewerbsintensivierung dürfte letztlich den Druck auf die Marge verschärfen.

3.1.2 Bedeutungsverlust der lokalen Erreichbarkeit

Die Bestrebungen im Bankenmarkt zum Direktvertrieb übertragen sich auf die Bausparbranche. Im Direktvertrieb läßt sich ein Marktpotential von aktuell 3%, langfristig 15% abschätzen. Während der Kundenvorteil beim Home Banking sicherlich in der bequemen Abwicklung des Zahlungsverkehrs liegt, dürfte dieser Aspekt beim Bausparen von untergeordneter Bedeutung sein, denn Einzahlungen werden bei Sparkassen oder Banken und nicht bei der Bausparkasse veranlaßt. Die Attraktivität eines Direktangebots könnte sich vielmehr aus preispolitischen Maßnahmen ergeben, womit allerdings unmittelbar eine Verschärfung des Preiswettbewerbs verbunden wäre.

Aber noch eine weitere Konsequenz ist anzusprechen: Mit zunehmender Bedeutung des Direktvertriebs läßt punktuell die Bindung an gewohnte Finanzverbünde und den lokalen Vertrieb nach. Vorteile ergeben sich, wenn die direkten mit den lokalen Vertriebs- und Beratungswegen eng verzahnt sind, denn Beratung bleibt beim Bausparen durch den nicht-deterministischen Produktablauf ein wesentlicher Bestandteil der Produktqualität.

3.1.3 Steigende Markttransparenz

Eine zusätzliche Dynamik erhalten die Direktvertriebsüberlegungen durch die rasante Entwicklung und Verbreitung neuer Informationstechnologien. So gab es zwar schon bisher eine Vielzahl von Ansätzen, durch Tests und Vergleichsrechnungen den Mangel an Markt- und Leistungstransparenz zu beheben und somit dem Kunden bei der Abschlußentscheidung zu helfen. Allerdings war die Verfügbarkeit und Reichweite solcher Ansätze begrenzt. Dieses wird sich durch neue Informationstechnologien und deren Verbreitung grundlegend ändern. Der Trend geht zur Informationsgesellschaft, in der (nahezu) jede Information an jedem Ort und zu jeder Zeit erhältlich ist. Als Stichwort sei nur das Internet genannt.

Stehen diese Informationen wie auch die Abschlußmöglichkeiten über elektronische Medien zur Verfügung, dürfte zumindest in bestimmten Kundensegmenten ein anderes Abschlußverhalten resultieren. Der gleiche Effekt dürfte sich auch dadurch ergeben, daß das Leistungsangebot der jeweiligen Bausparkassen über die neuen Medien direkt vergleichbar sein wird.

3.1.4 Wachsende Kundenansprüche

Die Kunden werden durch Medien und Verbraucherverbände zu kritischerem Kaufverhalten erzogen. Die Entwicklung zu einer nahezu flächendeckenden Ausstattung der Privathaushalte mit einem vernetzten PC sowie überstrahlende Erfahrungen der Kunden mit anderen Finanzdienstleistern wird in der Zukunft die Kundenansprüche steigen lassen. Beispielhaft seien schnellere Bearbeitungszeiten, eine direktere Kontoverfügbarkeit und umfangreichere Zusatzinformationen genannt. Transparenz und Erreichbarkeit bieten dem Kunden eine bessere Entscheidungssituation, in der er sein Entscheidungsverhalten unter Umständen ändert und an eher rationalen, d.h. renditeorientierten Gesichtspunkten orientiert.

3.1.5 Internationalisierung des Bauspargeschäfts

Eine große Herausforderung stellt die Internationalisierung des Bauspargeschäfts dar. Die Geschäftsausweitung, zunächst auf osteuropäische Länder, bietet enorme Wachstumschancen und neben dem eigentlichen Ergebnisbeitrag zudem einen Ansatzpunkt, bei der Abwicklung des Stammgeschäfts durch Nutzung von Synergien schnelle Rationalisierungserfolge zu erzielen. Das Auslandsengagement führt zudem zu einer Ausweitung der fachlichen Kompetenz, indem das Bausparsystem an unterschiedlichen politischen, rechtlichen und wirtschaftlichen Rahmenbedingungen gespiegelt wird. Letztlich führen diese Effekte zu einer Stärkung der international tätigen Bausparkassen, nicht zuletzt auch im Kernmarkt.

Eine Forcierung des internationalen Engagements ist wegen der in diesem spezifischen Retailgeschäft erforderlichen hohen Vertriebsdichte nur durch ein Joint Venture mit einem starken lokalen Partner effizient darstellbar. Für die Gewinnung des Joint-Venture-Partners und die dauerhafte Absicherung des gemeinsamen Engagements ist das Einbringen der Abwicklungskompetenz und -leistung, d.h. insbesondere die Bereitstellung einer IT-Lösung, von entscheidender Bedeutung. Die Anforderungen an eine entsprechende IT, insbesondere an deren Flexibilität, sind erheblich.

3.2 Konsequenzen für die Unternehmensstrategie

Aus den sich ändernden Marktstrukturen resultieren unter anderem die folgenden unternehmensstrategischen Anforderungen:

- *Stabilisierung bzw. Ausweitung des Geschäftsvolumens:* Eine Verstärkung des Marktdrucks entsteht zum einen qualitativ durch Absicherung der Beratungsqualität, technische Unterstützung des Außendiensts und zusätzliche Serviceleistungen. Zum anderen entsteht sie quantitativ durch den Ausbau des Vermittlernetzes und gegebenenfalls durch das Angebot neuer Direktvertriebswege. Um das Geschäftsvolumen zu stabilisieren bzw. auszuweiten, sind Marktnischen zu erschließen und neue, vor allem ausländische Märkte zu besetzen. Angesichts anspruchsvollerer Kundenwünsche und zunehmender Produktinnovationen ist eine hohe Flexibilität unumgänglich. Die erforderlichen Maßnahmen müssen schnell und kostengünstig umgesetzt werden. Nur so lassen sich auch Marktnischen ertragbringend bearbeiten und angesichts der zum Teil sehr unterschiedlichen Anforderungen neue Märkte im Ausland erschließen.

- *Kostensenkung/-stabilisierung:* Eine Fortsetzung des effizienten Kostenmanagements führt im Back Office zur Kostenstabilisierung und damit letztlich zur Finanzierung eines verstärkten Marktauftritts sowie zur Kompensation von Ertragseinbußen aus einem möglicherweise zunehmenden Konditionenwettbewerb. Ein wesentlicher Ansatzpunkt ist die weitere Geschäftsprozeßoptimierung. Allerdings stößt dieses Instrument an seine Grenzen, wenn bei weitgehend konstanter Unternehmensgröße bereits ein sehr hoher Rationalisierungsstand erreicht wurde. Hier ergeben sich möglicherweise neue Ansatzpunkte durch die Nutzung von Synergien wie etwa durch ein Engagement im internationalen Geschäft oder durch Kooperationen im IT-Bereich, wie sie sich derzeit in der LBS-Gruppe abzeichnen.

4. Neuausrichtung der IT

4.1 Vorgehensalternativen

Aus den bisherigen Ausführungen lassen sich die wesentlichen Anforderungen an die IT ableiten. Die in den Bausparkassen vorhandenen IT-Anwendungen dürften bezüglich dieser strategischen Anforderungen überwiegend die gleichen Probleme aufweisen.

4.1.1 Kritische Würdigung der vorhandenen IT-Landschaft

Bausparkassen sind Einproduktunternehmen im typischen Massengeschäft mit relativ homogenen, gut strukturierbaren Arbeitsabläufen. Das hat in Verbindung mit der Automatisierung des Zahlungsverkehrs eine frühe Einführung der IT in der Abwicklung begünstigt – bei der LBS Westdeutsche Landesbausparkasse bereits in der Mitte der 60er Jahre. Der Einsatz wurde weiter forciert, als Anfang der 80er Jahre das Neugeschäft, u.a. als Folge der drastischen Kürzung der Bausparförderung, branchenweit einbrach, wodurch weitreichende Rationalisierungen erforderlich wurden. Nicht zuletzt durch den Einsatz der IT konnte die Produktivität seit 1980 bis heute auf 2 537 Verträge pro Mitarbeiter mehr als verdoppelt werden. In der Vergangenheit gab es zwar bereits IT-basierte Unterstützungen für den Außendienst, im Vordergrund stand aber die rationelle Abwicklung. Die oben skizzierten Anforderungen, etwa an die Flexibilität, hatten eine untergeordnete Bedeutung und waren durch unzureichende informationstechnologische Möglichkeiten auch nicht zu realisieren.

Das bestehende Altsystem der LBS Westdeutsche Landesbausparkasse ist dementsprechend kontinuierlich gewachsen. Durch Änderungen, Erweiterungen und Neuentwicklungen wurde es immer komplexer. Heute stellt es sich als ein Konglomerat von über 2500 Programmen mit teilweiser redundanter Datenhaltung und unterschiedlichen Generationen von Werkzeugen dar. Es kann nur noch mit überproportional wachsendem Wartungs- und Entwicklungsaufwand betrieben werden. Angesichts der strategischen Anforderungen und der fortschreitenden technischen Möglichkeiten setzt ein solches Altsystem das Unternehmen der Gefahr des unternehmerischen Beharrungszustands aus.

4.1.2 Handlungsalternativen

Die Ablösung des Altsystems war für die LBS Westdeutsche Landesbausparkasse weder durch Kauf eines in einem anderen Haus eingesetzten Systems noch durch Re-Engineering möglich oder sinnvoll. Der Kauf eines Systems hätte z.B. bedeutet:

- *Verzicht auf eine informationstechnologische Zukunftsorientierung:* Die am Markt verfügbaren Systeme sind allesamt Individualentwicklungen einzelner Bausparkassen und basieren auf überholten technischen Plattformen.
- *Verlust von Produktivität:* Das IT-System enthält zugleich das organisatorische Know-how einer Bausparkasse. Da die LBS Westdeutsche Landesbausparkasse bei der Produktivität zu den Branchenführern gehört, hätte sie auf die Nutzung des vorhandenen organisatorischen Know-hows verzichten müssen.
- *Erheblicher Anpassungsaufwand:* Dieser ist zu betreiben, um die LBS-spezifischen Belange abbilden zu können. Das hat seine Ursache in der unzulänglichen Standardisierung und Flexibilität der angebotenen Systeme.

4.2 Neuentwicklung einer zukunftsorientierten IT-Plattform

4.2.1 Umfang

Angesichts dieser Situation war eine Eigenentwicklung unumgänglich. Diese konzentriert sich in Besinnung auf die unternehmerische Kernkompetenz auf die Neuentwicklung des Kernsystems, also der Geschäftsvorfallbearbeitung. Das Kernsystem bildet die Arbeitsprozesse ab, die die Produktivität des Hauses prägen (Abbildung 1). Es ist der Bereich, der durch zusätzliche IT-Unterstützung weiter zu verschlanken ist. Da die Kernsystemfunktionalität zur Abwicklung der Geschäftsvorfallbearbeitung in allen Bausparkassen weitgehend deckungsgleich ist, bietet sich die Auslegung als Standardsystem an. Das Kernsystem ist Basis für die Randsysteme zur Unternehmenssteuerung, zur Vertriebsunterstützung, zur Infrastruktur und zum Rechnungswesen, bei denen weitgehend auf marktgängige Standardprodukte zurückgegriffen wird.

4.2.2 Anforderungsprofil

Die Eigenentwicklung des Kernsystems orientiert sich insbesondere an folgenden Anforderungen:

- *Verwendung der jeweils aktuellen technologischen Plattform:* Dieses bedeutet den Einsatz einer Client/Server-Architektur und moderner Datenbanksysteme. Zwar erhöht der Client/Server-Einsatz den Komplexitätsgrad des Anwendungssystems und der technischen Administration, er erschließt dem Unternehmen aber den Einstieg in das netzwerkorientierte Zeitalter und schafft damit einen höheren Flexibilitätsgrad beim Zugang zum Kunden und beim Kundenservice.

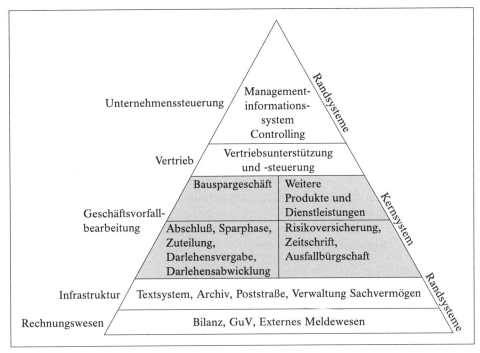

Abbildung 1: Architektur des IT-Gesamtsystems der LBS Westdeutsche Landesbausparkasse

- *Senkung des IT-Wartungsaufwands durch den Einsatz von Case Tools:* Das ist zugleich die Voraussetzung dafür, auch Anforderungen mit relativ geringen Ergebnisbeiträgen – wie z. B. das Eindringen in Marktnischen – rentabel umzusetzen.
- *Sicherung einer weitreichenden Flexibilität:* Hier sind der Einsatz von Tabellensystemen und die Modularisierung zu nennen.
- *Schaffung eines Standardsystems:* Durch entsprechende Schnittstellen ist die Anbindung marktgängiger Standardprodukte als Randsysteme möglich. Durch Tabellenorientierung sind auch die unterschiedlichen fachlichen Anforderungen anderer Bausparkassen mit geringem Aufwand abbildbar. Dieses ist eine wesentliche Voraussetzung für IT-Kooperationen mit anderen Bausparkassen.

4.2.3 Architektur

Der Rahmen für die Gestaltung der Systemarchitektur leitet sich direkt aus dem skizzierten Anforderungsprofil ab. So wurde bei der Auswahl bzw. dem Design der Komponenten und der Aufstellung des Systembauplans größter Wert auf Wiederverwendbarkeit, Standardisierung und Flexibilität gelegt. Diese Eigenschaften bilden den roten Faden, der sich durch die fachliche, softwaretechnische und systemtechnische Architektur zieht.

Die *fachliche Architektur* des LBS-Kernsystems ist geschäftsprozeßorientiert (statt funktional). Merkmal von Geschäftsprozessen ist, daß diese aus Sicht des Sachbearbeiters logisch sinnvolle, fachliche Abläufe bilden. Die resultierende fachlich-organisatorische Transparenz führt zu einer besseren Nachvollziehbarkeit und Gestaltungsmöglichkeit der Systemabläufe sowohl auf seiten der Sachbearbeitung als auch in der Entwicklung. Auch wird hierdurch der Grundstein für die Implementierung umfangreicher Workflow-Funktionalitäten gelegt. Da Geschäftsprozesse relativ lange Transaktionen sind, führt dieses Gestaltungsprinzip zur Notwendigkeit einer Vorgangssteuerung. Sie stellt sicher, daß die Abbildung der Geschäftsprozesse auf dem Rechner zu unterbrechbaren und wiederaufnehmbaren Teilschritten führt. Zusätzliche Service-Komponenten des Kernsystems wie Postkorb, Hilfe- und Fehlerservice, Text- und Archivanbindung unterstützen den Sachbearbeiter bei der Geschäftsprozeßbearbeitung.

Die *softwaretechnische Architektur* definiert die Softwarekomponenten des LBS-Gesamtsystems sowie die Art und Weise, wie diese zusammenwirken. Aufgabe der softwaretechnischen Architektur ist es, für logisch zusammengehörige, wiederverwendbare und zentrale Funktionalitäten eigene, voneinander unabhängige Systemkomponenten zu bilden und damit folgende Ziele zu erreichen:

- Die Flexibilität des Gesamtsystems sicherstellen,
- die Austauschbarkeit einzelner Komponenten ermöglichen, z.B. auch einzelne Komponenten durch Standardprodukte implementieren,
- eine schrittweise Konzeption und Implementierung ermöglichen,
- die Wartbarkeit erleichtern, indem Änderungen stets nur lokal erfolgen müssen, und
- die Standardisierung des Gesamtsystems erreichen.

Abbildung 2 zeigt die Einbindung des neuentwickelten Kernsystems in die Anwendungslandschaft der LBS.

Die Alt- und Standardanwendungen übernehmen im Gesamtzusammenhang folgende Rollen bezüglich des Kernsystems:

- *Angebundene Altanwendungen:* Sie benutzen vom Kernsystem zur Verfügung gestellte Daten zur weiteren Verarbeitung (z.B. Statistik). Die Anbindung erfolgt indirekt über standardisierte Dateischnittstellen.

- *Integrierte Altanwendungen:* Sie bieten Teilleistungen der gesamten Verarbeitung an (z.B. Nutzung des Textsystems zur individuellen Briefschreibung). Die Anbindung erfolgt direkt und synchron, d.h. das Kernsystem ruft das Randsystem, im Randsystem findet eine Verarbeitung statt und nach Abschluß der Verarbeitung geht die Kontrolle an das Kernsystem zurück.

- *Angebundene Standardanwendungen:* Sie führen im Kernsystem definierte Aktivitäten (quasi als Services) funktional fort (z.B. Erstellen von Buchungsanweisungen im System SAP R/3). Die Anbindung erfolgt direkt und asynchron, d.h. das Kernsystem aktiviert das Randsystem und anschließend laufen beide parallel und asynchron ab.

- *Unabhängige Systeme:* Hier finden sich die außerhalb der Geschäftsvorfallbearbeitung stehenden (Standard-)Systeme wie z.B. die Personalabrechnung.

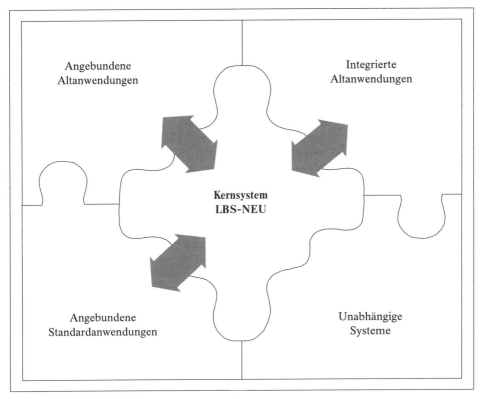

Abbildung 2: Die Anwendungslandschaft der LBS

Dieses *Cluster-Prinzip* des Gesamtsystems findet sich auch innerhalb des Kernsystems durch die Realisierung von wiederverwendbaren und voneinander unabhängigen Systemkomponenten (z.B. isolierte Vorgangssteuerung) wieder.

Die *systemtechnische Architektur* der Neuentwicklung kennt drei Ebenen: Client, Server und Host. Der Client übernimmt im Rahmen der Anwendung die Präsentation sowie die lokale Verarbeitung. Die Server halten die Programmdaten und übernehmen die Kommunikation zwischen Client und Host. Auf dem Host liegen im wesentlichen die operativen Daten sowie die gesamte Batch-Verarbeitung.

Trotz des höheren administrativen Aufwands leistet die Client/Server-Architektur einen wesentlichen Beitrag zur Erfüllung der gesetzten Anforderungen hinsichtlich aktueller Technologie, Flexibilität und Standardisierung des Systems. So ist z.B. durch die Trennung von Präsentations-, Anwendungs- und Datenebene ein relativ problemloser Übergang auf die jeweils neueste Betriebssystemplattform möglich. Auch die Unterstützung der skizzierten Umbrüche hinsichtlich des Direktvertriebs läßt sich durch die Netzwerkfähigkeit realisieren.

5. Ausblick

Die Entwicklung eines IT-Systems dieser Größenordnung ist – bedingt durch den Umfang sowie die technologische Komplexität – mit erheblichen Risiken verbunden. Zudem belastet es in hohem Maße die Ressourcen des Unternehmens. Dieses hat zur Folge, daß nur Institute ab einer gewissen Größenordnung ein solches System in angemessener Zeit selbst entwickeln können. Hier müssen insbesondere kleinere Häuser nach alternativen Wegen suchen.

Wie die Marktperspektiven zeigen, wird für die unternehmerische Zielerreichung eine leistungsfähige IT in zunehmendem Maße an Bedeutung gewinnen – sei es durch direkte Unterstützung der Akquisition, die Verbesserung des Kundenzugriffs auf seine Daten, eine flexible Reaktionsmöglichkeit oder die Effizienzsteigerung im Back Office. In den letzten Jahren macht in Bezug auf die EDV der Begriff des vierten Produktionsfaktors die Runde. Künftig wird man mit Recht von einem strategischen Erfolgsfaktor sprechen müssen.

Heute sehen wir uns in der Bausparbranche einem heterogenen Feld von Bausparkassen mit stark unterschiedlicher Leistungsfähigkeit im Markt, Betrieb und Kollektiv gegenüber. Die neuen Markttrends werden künftig dazu führen, daß die Leistungsfähigkeit noch weiter divergiert. Es ergeben sich deutlich unterschiedliche Marktchancen. Hier ist derjenige am besten gerüstet, der durch rechtzeitige Anpassung der IT-Landschaft über Entwicklungs- und Know-how-Vorsprünge verfügt.

Peter Strabel

Neue Architektur für die spartenneutrale Kontoführung

1. Anforderungen an moderne Bankanwendungen
   1.1 Allgemeine Anforderungen
   1.2 Anforderungen aus Sicht der Kunden
2. Merkmale einer modernen Bankanwendung
3. Zielsetzung für das Buchungssystem Konto 3000
4. Architektur des Buchungssystems Konto 3000
   4.1 Fachliche Architektur
   4.2 Funktionaler Überblick
   4.3 Softwaretechnische Architektur
   4.4 Objektorientierte Entwicklung auf Basis von COBOL II
   4.5 Montage des Programms
5. Fazit

1. Anforderungen an moderne Bankanwendungen

Ein Beispiel, wie konsequent die Anforderungen an eine moderne Bankanwendung umgesetzt wurden, stellt das Buchungssystem Konto3000 dar. Obwohl ein Buchungssystem eine bedeutende Rolle in der Anwendungslandschaft einer Bank einnimmt, sind dennoch die Merkmale, die es erlauben, von einer modernen Bankanwendung zu sprechen, von allgemeingültigem Charakter. Bevor daher auf die spezifischen Belange von Konto3000 eingegangen wird, werden im folgenden zunächst die allgemeingültigen und daher übertragbaren Anforderungen sowie die daraus resultierenden Merkmale geschildert.

1.1 Allgemeine Anforderungen

Die Diskussion über die Gestaltung künftiger Bankanwendungen wird häufig durch einzelne technologische Themen beherrscht. Dabei wird oft nicht berücksichtigt, daß technische Leistungsmerkmale wie beispielsweise eine graphische Benutzeroberfläche keinen Wert an sich darstellen. Sie müssen sich vielmehr an ihrem Beitrag zur Erreichung der Unternehmensziele messen lassen.

Modern im Zusammenhang mit neuen Bankanwendungen kann insofern nicht nur heißen, den neuesten technischen Entwicklungen Rechnung zu tragen. Viel bedeutender ist es, den gesellschaftlichen Veränderungen gerecht zu werden. Die Globalisierung der Märkte, die Einführung einer gemeinsamen europäischen Währung, die gestiegene Selbstsicherheit der Bankkunden, die Verschlankung der ausgeprägten Hierarchien, die Ablösung tayloristischer Arbeitsteilung, um nur einige Themenbereiche zu nennen, führen zu einem dramatischen Wandel des Bankwesens. Bei einem solchen Wandel muß man sich immer wieder vor Augen halten, daß das Bankgeschäft in hohem Maße durch die Verarbeitung von Informationen geprägt ist. Es ist jedoch zu beachten, daß die vorhandenen Bankanwendungen zum einen dazu dienen, der Informationsflut Herr zu werden, zum anderen aber selbst das im Zeitraum der Anwendungsentwicklung vorhandene Bankgeschäft widerspiegeln. Vielfach sind Produktausprägungen, Arbeitsabläufe, Konditionen, Kompetenzen etc. in der Lösung nahezu verdrahtet.

Mehrheitlich wurde bei der Entwicklung der Bankanwendungen eine Stabilität des Geschäfts unterstellt, die nicht mehr gegeben ist. Die heute benötigte Anpassungsfähigkeit war früher weder erwartet worden, noch besaß man angesichts der kurzen Historie der Softwareentwicklung das Wissen und die Erfahrung, die erforderlichen architektonischen Vorkehrungen zum Erreichen der umfassenden Flexibilität zu treffen.

Trotz aller Fortschritte im Software-Engineering erfordert die Entwicklung neuer Bankanwendungen hohe Investitionen, die mit erheblichen Risiken behaftet sind, wie das Scheitern vieler Großprojekte zeigt. Neben dem Entwicklungsrisiko besteht die Gefahr, daß der angestrebte Nutzen verspätet bzw. unvollständig erzielt wird oder völlig ausbleibt. Insbesondere in Zeiten eines starken technischen Wandels ist es daher unerläßlich, vor der Entscheidung neben Kosten und Nutzen auch die Risiken eingehend zu betrachten. Hierbei sind Risiken der Projektdurchführung von den Risiken der Softwareproduktgestaltung zu unterscheiden. Im folgenden steht die Frage der Gestaltung eines leistungsstarken Softwareprodukts im Vordergrund der Betrachtungen.

1.2 Anforderungen aus Sicht der Kunden

Aufgrund der Heterogenität der Anforderungen hat sich bei den Banken durchgesetzt, die Kunden mit jeweils gleichartigem Nachfrageverhalten zusammenzufassen, um ihnen optimale Dienstleistungen bzw. Produkte anbieten zu können. Neben niedrigpreisigen, klar zu beschreibenden Standardprodukten werden individuell zugeschnittene Produkte, verknüpft mit umfassenden Dienstleistungen, offeriert. Wenn auch in unterschiedlicher Gewichtung so werden dennoch folgende Anforderungen an die Produkte gestellt:

- Flexible Gestaltung (Regelungen, Preise, Konditionen),
- umfassende Verfügbarkeit (unterschiedliche Vertriebswege bzw. Medien, 24 Stunden/7 Tage),
- preisgünstig,
- einfache Abwicklung (schnell, bequem, abschließend),
- sichere, vertrauliche Abwicklung,
- aktuelle Informationen über Gesamtengagement, Konditionen etc.

Die Kunden erwarten beispielsweise, daß der Berater unmittelbar eine Erhöhung eines Girokredits vereinbaren kann, hierbei elektronisch die Zustimmung seines Vorgesetzten einholt und die Kunden sofort über die neue Linie inner- und außerhalb der Bank (GAA, POS) verfügen können. Ein Firmenkunde verlangt ein auf seine Kontennutzung zugeschnittenes Preismodell. Dieses muß der Berater, ausgerichtet an geschäftspolitischen Vorgaben, auf Basis von Grund-, Posten- und Pauschalpreisen zusammenstellen können, wobei diese fest oder gestaffelt sein können. Erteilt ein Kunde, der seinen Girokredit bereits voll ausgeschöpft hat, per Internet oder Telefon einen Überweisungsauftrag zu Gunsten des Girokontos, so erwartet er, daß der Auftrag unverzüglich und nicht erst am Tagesende ausgeführt wird. Die Gutschrift soll somit unmittelbar bei einer Überziehungsbearbeitung berücksichtigt werden. Ein Gewerbetreibender, der nach Geschäftsschluß seine Buchhaltung erledigt, möchte sich via T-Online oder Internet seine übersichtlich aufbereiteten Kontoauszüge ansehen können, um beispielsweise direkt termingebundene Überweisungen und Lastschrifteinzüge zu veranlassen.

In der Beratung sollen dem Kunden und seinem Berater umfassende Informationen zu allen Konten und Zahlungsströmen aktuell zur Verfügung stehen, um sie bei anstehenden Anlage- oder Kreditentscheidungen berücksichtigen zu können. Gleichfalls erwartet der Kunde, daß er bei Eingang einer außergewöhnlich hohen Gutschrift auf für ihn günstige Anlageformen telefonisch oder anderweitig zeitnah hingewiesen wird. Die Beispiele verdeutlichen, daß moderne Bankapplikationen den vom Kunden erwarteten Wandel vom Antragsteller zum Geschäftspartner unterstützen müssen. Die Kunden sind dann auch bereit, für eine gute Leistung, die sie selbst entlastet, einen fairen Preis zu zahlen.

Bei der Entscheidung, in welchem Umfang die einzelnen Anforderungen softwaretechnisch berücksichtigt werden, ist es wichtig, die Gemeinsamkeiten der verschiedenen Kundengruppen zu beachten. Sonst besteht die große Gefahr, daß weitgehend gleiche Anwendungen, individuell zugeschnitten auf die jeweilige Kundengruppe, entwickelt werden. Diese Redundanz ist zwar häufig aus dem Blickwinkel der Entwicklung zu begründen, wobei aber in der Regel die Folgekosten des Betriebs, der Wartung und der Weiterentwicklung vergessen werden.

Die Erfahrung hat gezeigt, daß es nicht ausreicht, die gegenwärtig von den Fachabteilungen geäußerten Anforderungen zu berücksichtigen. Vielmehr ist es notwendig, auch Vorkehrungen für zukünftige Bedürfnisse zu treffen. Auch wenn diesem Bemühen zwangsläufig Grenzen gesetzt sind, hilft dennoch häufig der Blick über den Zaun, um anhand der Entwicklung in anderen Branchen Trends frühzeitig zu erkennen. So hätte beispielsweise die Entwicklung spartenorientierter Anwendungen, mit großen funktionalen Redundanzen, vermieden werden können, wenn man sich frühzeitig in der Bankenwelt mit der Thematik von Stücklisten beschäftigt hätte. Neue Bankprodukte stellen in aller Regel nur neue Kombinationen vorhandener Produkte bzw. Produktkomponenten dar. Beispielhaft haben aber die Produktinnovationen im Wertpapierbereich gezeigt, wie leicht die Verwandtschaft zu bereits eingeführten Produkten durch neue Wortschöpfungen verschleiert werden kann.

2. Merkmale einer modernen Bankanwendung

Ziel einer jeden modernen Anwendung ist eine hohe Flexibilität, um auf Veränderungen schnell und gezielt reagieren zu können. Die Erstellung und Pflege soll kostengünstig erfolgen. Dies bedeutet einerseits, daß die erforderliche Software effizient entwickelt werden muß, andererseits aber auch, daß möglichst wenig Software erstellt und diese dauerhaft genutzt wird. Vereinfacht ausgedrückt sind Softwarekomponenten zu entwickeln, die in sich stabil sind und so parametrisiert und kombiniert werden können, um die geforderte Flexibilität zu erreichen. Der Grad der Wiederverwendung der Softwarekomponenten beeinflußt entscheidend Entwicklungs- und Wartungskosten. Im Vordergrund der folgenden Betrachtungen steht dabei die Wiederverwendung fachlicher Logik, da sich die Gestaltung wiederverwendbarer technischer Komponenten wie beispielsweise GUI-Elemente schon stärker durchgesetzt hat.

In der Vergangenheit haben einige, vorwiegend kleinere Institute bewiesen, daß eine Wiederverwendung von Software durch Nutzung für unterschiedliche Produkte möglich ist. Begünstigt war dies in der Regel durch den Umstand, daß das Wissen über die Anwendungen auf wenige Personen konzentriert war. Um einerseits eine daraus resultierende hohe Abhängigkeit von einzelnen Wissensträgern zu vermeiden, andererseits eine aufgrund der Größe anstehender Vorhaben notwendige arbeitsteilige Entwicklung zu sichern, ist es erforderlich, die Wiederverwendung gezielt zu planen. Wiederverwendbarkeit setzt voraus, daß Softwareteile so gestaltet werden, daß sie für unterschiedliche

Zwecke genutzt werden können. Im Vordergrund steht dabei die Forderung, Funktionen wie z.B. Kontoeröffnung, Buchen, Zinsberechnung, Limitüberwachung für möglichst viele Produkte gemeinsam zu entwickeln und zu nutzen.

Anwendungsprogramme in Banken enthalten wie die meisten Programme zur Lösung betriebswirtschaftlicher Aufgabenstellungen vorwiegend Anweisungen

- zum Lesen, Prüfen und Aufbereiten von Daten,
- zum Schreiben bzw. Speichern von Daten sowie
- zum Steuern von Abläufen.

Die eigentliche Verarbeitung ist in der Regel einfach ausgeprägt. Komplizierte Algorithmen stellen die seltene Ausnahme dar. Daher gibt es auch vergleichsweise wenige Beispiele für wiederverwendbare Mengen von Verarbeitungsanweisungen, bei denen, ausgehend von wenigen Daten, umfangreiche Berechnungen angestellt werden.

Wiederverwendung von Verarbeitungsanweisungen setzt im Falle betriebswirtschaftlicher Anwendungen voraus, daß diese stärker in der Kombination mit den Daten gesehen wird. Die Erarbeitung von Unternehmensdatenmodellen hat erheblich dazu beigetragen, die verschütteten Informationen über die Verwandtschaft unterschiedlicher Bankprodukte zu Tage zu fördern. Die Suche nach Gemeinsamkeiten hat erst die Basis für die Erstellung wiederverwendbarer Komponenten gelegt.

Ein weiteres Merkmal besteht darin, die Ablauflogik stärker von der Verarbeitung zu trennen, um so zu erreichen, daß die Komponenten in unterschiedlichen Verarbeitungsprozessen genutzt werden können bzw. unterschiedliche ablauforganisatorische Lösungen zulassen.

Weitere Merkmale einer modernen Anwendung sind die Trennung von Präsentation und Verarbeitung, die Kapselung der Datenzugriffe sowie der Kommunikation. Die Trennung dieser Verarbeitungsschichten *(Schichtenarchitektur)* ermöglicht eine optimale Verteilung von Funktionen auf unterschiedliche Rechner, unterstützt die klare Bündelung von Zuständigkeiten und Aufgaben und erleichtert den gegebenenfalls notwendigen Austausch einzelner Schichten (z.B. aufgrund des Wechsels des Datenbankmanagementsystems). Weiterhin unterstützt die Schichtenarchitektur die Umsetzung unterschiedlicher organisatorischer Lösungen und erleichtert daher die Optimierung betrieblicher Abläufe. Im Falle zentraler Lösungen wird man nur die Präsentation auf den dezentralen Rechner verlagern. In diesem Falle spricht man von einem *Thin Client*. Wird eine starke Selbständigkeit dezentraler Einheiten angestrebt, so wird auch die eigentliche Verarbeitung auf dem Client *(Fat Client)* angesiedelt.

Zusammenfassend ist eine moderne Bankanwendung durch eine saubere Schichtenarchitektur und Komponentenbildung gekennzeichnet. Beide Merkmale bilden die Grundlage für einen dauerhaften, kostengünstigen und sicheren Einsatz der Software. Weiterhin sichern sie eine weitgehende Plattformunabhängigkeit und damit eine notwendige Voraussetzung für die Portierung der Anwendung. Durch die Portierbarkeit wird einerseits der Wechsel der technologischen Plattform der jeweiligen Bank erleichtert und trägt damit zur Zukunftssicherheit bei, andererseits erleichtert sie auch den Verkauf der gesamten

Anwendung an andere Institute. Diese umfassende Wiederverwendung, sprich der Verkauf der gesamten Lösung, wird zunehmend von Banken angestrebt, um durch den Verkaufserlös einen früheren Return on Investment zu erreichen. Weiterhin wird häufig eine gemeinsame Wartung der gemeinsam eingesetzten Software angestrebt, um die Wartungs- und Weiterentwicklungskosten der einzelnen Banken zu reduzieren. In vielen Bereichen, insbesondere der Abwicklung, ist die Frage, ob man hierdurch Wettbewerbsvorteile verliert, in den Hintergrund getreten. Die Grenzen des individuellen Vorgehens wurden vielen Verantwortlichen durch die Problematik des Jahrtausendwechsels sowie der Einführung des Euros deutlich.

In den folgenden Kapiteln wird mit Konto3000 – einer gemeinsamen Entwicklung der Landesgirokasse Stuttgart und CSC Ploenzke – eine Anwendung vorgestellt, bei deren Erstellung beide Aspekte der Wiederverwendung beachtet wurden. Zum einen wurde bei der Erstellung auf eine umfassende Wiederverwendung einzelner Softwareteile geachtet, zum anderen wurden die erforderlichen architektonischen Voraussetzungen für eine Vermarktung der Gesamtanwendung oder wesentlicher Komponenten als Produkt geschaffen.

3. Zielsetzung für das Buchungssystem Konto3000

Vor dem Hintergrund des anstehenden Jahrtausendwechsels und der Einführung des Euro entschied sich die Landesgirokasse, ihre historisch gewachsene, schwer wartbare Giroanwendung durch ein neues System zu ersetzen. Aufgrund der bereits vor Jahren eingeleiteten Neuausrichtung der Informatik schied eine reine Ablösung durch ein neues Girosystem aus. Vielmehr sollte die neue Anwendung geeignet sein, künftig schrittweise die Kontoführung für die Mehrzahl der Aktiv- und Passivprodukte der Bank zu übernehmen. Als erste Schritte werden derzeit der komplette Girobereich (von der Kontoführung bis zur Umsatzverarbeitung) und der Sortenbereich entwickelt. Neben der bereits erläuterten Spartenneutralität werden primär folgende fachliche Ziele verfolgt:

- *Flexible Produktgestaltung:* Die Zeitspanne, in der neue Produkte angeboten und abgewickelt werden können, wird immer mehr zum erfolgskritischen Faktor im Wettbewerb der Finanzdienstleister um den Kunden. Durch eine weitreichende Parametrisierung und damit den gleichzeitigen Wegfall von Programmieraktivitäten kann die Informationsverarbeitung einen wesentlichen Beitrag dazu leisten.

- *Ganzheitliche Bearbeitung:* Anstelle der tayloristischen Arbeitsteilung soll künftig ein Vorgang an einer Stelle möglichst vollständig und abschließend bearbeitet werden. Sowohl die Durchlaufzeit als auch die Bearbeitungskosten sollen minimiert werden. Auch die Umsätze eines Buchungsauftrags sollen immer vollständig verarbeitet oder abgelehnt werden. Somit ist künftig die Soll/Haben-Gleichheit zu jedem Zeitpunkt gewährleistet.

- *Zeitnahes, direktes Buchen:* Alle Buchungen sollen quasi 24 Stunden jeden Tag ohne Aufbau eines Dispositionsbestands erfolgen, um dem Kunden und den Mitarbeitern stets die aktuellen Informationen zur Verfügung zu stellen. Eine zeitnahe Information der Berater ermöglicht eine gezielte Kundenansprache und damit einen aktiven Vertrieb weiterer Bankleistungen.

- *Anbindung unterschiedlichster Vertriebswege:* Die obengenannten Vorteile sollen den Kunden, unabhängig davon, ob sie per Internet, T-Online, GAA, POS, DTA oder aber am Telefon bzw. am Schalter mit der Bank in Verbindung treten, zur Verfügung stehen.

Über die angesprochenen Ziele hinaus wurde eine Vielzahl weiterer Leistungsmerkmale gefordert, die sich vereinfachend mit *State of the Art* umschreiben lassen, um sicherzustellen, daß das Anwendungssystem dauerhaft wirtschaftlich genutzt und weiterentwickelt werden kann. Auf Besonderheiten wird bei der Darstellung der fachlichen und softwaretechnischen Architektur eingegangen.

Nach ausgiebiger Prüfung der am Markt angebotenen Standardsoftwareprodukte sowie Anwendungssysteme anderer Banken entschied sich die Bank für eine schrittweise Neuentwicklung, da nur so eine frühzeitige Realisierung der erwarteten Nutzenpotentiale möglich war. Gleichzeitig wurde mit der schrittweisen Realisierung eine Reduzierung des Entwicklungsrisikos angestrebt. Weiterhin wurde die Entscheidung für die Entwicklung einer vermarktbaren Lösung getroffen, um zum einen die Entwicklungskosten teilweise zurückzuerhalten und zum anderen die Option zu erhalten, künftige Wartungsaktivitäten kostengünstig gemeinsam zu betreiben.

4. Architektur des Buchungssystems Konto3000

4.1 Fachliche Architektur

Die angestrebte Stabilität, aber auch die erforderliche Flexibilität des Anwendungssystems erfordern eine wohlüberlegte Architektur. Die Kunst besteht darin, bereits in der fachlichen Analyse eine unternehmensweite Sicht einzuhalten. Allgemeingültiges ist zu erkennen und zu modellieren. Komplexe Sachverhalte müssen aufgebrochen werden, um die wiederverwendbaren Komponenten zu entdecken. Analog der Bauteile in den Stücklisten der Industrie sind die Produktbausteine zu erkennen, durch deren Kombination Bankprodukte entstehen. Übersicht 1 zeigt beispielhaft, welche gemeinsamen Parameter unterschiedliche Bankprodukte aufweisen.

Auch hinsichtlich der Geschäftsprozesse sind die Gemeinsamkeiten herauszuarbeiten, um die Arbeitsabläufe stärker standardisieren und damit einheitlich technisch unterstützen zu können. Die Abstraktion (Klassifizierung, Generalisierung, Bildung von Klassenhierarchien) ist zentrales Konstruktionsprinzip einer guten Anwendungsarchitektur. Bei der Landesgirokasse konnte auf wichtige Vorleistungen wie z.B. das unternehmensweite

Übersicht 1: Bestandteile von Bankprodukten (Stückliste)

Produkt	Laufzeit				Mindestbetrag				
Parametergruppe / Parameter	Laufzeit	max. Laufzeit	min. Laufzeit	Laufzeit-beginn	Mindest-betrag	Mindest-umsatz	Mindest-umsatz-zeitraum	Höchst-betrag	Höchst-umsatz
Kontokorrentkonto								X	
Gehaltskonto						X	X	X	
Sparbuch gesetzl. Kündig.			X	X	X				
Sparbuch vereinb. Kündigung	X		X	X	X				
Sparplan	X		X	X	X				
Termingeld 30 Tage	X		X	X	X				
Termingeld 90 Tage	X		X	X	X				
Zwischenkredit	X	X						X	
Baudarlehen	X	X		X				X	
Konsumkredit	X		X	X				X	
Ratendarlehen	X		X	X				X	
Lombardkredit	X		X	X	X			X	

Datenmodell zurückgegriffen werden (Abbildung 1, s. S. 94). Das Datenmodell wurde ergänzt und verfeinert, die spezifischen Arbeitsabläufe erhoben, analysiert und modelliert.

4.2 Funktionaler Überblick

Zentrale Aufgabe von Konto3000 ist die Verarbeitung von Buchungsaufträgen. Ein Buchungsauftrag ist eine Konkretisierung des entsprechenden Vorgangsprodukts und enthält Kontierungsangaben für die Soll- und Habenseite. Er ist nur dann vollständig, wenn er gemäß den Grundsätzen ordnungsgemäßer Buchführung (GoB) verarbeitet werden kann. Abbildung 2 gibt einen Überblick über die Anwendungskomponenten, die für die Verarbeitung der Buchungsaufträge benötigt werden.

Die *Liefersysteme* erteilen Buchungsaufträge in unterschiedlichsten Formaten (DTA, EDIFACT etc.) und erwarten teilweise eine Bestätigung der Verarbeitung.

Der *Auftragsmanager* steuert spartenübergreifend alle Buchungsaufträge sowie Vormerkungsaufträge. Nach deren Eingang werden sie identifiziert, einheitlich formatiert, ggf. vervollständigt sowie formal und fachlich geprüft. Fehlerhafte Buchungsaufträge werden nach Möglichkeit berichtigt. Die Aufträge werden zur Buchung weitergeleitet. Soweit einzelne Nebenbücher (Sparten bzw. Sachgebiete) noch nicht integriert sind, werden die Buchungsaufträge an diese weitergeleitet. Der Sachgebietsverteiler regelt die Kommunikation mit den fremden Sachgebieten. Ergebnisse von Prüfungen oder Buchungen werden stets dem Auftragsmanager rückgemeldet. Weiterhin stellt der Auftragsmanager das Buchungsmaterial für das Clearing bereit. Der Auftragsmanager erleichtert durch das Konzept der einheitlichen Steuerung aller Buchungsaufträge wesentlich die schrittweise Einführung des neuen Buchungssystems. Dies geschieht unabhängig davon, ob die Aufträge bereits innerhalb von Konto3000 oder außerhalb verbucht werden.

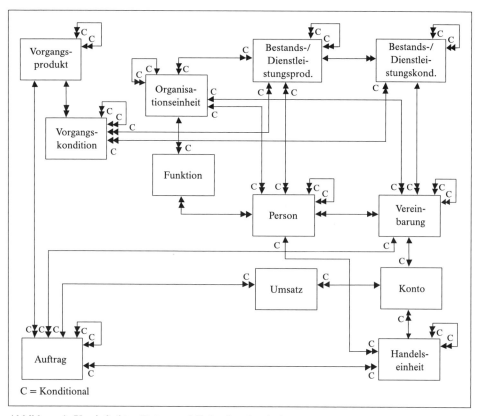

Abbildung 1: Vereinfachtes Datenmodell der Landesgirokasse

Das *Produkte- und Konditionensystem* ermöglicht die Anlage neuer institutsindividueller Standard- und Individualprodukte. Mittels produktspezifischer Parameter werden die einzelnen Bankprodukte (Einzahlung, Sparbuch etc.) definiert. So wird z.B. angegeben, daß ein Dauerauftrag mit monatlichen Ausführungsgebühren von 0,50 DM und einer Auflösungsgebühr in Höhe von 2 DM angeboten werden soll.

Bei der *Überziehungsbearbeitung* können u.a. Kreditlinie, Kompetenz, Einreichungslimit, Vormerkungen und Überziehungstage berücksichtigt werden.

Das zeitnahe Buchen im *Buchungssystem* erübrigt einen separaten Dispositionsbestand. Kontoauszüge weisen stets den aktuellen Buchungs- und Kontostand aus. Die Kundenberater können auf die aktuellen Informationen bei ihren Beratungs- und Betreuungsaktivitäten zugreifen. Das Buchungssystem ermöglicht durchgängig die Verarbeitung des Euro als Parallelwährung.

Bei der *Rückabwicklung* kann unterschieden werden, ob diese für den Kunden transparent vorgenommen oder als unsichtbarer Storno durchgeführt werden soll.

Die *Bestandsverwaltung für das Aktiv- und Passivgeschäft* beinhaltet die Funktionen zur Pflege der vom Kunden genutzten Produkte und Dienstleistungen. Bei einem Dauerauf-

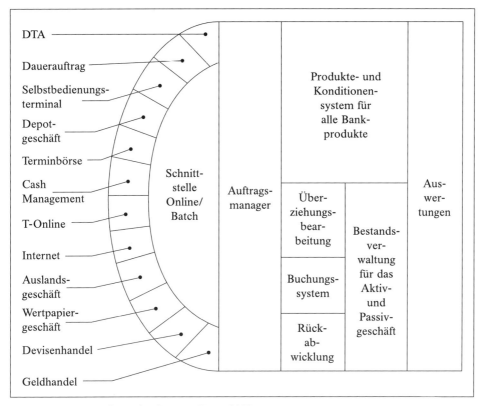

Abbildung 2: Darstellung des Systems Konto3000

trag werden beispielsweise die Empfängerinformationen, der Betrag und die Ausführungstermine festgelegt.

Der Bereich *Auswertungen* umfaßt Funktionalitäten zur Erstellung vielfältiger Listen aus den Bereichen Konto, Umsatz, Produkte- und Konditionensystem sowie Überziehungsbearbeitung. Zum Beispiel können bestimmte Monatsumsätze pro Kunde oder Rücklastschriften pro Filiale als Übersicht für den Berater und das Management erstellt werden. Dabei besteht die Möglichkeit, die Auswertungen individuell zur Verfügung zu stellen. Unter anderem kann die Ausgabe in Form von Papier oder per elektronischer Medien (z.B. Dateien) erfolgen.

4.3 Softwaretechnische Architektur

Bei der Entwicklung von Konto3000 wurde großer Wert auf die Trennung der Ebenen Daten, Verarbeitung und Präsentation gelegt. Die sorgfältige Trennung der Schichten schafft eine größtmögliche Flexibilität in allen Bereichen, da sie einen gezielten Eingriff erlaubt. Abbildung 3 erläutert den grundsätzlichen Aufbau von Konto3000 am Beispiel der Verarbeitung von Buchungsaufträgen.

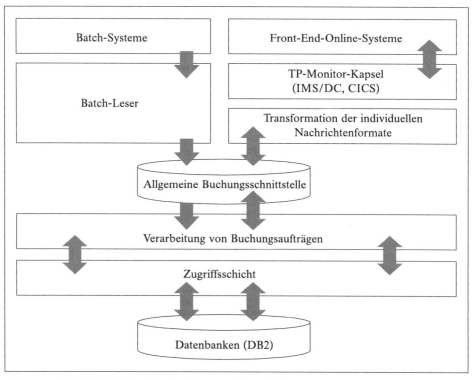

Abbildung 3: Technische Struktur des Systems Konto3000

Auf der untersten Ebene befinden sich die Datenbanken (hier DB2). Der Zugriff auf die Datenbanken erfolgt ausnahmslos durch Module der Zugriffsschicht. Als Schnittstelle zwischen Datenbank und fachlicher Funktionalität ist sie so gestaltet, daß der fachlichen Anwendung Daten in Form des fachlichen Modells zur Verfügung gestellt werden, auch wenn die physikalische Speicherung davon abweichen sollte. Eine solche Abweichung ist in der Regel durch Tuning-Maßnahmen begründet. Die Buchungsaufträge werden jeweils in einem einheitlichen Format für die weitere Verarbeitung bereitgestellt. Dies geschieht für Dateien (z.B. aus dem Clearing oder bei Kundenbändern) durch den sogenannten *Batch-Leser*. Im Falle einer Online-Anbindung geschieht dies durch eine analoge Komponente, die auf die diversen individuellen Dialog-Nachrichtenformate ausgerichtet ist. Weiterhin sind die technischen Spezifika des TP-Monitors gekapselt, um einen gezielten Austausch mit geringem Aufwand zu ermöglichen. Ein TP-Monitor ist ein Systemprogramm, das Dialogtransaktionen mit einem Großrechner ermöglicht. Die weiteste Verbreitung besitzen heute die IBM-Produkte CICS und IMS/DC. Die Präsentation ist ebenfalls getrennt von den Verarbeitungsfunktionen. Dieses ermöglicht die Anbindung unterschiedlicher Front-End-Online-Systeme einschließlich Internet und T-Online. Anhand der Abbildung 4 wird der Ablauf einer Transaktion beschrieben.

Ausgelöst durch eine Benutzereingabe an einem Terminal (z.B. PC, GAA) wird eine Nachricht an den TP-Monitor gesandt. Die TP-Monitor-Kapsel liest die Nachricht.

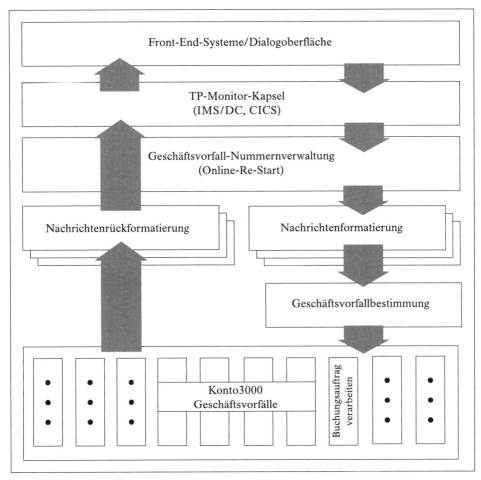

Abbildung 4: Ablauf einer Online-Transaktion

Hieran schließen sich Funktionen (Geschäftsvorfall-Nummernverwaltung) an, die für einen nach Unterbrechung der Kommunikation eventuell notwendigen Re-Start benötigt werden. Die eingehende Nachricht erhält das Standardformat. Der gewünschte Geschäftsvorfall wird bestimmt und aufgerufen. Unter Geschäftsvorfällen werden hier Aktivitäten verstanden wie etwa die Verarbeitung einer Bareinzahlung, eine Überweisung, die Eröffnung eines Kontos oder eine Umsatzabfrage. Es erfolgt die jeweilige fachliche Verarbeitung einschließlich der erforderlichen Datenzugriffe. Nach Abschluß dieser Verarbeitung wird die zurückzuliefernde Nachricht wiederum in das für das jeweilige Front-End erforderliche Format umgesetzt und an das Front-End-System gesandt.

Die Geschäftsvorfälle wurden im Rahmen der Fachkonzeption objektorientiert modelliert. Abbildung 5 verdeutlicht die Zusammenhänge. Die dargestellten Ablauffunktionen haben dabei steuernden Charakter, die eigentliche fachliche Verarbeitung erfolgt in den sogenannten Basisfunktionen. Eine Ablauffunktion ist eine Abfolge von Einzelfunktionen, die wiederum andere Funktionen aufrufen, z.B. „Buchungsauftrag verarbeiten". Basisfunktionen sind Methoden, in denen ein fachlicher Zusammenhang aufgeführt wird, z.B. Lesen eines Zinssatzes oder eines Kontostands[1].

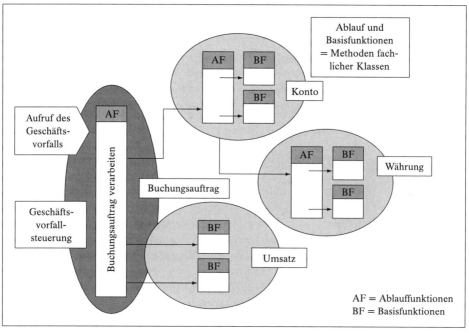

Abbildung 5: Prinzipieller Ablauf der Verarbeitung eines Geschäftsvorfalls

4.4 Objektorientierte Entwicklung auf Basis von COBOL II

Die objektorientierte Vorgehensweise stellt bei der Entwicklung großer Anwendungssysteme im Gegensatz zum Client/Server-Umfeld in der Host-Umgebung noch die Ausnahme dar. Obwohl der objektorientierte Ansatz die Kapselung von Funktionen (Schichtenarchitektur, Komponentenbildung) erheblich erleichtert und damit günstigere Voraussetzungen für eine geplante Wiederverwendung schafft, waren neben sachlichen Gründen (wie z.B. Performance) auch Ängste verantwortlich, sich vom Vertrauten zu trennen. So konnten sich bisher objektorientierte Sprachen (z.B. C++, Smalltalk) in der klassischen Host-Umgebung nicht durchsetzen. Der Einsatz einer dieser Sprachen für die Entwicklung von Konto3000 hätte aufgrund der mangelnden Erfahrung zwangsläufig das Entwicklungsrisiko erhöht. Auch die Vermarktbarkeit wäre aufgrund der zu erwartenden War-

---

[1] Vgl. auch Fischer, T./Rothe, A. (Beitrag in diesem Buch).

tungsprobleme erschwert worden, da wahrscheinlich die Mitarbeiter der jeweiligen Kunden einer besonderen Schulung bedurft hätten. Ohne die Grundsatzentscheidung, eine objektorientierte Sprache breit einsetzen zu wollen, resultierten hieraus neue Abhängigkeiten von einzelnen Know-how-Trägern. Die Prüfung des aufgrund der Verwandtschaft zu COBOL II naheliegenden Einsatzes von OO-COBOL ergab, daß die Sprache derzeit noch nicht für große, performance-kritische Anwendungen ausgereift ist.

Nicht zuletzt die Option, einen späteren Übergang zu OO-COBOL prinzipiell offen zu halten, war mit für die Entscheidung ausschlaggebend, die folgenden Merkmale objektorientierter Sprachen in COBOL II abzubilden: Klassen/Objekte, Vererbung, Methoden (Instanzmethoden, Klassenmethoden, Konstruktoren/Destruktoren).

Auf weitergehende Leistungsmerkmale einzelner objektorientierter Sprachen (z.B. Mehrfachvererbung, virtuelle Funktionen, parametrisierte Klassen) wurde verzichtet.

Abbildung 6 verdeutlicht die Darstellung der objektorientierten Konstrukte Klassen/Objekte und deren Methoden in COBOL II. Eine Klasse soll dabei in der Regel durch ein COBOL-Programm repräsentiert werden. Die Instanzvariablen sind als Datenstruktur in der Linkage Section angelegt. Die Methoden der Klasse entsprechen Sections. Die

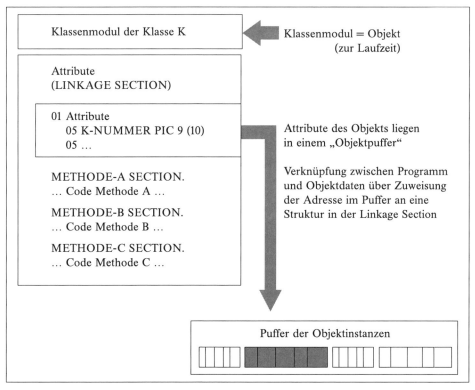

Abbildung 6: Darstellung von Klassen/Objekten und Methoden in COBOL II

Ausprägungen der Klassen, d.h. die Objekte, liegen in einem nur durch technische Obergrenzen beschränkten Pufferbereich.

Eine genauere Darstellung der Lösung würde ein Eingehen auf eine Reihe von technischen Details erfordern, worauf hier verzichtet werden soll.

4.5 Montage des Programms

Zur Reduzierung des Entwicklungs- und Testaufwands, aber auch zur leichteren Wartbarkeit wurde die systematische Verwendung von Programmrahmen vorgeschrieben. Alle Programme eines bestimmten Typs erhalten somit eine einheitliche Struktur. Individuelle Änderungen der Rahmen sind nicht zugelassen. Der Rahmen weist Einschübe auf, die pro Programm individuell mit spezifischen Anweisungen (den Bausteinen) zu füllen sind. Das Grundprinzip geht aus Abbildung 7 hervor.

Für die Montage der Programme aus Rahmen und Bausteinen, ebenso zur Massenmontage nach Änderungen von Rahmen, wurde eine Werkzeugunterstützung geschaffen.

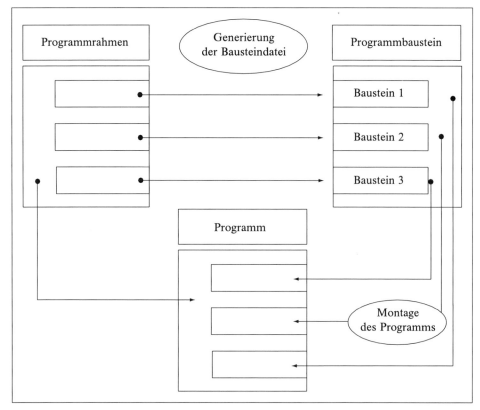

Abbildung 7: Grundprinzip der Rahmenmontage

5. Fazit

Das Projekt Konto3000 hat gezeigt, daß die Entwicklung einer modernen Bankanwendung mit den geschilderten Leistungsmerkmalen, insbesondere der hochgradigen Wiederverwendung der Softwareteile, in der klassischen Host-Umgebung nicht nur möglich, sondern künftig zu favorisieren ist. Es hat sich aber auch bestätigt, wie wichtig es ist, daß dieses basierend auf einer eindeutigen Strategie und unter Einbindung aller Entscheidungsträger der Bank erfolgt.

Ist beispielsweise die Entwicklung und Einführung einer einheitlichen Partnerverwaltung (natürliche und juristische Personen) inzwischen zumeist konsensfähig, so wird diese bei den weiteren Objekten (Produkt, Kondition, Vertrag, Konto etc.) zunehmend schwieriger, da der vollständige Nutzen erst nach der Ablösung der spartenorientierten Anwendungen eintritt. Auch bei Konto3000 kann der umfassende Nutzen zwangsläufig erst durch die Einbindung der unterschiedlichen Bankprodukte eintreten. Da jedoch nicht alle Anwendungen gleichzeitig umgestellt werden können, wird immer ein Teil der Entwicklungsaufwände für Infrastrukturmaßnahmen zur künftigen Integration weiterer Anwendungen investiert. Diese Vorinvestition erfordert eine eindeutige unternehmerische Entscheidung.

Das Ziel, durch eine Vermarktung der Anwendung einen früheren Return on Investment zu erreichen, erfordert zum einen die Bereitschaft, auf individuelle Sonderwünsche weitgehend zu verzichten oder sie außerhalb des Standards, aufsetzend auf eindeutigen Schnittstellen, zu realisieren sowie zum anderen, die Anforderungen anderer Marktteilnehmer frühzeitig zu berücksichtigen. Mit anderen Worten ist auch hier eine Investitionsentscheidung zu treffen.

Die Entscheidung, eine Entwicklungspartnerschaft mit einem Beratungsunternehmen einzugehen, bei der beide Partner Investitionen tätigen, reduziert die Vorleistungen der Bank und bietet eine bessere Chance, die Anwendung erfolgreich zu vermarkten. Zu betonen ist hierbei, daß damit anstelle einer vertraglich fixierten Auftraggeber/Auftragnehmer-Beziehung eine Partnerschaft gestaltet werden muß. Das Einsteigen in ein gemeinsames Boot hat viele Konsequenzen für die Gestaltung des Projektteams und die Projektdurchführung. Es beginnt damit, Leistungsanreize (z.B. Prämien, wenn geplante Meilensteine termingerecht erreicht werden) anstelle von Strafen zu vereinbaren. Es drückt sich darin aus, wer eine anstehende Aufgabe durchführen kann, statt wer laut eines Protokolls dazu verpflichtet war. Dies soll nicht bedeuten, daß eine solche Partnerschaft keine Probleme bzw. Konflikte zu lösen hätte. Vielmehr muß es in einer Art und Weise erfolgen, die stärker von gegenseitigem Vertrauen geprägt ist. Die Partnerschaft ist auch nicht auf die Erstellung des Anwendungssystems beschränkt. Bei der Thematik Migration ist zu entscheiden, wer sich wem anpaßt. Diese Frage läßt sich im Einzelfall nur dann korrekt beantworten, wenn das Vorhaben gesamthaft betrachtet wird. Hierbei spielen Faktoren wie Mitarbeiterverfügbarkeit, Produktionssicherheit, Performance, Vermarktbarkeit etc. eine Rolle. Das permanente Suchen solcher optimaler Lösungen für einzelne Problemstellungen erfordert kurze Entscheidungswege, d.h. die Projektleitung muß mit den notwendigen Kompetenzen ausgestattet werden, Entscheidungen eigenständig zu treffen oder diese zumindest kurzfristig herbeizuführen.

Auch bei der Vermarktung ist partnerschaftlich abzuwägen, inwieweit man die Projektarbeit und damit die Fertigstellung und Einführung zugunsten des Vermarktungserfolgs belastet. Für die Wartung und Weiterentwicklung sowie die Produktion stehen ebenfalls Entscheidungen an, die über die Konsequenzen normaler Entwicklungsprojekte hinausreichen. Beispielsweise ist zu regeln, wie künftige Partner eingebunden werden oder wer welche Erweiterungen (z.B. Integration weiterer Bankprodukte) vornehmen darf.

Die Entscheidung, die Teamstärke innerhalb des zweijährigen Entwicklungszeitraums für die Basisstufe entwicklungsseitig auf 50 Personen zu begrenzen, hat sich bestätigt. Die arbeitsteilige Erstellung wiederverwendbarer Softwarekomponenten setzt ein hohes Maß an Kommunikation voraus. Dieses würde bei größeren Teams zwangsläufig zu geringerer Effizienz führen.

Die Anwendung des sogenannten Time-Box-Verfahrens (vgl. CSC Catalyst)[2] hatte zur Konsequenz, die Entwicklung in Stufen einzuteilen. Weiterhin war damit der heilsame Zwang verbunden, eine schlanke Lösung in der ersten Stufe zu entwickeln.

Die Beschränkung auf die absolut notwendigen Funktionen erleichtert erheblich die plangerechte Projektdurchführung. Die dadurch mögliche frühzeitige Realisierung von Nutzungspotentialen entschädigt dafür, weitere Funktionen und den damit verbundenen Nutzen erst später zu erhalten. Weiterhin hat sich gezeigt, daß Funktionen des Altsystems, die zunächst als notwendig erachtet wurden, aufgrund der schlechten Kosten/Nutzen-Relation gegen völlig andere, aber wirtschaftlichere Funktionen eingetauscht wurden. Die Verknappung der Ressourcen hat somit das Treffen wirtschaftlicher Detailentscheidungen gefördert.

An die Qualifikation der Mitarbeiter für die Rollen Gesamtprojektleiter, fachlicher und technischer Architekt, Migrationsprojektleiter u.a. sind hohe Anforderungen zu stellen, da es gilt, viele Aufgaben erstmalig zu lösen. Die mangelnde Verfügbarkeit geeigneter Werkzeuge kommt erschwerend hinzu. Pragmatisch gilt es daher, vorhandene Werkzeuge mit vertretbarem Aufwand zu erweitern oder organisatorische Lösungen zu finden. Bei der Werkzeugdiskussion sollte man jedoch immer beachten, daß diese bei der Gestaltung wiederverwendbarer Software nur eingeschränkten Nutzen haben können, da sie für die notwendige Abstraktionsleistung nur wenig Unterstützung bieten.

Zusammenfassend hat sich bestätigt, daß folgende Faktoren erfolgskritisch sind:

- Das Projekt muß von strategischer Bedeutung für beide Partner sein.
- Der Vertrag soll partnerschaftlich gestaltet sein.
- Die Entscheidungsträger beider Partner müssen persönlich hinter der Aufgabe stehen.
- Das Vorgehen sollte stufenweise (vom Muß zum Soll) erfolgen.
- Das Kernteam, das die gut ausgebildeten Projektmitarbeiter beider Partner personell und fachlich führt, muß hochqualifiziert sein.
- Die Teamgröße muß an den Entwicklungszeitraum optimal angepaßt sein.

---

[2] CSC Catalyst ist die Methode von CSC zur Initiierung, Begründung, Gestaltung, Ausführung und Koordination von Veränderungsprozessen in großen Organisationen.

II. Informatik im Privatkundengeschäft

Dirk Wölfing/Olaf F. Mehlmann

Multi-Channel-Konzepte für den multimedialen Marktplatz

1. Neue Anforderungen an den Bankvertrieb
2. Begriffsabgrenzungen
   2.1 Electronic Banking
   2.2 Elektronischer Vertriebsweg und Multi-Channel-Vertrieb
   2.3 Skalierbare Produkteigenschaften
3. Weiterentwicklungen im Electronic Commerce
   3.1 Rolle der Banken in unternehmensübergreifenden Geschäftsprozessen
   3.2 Interaktivität und Individualität an der Mensch/Maschine-Schnittstelle
4. Kerntechnologien aus Projekten der Daimler-Benz-Forschung zur Online-Präsenz
   4.1 Konfiguration von Produkten
   4.2 Generierung von Angebotsalternativen
   4.3 Angebotsvorschläge bei unspezifischer Nachfrage
5. Entwurf einer Softwarearchitektur für den Multi-Channel-Vertrieb
   5.1 Anforderungen
   5.2 Das Transaktionsmanagement
   5.3 Spezifische Funktionen für den Electronic Commerce
6. Das Middle Office als organisatorische und technische Schicht im Bankvertrieb
Literaturhinweis

1. Neue Anforderungen an den Bankvertrieb

Die Zeit für eine Neustrukturierung des Bankvertriebs ist reif. Neben dem Schaltervertrieb in den Zweigstellen und den Selbstbedienungs-(SB-)Geräten wird die Online-Kommunikation zwischen Kunde und Bank zur dritten großen Säule des Bankvertriebs. Für das Firmenkundengeschäft sind elektronische Netze einschließlich der Endgeräte fast flächendeckend verfügbar. Auch im Privatkundengeschäft ist mit absehbar 2 Millionen Home-Banking-Anwendern, die PCs nutzen, eine Zahl erreicht, bei der die Akzeptanzschwelle überschritten ist. Im Jahr 1997 hat allein T-Online monatlich 45000 neue Home-Banking-Kunden gewonnen. Alle Prognosen sagen ein starkes Wachstum von Endgeräten beim Verbraucher für die nächsten fünf Jahre voraus.[1] Multimediale Technik mit verbessertem Preis-/Leistungsverhältnis wird die Akzeptanz weiter erhöhen.

Umfangreiche Experimente mit dem neuen, elektronischen Vertriebskanal begann das Kreditgewerbe mit den Direktbanken, die in kurzem Abstand Mitte der 90er Jahre gegründet wurden. Die Erfahrungen zeigen, daß der gebotene Komfort von einer definierten Zielgruppe als attraktiv empfunden wird. Die prognostizierten Kundenzahlen konnten allerdings nicht ganz erreicht werden. Es hat sich herausgestellt, daß die Online-Kommunikation aktuell eher eine attraktive Ergänzung zu den bestehenden Vertriebswegen ist, denn ein Ersatz. Damit bekommen alte Vertriebskanäle neue Rollen, die Nutzung der neuen Vertriebskanäle wird gemeinsam mit dem Kunden erst erprobt. Gleichzeitig hat sich gezeigt, daß die Investitionen in das Marketing und die Abwicklungssysteme eher unterschätzt wurden.[2]

Im Prozeß der Globalisierung der Finanzdienstleistungsmärkte positioniert sich jedes Institut neu. Die Einführung des Euro beschleunigt die Bildung eines einheitlichen europäischen Markts. Der Umbau der Kreditinstitute gewinnt an Umfang und Geschwindigkeit. Chancen und Risiken sind für die Institute jedoch gleichermaßen groß. Die Neupositionierung geht einher mit einer Neudefinition der Zielkunden, der Services und der Vertriebskanäle für die gewählte Kundengruppe. Mit der Veränderung der Vertriebskanäle verändern sich die Vertriebsprozesse, beginnend beim Kunden bis in die Back-Office-Systeme, in vielfältiger Weise. In diesem Beitrag werden die Herausforderungen des Vertriebs durch die Online-Kommunikation zwischen Kunde und Bank analysiert, um auf dieser Basis Konsequenzen des mehrkanaligen (Multi-Channel-)Vertriebs für die Banken und die informationstechnologische Unterstützung der Vertriebsprozesse zu formulieren.

---

[1] Vgl. Kern, P. (1997).
[2] Alle Direktbanken arbeiten über mehrere Anfangsjahre mit erheblichen Verlusten.

2. Begriffsabgrenzungen

2.1 Electronic Banking

Mit Btx-Banking haben deutsche Kreditinstitute im Verhältnis zu anderen Branchen schon sehr früh begonnen, die Dienstleistung Zahlungsverkehr online abzuwickeln. Bei dem ehemaligen Vorreiter des Online-Banking, dem Postscheckdienst der Post, konnte man außerdem Daueraufträge einrichten, ändern und einige Komfortfunktionen des Zahlungsverkehrs wahrnehmen (z. B. Zahlungen auf Termin veranlassen). Die Filialinstitute haben parallel dazu SB-Geräte entwickelt, die um die Geschäftsstellen herum aufgestellt wurden.[3] Niemand hat zu dieser Zeit von einem elektronischen Vertriebsweg gesprochen. *Electronic Banking* und *Home Banking* waren die Schlagworte. Nicht der Verkaufsprozeß, sondern die Abwicklung der Dienstleistung Zahlungsverkehr wurde elektronisch unterstützt. Das hat sich bis heute nicht wesentlich geändert: Die Konto- und Depoteröffnung, der Verkauf von Sparprodukten, Wertpapieren und Krediten erfolgt noch vorwiegend am Schalter. Wird im folgenden von Electronic Banking gesprochen, so ist damit vor allem die elektronische Unterstützung der Abwicklung von Bankdienstleistungen gemeint.[4]

Aktuell arbeiten alle Institute daran,

- die elektronische Unterstützung der Abwicklung möglichst auf das gesamte Leistungsspektrum auszudehnen[5] und
- nicht nur die Abwicklung online oder am SB-Terminal[6] durchzuführen, sondern den gesamten Verkaufsprozeß durchgängig elektronisch zu unterstützen.

2.2 Elektronischer Vertriebsweg und Multi-Channel-Vertrieb

Begonnen wurde die Ausweitung des Online-Vertriebs mit Informationen über das Leistungsspektrum des jeweiligen Instituts. Angebote über Sparprodukte, Kredite, Immobilien usw. finden sich inzwischen sowohl in den Online-Medien als auch am SB-Terminal. Betrachtet man den Verkaufs- und Fertigungsprozeß einer Bank ganzheitlich, so stellt er sich als Markttransaktionszyklus mit folgenden Phasen dar:

---

[3] Begonnen wurde die Verbreitung von SB-Geräten mit Geldausgabeautomaten und Kontoauszugsdruckern.
[4] Vgl. auch Gruber, W. (1997).
[5] Die Entwicklung und Verabschiedung des HBCI-Standards ist ein wesentlicher Ausdruck dieser Aktivitäten. Vgl. dazu Krebs, T./Thiel, C. (Beitrag in diesem Buch).
[6] Im folgenden umfaßt der Begriff auch multifunktionale Terminals, die derzeit im Markt plaziert werden.

Übersicht 1: Markttransaktionsphasen im Bankgeschäft

Phase	Aktionen in der Phase	Grad der Online-Unterstützung bei deutschen Kreditinstituten (Ende 1997)
Informationsphase	Potentieller Kunde informiert sich über das Leistungsspektrum und die Konditionen. Anbieter sucht Nachfrager.	Basisinformationen sind in der Regel online vorhanden.
Vereinbarungsphase	Angebot und Kundenwunsch werden gegenübergestellt. Vertrag wird geschlossen.	Funktionen sind in der Regel nicht online verfügbar. Es fehlt die elektronische Unterschrift. Verfahren werden derzeit entwickelt.
Abwicklungsphase	Durchführung der beauftragten Transaktionen. Abrechnung und Quittierung der Aufträge.	Für den Zahlungsverkehr ist die Entwicklung weit fortgeschritten. Aktuell erfolgt die Ausweitung auf das gesamte Spektrum des Retail Banking.
After-Sales-Phase	Angebot weiterer Services. Kundenpflege. Zufriedenheitsanalyse.	Zur Zeit sind elektronisch nur wenige Funktionen vorhanden.

Vom *elektronischen Vertriebsweg* soll dann gesprochen werden, wenn insbesondere der Verkaufsprozeß elektronisch unterstützt wird. Die elektronische Unterstützung des Verkaufsprozesses geht einher mit der Nutzung der neuen Medien.

Neue Technologien und neue Medien führen zu einer Vielzahl von neuen Formen des Vertriebs, wobei auch alte Technologien (z.B. das Telefon) in neuer Form zum Einsatz kommen. Grundsätzlich lassen sich vier Kategorien unterscheiden:[7]

- *Weitgehend elektronisch unterstützte, persönliche Vertriebswege:* beispielsweise Außendienst mit POS-Anbindung, Telefonbanking, intelligenter Beraterarbeitsplatz und Beratung über Multimedia-Einrichtungen.
- *SB–Einrichtungen:* beispielsweise SB-(gestützte) Filialen, Multifunktionsterminals, Kiosk-Systeme, Shop-in-Shop-Selbstbedienungseinrichtungen und POS-Stationen an Kassenterminals.
- *Home-Banking-Einrichtungen:* beispielsweise Smart Phones, dialogfähige Fernsehgeräte und PC-Anbindungen.
- *Bank im Electronic Commerce:* beispielsweise Einbindung in Shopping Malls und Einbindung in Vorgänge des elektronischen Handels (z.B. Bezahlen im Internet).

Die kombinierte, kunden- und situationsabhängige Nutzung der vielfältigen Vertriebsformen führt zum *Multi-Channel-Vertrieb*.

---

[7] Vgl. Weigert, P. (1995).

Der Einsatz neuer Technologien im Vertrieb wird zunächst als zusätzlicher Kanal angeboten. Der Abbau konventioneller Vertriebskanäle kann nur in dem Maß erfolgen, wie die neuen Kanäle von den Kunden angenommen werden. Dabei treten diese bewußt in Konkurrenz zu den bestehenden Kanälen. Setzen sie sich durch, so werden sich die konventionellen Wege an die veränderte Situation anpassen. Setzen sie sich nicht durch, so ist der Schaden auf die Investitionssumme begrenzt.

Die Differenzierung der Vertriebswege ermöglicht es, kunden- bzw. zielgruppenspezifische Vertriebswege zu schaffen. Die Produkte der Retailbanken unterscheiden sich nur geringfügig voneinander. Beratungspotential, zeitliche und örtliche Verfügbarkeit, Schnelligkeit der Abwicklung, angebotene Medien und Bedienungskomfort sind die wesentlichen Unterscheidungsmerkmale der Kreditinstitute untereinander. Die Qualität des Leistungsspektrums einer Bank wird wesentlich um die Dimension des Vertriebskanals erweitert. Damit steht nicht mehr das Produkt allein im Wettbewerb zu den Produkten der Wettbewerber. In Zukunft wird der spezifische Vertriebswegemix darüber entscheiden, ob eine Leistung bei dem einen oder dem anderen Finanzdienstleister nachgefragt wird. Der schrittweise, ergänzende Aufbau neuer Vertriebswege in Kombination zu den bestehenden erhöht wesentlich die Komplexität der Banktechnologie. Darüber hinaus sind Unterstützungssysteme für den Vertrieb in anonymen Kanälen erforderlich.

2.3 Skalierbare Produkteigenschaften

Die Leistungen der Bank im Retailgeschäft sind traditionell stark konfektioniert. Vom gesetzlich normierten Sparbuch über das Girokonto bis hin zu den klassischen Anlage- und Kreditformen sind die Leistungsparameter weitgehend starr. Festgelder und Festkredite sind auf definierte Laufzeiten ausgelegt. Laufzeiten im Zahlungsverkehr sind beim gleichen Produkt für alle Kunden einer Bank einheitlich. Die Standardisierung der Produkteigenschaften war die Basis für standardisierte Vertriebs- und Abwicklungsformen.

Die neuen technischen Möglichkeiten unter den Bedingungen des globalen Wettbewerbs führen trotz Verringerung der Zahl der Mitarbeiter im persönlichen Vertrieb dazu, daß die Leistungen der Banken stärker auf die Bedürfnisse des einzelnen Kunden zugeschnitten werden. Bislang fest definierte Produkteigenschaften werden vom Kunden frei definiert. Finanzprodukte haben häufig die Dimensionen Zeit und Geld, welche weitgehend skalierbar sind. Das Festgeld für 93 Tage ist eine konkrete Vision. Warum sollte der Kunde sich sein Festgeld nicht online oder am SB-Terminal selbst zusammenstellen (Abbildung 1)?

Auch der Privatkunde oder der kleine Firmenkunde weiß häufig im voraus, daß er sein Geld in 43 Tagen anlegen kann. Warum sollte sich nur der große Firmenkunde einen definierten Zinssatz für die Zukunft sichern dürfen? Ein Festgeld 43 Tage im voraus mit einer Laufzeit von 93 Tagen, am Bildschirm definiert und abgeschlossen, lehrt jeden Bankorganisator das Grausen. Genau das aber wird die Zukunft sein: Nachts oder am Wochenende mit grafischer Unterstützung online abgewickelte Produkte, deren skalierbare Eigenschaften vom Kunden selbst definiert werden können.

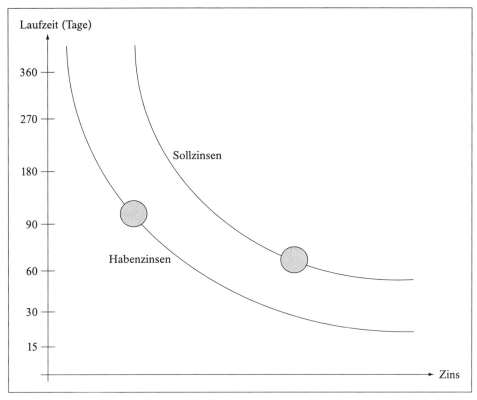

Abbildung 1: Skalierbare Produkteigenschaften beim Festgeld oder Festkredit

Die Skalierbarkeit gilt auch für den Zahlungsverkehr. Die bislang üblichen Laufzeiten im europäischen Zahlungsverkehr werden sich deutlich verkürzen. Statt einer pauschalen Verkürzung der Laufzeiten könnte das Institut anbieten, daß der Kunde die Laufzeit individuell in Abhängigkeit vom Preis selbst bestimmt (Abbildung 2).

Skalierbarkeit von Bankprodukten bedeutet die Auflösung der klassischen Bankprodukte in qualitative Kerneigenschaften und quantitativ ausprägbare Attribute. Viele Institute haben in den letzten Jahren ihre Produktkataloge durchforstet und mit dem Prozeß der Bildung von Produkteigenschaften begonnen. Sie stoßen dabei an die Schranken tradierter Gewohnheiten bei den Kunden, den eigenen Mitarbeitern und den begrenzten Möglichkeiten der Abwicklungssysteme. Die Interaktion am SB-Terminal oder über Online-Kanäle schafft neue Möglichkeiten der Selbstkonfiguration von Bankdienstleistungen. Wird dadurch ein größeres Leistungsspektrum und mehr Komfort für den Kunden geschaffen, so wird sich die erforderliche Akzeptanz einstellen. Der Produktkatalog der Zukunft ist ein interaktives Konfigurationssystem für Finanzdienstleistungen.

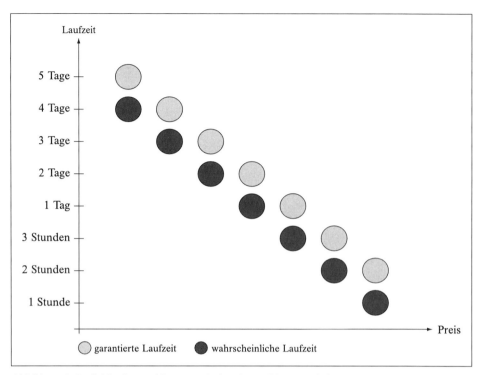

Abbildung 2: Individuell gestaltbare Laufzeiten im Zahlungsverkehr

3. Weiterentwicklungen im Electronic Commerce

Während die Online-Verbindungen zwischen Kunde und Bank zu elektronischen Vertriebswegen ausgebaut werden, zeigt sich bereits eine weitere Perspektive. Die elektronische Abwicklung und der elektronische Vertriebsweg bilden Elemente einer durchgängigen unternehmensübergreifenden elektronischen Geschäftsabwicklung. Die Kunde/Bank-Beziehung ist die Keimzelle eines viele Partner (z.B. Käufer, Verkäufer, Informationslieferant, Bank, Versicherung, Spediteur, Behörde) umfassenden Netzes elektronisch gestützter Geschäftsbeziehungen, die als *Electronic Commerce* (multimedialer Marktplatz) bezeichnet werden.[8]

Zum heutigen Zeitpunkt ist Electronic Commerce mehr Vision denn Realität. Fest steht jedoch, daß die technologische Basis der Entwicklung weitgehend vorhanden ist, die notwendige Infrastruktur gegenwärtig geschaffen wird, die Nutzungsmöglichkeiten und

---

[8] Vgl. Hagel, J./Armstrong, A.G. (1997).

Konsequenzen jedoch noch wenig erprobt sind. Im folgenden wird auf zwei wichtige Charakteristika eingegangen: Das veränderte Rollenverständnis und die Interaktion zwischen Käufer und Verkäufer auf dem elektronischen Markt.

3.1 Rolle der Banken in unternehmensübergreifenden Geschäftsprozessen

Die Vernetzung der Unternehmen untereinander stellt die tradierten Rollen in Frage. Neue Dienstleistungen entstehen. Alte Branchen drängen in neue Dienstleistungen. Die Vernetzung von Endkunden, Einzelhandel, Industrielieferanten und Dienstleistungsunternehmen schafft den elektronischen Marktplatz. Somit muß sich auch das Bankgeschäft neu positionieren.

Der Handel auf einem elektronischen Marktplatz erfordert das Zusammenspiel von verschiedenen Rollen wie Verkäufer, Käufer, Marketing, Zahlungsverkehr und Finanzierung sowie Speditionsleistungen. Schnell lassen sich diese Rollen innerhalb eines elektronischen Marktplatzes um zusätzliche wie Zulieferer, Wettbewerber, Versicherungen und unterschiedliche Käufergruppen erweitern. Die Organisation des Zusammenspiels dieser Rollen ist die zur Zeit schwierigste Aufgabe. Die für einen elektronischen Marktplatz erforderlichen Kooperationen oder Allianzen müssen organisiert, die verschiedenen Interessen ausgeglichen werden. Erfahrungen im Umgang mit anonymen Käufergruppen und der Lösung logistischer Probleme sind erforderlich. Aktuell wird an folgenden Ansätzen gearbeitet:

- Elektronische Unterstützung von regionalen Märkten, d.h. des regionalen Einzelhandels, der regionalen Gastronomie (z.B. Pizza-Service), der regionalen Kulturszene, des Nahverkehrs und der Sportszene,
- elektronische Unterstützung von internationalen Spezialmärkten wie z.B. der Touristikbranche, des Buchhandels, der Multimediaindustrie (z.B. Tonträger, Video/Fotografie, TV on Demand),
- elektronische Unterstützung des Markts für aktuelle Informationen (z.B. Wetter, Börse, Sport, Politik) oder historische Informationen (z.B. geschichtliche Archive, historische Marktinformationen, Bildarchive).

Bei Käufen und Verkäufen auf elektronischen Marktplätzen werden spezifische Teilschritte des Markttransaktionsprozesses (z.B. Information, Beratung, Abschluß, Finanzierung, Lieferung, Zahlung, After-Sales) durchgeführt.[9] Kreditinstitute haben die Chance, auf diesen Märkten an bestimmten Stellen dieses Prozesses ihre Leistungen zu positionieren und ihre Electronic-Banking-Verbindungen weiter auszubauen. Mit fortschreitender Entwicklung des Electronic Banking und des Home Banking können sie in die Rolle des Organisators eines elektronischen Marktplatzes hineinwachsen.[10] Dabei stehen sie im Wettbe-

---

[9] Vgl. Schmid, B./Lindemann, M. (1997).
[10] Vgl. Ecker, T./Moormann, J. (1998).

werb zum Versandhandel (der Erfahrungen im Umgang mit anonymen Käufern hat) oder zu Unternehmen, die auf elektronische Medien spezialisiert sind – und die Technologieerfahrung mitbringen.

3.2 Interaktivität und Individualität an der Mensch/Maschine-Schnittstelle

Electronic Commerce erfordert eine Veränderung der Mensch/Maschine-Schnittstelle.[11] Diese Veränderung läßt sich gut begreifen, wenn Electronic Commerce als Medium interpretiert wird. Medien dienen der Kommunikation zwischen Menschen. Beispielsweise sind Telefon oder Zeitung Medien: Das Telefon dient der zeitgleichen Kommunikation zwischen zwei Menschen, die Zeitung der Information einer breiten Masse.[12] Online-Medien verändern die Kommunikation zwischen den Unternehmen (einschließlich der Banken) und den Kunden. Mit den Online-Medien erhalten die Unternehmen die technologische Plattform, um die Produktvielfalt ihres Angebots einem breiten Kundenkreis zu vertretbaren Kosten zugänglich zu machen und die Produktkonfiguration durch den Kunden selbst vornehmen zu lassen. Der Erfolg eines Anbieters im Electronic Commerce wird davon abhängen, inwieweit es das Unternehmen versteht, die Spezifika dieses Mediums zu nutzen.

Charakteristische Eigenschaften des Mediums Electronic Commerce sind multimediale Kommunikation, Interaktivität und die Existenz eines Feedback-Kanals.[13] Die multimediale Kommunikation dient der Kommunikation komplexer Inhalte. Die Interaktivität des Mediums kann zur effizienzorientierten und kundenspezifischen Automatisierung von Teilen der Markttransaktion dienen, der Feedback-Kanal bietet einen neuen Weg der Kundenorientierung und Marktforschung. Zur Sicherung des Erfolgs von Electronic Commerce ist die Integration dieser spezifischen Eigenschaften des Mediums notwendig.

In der Vergangenheit hat die Informationstechnologie in der Produktion die Flexibilisierung der Fertigung möglich gemacht. Die Unternehmen wurden in die Lage versetzt, vom uniformen Massenprodukt zum kundenspezifischen, konfigurierbaren Produkt zu vertretbaren Kosten zu gelangen. Durch Online-Medien wird zukünftig die Flexibilisierung der Unternehmen/Kunde-Beziehung ermöglicht. Die Informationstechnologie wird es mittelfristig erlauben, von der 1:n-Massenkommunikation zur kundenspezifischen 1:1-Kommunikation zwischen dem Unternehmen und dem Kunden überzugehen. Der Anspruch an die Online-Kommunikation ist, daß der Kunde „alleine, nachts vor dem Terminal" die komplette Markttransaktion (Informationsphase, Verarbeitungsphase, Abwicklungsphase, After-Sales-Phase) für alle Leistungen der Bank durchführen kann, ohne dabei weitere Medien nutzen zu müssen.

---

[11] Die folgenden Ausführungen basieren auf Analysen, die im Rahmen eines Forschungsprojekts der Daimler-Benz-Forschung durchgeführt wurden. Vgl. Mehlmann, O.F. (1997).
[12] Die Zeitung dient der Kommunikation zwischen der Redaktion und dem Leser.
[13] Vgl. Peppers, D./Rogers, M. (1997).

In der Informationsphase ist auf eine übersichtliche, mediengerechte Präsentation der Produkte zu achten. Komfortable Formen der Unterstützung bei der Auswahl der Produkte sind wichtig. Neben der sicheren, juristisch gültigen Vereinbarung einer Transaktion sind in der Vereinbarungsphase die spezifischen Konditionen oder Instruktionen des Bankkunden zu berücksichtigen. Die Abwicklung der Markttransaktion ist zumindest für die Formen des Zahlungsverkehrs mit den Instrumenten des Electronic Banking schon weitgehend realisiert. Die Nutzung von Online-Diensten erlaubt es, in der After-Sales-Phase aktiv Services anzubieten, die als Pre-Sales-Aktivitäten für das Neugeschäft genutzt werden können. Der eingebaute Rückkanal ermöglicht es, Informationen vom Kunden sofort für den weiteren (elektronischen) Dialog zu nutzen. Damit wird es möglich, eine dem Kunden angepaßte Kommunikation aufzubauen. Dieser kundenspezifische Dialog wird bei konventionellen Vertriebswegen durch den Kundenberater durchgeführt. Für breite Kundenschichten wird dieser Vertriebsweg jedoch zu kostenintensiv. Somit eröffnet sich der Bank mit der Nutzung des neuen Vertriebsmediums die Möglichkeit, in der Breite eine höhere, kundenspezifische Beratungsqualität aufzubauen.[14] Veranschaulicht werden diese Überlegungen durch entsprechende Methoden der Daimler-Benz-Forschung für die Online-Präsenz, die zunächst am Beispiel des PKW-Segments entwickelt und dann auf den Bankenbereich übertragen wurden.

4. Kerntechnologien aus Projekten der Daimler-Benz-Forschung zur Online-Präsenz

4.1 Konfiguration von Produkten

Für den PKW-Markt ist charakteristisch, daß die Anzahl der angebotenen Produkte sowie deren Komplexität und Variabilität steigt. Damit erhöht sich auch das Informationsbedürfnis des Kunden über die Produkte. Diesen erhöhten Anforderungen kann mit dem Einsatz von Online-Medien begegnet werden. Sie erlauben, individuelle Informationsbedürfnisse des Kunden zu befriedigen. Online kann der Kunde die Informationsbreite und -tiefe, den Zeitpunkt sowie den Ort der Informationsaufnahme selbst bestimmen. Je nach Infrastruktur stehen ihm dabei unterschiedliche Kommunikationsmittel (SB-Gerät, PC, Fernsehgerät etc.) zur Verfügung.

Der Virtuelle Autosalon der Daimler-Benz AG gibt dem Kunden über das World Wide Web des Internet detaillierte Produktinformationen über Fahrzeugtypen sowie Serien- und Sonderausstattungen des PKW-Programms. Der Kunde kann sich ein Fahrzeug seiner Wahl zusammenstellen, wobei die Online-Anwendung die Baubarkeit der gewählten Fahrzeugkonfiguration prüft und dem Kunden bei Baubarkeitskonflikten alternative Lösungen anbietet. Wünscht der Kunde eine Alternative zum gerade zusammengestellten

---

[14] Vgl. Peppers, D./Rogers, M. (1996), Kap. 5 u. 8.

PKW, z. B. statt eines Kombi eine Limousine bei gleicher Ausstattung, so hilft ihm die Online-Funktion „Änderungskonfiguration": Der Kunde wählt einen anderen Fahrzeugtyp, wobei die Ausstattung unter Beachtung der typspezifischen Serien- und Sonderausstattungen dem vorher konfigurierten Fahrzeug bestmöglich angepaßt wird. Auf diese Weise ist es dem Kunden möglich, mit Hilfe des elektronischen Mediums mehrere Fahrzeugvarianten zusammenzustellen und miteinander zu vergleichen. Hierbei ist er weitgehend orts- und zeitunabhängig.

4.2 Generierung von Angebotsalternativen

Bezieht sich die Nachfrage des Kunden nicht auf Produkte, die nach seinen Wünschen produziert werden, sondern wird seine Nachfrage aus einem bestehenden Produktpool befriedigt, so gestaltet sich die Suche nach dem passenden Produkt für den Kunden meist als außerordentlich zeitintensiv. Für den Hersteller bleibt die Alternative, entweder den Kunden mit dieser Fragestellung alleinzulassen und ihn deswegen gegebenenfalls zu verlieren oder ihm Hilfestellung zu geben. Die Hilfestellung erfordert im klassischen Vertrieb qualifiziertes Personal mit entsprechenden Kosten. Dies gilt unabhängig davon, ob es sich um die Suche nach einem passenden PKW oder um die Auswahl eines Investmentfonds aus einem mehrseitigen Angebotskatalog handelt. Hier bietet der elektronische Vertriebskanal neue Wege: Der Kunde spezifiziert das gewünschte Produkt online. Es wird automatisch geprüft, ob genau passende Produkte im Angebot verfügbar sind. Sind sie vorhanden, werden sie dem Kunden präsentiert. Erfüllt jedoch kein Angebot alle Anforderungen des Kunden, so werden *ähnliche* Produkte in der Angebotspalette identifiziert. Der Kunde wird also nicht mit der Online-Rückmeldung konfrontiert „Ein Ihren Wünschen entsprechendes Produkt ist nicht verfügbar, bitte modifizieren Sie Ihre Anfrage", wie dies bei existierenden Online-Anwendungen der Fall ist. Vielmehr wird dem Kunden eine Auswahl von im Angebot befindlichen ähnlichen Produkten präsentiert – wie dies auch ein Vertriebsberater im persönlichen Gespräch tun würde. Die hierzu in der Daimler-Benz-Forschung entwickelte Technologie hat den Namen *Softmatching*[15]. Sie basiert auf einem Methodenkern, der Regeln, Bedingungen und Ähnlichkeitswerte einer produktspezifischen Wissensbasis verarbeitet. In Abbildung 3 wird die Funktionsweise an einem Beispiel gezeigt.

Die Nutzung von Softmatching kann im Bankenbereich vielfältige Anwendungsformen finden. Denkbar ist der Online-Einsatz, der Einsatz am SB-Terminal, beim Außendienst oder am Beraterarbeitsplatz. Die Suche nach ähnlichen Angeboten kann auf Basis einer Konfiguration eines Musterprodukts durch den Kunden oder durch Eingabe von allgemeinen Kategorien erfolgen, für die entsprechende Angebote gesucht werden. Abbildung 4 zeigt die Anwendung von Softmatching für das Produktspektrum „Festgelder, Investmentfonds und Rentenwerte". Der Kunde formuliert in diesem Beispiel seinen Anlagewunsch durch Angabe der Anlagedauer und des Anlagebetrags. Seine Risikobe-

---

[15] Copyright by Daimler-Benz AG.

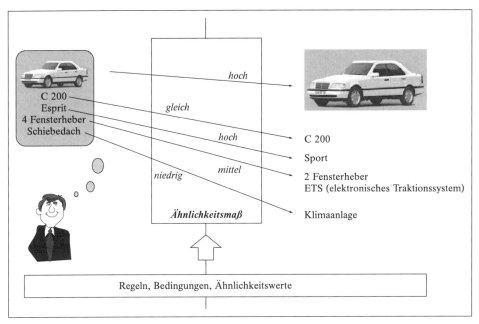

Abbildung 3: Technologie des Softmatching am Beispiel der Generierung eines PKW-Angebots

reitschaft und seine Anlagepräferenzen werden durch ein Frage/Antwort-Spiel identifiziert. Auf Basis dieser und gegebenenfalls weiterer Informationen aus individuellen Kundenprofilen wird ihm automatisiert eine überschaubare Anzahl von Festgeldern, Investmentfonds oder auch Rentenpapieren angeboten.

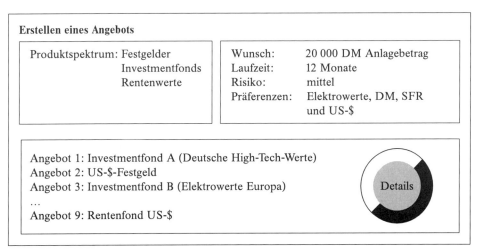

Abbildung 4: Angebotserstellung durch Finden ähnlicher Produkte bei unspezifischer Anfrage

4.3 Angebotsvorschläge bei unspezifischer Nachfrage

Gerade Neukunden bzw. Kunden, die sich selten mit der Produktpalette des Anbieters auseinandersetzen, können ihre Anforderungen oft nur ungenau formulieren. Im Online-Geschäft steht dem Kunden kein Verkaufsberater zur Seite, der im Gespräch die Bedürfnisse des Kunden identifiziert. Hier müssen neue Online-Lösungen gefunden werden. Dieser Kunde hat gewöhnlich keinen Überblick über die Produktpalette des Anbieters. Ihm sind daher die Produktbezeichnungen und -varianten nicht geläufig – er kennt also nicht die Produktsprache. Er beschreibt seine Nachfrage in einer Kundensprache, die durch die Eigenschaften geprägt ist, die das nachgefragte Produkt haben soll. Abbildung 5 zeigt ein Beispiel aus der Automobilbranche.

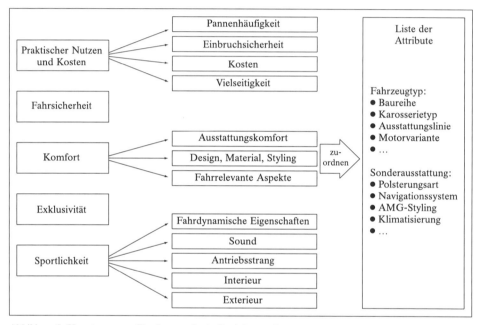

Abbildung 5: Umsetzung von Kundensprache in Produktsprache

Um dem Kunden eine Orientierung innerhalb der Produktauswahl zu ermöglichen, ist zunächst die Online-Identifikation der Kundenanforderung notwendig. Die Dimensionen der Kundensprache müssen mit den Dimensionen der Produktsprache verknüpft werden. Durch diesen Prozeß kann dem Kunden ein erster Produktvorschlag generiert werden, der seinen Wünschen und Anforderungen entspricht. Er kann sich somit gezielt und detailliert über das vorgeschlagene Produkt informieren und irrt nicht orientierungslos durch eine Vielzahl von Produktinformationen.

Eine Technologie, die diese Identifikation der Kundenbedürfnisse erlaubt als auch die Übersetzung der Kunden- in die Produktsprache vornimmt, ist für die Produktpalette der Mercedes-Benz-PKW entwickelt worden. Sie basiert auf der Theorie der Bayes'schen

Netze. Angewandt auf Bankprodukte bedeutet dies beispielsweise die Unterstützung der Formulierung einer Anlagestrategie. Präferenzen wie Performance von Fonds, Branchen- oder Länderkriterien können vom Anleger definiert werden. Auf Basis dieser Eingaben und gegebenenfalls zusätzlicher Informationen aus Kundenprofilen wird ein für den Kunden überschaubares Angebot präsentiert, aus dem der Kunde seine persönliche Wahl treffen kann.

5. Entwurf einer Softwarearchitektur für den Multi-Channel-Vertrieb

5.1 Anforderungen

Die Entwicklung im Bankvertrieb stellt umfassende Anforderungen an die Informationstechnologie. Die Schwerpunkte liegen

- im oben dargelegten Auf- bzw. Umbau der *mediengerechten Kommunikation* zwischen Kunde und Bank sowie
- im Schnittstellenmanagement zwischen den verschiedenen Vertriebskanälen und den in der Regel alten und inflexiblen Back-Office-Systemen.

Der Aufbau von mehreren, gegebenenfalls parallelen Vertriebskanälen, die Einführung eines Produktkonfigurationsmanagements und der Aufbau von kundenindividuell gesteuerten Vertriebsprozessen bedeuten, daß zwischen den Front-End-Systemen an der Kunde/Bank-Schnittstelle und den Back-Office-Systemen der Bank eigenständige, allein für den Vertrieb erforderliche Funktionsmodule erstellt werden müssen. In Anlehnung an die Module für die Handelsaktivitäten soll auch hier von einem Middle Office gesprochen werden – einem Middle Office für den Bankvertrieb.

5.2 Das Transaktionsmanagement

Um der Nachfrage nach umfassender Flexibilität des Schnittstellenmanagements gerecht zu werden, steht im Mittelpunkt des Middle Office für den Bankvertrieb eine transaktionsorientierte Architektur und ein umfassendes Transaktionsmanagement.[16] Die an den Front-End-Systemen der unterschiedlichen Vertriebskanäle anfallenden Geschäftsvorfälle erzeugen Transaktionen, die mit den unterschiedlichen Back-Office-Systemen verbunden werden müssen. Bislang übliche Architekturen, in denen die Transaktionen unmittelbar am Großrechnerterminal erfaßt wurden und direkt einem entsprechenden Verarbeitungssystem zugeführt wurden, genügen diesen Ansprüchen

---

[16] Vgl. Wölfing, D. (1995), S. 69 ff.

nicht mehr. Eine Transaktion kann ihren Ursprung in mehreren Vertriebskanälen haben und hat in der Regel Auswirkungen auf mehrere nachgelagerte Systeme. Die Ursprungssysteme (Front-End-Systeme) haben andere technische Kommunikationsstandards als die im Back Office eingesetzten Großrechnersysteme. Die Datenformate der Front-End-Systeme müssen in die Datenformate der Back-Office-Systeme konvertiert werden. Neben der Konvertierung übernimmt das Transaktionsmanagement die Steuerung des Bearbeitungsflusses. Abbildung 6 zeigt beispielhaft die Arbeitsweise eines derartigen Transaktionsmanagementmoduls.

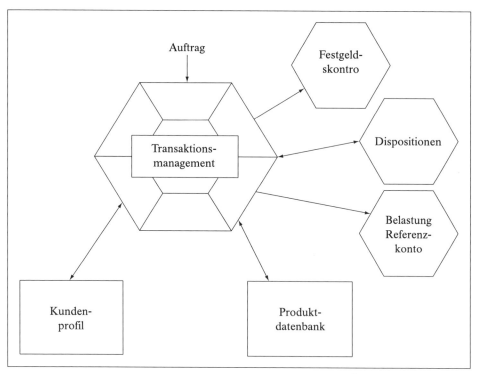

Abbildung 6: Verarbeitung eines Festgelds für 34 Tage

Der Auftrag für ein Festgeld für 34 Tage erreicht das Modul über verschiedene Systeme (Schalterterminal, SB-Terminal oder online). Das Modul aktiviert zunächst eine Dispositionsabfrage und gegebenenfalls eine Abfrage an die Produktdatenbank, die die aktuellen Konditionen und Buchungsinstruktionen enthält. Bestätigt das Dispositionsmodul die Deckung des Auftrags, aktiviert das Transaktionsmanagementsystem die Buchung auf dem Festgeldskontro unter Beachtung der Instruktionen, die aus der Produktdatenbank gewonnen wurden. Gleichzeitig wird das Referenzkonto belastet. Ist auch diese Aktivität erledigt, wird eine Information über das Kundenprofil weitergeleitet und gegebenenfalls eine Ausführungsbestätigung an das Auftraggebermodul gesendet.

Das Beispiel zeigt das entscheidende Architekturmerkmal, mit dem die erforderliche Flexibilität erreicht werden kann: Die normierten Arbeitsaufträge durchlaufen unabhängig von ihrem Ursprung eine definierte Sequenz von Aktivitäten. Die Einbindung neuer Vertriebswege oder Änderungen in Back-Office-Systemen bleiben dabei ohne Auswirkung auf das Transaktionsmanagement. Änderungen des Ablaufs sind durch einfache Neudefinition der Sequenz möglich. So lassen sich ohne wesentliche Veränderungen der Architektur Produkte modifizieren, neue Produkte einfügen oder das Vertriebswegemix verändern.

Da derartige Transaktionsmanagementsysteme nicht nur als Schnittstelle zwischen Front-End-Systemen im Bankvertrieb und ihren Back-Office-Modulen sinnvoll sind, sondern generell ein flexibles Schnittstellenmanagement ermöglichen, werden zunehmend entsprechende Komponenten angeboten. Sie werden unter dem Begriff Middleware zusammengefaßt. Die Entwicklung der Middlewaretechnologie steht gegenwärtig erst am Anfang. Diese Technologie wird die Basis für das Transaktionsmanagement zwischen den Vertriebskanälen und den Back-Office-Systemen darstellen.

5.3 Spezifische Funktionen für den Electronic Commerce

Die Stärke derartiger Transaktionsmanagementmodule ist ihre Anpassungsfähigkeit bei Veränderungen von Prozessen. Die Entwicklung zum elektronischen Bankvertrieb schafft die Notwendigkeit eines Multi-Channel-Managements. Ein flexibles Management verschiedener Vertriebskanäle für das gleiche Produkt erfordert eine einheitliche Schnittstelle gegenüber den verschiedenen Kanälen. Diese einheitliche Schnittstelle wird durch das Transaktionsmanagement dargestellt.

Der Electronic Commerce stellt zusätzliche Anforderungen an die Prozeßunterstützung. Die Institute können ihren Kunden zusätzliche Dienstleistungen *(Added-Value-Services)* anbieten, wenn sie ausgewählte Prozesse (insbesondere natürlich die Zahlungsverkehrsprozesse) zwischen ihren Kunden und deren Partnern unterstützen. Die Bank tritt hier als Service Center für den Firmenkunden auf. Dieses unterstützt – ausgehend vom Zahlungsverkehr – die Prozesse zwischen den Firmenkunden und deren Kunden und bildet damit den Kern einer Plattform für einen multimedialen Marktplatz.

Aktuell arbeiten alle Institute daran, für den elektronischen Marktplatz adäquate Zahlungsverkehrsverfahren (einschließlich der Sicherheitsverfahren) zu entwickeln. Zahlungen durch Kreditkarten, die GeldKarte, elektronische Werteinheiten *(Cyber Coins)*, Überweisungen, über ein elektronisches Scheckverfahren oder im Lastschriftverfahren sind denkbar. Schon jetzt zeichnet sich ab, daß Zahlungen im elektronischen Markt nicht nur über ein Verfahren abgewickelt werden.[17] Es kann als sicher angenommen werden, daß die Vielfalt der Zahlungsverkehrsverfahren deutlich zunehmen wird und entsprechende Services für viele Unternehmen ein wichtiges Kriterium bei der Auswahl ihrer Bank sein werden. Entsprechende Services sind auch im Privatkundengeschäft denkbar. Schon jetzt bieten Banken Theaterkarten am SB-Terminal an. Derartige

---

[17] Vgl. Wittenberg, J.H. (Beitrag in diesem Buch).

Ticketservices sind ein Beispiel dafür, wie die multiplen Vertriebskanäle der Banken auch anderen Unternehmen zur Verfügung gestellt werden. Für regionale Shopping Malls können Bonussysteme organisiert oder kommunale Services angeboten werden. Bei der Buchung einer Reise wird nicht nur die Anzahlung geleistet, sondern gleichzeitig eine Versicherung abgeschlossen. Die unternehmensübergreifende Vernetzung der Prozesse stellt hohe Anforderungen an das Prozeßmanagement einer Bank. Ein flexibles Transaktionsmanagement wird zum Erfolgsfaktor für die Bank, will sie die Prozesse zwischen ihren Firmenkunden und deren Kunden unterstützen. Die Bank kann durch ein flexibles Transaktionsmanagement zum Mittelpunkt der Electronic-Commerce-Aktivitäten werden.

6. Das Middle Office als organisatorische und technische Schicht im Bankvertrieb

Interaktivität und Individualität in der Kunde/Bank-Beziehung und durchgehend elektronisch unterstützte, unternehmensübergreifende Geschäftsprozesse sind die Herausforderungen des modernen Bankvertriebs. Die Informationstechnologie für Banken bildet das Fundament auf dem Weg vom Electronic Banking über den elektronischen Vertriebsweg zum Electronic Commerce. Systeme für die kundengerechte Interaktionsunterstützung wie Softmatching, Produktkonfigurationsmanagement oder auch die Technologie zur Übersetzung von Kunden- in Produktsprache werden in Zukunft von großer Bedeutung sein. Um den Anforderungen des Multi-Channel-Vertriebs gerecht zu werden, werden die Banken Middle Offices als organisatorische und technische Schicht zwischen Back- und Front-Office-Systemen des Vertriebs aufbauen. Die wesentlichen Funktionen eines solchen Middle Office sind in Abbildung 7 dargestellt.

Das Modul für das Transaktionsmanagement übernimmt die Steuerung der Geschäftsprozesse. Im elektronischen Vertrieb wird dem Aufbau von individuellen Kundenprofilen und Systemen zur aktiven Ansprache des Kunden (Kampagnen-Management) eine wichtige Aufgabe zukommen. Demographische Daten unterstützen die Kommunikation mit Interessenten und Neukunden. Scoring-Systeme dienen der Beurteilung des Kunden in bezug auf Bonität und Kundensegment. Flexibilität und Kompetenz des Middle Office werden über die vertriebliche Schlagkraft im Retail Banking entscheiden. Die vertriebliche Schlagkraft der Banken ist ein kritischer Erfolgsfaktor für die Positionierung im neuen, globalen Markt für Finanzdienstleistungen.

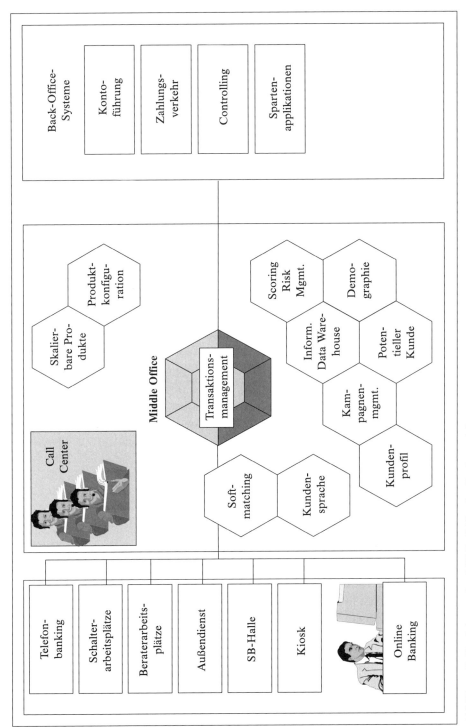

Abbildung 7: Funktionen des Middle Office im Bankvertrieb

Literaturhinweis

ECKER, T./MOORMANN, J., Die Bank als Betreiberin einer elektronischen Shopping-Mall, in: Lange, T.A. (Hrsg.), Internet Banking – Der Bankvertrieb im Umbruch, Wiesbaden 1998, S. 101–130.

GRUBER, W., Electronic Banking als strategisches Element im Firmenkundengeschäft, in: Schmoll, A. (Hrsg.), Bankmarketing im Firmenkundengeschäft, Wiesbaden 1997, S. 69–88.

HAGEL, J./ARMSTRONG, A. G., Net Gain – Expanding Markets Through Virtual Communities, Boston/MA 1997.

KERN, P., Arbeiten in der Bank an der Schwelle zum dritten Jahrtausend, Vortrag auf der Handelsblatt-Tagung „Bankentechnologie 97/98", 30. 10. 97, Frankfurt/M.

MEHLMANN, O.F., Multimediale Marktplätze – ein Medium zum elektronischen Handel, in: Online '97, Kongreßband VI, Velbert 1997, S. C611.01 ff.

PEPPERS, D./ROGERS M., Strategien für ein individuelles Kundenmarketing – Die 1:1 Zukunft, München 1996.

PEPPERS, D./ROGERS, M., Enterprise One to One – Tools for Competing in the Interactive Age, New York 1997.

SCHMID, B./LINDEMANN, M., Elemente eines Referenzmodells Elektronischer Märkte, in: Arbeitsberichte des Instituts für Wirtschaftsinformatik der Universität St. Gallen, Nr. IM HSG/CCEM/44, St. Gallen 1997.

WEIGERT, P., Elektronische Vertriebswege in der Finanzindustrie, in: Ploenzke AG (Hrsg.), Electronic Banking im Vertrieb, Wiesbaden 1995, S. 297–331.

WÖLFING, D., Vom Konto zum Kunden – Ansätze zur Bewältigung von Software-Altlasten bei Kreditinstituten, in: Information Management, 1995, Nr. 3, S. 66–72.

Jörg H. Wittenberg

Zahlungssysteme im Internet

1. Bezahlen im Internet – ein neuer Markt für Kreditinstitute
2. Grundkonzepte von Internet-Zahlungssystemen
    2.1 Onlinebasierte versus offlinebasierte Systeme
    2.2 Buchgeldkontenbasierte versus tokenbasierte Systeme
    2.3 Sicherheitsanforderungen und -konzepte
3. Ausgewählte Internet-Zahlungssysteme im Überblick
    3.1 Ecash
    3.2 NetCash
    3.3 First Virtual
    3.4 CyberCash
    3.5 Kreditkartenzahlungen bei VISA und MasterCard
    3.6 GeldKarte-Zahlungen mit Payline
4. Erfolgskriterien für Internet-Zahlungssysteme
    4.1 Sicherheit
    4.2 Kosten
    4.3 Verbreitungsgrad
    4.4 Einfachheit
    4.5 Schnelligkeit
    4.6 Zahlungsgarantie
    4.7 Dispositionsfähigkeit
    4.8 Übertragbarkeit
    4.9 Teilbarkeit
    4.10 Transparenz
5. Die Gewinner im Systemwettlauf
Literaturhinweis

1. Bezahlen im Internet – ein neuer Markt für Kreditinstitute

Die kommerzielle Nutzung des Internet über das World Wide Web (WWW) hat seit Mitte der 90er Jahre spürbar zugenommen. Auch für die Zukunft werden erhebliche Wachstumsraten prognostiziert. Wurde beispielsweise die Zahl der Internet-Nutzer im Jahr 1996 weltweit noch mit rund 60 Millionen beziffert, rechnet man bis zum Jahr 2001 mit einem Anstieg auf über 300 Millionen Personen.[1] Schon heute wird im Internet ein beachtliches Geschäftsvolumen abgewickelt. So wird nach einer Studie des Marktforschungsinstitut Forrester-Research für das Jahr 1998 mit einem Umsatz von 1,2 Mrd. US-$ gerechnet.[2] Die Bandbreite derartiger Schätzungen ist allerdings groß.

Solche Umsatzerwartungen sind umso erstaunlicher, wenn man berücksichtigt, daß zwar rund 40 % der Internet-Nutzer dieses Medium nutzen, um sich über Produkte und Dienstleistungen zu informieren, aber nur 2 % dieser Personen tatsächlich über diesen Weg einkaufen.[3] Deren Anteil soll aber in der Zukunft auf 10 % steigen. So ist es nicht überraschend, daß die Zahl der Einzelhändler, die das Internet als Absatzweg nutzen, laufend zunimmt. Hier ist eine strukturelle Veränderung zu beobachten: Waren es früher hauptsächlich kleine, sehr spezialisierte Unternehmen, die ihre Waren und Dienste über das Internet vertrieben, kommen jetzt traditionelle, große Einzelhändler hinzu. Prominentes Beispiel ist die Karstadt AG mit ihrer *my-world* Shopping-Mall. Eine solche Shopping-Mall ist ein elektronisches Einkaufszentrum, in dem verschiedene Geschäfte unter dem Dach und der Organisation des Einkaufszentrum betrieben werden.[4] Der Kaufprozeß in einer elektronischen Shopping-Mall läßt sich in drei Teilprozesse gliedern. Im ersten Schritt sucht der Kunde nach dem gewünschten Anbieter bzw. den gewünschten Produkten *(Prepurchase Determination)*. Hat er das Gewünschte gefunden, beginnt der eigentliche Kaufakt *(Purchase Consumation)*. Zuerst wird die Vereinbarung über den Kauf eines Gutes oder einer Dienstleistung geschlossen. Dann autorisiert der Käufer den Verkäufer, den Kaufbetrag einzuziehen. Im Anschluß daran erfolgt die Lieferung des bestellten Produkts. Dem schließt sich der dritte Teilprozeß *(Postpurchase Interaction)* in Form des Kundenservice inklusive Beschwerdemanagement an.

Händler, die ihre Produkte im Internet verkaufen möchten, können sich entweder in einer Shopping-Mall präsentieren oder die Produkte auf ihren eigenen Web-Seiten anbieten. In beiden Fällen kann man von einem elektronischen Marktplatz sprechen, der dadurch gekennzeichnet ist, daß Anbieter und Nachfrager mit ihren Produkten nicht mehr physisch aufeinandertreffen, gleichwohl aber alle Phasen des Produktverkaufs, von der Information über den Vertragsabschluß bis hin zur Bezahlung und Lieferung, durch dieses Medium unterstützt werden. Hingegen wird von einem Medienbruch ge-

---

[1] Vgl. o.V. (1997a).
[2] Vgl. o.V. (1998).
[3] Vgl. Löbler, H./Buchholz, P. (1997), S. 9.
[4] Vgl. dazu Ecker, T./Moormann, J. (1998).

sprochen, wenn zwar die Bestellung über das Internet abgewickelt wird, die Bezahlung aber außerhalb des Netzes auf klassischen Wegen (z.B. per Scheck) erfolgt.

Das Zahlungsvolumen, das den Banken verloren gehen könnte, wenn nicht sie, sondern ihre Wettbewerber entsprechende Systeme zum Zahlen im Internet anbieten, wird auf Sicht von zehn Jahren auf bis zu 20% der Gesamtausgaben der privaten Haushalte geschätzt. Damit wäre eine Dimension erreicht, die für die Banken schmerzhafte Folgen haben würde. Aus diesem Grund müssen sie sich mit der Durchführung von Zahlungen im Internet beschäftigen. Schließlich ist Zahlungsverkehr nach Meinung der Bankenvertreter originäres Bankgeschäft. Damit dies auch so bleibt, können sich die Banken nicht darauf beschränken, nur Problemlöser im Zahlungsverkehr einer physischen Welt zu sein, sondern müssen adäquate Zahlungssysteme zur Verfügung stellen. Andernfalls würden sie tatsächlich, wie schon prognostiziert wurde, im Wettlauf um den Kunden als Dinosaurier der 90er Jahre vom Aussterben bedroht sein.

Die Herausforderer der Banken in diesem Wettlauf sind die Non und Near Banks. Angespornt durch neue technologische Optionen verbinden sie mit dem Internet die Chance, die Prozeßkette im Produkt- und Dienstleistungsverkauf zu ihren Gunsten und zu Lasten der Banken zu verkürzen, was eigentlich nicht verwundern kann, da Zahlungsverkehr in weiten Teilen letztlich nichts anderes ist als die Übertragung von Informationen. Und auf diesem Gebiet sehen sich viele Nichtbanken als Träger von Kernkompetenz und damit als Wettbewerber der Banken. Doch bei der Frage, wie der Wettlauf auf diesem neuen Markt zu gewinnen sei, gehen die Meinungen der Marktteilnehmer noch weit auseinander. Korrespondierend mit einer sehr hohen Experimentierfreude werden weltweit rund zwei Dutzend verschiedene Verfahren diskutiert und zum Teil auch schon pilotiert. Nach einer Umfrage des Instituts für Bankinformatik an der Universität Regensburg bei 150 in Deutschland tätigen Banken, die allesamt schon mit einer Homepage im Internet vertreten sind, bieten heute erst 11% Zahlungsverkehrsleistungen an, doch schon in zwei Jahren wollen 80% der Banken ein solches Angebot offerieren.[5]

Bei den Systemen für das Zahlen im Internet muß man zwei wesentliche Bereiche unterscheiden: Systeme im Rahmen des Home Banking und Internet-Zahlungssysteme. Home Banking stand anfangs als Synonym für die elektronische Kontoführung am heimischen PC. Es wurde dann Schritt für Schritt erweitert, um z.B. auch Wertpapierorders von zuhause aus aufgeben zu können. Langfristig wird es sich dahin entwickeln, daß dem Privatkunden alle Bankdienstleistungen an seinem heimischen PC oder Fernsehgerät angeboten werden können. Gegenwärtig bieten die meisten Banken jedoch kein reines Internet-Home-Banking an, sondern gehen den Umweg über die geschlossenen Systeme der Online-Dienste wie T-Online oder AOL. Der Grund hierfür ist, daß es keinen Standard gab, der eine sichere Transaktionsabwicklung im offenen Internet-Netz gewährleistete. Um das notwendige Maß an Sicherheit bieten zu können, griff man auf die geschlossenen Netze der Online-Dienste in Kombination mit dem PIN/TAN-Verfahren sowie einer softwarebasierten Verschlüsselungstechnik zurück. Mit der Einführung des

---

[5] Vgl. o.V. (1997b).

HBCI (Home Banking Computer Interface)-Standards soll die Sicherheit auch bei Zahlungen im Internet gewährleistet werden.

Die folgenden Ausführungen konzentrieren sich auf Internet-Zahlungssysteme, wobei der Beitrag zum einen den Überblick über die grundsätzliche Funktionsweise der verschiedenen Verfahren sowic die wichtigsten Projekte liefert. Zum anderen soll durch die Erläuterung der wichtigsten Erfolgsfaktoren für Internet-Zahlungssysteme dem Leser die Möglichkeit gegeben werden, sich ein eigenständiges Bild über die Vor- und Nachteile der verschiedenen Zahlungssysteme zu verschaffen. Die Prognose über die möglichen Gewinner auf diesem neuen Markt stellt den Abschluß der Ausführungen dar.

2. Grundkonzepte von Internet-Zahlungssystemen

Eine allgemein anerkannte Definition für Internet-Zahlungssysteme gibt es bislang nicht. Als gemeinsames Charakteristikum sei aber festgehalten, daß sie ein technisches Konzept für alle Zahlungsweisen auf elektronischen Märkten schaffen wollen. Sie grenzen sich in diesem Sinne von anderen Verfahren ab, die den Zahlungsverkehr im allgemeinen (z.B. Überweisungen) internetfähig machen wollen. Internet-Zahlungssysteme lassen sich bestimmten Grundkonzepten zuordnen. Zwei mögliche Differenzierungsansätze sind die Unterscheidung nach dem technischen Autorisierungsprozeß oder nach der geldpolitischen Qualität der Zahlungsmedien. Ein dritter Differenzierungsansatz basiert auf dem dahinterstehenden Sicherheitskonzept, das sich in der notwendigen technischen Infrastruktur beim Anwender widerspiegelt.[6]

2.1 Onlinebasierte versus offlinebasierte Systeme

Grundsätzlich kann der Austausch von Zahlungsdaten online oder offline durchgeführt werden. Bei Online-Zahlungssystemen wird jede Transaktion direkt mittels eines Servers, der von einem Dritten (z.B. einer Bank) betrieben wird, autorisiert und authentifiziert, wobei der eigentliche Zahlungsvorgang davon unabhängig abgewickelt werden kann. Offline-Zahlungssysteme zeichnen sich hingegen dadurch aus, daß keine direkte Autorisierung und Authentifizierung von einem Dritten vorgenommen wird, sondern der Datenaustausch nur zwischen Zahlungserbringer und -empfänger stattfindet. Somit kann ein Offline-Zahlungsverfahren auch dann vorliegen, wenn die Kommunikation zwischen beiden Parteien online vollzogen wird.

Für Online-Varianten spricht, daß mittels der direkten Verbindung verhältnismäßig einfach eine sichere Transaktion durchgeführt werden kann, während bei Offline-Varianten

---

[6] Zu den verschiedenen Differenzierungsansätzen vgl. Alpar, P. (1996), S. 202ff.; Vereinigung für Bankbetriebsorganisation e.V. (1996), S. 44ff.; Furche, A./Wrightson, G. (1997), S. 29ff.

prinzipiell die Gefahr besteht, daß der Kunde mehr Geld ausgibt, als es seiner Kreditwürdigkeit entspricht. Gegen Online-Varianten spricht, daß sie durch das Erfordernis einer direkten Leitungsverbindung relativ zeit- und kostenintensiv für den Anwender sind.

2.2 Buchgeldkontenbasierte versus tokenbasierte Systeme

Zum einen gibt es buchgeldkontenbasierte Konzepte, die auf die Abwicklung über traditionelle Zahlungsverkehrsinstrumente (Karten, Schecks etc.) zurückgreifen und es primär zu einer Verrechnung von Buchgeld kommt. Bei diesen Verfahren disponiert der Kunde mit Hilfe unterschiedlichster Medien direkt oder indirekt über die Finanzmittel auf seinem Girokonto. Zum anderen kennt man tokenbasierte Verfahren, die auf einer Verrechnung einer neuen virtuellen Währung basieren, die nur im Internet als Zahlungsmittel Geltung haben soll. Die Nutzer müssen dieses virtuelle Geld erst in Buchgeld umtauschen, bevor sie es im realen Wirtschaftskreislauf als Zahlungsmittel einsetzen können. Die Werteinheiten dieses virtuellen Geldes werden Tokens genannt. Dieses künstliche elektronische Geld gibt nicht nur hinsichtlich seiner möglichen Akzeptanz bei den Kunden Anlaß zu heftigen Diskussionen, sondern auch hinsichtlich der Frage, ob es überhaupt Geld im herkömmlichen Sinne ist und wer es emittieren darf.[7] Äußerungen der Befürworter wie „stop using money, start making it" provozieren dabei insbesondere die Notenbanken.

2.3 Sicherheitsanforderungen und -konzepte

Die verschiedenen Zahlungssysteme für das Internet nutzen unterschiedliche Sicherheitskonzepte. Von der gewählten Kombination der Konzepte hängt das erreichbare Sicherheitsniveau eines Internet-Zahlungssystems ab.[8] Im Prinzip kann man von einem sicheren Internet-Zahlungssystem sprechen, wenn es die Datenintegrität sowie die Authentizität der Parteien gewährleistet, die Daten verbindlich sind und diese vertraulich behandelt werden.[9] Die Verbindlichkeit der Zahlung darf dabei nicht mit der Zahlungsgarantie gleichgesetzt werden, da ein in diesem Sinne sicheres Internet-Zahlungssystem nicht das Bonitätsrisiko für den Zahlungsempfänger abdecken muß. Die Vertraulichkeit der Daten wird von dem zugrundegelegten kryptographischen Verfahren bestimmt, das für die Verschlüsselung der Daten genutzt wird. Will man nicht nur die Vertraulichkeit der Daten, sondern auch Datenintegrität und Authentizität der Parteien sicherstellen, muß man sich zusätzlicher technischer Instrumente bedienen. Eine Möglichkeit sind digitale Unterschriften. Sie haben den Zweck, die verschlüsselte Information an den Absender der Information zu binden. Um wiederum prüfen zu können, ob der Schlüssel rechtmäßig benutzt wurde, kann man Zertifikate verwenden. Zertifikate sind digitale Dokumente, die einen öffentlichen Schlüssel eindeutig einem bestimmten Nutzer zuordnen und dadurch die Authen-

---

[7] Vgl. Bank for International Settlements (1996), S. 13.
[8] Vgl. Lukas, S. (1997), S. 119ff.
[9] Vgl. Krebs, T./Thiel, C. (Beitrag in diesem Buch).

tizität gewährleisten. Diese Technik macht eine umfangreiche hierarchische Administration für die Ausgabe, Prüfung und Verwaltung der Zertifikate erforderlich, an deren Spitze ein sogenanntes Trust Center steht.

Die verschiedenen Sicherheitskonzepte können auch danach unterschieden werden, ob eine rein softwarebasierte, hardwarebasierte oder hybride Technik eingesetzt wird. Bei rein softwarebasierten Konzepten müssen die Anwender entsprechende Programme auf ihre PCs laden und benutzen, bei hardwarebasierten Konzepten werden z.B. Chipkartenlesegeräte benötigt, bei Hybridsystemen kommt eine Kombination beider Konzepte zum Einsatz. Im Zusammenhang mit der Chiptechnologie ist es wichtig, zwei Funktionsbereiche zu unterscheiden, in denen der Chip unterschiedliche Aufgaben wahrnimmt. Erstens kann der Chip eingesetzt werden, um Autorisierungsprozesse zu vereinfachen, z.B. um im Rahmen bestimmter Betragsgrenzen auf eine Online-Autorisierung verzichten zu können. Zweitens kann der Chip als Alternative zum Magnetstreifen auch als Speichermedium für die Werteinheiten bei vorausbezahlten Karten (Wertkarten, Prepaid Cards) zur Anwendung kommen. Insofern ist nicht zwingend, daß es sich bei chipkartenbasierten Verfahren um Wertkartensysteme handelt wie z.B. die GeldKarte. Die Chiptechnologie kann auch bei Kreditkartenzahlungen zum Einsatz kommen, wie dies beim C-SET-Protokoll vorgesehen ist.

Die verschiedenen Ansätze spiegeln sich letztlich in den unterschiedlichen Formen von Zahlungsprotokollen wider, die bei den Internet-Zahlungssystemen zum Einsatz kommen (und für unterschiedliche Formen der Sicherheitsphilosophie stehen). Bekannt sind diese Protokolle unter den Abkürzungen IKP *(Internet Keyed Payment)*, SSL *(Secure Socket Layer)*, STT *(Secure Transaction Technology)*, SEPP *(Secure Electronic Payment Protocol)*, SET *(Secure Electronic Transaction)* und C-SET *(Chip Secure Electronic Transaction)*.

3. Ausgewählte Internet-Zahlungssysteme im Überblick

Aus der Vielzahl der vorhandenen Internet-Zahlungssysteme werden im folgenden die bekanntesten Projekte skizziert. Die beschriebenen Systeme stehen stellvertretend für die im vorangegangenen Kapitel dargestellten Verfahren.[10]

3.1 Ecash

Ecash ist das zur Zeit vielleicht populärste Internet-Zahlungssystem. Es wird von der niederländischen Firma Digicash im Lizenzverfahren weltweit angeboten (http://www.

---

[10] Zu Zahlungssystemen vgl. Schwickert, A. (1996); Furche, A./Wrightson, G. (1997), S. 3 ff.; Lukas, S. (1997), S. 137 ff.

digicash.nl). Ein erstes Pilotprojekt wurde im Jahr 1994 durchgeführt, seit 1995 ist das System im kommerziellen Betrieb. Die amerikanische Mark Twain Bank emittiert seit dieser Zeit ihre eigenen Ecash-Dollars. Weitere Lizenznehmer sind u.a. die finnische Merita Bank und die Deutsche Bank.

Ecash gehört zur Gruppe der tokenbasierten Verfahren. Somit ist Voraussetzung, daß sowohl Kunde als auch Händler bei der die virtuelle Währung emittierenden Bank ein Konto unterhalten. Vor dem ersten elektronischen Einkauf muß der Kunde das virtuelle Geld von der Bank beziehen und auf seinem PC speichern. Beim Bestellen der Ecash-Geldeinheiten wird durch die beim Kunden installierte Software eine Zufallszahl generiert, die in einen digitalen Umschlag eingeschlossen und mit einer digitalen Unterschrift versehen an die Bank geschickt wird. Diese Zufallszahl steht für einen fest definierten Gegenwert, z.B. 10 DM. Die Bank wiederum signiert den digitalen Umschlag mit der Zufallszahl, schickt diesen dann wieder an den Kunden zurück und bucht den Gegenwert vom Kundenkonto ab. Beim Zahlungsvorgang kann der Kunde die so gültig gemachte Zufallszahl durch das Netz an den Händler schicken, der wiederum die Banksignatur prüft und sie dann zur Verrechnung bei der Bank einreicht. Die gesamte Kommunikation findet in verschlüsselter Form statt. Weil die Bank nur den digitalen Umschlag, nicht aber die darin befindliche Zufallszahl signiert hat, können, wenn der Token durch einen Händler wieder bei der Bank zur Gutschrift eingereicht wird, keine Rückschlüsse auf den Käufer gezogen werden. Es handelt sich insofern um ein anonymes Verfahren. Gleichwohl kann der Kunde im Bedarfsfall nachweisen, daß er eine Zahlung an einen Händler geleistet hat, da er für jede Transaktion eine elektronische Quittung bekommt. Da die Ecash-Einheiten nur für genau eine Transaktion ihre Gültigkeit behalten, müssen sie danach vom Händler bei der emittierenden Bank eingereicht werden, die dann wieder neue Tokens ausgeben kann oder den Betrag dem Buchgeldkonto des Händlers gutschreibt.

Als tokenbasiertes Verfahren bietet Ecash dem Kunden den Vorteil einer relativ kostengünstigen Abwicklung im Kleinbetragsbereich. Dem stehen allerdings zwei wesentliche Nachteile gegenüber. Erstens besteht das Risiko, im Falle eines Festplattencrash auf dem heimischen PC seine signierten Zufallszahlen und damit Geld unwiderruflich zu verlieren. Zweitens sind die Tokens nicht beliebig teilbar, d.h. mit einem 10 DM-Token kann man kein Produkt im Wert von 5 DM bezahlen. Der Betrag muß immer passend sein, weil der Händler nicht über Wechselgeld verfügt.

3.2 NetCash

Das in den Jahren 1993/94 vom Information Sciences Institute an der Universität von Südkalifornien entwickelte NetCash ist ein tokenbasiertes Verfahren einfachster Prägung (http://nii-server.isi.edu:80/info/netcash). Bis heute ist es über den Prototypstatus nicht hinausgekommen, auch wenn es zwischenzeitlich von der Netbank im Lizenzverfahren im Internet angeboten wurde.

Die Funktionsweise ist sehr einfach. Ein Kunde, der Tokens erwerben möchte, schickt der Bank auf beliebigem Weg (z.B. per Scheck) das Geld. Die Bank schickt dem Kunden daraufhin per E-Mail eine Nachricht in Form einer Art Seriennummer (z.B. NetCash US$ 5.00 A123456B789012C), die für den Gegenwert in virtueller Währung steht. Möchte der Kunde nun etwas bezahlen, schickt er diese E-Mail einfach an den Händler, der sie wiederum zur Überprüfung an die emittierende Bank schickt. Entweder erhält er dann selbst eine neue E-Mail als Gutschrift von der Bank oder er läßt den Betrag seinem Konto gutschreiben, d.h. er tauscht sein virtuelles Geld gegen reales Geld.

Die Vor- und Nachteile dieses Systems liegen auf der Hand. Es ist kostengünstig, weil keine zusätzliche Soft- oder Hardware installiert werden muß. Damit ist die Anwendung für den Nutzer sehr einfach. Durch den Zwang, die NetCash-Dollar wieder in „richtige" Dollar tauschen zu müssen, hat dieses System für den Benutzer jedoch hohe Folgekosten (Transaktionskosten). Ein wesentlicher Nachteil ist die mangelnde Systemsicherheit, weil auf jegliche Verschlüsselung beim Senden von Daten an den Kunden verzichtet wird. Die Bank bewahrt immer eine Kopie jeder E-Mail auf, anhand derer die Echtheit der eingereichten E-Mail überprüft wird. Allein unter diesem Gesichtspunkt eignet sich das System wohl nicht für die Übertragung größerer Geldbeträge. Außerdem können bei diesem System keine wirklich anonymen Zahlungen durchgeführt werden.

3.3 First Virtual

Auf das spezielle Segment der Kleinbetragszahlungen *(Micro Payments)* hat sich das amerikanische Unternehmen First Virtual (http://www.fv.com) fokussiert. First Virtual präsentiert sich als Betreiber einer elektronischen Shopping-Mall, die für ihre Händler gleichzeitig eine Art Inkassosystem anbietet. Dieses basiert auf Kreditkartenzahlungen. First Virtual hat sich zum Ziel gesetzt, eine Mittlerrolle zwischen Händler und Kunde einzunehmen und jedermann die Möglichkeit zu geben, über das Internet Informationen (z.B. aus Datenbanken) zu niedrigen Kosten anbieten zu können. Das Problem des Verkaufs derartiger Informationen über das Internet resultiert aus den extrem kleinen Rechnungsbeträgen, die dadurch entstehen, daß ein Kunde z.B. eine Seite eines Informationsdienstes zum Preis von 0,05 DM bezieht. Zwar kann die Lieferung der Information via Internet sehr kostengünstig erfolgen, schwierig ist jedoch, ein Bezahlverfahren für solch kleine Beträge zu betreiben, dessen Nutzungskosten nicht höher sind als der Rechnungsbetrag selbst.

Möchte ein Kunde in der Mall einkaufen, muß er zunächst gegen Entrichtung eines einmaligen Grundpreises ein Konto bei First Virtual eröffnen. Es besteht aus seinem Namen, seiner E-Mail-Anschrift und seinen Kreditkartendaten. Letztere werden von ihm via Telefon abgefragt, um zu verhindern, daß die sensiblen Daten über das offene Netz geschickt werden müssen. Für Händler, die sich in der Shopping-Mall präsentieren, übernimmt First Virtual das Inkasso auf dem Kreditkartenwege, ohne daß die Händler selbst als Akzeptant bei der Kreditkartengesellschaft registriert sein müssen. Hat sich ein Kunde zu einem Einkauf entschieden, schickt er dem Händler seinen Namen sowie seine E-Mail-Anschrift. Daraufhin erhält er vom Händler die bestellten Informationsleistungen. Der Händler reicht die Rechnung bei First Virtual zum Inkasso ein, die daraufhin via E-Mail beim Kunden eine Bestätigung über den Kauf anfordern und das Kreditkartenkonto des Kunden belasten. Die aufgelaufenen Kleinbeträge werden gesammelt und nur einmal monatlich abgerechnet.

First Virtual bietet dem Händler den Vorteil, daß er an einem Inkassosystem über Kreditkarten teilnehmen kann, ohne selbst Vertragsunternehmer bei einer Kreditkartenorganisation zu sein. Der Kunde profitiert, weil er seine vertraute Kreditkarte einsetzen kann und nicht erst ein ihm unbekanntes tokenbasiertes System installieren muß. Die Schwächen des Systems liegen auf der Hand. Es dauert Wochen, bis der Händler sein Geld gutgeschrieben bekommt. Außerdem muß er das Ausfallrisiko tragen, wenn sich im Zuge des Autorisierungsprozesses nach Lieferung der Ware herausstellt, daß der Kunde die Bestellung der Informationsleistung nicht bestätigt. Auch kann das System mangels Verschlüsselung der Identifizierungsdaten nicht als sicher eingestuft werden. Allerdings sind die Mißbrauchsrisiken begrenzt, weil die Rechnungsbeträge typischerweise sehr niedrig sind, sich ein Betrug nur auf den unrechtmäßigen Bezug von Waren oder Dienstleistungen (nicht aber auf Geld) richten kann und Betrugsversuche spätestens beim Ausbleiben der Kaufbestätigung des Kunden oder der fälschlichen Belastung von Kreditkartenkonten entdeckt werden können.

3.4 CyberCash

Die 1994 gegründete Firma CyberCash, Virginia/USA, vermarktet unter ihrem Label unterschiedliche Zahlungssysteme für das Internet (http://www.cybercash.com). Zum einen brachte sie 1995 das erste System für die gesicherte Durchführung von Kreditkartentransaktionen im Internet auf den Markt. Zum andern wird seit Ende 1996 unter dem Namen CyberCoin ein System für die Abwicklung von elektronischen Kleinbetragstransaktionen angeboten. Zu den ersten Lizenznehmern in Deutschland zählten die Dresdner Bank und die Sachsen LB, inzwischen sind weitere Institute hinzugekommen.

Wer als Kunde das CyberCoin-System nutzen will, muß zunächst das CyberCash Wallet, eine Art elektronische Brieftasche, mittels Diskette, CD-ROM oder per Download vom Internet auf seinen PC laden. Im Zuge der Installation wird das Wallet personalisiert, es werden Paßwörter vergeben und Schlüssel generiert. In einem zweiten Schritt meldet der Kunde die Kreditkarten oder Bankkonten, von dem die Beträge abgebucht werden sollen, um das eigentliche CyberCoin-Konto zu laden. Dieses Konto wird auf dem Server des Systembetreibers geführt, während der Kontostand auf dem Kunden-Wallet in diesem Sinne nur eine Kopie ist. Der Händler benötigt im Gegenzug ein Cash Register, das eine Art virtuelles Terminal darstellt, um mit dem Kunden-Wallet und dem Server des Systembetreibers zu kommunizieren. Über das Guthaben auf seinem Cyber-Coin-Konto kann der Kunde während des elektronischen Shoppings verfügen. Nachdem er die Ware ausgewählt und bestellt hat, bekommt er vom Händler eine elektronische Rechnung, auf die er mit Angabe seiner persönlichen Kontendaten und dem Rechnungsbetrag antwortet. Diese Daten werden auf Basis des asymmetrischen Verschlüsselungsverfahrens RSA kryptographisch geschützt, vom Käufer mit seinem privaten Schlüssel signiert und per Mausklick an den Händler geschickt. Dieser ergänzt die Daten um seine Zahlungsinformationen, signiert ebenfalls und schickt den Datensatz an den Server des Systembetreibers. Dort werden die Zahlungsinformationen der beiden Parteien online auf inhaltliche Übereinstimmung geprüft. Ist alles in Ordnung, werden die Belastungen und Gutschriften gebucht und der Kontostand auf dem Kunden-Wallet entsprechend angepaßt. Das Verfahren bei Kreditkartenzahlung läuft ähnlich ab, wobei hier kein Zwischenkonto erforderlich ist.

Der Wettbewerbsvorteil von CyberCash besteht darin, daß für dieses System auch außerhalb der USA die RSA-Verschlüsselungstechnik über 1024-Bit-Länge genutzt werden darf, was in der Vergangenheit nach amerikanischem Recht nicht zulässig war. Auf diese Weise konnte CyberCash eine Mittlerrolle zwischen Kunde, Händler und Bank bzw. Kreditkartenorganisation einnehmen. Der Systemvorteil liegt damit eindeutig in der Zurverfügungstellung sicherer Kommunikationswege im Internet. Mit der Schaffung eigener Lösungen durch VISA und MasterCard auf Basis des SET-Standards dürfte diese Marktposition zumindest für Kreditkarten gefährdet sein.

3.5 Kreditkartenzahlungen bei VISA und MasterCard

Das Zahlen mit Kreditkarte ist heute weit verbreitet.[11] Dies gilt allerdings nicht für den Einsatz im Internet, weil es bis auf das beschriebene CyberCash-System keine gesicherten Verfahren für die Datenübertragung gab. Hier schafft SET Abhilfe. SET *(Secure Electronic Transaction)* stellt den neuen Industriestandard für die sichere und geschützte Abwicklung von Kartenzahlungen im Internet dar, der mittlerweile von allen Kreditkartenorganisationen als offener Standard anerkannt ist. Geistige Väter von SET sind die beiden Kreditkartenorganisationen VISA International und MasterCard International, wobei der wesentliche technische Input seitens der Computerindustrie von IBM, Netscape, Microsoft und anderen Technologieunternehmen kam. In Deutschland liefen 1997 verschiedene Pilotprojekte von VISA (zusammen mit B+S Card Service und einigen Banken) sowie MasterCard/Europay (zusammen mit der Commerzbank und der Karstadt-Shopping-Mall my-world). Die Einführung des Regelbetriebs ist 1998 zu erwarten.

SET ist im Grunde nicht mehr als ein Protokollierungsverfahren, das den elektronischen Zahlungsverkehr abbildet und sichert. Um SET-Transaktionen durchführen zu können, sind bei den beteiligten Parteien verschiedene technische Voraussetzungen zu schaffen. Möchte ein Karteninhaber mit seiner Kreditkarte im Internet einkaufen, muß er sich in einem ersten Schritt registrieren und zertifizieren lassen. Hierzu wendet er sich an seinen Kartenherausgeber, in aller Regel seine Bank, die die Zertifizierungsfunktion selbst übernimmt oder einem Dritten übertragen hat. Praktisch geschieht dies, indem der Kunde online bei seiner Bank nach einem entsprechenden Zertifikat für seine Kreditkarte nachfragt. Er erhält dann neben einer Geheimzahl auf getrenntem Wege seine Software inklusive Bedienungsanleitung und die geänderten Geschäftsbedingungen zum Bezahlen mit der Kreditkarte im Internet. Mittels dieser Instrumente führt der Karteninhaber vor

---

[11] Vgl. Wittenberg, J.H. (1995), S. 14ff.

seinem ersten Internet-Einkauf seine Registrierung durch. Dazu muß er die Software auf seinem Rechner installieren. Die Software hat hierbei die Aufgabe einer elektronischen Brieftasche (Wallet) im PC. Im zweiten Schritt muß sich der Karteninhaber zertifizieren lassen. Zu diesem Zweck beantragt er bei seinem kartenausgebenden Institut ein digitales Zertifikat, das ihn gegenüber dem Vertragsunternehmen als rechtmäßigen Karteninhaber identifiziert. Dieses digitale Zertifikat erhält der Kunde via PC, indem er durch einmalige Eingabe einer Geheimzahl den Übertragungsvorgang autorisiert hat. In diesem Moment schickt der Rechner der Bank das digitale Zertifikat an den PC des Karteninhabers. Dieses Zertifikat erhält den oben erläuterten privaten Schlüssel *(Private Key)* und hat in der Regel dieselbe Gültigkeitsdauer wie die Kreditkarte des Kunden.

Auch der Händler, der seine Waren und Dienstleistungen via Internet verkaufen möchte, muß sich entsprechend zertifizieren lassen. Zu diesem Zweck wendet er sich an seinen Acquirer (die Bank, die den kartenakzeptierenden Händler betreut), der die Ausstattung des Händlers mit dem elektronischen Zertifikat und damit mit den notwendigen Schlüsselpaaren organisiert.

Möchte der zertifizierte Kunde die Bezahlung mit seiner Kreditkarte vornehmen, muß er im elektronischen Kaufhaus den gewünschten Zahlungsweg angeben und den SET-Button auf der Homepage des Kaufhauses drücken. In diesem Moment schickt ihm der Händler zusammen mit dem öffentlichen Schlüssel *(Public Key)* die notwendige Bestellmaske zur Durchführung der Kreditkartentransaktion. Der Karteninhaber füllt das Formular unter anderem durch Angabe von Art und Menge der gewünschten Ware sowie des Kaufpreises aus und wählt nun in seinem Wallet die Kreditkarte aus, mit der er bezahlen möchte. Er bestätigt seine Eingabe und sein Wallet sendet die codierte SET-Nachricht zum Internet-Server des Kaufhauses. Die Bestellung wird dabei mit dem öffentlichen Schlüssel des Händlers und die Zahlungsinformation mit dem öffentlichen Schlüssel des Acquirers verschlüsselt. Auf diesem Wege erhält der Händler die Bestelldaten, die er mit seinem eigenen privaten Schlüssel wieder lesbar macht und sendet die ebenfalls verschlüsselten Zahlungsinformationen an den Acquirer. Nur der Acquirer kann diese Daten mit seinem privaten Schlüssel entcodieren, um eine Autorisierung der Kartentransaktion durchführen zu können. Das Ergebnis dieser Prüfung geht an den Händler und den Kunden zurück. Danach kann die Bestellung ausgeführt werden und der Händler die Waren an den Karteninhaber liefern. Abgerechnet wird dann auf konventionellem Wege über die Kreditkartenabrechnung.

Der entscheidende Vorteil des Systems liegt in der Nutzung des Kreditkartenzahlungsverfahrens, das sich in der realen Welt bei Millionen von Karteninhabern und Vertragsunternehmen auf internationaler Ebene bewährt hat. Bedingt durch das beim SET-Protokoll vorgesehene Zertifizierungswesen ist der Infrastrukturaufwand allerdings sehr hoch, um die Internet-Fähigkeit der Kreditkarte zu gewährleisten.

3.6 GeldKarte-Zahlungen mit Payline

Eine neue Entwicklung stellen die chipkartenbasierten Systeme dar. Stellvertretend wird im folgenden das Payline-Verfahren zur Abwicklung von GeldKarte-Transaktionen im Internet dargestellt. Bei dem System GeldKarte handelt sich um ein chipkartenbasiertes Zahlungssystem, das Ende 1996 bundesweit als Gemeinschaftsprojekt des deutschen Kreditgewerbes eingeführt wurde. Basis ist ein Chip, der zum Beispiel auf der Eurocheque-Karte aufgebracht wird. Er fungiert als elektronische Geldbörse, die mit maximal 400 DM geladen werden kann. Erfolgen kann dies unter Eingabe der PIN an Geldautomaten oder an gesondert aufgestellten Ladeterminals. Der geladene Betrag wird dem Girokonto des Karteninhabers belastet. Beim Händler kann der Kunde durch Einstecken der Karte in das Chipkartenhändlerterminal und durch Bestätigen des Kaufbetrags bezahlen. Eine PIN-Eingabe ist nicht erforderlich. Das gesamte System ist auf die Substitution von Bargeldzahlungen im Kleinbetragsbereich ausgelegt.

Zeitgleich mit der bundesweiten Markteinführung für die „physische" Welt wurde auf der CeBIT-Messe 1997 erstmals ein Verfahren zur Abwicklung von GeldKarte-Transaktionen im Internet präsentiert, das von den Unternehmen Brokat Informationsdienste sowie Giesecke & Devrient entwickelt worden ist und unter dem Namen *Payline* vertrieben wird. Möchte ein Kunde mit seiner GeldKarte im Internet bezahlen, so benötigt er dazu eine entsprechende Software und einen kleinen Chipkartenleser, der an seinen PC angeschlossen wird oder in die PC-Tastatur integriert ist. Dieser Leser übernimmt die Funktion des Händlerterminals, das sonst auf der Ladetheke steht. Der Bezahlvorgang läuft dergestalt ab, daß der Kunde auf der Web-Seite des Händlers alle notwendigen Informationen zum Bezahlen erhält. Er muß im Bedarfsfall lediglich das Wallet in Form eines JAVA-Applet vom Server des Händlers in seinen WWW-Browser laden. Er wählt die Bezahlung mit seiner GeldKarte und bestätigt das Abbuchen des Kaufbetrags von seiner GeldKarte. Diese steckt in seinem PC. Über das Internet werden dann die Transaktionsdaten zum Server der Bank gesendet und von dort in das normale Clearing-Netz des GeldKarte-Systems gegeben. Payline basiert in weiten Teilen auf dem SET-Standard, der um einige Komponenten erweitert wurde. Damit können neben Kreditkartenzahlungen auch die beschriebenen Geldkartentransaktionen und sogar elektronische Lastschriften abgewickelt werden.

Mit dem Einsatz der GeldKarte als Internet-Zahlungssystem ist der maßgebliche Vorteil verbunden, auch für Kleinbetragszahlungen ein kostengünstiges Zahlungssystem anbieten zu können, das im Unterschied zu tokenbasierten Systemen auf eine große Kundenzahl in der realen Welt zurückgreifen kann. Der bisherige Nachteil dieses Konzepts ist allerdings die fehlende Option, die GeldKarte auch über das Internet zu laden. Dem stehen die bisherigen Möglichkeiten entgegen, eine sichere PIN-Tastatur für die notwendige PIN-Eingabe am heimischen PC zu einem marktfähigen Preis produzieren zu können. Solange dieses Problem nicht gelöst ist, muß der Ladevorgang am Automaten der heimischen Bankfiliale erfolgen, bevor von zuhause aus bezahlt werden kann. Außerdem fehlt der GeldKarte noch ihre internationale Einsatzfähigkeit.

4. Erfolgskriterien für Internet-Zahlungssysteme

Die Kritieren, an denen die Leistungsfähigkeit eines Internet-Zahlungssystems gemessen wird, entsprechen weitgehend den Anforderungen, die Kunden an Zahlungsmedien im allgemeinen stellen. Die wichtigsten Erfolgskriterien werden im folgenden dargestellt. Außerdem wird exemplarisch untersucht, inwieweit die Kriterien bei den im vorangegangenen Kapitel beschriebenen Zahlungssystemen erfüllt sind.[12]

4.1 Sicherheit

Zumindest in Deutschland ist der Aspekt der Sicherheit von herausragender Bedeutung. Insofern ist es geradezu selbstverständlich, daß dem Sicherheitsaspekt auch bei Zahlungsvorgängen im Internet oberste Priorität eingeräumt wird. Dieses spiegelt sich deutlich in einem Befragungsergebnis wider, nach dem 69% der Kunden es ablehnen würden, überhaupt ihre Kreditkartennummer ins WWW einzugeben, da sie Sicherheitslücken befürchten.[13]

Das Sicherheitsrisiko erwächst aus der offenen Struktur des Netzwerks, bei dem die Zahlungsinformation vom Zahlungserbringer zum -empfänger einen komplexen Weg über verschiedenste Server in unterschiedlichen Ländern zurücklegen kann, ohne daß man die Möglichkeit hätte, zu überprüfen, wer wann wo und wie auf die Daten Zugriff hatte. Ohne eine effektive Absicherung ist der Manipulation damit Tür und Tor geöffnet, da eine direkte Kontrolle beim elektronischen Marktplatz gänzlich entfällt. Woher soll der Kunde außerdem wissen, daß der Händler tatsächlich ein zugelassener Akzeptant für die Kreditkarte ist und nicht nur die Akzeptanz vorgibt, um mißbräuchlich Kartendaten zu sammeln? In umgekehrter Richtung hat der Händler das gleiche Problem. Er kennt den Karteninhaber nicht und kann die Echtheit der Karte nicht per Augenschein überprüfen, sondern bekommt nur Rohdaten übermittelt. Die Möglichkeit eines Unterschriftenvergleichs, eines Blicks auf das Karteninhaberphoto oder gar die Vorlage eines Ausweises, um die Identität des Kartenbesitzers mit der des Inhabers zu vergleichen, gibt es nicht.

Auch Emittent und Acquirer können mit dieser Situation nicht zufrieden sein, denn Zahlungsgarantien können in solchen Situationen leicht zu Forderungsausfällen führen. Auch die Kreditkartenorganisationen können diese Risiken nicht akzeptieren, da das Gesamtsystem in Mißkredit gebracht werden könnte. Insofern haben alle Parteien ein hohes Interesse an einem sicheren Zahlungssystem, auch und gerade im Internet. Gemessen an diesem Erfolgsfaktor, der hinsichtlich seiner sicherheitstechnischen Anforderungen im nächsten Beitrag dieses Buchs konkretisiert wird,[14] haben die Verfahren, die

---

[12] Vgl. Schwickert, A. (1996); Furche, A./Wrightson, G. (1997), S. 63 ff.; Lukas, S. (1997), S. 137 ff.
[13] Vgl. Löbler, H./Buchholz, P. (1997), S. 9.
[14] Vgl. Krebs, T./Thiel, C. (Beitrag in diesem Buch).

auf asymmetrischen Verschlüsselungstechniken, dem Einsatz von Zertifikaten oder der Chipkartentechnologie beruhen, die besten Voraussetzungen im Systemwettbewerb.

4.2 Kosten

In enger Korrelation zum Sicherheitsniveau stehen die Kosten, die mit einem Internet-Zahlungssystem verbunden sind. Denn je höher der technische Aufwand ist, bestimmte Sicherheitsstandards zu erreichen, desto höher sind auch die Systemkosten. Demgegenüber möchten sowohl der Kunde als auch der Händler möglichst keine oder nur geringe Kosten tragen. Insofern müssen sich Kunde und Händler fragen, wieviel sie für ein bestimmtes Sicherheitsniveau zu zahlen bereit sind. Doch bei dieser Abwägung spielen auch andere Faktoren als die Sicherheit eine Rolle. Ein Zahlungssystem wird gegenüber einem anderen schon dann interessant, wenn es im Vergleich mit niedrigeren Transaktionskosten verbunden ist. Beispielsweise kann eine Kreditkartenzahlung im Internet für den Versandhandel preiswerter sein als der traditionelle Bezahlweg über die Nachnahme, weil der Medienbruch bei einer Nachnahmezahlung höhere Folgekosten impliziert als die reine Disagiobelastung bei der elektronischen Kreditkartenzahlung. Dieses Beispiel macht deutlich, daß nicht nur die primären Transaktionskosten (Kreditkartendisagio versus Nachnahmeentgelt) verglichen werden müssen, sondern auch die abwicklungstechnisch bedingten sekundären Transaktionskosten, wie z.B. das aufwendige Handling des Schecks im Vergleich zur einfachen elektronischen Buchung bei Kreditkartenzahlungen. Die dritte Kostenkomponente stellen die Installationskosten für die Nutzung der Zahlungssysteme dar. Hier sind Zahlungsmedien mit einem geringeren Infrastrukturaufwand, z.B. Schecksysteme, gegenüber komplexeren Systemen, bei denen beispielsweise ein Terminal benötigt wird, im Vorteil.

Grundsätzlich können drei Kostenkategorien unterschieden werden. Alle Verfahren, die einen manuellen Abwicklungseinsatz erfordern und einen Medienbruch zur Folge haben, zeichnen sich durch relativ hohe Transaktionskosten aus. Zu denken ist hier beispielsweise an die Nachnahme- oder Scheckzahlung. Die Verfahren mit automatisierten Prozessen, bei denen Datennetzwerke genutzt werden, d.h. Online-Autorisierungen und -Verrechnungen stattfinden, sind hingegen mit mittleren Transaktionskosten verbunden (z.B. Kreditkartenzahlungen). Niedrige Transaktionskosten sind hingegen typisch für automatisierte Verfahren, die auf Online-Verbindungen zwischen Zahlungsempfänger und -absender und damit auf teuere Kommunikationsverbindungen verzichten können. Hier sind Wertkartensysteme auf Chipbasis im Vorteil.

In einer detaillierten Betrachtung müßten alle Kosten auf durchschnittliche Kosten pro Transaktion heruntergebrochen werden, um die Vergleichbarkeit der Systeme herzustellen. Alle relativen Kostenvorteile eines Zahlungssystems werden dann obsolet, wenn die Transaktionskosten die Gewinnmarge übersteigen. Aus diesem Grunde dürften kreditkartenbasierte Verfahren allein aufgrund der Disagiobelastung auch im Internet für Kleinbetragszahlungen untauglich sein, während hier die tokenbasierten und chipbasierten Wertkartenkonzepte im Vorteil sind.

4.3 Verbreitungsgrad

Bei der Wahl eines Zahlungssystems ist sein internationaler Verbreitungsgrad, d.h. die Zahl der Kunden und Händler, die es nutzen, ein entscheidender Faktor. Die Kunden präferieren bei ihren Entscheidungen solche Zahlungssysteme, die bei möglichst vielen Unternehmen zum Bezahlen eingesetzt werden können. Der Handel wird solche Systeme vorziehen, die von möglichst vielen Kunden genutzt werden, um die Kosten und die Komplexität möglichst gering zu halten. Unter diesem Blickwinkel haben alle Verfahren, die auch in der physischen Welt über einen hohen Verbreitungsgrad verfügen, einen entscheidenden Wettbewerbsvorteil. Sie müssen nur noch internetfähig gemacht werden, die Nutzer aber nicht mehr für das Zahlungssystem an sich gewonnen werden. So steht mit den rund 40 Millionen GeldKarte-Besitzern in Deutschland ein riesiges Kundenpotential zur Verfügung, während sich tokenbasierte Verfahren mit vergleichsweise zu vernachlässigenden Kundenzahlen begnügen müssen.

4.4 Einfachheit

Für den Erfolg eines Zahlungssystems ist die Anforderung nach einem einfachen Handling von großer Bedeutung. Einfach heißt in diesem Sinne möglichst geringe Nutzungsvoraussetzungen und möglichst vertraute Bedienungsschritte. Die Erfahrungen der Vergangenheit zeigen, wie langsam Zahlungssysteme angenommen werden, selbst wenn sie nur vermeintlich einfachste Bedienungsschritte (wie den PIN-Einsatz beim Electronic-Cash-System) voraussetzen. Bei aller Konzentration auf die junge und technikaffine Bankkundschaft sollte nicht vergessen werden, daß heute die meisten Menschen nicht wissen, wie sie ihren Videorecorder programmieren können.[15] Insofern sind den neuen Technologien auch psychologische Grenzen gesetzt; ohne eine breite Akzeptanz der Konsumenten wird der Multimedia-Markt kein Milliardenmarkt werden.[16] Da das Einkaufen im Internet nur dann zu einem Erlebnis wird, wenn die Auswahl der Güter genauso einfach ist wie die Bezahlung, sei wohl die Frage erlaubt, ob die Internet-Zahlungssysteme nicht noch ein ganzes Stück einfacher im Handling werden müssen, bis die virtuelle Einkaufsrevolution bei der breiten Masse an Privatkunden tatsächlich einsetzt. Unter diesem Aspekt besitzen die chipkartenbasierten Systeme ein großes Entwicklungspotential, da der Chip im Hintergrund viele Aufgaben übernehmen kann, die der Kunde bei softwaregestützten Systemen selbst erledigen muß. Im Idealfall sollte der Kunde nicht mehr tun, als seine Karte in den Chipkartenleser zu stecken, die gewohnte PIN einzugeben und den gewünschten Zahlungsbetrag per Mausklick zu bestätigen.

---

[15] Vgl. Gündling, C. (1997), S. 106.
[16] Vgl. o.V. (1995), S. 14.

4.5 Schnelligkeit

Steht die Verkürzung von Wartezeiten an Kassen schon in der realen Welt auf dem Pflichtprogramm eines jeden Händlers, verschärft sich diese Anforderung in der virtuellen Welt um ein Vielfaches. Kurze Antwortzeiten gelten bereits ohne Zahlungsverkehrsabwicklung zu den Qualitätsmerkmalen, auf den die Anwender besonderen Wert legen. Schnelligkeit definiert sich in diesem Kontext durch eine Minimierung der Zeitspanne von der Initiierung des Zahlungsvorgangs durch den Kunden bis zur Zahlungsbestätigung durch den Händler. Es wäre ein Anachronismus, in einem auf Schnelligkeit ausgelegten Internet ein langsames Zahlungssystem zu benutzen. Außerdem erhöht eine langsame Zahlungsabwicklung die Dauer des Einkaufsvorgangs und über die Kommunikationskosten indirekt die Transaktionskosten für den Kunden. Ferner kommt es beim Händler zu einer stärkeren Belastung des Servers.

Es ist naheliegend, daß die Offline-Systeme in diesem Punkt den Online-Systemen überlegen sind und daß Verfahren, die zusätzlicher Mittler zwischen Zahlungssender und -empfänger bedürfen, aufgrund der damit verbundenen Umwege weniger gut zu beurteilen sind. Allein unter diesem Gesichtspunkt wird sich ein Verfahren wie von First Virtual am Markt nicht durchsetzen.

4.6 Zahlungsgarantie

Wie in der realen Welt spielt das Kriterium der Zahlungsgarantie, also der Übernahme des Ausfallrisikos, je nach Branche und Zahlungsbetrag eine sehr wichtige Rolle für den Händler. Letztlich werden die Ausfallrisiken den erhöhten Transaktionskosten gegenübergestellt und der Händler wägt ab, was für ihn unter dem Strich günstiger ist. In dieser Beurteilung bekommt die Zahlungsgarantie durch eine Bank dann eine zusätzliche Bedeutung, wenn die Identität des Käufers aufgrund des angewandten Sicherheitskonzepts für den Händler unbekannt bleibt. Damit wäre ein Mahn- und Inkassowesen überhaupt nicht möglich, was wiederum die Ausfallrisiken erhöhen würde.

4.7 Dispositionsfähigkeit

In Zeiten von Unternehmen, die ihre Finanzmitteldisposition via Cash Management optimieren, und zinssensibler werdender Kunden ist die schnelle Verfügbarkeit des zu transferierenden Geldes ein wichtiges Kriterium. Auf der einen Seite möchte der Kunde kein Geld auf unverzinsten Konten halten, nur weil dieses für die Nutzung bestimmter Zahlungssysteme vorausgesetzt wird. Auf der anderen Seite erwartet der Handel, daß er nach seiner Lieferung schnell sein Geld bekommt, weil er sonst hohe Zwischenfinanzierungskosten tragen muß. Jedes System, das auf eigene Geldkreisläufe setzt und den Einsatz des virtuellen Geldes außerhalb des Datennetzes erschwert, gerät daher ins Hintertreffen. Tokenbasierte Konzepte müssen schon andere deutliche Vorteile aufweisen, um dieses Defizit zu kompensieren.

4.8 Übertragbarkeit

Zielt ein System darauf ab, in den direkten Wettbewerb zu Bargeldtransaktionen zu treten, ist die Übertragbarkeit des Guthabens zwischen zwei Benutzern eines Systems ohne die Verrechnung über die Bank sicherlich der entscheidende Erfolgsfaktor. Dieses ist eine charakteristische Eigenschaft des Bargelds. Nach dem heutigen Stand der Technik existiert jedoch kein Verfahren, das die damit verbundenen Risiken für die Systemsicherheit durch den Einsatz entsprechender Verschlüsselungstechniken garantieren könnte. Das einzige System, daß in dieser Hinsicht einen Versuch unternommen hat, ist das chipkartenbasierte MONDEX-System, das dem deutschen GeldKarte-System ähnlich ist.[17] Die kritische sicherheitstechnische Diskussion über diesen Ansatz ließ dann auch nicht lange auf sich warten.

4.9 Teilbarkeit

Die Forderung nach der Teilbarkeit der Zahlungseinheiten erscheint auf den ersten Blick banal. Gemeint ist die Option, einen Geldschein in bestimmter Höhe wertneutral in eine beliebige Anzahl von Geldscheinen verschiedener beliebiger Beträge zu tauschen. Bei kontenbasierten Verfahren besteht dieses Problem nicht, da über jeden beliebigen Betrag verfügt werden kann. Tokenbasierte Systeme sehen sich hingegen mit dem Tauschproblem konfrontiert, da der Emittent Tokens nur in bestimmter Stückelung herausgibt. Hat der Kunde die Tokens für den Bezahlvorgang nicht passend, stellt sich ihm die Frage, wie er im Internet an passendes Geld kommt. NetCash zum Beispiel hat dieses Problem dahingehend gelöst, daß es dem Kunden die Möglichkeit gibt, die Tokens jederzeit online in die passende Stückelung zu wechseln. Allerdings muß der Kunde dafür seinen Einkaufsvorgang unterbrechen, was diese Lösung nicht gerade einfach und schnell erscheinen läßt.

4.10 Transparenz

Während die obigen Faktoren eine eindeutige Wertigkeit aus Sicht der Nutzer haben, ist die Frage der Zahlungstransparenz, d.h. die Offenlegung von Zahlungserbringer bzw. -empfänger sowie der Transaktionsdaten für die beteiligten Parteien, ein ambivalentes Kriterium. Auf der einen Seite wird die volle Anonymität bei der Zahlung in elektronischen Netzen gefordert. Dahinter steckt zum einen die Befürchtung, daß über die Sammlung von Transaktionsdaten in nicht-anonymen Systemen möglicherweise exakte Kundenprofile und Verhaltensmuster erstellt werden können. Auch wird unterstellt, daß nicht-anonyme Systeme anfälliger gegen einen Datenmißbrauch von dritter Seite seien. Auf der anderen Seite gibt es Forderungen nach vollkommen transparenten Systemen, um möglichen kriminellen Aktivitäten oder der Steuerflucht keinen Vorschub zu leisten.

---

[17] Vgl. Lukas, S. (1997), S. 69 ff.

Doch die Abwägung dieser Argumente ist mehr eine gesellschaftspolitische Frage denn eine Zahlungsverkehrsfrage.

Drei Ausprägungen des Transparenzkriteriums werden unterschieden. Die radikalste Form stellen die nicht-transparenten Systeme dar, bei denen kein Zusammenhang zwischen Kunde, Händler und Kaufgegenstand mittels datentechnischer Verknüpfungen hergestellt werden kann. Solch ein Medium käme dem Bargeld als anonymes Zahlungsmittel am nächsten. Das Problem, daß der Käufer die Zahlung nicht nachweisen kann, wenn der Verkäufer den Zahlungserhalt bestreitet, läßt sich bei diesen Systemen nur durch eine zusätzliche elektronische Quittung lösen, über die nur der Käufer verfügen kann und die er bei Bedarf vorlegt. Bedingt transparente Systeme hingegen machen sich zwar Verschlüsselungstechniken zu nutze, um Transaktionen grundsätzlich anonym durchzuführen, doch mittels eines Referenzsystems können solche Transaktionen mit mehr oder minder großem Aufwand wieder personalisiert werden, auch wenn die Systeme dafür nicht konzipiert wurden. Schließlich gibt es vollkommen transparente Zahlungssysteme, bei denen die Mitteilung aller Daten – sei es Käufername, Betrag, Datum, Kaufgegenstand usw. – zum Standard gehört. Welches Zahlungssystem vom Kunden oder Händler bevorzugt wird und damit einen Wettbewerbsvorteil erringt, hängt entscheidend davon ab, inwiefern die Anonymität gewünscht wird oder nicht.

5. Die Gewinner im Systemwettlauf

Wenn die Banken den Wettlauf auf dem neuen Markt gewinnen wollen, müssen sie nicht nur auf das richtige System oder die richtige Kombination von Systemen setzen, sondern auch eine erfolgreiche Vermarktungsstrategie verfolgen. Dabei wird die Anfangsphase sicherlich dadurch gekennzeichnet sein, daß eine Bank mehrere konkurrierende Systeme anbietet, bis sich eindeutige Marktpräferenzen herauskristallisieren.

Die rechtzeitige Auswahl des erfolgversprechenden Systems bedingt eine Prognose über wahrscheinliche Marktentwicklungen aufgrund der zu erwartenden Kundenakzeptanz. Es spricht eine Reihe von Gründen für die These, daß die chipkartenbasierten Systeme der internationalen Kartenorganisationen, sei es nun für Kredit-, Debit- oder Pre-paid-Karten, mittelfristig die Gewinner des Systemwettlaufs sein werden. Gründe dafür können sein:

- Das Internet ist ein internationales Netzwerk, dessen Erfolg maßgeblich durch die grenzüberschreitende Nutzung erklärt werden kann. Internationale Anbieter brauchen daher auch global funktionierende Zahlungssysteme.

- Zahlungsverkehr ist in hohem Maße Vertrauenssache. Aufgrund ihrer geschichtlichen Entwicklung genießen die Kartenorganisationen einen großen Vertrauensvorschuß, den sich alternative Systembetreiber auf internationalem Niveau erst verdienen müßten.

- Die Kartenorganisationen bieten mit ihrer millionenfachen Anzahl an Kunden und Akzeptanzstellen das weltweit größte zusammenhängende und etablierte Zahlungssystem. Es muß nicht mehr etabliert, sondern nur noch internetfähig gemacht werden.
- Kartennutzer sind, so zeigen Marktforschungsergebnisse, besonders technikaffin. Sie dürften sich daher in der Gruppe der Internet-Nutzer überproportional wiederfinden. Diese Überschneidung erleichtert die Vermarktung.
- Aufgrund ihrer Marktmacht haben die Kartenorganisationen die Möglichkeit, Standards zu definieren und schnell durchzusetzen. Dies senkt die Kosten für alle Beteiligten.
- Chipbasierte Kartensysteme haben zudem den Vorteil, dem Kunden auf hohem Sicherheitsniveau eine einfache Transaktionsabwicklung zu ermöglichen.
- Da die Transaktion auch offline geschehen kann, können die Kosten niedrig gehalten werden. Insbesondere die neueren Wertkartensysteme könnten daher in der Zukunft den tokenbasierten Konzepten auf dem Markt der Kleinbetragszahlungen mit einer wirtschaftlich attraktiveren Lösung entgegentreten.
- Verschiedene Kundengruppen haben unterschiedliche Bedürfnisse. Zu denken ist an eine Differenzierung nach Betragshöhen, Zahlungsgarantien, Abwicklungsgeschwindigkeit oder Anonymität etc. Bedingt durch ihre Produktdifferenzierung können die Kartenorganisationen für jeden Kundenbedarf eine Lösung aus einer Hand anbieten. Vorstellbar ist, daß für den Kleinbetragsbereich ein chipbasiertes Wertkartensystem etabliert wird und sich für die Abwicklung größerer Transaktionsbeträge die chipbasierte Kreditkarte bzw. eine internetfähige internationale Form von Electronic Cash durchsetzt. Entsprechend klein werden die Lücken für Nischenanbieter.

Wie sich die Banken im Wettbewerb, bei später austauschbaren Internet-Zahlungssystemen, voneinander differenzieren können, hängt entscheidend von den gewählten Vermarktungsansätzen ab, mit denen man Kunden gewinnen möchte. Dies ist für das Produktmanagement der vielleicht interessanteste Aspekt des Themas, steckt doch das Marketing für Internet-Produkte vergleichsweise noch in den Anfängen. Man darf gespannt sein, wie sich der Wettbewerb schon in der nahen Zukunft präsentieren wird.

Literaturhinweis

ALPAR, P., Kommerzielle Nutzung des Internets, Berlin 1996.
BANK FOR INTERNATIONAL SETTLEMENTS (Hrsg.), Implications for Central Banks of the Development of Electronic Money, Basel 1996.
FURCHE, A./WRIGHTSON, G., Computer Money, Heidelberg 1997.
GÜNDLING, C., Maximale Kundenorientierung, 2. Aufl., Stuttgart 1997.
ECKER, T./MOORMANN, J., Die Bank als Betreiberin einer elektronischen Shopping-Mall, in: Lange, T. A. (Hrsg.), Internet Banking – Der Bankvertrieb im Umbruch, Wiesbaden 1998, S. 101–130.
LÖBLER, H./BUCHHOLZ, P., Projekt „Was wollen Internet-Nutzer wirklich?", Universität Leipzig, Lehrstuhl für Betriebswirtschaftlehre, insb. Marketing, Arbeitspapier Nr. 6, Leipzig 1997.
LUKAS, S., Cyber Money. Künstliches Geld im Internet und Elektronische Geldbörsen, Neuwied 1997.
o.V. (1995), Das Multi-Media-Zeitalter findet erst nach 2050 statt, in: Marketing Journal, 1995, Nr. 1, S. 14
o.V. (1997a), Welt-Telekommunikation: Das Netz wird dichter, in: Die Bank, 1997, Nr. 11, S. 642
o.V. (1997b), Kreditinstitute erweitern Internet-Angebote, in: Handelsblatt, Nr. 156, 18. 8. 97, S. 23.
o.V. (1998), 50zigfacher Internet-Umsatz bis 2001, in: Online Aktuell, Nr. 8, 24. 4. 98, S. 12–13.
SCHWICKERT, A., Electronic-Payment-Systeme im Internet, in: Information Management 11, Nr. 4, 1996, S. 24–30.
VEREINIGUNG FÜR BANKBETRIEBSORGANISATION e.V. (Hrsg.), Internet & Co – Einsatz von Online-Diensten in der Kreditwirtschaft, Frankfurt/M. 1996.
WITTENBERG, J.H., Das Kreditkartengeschäft deutscher Banken, Hammer 1995.

Thomas Krebs/Christian Thiel

Sicherheit in der elektronischen Geschäftsabwicklung

1. Anforderungen an die Sicherheit
2. Basisverfahren der Informationssicherung
   2.1 Verschlüsselungsverfahren
   2.2 Elektronische Unterschrift
3. Infrastrukturen zur Informationssicherung
4. Sicherung der Geschäftsabwicklung im Internet
   4.1 Netzwerkabsicherung
   4.2 Kommunikationsabsicherung
   4.3 Anwendungsabsicherung
       4.3.1 Secure Electronic Transaction (SET)
       4.3.2 Home Banking Computer Interface (HBCI)
5. Stand zur digitalen Signatur
Literaturhinweis

1. Anforderungen an die Sicherheit

Informations- und Kommunikationssysteme werden zunehmend zu zentralen Komponenten einer Gesellschaft. Praktisch alle Industrie-, Handels- und Dienstleistungsunternehmen sowie staatliche Organisationen betreiben zur effizienten Verarbeitung immer komplexer werdender Aufgaben Systeme der Informationstechnik (IT-Systeme). Informationen über Geschäftsergebnisse, Strategiepläne, Logistikinformationen und Kundendaten stellen einen erheblichen Wert dar. Daher werden sie vielfach als Produktionsfaktor verstanden, ähnlich wie Vermögenswerte, deren Schutz essentiell ist. Dies hat insbesondere für Kreditinstitute eine herausragende Bedeutung. Ein umfassendes Sicherheitsbewußtsein und eine entsprechende Sicherheitspolitik sind daher unabdingbare Voraussetzungen für einen dem Stellenwert gerechten Umgang mit Informationen. Bei der Absicherung von Informations- und Kommunikationssystemen sind insbesondere die folgenden Grundwerte zu betrachten:

- *Verfügbarkeit:* Es ist sicherzustellen, daß Daten dann verfügbar sind, wenn sie benötigt werden. Aber auch Kommunikationsverbindungen müssen verfügbar sein. Beispielsweise kann es für einen Kunden oder einen Finanzdienstleister wesentlich sein, innerhalb bestimmter Fristen auf Informationen des Unternehmens zugreifen oder bestimmte Aktionen (z.B. Wertpapieran- und verkäufe) auslösen zu können. Die Verfügbarkeit läßt sich nicht durch Sicherheitsfunktionen (wie z.B. kryptographische Verfahren), sondern nur durch infrastrukturelle oder organisatorische Maßnahmen (z.B. redundante Auslegung von Netzverbindungen, Back-up-Server) erreichen.

- *Integrität:* Sensitive Daten sind so zu schützen, daß sie nicht unbemerkt verändert werden können (z.B. Kontoangaben, Beträge, Aufträge). Ebenso sind Kommunikationsverbindungen so abzusichern, daß Daten bei der Übertragung nicht unbemerkt verändert werden können. Ein typisches Beispiel sind Aufträge im Zahlungsverkehr, bei denen z.B. sowohl Änderungen an den angegebenen Beträgen als auch an den Kontoangaben verhindert bzw. zuverlässig erkannt werden müssen.

- *Vertraulichkeit:* Sensitive Daten sind so zu schützen, daß sie nicht Unbefugten zugänglich gemacht werden können. Ebenso ist für Kommunikationsverbindungen sicherzustellen, daß die übertragenen Daten vertraulich bleiben.

- *Authentizität (Verbindlichkeit):* Bei sensitiven Daten ist wie bei ihren handschriftlichen Entsprechungen die Urheberschaft der Daten und damit ihre Echtheit zu sichern. Dies kann zum Beispiel dann nötig werden, wenn die Verbindlichkeit eines Kundenauftrags oder einer Verfügung gewährleistet und später überprüft werden soll. Kommunikationsverbindungen sind so zu schützen, daß die Identität der beteiligten Kommunikationspartner stets bekannt und sichergestellt ist. So ist es beispielsweise für Kunden wichtig, sicher zu wissen, daß sie mit dem gewünschten Unternehmen oder Kreditinstitut verbunden sind, wenn sie dem Unternehmen vertrauliche Informationen übergeben. Umgekehrt ist es in bestimmten Fällen auch für das Kreditinstitut wichtig, die Identität des Kommunikationspartners sicher zu kennen, da diese beispielsweise Grundlage für die Berechtigung zu bestimmten Aktionen (z.B. Verfügungsberechtigung) oder auch zum Empfang bestimmter Informationen (bei Kunden z.B. Konto- oder Depotstand, bei Mitarbeitern z.B. Zugriff auf bankinterne Informationen) ist.

Zur Absicherung dieser Grundwerte entwickeln Unternehmen strategische Sicherheitskonzepte für IT-Systeme bzw. IT-Sicherheitsarchitekturen als Basis für eine risikogerechte und wirtschaftlich vertretbare Sicherheitskonzeption im Sinne der Verminderung der Risiken für ein Unternehmen. Die Festlegung auf einen gemeinsamen Sicherheitsstandard mit entsprechenden Schnittstellen bringt dem gesamten Unternehmen dabei strukturelle und finanzielle Vorteile. Die Gesamtarchitektur der IT-Systeme wird stark von den Sicherheitsanforderungen geprägt. Ausgehend von grundlegenden Zielen bzw. Sicherheitsgrundsätzen werden in der IT-Sicherheitsarchitektur Strategien zur Umsetzung dieser Ziele entworfen sowie Methoden und Verantwortlichkeiten zum Verwirklichen der Strategien beschrieben.

Am Beispiel der Sparkassenorganisation werden die folgenden Grundsätze der IT-Sicherheit betrachtet. Nach diesen Grundsätzen sollte die Einbindung der Sicherheitsaspekte in die Geschäftspolitik der Unternehmen erfolgen.

- *Sicherheit als integraler Bestandteil der Geschäftspolitik:* Dieser Grundsatz soll die Sicherheitsaspekte für die Geschäftspolitik festschreiben. Das Management hat für die Umsetzung und Einhaltung der Sicherheitskonzepte zu sorgen. Sicherheitsaspekte und ihre Wichtigkeit sollen sowohl intern (Schutz der Institute vor materiellen Verlusten und Imageeinbußen) als auch nach außen für die Kunden (Schutz der Kundendaten vor Mißbrauch) transparent werden.

- *Einhaltung aller Gesetze und Regelungen der Informationssicherheit:* Dieser Grundsatz ist so evident, daß er leicht unberücksichtigt bleibt. Die Beachtung aller Gesetze und Richtlinien ist jederzeit sicherzustellen und Änderungen regelmäßig zu erfassen und zu berücksichtigen. Für Mitarbeiter ist die Bildung eines Sicherheitsbewußtseins und entsprechende Schulung notwendig.

- *Schutz der Mitarbeiter, Partner und Kunden:* Strenge Sicherheitsvorkehrungen führen zum einen zur Verringerung potentiellen Mißbrauchs von Informationen, zum anderen zu einem Schutz der Mitarbeiter vor unberechtigten Verdächtigungen seitens Dritter. Je überschaubarer die Struktur eines IT-Systems mit ihren Benutzern ist, desto leichter fällt die Kontrolle der Sicherheitsinteressen. Eine eindeutige Identifikation aller Benutzer (z.B. durch den Vergleich des eingegebenen Paßworts gegen das sicher gespeicherte Paßwort) erleichtert deren Gruppierung nach Aufgaben und Kompetenzen. Die Definition von Rollen für bestimmte Aufgaben erleichtert diese Einordnung. Durch die Kontrolle von Aktivitäten und die Protokollierung sensibler Vorgänge soll die unbefugte Nutzung von Informationen festgehalten bzw. ihre Unversehrtheit dokumentiert werden. Die Verantwortung einzelner Mitarbeiter ist zu regeln und eine Funktionstrennung sicherheitsrelevanter Aufgaben vorzunehmen.

- *Schutz von Daten und Ressourcen:* Der allgemeine Schutz von Informationen impliziert als Basis ein System der Zugriffskontrolle zu Ressourcen. Die Vertraulichkeit sensibler Daten während ihrer Speicherung und ihres Transfers muß sichergestellt werden. Dienste zur Sicherung der Datenintegrität sollen in allen Computersystemen verfügbar sein; eine Nichteinhaltung der Integrität ist aufzudecken. Die Verfügbarkeit der Daten ist durch entsprechende Back-up-Verfahren, Archivierung und ein organisiertes Wiederanlaufen der Systeme zu gewährleisten.

- *Gewährleistung der Nachvollziehbarkeit:* Alle sicherheitsrelevanten Prozesse in einem IT-System müssen gesichert gegen Manipulationen aufgezeichnet werden. Hierbei werden alle kontextabhängigen Informationen, die zum Nachweis der Ordnungsmäßigkeit erforderlich sind, gespeichert. Es ist erforderlich, daß die IT-Systeme Funktionen bereitstellen, die ein gesichertes Aufzeichnen der Vorgänge im System ermöglichen. Außerdem muß gewährleistet sein, daß die gespeicherten Daten zeitnah verfügbar und den gesetzlichen Anforderungen gemäß aufbewahrt werden. Das Management der gesamten Sicherheitssysteme muß geordnet und zuverlässig funktionieren. Ein Verantwortlicher ist zu benennen, die einzelnen Sicherheitsaufgaben sind mit entsprechenden Anforderungen zu beschreiben. Dokumentationen der sicherheitsrelevanten Vorgänge sind bereitzuhalten. In der Anwendungsentwicklung sollen von Beginn an Sicherheitsfunktionen deutlich identifiziert werden. Die spätere Übergabe in die Produktion und die Softwarewartung muß autorisiert erfolgen und Sicherheitsstandards einhalten.

- *Einhalten von Standards und Regelwerken:* Alle sicherheitsrelevanten Aktivitäten werden in Standards und Regelwerken niedergelegt, die ständig an alle sich ändernden Anforderungen angepaßt werden müssen. Die Einhaltung der Standards und Regelwerke muß von den Unternehmen gewährleistet werden. Eine fehlende oder uneinheitliche Festlegung von Sicherheitsmaßnahmen kann dazu führen, daß Sicherheitsrisiken nicht begegnet werden kann. Die Nichteinhaltung des festgelegten Sicherheitsstandards kann zu expliziten oder impliziten Sicherheitsrisiken führen, die den Geschäftserfolg direkt oder indirekt gefährden können. Sicherheitspolitik und IT-Sicherheitsstandard werden daher so formuliert, daß sie dem aktuellen Stand der Technik entsprechen und alle rechtlichen und ergänzenden Anforderungen, insbesondere aus dem Bereich der Sparkassenorganisation, abdecken, die zur Gewährleistung des Schutzes von Benutzern, Daten und Ressourcen notwendig sind.[1] Der IT-Sicherheitsstandard bildet einen Katalog von Mindestanforderungen, die von allen derzeitigen und zukünftigen Systemen bzw. Teilsystemen zu erfüllen sind, um die Sicherheit der Anwendungen zu gewährleisten.

2. Basisverfahren der Informationssicherung

Wesentliche sicherheitsrelevante Leistungen eines IT-Systems zum Schutz von Informationen werden durch die Verschlüsselung von Daten mit kryptographischen Methoden erbracht. Hauptzielrichtung ist dabei die Verschlüsselung sensitiver Informationen und

---

[1] Vgl. SIZ GmbH (1995a).

die sichere authentische Übertragung von Daten. Bei der Datenübermittlung kann sowohl der Nachweis des Ursprungs (d.h. die Authentizität des Absenders) als auch die Echtheit (d.h. Authentizität der Daten) mit Verschlüsselungsverfahren erbracht werden. Neben diesen Zielsetzungen ist auch die Erkennung einer Manipulation bei einer Datenübertragung und die Möglichkeit einer kompletten Verschlüsselung der Daten zwischen zwei Kommunikationspartnern zu gewährleisten. Damit leisten kryptographische Verfahren einen wesentlichen Beitrag zur Umsetzung der Grundsätze „Schutz der Mitarbeiter, Partner und Kunden", „Schutz von Daten und Ressourcen" und „Gewährleistung der Nachvollziehbarkeit".

2.1 Verschlüsselungsverfahren

Je nach Sicherheitspolitik und Sensitivitätseinstufung müssen unterschiedliche Verfahren zur Verschlüsselung eingesetzt werden.

Beim *symmetrischen Verschlüsselungsverfahren* werden Daten mit dem gleichen Schlüssel ver- und entschlüsselt. Der benutzte Schlüssel darf nicht in unbefugte Hände fallen, da sonst unberechtigt ver- und entschlüsselt werden kann und somit keine Authentizität der Daten gewährleistet ist. Der Nachrichtenschlüssel wird meist zufällig erzeugt und auf einem sicheren Weg dem Empfänger übermittelt. Ein weitverbreitetes symmetrisches Verfahren ist das DES-Verfahren *(Data Encryption Standard)* bzw. Triple-DES-Verfahren. Diese Verfahren werden z.B. im Umfeld von Selbstbedienungs- und Geldautomatenterminals zur Absicherung der Datenübertragung – durch Verschlüsselung oder Kontrollrechnungen im Rahmen von Message-Authentication-Code-Verfahren – eingesetzt. Zur Zeit wird das DES-Verfahren durch das stärkere Triple-DES ersetzt. Ein weiteres symmetrisches Verschlüsselungsverfahren ist der *International Data Encryption Algorithm* (IDEA), das jedoch weniger häufig in Banksystemen zur Anwendung kommt.

Asymmetrische Verschlüsselungsverfahren benutzen zwei verschiedene Schlüssel, von denen der eine geheim (bzw. privat) und der andere öffentlich bekannt ist. Der Vorteil des Verfahrens liegt darin, daß kein Schlüssel aus dem anderen abgeleitet werden kann. Zudem muß der geheime Schlüssel nicht transportiert werden. Daten können also jeweils nur mit dem einen Schlüssel codiert und mit dem anderen decodiert werden. Benutzt der Absender seinen geheimen Schlüssel zur Datencodierung, so reicht der Besitz des öffentlichen Schlüssels zur Entschlüsselung aus. Umgekehrt können alle Besitzer des öffentlichen Schlüssels vertrauliche Daten codieren, die einzig und alleine vom Besitzer des zugehörigen geheimen Schlüssels gelesen werden können. Die Authentizität der mit dem geheimen Schlüssel codierten Daten ist durch dieses Prinzip sichergestellt. Sehr oft wird das von Rivest, Shamir und Adleman entwickelte *RSA-Verfahren* eingesetzt. Mittlerweile gewinnen auch neue Verfahren auf Basis von elliptischen Kurven an Bedeutung. Da die Berechnung von Verschlüsselungen mittels asymmetrischer Verfahren deutlich langsamer ist als bei vergleichbaren symmetrischen Verfahren, werden asymmetrische Methoden nur selten zur Verschlüsselung größerer Datenmengen herangezogen.

Bei *kryptographischen Anwendungen* ist es statt dessen üblich, die hohe Verschlüsselungsleistung von symmetrischen Verfahren mit den Vorteilen der asymmetrischen Systeme beim Schlüsselmanagement in sogenannten *Hybridsystemen* zu verbinden. Dabei wird der zur Verschlüsselung einer Nachricht verwendete symmetrische Schlüssel *(Session Key)* separat mit einem asymmetrischen Verschlüsselungsverfahren verschlüsselt. Dieses Verfahren wird heute in den meisten Fällen zum Schlüsselaustausch verwendet. Es hat den Vorteil, daß kein symmetrischer Schlüssel vorab auf einem speziell abgesicherten Weg ausgetauscht werden muß. Einsatzfelder für solche Verfahren liegen im Bereich des Home Banking und des Electronic Commerce.

2.2 Elektronische Unterschrift

Verschlüsselungsverfahren bilden auch die Grundlage für Verfahren der elektronischen Unterschrift.[2] Auf die Verschlüsselung großer Datenmengen wird oft aufgrund des hohen Zeitbedarfs verzichtet und statt dessen eine elektronische Unterschrift verwendet. Wie ihr handschriftliches Äquivalent sichert sie die Urheberschaft unterzeichneter Daten. Da die Daten bei der Erzeugung der elektronischen Unterschrift mit einfließen, ist ihre Echtheit gewährleistet. Für die elektronische Unterschrift als Authentizitätsmerkmal bei der Datenübermittlung wird ein asymmetrisches Verschlüsselungsverfahren benutzt.

Bei der Benutzung einer elektronischen Unterschrift wird die Nachricht zwar unverschlüsselt übermittelt, aber sie fließt komprimiert in die Unterschrift ein. Zur Komprimierung der Daten wird ein Verschlüsselungsalgorhythmus *(Hash-Verfahren)* eingesetzt, welches beiden Kommunikationspartnern bekannt sein muß und leicht (d.h. schnell) durchführbar sein muß. Das Hash-Verfahren soll außerdem kollisionsfrei sein, d.h. es darf mit realistischem Rechenaufwand nicht möglich sein, zwei Datensätze mit gleichem Hash-Wert zu erzeugen. Die Qualität des Hash-Verfahrens ist für die elektronische Unterschrift wichtig und sichert die (praktische) Eindeutigkeit der elektronischen Unterschrift für jeden Datensatz.

Das Signieren einer Nachricht läuft in dem hier betrachteten Verfahren wie folgt ab (Abbildung 1):

- Der Absender berechnet aus der Nachricht eine komprimierte Prüfsumme *(Hash-Wert)*.
- Der Absender bildet die elektronische Unterschrift als Verschlüsselung des Hash-Werts mit seinem geheimen Schlüssel.
- Die Nachricht wird mit der angehängten elektronischen Unterschrift versendet.

---

[2] Vgl. SIZ GmbH (1995b).

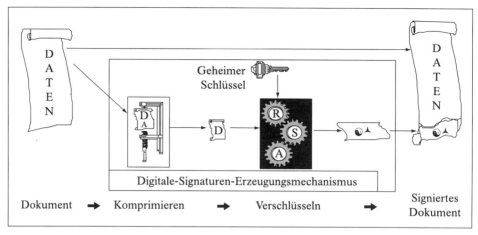

Abbildung 1: Erzeugen der elektronischen Unterschrift auf Absenderseite

Die Überprüfung der elektronischen Unterschrift verläuft wie folgt (Abbildung 2):

- Der Empfänger berechnet aus der Nachricht den Hash-Wert.
- Der Empfänger entschlüsselt die elektronische Unterschrift mit dem öffentlichen Schlüssel des Absenders.
- Der Empfänger vergleicht den selbst berechneten Hash-Wert mit der decodierten elektronischen Unterschrift.
- Stimmen beide Werte überein, ist die Nachricht authentisch vom Absender (also dem Besitzer des privaten Schlüssels) übermittelt worden.

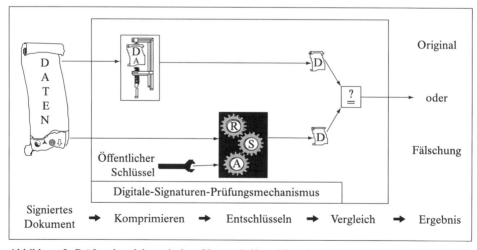

Abbildung 2: Prüfen der elektronischen Unterschrift auf Empfängerseite

Der Empfänger der Nachricht muß sich sicher sein können, daß der öffentliche Schlüssel, den er erhält, auch wirklich dem erwarteten Absender der Nachricht gehört, damit er die Authentizität einer Nachricht überprüfen kann. Das bedeutet, daß der öffentliche Schlüssel in zertifizierter Form an den Empfänger der Nachricht übermittelt werden muß. Die Zertifizierung erfolgt dabei von einer vertrauenswürdigen zentralen Stelle. Ist die Zertifizierung aus Verfügbarkeitsgründen durch eine vertrauenswürdige Instanz nicht möglich, wird der öffentliche Schlüssel uncodiert verschickt und auf einem (möglichst gesicherten) anderen Kanal ein Kontrollwert zur Echtheitsprüfung des Schlüssels übermittelt.

3. Infrastrukturen zur Informationssicherung

Gelingt das Überprüfen einer elektronischen Unterschrift, muß man sicher sein, daß der dabei angewandte öffentliche Schlüssel auch von dem behaupteten Sender stammt. Wie erwähnt benötigt man eine vertrauenswürdige zentrale Stelle, die den öffentlichen Schlüssel beglaubigt, also zertifiziert. Allgemein ausgedrückt ist ein Zertifikat ein Datensatz, der von einer vertrauenswürdigen Instanz, dem *Trust Center* oder der *Zertifizierungsinstanz*, mit einer elektronischen Unterschrift versehen ist. Speziell werden unter Zertifikaten die authentisierten öffentlichen Schlüssel für das asymmetrische Verschlüsselungsverfahren verstanden. Die Zertifizierungsinstanz muß also vorab in einem Registrierungsschritt prüfen, ob ein öffentlicher Schlüssel und eine Person mit einem eindeutigen Namen wirklich zusammengehören. Ist dies der Fall, unterschreibt sie mit ihrem eigenen privaten Schlüssel ein Zertifikat, das den öffentlichen Schlüssel, den eindeutigen Namen des Besitzers, Angaben zum Gültigkeitszeitraum des Schlüssels und natürlich auch ihren eigenen eindeutigen Namen enthält. Zertifkate werden in einem Verzeichnis öffentlich abgelegt und sind allen autorisierten Benutzern zugänglich. Sie können über ungesicherte Kanäle übertragen werden. Die Authentizität der Zertifikate kann jederzeit mit dem öffentlichen Schlüssel der Zertifizierungsinstanz überprüft werden, den der Anwender entweder kennt und ihm damit vertraut oder der wiederum von einer weiteren Zertifizierungsinstanz beglaubigt wird. Dieses rekursive Vorgehen bildet ein Netzwerk von Zertifizierungsinstanzen, die dezentral organisiert und betrieben werden können und die Grundlage für Authentizitätsbeweise bilden. Dieses Netzwerk nennt man Zertifizierungshierarchie. An der Spitze dieser Struktur (Wurzel) steht ein Wurzelzertifikat, das jedem Benutzer bekannt sein muß und unbedingt als vertrauenswürdig zu betrachten ist, da es den Ausgangspunkt jedes Authentizitätsbeweises innerhalb der Infrastruktur bildet.

Das Verfahren der Schlüsselzertifizierung gliedert sich in die Schritte Identifizierung des Ansprechpartners, Antragsannahme, Zertifizierung und Verzeichnisdienst, d.h. Bereitstellung des Zertifikats, wie Abbildung 3 zeigt:

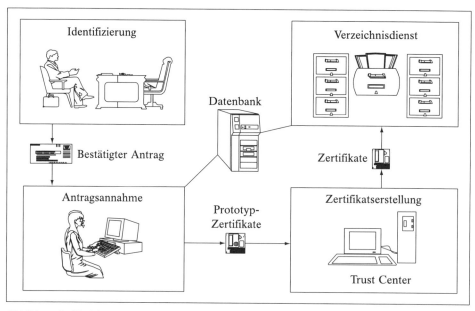

Abbildung 3: Verfahren zur Schlüsselzertifizierung

4. Sicherung der Geschäftsabwicklung im Internet

In den 70er Jahren wurden in den USA im Rahmen der *Advanced Research Project Agency* (ARPA) technische Verfahren und Kommunikationsprotokolle entwickelt, die es ermöglichten, mehrere Rechner im Rahmen eines Rechnernetzes miteinander zu verbinden. Auf Basis dieser Techniken und Protokolle entstand als Rechnernetz das ARPANET. Bald darauf wurde auch Universitäten und zivilen Großforschungseinrichtungen die Nutzung dieses Netzes ermöglicht. Für das Gesamtnetz etablierte sich der Name *Internet*. Im Internet waren die einzelnen Einrichtungen (Universitäten, Forschungseinrichtungen, Unternehmen) für den Betrieb ihres Teilnetzes jeweils eigenständig verantwortlich. Ein Teilnetz wurde dabei über Wähl- oder Standleitungen mit anderen Teilnetzen des Internet verbunden, so daß auf diese Weise ein Gesamtnetz aus vielen kleinen, individuell aufgebauten und administrierten und in wahlfreier Art und Weise miteinander verbundenen Teilnetzen entstand.

Diese verteilte Struktur führt jedoch dazu, daß das Internet als unsicheres Medium zu betrachten ist. Es ist weder kontrollierbar noch effizient feststellbar, wer wann von wo über das Internet worauf zugreift oder auf welchem Weg, d.h. über welche Zwischenrechner, Teilnetze, Einrichtungen und Länder Rechnerverbindungen geführt werden. Ein sicherer und kontrollierter Betrieb, wie er in bankinternen Rechenzentren üblich ist, ist damit nicht zu gewährleisten.

Ein wichtiger Schritt auf dem Weg zum heutigen Internet war die Entwicklung des Hypertext-Modells und des *Hypertext Transfer Protocol* (HTTP) im Jahr 1991 im Rahmen des CERN *(Conseil Européenne pour la Recherche Nucléaire)* in Genf. Basierend auf dieser Technologie entstand sehr schnell eine weltweite Sammlung von miteinander verbundenen Hypertext-Seiten, das *World Wide Web* (WWW, kurz „Web" genannt). Das Web fand aufgrund der anschaulichen Darstellung und der einfachen Benutzung rapide Verbreitung und machte das Internet auch für Nicht-Techniker interessant und anwendbar.

Vor diesem Hintergrund erhält das World Wide Web auch für die Banken steigende Bedeutung. Auf Basis der Web-Technologie hat sich das Internet zu einem Kommunikationsmedium entwickelt, dem eine ähnliche Bedeutung zukommen wird wie heute der Telefon- und Faxkommunikation. Das Internet bietet für die Finanzunternehmen eine Vielzahl von Möglichkeiten, wie z.B.:

- Information und Präsentation der Kreditinstitute im World Wide Web,
- Betreuung von Kunden und Bearbeitung von Kundenanfragen,
- Konten- und Depotverwaltung über das Internet,
- direkter Datenaustausch mit Privat- und Firmenkunden.

Nutzung des Internet und Absicherung der Internet-Angebote bedingen sich gegenseitig. Genauso wie es bei Nutzung des Internet als Kommunikationsmedium unabdingbar ist, für entsprechende Sicherheitsmaßnahmen zu sorgen, führt umgekehrt eine gute Absicherung von Internet-Angeboten dazu, daß das Internet intensiv auch für sensitive Kommunikationszwecke genutzt werden kann. Den Banken öffnet sich durch eine hochwertige Absicherung die Möglichkeit, das Internet als innovatives und stark im Wachsen begriffenes Medium vielfältig nutzen zu können.

Der Absicherung von Internet-Verbindungen kommt damit essentielle Bedeutung zu. Im Rahmen des Internet sind die einzelnen Unternehmen gefordert, selbst für die Sicherheit ihrer Internet-Anbindung zu sorgen. Die Sicherheit dieser Anbindungen gliedert sich in drei Aspekte, die in den folgenden Abschnitten genauer betrachtet werden:

1. Schutz der internen Netze gegen unbefugte Zugriffe. Soweit interne Netze mit dem Internet verbunden sind, wird der Schutz typischerweise durch Firewalls dargestellt.
2. Schutz der über das Internet abzuwickelnden Kommunikationsbeziehungen. Dieser Aspekt wird maßgeblich durch Protokolle wie SSL abgedeckt.
3. Schutzmaßnahmen der eingesetzten Anwendungen.

4.1 Netzwerkabsicherung

In vielen Fällen bedingt die Nutzung des Internet eine Anbindung des Banknetzes an das Internet, wodurch die Sicherheit des Banknetzes bedroht wird. Der Einsatz von Sicherheitssystemen wie *Firewalls* soll die Risiken der Internet-Nutzung auf ein vertretbares Maß verringern. Unabhängig von der Nutzung des Internet sind die zur Absicherung des Zugangs entwickelten Konzepte und Produkte auch zur Sicherung interner

Netzübergänge verwendbar. Dies gilt zumindest dann, wenn in den internen Netzen das im Internet verwendete Basisprotokoll IP *(Internet Protocol)* genutzt wird. In diesem Fall wird von Intranet gesprochen.[3]

Die Anforderungen an Firewalls können je nach Einsatzzweck (intern oder im Internet) variieren. Dies wird hauptsächlich durch den in der Regel höheren Kommunikationsbedarf und die höheren Performanceanforderungen bei der Kopplung interner Netze begründet. Für die prinzipielle Betrachtung der Ziele und der unterschiedlichen Konzepte ist es unerheblich, ob der Netzübergang zwischen zwei internen Netzen erfolgt oder zum Internet.

Firewalls sollen die sichere Kopplung einzelner Netze ermöglichen. Unabhängig von den im internen Netz verwendeten Systemen und Protokollen lassen sich allgemeine Ziele für den Einsatz von Firewalls festlegen:[4]

- Schutz des internen Netzes und
- Kontrolle der erlaubten Kommunikationsbeziehungen.

Durch die Zwischenschaltung einer zentralen Netzkomponente zwischen dem externen und dem internen Netz wird eine kontrollierte Kommunikation zwischen den Netzen möglich. Die Firewall ist als Übergangspunkt zwischen den zu koppelnden Netzen zu sehen. Dieser Übergangspunkt muß über spezielle Sicherheitseigenschaften verfügen, die sicherheitstechnische Schwächen der verwendeten Protokolle und Endsysteme ausgleichen sollen. Eine wesentliche Eigenschaft einer Firewall ist die Bündelung des gesamten Datenverkehrs zwischen den Netzen auf der Firewall, wodurch eine zentrale Kontrolle der Kommunikation zwischen den Netzen möglich wird. Durch die Prüfung von Regeln wird über die Zulässigkeit des Datentransfers durch die Firewall entschieden. Durch ihre aus Kommunikationssicht zentrale Position ist eine Firewall eine ideale Stelle für:

- Die Identifikation und Authentikation von Nutzern und Systemen.
- Den wirkungsvollen Zugriffsschutz auf die Dienste.
- Ein aussagekräftiges, zentrales Audit der Kommunikationsverbindungen.
- Den Einsatz von Verschlüsselungsverfahren zum Aufbau *Virtueller Privater Netze* (VPN).

Die zentrale Position ermöglicht eine Isolation und Konzentration der sicherheitsrelevanten Funktionalität. Der Nachweis der korrekten Implementierung ist bei einer Konzentration der zu prüfenden Systemteile wesentlich leichter zu erbringen als für ein System, bei dem die Funktionen zur Kontrolle der Kommunikation auf die einzelnen Systemkomponenten (Hosts, Endsysteme) verteilt sind.

---

[3] Unter Intranet wird hier die Nutzung typischer Internet-Dienste innerhalb des internen Netzes verstanden (z.B. WWW-Server zur internen Informationsbereitstellung).
[4] Intern im Sinne des eigenen Verantwortungsbereichs.

Obwohl eine Firewall ein wirksames Element zur Sicherung von Netzübergängen sein kann, gibt es Ziele, die durch eine Firewall prinzipiell nicht oder nur unzureichend erreicht werden können. Dazu zählen:

- Schutz vor Nutzern im internen Netz,
- Schutz vor Kommunikation, die nicht über die Firewall läuft,
- Schutz vor neuen, nicht bekannten Bedrohungen und
- Schutz gegen Computerviren und Trojanische Pferde.

Diese Ziele müssen durch andere Maßnahmen in den internen Netzen und Systemen erreicht werden.

4.2 Kommunikationsabsicherung

Für die Absicherung von HTTP-Verbindungen wurden im Internet im wesentlichen zwei konkurrierende Verfahren entwickelt: S-HTTP *(Secure Hypertext Transfer Protocol)* und SSL *(Secure Socket Layer)*. S-HTTP erweitert die Hypertext-Seiten selbst um Sicherheitselemente für die Verschlüsselung von Datenelementen und um Mechanismen zum Schutz von Integrität und Authentizität der Hypertext-Seiten und der darin enthaltenen Daten. Bei der SSL-Lösung wird die zugrundeliegende Transportverbindung um zusätzliche Sicherheitsmaßnahmen ergänzt, so daß die als Dokumente selbst ungesicherten Hypertext-Seiten über entsprechende Kommunikationskanäle gesichert, d.h. vertraulich, integer und authentisch, übertragen werden können.

Zwischenzeitlich hat sich SSL im Internet gegenüber S-HTTP durchgesetzt. Im Gegensatz zu S-HTTP wird es von den marktführenden Web-Browsern unterstützt, verfügt damit über eine entsprechende Verbreitung und hat sich so als De-facto-Standard durchgesetzt. Gerade im Netzbereich spielen Standards eine wesentliche Rolle, da sie die notwendige Voraussetzung für Interoperabilität, und damit überhaupt für das Zustandekommen von Kommunikationsverbindungen sind. SSL bietet gegenüber S-HTTP weiter den Vorteil, daß es als sichere Transportschicht zwar ursprünglich zur Absicherung des HTTP eingesetzt wurde, jedoch nicht notwendigerweise auf diesen Einsatzzweck beschränkt ist. So kann SSL ohne weiteres auch zur Absicherung anderer verbindungsorientierter Dienste im Internet eingesetzt werden, wie beispielsweise zum Schutz von Filetransfer, Electronic Mail oder dem Zugriff auf Verzeichnisdienste.

Mittlerweile stehen SSL-Lösungen zur Verfügung, die unter Verwendung geeigneter Verschlüsselungsverfahren und Schlüssellängen (128-Bit-Schlüssellänge bei symmetrischen Verfahren wie Triple-DES oder IDEA), einen hohen Sicherheitsstandard bei der Kommunikation zwischen Browser und Web-Server gewährleisten. Zusätzlich integrieren sie Verschlüsselungshardware zur sicheren Aufbewahrung und Handhabung von kryptographischem Schlüsselmaterial, um die für den SSL-Betrieb kritischen privaten Schlüssel auf seiten der SSL-Server sicher gegen unbefugten Zugriff zu schützen.

Bei der Verwendung solcher Sicherheitsverfahren hat der Anwender die Gewähr, daß die WWW-Inhalte tatsächlich von dem angesprochenen Server stammen – entsprechend des

SSL-Protokolls muß sich der Server gegenüber dem Browser ausweisen – und während der Übertragung nicht verändert bzw. verfälscht werden. Datensendungen an den abgesicherten WWW-Server werden verschlüsselt und damit vertraulich übertragen. Zur Unterstützung dieses Verfahrens dienen Zertifizierungsinstanzen, die SSL-Server mit entsprechenden elektronischen Ausweispapieren (Zertifikaten) ausstatten können. Mit SSL steht damit ein geeigneter Mechanismus zum Schutz von Kommunikationsverbindungen im Internet zur Verfügung.

4.3 Anwendungsabsicherung

Neben der Netzwerkabsicherung und der Absicherung der zugrundeliegenden Kommunikationsverbindungen im Internet enthalten Systeme auch Schutzmechanismen auf Anwendungsebene. In der Finanzwelt sind dies vor allem Systeme in den Bereichen elektronischer Zahlungssysteme (reiner Zanlungsverkehr) und Home Banking.[5]

4.3.1 Secure Elecronic Transaction (SET)

Ein Verfahren für elektronische Zahlungssysteme ist SET.[6] Die SET-Spezifikation zur Bezahlung mit der Kreditkarte bemüht sich um die Abdeckung aller Sicherheitsaspekte bei Zahlungsvorgängen im Internet. Sie setzt bei der Erstellung eines Kaufauftrags durch den Kunden an. Die Kommunikationsvorgänge werden durch hybride kryptographische Verfahren abgesichert. Eine sichere Authentisierung von Händler- und Kundensystemen soll durch die Einführung von Zertifikaten gewährleistet werden. Kauforder und -bestätigungen (sowie Registrationen) werden von der entsprechenden Partei um ihr Zertifikat ergänzt und elektronisch unterschrieben. SET sieht für das Management der Zertifikate eine mehrstufige Zertifizierungshierarchie vor. An der Spitze dieser Struktur steht eine Wurzel mit einem Wurzelzertifikat (vgl. Abschnitt 3). Die Verfügbarkeit des Wurzelzertifikats ist eine notwendige Voraussetzung für die Verifikation aller Zertifikate der Hierarchie. Dieses Zertifikat enthält in der Regel Informationen für die eigene Verifikation der Wurzel. In der darunter liegenden Stufe stehen die Gesellschaften-Zertifikate, die von der Wurzel zertifiziert wurden. Sie sind den (international orientierten) Kreditkartengesellschaften zuzuordnen. Diese können für die nationalen Vertretungen geopolitische Zertifikate ausstellen. Die kartenherausgebenden Kreditinstitute beantragen sogenannte *Issuer-Zertifikate*, die in der Zertifikatshierarchie in der nächst tieferen Stufe der Zertifizierungshierarchie stehen. Analog dazu werden *Acquirer-Zertifikate* von vertrauenswürdigen „Netzbetreibern" oder Rechenzentren bei den nationalen Vertretungen beantragt. Kunden bzw. Händler beantragen ihre Zertifikate beim Issuer bzw. Acquirer. Der Issuer ist für die organisatorischen Aspekte der Kunden und der Acquirer für die der Händler verantwortlich. Ferner ist der Acquirer bei Zahlungsvorgängen einbezogen.

---

[5] Vgl. dazu Wittenberg, J.H. (Beitrag in diesem Buch).
[6] Vgl. auch Schapp, S. (Beitrag in diesem Buch).

Drei wesentliche Aspekte bei der Absicherung durch SET sind:

- Die Spezifikation berührt ausschließlich Finanztransaktionen; somit sind die kryptographischen Verfahren nur eingeschränkt einsetzbar. Diese Limitierung berücksichtigt amerikanische Bestimmungen und soll der Gefährdung des internationalen Einsatzes durch die generelle Verweigerung von Import- und Export-Lizenzen begegnen.

- Die Einschaltung einer Autorisierungsstelle bietet dem Händler die Gewähr für die Korrektheit der übermittelten Kartendaten und die Bonität des Kunden. Sie reduziert ferner die Sensibilität des Händlersystems für den Zahlungsverkehr, da dieses nicht die Vertraulichkeit der Kundendaten gewährleisten muß. Für den Kunden sind Sicherheitsaussagen der den Kreditinstituten zuzuordnenden, stark zentralisierten Autorisierungssysteme zudem glaubwürdiger. Der (spätere) Zahlungsvorgang über autorisierte Kartendaten soll durch die Kartengesellschaften analog zur gegenwärtigen Verfahrensweise garantiert werden.

- Für den Schutz der Kreditkartendaten des Kunden – nicht nur während der Datenübertragung, sondern auch auf (unsicheren) Händlersystemen – sind RSA-Schlüsselpaare für das Autorisierungssystem vorhanden. Zahlungsinformationen werden für das Autorisierungssystem verschlüsselt, sie werden jedoch dem Händler mitgeteilt. Der Händler hat über den nicht-öffentlichen Teil dieses Schlüsselpaares keine Kenntnis, kann die Zahlungsinformationen nicht lesen und muß die Autorisierung daher durch das Autorisierungssystem vornehmen lassen.

4.3.2 Home Banking Computer Interface (HBCI)

HBCI[7] ist ein neuer Standard zur Kommunikation zwischen intelligenten Kundensystemen und entsprechenden Bankrechnern zur Durchführung von Home-Banking-Transaktionen. Es wurde vom Informatikzentrum der Sparkassenorganisation GmbH (SIZ) in Zusammenarbeit mit den im Zentralen Kreditausschuß (ZKA) organisierten Verbänden der deutschen Kreditwirtschaft entwickelt.

Der Datentransfer wird über eine Netto-Datenschnittstelle abgewickelt. Das dabei zum Einsatz kommende Kommunikationsnetz ist hierbei zweitrangig. Im Rahmen von HBCI werden Sicherheitsmechanismen und -methoden eingesetzt, die den Mißbrauch der im Bereich des Home Banking eingesetzten Systeme verhindern und das bisher im Home Banking eingesetzte PIN/TAN-Verfahren durch eine elektronische Signatur ablösen. Grundsätzlich kommen im Rahmen von HBCI zwei verschiedene Sicherheitslösungen (Signierverfahren) zum Einsatz: Das speziell für HBCI entwickelte, auf dem symmetrischen DES-Verfahren basierende Signierverfahren DDV *(DES-DES-Verfahren)* als Chipkartenlösung sowie die auf dem asymmetrischen RSA-Verfahren basierende Hybridlösung RDH *(RSA-DES-Hybridverfahren)*.

---

[7] Vgl. SIZ GmbH (1997).

Angestrebt wird eine RSA-Chipkartenlösung auf Basis der derzeitigen RDH-Spezifikationen. Da diese Sicherheitskonzeption momentan aufgrund technischer Restriktionen noch nicht flächendeckend umzusetzen ist, kommt bis zur durchgehenden Realisierung der RSA-Chipkartenlösung sowohl die DDV-Lösung auf Basis von Chipkarten als auch die RDH-Lösung auf reiner Softwarebasis zum Einsatz. Bei Verwendung des symmetrischen Verfahrens (DDV) muß eine vom Kreditinstitut ausgegebene ZKA-Chipkarte eingesetzt werden, welche die Berechnung der kryptographischen Funktionen so durchführt, daß die kartenindividuellen Schlüssel niemals die Chipkarte verlassen. Werden asymmetrische Verfahren (RDH) eingesetzt, so kann als Sicherheitsmedium eine vom Kreditinstitut ausgegebene RSA-Chipkarte oder bis zur Verfügbarkeit einer solchen eine Datei auf Diskette bzw. Festplatte dienen. Auf dem Sicherheitsmedium wird unter anderem der private Schlüssel des Kunden gespeichert. Es ist aber auch möglich, öffentliche Schlüssel des Kreditinstituts darauf abzulegen oder aber im Falle einer Chipkarte die kryptographischen Operationen damit durchzuführen.

Es ist zwingend erforderlich, die Daten auf dem Sicherheitsmedium (kryptographisch) zu schützen. Speziell ist im Rahmen der Speicherung der Schlüsselpaare auf Diskette bzw. Festplatte sicherzustellen, daß die Daten unter Einbeziehung eines Paßworts verschlüsselt werden und der Zugriff auf die verschlüsselten Daten nur über die manuelle Eingabe des entsprechenden Paßworts möglich ist. Zusätzlich zu diesen Mechanismen fordert HBCI noch die Initialisierung des Kunden vor der eigentlichen Kommunikation. Dies verhindert die nicht-autorisierte Übermittlung von Geschäftsvorfällen schon im Vorfeld und nicht erst bei der Überprüfung der elektronischen Signatur.

In dem Kontext der Absicherung von Finanztransaktionen könnte auch das Gesetz zur digitalen Signatur eine wichtige Rolle spielen. Um auf diese sich abzeichnenden Entwicklungen gut vorbereitet zu sein, wird im Rahmen der HBCI-Realisierung bereits ein Trust Center realisiert. Strategien, wie dieses Trust Center an die neuen gesetzlichen Rahmenbedingungen angepaßt werden könnte, werden bereits erarbeitet.

5. Stand zur digitalen Signatur

Wie die vorangegangenen Betrachtungen zeigen, ist die elektronische Unterschrift und die dazu benötigte Infrastruktur aus sicherheitstechnischer Sicht ein wesentlicher Bestandteil bei der Absicherung von Anwendungen für die elektronische Geschäftsabwicklung. Diese Bedeutung spiegelt sich nun auch in ersten Schritten in der Gesetzgebung wider. Mit Art. 3 des Informations- und Kommunikationsdienste-Gesetzes (IuKDG) ist am 1. 8. 97 das Gesetz zur digitalen Signatur (SigG) in Kraft getreten,[8] mit dem Zweck,

---

[8] Vgl. Gesetz zur Regelung der Rahmenbedingungen für Informations- und Kommunikationsdienste (Informations- und Kommunikationsdienste-Gesetz, IuKDG) vom 22. Juli 1997 (BGBl. I, S. 1870); Verordnung zur digitalen Signatur (Signaturverordnung, SigV) in der Fassung des Beschlusses der Bundesregierung vom 8. Oktober 1997.

Rahmenbedingungen für digitale Signaturen zu schaffen, unter denen diese als sicher gelten und Fälschungen digitaler Signaturen oder Verfälschungen von signierten Daten zuverlässig festgestellt werden können. Das Gesetz gibt hierzu, basierend auf den beschriebenen asymmetrischen Verfahren, eine Sicherheitsinfrastruktur vor, die es erlaubt, daß auf elektronischem Wege Erklärungen abgegeben und ausgetauscht werden können. Außerdem besteht die Möglichkeit, Verträge zu schließen, auf welche die Teilnehmer vertrauen können. Allerdings ist auf Basis des SigG zur Zeit die gesetzliche digitale Signatur nicht mit der gesetzlichen Schriftform gleichgestellt. Sie kann unter den jetzigen Bedingungen nur in solchen Fällen eingesetzt werden, in denen nicht die Einhaltung von bestimmten Formen verlangt wird. Dort genügt aber bereits jetzt der mündliche Abschluß. §1 Absatz 2 SigG legt jedoch den Schluß nahe, daß eine Gleichstellung zwischen gesetzlich digitaler Signatur und schriftlich verfaßter Erklärung erfolgen wird.

Literatur

SIZ GMBH (1995a), Standard der IT-Sicherheit, Bonn.
SIZ GMBH (1995b), Elektronische Unterschrift, Bonn.
SIZ GMBH, HBCI – Die neue Welt des Homebanking, Bonn 1997.

Volker Visser/Georg Disterer

IT-Struktur einer Direktbank

1. Zielsetzung bei Gründung einer Direktbank
2. Grundstruktur der neuen Bank
    2.1 Aufbau eines Verbunds mit Kooperationspartnern
    2.2 Funktionale und technische Ziele
    2.3 Umsetzung der Strategie
3. Technologie für den Bankbetrieb
    3.1 Systemarchitektur
    3.2 Systemkonfiguration
4. Sicherung der Transaktionsverarbeitung
5. Erfahrungen und Ausblick
Literaturhinweis

In den 90er Jahren hat sich in Deutschland eine Reihe von Direktbanken etabliert. Diese Banken erfordern eine wesentlich andere Informationstechnik und IT-Infrastruktur als klassische Filialbanken. In diesem Beitrag wird am Beispiel der Advance Bank gezeigt, welche funktionalen und technischen Anforderungen für eine Direktbank herrschen und wie mit geeigneter IT-Architektur und -Konfiguration darauf reagiert werden kann.

1. Zielsetzung bei Gründung einer Direktbank

Bei der Bayerischen Vereinsbank wurden 1994 grundlegende Aktivitäten zur Lösung zweier strategischer Schwächen im Privatkundengeschäft begonnen. Zum einen sollte der Überalterung des Kundenstamms begegnet werden. Im Vergleich zur Bevölkerung der Bundesrepublik wies die Altersstruktur der Kunden der Vereinsbank ein wesentlich älteres Klientel auf, d.h. mehr Personen im Alter von über 50 Jahren und weniger Personen im Alter bis 40 Jahre. Die verstärkte Ansprache jüngerer Kunden war also gefragt, um das Privatkundengeschäft nicht insgesamt zu gefährden. Die zweite Schwäche bildete das bei weitem nicht flächendeckende Filialnetz der Vereinsbank. Nur in einigen wichtigen Wirtschaftsregionen wie Bayern und Hamburg ist eine ausreichende Flächendeckung vorhanden, andere wichtige Regionen wie die Großräume um Berlin und Stuttgart sowie das Ruhrgebiet sind nur spärlich erschlossen. Hinzu kamen einige aktuelle Entwicklungen im Privatkundengeschäft, die es zu berücksichtigen galt. So war abzusehen, daß die im Bankgeschäft üblichen Öffnungszeiten der Filialen von den Kunden in Zukunft nicht mehr widerspruchslos akzeptiert werden. Des weiteren waren Änderungen der Marketing- und Vertriebsstrategien im Privatkundengeschäft sowie neue technische Entwicklungen zu beachten.[1]

Ziel war die Entwicklung und Umsetzung einer Strategie, die konsequent auf die Gewinnung von Neukunden ausgerichtet ist. Hierfür galt als Erfolgsfaktor, dem zukünftigen Kunden einen deutlichen Mehrwert gegenüber dem zu bieten, was unter den Beschränkungen des traditionellen Filialsystems möglich ist. Im Zuge der Strategieentwicklung wurden – unter Mitwirkung externer Spezialisten – umfangreiche Marktuntersuchungen mit Prognosen bis ins Jahr 2005 zu absehbaren Entwicklungen und Erwartungen bezüglich der Vertriebskanäle im Privatkundengeschäft durchgeführt. Ebenso wurden Affinitäten von potentiellen Zielgruppen zu alternativen Vertriebskanälen und Produktkonzepten untersucht sowie verschiedene Marktkonzepte im europäischen Ausland eruiert. Parallel wurden neueste Technologien auf ihre Einsatzmöglichkeiten in innovativen Bankkonzepten hin überprüft.

Das Resultat der Strategieentwicklung stellte ein Mehrwertkonzept für eine spezifizierte Zielgruppe dar. Die Bewertung des Konzepts ergab dessen grundsätzliche Eignung und zeigte konkrete Erfolgspotentiale für Deutschland sowie die Erweiterbarkeit bei einem eu-

---
[1] Vgl. Reimers-Mortensen, S./Disterer, G. (1997a); Reimers-Mortensen, S./Disterer, G. (1997b).

ropäischen Marktauftritt. Im Vergleich zum traditionellen Filialsystem versprach das Konzept potentiellen Kunden vor allem Verbesserungen in den Nutzendimensionen *Preis-/Leistungsverhältnis*, *Komfort* und *Objektivität in der Beratung*. Hier sollte eine konsequente Position eingenommen werden, die dem Kunden einen deutlichen Mehrwert verspricht.

Zur Umsetzung des Konzepts waren beträchtliche Ressourcen notwendig. Daher war es entscheidend, eine Zielgruppe mit ausreichendem Potential für Deckungsbeiträge zu adressieren und zu erreichen, um den Break-even-Punkt in einem überschaubaren Zeitraum zu überschreiten. Die klassische Segmentierung im Privatkundengeschäft unterscheidet in Deutschland die Kundengruppen der Universalkunden, die ca. 80% des Markts bilden, der Individualkunden mit ca. 17% des Markts und der privaten Investoren mit bis zu 3% des Markts. Bei einem anspruchsvollen Marktauftritt mit hochklassigem Produktangebot sind nur von Individualkunden Deckungsbeiträge in ausreichendem Ausmaß zu erwarten. Daher wurde diese Gruppe als Kern der Zielgruppe der Bank identifiziert. Diese wurde durch zusätzliche Kundenmerkmale noch weiter konkretisiert, von denen einige in Abbildung 1 veranschaulicht sind.

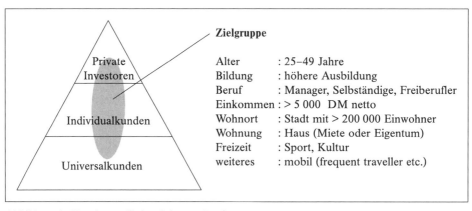

Abbildung 1: Kundenprofil der Advance Bank

2. Grundstruktur der neuen Bank

2.1 Aufbau eines Verbunds mit Kooperationspartnern

Aus den Ergebnissen der Strategieentwicklung konnten wesentliche Grundsätze für den Aufbau der Bank abgeleitet werden. So war eine Zielsetzung, die flächendeckende Verfügbarkeit der Bankdienstleistungen in Deutschland darzustellen – mit der Option einer späteren Erweiterung des Marktauftritts auf Europa. Zudem sollte zur Sicherstellung des angestrebten hohen Kundenkomforts eine Verfügbarkeit der Bankdienstleistungen rund um die Uhr an sieben Tagen der Woche gewährleistet sein.

Unter dem Namen Advance Bank wurde die Gründung und der Aufbau einer neuen Bank mit hoher Unabhängigkeit von der Muttergesellschaft angestrebt. Dies entsprach vor allem dem Ziel der Akquisition von Neukunden, denn bei zu großer Nähe zur Muttergesellschaft hätten intern drohende Kannibalisierungseffekte für Hindernisse gesorgt. Dem Kunden wäre die Selbstdarstellung als neue Alternative nicht vollständig überzeugend vorgekommen. Zudem wäre die angestrebte hohe Flexibilität im Produktprogramm mit den Systemen der Muttergesellschaft nur bei beträchtlich höherem Aufwand darstellbar gewesen. Das Wachstum der neuen Bank sollte kontrolliert ablaufen – auch in bezug auf die Standorte, an denen die Bank mit unterschiedlichen Funktionen aktiv werden würde. Vom Gedanken einer großen und mächtigen Zentrale wurde früh Abstand genommen, vielmehr sollten Niederlassungen nur bis zu einer kritischen Größe von ca. 200 Mitarbeitern aufgebaut werden. Bei weiterem Wachstum sollten nach dem Prinzip der Zellteilung neue Standorte eingerichtet werden.

Von besonderer Bedeutung bei den Strategieentscheidungen war die dezidierte Beschränkung auf die Kernkompetenzen. Nur die für den Bankbetrieb notwendigen Funktionen sollten eigenständig aufgebaut und betrieben werden. Weiteres sollte so weit wie möglich (und vom Gesetzgeber im Rahmen des BAKred zugelassen) von dritter Seite integriert werden. Derartige Ansätze werden heute unter dem Begriff *virtuelles Unternehmen* diskutiert. Virtuelle Unternehmen gelten als relativ neue Organisationsform, um auf Anforderungen wie Kundenorientierung, Geschäftsprozeßoptimierung, Fokussierung auf Kernkompetenzen, Internationalisierung u.a. zu reagieren. Dabei ist vielfach auf die Inflation des Begriffs virtuell hingewiesen worden.[2] Eine übereinstimmende und tradierte Begriffsbestimmung liegt noch nicht vor. Übereinstimmend werden virtuelle Unternehmen[3] als Kooperationen rechtlich unabhängiger Unternehmen beschrieben, die ihre verschiedenen Kernkompetenzen in eine gemeinsame, die Unternehmensgrenzen übergreifende Wertkette einbringen und gegenüber den Kunden ein einheitliches, monolithisches Auftreten zeigen.[4] Zur Koordination der beteiligten Unternehmen dient vor allem die intensive Nutzung von Informations- und Kommunikationstechnik, hierarchische und organisatorische Regelungen und Normen spielen eine geringe Rolle. Der Geschäftsprozeß und die optimale Abwicklung der Wertschöpfungskette steht im Mittelpunkt des Interesses. Mertens sieht daher einen der Grundsätze bei virtuellen Unternehmen in der extrem Dominanz der Ablauf- über die Aufbauorganisation.[5]

Das Besondere dieser Kooperationsform zwischen Unternehmen liegt in der engen Verknüpfung der einzelnen Wertschöpfungsprozesse durch Informations- und Kommunikationstechnik und dem weitgehenden Verzicht auf hierarchische Beziehungsregeln zwischen den Unternehmen. Auf Basis eines gemeinsamen Geschäftsverständnisses werden Kernkompetenzen in eine integrierte Wertschöpfungskette eingebracht und den Kunden präsentiert. Kunden nehmen dabei den Hersteller der Produkte oder Dienstlei-

---

[2] Vgl. Mertens, P. (1994); Scholz, C. (1994); Müller-Merbach, H. (1995); Scholz, C. (1997).
[3] Vgl. Scholz, C. (1994), S. 15; Arnold, O./Faisst, W./Härtling, M./Sieber, P. (1995), S. 15; Mertens, P./Faisst, W. (1996), S. 280; Scholz, C. (1997), S. 364 f.
[4] Vgl. Disterer, G./Teschner, R./Visser, V. (1997); Reimers-Mortensen, S./Disterer, G. (1997a).
[5] Vgl. Mertens, P. (1994); ähnlich Wicher, H. (1996).

stungen als ein Unternehmen wahr, obwohl es real mehrere Unternehmen sind, die in einer besonders engen Kopplung kooperieren. In diesem Sinne ist das von den Kunden wahrgenommene eine Unternehmen nur scheinbar vorhanden – eben virtuell. Dabei ist es unerheblich, ob Kunden wissen, daß das virtuelle Unternehmen aus einer Kooperation mehrerer Unternehmen besteht. Im Umgang mit den Kunden tritt die Kooperation wie ein Unternehmen auf. Bei der durch intensiven Einsatz von Informationstechnologie erzeugten engen Kopplung der Unternehmen wird die Wahrnehmung von Materie (wie Unternehmen und deren Unternehmensgrenzen) dominiert von der Wahrnehmung von Informationen über Produkte und Dienstleistungen der Unternehmenskooperation.

Im hier beschriebenen Fall des Aufbaus der Advance Bank als neuer Direktbank wurde ein Netzwerk von Kooperationsbeziehungen über ganz Deutschland aufgebaut (Abbildung 2). Unter Führung der Advance Bank werden die Bankdienstleistungen in diesem Kooperationsverbund gemeinsam erbracht.

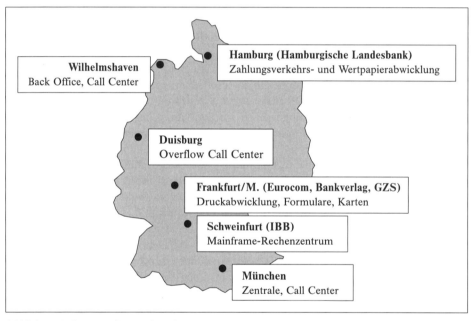

Abbildung 2: Kooperationsverbund

Die Beschränkung auf Kernkompetenzen wurde schon in den ersten eigenen Räumen der Bank in München umgesetzt, in denen die Rechner und die DV-Infrastruktur von einem der Hersteller betrieben werden. Der Host-Rechner *(Mainframe)* für die wesentlichen Back-Office-Funktionen des Bankbetriebs (Buchhaltung, Kontoführung, Controlling, Berichtswesen u.a.) wird von einem ehemaligen Produktionsbetrieb der Stahlbranche in Schweinfurt betrieben. Auf eine eigene Poststraße zur Abwicklung der umfangreichen Korrespondenz wurde verzichtet, diese Aufgaben werden von einem professionellen Lettershop in Frankfurt am Main durchgeführt. Das für ein leistungsfähiges Call Center notwendige Overflow Call Center wird von einem darauf spezialisierten Dienstleistungsunternehmen in Duisburg bereitgestellt. Die notwendigen Back-Office-Funktionen beim Zahlungsverkehr und im Wertpapiergeschäft können heute als Commodity angesehen werden.[6] Sie werden von einem Mitbewerber in Hamburg erbracht. Ein zweiter Standort der Bank wurde in der von Arbeitslosigkeit stark betroffenen Region um Wilhelmshaven eingerichtet. Dort sind im Vergleich zur Münchner Region die Ressourcen Boden und Arbeit günstig (ca. 25% geringere Personalkosten bei vergleichbaren Leistungen). In Wilhelmshaven wird der – für Direktbanken komplexe – Prozeß der Kontoeröffnung und Bestandspflege durchgeführt, ein Outbound Call Center zur Verfügung gestellt und Teile der Anwendungsentwicklung erbracht.

In technischer Sicht bildet die Basis dieser Kooperationsstruktur eine 2-MB-Least-Line-Verbindung. In aufbau- und ablauforganisatorischer Hinsicht gewährleistet ein offenes Vertragswerk, bestehend aus Service Level Agreements mit definierten Liefer- und Leistungsvereinbarungen, die angestrebte Qualität und Quantität bei der Erstellung der Bankdienstleistungen.

2.2 Funktionale und technische Ziele

Insbesondere zum Aufbau der Anwendungssysteme wurde ein Katalog funktionaler und technischer Ziele spezifiziert, der in Übersicht 1 skizziert ist.

Übersicht 1: Funktionale und technische Ziele

Funktionale Ziele	Technische Ziele
• kundenorientierte, zielgruppenspezifische, serviceorientierte Anwendungssysteme für Kundenberater; auf Durchsatz und Stabilität ausgerichtete Anwendungen im Back Office	• hohe Verfügbarkeit aller Anwendungen; insbesondere ist zu beachten, daß die Systeme für die Kundenberater auch verfügbar sein müssen bei Übertragungsproblemen zum Mainframe oder im Batch-Fenster der Mainframe-Anwendungen
• hohe Kompatibilität der funktionalen Systeme, um später weitere Funktionen zu ergänzen	• hohe Integration zwischen Telefon- und Anwendungssystemen, um Kunden und Mitarbeitern Nutzen und Komfort zu bieten
• klare Schnittstellendefinitionen, um Kooperationspartner mit deren Funktionalitäten zu integrieren	• hohe Performance der Anwendungssysteme, um auch bei Spitzenlast ausreichenden Durchsatz zu bieten
• hohe Reaktionsfähigkeit, um schnell auf neue Anforderungen zu reagieren (Time to Market).	• gute Skalierbarkeit technischer Komponenten, um Kapazität schrittweise an steigende Anforderungen anzupassen.

---

6 Vgl. Reimers-Mortensen, S./Disterer, G. (1997a); Reimers-Mortensen, S./Disterer, G. (1997b).

2.3 Umsetzung der Strategie

Die Strategieentwicklung und eine Vorstudie zur Realisierung der Geschäftsidee wurden ab Frühjahr 1994 durchgeführt. Planung, Realisierung und Inbetriebnahme der neuen Bank wurden bis März 1996 durchgeführt. Als Generalunternehmer trat dabei ein internationales Beratungsunternehmen auf. Das Projektteam bestand zeitweise aus über 120 Mitarbeitern unter der Anleitung eines Kernteams aus etwa zwölf Mitarbeitern. In diesem Team waren Mitarbeiter aus dem Beratungsunternehmen, aus einem Unternehmen der Strategieberatung und Mitarbeiter der Advance Bank. Anfangs waren nur fünf Mitarbeiter der Bank im Projektteam, bis zur Aufnahme des Bankbetriebs wurde jedoch ein eigener Personalstamm aufgebaut. Die Umsetzung der Strategie zum Aufbau der Bank erfolgte in vier definierten Leistungsstufen. Das Erreichen der vierten und letzten Stufe im Aufbauplan ist mit der Realisierung aller geplanten Aktiv- und Passivprodukte und dem Start des 2-Kanal-Vertriebswegs über Internet und Telefon für Ende 1998 vorgesehen.[7]

Die Advance Bank ist eine Direktbank ohne jede Filiale. Die Kommunikation mit den Kunden geschieht zuvorderst über Telefon, aber auch über Brief, Fax und Internet. Die Bank ist damit zu den Direktbanken zu zählen,[8] die in den letzten Jahren in Deutschland an den Markt gegangen sind. Sie hat den Geschäftsbetrieb am 25. März 1996 aufgenommen und beschäftigt derzeit ca. 350 Mitarbeiter. Insbesondere die neue Informations- und Kommunikationstechnik sollen die Geschäftsprozesse der neuen Bank intensiv unterstützen und die notwendige Koordination zwischen den beteiligten Verbundpartnern sicherstellen. Im weiteren Beitrag soll diese Informations- und Kommunikationstechnik für die Geschäftsprozesse der Bank im Vordergrund stehen.

3. Technologie für den Bankbetrieb

3.1 Systemarchitektur

Zur Erreichung der funktionalen und technischen Ziele wurde die in Abbildung 3 dargestellte 3-Schichten-Architektur für ein Client/Server (C/S)-System entwickelt und aufgebaut. Dabei bilden die Arbeitsplatzrechner (Clients) der Bankmitarbeiter die erste (vertikal dargestellte) Schicht, deren Anwendungen u.a. den unmittelbaren Kundenkontakt unterstützen und abwickeln. Die Arbeitsplatzrechner der Kundenberater sind dabei als funktional angebundenes Call Center aufgebaut,[9] an die eingehende oder durchgeroutete Telefonate von Kunden automatisch vermittelt und auf denen zugleich die relevanten Bankanwendungen gestartet werden.

---

[7] Vgl. Roemer, M./Buhl, H.U. (1996).
[8] Vgl. Disterer, G./Teschner, R./Visser, V. (1997); Reimers-Mortensen, S./Disterer, G. (1997a); Reimers-Mortensen, S./Disterer, G. (1997b).
[9] Vgl. Hampe, J.F./Schönert, S. (1997), S. 175.

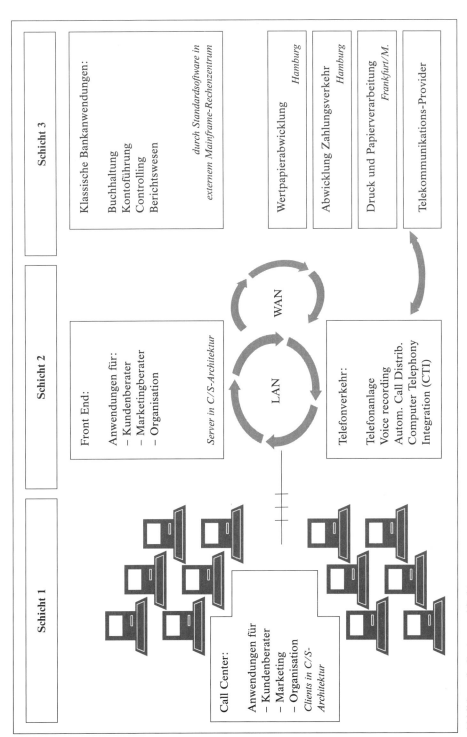

Abbildung 3: Systemarchitektur

In der zweiten Schicht werden in einem LAN die Server-Anwendungen für die Arbeitsplatzrechner zur Verfügung gestellt. Client- und Server-Anwendungen sind für die Bank vollständig neu entwickelt worden. Hier sind auch alle Systemkomponenten angesiedelt, die den Telefonkontakt mit den Kunden unterstützen. Dazu gehören Komponenten zur automatischen Sprachaufzeichnung aller Kundengespräche *(Voice Recording)*, um mündliche Kundenaufträge oder Hinweise dokumentieren zu können, und das elektronische Archiv. Ebenso sind hier die Komponenten zur Synchronisation der C/S-Anwendungen und des Telefonverkehrs, der über die Telefonanlage in die Bank einläuft, zu finden. Zusätzlich stellt die mittlere Schicht Funktionen bereit, um die Verfügbarkeit der Systeme der Client- und Front-End-Rechner bei Ausfall der Verbindung zu den Mainframe-Anwendungen und während des Batch-Fensters der dortigen Anwendungen zu sichern. Die Anwendungen im Front-End-Bereich werden dadurch isoliert von der unmittelbaren Verfügbarkeit der Anwendungen der dritten Architekturschicht.

In dieser dritten Schicht befinden sich klassische Bankanwendungen zu den Funktionsbereichen Finanzbuchhaltung, Konto- und Bestandsführung, Controlling und Berichtswesen. Zudem werden die Kooperationsbeiträge der Verbundunternehmen hier in die Wertschöpfungskette des virtuellen Unternehmens integriert. Die Kooperationsbeiträge sind dabei unterschiedlichster Art. Der gesamte Zahlungsverkehr der Bank wird über Systeme einer Hamburger Bank abgewickelt, die über das WAN in den Wertschöpfungsprozeß eingebunden sind. Ebenso wird das Wertpapiergeschäft auf darauf spezialisierten Anwendungen dieser Bank durchgeführt. Die gesamte Druck- und Papierbearbeitung der Bank, wie Ausdruck von Kontoauszügen, Vermögensübersichten und Korrespondenz, wird von einem Frankfurter Dienstleister durchgeführt, der über das WAN in das Netzwerk eingebunden ist. Klassische Bankanwendungen für Finanzbuchhaltung, Konto- und Bestandsführung, Controlling, Berichtswesen u.a. laufen auf einem Mainframe. Im Bereich der Vermögensberatung werden von unabhängigen Experten eines Dienstleisters in Bad Homburg regelmäßig Empfehlungen und Hinweise auf Basis eines Rankings von 2700 in Deutschland zum Handel zugelassenen Fonds entwickelt. Die Ergebnisse werden zur regelmäßigen Bewertung der Kundendepots und zur Entwicklung kundenindividueller Anlagevorschläge herangezogen.

3.2 Systemkonfiguration

Um die genannten funktionalen und technischen Ziele bei der Umsetzung der Systemarchitektur zu erreichen, wurden im Sinne eines *best-sourcing* die Technologien führender Anbieter ausgewählt und integriert, anstatt sich auf einen Anbieter oder Hersteller festzulegen. Dies hat zur Folge, daß eine Vielzahl verschiedener Betriebssysteme und Systemumgebungen zum Einsatz kommt, z.B. Windows NT auf den Clients der Kundenberater, HP-Unix auf dem Anwendungsserver, MVS/CICS/DB2 auf dem Mainframe, AT&T-Unix auf Telefonanlage und CTI-Server.

Der Entwurf und die Realisierung des Gesamtsystems hat hohe Ansprüche vor allem an die Qualität der Schnittstellen zwischen den Systemumgebungen und -komponenten gestellt. Diese Schnittstellen mußten besonders klar und detailliert ausgearbeitet werden, um sie den Kooperationspartnern eindeutig und vollständig kommunizieren zu können. Zudem sollen zukünftig weitere Kooperationspartner in die Wertschöpfungskette aufgenommen werden, die heute noch nicht bekannt sind. Daher ist der Konstruktion der Schnittstellen zwischen den Systemumgebungen und -komponenten besondere Bedeutung beizumessen. Die Systemarchitektur aus drei Schichten ist in einer komplexen Systemkonfiguration realisiert. Abbildung 4 (s. S. 176) zeigt einen vereinfachten Überblick. Einige dabei kritische Systemkomponenten sind im folgenden kurz beschrieben.[10]

- *Automatic Call Distribution (ACD):* verteilt eingehende Telefonate der Kunden auf die Kundenberater nach Verfügbarkeit und vorgegebenen Selektionskriterien. Diese Funktion wird von den meisten modernen Telefonanlagen als Zusatzausstattung angeboten. Realisiert ist diese Funktion über den gesamten Verbund von Kooperationsunternehmen. So wird bei Bedarf automatisch das Overflow Call Center in Duisburg angesteuert, welches eine automatische Wiedervorlage für die Kundenberater der Bank generieren kann. Damit ist die hohe Verfügbarkeit der Kundenservices als ein Beitrag zur Realisierung des geforderten hohen Komforts für den Kunden gewährleistet.

- *Computer Telephony Integration (CTI):* koordiniert und synchronisiert die eingehenden Telefonate der Kunden mit dem Anwendungssystem der Kundenberater.[11] So werden z.B. Telefonate vom Kundenberater durch Aktivieren entsprechender Icons auf der Benutzeroberfläche des Anwendungssystems entgegengenommen, gegebenenfalls weitergeleitet und beendet. Bei Entgegennahme eines Telefonats wird das Anwendungssystem des Kundenberaters automatisch gestartet und nach der Identifikation des Kunden die Sprachaufzeichnung eingeschaltet. Sollten Kunden zukünftig durch die Telefonnummer identifiziert werden, werden bei der Gesprächsaufnahme Kundendaten automatisch im Anwendungssystem des Kundenberaters bereitgestellt. Danach wird die Prüfung der Autorisierung vorgenommen. Bei Weiterleitung eines Anrufs an einen anderen Kundenberater werden aktuelle Kundendaten und -ereignisse in der Anwendung auf den Arbeitsplatz des anderen Kundenberaters weitergeleitet. Dies ist nicht nur inhouse im LAN möglich, sondern ebenso im WAN zwischen den Standorten, wodurch die Verfügbarkeit von Bankdienstleistungen unabhängig von Ort und Zeit wesentlich erhöht wird. Die gesamte Handhabung des Telefonverkehrs durch die Kundenberater geschieht innerhalb des Anwendungssystems, d.h. auf dem Bildschirm. Die Steuerungsdaten werden vom Anwendungssystem über APIs (Application Program Interfaces) an das CTI-System und an die Telefonanlage weitergegeben.

- *Front-End-Anwendungssystem:* bietet die Funktionalität für die verschiedenen Arbeitsplätze und die Schnittstellen zu den anderen Systemen (wie Zahlungsverkehr, Druck- und Papierabwicklung). Das Anwendungssystem ist in einer Client/Server-Architektur aufgebaut und auf Clients bei den Kundenberatern und anderen Bankmitarbeitern (auf Windows NT) sowie zentrale Server verteilt (auf HP-Unix). Zur Sicherheit und zum Lastausgleich stehen zentral zwei HP-Server zur Verfügung, die auf eine gespiegelte Datenbank zugreifen. Durch weitere Maßnahmen wird eine hohe Verfügbarkeit

---

[10] Vgl. Disterer, G./Teschner, R./Visser, V. (1997).
[11] Vgl. Hampe, J.F./Schönert, S. (1997), S. 175.

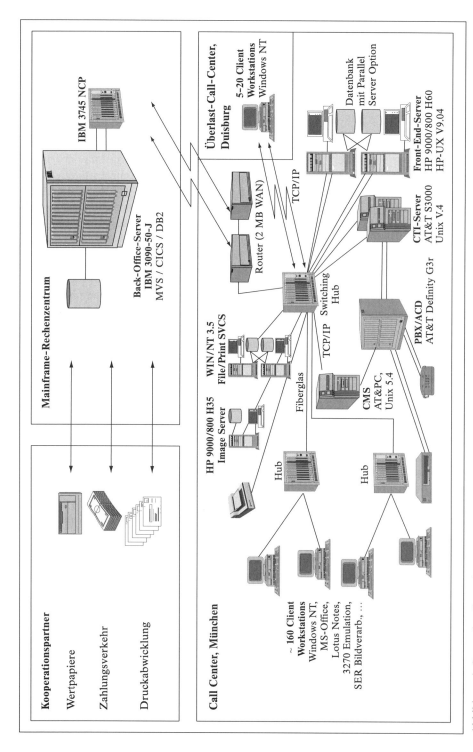

Abbildung 4: Systemkonfiguration

der Server-Anwendung sichergestellt: Die beiden Server-Systeme sind als Gruppen *(Cluster)* konfiguriert, die im Normalbetrieb eine Lastverteilung vornehmen und bei Ausfall eines Systems gegenseitig die Last übernehmen. Die entsprechenden Plattenbereiche der Datenbank sind auf zwei separate Plattenlaufwerke verteilt und überkreuz gespiegelt. Zudem ist die gewählte Konfiguration der Server skalierbar und erlaubt im Bedarfsfall, die Anwendungen auf zusätzliche Rechner zu verteilen.

- *Arbeitsplatzrechner im Call Center:* bieten den Kundenberatern und anderen Bankmitarbeitern eine Client-Anwendung, die auf die jeweiligen Anforderungen des Arbeitsplatzes abgestimmt ist und mit der Server-Anwendung zusammenarbeitet.

- *Alternate Service Delivery (ASD):* verteilt im Normalbetrieb die Systemanfragen der Client-Anwendung auf die Server-Systeme nach Verfügbarkeit und Auslastung der Server. Die ASD stellt bei Ausfall eines Servers sicher, daß die Transaktionen der Client-Anwendung automatisch zum anderen Server umgeleitet werden.

- *Mainframe:* Auf dem Großrechner (IBM 3090x mit MVS/CICS/DB2) laufen klassische Bankanwendungen wie Buchhaltung, Konto- und Bestandsführung, Controlling und Berichtswesen. Hierbei wird eine für diesen Einsatz angepaßte Standardsoftware eingesetzt. Im Normalbetrieb werden die Anfragen aus der C/S-Anwendung direkt zur Mainframe-Anwendung durchgeleitet und dort ausgeführt. Die unterbrechungsfreie Verarbeitung der Transaktionen ist durch spezielle Mechanismen gesichert (siehe Abschnitt 4).

- *Entwicklungs- und Einsatzumgebung „Foundation for Cooperative Processing (FCP)":* Systemumgebung von Andersen Consulting, die die Entwicklung von C/S-Architekturen unterstützt und für die Anwendungsentwicklung Schnittstellen zu verschiedenen Hardwareumgebungen, Betriebssystemen, Datenbanksystemen u.a. bietet.

Mit der gewählten Vorgehensweise konnte die Bank die funktionalen und technischen Ziele erfüllen. Darüber hinaus wurde durch die Konstruktion einer Kooperation mehrerer Unternehmen, die ihre Kernkompetenzen in die gemeinsame Wertschöpfungskette einbringen, von vornherein ein schlankes Unternehmen geschaffen, in dem die Beteiligten ihre jeweiligen Stärken einbringen. Der alleinige Aufbau aller organisatorischen und technischen Systeme einer neuen Bank wäre in dem angestrebten Zeitrahmen nicht möglich gewesen.

4. Sicherung der Transaktionsverarbeitung

Zur hohen Servicequalität, die von den Kundenberatern im Call Center geboten werden soll, gehört die schnelle und sichere Verarbeitung von Geschäftsvorfällen rund um die Uhr. Dafür muß die Validierung und Verarbeitung der ausgelösten Transaktionen abgesichert werden, um etwa bei Ausfall der Datenverbindung zur Mainframe-Anwendung oder während des nächtlichen Batch-Fensters der Mainframe-Anwendung weiterhin durchgeführt werden zu können. Das Batch-Fenster auf dem Mainframe ist notwendig, um zu einem definierten Systemzustand (Buchungsschluß) Administrations- und Koordinationsaufgaben durchzuführen. Dazu gehören unter anderem die Erstellung der Kontoauszüge und Vermögensübersichten.

Im Normalbetrieb werden die auf den Clients ausgelösten Transaktionen lokal einer Vorprüfung unterzogen und dann gegebenenfalls an den Front-End-Server geleitet. Dort findet die Validierung der Transaktionen gegen die Front-End-Datenbank statt, die aus einer Replikation der Datenbank auf dem Mainframe besteht. Danach werden die Transaktionen an den Mainframe weitergeleitet, um dort nochmals validiert und letztlich durch die Mainframe-Anwendung verarbeitet zu werden. Die Validierung auf dem Mainframe ergibt durch die vorgeschalteten Prüfungen auf Client- und Server-Systemen eine Fehlerrate von unter 0,1 %. Die Ergebnisse der Transaktionsverarbeitung werden vom Mainframe an Front-End-Server und Client-System zurückgespielt.

Zur Übertragung von Transaktionen zwischen Front-End-Servern und Mainframe-Anwendung werden ausschließlich Transaktions-Logs genutzt, die mit Hilfe der eingesetzten Datenbanksysteme implementiert wurden, um auf deren Funktionen zur Transaktionssteuerung und -kontrolle, Synchronisierung und Sicherung zurückgreifen zu können. So werden – auch im Normalbetrieb – die Transaktionen auf den Front-End-Servern zur Übertragung in das Transaktions-Log eingestellt und von dort regelmäßig und zeitnah (asynchron) an den Mainframe überstellt (Abbildung 5). Eine derartige Übertragung, Verarbeitung und Rückübertragung der Ergebnisse dauert zwischen einer und drei Sekunden.

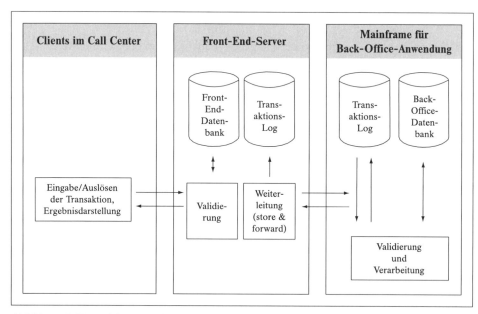

Abbildung 5: Transaktionsverarbeitung im Normalbetrieb

Bei Störung der Datenverbindung zwischen Front-End-Servern und Mainframe oder während des nächtlichen Batch-Fensters muß für die Kundenberater im Call Center eine unterbrechungsfreie Arbeit mit den Anwendungen gesichert sein. Durch die oben beschriebene Nutzung der Transaktions-Logs können die Validierungsschritte bei der Transaktionsverarbeitung vollständig auf den Front-End-Servern durchgeführt werden. Eine Vorverarbeitung auf den Front-End-Servern ist möglich, da die dortige Datenbank aus einer Replikation der Mainframe-Datenbank besteht. Die endgültige Verarbeitung der Transaktionen wird durch Einstellen in das Transaktions-Log verschoben, bis die Mainframe-Anwendung wieder verfügbar ist. Bei Wiederanlauf nach nächtlichem Batch-Lauf wird zuerst die Datenbank-Replikation auf den Front-End-Servern erneuert und dann die im Transaktions-Log zwischengespeicherten Transaktionen abgearbeitet (Abbildung 6). Auf diese Art werden heute pro Tag ca. 15 000 Transaktionen verarbeitet. Sie bilden zum einen Geschäftsvorfälle ab, die von den Kundenberatern im Call Center ausgelöst werden, zum anderen Aktionen wie das Erfassen und Anlegen der Stammdaten für neue Kunden oder Auswertungen, die von internen Bankstellen ausgelöst werden. Ein erster Erfahrungswert zeigt heute, daß pro Kundengespräch im Call Center zwischen drei und fünf Geschäftsvorfälle bzw. Transaktionen ausgelöst werden.

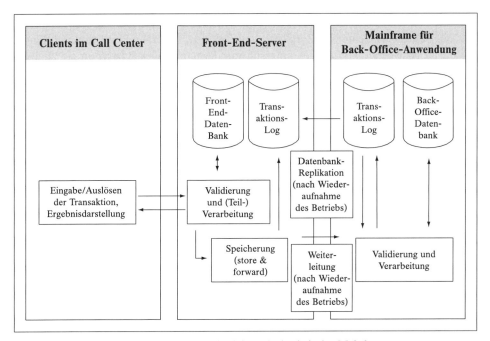

Abbildung 6: Transaktionsverarbeitung bei Nichtverfügbarkeit des Mainframe

5. Erfahrungen und Ausblick

Die ersten Geschäftsjahre haben gezeigt, daß der beschrittene Weg zur Umsetzung der Strategie als ein richtiger Weg angesehen werden kann. Nur so war – zusammen mit der Erstellung neuer Bankdienstleistungen – der strategische Ansatz des Mehrwertkonzepts umzusetzen und die Forderungen nach exzellentem Preis-/Leistungsverhältnis, sehr hohem Komfort und höchstmöglicher Qualität der Beratung umzusetzen.

Die gemessene Verfügbarkeit des Gesamtsystems beträgt bei einem 24-Stunden-Betrieb an sieben Tagen der Woche 99,71 %. Dies kommt dem Servicegedanken gegenüber dem Kunden zugute. Da alle Komponenten der Anwendungssoftware nicht älter als drei Jahre sind und nach neuesten Methoden der Softwareentwicklung realisiert wurden, erscheint der Änderungs- und Wartungsaufwand im Vergleich zu anderen Bankanwendungen sehr niedrig. Dazu tragen die Trennung der Anwendungslogik von der Plausibilitätsprüfung, die Kapselung der Präsentationsebene auf den Clients sowie das integrierte Informations- und Datenmodell bei.

Im Jahre 1997 ist die Anwendung der Bank vom Computerworld Smithonian Institute zum Smithonian Award 1997 nominiert worden und gehört damit zu den zehn erfolgreichsten Anwendungen des Jahres. Ebenfalls wurde das Call Center der Advance Bank 1997 als bestes Call Center der Bundesrepublik mit dem 9th Grand Prix Customer Service Award ausgezeichnet. Die Anwendungssoftware konnte 1996 in Lizenz an eine italienische Großbank zum Aufbau und Betrieb einer dortigen Direktbank veräußert werden.

Nachteilig kann sich zukünftig die anfängliche Bindung an einen Hersteller durch Auswahl einer proprietären Entwicklungsumgebung auswirken. Damaliger Grund war die Notwendigkeit der sehr schnellen Entwicklung und Inbetriebnahme (Time to Market) sowie das vorhandene Know-how bei den Anwendungsentwicklern. Durch Substitution der Entwicklungstools hin zu größerer Beachtung von Industriestandards sowie durch Verlagerung der Anwendungen in Internet- und Intranet-Umgebungen kann dieser eventuelle Engpaß umgangen werden.

Der weitere Ausbau der Bank ist vorgesehen. Neue Angebote wie z.B. Versicherungs-, Baufinanzierungs- und Bausparleistungen werden entwickelt, neue Vertriebswege wie das Internet sind bereits an das bestehende System angeschlossen. Diese Entwicklung entspricht der verbesserten Marktkenntnis und der Marktentwicklung. Dabei wird im Marketing zunehmend nicht mehr auf Kundengruppen oder -segmente, sondern auf Einzelkunden abgehoben. Der Umfang an notwendigen Informationen zur Akquisition eines Kunden muß dabei etwa dem entsprechen, der dafür in vergleichbaren Situationen in Bankfilialen vorliegt. Die daraus resultierenden Anforderungen an die Informationsverarbeitung und -techniken sind groß. Schlagkräftige Methoden des Data Mining, Lifestyle Agents, Scoringsysteme, Exploration von Kontakthistorien sowie Kampagnen-Management-Tools sind dafür unerläßlich.

Mit den heute genutzten Vertriebskanälen lassen sich die Bedürfnisse des Markts sicherlich nicht auf alle Zeiten befriedigen. Strukturell muß Vorsorge und Vorbereitung für den multioptionalen Vertriebskanal getroffen werden. Dabei kann auch davon ausgegangen werden, daß mobile Berater mit entsprechender Technikunterstützung die Kunden zuhause besuchen werden. Hier müssen geeignete Kooperationspartner mit speziellem Know-how in Wertschöpfungsketten aufgenommen und zur Ergänzung des Kundenangebots integriert werden.

Als Kernkompetenz einer virtuellen Bank erweist sich die Fähigkeit, maßgeschneiderte Lösungen verschiedener Anbieter zu einer homogenen Lösung mittels Informations- und Kommunikationstechnik zusammenzuschmieden. Der umfassende Einsatz von Informations- und Kommunikationstechnik ist eine Grundlage, um immaterielle Güter wie Bankprodukte in einem Verbund zu erstellen und den Kunden unabhängig von Produktions- und Vertriebsstandorten anzubieten. Insbesondere die klare und eindeutige Definition technischer Schnittstellen ist dabei erfolgskritisch. Ergänzend und unterstützend muß jedoch eine partnerschaftliche Kultur zwischen den beteiligten Unternehmen geschaffen und erhalten werden, damit die Zusammenarbeit der Verbundpartner dauerhaft erfolgreich bleibt.

Literaturhinweis

ARNOLD, O./FAISST, W./HÄRTLING, M./SIEBER, P., Virtuelle Unternehmen als Unternehmenstyp der Zukunft?, in: Handbuch der modernen Datenverarbeitung HMD 32, Nr. 185, 1995, S. 8-23.
DISTERER, G./TESCHNER, R./VISSER, V., Einsatz von Informationstechnik beim Aufbau einer virtuellen Bank, in: Wirtschaftsinformatik, Nr. 5, 1997, S. 441–449.
HAMPE, J.F./SCHÖNERT, S., Call Center, in: Wirtschaftsinformatik, Nr. 2, 1997, S. 173–176.
MERTENS, P., Virtuelle Unternehmen, in: Wirtschaftsinformatik 36, Nr. 2, 1994, S. 169–172.
MERTENS, P./FAISST, W., Virtuelle Unternehmen – Eine Organisationsstruktur für die Zukunft?, in: Wirtschaftswissenschaftliches Studium, Nr. 6, 1996, S. 280–285.
MÜLLER-MERBACH, H., Aufbruch in das Zeitalter des Virtuellen?, in: Technologie und Management, Nr. 3, 1995, S. 103–108.
REIMERS-MORTENSEN, S./DISTERER, G. (1997a), Strategische Optionen für Direktbanken, in: Die Bank, Nr. 3, 1997, S. 132–139.
REIMERS-MORTENSEN, S./DISTERER, G. (1997b), Optionen für Direktbanken im Privatkundengeschäft, in: Andersen Consulting (Hrsg.), Working Paper 3/97.
ROEMER, M./BUHL, H.U., Das World Wide Web als Alternative zur Bankfiliale: Gestaltung innovativer IKS für das Direktbanking, in: Wirtschaftsinformatik, Nr. 6, 1996, S. 565–577.
SCHOLZ, C., Die virtuelle Organisation als Strukturkonzept der Zukunft?, in: Universität des Saarlandes, Lehrstuhl für Betriebswirtschaftslehre, Arbeitsbericht Nr. 30, Saarbrücken 1994.
SCHOLZ, C., Strategische Organisationen: Prinzipien zur Vitalisierung und Virtualisierung, Landsberg/Lech 1997.
WICHER, H., Virtuelle Organisation, in: Das Wirtschaftsstudium, Nr. 6, 1996, S. 541–542.

III. Informatik im Firmenkundengeschäft

Thomas Garside/Henry Stott/Gunther Strothe

Portfoliomanagement des Kreditrisikos

1. Einleitung
2. Kreditrisikomessung
3. Bonitätsrisikomethoden
    3.1 Ratinganalyse und Ratingmigrationsanalyse
    3.2 Auswirkungen von Änderungen der Bonitätsstufe auf die Korrelation
    3.3 Bewertung der Kreditportfolios
4. Daten- und Systemanforderungen
    4.1 Anforderungen an die Datenerfassung
        4.1.1 Gesamtausfallraten
        4.1.2 Gegenproben
        4.1.3 Stichproben vollwertiger und nicht ausgefallener Kreditnehmer
        4.1.4 Ratingveränderungen
        4.1.5 Historische Daten zur Besicherung
        4.1.6 Sekundärmarktinformationen
    4.2 IT-Architektur von Kreditportfoliomodellen
    4.3 Übersicht über die gegenwärtigen Ansätze zur Kreditportfoliomodellierung
5. Umsetzungsbeispiele
Literaturhinweis

1. Einleitung

Mit modernen Methoden der Kreditrisikobegrenzung können Banken neben der Einzelbewertung von Kreditverhältnissen auch das Portfolio als Ganzes betrachten.[1] Neue Kreditinstrumente (Sekundärhandel, Syndizierungen, Asset Backed Securities, Kreditderivate usw.) zur Optimierung von Konzentration und Korrelation im Portfolio senken die Unterlegung des Kreditgeschäfts mit Eigenkapital. Dadurch können die Eigenkapitalkosten des Kreditgeschäfts ganz erheblich gemindert werden. Die Grundsätze der Bankenaufsicht über die Eigenkapitalunterlegung müssen daher an die modernen Gegebenheiten angepaßt werden.[2] Die Erfassung und Darstellung von Konzentration und Korrelation im Portfolio, IT-Anwendungen für ein Portfoliomodell sowie die Aufbereitung von Einzelkreditdaten aus vielen, oft sehr unterschiedlichen Quellen werden im folgenden dargestellt.

Parallel zur Entwicklung risikogewichteter Ergebniskriterien auf der Ebene des Kreditrisikos einzelner Kredite wurden Modelle zur Messung von Portfolios entwickelt, wobei Ausfallkorrelationen zwischen Kundengruppen, die hinsichtlich mehrerer Dimensionen (Ratingklasse, Branche, Land/Region usw.) homogen sind, und zwischen großen Engagements mit einzelnen Firmenkunden gemessen wurden. Kreditportfoliomodelle versetzten die führenden Banken in die Lage, sich die zunehmende Liquidität der Kreditmärkte zunutze zu machen. Diese steigende Liquidität in den Kreditmärkten wurde durch Sekundärhandel und Syndizierungen sowie in jüngster Zeit auch durch Kreditderivate ermöglicht und erlaubt ein weit aktiveres Kreditportfoliomanagement als jemals zuvor. In der Vergangenheit konzentrierte sich das Kreditportfoliomanagement auf die Überwachung der Inanspruchnahmen relativ undifferenzierter Portfoliosegmente sowie auf die Festsetzung von Limits. Die Bildung einer eigenständigen Managementfunktion für das Kreditportfolio, ausgestattet mit einem differenzierten Portfoliomodell und einem entsprechenden Mandat, ermöglicht eine Optimierung des Kreditbestands unabhängig von der Ausleihungstätigkeit.[3]

Aktives Management des Kreditbestands birgt ein ungeheures Potential zur Verbesserung der Rentabilität.[4] Schon rudimentäre Optimierungsmethoden können die erforderliche Unterlegung eines Kreditbestands mit Eigenkapital um 25% mindern. Für ein nicht diversifiziertes Darlehensportfolio von 100 Milliarden DM mit einer Kapitalunterlegung von 5,6 Milliarden DM ergibt dies – bei einer geforderten Mindestrendite von 18% – eine jährliche Einsparung an Kapitalkosten in Höhe von 250 Millionen DM.

---

[1] Vgl. Drzik, J./Strothe, G. (1997).
[2] Vgl. Drzik, J. (1997), S. 3 ff.
[3] Vgl. Drzik, J./Kuritzkes, A. (1998).
[4] Vgl. Schröck, G. (1997), S. 93 ff.

2. Kreditrisikomessung

Der erste Schritt bei der Konstruktion eines Portfoliomodells für das Kreditrisikomanagement ist die Bestimmung des erwarteten Verlusts (EV) der Teilportfolios. EV ist der durchschnittliche Verlust, mit dem innerhalb des Konjunkturzyklus in einem Bestand vergleichbarer Kredite zu rechnen ist. Er ist das Produkt aus drei Komponenten: Der erwarteten Ausfallrate, des Kreditäquivalents und der Verlustquote.[5]

Nachdem erwartete Verluste vorhersehbar sind, sollten sie als Betriebsaufwand angesehen werden und nicht als finanzwirtschaftliches Risiko. Natürlich sind Kreditausfälle im Laufe eines Konjunkturzyklus nicht konstant; vielmehr gibt es eine erhebliche Streuung (Volatilität) um den Erwartungswert. Diese unerwartete Schwankung (Abbildung 1) verursacht das Risiko in einem Kreditportfolio, das mit Hilfe von Kreditportfoliomodellen quantifiziert wird.

Die Volatilität der Kreditverluste ist auf zwei Faktoren zurückzuführen: Konzentration und Korrelation. *Konzentration* beschreibt das Klumpenrisiko in einem Kreditportfolio (z.B. warum es ein höheres Risiko bedeutet, jeweils 10 Millionen DM an zehn Kunden zu verleihen als jeweils 100 000 DM an 1000 Kunden). *Korrelation* beschreibt die Sensitivität eines Portfolios hinsichtlich der Veränderungen in zugrundeliegenden makroökonomischen Faktoren (z.B. warum es ein höheres Risiko bedeutet, Kredite an zyklische Industrien wie z.B. das Baugewerbe zu vergeben als an weniger zyklische wie z.B. die Hersteller von Elektrogeräten). Die Auswirkungen von Konzentration und Korrelation auf die Diversifikation eines Portfolios sind in Abbildung 1 dargestellt.

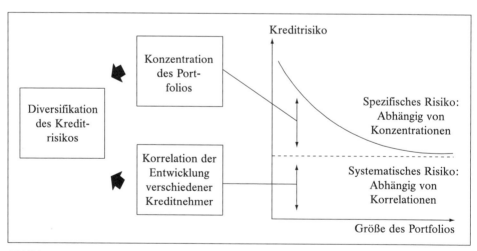

Abbildung 1: Auswirkungen von Konzentration und Korrelation auf das Kreditrisiko eines Portfolios

---

[5] Vgl. Kealhofer, S. (1995), S. 51 ff.

Um die Auswirkungen der Korrelationseffekte auf das Kreditrisiko eines Portfolios zu verstehen, ist es notwendig zu untersuchen, welchen Einfluß Veränderungen des wirtschaftlichen Umfelds auf die Kreditqualität des im Portfolio enthaltenen Kreditkunden haben. Betrachten wir beispielsweise einen Kreditnehmer mit einem Moody's-Rating von Baa über einen Zeitraum von zwölf Monaten: Im Durchschnitt, d.h. über eine Reihe von Konjunkturzyklen betrachtet, entspricht die Wahrscheinlichkeit, daß sich die Bonität des Kreditnehmers verbessert, in etwa der Wahrscheinlichkeit, daß sie sich verschlechtert (Übersicht 1).

Übersicht 1: Einjährige Migrationsmatrix auf Basis von Moody's-Ratings von 1920–1996

		Nach							
		Aaa	Aa	A	Baa	Ba	B	Caa-C	Ausfall
Von	Aaa	88,32%	6,15%	0,99%	0,23%	0,02%	0,00%	0,00%	0,00%
	Aa	1,21%	86,76%	5,76%	0,66%	0,16%	0,02%	0,00%	0,06%
	A	0,07%	2,30%	86,09%	4,67%	0,63%	0,10%	0,02%	0,12%
	Baa	0,03%	0,24%	3,87%	82,52%	4,68%	0,61%	0,06%	0,28%
	Ba	0,01%	0,08%	0,39%	4,61%	79,03%	4,96%	0,41%	1,11%
	B	0,00%	0,04%	0,13%	0,60%	5,79%	76,33%	3,08%	3,49%
	Caa-C	0,00%	0,02%	0,04%	0,34%	1,26%	5,29%	71,87%	12,41%

Bei Annahme eines bestimmten makroökonomischen Szenarios wird sich diese Ratingverteilung jedoch nach oben bzw. nach unten verzerren. Eine kürzlich von Moody's durchgeführte Studie belegt, daß derart verzerrte Migrationsverläufe zwischen einzelnen Kreditnehmern korrelieren und ein Zusammenhang zwischen Veränderungen des wirtschaftlichen Umfelds und Ratingwanderungen bzw. Kreditausfällen besteht.[6] Die Korrelationsstruktur eines Portfoliomodells muß daher diesen Erkenntnissen Rechnung tragen. Zur Ermittlung des in einem Kreditportfolio vorhandenen Risikos werden die Auswirkungen der Veränderungen auf die im Bestand enthaltenen Kredite gemessen. Zur Bewertung des Kredits sind zwei verschiedene Ansätze gebräuchlich:

- *Ausfallorientierte Methode:* Bei dieser Methode wird angenommen, daß ein Darlehen bis zur Fälligkeit im Portfolio der Bank bleibt. Das Darlehen wird daher entweder zum Nominalwert zurückgezahlt (und behält seinen Buchwert) oder es fällt aus (und erhält den Wert des Einbringungswerts eines eventuell vorhandenen Sicherungsgegenstands). Zwischenzeitliche Bonitätsveränderungen des Darlehensnehmers wirken sich nicht auf den Buchwert des Kredits aus.

- *Wertorientierte Methode:* Bei dieser Methode wird der im Kredit implizierte Wert als jederzeit variabel und realisierbar angenommen. Wenn die Bonität des Kredits steigt, kann sogar der Wert des Kredits den Nominalwert (oder Buchwert) übersteigen, wenn die Bonität des Kredits sinkt, wird ein niedrigerer Wert angenommen. Die Wert-

---

[6] Vgl. Carty, L.V. (1997).

schwankungen des Kredits können entweder anhand von beobachteten Marktpreisen festgestellt oder durch Modellierung des Preises mit dem Capital Asset Pricing Model (CAPM) bzw. einer anderen Methode auf Barwertbasis berechnet werden.

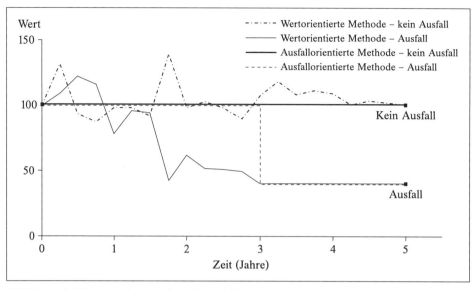

Abbildung 2: Wertveränderung einer Transaktion im Zeitablauf für den ausfall- bzw. wertorientierten Ansatz

Aus Abbildung 2 lassen sich zwei Feststellungen ableiten: Erstens ist der Wert des Darlehens nach der wertorientierten Methode nicht auf 100% begrenzt, wie es bei der ausfallorientierten Methode der Fall ist. Zweitens ergeben bei einem Ausfall des Darlehens beide Ansätze die gleiche Bewertung – den voraussichtlichen Einbringungswert der realisierbaren Sicherheiten. Um die Konsequenzen der Messung des Bonitätsrisikos nach einem ausfallorientierten oder einem barwertorientierten Ansatz zu berücksichtigen, ist die Wertveränderung eines Darlehens über seine gesamte Laufzeit in den beiden Ansätzen heranzuziehen. Die Messung der Wertschwankung eines Kreditengagements über dessen Laufzeit ist aber nur dann sinnvoll, wenn die resultierenden Wertveränderungen realisiert werden können, d.h. wenn das Kreditengagement liquide ist. Mittels des wertorientierten Ansatzes ermittelte Volatilitäten sind daher am besten für Portfolios mit Schuldverschreibungen oder handelbaren Krediten geeignet,[7] während die mittels des ausfallorientierten Ansatzes ermittelten Volatilitäten am besten auf Portfolios mit herkömmlichen Ausleihungen anwendbar sind, in denen die Kredite über die Gesamtlaufzeit gehalten werden. Wenn die Kreditmärkte in Zukunft an Liquidität gewinnen, wird sich das Gewicht voraussichtlich von den ausfallorientierten zu den wertorientierten An-

---

[7] Vgl. Gupton, G.M./Finger, C.C./Bhatia, M. (1997).

sätzen verlagern. Im wirtschaftlichen Umfeld von heute erweist sich die ausfallorientierte Methode dagegen bei Anwendungen im Zusammenhang mit Bonitätsrisikomessung, Kapitaladäquanz, Konditionengestaltung und risikogewichteter Ergebnismessung als brauchbarer. Ausfallorientierte Ansätze weisen den wesentlichen Vorteil auf, daß sie erheblich weniger Eingabedaten benötigen und einfacher zu berechnen sind.

Nach der Ermittlung der zweckmäßigsten Methode zur Bewertung einzelner Kredite und der Entscheidung für eine geeignete Korrelationsstruktur besteht der abschließende Schritt darin, alle Details über die Kreditengagements und Korrelationen in das Kreditportfoliomodell zu übertragen. Aufgrund des komplexen Charakters der Berechnungen wird die Ermittlung der Volatilität des Portfolios gewöhnlich mit einem numerischen Verfahren, der Monte-Carlo-Methode, vorgenommen.

3. Bonitätsrisikomethoden

Dieses Kapitel beschreibt die grundlegenden Methoden zur Berechnung des Portfoliobonitätsrisikos. Die beiden wichtigsten Bausteine, die Bonitätsrisikobewertung einzelner Kredite und die Einbeziehung von Korrelationseffekten, werden zuerst diskutiert. Danach werden Instrumente zur Auswahl der am besten geeigneten Bewertungstechniken dargestellt. Abschließend folgt ein Überblick über numerische Simulationsmethoden.

3.1 Ratinganalyse und Ratingmigrationsanalyse

Ausgangspunkt jeder Analyse eines Kreditportfolios ist ein auf die erwartete Ausfallrate (EAR) kalibriertes Bonitätsstufensystem in der Art eines Moody's/S&P-Ratings. Hierbei ist zu beachten, daß das verwendete Bonitätsstufensystem die erwarteten Ausfallraten und nicht den erwarteten Verlust wiedergibt (in welchen zusätzlich das Kreditäquivalent und die Verlustquote eingehen). Damit erfolgt die Modellierung so, daß die Anwendung von Portfolioberechnungen ermöglicht wird und die Auswirkungen veränderter wirtschaftlicher Bedingungen für jede Komponente des erwarteten Verlusts einzeln abgebildet werden können.

In Abhängigkeit der von einer Bank gehaltenen Kreditbestände gibt es mehrere Methoden zur Erstellung solcher Ratingsysteme. Der erfolgreichste Ansatz ist zunächst die Bestimmung einer „Basisskala" von Bonitätsstufen, denen jeweils eine spezifische EAR zugewiesen wird. Die einzelnen Kreditengagements, unabhängig davon, in welchem Portfolio sie sich befinden, werden dieser Basisskala zugeordnet. Mit einem solchen Ansatz werden eine einheitliche Anwendung und ein gemeinsames Verständnis der Bonitätsrisikokriterien im gesamten Unternehmen sichergestellt. Nachstehend sind eine typische Basisskala und das Spektrum der auf verschiedene Geschäftssegmente anwendbaren Bonitätsstufen dargestellt (Abbildung 3).

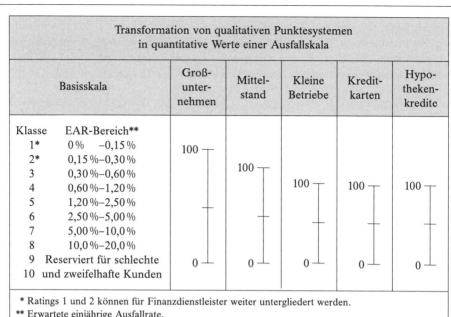

Abbildung 3: Definition einer bankübergreifenden Skala für die Ausfallrate

Eine brauchbare Bonitätsskala muß eine hinreichende Auflösung aufweisen, um zwischen Gesellschaften mit unterschiedlicher Bonität differenzieren zu können. Dies gilt insbesondere für Kredite mit hoher Qualität, wo ein Kreditnehmer mit Rating A+ erwartet, eine niedrigere Marge zu zahlen als ein Kreditnehmer mit einem BBB-Rating. Um eine derartige Auflösung zu erreichen, muß eine Basisskala in der Regel zehn bis vierzehn Klassen für akzeptable Risiken enthalten.

Nach der Festlegung einer geeigneten Ratingskala besteht der nächste Schritt in der Entwicklung von Ratingmodellen, die den Engagements in den einzelnen Portfoliosegmenten präzise Bonitätsstufen zuordnen. Dabei ist sicherzustellen, daß die den einzelnen Stufen zugeordneten EAR anhand eines zyklusneutralen EAR oder eines „Gesamt-Mittelwerts" korrekt standardisiert werden. Dieser Mittelwert ist nach Portfoliotyp und Region/Land unterschiedlich. Eine genaue Einschätzung nach Teilsegmenten ist daher wichtig, um sicherzustellen, daß die EAR auf Portfolioebene und damit der erwartete Verlust nicht zu hoch oder zu niedrig angegeben werden. Indem der Mittelwert als Basis bei der Abstimmung des Ergebnisses der Ratingmodelle auf die EAR verwendet wird, ist sichergestellt, daß die sich daraus ergebende EAR auf Transaktionsebene mit den Gesamterwartungen übereinstimmt. Der Mittelwert kann aus internen oder externen Quellen ermittelt werden. In Abbildung 4 sind einige Beispiele aus Untersuchungen von Oliver, Wyman & Company angegeben.

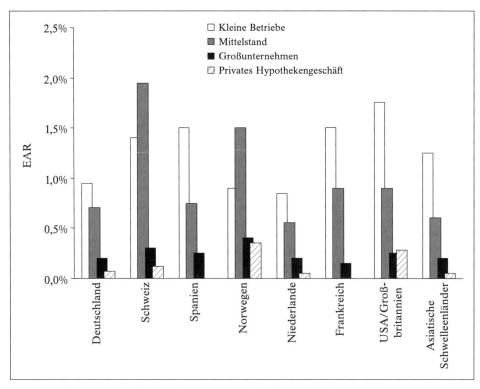

Abbildung 4: Mittelwerte der Ausfallraten für Stichproben der Portfoliosegmente

Mit den Informationen über die durchschnittliche Ausfallrate und die Verteilung der Ratings über das betreffende Teilportfolio kann eine stabile Kalibrierung der Ratings auf die EAR erfolgen. Dies ist in Abbildung 5 dargestellt.

3.2 Auswirkungen von Änderungen der Bonitätsstufe auf die Korrelation

Nach der Ermittlung von Rating und Obligo liegt der Schlüssel zur Messung des im Kreditbestand enthaltenen Gesamtrisikos darin, die Bonitätsrisikokorrelation zwischen den Kreditnehmern zu bestimmen. Hinter dieser scheinbar einfachen Aussage verbirgt sich aber eine Reihe komplexer Berechnungen. Die Komplexität entsteht dadurch, daß es außerordentlich schwierig ist, die Bonitätsrisikokorrelation, sei es nach der ausfallorientierten oder der wertorientierten Methode, direkt zu berechnen. Eine Messung der Ausfallkorrelation von zwei Unternehmen (wie sie für die ausfallorientierte Methode benötigt wird) ist per Definition sogar unmöglich, da hierfür wiederholte Beobachtungen über einen bestimmten Zeitraum erforderlich wären, in dem eines der Unternehmen entweder ausfällt oder weiterbesteht. Die gemeinsame Ausfallwahrscheinlichkeit und damit die Bonitätsrisikokorrelation würde dann aus der Anzahl von

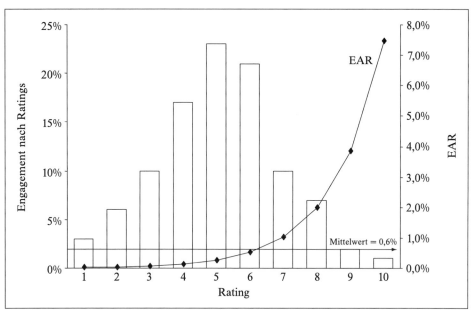

Abbildung 5: Kalibrierung der Ratingskala auf die durchschnittliche Ausfallrate

Beobachtungspunkten ermittelt, zu denen beide Unternehmen im gleichen Beobachtungszeitraum in Verzug gerieten. Ein derartiger Vorgang ist aus offensichtlichen Gründen in der Praxis nicht möglich. Ähnliche Schwierigkeiten ergeben sich, wenn man versucht, die Korrelation zwischen Änderungen von Ratings oder Kreditmargen zu ermitteln.

Eine mögliche Lösung dieses Problems liegt in der Verwendung von Zeitreihen auf Portfolioebene zur Ableitung von Bonitätsrisikokorrelationen. Leider führt dieser Ansatz nur bei den rudimentärsten Portfolioanalysen zum Ziel. Hierfür gibt es zwei Hauptgründe:

- Solche Zeitreihen sind meist nur auf hoch aggregiertem Niveau verfügbar, wodurch die Auflösung in bezug auf die zugrundeliegende Bonitätsbewertung und das branchenbezogene und geographische Profil des Portfolios unzureichend wird.

- Die Verwendung dieser Zeitreihen führt für Kreditausfälle im Laufe der Zeit zu instabilen Ergebnissen.

Eine praktikable Lösung zur Berechnung der Bonitätsrisikokorrelation ist die Anwendung eines kausalen Ausfallmodells, das mit meßbaren Finanzdaten als Input arbeitet und diese Eingangsgröße in eine Ausfallwahrscheinlichkeit umsetzt. Die eleganteste und auch in der Praxis am weitesten verbreitete Methode ist das Ausfallmodell von Merton, das im KMV Credit Monitor und im Private Firm Model angewandt wird. Das Ausfallmodell von Merton bildet die Ausfallwahrscheinlichkeit über eine Verkaufsoption auf das Vermögen eines Unternehmens ab.[8] Dabei wird ein Ausfall des Unternehmens für den Fall angenommen, daß der Marktwert seines Vermögens innerhalb eines Zeitrahmens von zwölf Monaten unter den Wert seiner fälligen/kündbaren Verbindlichkeiten sinkt.

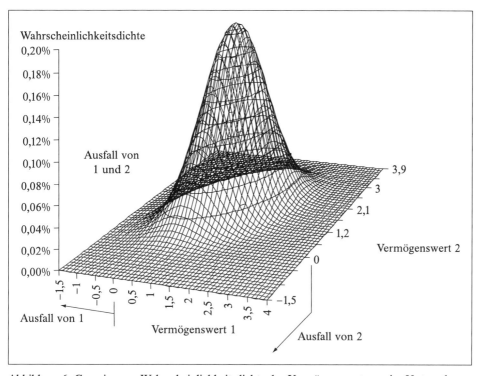

Abbildung 6: Gemeinsame Wahrscheinlichkeitsdichte des Vermögenswerts zweier Unternehmen

Wie in Abbildung 6 veranschaulicht, ermöglicht das Mertonsche Modell eine Transformation der Vermögenskorrelation in eine Bonitätskorrelation. Der Raum der Eintrittswahrscheinlichkeit eines gemeinsamen Ereignisses unterhalb der gemeinsamen Verteilung der Vermögenswerte zweier Unternehmen ist um so größer, je stärker die Veränderungen ihres Vermögenswerts miteinander korrelieren. Daher ist auch die Wahrscheinlichkeit um so größer, daß die Bonität der beiden Unternehmen gemeinsam höher wird, sich verringert oder beide Unternehmen letztlich ausfallen. Vermögenskorrelationen haben den Vorteil, daß sie leichter meßbar sind (aus Aktienkursen und -verläufen, Bilanzanalysen usw.) und ihre Korrelationen sich im Laufe der Zeit als relativ stabil erwiesen haben. Das Mertonsche Modell wird erfolgreich zur Beschreibung der

---

[8] Vgl. Merton, R.C. (1974).

Bonitätsrisikokorrelationen in Portfolios, die Kredite von Privatkunden, Banken und Finanzinstituten enthalten, sowie im reinen Firmenkreditgeschäft eingesetzt.

Vermögenskorrelationen selbst lassen sich am besten durch Faktormodelle messen und zwar in der gleichen Weise, in der ein Beta-Faktor bei Aktien ermittelt wird. Faktormodelle ergeben in der Regel bessere Korrelationsbestimmungen als direkte empirische Messungen und haben den zusätzlichen Vorteil, bei der Auswahl makroökonomischer Faktoren Szenarioanalysen des Kreditbestands zu ermöglichen. Nachstehend ist ein Beispiel für ein makroökonomisches Faktorenmodell dargestellt.

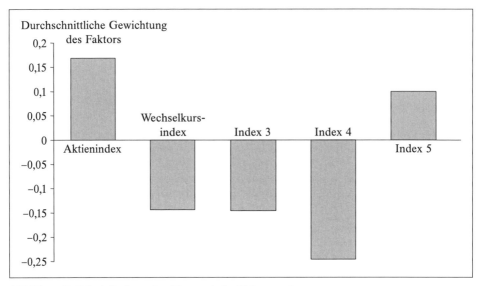

Abbildung 7: Beispielhafte makroökonomische Faktorstruktur

In Abbildung 7 zeigt ein positives Faktorgewicht an, daß eine positive Änderung dieses Faktors mit einer positiven Änderung des Vermögenswerts, somit mit einem entsprechenden Anstieg der Bonität und einer Verringerung der EAR, korrespondiert. Umgekehrt zeigt ein negatives Faktorgewicht an, daß eine positive Änderung dieses Faktors mit einer negativen Änderung des Vermögenswerts, einer Bonitätsverschlechterung und einer Zunahme der EAR einhergeht. Die Instrumente, mit denen ein Satz von Faktorgewichten für zwei Firmenkundenengagements in Vermögenskorrelationen und damit Bonitätsrisikokorrelationen umgesetzt werden, sind in Abbildung 8 dargestellt.

3.3 Bewertung der Kreditportfolios

Während das Risiko kleiner Kreditportfolios analytisch berechnet werden kann, bedeutet die große Zahl der erforderlichen Rechenschritte, daß bei Portfolios von mehr als ca. 50 Krediten eine numerische Simulationstechnik rascher zum Ergebnis führt. Die Stan-

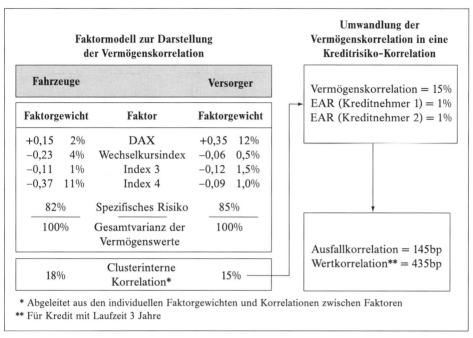

Abbildung 8: Einsatz makroökonomischer Faktorgewichte zur Berechnung einer Kreditrisiko-korrelation

dardmethode hierfür ist die Monte-Carlo-Simulation. Sie zieht wiederholt Stichproben möglicher Veränderungen der zugrundeliegenden Risikofaktoren und führt eine Berechnung der bedingten Verteilung des Portfoliowerts unter Annahme dieses Szenarios durch. Auf diese Weise wird eine Verteilung aller möglichen Portfoliowerte aufgebaut, aus der dann die entsprechenden Konfidenzintervalle abgelesen werden können (Abbildung 9).

4. Daten- und Systemanforderungen

Nach der Erläuterung der Methodik zum Aufbau eines Kreditportfoliomodells beschreibt dieser Abschnitt die notwendigen Daten- und Systemanforderungen, um die erfolgreiche Umsetzung und die ständige Weiterentwicklung von Portfoliomanagementkenntnissen sicherzustellen. Es gibt drei Hauptdiskussionsbereiche: Die laufenden Datenerfassungsanforderungen zur Ableitung der Parameter und anschließenden Entwicklung des Portfoliomodells, die für ein Kreditportfoliomodell erforderliche Systemarchitektur (einschließlich Erfassung von Kreditengagement- und Risikoinformation) und die gegenwärtig verfügbaren verschiedenen Ansätze zur Modellierung von Bonitätsrisiken in einem Portfolio.

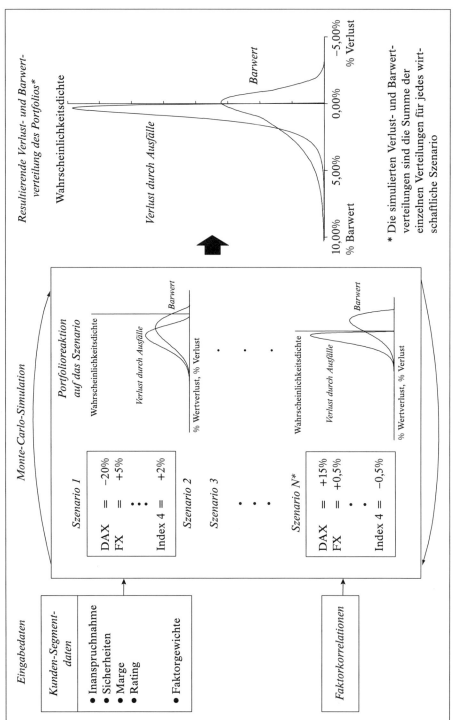

Abbildung 9: Monte-Carlo-Methode

4.1 Anforderungen an die Datenerfassung

Wesentlich ist, daß mit dem Bottom-up-Input in das Kreditportfoliomodell Ergebnisse erzielt werden, die nach den ermittelten Gesamtausfallraten zu standardisieren sind. Darüber hinaus ist es außerordentlich wichtig sicherzustellen, daß sich Genauigkeit und Differenzierungsgrad dieses Bottom-up-Inputs mit zunehmender Verfügbarkeit von Daten und Erfahrungen noch weiter verbessern. Die nachstehend behandelten Datenerfassungsanforderungen sind notwendig, um den Aufbau eines Kreditportfoliomodells einzuleiten, müssen jedoch auch nach Fertigstellung von „Version 1.0" des Modells erweitert werden, um zukünftige Verbesserungen von Modellgenauigkeit und -kapazität zu ermöglichen.

4.1.1 Gesamtausfallraten

Eine Ratingskala ist so zu kalibrieren, daß die aggregierten erwarteten Verlustraten des Gesamtportfolios mit den erhobenen statistischen Daten übereinstimmen. Die erwarteten Verlustraten sind per Definition zyklusneutral und repräsentieren daher die durchschnittlichen Verluste innerhalb eines vollständigen Konjunkturzyklus (Abbildung 10).

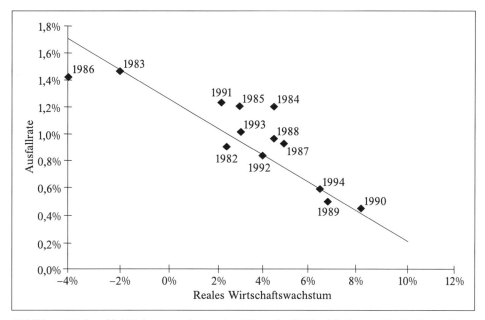

Abbildung 10: Sensitivität der aggregierten Ausfallrate in Abhängigkeit vom Konjunkturzyklus

Es ist daher sicherzustellen, daß alle relevanten Daten zu den Verlust- und Ausfallraten in einfacher Datenstruktur und mit genügend zusätzlichen Informationen gespeichert werden, um eine Ermittlung der durchschnittlichen Ausfallraten nach Teilportfolios zu ermöglichen. Übersicht 2 enthält Beispiele für sinnvolle Gruppierungen in Teilportfolios.

Übersicht 2: Dimensionen zur Segmentierung aggregierter Ausfalldaten

Datenposten	Mögliche Gruppierungen
Bonitätsklasse:	Gemäß dem verwendeten System, um Gegenproben zu ermöglichen
Art des Kreditnehmers:	Banken und Finanzinstitute Großunternehmen Gewerbliche Immobilienkunden Mittelstand Kleinunternehmen Privatkundengeschäft (Hypotheken) Privatkundengeschäft (sonstige)
Ort:	Land Bundesland/Region
Branche:	Normalerweise nach allgemeinen Branchenklassifizierungen, z.B. – Versorgungsunternehmen – Transport und Verkehr – Immobilien und Bauwesen usw.

Aggregierte Ausfallstatistiken und alle weiteren Informationen können aus internen und externen Quellen gewonnen werden. Amtliche Statistiken, Unternehmensregister und nationale Wirtschaftsinstitute dienen als potentielle Informationsquellen. Anhand dieser Informationen ist es möglich, ein genaues Bild davon zu erarbeiten, wie sich erwartete Verluste auf Kreditarten, Länder, Branchen usw. verteilen – ein typisches Ergebnis wie es bereits in Abbildung 4 dargestellt wurde. Diese Informationen stellen sicher, daß die Bonitätsstufenskalen und ihre Kalibrierung auf EAR zu realistischen Verlustberechnungen auf Gesamtportfolioebene führen und ihre Genauigkeit und ihr Differenzierungsgrad sich im Laufe der Zeit verbessern.

4.1.2 Gegenproben

Durch langfristige Beobachtung der Ausfallraten für die einzelnen Bonitätsklassen kann die Bank auch die Gegenprobe für ihr Bonitätsklassensystem durchführen um sicherzustellen, daß die zuvor geschätzten EAR für die Bonitätsklassen in der Realität auch tatsächlich so auftreten.[9] Eine solche Analyse schafft sowohl Vertrauen in das Bonitätsklassensystem (mit seinen internen und externen Elementen) als auch in die Kreditportfoliomodelle, die für ihren Input auf dieses System angewiesen sind. Wenn Oliver, Wyman & Company bei kalibrierten Stufenskalen die Gegenprobe mit einer statistisch gültigen historischen Stichprobe vornehmen konnte, lagen die Ex-post-Ergebnisse in aller Regel innerhalb der vorausberechneten Vertrauensintervalle.

---

[9] Vgl. Altman, E.I./Haldeman, R.G. (1995).

4.1.3 Stichproben vollwertiger und nicht ausgefallener Kreditnehmer

Unabhängig von der ursprünglich verwendeten Methode zur Entwicklung der Bonitätsklassenmodelle der Bank sind darüber hinaus Daten über Unternehmen mit Kreditausfällen zu erheben. Diese Daten werden der Bank die Überwachung der Vorhersagefähigkeit bestehender Bonitätsklassenmodelle und damit auch die Untersuchung der Frage ermöglichen, wie diese zu verbessern sind. Sie können außerdem die Segmente des Kreditgeschäfts ermitteln, in denen spezielle Verfahren zur Klassifizierung angewandt werden sollten (beispielsweise Bauunternehmen, Nichtbank-Finanzinstitute usw.).

Die für ausgefallene Unternehmen erhobenen Daten müssen auch die vor dem Ausfall verfügbaren Finanzinformationen (aus den veröffentlichten Gewinn- und Verlustrechnungen/Bilanzen), qualitative Daten des Unternehmens (Branche, Alter des Unternehmens usw.) und subjektive Daten umfassen, die von den betreffenden Kundenbetreuern/Kreditbearbeitern bereitgestellt werden (Managementqualität, Unternehmensaussichten usw.). Eine umfassendere Auflistung der Merkmale, die sich als aussagefähig für die Bonität erwiesen haben, ist in Übersicht 3 enthalten.

Übersicht 3: Beispiele von finanziellen und nicht-finanziellen Daten, die zur Modellierung der Bonität von Kreditnehmern nützlich sind

Finanzdaten	Qualitative Merkmale	Subjektive Merkmale
Unternehmensgröße	Branche	Managementqualität
Verschuldungsgrad	Region	Wettbewerbsposition
Zinsdeckung	Alter der Firma	Qualität der vorgelegten Finanzdaten
Liquiditätsgrade	Wachstumsrate	
Profitabilität (Rendite auf das eingesetzte Kapital etc.)		Diversifikationsgrad bei Kunden und Lieferanten
Beleihungsgrad (bei Immobilien)		

4.1.4 Ratingveränderungen

Daten über Ratingveränderungen von börsennotierten Unternehmen sind bei Moody's und S&P erhältlich. Diese Daten gehen in eine Reihe wichtiger Analysen ein: z.B. Spezifikation von Eingabeparametern für CreditMetrics™ und ähnliche Portfoliomodelle, Modellierung der Laufzeitstruktur von EAR in Preismodellen usw. Damit die Banken ihre internen Daten zusammen mit den öffentlich verfügbaren Daten für diese Analyse nutzen können, sind aus den Bonitätsklassenmodellen auch Daten über Bonitätswanderungen zu erheben. Die gesammelten Daten können auch dazu dienen, die Stabilität der Bonitätsklassenmodelle zu überprüfen und zu sehen, wie sich Veränderungen im wirtschaftlichen Umfeld im Bonitätsklassenprofil des Portfolios der Bank widerspiegeln.

4.1.5 Historische Daten zur Besicherung

Da viele Kreditportfolios besichert sind, ist ein gutes Verständnis der Schwankungen von Erlöswerten für die verschiedenen Sicherheitenarten von großer Bedeutung. Darüber hinaus sind bei der Berechnung der tatsächlichen wirtschaftlichen Kosten eines Ausfalls auch die zur Realisierung eines Besicherungswerts erforderliche Zeit und die dabei anfallenden Rechts- und Inkassokosten zu berücksichtigen.

4.1.6 Sekundärmarktinformationen

Wenn die Bank einen barwertbezogenen Ansatz zur Definition des Bonitätsrisikos verwenden will (Mark-to-Market/Mark-to-Model), sind Sekundärmarktinformationen zu erheben, um entweder die Marktbewertung zu ermöglichen oder das Mark-to-Model verifizieren zu können.

Zur Zeit sind internationale Daten zur marktgerechten Bewertung von Kreditaktiva nur in begrenztem Umfang verfügbar. Die beiden wichtigsten Quellen sind die Spreads im Anleihenmarkt und Datenbanken über Kredittransaktionen wie z.B. der Loan Pricing Corp. Beide Quellen sind jedoch fast ausschließlich für Nordamerika verfügbar, und in beiden Fällen ist die reine Kreditrisikoprämie nur schwer zu isolieren. Für Anleihedaten ist diese Kreditrisikoprämie als der über den einer risikolosen Anlage vergleichbarer Laufzeit hinausgehende Ertrag definiert. Leider unterliegt der Ertrag von Anleihen und Vergleichsaktiva den Marktkräften von Angebot und Nachfrage und damit kommen Liquiditäts- und sonstige Risikoprämien hinzu. Es ist beispielsweise nicht ungewöhnlich, daß beim Vergleich von Anleihen mit einer risikolosen Anlage in einer wenig marktgängigen Laufzeit eine negative Kreditrisikoprämie ermittelt wird. Die in den Spreads enthaltenen Störgeräusche implizieren daher, daß bei der Verwendung solcher Daten für die Analyse der Bonitätsrisikokorrelation Vorsicht geboten ist. Darüber hinaus ist es fraglich, inwieweit es zulässig ist, Spreads einer gerateten Anleihe zur Bewertung von Aktiva ohne entsprechendes Rating in einem Darlehensportfolio zu verwenden. Bei Datenbanken über Kredittransaktionen muß unbedingt die Struktur der Transaktion berücksichtigt werden, insbesondere in bezug auf Sicherheiten, Nebenabreden und Refinanzierungsklauseln.

4.2 IT-Architektur von Kreditportfoliomodellen

Normalerweise umfaßt die IT-Architektur eines Kreditportfoliomodells vier Komponenten: Host-Systeme mit Quelldaten, Vorprozessor, Analysemodell und Output-Prozessor.

Eine allgemeine Anordnung dieser vier Komponenten ist in Abbildung 11 dargestellt.

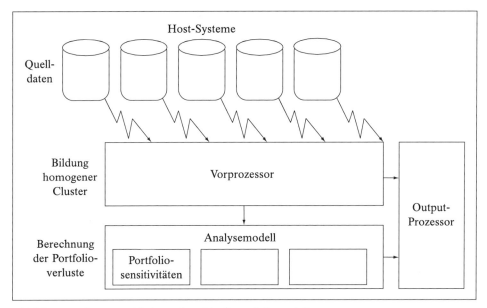

Abbildung 11: Systemarchitektur eines Kreditportfoliomodells

Die Quelldaten werden in der Regel in den *Host-Systemen* der Banken verwahrt. In der Einspeisung unterschiedlicher Daten aus vielfältigen Quellen liegt bei manchen Banken die größte Aufgabe bei der Einführung von Portfoliomodellen. Das Vorhandensein eines gut spezifizierten und zugriffsfreundlichen Datenspeichers für alle Kreditengagements erleichtert die Aufgabe, ein Kreditportfoliomodell zu erarbeiten, da die Notwendigkeit der Aufbereitung und Einspeisung unterschiedlich gestalteter Daten aus kritisch gewachsenen Systemen entfällt. Der Automatisierungsgrad der Dateneinspeisungen ist nach den Systembeschränkungen und der für das Portfoliomodell erforderlichen Aktualisierungshäufigkeit zu bestimmen. Da die meisten Bestände relativ stabil sind, werden viele Portfoliomodelle vierteljährlich aktualisiert. Damit sind halbautomatische Dateneinspeisungen vertretbar.

Der *Vorprozessor* übernimmt die Quelldaten und wandelt sie in verwendbare Inputs für das Portfoliomodell um. Im Vorprozessor erfolgt normalerweise die Zusammenführung der einzelnen Bonitätsrisikoparameter (EAR, Kreditäquivalenz, Besicherung usw.) mit den erforderlichen Eingaben zur Korrelationsstruktur, so daß das Bonitätsrisiko des Portfolios berechnet werden kann. Bei größeren Portfolios bildet der Vorprozessor *Cluster* aus homogenen Krediten, um die Anzahl der in das Modell einzugebenden Portfolioelemente zu reduzieren. Diese Clusterbildung ist notwendig, um praktikable Berechnungszeiten für das Portfoliomodell zu erreichen. Eine Standardmethode besteht darin, die größten Engagements einzeln einzugeben und dann homogene Cluster aus den kleineren Engagements zu bilden. Die Vorprozessorstufe beruht meistens auf einer Datenbankanwendung und wird in einer PC-/Workstationumgebung umgesetzt, um die Analyse und Kontrolle der Datenstrukturen flexibel zu gestalten.

Das *Analysemodell* übernimmt die einzelnen Bonitätsrisikoparameter und die Korrelationsstruktur aus dem Vorprozessor und führt die notwendigen Berechnungen durch, um die Gesamtverteilung des Portfoliobonitätsrisikos zu erhalten. Des weiteren berechnet das Analysemodell den Grenzbeitrag des einzelnen Portfolioelements (Clusters) zum Portfoliogesamtrisiko. Normalerweise ist das Analysemodell eine Kombination aus Datenbankeingabe-/-ausgabe-Schnittstellen und Hochleistungs-Rechenmodulen. Eine typische Anwendung wäre etwa eine MS Access/Foxpro-Datenbank, die mit C-orientierten Berechnungsroutinen arbeitet. Diese Modelle lassen sich am besten in einer hochwertigen PC-/Workstationumgebung mit einem 32-Bit-Betriebssystem oder höher einsetzen.

Der *Output-Prozessor* hat die Aufgabe, die Ergebnisse des Kreditportfoliomodells wieder auf die Ebene der einzelnen Transaktion zurückzuübertragen. Dieses ist deshalb notwendig, weil die Struktur des vom Vorprozessor erzeugten Eingabedatensatzes möglicherweise mit den von der Bank verwendeten Berichts- und/oder Geschäftsbereichsstrukturen nicht kompatibel ist. Um die Analyse des Verlusts von wirtschaftlichem Eigenkapital, der risikogewichteten Rendite usw. in diesem Ausgabeformat zu ermöglichen, müssen Daten über den Portfoliorisikobeitrag auf Transaktions- bzw. Kundenebene verfügbar sein. Aus diesem Grund sind die Anforderungen bankindividuell und die Konstruktion des Output-Prozessors meist auf das betreffende Institut zugeschnitten.

4.3 Übersicht über die gegenwärtigen Ansätze zur Kreditportfoliomodellierung

Es gibt derzeit mehrere Ansätze zur Kreditportfoliomodellierung, die sich in zwei Gruppen einteilen lassen: Risikofaktor-Simulationsmodelle und Volatilitätsmodelle (marktbezogene Risikomodelle).

Die größte Gruppe ist die der *Risikofaktor-Simulationsmodelle*, in denen das Portfoliobonitätsrisiko anhand der in diesem Beitrag beschriebenen Methoden berechnet wird. Die Modelle in dieser Gruppe sind einander weitgehend ähnlich und unterscheiden sich hauptsächlich durch ihre Korrelationsstruktur. Die in diesen Ansätzen verwendeten Modelle sind in der Übersicht 4 mit ihren Vorteilen und Nachteilen aufgeführt.

Zur Gruppe der *Volatilitätsmodelle* gibt es gegenwärtig nur einen Vertreter – das von CSFP (Credit Suisse Financial Products) herausgegebene CreditRisk+. Der in diesem Modell vertretene Ansatz wird in diesem Beitrag nicht näher beschrieben, ist aber mit dem in Marktrisikomodellen angewandten vergleichbar. Er beruht auf der direkten Berechnung der Volatilität der Ausfallraten. Diese Methode ist viel einfacher als die Risikofaktor-Simulationsmodelle, erschließt aber weniger Erkenntnisse über die Korrelationsstrukturen und kann zur Zeit das Bonitätsrisiko lediglich nach der ausfallorientierten Definition berechnen. Seine Vorteile sind die vereinfachten Umsetzungsanforderungen und die Schnelligkeit der Berechnung.

Übersicht 4: Übersicht über Risikofaktor-Simulationsmodelle

Im Simulationsmodell verwendete Daten oder Strukturen	Vorteile	Nachteile
Makroökonomische Faktormodelle	• Intuitives Verständnis der zugrundeliegenden Faktoren • Auf alle Portfoliosegmente anwendbar • Verbindungen zu Konjunkturprognosemodellen und der Bildung von Rückstellungen • Erleichterung von Streß-Tests/Szenarioanalysen	• Zusätzliche Komplexität der Portfoliomodellberechnungen • Datenverfügbarkeit
Orthogonale Faktoren auf der Basis von Aktienkursen (z.B. Portfoliomodell der KMV Corp).	• Vereinfachte Portfoliomodellberechnungen • Datenverfügbarkeit nur für börsennotierte Gesellschaften • Differenzierung der Korrelationsstrukturen	• Verlust des intuitiven Verständnisses der zugrundeliegenden Faktoren (Black Box) • Anwendbarkeit auf nicht börsennotierte Gesellschaften / Privatkunden eingeschränkt
Aktienindizes (z.B. CreditMetrics™)	• Datenverfügbarkeit • Leicht verständliche Faktoren	• Korrelationswirkungen können durch die Faktorstruktur beschrieben werden (insbesondere bei Nicht-Firmen-Engagements)

5. Umsetzungsbeispiele

Kreditportfoliomodelle haben ein außerordentlich breites Spektrum von Anwendungen, durch die die strategische, aufsichtsrechtliche und operative Entscheidungsfindung in einer Bank verbessert werden. Die offensichtlichste Anwendung eines Kreditportfoliomodells ist sein Beitrag zur Erfassung der Solvabilität der Bank. Dies erfolgt durch Untersuchung der Randbereiche der Gesamtverteilung des Bonitätsrisikos, um die Wahrscheinlichkeit zu bestimmen, daß eine (ausfallorientierte oder wertorientierte) Wertverringerung des Portfolios das verfügbare Kapital übersteigt.

Die Aufschlüsselung der Gesamtverteilung des Bonitätsrisikos bis hin zu dem von jedem einzelnen Portfolioelement geleisteten Beitrag ermöglicht eine Darstellung von Risikokonzentrationen und damit die Bewertung von Diversifizierungsmöglichkeiten.

Risikokonzentrationen lassen sich durch Kalkulation des wirtschaftlichen Eigenkapitals, das zur Unterstützung der einzelnen Portfoliosegmente erforderlich ist, ermitteln. Durch einfache Optimierungsverfahren können beträchtliche Vorteile in Form verminderter Volatilität des Portfoliowerts und damit geringerer Kapitalkosten erzielt werden. Bei Anwendung auf ein typisches Kreditportfolio einer Bank in Höhe von 100 Mrd. DM sind Einsparungen bei der Risikokapitalunterlegung in Höhe von 1,6 Mrd. DM möglich, wie Abbildung 12 zeigt.

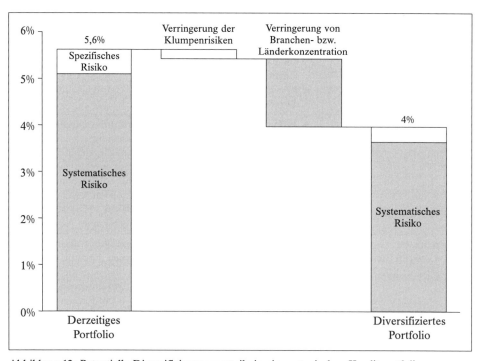

Abbildung 12: Potentielle Diversifizierungsvorteile in einem typischen Kreditportfolio

Portfoliomodelle, die auf makroökonomischen Faktorstrukturen aufbauen, lassen sich mit Konjunkturprognosen verbinden. Dies ermöglicht die Berechnung des erwarteten Verlusts unter Zugrundelegung unterschiedlicher wirtschaftlicher Szenarien, die dynamische Schätzung der Rückstellungsbeträge oder spezieller Rückstellungsmethoden, wie etwa ACRA *(Actuarial Credit Risk Accounting)* des Schweizerischen Bankvereins. Die Abhängigkeit der Kreditverluste in einem Portfolio von Veränderungen der zugrundeliegenden makroökonomischen Risikofaktoren kann untersucht werden, um eventuelle Hedgingstrategien zu entwickeln. Diese Anwendung läßt sich um Modelle für „Streß-Tests" erweitern, mit denen durch extreme makroökonomische Szenarios hervorgerufene mögliche Veränderungen des Portfoliowerts antizipiert werden können.

Literaturhinweis

ALTMAN, E.I./HALDEMAN, R.G., Corporate Credit Scoring Models: Approaches for Successful Implementation, in: The Journal of Commercial Lending, 1995, Nr. 9, S. 10–22.

CARTY, L.V., Moody's Rating Migration and Credit Quality Correlation, 1920–1996, in: Moody's Investors Service, Moody's Special Comment, Juli, New York 1997.

DRZIK, J., Examining the Regulatory Capital Framework for Financial Institutions, Discussion Paper for the Regulatory Capital Seminar sponsored by the Federal Financial Institutions Examination Council (FFIEC), Oliver, Wyman & Company, New York 1997.

DRZIK, J./KURITZKES, A., Zukunftsszenarien des Kreditderivatemarktes, in: Die Bank, 1998, Nr. 6, S. 368–371.

DRZIK, J./STROTHE, G., Die Sieben Stufen des Kreditrisikomanagements, in: Die Bank, 1997, Nr. 5, S. 260–264.

GUPTON, G.M./FINGER, C.C./BHATIA, M., CreditMetrics – Technical Document, J.P. Morgan, New York 1997.

KEALHOFER, S., Managing Default Risk in Portfolios of Derivatives, in: Jameson, R. (Hrsg.), Derivative Credit Risk – Advances in Measurement and Management, London 1995, S. 49–63.

MERTON, R.C., On the Pricing of Corporate Debt: The Risk Structure of Interest Rates, in: The Journal of Finance, 1974, Nr. 2, S. 449–470.

SCHRÖCK, G., Risiko- und Wertmanagement in Banken – Der Einsatz risikobereinigter Rentabilitätskennzahlen, Wiesbaden 1997.

Hermann Wurster

IT-gestützte Verwaltung von Sicherheiten

1. Anforderungen an die Verwaltung von Sicherheiten
    1.1 Bankenaufsichtsrechtliche Anforderungen
    1.2 Handhabung von Mehrfachzuordnungen
    1.3 Vorteile einer getrennten Speicherung von Sicherheiten und Vermögenswerten
        1.3.1 Automatische Beleihungswertermittlung
        1.3.2 Integriertes Scoring
        1.3.3 Speicherung in einem Data Warehouse
        1.3.4 Bestandteil des Risikomanagements
        1.3.5 Nutzung für die Anlageberatung und das Marketing
2. Informationsmodell für die Sicherheitenverwaltung
    2.1 Kreditnehmereinheit, Person und Kunde
    2.2 Zweckerklärung, Konto und Sicherheit
    2.3 Sicherungsobjekt, Verpflichteter und Vermögenswert
3. Integration in die Kreditsachbearbeitung
    3.1 Kopienkonzept
    3.2 Vorgangsbearbeitung
    3.3 Sicherheitenspiegel
    3.4 Kreditprotokoll
    3.5 Vertragswesen
4. Technische Realisierung
    4.1 Objekttechnologie und relationale Datenbanktechnik
    4.2 Client/Server-Architektur
    4.3 Sicherheitsaspekte
    4.4 Verbindung zu zentralen Datenbankbeständen und Fremdsystemen
5. Ausblick
    5.1 Die elektronische Kundenakte
    5.2 Elektronisches Grundbuch
    5.3 Genossenschaftlicher FinanzVerbund
    5.4 Risikoorientierte Konditionsgestaltung
6. Resümee

Die Vergabe von Krediten ist seit jeher eng mit der Bestellung von Sicherheiten verbunden. Das Produkt Kredit mit seinen Facetten Zinsabrechnung, Rateneinzug, Tilgungsüberwachung usw. wurde schon früh durch Informationstechnik unterstützt. Den Sicherheiten kam jedoch aus IT-Sicht keine große Bedeutung zu. Informationen über die gestellten Sicherheiten ergaben sich in der Regel aus dem geschlossenen Sicherheitenvertrag, der sich in der physischen Kreditakte befand. Erst die Forderungen der Bankenaufsicht nach mehr Transparenz hinsichtlich der Werthaltigkeit der hinterlegten Sicherheiten und die zunehmende Bedeutung des Risikomanagements für die Gesamtbanksteuerung weckten den Bedarf, die gestellten Sicherheiten DV-technisch abzubilden.

1. Anforderungen an die Verwaltung von Sicherheiten

1.1 Bankenaufsichtsrechtliche Anforderungen

Im Bankenaufsichtsrecht kommt Sicherheiten eine wesentliche Bedeutung zu. Sie vermindern das nach dem KWG zu bestimmende Kreditausfallrisiko um bis zu 100%. Nach dem KWG ergeben sich dabei zwei unterschiedliche Betrachtungsweisen:

- Bei der kreditnehmerbezogenen Betrachtungsweise sind die Risiken (Groß-, Millionen- und Organkredite §§ 13, 14, 15 KWG) primär je Kreditnehmer zu bestimmen.
- Bei der bankbezogenen Betrachtungsweise sind die Risiken (§ 10 KWG i.V.m. Grundsatz I, Ia) auf Gesamtbankebene zu bestimmen.

Die DV-technische Speicherung von Daten über Sicherheiten beschränkte sich bisher auf Tatbestände, die eine Kürzung bei der Ermittlung der Kreditobergrenzen zuließen. In der Regel reichten hierfür der Sicherheitenbetrag und ein Sicherheitenschlüssel (z.B. Realkredit) aus. Diese Daten wurden als zusätzliche Attribute beim betreffenden Konto geführt. Aus Sicht der Kreditsachbearbeiter war dies eine durchaus akzeptable Lösung, da mit geringem Erfassungsaufwand die bankenaufsichtlich relevanten Anforderungen abgedeckt waren.

Aufgrund spektakulärer Kreditausfälle und Schieflagen einzelner Kreditinstitute ist die Bankenaufsicht bemüht, diejenigen Bestimmungen des KWG, die eine Eingrenzung der möglichen Risiken zum Ziel haben, stetig zu verfeinern. Im Rahmen der Fünften KWG-Novelle wurde dazu der Kreditbegriff erheblich erweitert. Damit mußte naheliegenderweise eine kongruente Anpassung der Ausnahmeregeln für Kredite einhergehen, denen kein oder nur ein begrenztes Risiko anhaftet.

Der Gesetzgeber bindet Ausnahmeregelungen u.a. an die Person des Kreditnehmers bzw. an die Sicherstellung. Abgesehen von der besonderen Stellung der Realkredite sind dafür die Bürgschaften sowie die sonstigen Verpflichtungserklärungen eines bestimmten Personenkreises und die Sicherstellung durch besondere Wertpapiere relevant. Für Kredite, die durch Grundpfandrechte oder Schiffshypotheken sichergestellt sind, schreibt der Gesetzgeber nach der Fünften KWG-Novelle zwei verschiedene Realkreditgrenzen vor, je nachdem welcher Paragraph herangezogen werden muß. Bei der einzelnen Sicherheit muß deshalb erkennbar sein, ob die Realkreditgrenze I oder die Realkreditgrenze II (oder beide) eingehalten sind. Um Bürgschaften und sonstige Verpflichtungserklärungen nach den gesetzlichen Bestimmungen korrekt gliedern zu können, ist eine neue geographische Einteilung nach dem Wohnsitz der betroffenen Person (z.B. Bürge) notwendig. War es bisher ausreichend, im wesentlichen nach in- und ausländischen Personen zu unterscheiden, spielen nun z.B. regionale Definitionen wie Zone A oder Zone B eine wichtige Rolle. Ein IT-System muß dieser neuen überregionalen Betrachtungsweise gerecht werden und die korrekte Eingliederung des Wohnsitzes der betroffenen Person gewährleisten. Dieselben Überlegungen gelten bei der Sicherheitenstellung durch Wertpapiere. Hier ist die besondere Behandlung der zugrundeliegenden Kredite möglich, wenn der Emittent der Wertpapiere einem bestimmten Personenkreis angehört. Auch dafür ist die regionale Zuordnung gemäß der neuen geographischen Einteilung von Bedeutung. Die Sechste KWG-Novelle hat nur noch geringe Auswirkungen auf den Bereich der Kreditsicherheiten. So sind inländische Kreditinstitute bei Haftungsverhältnissen mit einer Restlaufzeit von weniger als einem Jahr nicht als Sicherheitengeber, sondern als Kreditnehmer zu führen.

An diesen Beispielen läßt sich gut erkennen, welche neuen Anforderungen an die Führung von Sicherheitendaten durch die gesetzlichen Bestimmungen gestellt werden. Die sehr speziellen Detaillierungen, die das KWG verlangt, können oft nur durch Attributerweiterungen abgebildet werden.

1.2 Handhabung von Mehrfachzuordnungen

Der Anwender steht in der Praxis häufig vor der Notwendigkeit, zur korrekten Abbildung der Kreditsicherheiten sehr komplexe Strukturen bilden zu müssen. Gerade bei der Sicherstellung durch Grundpfandrechte müssen häufig mehrere Rechte zu Lasten einer Immobilie, oder auch ein Recht, verteilt auf mehrere Immobilien, abgebildet werden. Bei der Darstellung von Sicherheiten im Immobilienbereich ist es deshalb naheliegend, auch die Informationen zu den Belastungen (z.B. Grundschuld) am Beleihungsobjekt zu speichern. Andererseits stößt diese Sichtweise an ihre Grenzen, wenn einzelne Rechte – wie bei einer Gesamtgrundschuld – nicht nur auf eine Immobilie, sondern auf mehrere Objekte verteilt sind. Dann müßten die Daten zu den Gesamtrechten wieder mehrfach erfaßt und redundant geführt werden. Es empfiehlt sich deshalb die getrennte Betrachtung der Daten zur Kreditsicherheit und zum Vermögenswert (Beleihungsobjekt). Die Verbindung zwischen dem Vermögenswert (z.B. einer Immobilie) und der Kreditsicherheit (z.B. Grundschuld) erfolgt über eine Zuordnungsnummer. Damit kann jede einzelne Sicherheit und jedes Beleihungsobjekt wie ein Mosaikstein in das zu bildende Geflecht eingefügt werden.

Der Vorteil dieser Handhabung kommt besonders bei nachträglichen Änderungen zur Geltung. Soll eine weitere Sicherheit zu Lasten eines Beleihungsobjekts oder ein weiterer Vermögenswert als Beleihungsobjekt hinzugefügt werden, so ist das bei dieser Struktur sehr leicht möglich. Man muß nur die jeweilige Sicherheit oder den betroffenen Vermögenswert im System neu anlegen und durch einfache Zuordnung oder Verknüpfung in das bestehende Geflecht einbinden. Auch die Zuordnung einer Sicherheit zu einem anderen Beleihungsobjekt ist durch einfaches Ändern ohne zeitaufwendige Datenerfassung möglich. Die isolierte Betrachtung jeder einzelnen Sicherheit und jedes Vemögenswerts führt zu größerer Flexibilität und beschränkt die notwendige Datenerfassung auf ein Minimum. Ein leistungsfähiges IT-System muß dem Anwender also die Möglichkeit geben, mehrere Sicherheiten auf ein Objekt und beliebige Sicherheiten auf mehrere Objekte zu verteilen, ohne daß Mehrfacherfassungen notwendig sind.

1.3 Vorteile einer getrennten Speicherung von Sicherheiten und Vermögenswerten

Die Erfassung sämtlicher Informationen über die Sicherheiten eines Kreditengagements erfordert einen nicht zu unterschätzenden Aufwand. Besonders bei bestehenden Engagements ist der Zeitaufwand für die Ermittlung der bisher in der Kreditakte hinterlegten Daten erheblich. Je nach Struktur der Kreditakte müssen unterschiedliche Dokumente eingesehen und die relevanten Daten bezüglich der Sicherheiten identifiziert werden. Die Bankmitarbeiter sind für diese Aufgabe nur zu motivieren, wenn

- die Erfassung durch eine komfortable Softwarelösung unterstützt wird und
- der zusätzliche Zeitaufwand durch die Integration in eine IT-gestützte Kreditsachbearbeitung unter Weiterverarbeitung einmal erfaßter Daten kompensiert wird.

Die einmal erfaßten Sicherheitendaten stellen darüber hinaus einen für die Bank wichtigen Datenschatz dar, der sich für vielfältige Auswertungen und Informationsvorgänge nutzen läßt. Voraussetzung für die Einbindung in weitere Informationsprozesse ist ein klar strukturiertes Informationsmodell als Basis für die Speicherung der einzelnen Informationen.

Aus bankfachlicher Sicht bieten sich folgende Auswertungsmöglichkeiten der gespeicherten Daten über Sicherheiten und Vermögenswerte.

1.3.1 Automatische Beleihungswertermittlung

Die für eine Grundschuld gespeicherten Daten des Vermögenswerts Immobilie erlauben die automatische Ermittlung des Beleihungswerts. Damit können einmal vorhandene Daten ohne zusätzliche Eingabe des Benutzers und ohne die Gefahr von Erfassungsfehlern weiterverwendet werden. Wenn sich die prinzipiellen Grundlagen für die Beleihungswertermittlung ändern, kann der Beleihungswert für alle Engagements sofort neu berechnet werden. Beleihungswertüberschreitungen werden dann in einer „To-do-Liste" für den zuständigen Berater ausgewiesen.

1.3.2 Integriertes Scoring

Aus Sicht des Kreditgebers stellen die hinterlegten Sicherheiten für einen Kredit lediglich die Rückgriffsmöglichkeit für den Fall dar, daß der Kreditnehmer seinen Verpflichtungen zur Zahlung der Zinsen und der vereinbarten Raten nicht mehr nachkommen kann. Für die Prüfung der Kreditwürdigkeit und der Fähigkeit zur Kreditrückzahlung steht die Beurteilung der wirtschaftlichen Situation und der Persönlichkeit des Kreditnehmers im Vordergrund. Diese Faktoren für eine Kreditbewilligung werden üblicherweise über ein Scoring-System bewertet. Da alle für die Kreditvergabe relevanten Daten im Kreditsachbearbeitungs- und Sicherheitenverwaltungssystem integriert sind, müssen für die Ermittlung des Score-Werts lediglich die noch nicht vorliegenden zusätzlichen Daten erfaßt werden.

1.3.3 Speicherung in einem Data Warehouse

Die für operative Anwendungen (wie z.B. die Kreditsachbearbeitung) zentral gespeicherten Daten über Sicherheiten und Vermögenswerte sollten zusätzlich als Duplikat in einem *Data Warehouse* für individuelle Auswertungen zur Verfügung stehen. Das ermöglicht die Auswertung des kompletten Datenbestands, ohne daß dieses zu Performance-Einbußen bei der Kreditsachbearbeitung führt. Die Duplikatsdatenbestände können abhängig von den konkreten Anforderungen periodisch aktualisiert werden. Die Integration in das bankweite Data Warehouse erlaubt die Verknüpfung mit den weiteren Kunden- und Kontenbeständen.

1.3.4 Bestandteil des Risikomanagements

Das Bundesaufsichtsamt für das Kreditwesen fordert zunehmend eine bessere Transparenz bezüglich der Risikopositionen einer Bank. Eine wesentliche Komponente ist dabei das Kreditausfallrisiko. Werthaltige Sicherheiten stellen dabei risikomindernde Faktoren dar. Die spektakulären Kreditausfälle in der Vergangenheit verdeutlichen, wie wichtig es für einen Vorstand unter dem Aspekt der Gesamtbanksteuerung ist, über aktuelle Informationen hinsichtlich der Risiken im Kreditgeschäft zu verfügen. Die notwendigen Informationen, um das Kreditausfallrisiko und dessen Veränderungen im Zeitablauf zu bestimmen, waren seither in den physisch archivierten Kreditakten hinterlegt. Eine DV-Auswertung „auf Knopfdruck" war somit nicht gegeben.

Durch die Speicherung dieser wichtigen Informationen können künftig periodisch Aussagen über das Risikopotential einer Bank getroffen werden. Über entsprechende Data-Warehouse-Anwendungen bieten sich Auswertungen zu folgenden Fragen an:

- Wie hoch ist die Besicherung von Kreditengagements mit bestimmten Vermögenswerten, die z.B. konjunkturzyklisch großen Preisschwankungen unterliegen?
- Wie hat sich das Volumen der Kreditengagements je Ratingkennziffer innerhalb der Gesamtbank, einer Geschäftseinheit oder eines Kundenberaters verändert?

1.3.5 Nutzung für die Anlageberatung und das Marketing

Für die Anlageberatung stellen die Daten aus dem Sicherheitenbestand wichtige Ansatzpunkte dar. So können die gespeicherten Vermögenswerte (z.B. Immobilien) interessante Informationen zur Abrundung der Vermögensanalyse eines Kunden liefern. Dieses trifft insbesondere auf Vermögenswerte zu, die nicht gleichzeitig Produkte der kreditgebenden Bank sind (z.B. Immobilien, Versicherungsverträge, Produkte bei Mitbewerbern). Darüber hinaus ergeben sich aus den Informationen über die hinterlegten Sicherheiten Hinweise auf Cross-Selling-Möglichkeiten: bei einer Immobilie beispielsweise den Abschluß eines Bausparvertrags für künftige Renovierungsmaßnahmen oder den Abschluß einer Gebäudebrandversicherung. Zusätzlich können z.B. Rückschlüsse auf die typischen Merkmale eines Immobilienbesitzers gezogen werden, die das Identifizieren weiterer potentieller Immobilienkunden über Data-Mining-Werkzeuge erlauben. Aus einer solchen Analyse könnte eine konkrete Liste potentieller Immobilienkunden entstehen, die den zuständigen Beratern für eine Akquisitionsmaßnahme zugewiesen wird. Insgesamt ist es wichtig, beim Aufbau einer zentralen Sicherheitendatenbank die Informationen über den Kunden nicht nur auf das Aktivgeschäft auszurichten, sondern auch ihre Nutzungsmöglichkeiten zur verbesserten Kundenansprache und -beratung in allen Geschäftsfeldern der Bank zu sehen.

2. Informationsmodell für die Sicherheitenverwaltung

Das Informationsmodell – vergleichbar mit dem Datenmodell der herkömmlichen Anwendungsentwicklung – legt die Struktur und den Aufbau der zu speichernden Informationen fest. Eine klare und eindeutig gegliederte Struktur des Informationsmodells ist für eine flexible Erweiterung (z.B. um weitere Attribute, zusätzliche Funktionen oder zur Änderung von Zuordnungen) von eminenter Bedeutung. Im folgenden sind die wichtigsten Elemente des Modells für die Sicherheitenverwaltung sowie ihre Beziehung untereinander beschrieben.

2.1 Kreditnehmereinheit, Person und Kunde

Eine wichtige Voraussetzung, um die Vorgaben des KWG umzusetzen, ist die korrekte Abbildung der zwischen mehreren Personen bestehenden Beziehungen. Maßgebend dabei ist der im Kreditwesengesetz geprägte Begriff des Kreditnehmers. Nach dieser Definition gelten nicht nur Einzelkunden als Kreditnehmer, sondern es werden in vielen Fällen mehrere Einzelkunden zu einer Kreditnehmereinheit zusammengefaßt. Damit muß das System die Datenerfassung und -auswertung nicht nur auf Einzelkundenebene, sondern bei Bedarf auch auf der Ebene einer höher gelagerten Gruppe bieten.

Es ist außerdem sinnvoll, die Datenhaltung nicht erst auf der Ebene „Kunde" zu beginnen, sondern bereits auf der Abstraktionsebene „Person". Denn gerade im Bereich der Sicherheiten und Vermögenswerte gibt es viele Personen, die nicht Kunde der Bank sind, von denen aber Informationen benötigt werden. Dabei handelt es sich z.B. um Versicherungsunternehmen, Drittschuldner oder Eigentümer von Vermögenswerten. Die Person wird erst in einem zweiten Schritt durch entsprechende Geschäftsbeziehungen zu einem Kunden.

Dem Anwender erscheint es im ersten Moment reizvoll, die Sicherheiten auf der Ebene „Kreditnehmereinheit" zuzuordnen. Dieses hätte den Vorteil, daß ihm die Zuordnung und Aufteilung der Sicherheitenbeträge auf die Einzelkunden erspart bliebe – auch vor dem Hintergrund, daß viele Zweckerklärungen die freie Verfügbarkeit der Sicherheiten über alle Einzelkunden hinweg zulassen. Das KWG schreibt jedoch gerade die Zuordnung von Sicherheiten auf Kontoebene für die KWG-relevanten Sicherheiten vor. Damit ist die Zuordnung auf Einzelkundenebene zwingend notwendig.

2.2 Zweckerklärung, Konto und Sicherheit

Die Bank wird Kreditsicherheiten nur für Kunden führen, an die ein Kredit vergeben wurde. Das Bindeglied zwischen Kreditsicherheit und Kunde ist die Zweckerklärung, in der der Sicherheitengeber bestimmt, für wen und in welcher Weise die Sicherheit verwendet werden darf. Die Zweckerklärung regelt somit auch die Zuordnung der Sicherheit zu konkreten Konten und stellt damit systemtechnisch die Verbindung zwischen Kunde und Sicherheit her. Auf diese Weise kann der KWG-Erfordernis Rechnung getragen werden, im Zweifel die Sicherheit bis hinunter auf Kontoebene festzuschreiben. Idealerweise kann bei Vorlage einer engen Zweckerklärung die Bewertung der Sicherheit direkt an die Entwicklung des Kontosaldos gekoppelt werden, sofern ein Zugriff auf die juristischen Kontodaten besteht.

2.3 Sicherungsobjekt, Verpflichteter und Vermögenswert

Bei der Abbildung von Sicherheitendaten stehen einer Sicherheit nicht nur Vermögenswerte gegenüber. Bestimmte Sicherheiten sind nicht auf Sachen, sondern auf Personen gerichtet, z.B. die Bürgschaft. Es bietet sich deshalb an, die Sicherheit nicht direkt mit dem Vermögenswert oder der verpflichteten Person zu verknüpfen, sondern ein neutrales Objekt (das Sicherungsobjekt) dazwischenzuschalten, hinter dem sich je nach Sicherheitenart ein anderer Kern verbirgt (Abbildung 1).

3. Integration in die Kreditsachbearbeitung

Die detaillierte Erfassung der Informationen zu den Sicherheiten und die Zuordnung der Sicherheiten erfordern einen zusätzlichen Zeitaufwand in der Kreditsachbearbeitung. Um einen Ausgleich für diesen Zeitaufwand zu erreichen, sollte eine IT-gestützte Sicherheiten-

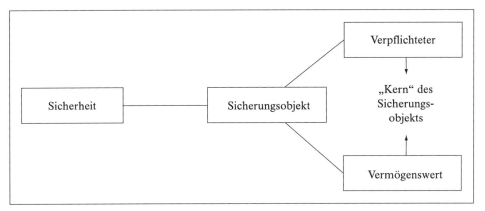

Abbildung 1: Sicherungsobjekt als Bindeglied zwischen Sicherheit, Verpflichtetem und Vermögenswert

verwaltung generell mit einer komfortablen Unterstützung der gesamten Kreditsachbearbeitung einhergehen. Die RWG Datenverarbeitungsgesellschaft hat sich deshalb dafür entschieden, eine zentrale Verwaltung von Sicherheiten unter Einbindung in eine integrierte Kreditsachbearbeitung zu realisieren. Diese Anwendung – GEBOS Aktiv – ist Bestandteil des gesamtheitlichen Vorgangs- und Beratungsunterstützungssystems GEBOS, welches alle Geschäftsfelder der Bank unterstützt. Die nachfolgenden Abschnitte beschreiben die wesentlichen Merkmale dieser Softwarelösung zur Unterstützung der komplexen Geschäftsprozesse im Aktivbereich.

3.1 Kopienkonzept

Eine zentrale Frage beim Design von Sachbearbeitungssystemen, die auf zentrale Datenbestände zugreifen, eine enge Zusammenarbeit von Mitarbeitern voraussetzen und schwebende Sachzustände kennen, ist die der Aktualität und Exklusivität von Daten.

Eine Untersuchung der Geschäftsprozesse in den Banken zeigte, daß dort bereits gut funktionierende Verfahren vorhanden sind, um Aktualität, Exklusivität und Kooperation sicherzustellen. Dies kann am Beispiel der Bewilligung eines neuen Kreditlimits auf einem bestehenden Konto, ausgehend von der bisherigen Handhabung, demonstriert werden: Der Kundenberater läßt sich zu einem bestimmten Zeitpunkt einen aktuellen Ausdruck des Kontos aus dem juristischen Bestand erstellen. Er vermerkt und kommentiert auf diesem Ausdruck handschriftlich die wesentlichen Änderungen. Dieser ergänzte Ausdruck wird Teil eines Sachbearbeitungsvorgangs und dient z.B. zur Erstellung einer Entscheidungsvorlage und eventuell nötiger Kreditverträge. Ist die Entscheidung gefallen, so müssen die bisher nur handschriftlich auf dem Ausdruck existierenden Änderungen noch in den juristisch relevanten Datenbestand überführt werden. Der Berater verwendet hierbei eine zu Papier gebrachte Kopie des Kontos für seine Sachbearbeitung und kann daraus jederzeit die Ursprungswerte und Veränderungen erkennen. Dieses Verfahren der Kundenberater bietet sehr viel Transparenz. Daher liegt es nahe, das Verfahren in das System zu übernehmen und durch Informationstechnologie zu unterstützen und zu vereinfachen.

Was hier am Beispiel eines Kontos gezeigt wurde, läßt sich im Prinzip auf alle Informationseinheiten übertragen, die in einem zentralen, juristischen Bestand hinterlegt sind. Daher konnte dieses Vorgehen auch bei Sicherheiten und Vermögenswerten angewandt werden: Der Mitarbeiter läßt sich vom System die Kopie einer Sicherheit geben. Diese lokale Kopie existiert nur auf dem virtuellen Schreibtisch des Benutzers und steht unter seiner Kontrolle. Er kann die Kopie beliebig verändern oder auch vernichten – wie einen herkömmlichen Ausdruck aus einem Informationssystem. Auf seiner lokalen Kopie führt er die notwendigen Änderungen durch. Er kann seinen Arbeitszustand jederzeit sichern, ohne daß diese Veränderungen bereits Auswirkungen z.B. auf den zentralen Sicherheitenbestand haben. Da ein Sachbearbeitungsvorgang mehrere Tage in Anspruch nehmen kann, ist es möglich, die Kopie jederzeit zu aktualisieren. Die bereits vorgenommenen Veränderungen bleiben dabei erhalten. Über eine Abfrage läßt sich feststellen, welche Veränderungen vorgesehen waren, aber noch nicht durchgeführt worden sind. Über die Aktion „Bestandspflege" an der lokalen Kopie werden die Änderungen in den zentralen Bestand übertragen. Damit erlangen sie juristische Gültigkeit. Ob der Mitarbeiter nach Abschluß des Sachbearbeitungsvorgangs die Kopie löscht oder auf seinem virtuellen Schreibtisch (Arbeitsplatz) liegen läßt, bleibt dem Arbeitsstil und den Anforderungen des Einzelnen überlassen.

3.2 Vorgangsbearbeitung

Wenn über Vorgangsbearbeitung in Informationssystemen gesprochen wird, so werden damit fast immer Workflow-Systeme in Verbindung gebracht. Eine Untersuchung der Arbeitsabläufe in den Banken zeigte eine große Vielfalt an Vorgehensweisen. Zudem wurde deutlich, daß nur ein verschwindend geringer Anteil des qualifizierten Kreditgeschäfts in einer überschaubaren Anzahl von Vorgangsschemata abgebildet werden könnte, in denen alle Aspekte und notwendigen Schritte einer Sachbearbeitung berücksichtigt sind.

Auch hier lag der Lösungsansatz für die Vorgangsbearbeitung in einem Informationsmittel der realen Arbeitswelt. Stellvertretend für alle möglichen Mappen und Ordner wurde die häufig verwendete Klarsichthülle als Metapher für die Vorgangsunterstützung gewählt. Der Anwender kann sich zu Beginn einer Sachbearbeitung im System einen Vorgang anlegen, so wie er bisher eine Klarsichthülle als Organisationsmittel benutzt hat. Dieser Vorgang liegt auf dem virtuellen Schreibtisch des Benutzers und informiert darüber, welche Konten, Sicherheiten und Verträge bereits enthalten sind. Jede im Rahmen der Sachbearbeitung neu entstehende oder geänderte Sicherheit wird beim Sichern der Kopie zusätzlich als Referenzobjekt in den Vorgang eingefügt. Anhand des Vorgangs kann sich der Anwender jederzeit einen Überblick darüber verschaffen, welche Dinge bereits erledigt oder vorbereitet sind. Auch dieses ist vom realen Schreibtisch übernommen: Die Klarsichthülle wird immer wieder durchgeblättert und kontrolliert.

Häufig bilden Schriftstücke und Ausdrucke, die in einer Vorgangsmappe liegen, die Grundlage für die Erstellung von Verträgen oder Kreditprotokollen. Mit Hilfe der IT läßt sich das gut umsetzen. So können z.B. alle Informationen, die zu einer Sicherheit während der Vorgangsbearbeitung bekannt werden, für die Erstellung eines Sicherheitenvertrags herangezogen werden. Außerdem werden alle notwendigen Formulare automatisch mit Grunddaten über den Kunden, die Bank und den Mitarbeiter versorgt.

Jeder Vorgang kann einem Kollegen zur weiteren Bearbeitung oder Beschlußfassung übergeben werden, so wie es bisher mit Hilfe von Hauspostmappen üblich war. Zur Weiterleitung wird an den Vorgang eine Weiterleitungsnotiz gehängt, die dem Versender die Möglichkeit gibt, Prioritäten zu vergeben und Bearbeitungshinweise in Form einer Bemerkung festzuhalten. Ist ein Vorgang am Ende seiner Bearbeitung angelangt, läßt er sich wieder auflösen. Hierbei prüft der Vorgang selbständig, ob die Änderungsinformationen aller in ihm enthaltenen Objekte zum zentralen Bestand übertragen wurden. Ist dieses nicht der Fall, wird der Bearbeiter sicherheitshalber darauf hingewiesen und das Auflösen des Vorgangs abgebrochen. Es ist außerdem denkbar, enthaltene Verträge in dem entsprechenden Register einer elektronischen Kundenakte abzulegen.

3.3 Sicherheitenspiegel

Zu einer Risikosteuerung der Gesamtbank bis hinunter auf Einzelkundenebene ist es notwendig, sich einen Überblick über die vorhandenen Kreditsicherheiten zu verschaffen. Diese Auswertung muß übersichtlich sein, aber alle wichtigen Informationen bieten.

Der Sicherheitenspiegel zeigt alle Sicherheiten mit zugeordneten Vermögenswerten ohne Bezug auf das vorhandene Kundenobligo. Der Anwender erhält einen Überblick, ob bei Sachsicherheiten noch freie Vermögenswertteile für Kreditausweitungen verfügbar sind oder die Belastungen den Wert der Vermögenswerte übersteigen. Im Grundpfandrechtsbereich ist die Darstellung aus Zweckmäßigkeitsgründen objektbezogen, weil die Gesamtbelastungen durch den Einblick in das Grundbuch leicht erkennbar sind. Da bei den sonstigen Vermögenswerten die Bank von fremden Belastungen meist nur zufällig erfahren wird, empfiehlt sich hier die Darstellung ausgehend von der jeweiligen Sicherheit. Insgesamt wird anhand des Sicherheitenspiegels transparent, welche Sicherheiten mit welchen zugeordneten Vermögenswerten für den betroffenen Kunden vorhanden sind (Übersicht 1). Vergleichbare Darstellungen sind für Sicherungsübereignungen und Verpfändungen denkbar. Auch hier läßt sich klar zwischen den Daten zur Sicherheit in der linken Hälfte und den Daten zu den Vermögenswerten bzw. dem Verpflichteten in der rechten Hälfte trennen.

3.4 Kreditprotokoll

Viele Aktivitäten der Kreditsachbearbeitung sind darauf ausgerichtet, die notwendigen Informationen für das Kreditprotokoll zusammenzutragen. Wesentlicher Bestandteil der Beschlußvorlage ist die detaillierte Darstellung der Sicherstellung der beantragten Kredite. Der Sicherheitenspiegel in der im vorigen Abschnitt beschriebenen Form ist des-

Übersicht 1: Beispiel eines möglichen Sicherheitenspiegels

Alle Beträge in DM										
Sicherungsobjekt:						**Wertangabe zum Objekt:**				
Grundbuch von Stuttgart; Heft Nr. 1244 Abt. I Nr. 1 Starenweg 99, 70191 Stuttgart						Verkehrswert:	vom 30. 06. 1993			600 000
Einfamilienhaus mit Einliegerwohnung; Baujahr: 1988						Beleihungswert:	vom 30. 06. 1993			450 000
Eigentümer/Erbbauberechtigter: Karl-Eugen und Heide Taler je zur Hälfte Grundstr. 14, 72510 Pechhausen						Realkreditgrenze:		50 %		225 000
						Realkreditgrenze:		60 %		270 000
Si-ID	Abtlg./ lfd. Nr.	Rang	Rechte	ZW vorh.	Gläubiger	zugeordnete Konten	Grundbuchrechte fremd / eigen		Bewert.	Bewert. neu	Bewert. eigene Rechte
1	II/1	1	Wegerecht				5000			5000	
2	III/1	2	GSoB	ja	LKB Stuttgart	67 005 237*	300 000		95 000	88 000	
3	III/3	3	GGS	nein	Volksbank Württemberg		180 000	110 000	175 000	175 000	
						Summe Rechte:	305 000	180 000	davon bewertet:		175 000
						rechnerisch freies Grundvermögen bezogen auf den Verkehrswert:					115 000
Daten zu den Sicherheiten Bürgschaft:										
Sicherheitenidentifikation	zugeordnete Konten	Nominalbetrag Sicherheit	Bewertung 24. 10. 95	Bewertung neu	Bezeichnung:	Art der Verpflichtung			Kundennr.	
100	4 499 003	100	100	100	Verpflichteter Karl Maier	selbstschuldnerisch			74 009	
	Summen:	100	100	100						
Daten zu den Sicherheiten Abtretung:						**Daten zu den zugeordneten Vermögenswerten:**				
Sicherheitenidentifikation	zugeordnete Konten	Nominalbetrag Sicherheit	Bewertung 24. 10. 95	Bewertung neu	Bezeichnung:	weitere Angaben	Verkehrs-/Kurswert	Eigentümer/Begünstigter		
100	4 499 003	100	100	100	Festgeld 74 003 004	Dresdner Bank AG Stuttgart	100	Karl Kunde		
	Summen:	100	100	100						

halb auch als Inhalt des Kreditprotokolls sinnvoll. Darüber hinaus sind noch zusätzliche Informationen notwendig.

Die Detaildarstellung der Sicherheiten bei großen Engagements mit vielen Einzelkunden kann sich über mehrere Seiten erstrecken. Es ist deshalb zweckmäßig, eine Übersicht der Sicherheiten pro Einzelkunde anzubieten (Übersicht 2). Aus der Verknüpfung der bewerteten Kreditsicherheiten mit dem Kreditengagement wird der rechnerische Anteil an freien Kreditsicherheiten bzw. der Blankoanteil ermittelt.

Übersicht 2: Zusammenfassung der Sicherheiten eines Einzelkunden

Sicherheitenüberblick			
SICHERHEITEN in Kurzfassung:	Nominal-betrag Sicherheiten	Bewertung 24. 10. 95	Bewertung neu
Eigene Grundpfandrechte	1580	810	875
Bürgschaften	100	100	100
Abtretungen	275	148	149
Sicherungsübereignungen	80	43	40
Verpfändungen Rechte	140	100	100
Verpfändungen Sachen	600	130	130
Verpflichtungserklärungen	170	0	0
Eigene Pfandrechte Schiffe	180	110	150
Eigene Pfandrechte Flugzeuge	4000	3800	3500
Gesamtsummen	7125	5241	5044
Freie Sicherheiten		220	
alternativ: Blankoanteile			199

In den meisten Fällen ist das Kreditprotokoll nicht nur für einen Kunden, sondern für eine Kreditnehmereinheit notwendig. Dafür ist es sinnvoll, eine komprimierte Gesamtsicht der vorhandenen Kreditsicherheiten zu zeigen (Übersicht 3). Bei dieser Darstellung

Übersicht 3: Gesamtsicht der Sicherheiten einer Kreditnehmereinheit

Sicherheiten					
KDNR	Name	Bewertung alt in DM	Veränderung	Bewertung neu in DM	freie Sich./ Blanko
51	Häberle	250 000	−10 000	240 000	− 10 000
300	Häberle GmbH	130 000	− 5 000	125 000	− 25 000
400	Kunz GmbH & Co KG	600 000	0	600 000	100 000

muß gut überlegt sein, ob eine Gesamtsumme der freien Sicherheiten bzw. der Blankoanteile über alle Gruppenmitglieder hinweg gerechnet werden soll. Denn freie Sicherheiten bei einem Gruppenmitglied dürfen nicht unbedingt bei einem anderen verwendet werden. Das ist von den zugrundeliegenden Zweckerklärungen abhängig und kann in Zweifelsfällen nicht unbedingt automatisch erkannt werden.

3.5 Vertragswesen

Von einem modernen Sachbearbeitungssystem erwartet der Anwender zu Recht, daß notwendige Formulare kontextabhängig vom System erzeugt und soweit wie möglich mit bereits vorhandenen Informationen versorgt werden. Nicht im System vorhandene Informationen können durch den Anwender ergänzt werden. Die so entstandenen individuellen Vertragsdaten werden in die unveränderbaren, rechtlich geprüften und vor Manipulation geschützten Vertragstexte eingefügt, mit einem Identifikationsmerkmal versehen und ausgedruckt.

4. Technische Realisierung

4.1 Objekttechnologie und relationale Datenbanktechnik

Die Sicherheitenverwaltung in GEBOS ist durchgängig objektorientiert entwickelt worden – von der Analyse über den fachlichen bis zum technischen Entwurf und der Implementierung. Die Objekte der fachlichen Welt, mit den daran auszuführenden Funktionalitäten, sind durchgängig modelliert. Das Begriffsmodell des Fachentwurfs findet sich im Klassenmodell des technischen Entwurfs wieder, ergänzt um die softwaretechnischen Komponenten.

Die fachlichen Begriffe finden sich als Klassen wieder. Es gibt z.B. die Klasse „Sicherheit", „Vermögenswert" und „Verpflichteter". Diese Durchgängigkeit prägt auch die Benutzeroberfläche und den Umgang mit der Anwendung. Der Bankmitarbeiter erkennt seinen Arbeitsbereich, er findet seine bankfachlichen und organisatorischen Objekte (Arbeitsgegenstände) wieder. Das Umdenken in Codes, Kürzel und hierarchische Strukturen gehört der Vergangenheit an.

Die Sachbearbeitung im Kreditgeschäft verlangt, daß Vorgänge über einen längeren Zeitraum in der Schwebe gehalten werden können *(Persistenz)*. Ein in Arbeit befindlicher Vorgang muß jederzeit in seinem Bearbeitungszustand, der im Normalfall in sich nicht konsistent ist, gespeichert werden können. Dieses erfordert ein gestuftes Modell der Speicherung. Der Bankmitarbeiter zieht sich von den Objekten, die er für diesen Kreditvorgang benötigt, eine Kopie zur Bearbeitung. Diese Kopien gehören ihm – sie sind also benutzerbezogen. Er kann sie jederzeit mit den aktuellen juristischen Daten versorgen, und er kann sie, wenn er das für richtig hält, auch juristisch im zentralen Bestand speichern. Die Arbeitskopien werden in dem dezentralen Datenbanksystem gespeichert. Zur Zeit wird hierfür eine relationale Datenbank eingesetzt, da über den produktiven Einsatz von Objektdatenbanken noch keine ausreichende praktische Erfahrung vorliegt.

Dieser Bruch bedeutet, daß die Objekte in Relationen umgewandelt werden müssen bzw. umgekehrt aus Relationen die Objekte entstehen. Diese Umwandlung läuft über eine gekapselte Schnittstelle. In den Objekten selbst ist keine Information darüber enthalten, wo und wie sie gespeichert werden. Durch diese Kapselung ist die Anwendung vom Datenbanksystem unabhängig. Die Relationen in der dezentralen Datenbank sind so beschaffen, daß sie schnell und sicher die Objekte speichern und wieder auslesen können. Es wurde kein Relationenmodell in der Datenbank hinterlegt.

Die juristische Speicherung der Informationen erfolgt im zentralen Host-System. Diese Datenbanken unterliegen der Entity-Relationship-Modellierung. Zur juristischen Speicherung werden die Objekte über eine Schnittstelle an das zentrale System übergeben und dort in Relationen umgewandelt.

4.2 Client/Server-Architektur

GEBOS besteht derzeit aus einem Client-Teil und verschiedenen Server-Komponenten wie z.B. die Datenbank und die Offline-Verarbeitung. Zukünftig soll die Anwendung durch Einsatz einer Verteilkomponente, z.B. eine CORBA-Implementierung, stärker verteilt werden. Die GEBOS zugrundeliegende Architektur sieht eine solche Verteilung vor. Die Verteilung muß künftig auch das zentrale System stärker einbeziehen. Im Bereich der Sicherheitenverwaltung wurde dieses mit der Portierung von GEBOS-Klassen in das Host-Umfeld und der zentralen Speicherung der Sicherheiten bereits umgesetzt. Als technische Infrastruktur liegt der GEBOS-Anwendung ein logisches LAN mit WAN-Verbindungen zur Zweigstellenanbindung zugrunde (Abbildung 2). Der Host ist über ein WAN angebunden. Die derzeit größte Installation umfaßt ca. 800 Clients und sechs Datenbank-Server, die in einem logischen LAN miteinander verbunden sind.

4.3 Sicherheitsaspekte

Die juristische Speicherung von Informationen erfolgt aus Sicherheitsgründen im zentralen System. Der Produktionsbetrieb in einem Rechenzentrum basiert auf seit Jahrzehnten gewachsenen Sicherheits- und Überwachungsmechanismen, die es heute bei dezentralen Systemen so noch nicht gibt. Lediglich die benutzerbezogenen Kopien, also diejenigen Informationen, die temporär für die Vorgangsbearbeitung notwendig sind, und die Originale, die Dokumentcharakter haben (z.B. Verträge, Schriftverkehr, Kreditprotokoll) werden in einer dezentralen Datenbank gespeichert. Die dezentralen Dateien werden täglich auf Streamer gesichert.

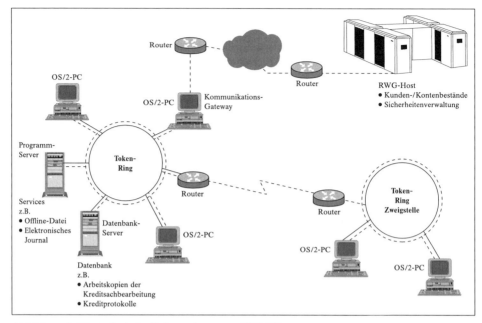

Abbildung 2: Die technische Infrastruktur von GEBOS

4.4 Verbindung zu zentralen Datenbeständen und Fremdsystemen

Die Verbindung zu den operativen Kunden- und Kontendaten sowie zu angebundenen Fremdsystemen, z.B. dem Wertpapierverwaltungssystem der Zentralbanken, erfolgt auf Transaktionsbasis. Die Anbindung, oder besser die Verständigung der Systeme, läuft über Schnittstellen und Adaptionsschichten. Die Schnittstellen transportieren die Objekte, die zentrale Adaptionsschicht wandelt die Objekte in die für die zentralen Anwendungen erforderliche Form um. Im Falle der Sicherheitenverwaltung muß nicht viel umgewandelt werden, da Klassen aus dem GEBOS-System in den Host portiert wurden. Der Zugriff auf die Kunden- und Kontenbestände erfordert eine umfangreiche Adaptionsschicht, die die Zuordnung der Objekte des dezentralen Systems zu den Feldern des Host-Systems zuläßt.

5. Ausblick

Die Realisierung eines IT-Systems zur Führung von Sicherheiten mit der Integration in ein Kreditsachbearbeitungssystem stellt einen Meilenstein bei der technischen Unterstützung der komplexen Geschäftsprozesse im Aktivbereich dar. Trotzdem ergeben sich neue Anforderungen und Vorstellungen der Anwender, die in künftigen Versionen zu realisieren sind.

5.1 Die elektronische Kundenakte

Die Archivierung von Sicherheitenverträgen in einem optischen Dokumentenmanagementsystem kann die DV-mäßige Speicherung der relevanten Sicherheitendaten nicht ersetzen, da keine automatische Auswertung der Daten möglich ist. Deshalb empfiehlt es sich, zuerst die DV-technische Unterstützung einer Sicherheitendatenbank mit der Integration in eine Kreditsachbearbeitung anzugehen. Damit lassen sich sowohl die Anforderungen der Bankenaufsicht als auch einer Geschäftsprozeßoptimierung erfüllen. Erst anschließend bietet es sich an, die vom System erstellten Verträge zur Erfüllung der gesetzlichen Aufbewahrungsfristen elektronisch zu archivieren. Dabei sollten bereits in einer ersten Stufe die für die Speicherung und spätere Recherche notwendigen Index-Informationen über eine Schnittstelle vom Sachbearbeitungssystem an das optische Archivsystem übergeben werden. Der unterschriebene Vertrag muß dann lediglich über einen Scanner eingelesen und mit den Indexdaten verknüpft werden.

In einer weiteren Ausbaustufe sollte der im WYSIWYG[1]-Modus angezeigte elektronische Vertrag im Kreditsachbearbeitungssystem durch den Kunden und die Bank rechtsgültig elektronisch unterschrieben und gespeichert werden. Damit würde das zusätzliche Scannen des zuvor ausgedruckten Vertrags entfallen. Lediglich für den Kunden wäre der Ausdruck einer zusätzlichen Ausfertigung des Vertrags erforderlich. DV-technisch gibt es heute bereits Möglichkeiten, mit denen über einen elektronischen Stift eine Unterschrift unter einen Vertrag geleistet werden kann. Weitere Optionen für eine elektronische Unterschrift zeigt das Signaturgesetz auf.

5.2 Elektronisches Grundbuch

Bei den Grundbuchämtern wird derzeit die elektronische Führung der Grundbücher realisiert. Damit wird die Möglichkeit bestehen, wichtige Attribute für eine Grundbuchbestellung elektronisch vom Grundbuchamt zu übernehmen. Im Gegenzug könnte von der Bank der Antrag für die Grundbuchbestellung als elektronischer Datensatz an das Grundbuchamt übermittelt werden. Für beide Seiten würden sich durch die elektronische Datenbereitstellung im Hinblick auf die Integration in den jeweiligen Geschäftsprozeß Synergieeffekte ergeben.

5.3 Genossenschaftlicher FinanzVerbund

Das moderne Kreditgeschäft ist gekennzeichnet durch den Einsatz verschiedener Finanzierungsmittel (z.B. Bankkredit, Bausparzwischenfinanzierung, Hypothekarkredit, Versicherungsdarlehen) und bei sehr umfangreichen Engagements durch die Kreditvergabe von mehreren Partnern (Meta-Kredite). Dabei erwartet der Kreditnehmer, daß die kom-

---

[1] WYSIWYG = „What you see is what you get".

plette administrative Abwicklung durch seine Hausbank erfolgt. Deshalb muß es in einem weiteren Schritt möglich sein, die aus der Kreditsachbearbeitung und der Speicherung von Sicherheiten resultierenden Informationen zum Kunden, zum Kredit und zu den Sicherheiten in Form von elektronischen Anträgen an die beteiligten Verbundpartner weiterzuleiten. In der Endausbaustufe ist es wünschenswert, die für eine Kreditvergabe notwendigen Informationen nur einmal bei der Hausbank vorzuhalten und den beteiligten Verbundpartnern eine gemeinsame Sicht auf die hinterlegten Daten, etwa zur Besicherung und zu den wirtschaftlichen Verhältnissen, einzuräumen. Es ist deshalb wichtig, bereits zu einem frühen Stadium die notwendigen Informationen für ein solches Kooperationsmodell im Bereich des Kreditgeschäfts abzustimmen.

5.4 Risikoorientierte Konditionsgestaltung

In der Vergangenheit wurden die individuellen Risiken einer Kreditvergabe bei der Konditionsgestaltung nur unzureichend berücksichtigt. Durch die Integration einer Kunden- und Kontenkalkulation auf Basis der zahlungsstromorientierten Marktzinsmethode sowie der vorhandenen Transparenz über die vorhandenen Sicherheiten (Werthaltigkeit, freie Sicherheiten, Blankoanteile) können künftig kundenindividuelle Tatbestände objektiver in die Konditionsgestaltung einfließen. Dieses gilt speziell für die Bemessung des jeweiligen Kreditrisikos, das in der Zukunft durch Risikoaufschläge die Konditionsgestaltung beeinflussen muß.

6. Resümee

Die Anforderungen aus der Fünften und Sechsten KWG-Novelle waren der Auslöser für die Entwicklung einer IT-gestützten, zentralen Sicherheitenverwaltung. Eine solche Lösung wird von den Bankmitarbeitern nur dann akzeptiert, wenn sie Bestandteil einer komfortablen und durchgängigen Unterstützung in der Kreditberatung und der Kreditsachbearbeitung ist. Durch den Übergang von der produkt- zur kundenbezogenen Sichtweise ist es wichtig, eine Kreditsachbearbeitung mit integrierter Sicherheitenverwaltung lediglich als Teil einer Komplettlösung für die Beratungs- und Vorgangsunterstützung in allen Geschäftsfeldern zu realisieren. Andere Lösungsansätze führen über kurz oder lang zu Insellösungen, die einzelne konkrete Anforderungen erfüllen, letztlich aber keine übergreifenden Synergieeffekte zulassen.

Armin Schulz

Abwicklung des Zahlungsverkehrs im Firmenkundengeschäft

1. Bedeutung des Zahlungsverkehrs im Firmenkundengeschäft
    1.1 Bedeutung aus Sicht der Firmenkunden
    1.2 Bedeutung aus Sicht der Banken
2. Produkte des Zahlungsverkehrs im Firmenkundengeschäft
    2.1 Zahlungsverkehrsabwicklung
    2.2 Cash Management
    2.3 Weitere Produkte im Zahlungsverkehr
3. EDIFACT im Zahlungsverkehr mir Firmenkunden
    3.1 Bisherige Abwicklung des EDIFACT-Einsatzes
    3.2 EDIFACT-Einsatz in Banken
    3.3 Zukünftige EDIFACT-Dienstleistungen der Banken
4. Auswirkungen der Europäischen Währungsunion auf den Zahlungsverkehr mit Firmenkunden
5. Erfolgsfaktoren für den zukünftigen Zahlungsverkehr mit Firmenkunden
Literaturhinweis

1. Bedeutung des Zahlungsverkehrs im Firmenkundengeschäft

1.1 Bedeutung aus Sicht der Firmenkunden

Aus Sicht der Firmenkunden ist der Zahlungsverkehr sowie das daraus resultierende Cash Management bzw. die Liquiditätssteuerung zu einem wichtigen Rationalisierungs- und Kostensenkungsfaktor geworden. Bankverbindungen und daraus resultierende Konten- und Abwicklungsstrukturen sind oft historisch gewachsen und wurden aus geschäftspolitischen Gründen weitergeführt; der nationale und internationale Zahlungsverkehr von Firmen war häufig durch den Einsatz von vergleichsweise teuren Scheckzahlungen geprägt. Im Zuge von Globalisierungs- und Reorganisationsmaßnahmen vieler Unternehmen finden weitreichende Veränderungen der Zahlungssysteme und der Abwicklung von Zahlungen statt. Damit einher gehen Anforderungen wie globales Netting oder Cash Pooling, die Reduzierung von Bankverbindungen und Kontenanzahl und natürlich auch das kritische Hinterfragen von Abwicklungsqualität, -geschwindigkeit und -kosten der Banken. Im Rahmen der Einführung des Datenaustausch-Standards EDIFACT kommt es zu einer Integration der Zahlungsverkehrsdaten mit den geschäftsspezifischen Abwicklungsdaten wie Warenbestands-, Lieferungs- und Rechnungsdaten. Durch die zunehmende Bedeutung von Electronic Commerce über Internet und Online-Dienste wird sich der Zahlungsverkehr der Firmenkunden stark verändern. Seine Bedeutung wird jedoch unverändert hoch sein.

1.2 Bedeutung aus Sicht der Banken

Die Rolle des Zahlungsverkehrs im Firmenkundengeschäft hat sich in den letzten Jahren stark verändert. Früher als ungeliebte Dienstleistung angesehen, insbesondere aus Sicht der Firmenkundenabteilung, ist die Abwicklung des Zahlungsverkehrs für Firmenkunden mittlerweile ein wichtiger Teil des Leistungsangebots einer Bank. Dazu beigetragen haben sicherlich auch moderne Verfahren und Produkte im Rahmen des Electronic Banking. Die Abwicklung des Zahlungsverkehrs mit Firmenkunden und die Bewältigung der damit verbundenen ständig steigenden Volumina und technologischen Anforderungen hinsichtlich Schnelligkeit und Sicherheit bleibt eine Herausforderung für eine Bank und somit Maßstab für deren Leistungsfähigkeit und Technologiebeherrschung.

Als Ergebnis einer von Diebold durchgeführten Befragung von Banken kam heraus, daß die Aussage „Wer den Zahlungsverkehr hat, hat auch den Firmenkunden" nach Meinung der Banken weiterhin Gültigkeit hat. Die Mehrzahl der befragten Institute bezeichnete den Zahlungsverkehr sogar als strategisches Geschäftsfeld.[1] Der Grund hierfür liegt

---

[1] Vgl. Diebold Deutschland GmbH (1996), S. 67f.

darin, daß der Zahlungsverkehr die Grundlage für den Vertrieb von vielen Bankdienstleistungen wie Auslands-, Kredit-, Geld- und Kapitalmarktgeschäft ist. Des weiteren stellt er die Basis für Cash Management dar, das ein wichtiges Geschäftsfeld insbesondere für große Kreditinstitute ist. Und nicht zuletzt bedeutet eine enge Verzahnung mit dem Kunden im Zahlungsverkehr ein besseres Verständnis seiner Geschäftsprozesse und fördert somit eine enge Kundenbeziehung.

2. Produkte des Zahlungsverkehrs im Firmenkundengeschäft

Im folgenden werden die wesentlichen Produkte der Banken im Zahlungsverkehr mit Firmenkunden dargestellt. Dabei wird kurz beleuchtet, wie die Produkte informationstechnologisch durch die Banken realisiert werden.

In der Regel sind die von den Banken zur Zahlungsverkehrsabwicklung eingesetzten IT-Systeme Eigenentwicklungen. Ausnahmen sind hier Banken, die Gesamtbank-Standardsoftware nutzen. Spezifische Standardsoftware wird meistens bei der Beleglesung und -umwandlung in entsprechende Datensätze eingesetzt. Darüber hinaus haben sich auch Anbieter für das Komplett-Outsourcing des Zahlungsverkehrs am Markt etabliert.

Grundlage aller IT-Systeme zur Zahlungsverkehrsabwicklung sind die durch Vereinbarungen zwischen den Banken definierten Belege (z.B. Überweisungsformulare) sowie Formate und Standards zur Datenübermittlung bzw. für den Datenträgeraustausch (DTA). Erst durch diese Vereinheitlichungen, zu deren Nutzung sich auch die Kunden durch entsprechende Verträge verpflichten mußten, war der großflächige IT-Einsatz der Banken zur Rationalisierung des Zahlungsverkehrs möglich und sinnvoll.

2.1 Zahlungsverkehrsabwicklung

Die Entwicklung des Massenzahlungsverkehrs, sowohl mit Privat- als auch mit Firmenkunden, begann in den 60er Jahren. Damals begannen die Banken, Gehaltskonten für Privatkunden anzubieten. Im Zuge dieser Entwicklung entstanden die klassischen Instrumente des Zahlungsverkehrs wie Lastschrift, Überweisung, Scheck usw. Im inländischen Massenzahlungsverkehr werden diese Instrumente sowohl von Firmen- als auch von Privatkunden genutzt. In den letzten Jahren wurden einige dieser Instrumente durch neuere Entwicklungen im Rahmen von Electronic-Cash-Konzepten speziell für den Handel nutzbar gemacht.

Im Auslandszahlungsverkehr werden in der Regel die international von den Banken vereinbarten S.W.I.F.T.-Formate bzw. -Nachrichtentypen verwendet. Bei Firmenkunden muß hierbei zwischen Zahlungen im Rahmen des Massenzahlungsverkehrs und solchen, die aus über die Bank abgewickelten Export- und Importgeschäften resultieren, unterschieden werden. Durch den Einsatz eines einheitlichen Formats mit EDIFACT wird sich die bisher aufgrund der geschilderten Abwicklungsform erforderliche Trennung zwischen Inlands- und Auslandszahlungsverkehr zukünftig jedoch auflösen (siehe Abschnitt 3).

2.2 Cash Management

Ein wesentlicher Bestandteil des Dienstleistungsangebots im Zahlungsverkehr mit Firmenkunden ist die Unterstützung der Unternehmen beim Cash Management. Dazu stellen die Banken entsprechende Daten sowie Cash-Management-Software zur Verarbeitung dieser Daten zur Verfügung.

Die Mehrzahl der deutschen Kreditinstitute bietet unter institutsindividuellen Bezeichnungen eine PC-gestützte Software an, die auf dem Produkt *MultiCash* basiert. Dieses Produkt hat sich aufgrund seiner Verbreitung am Markt zu einem Quasi-Standard entwickelt. Das sogenannte Basismodul von MultiCash umfaßt die Funktionen Datenfernübertragung (DFÜ), Cash Management mit den Programmteilen Auszugs- und Umsatzinformation, valutarische Betrachtung, Planungsdaten und Verwaltung der Kontostammdaten sowie Systemadministration. Das Programm ist durch die Zusatzmodule Zahlungsverkehr, Cash Management Plus (Erweiterung der valutarischen Betrachtung um Liquiditätsdaten) sowie optionale DFÜ-Verfahren erweiterbar. Die Kommunikation zwischen Firmenkunde und Bank kann wahlweise über die Übertragungswege ISDN, T-Online und Btx unter Nutzung der Protokolle X.25 und FTAM (inklusive elektronischer Unterschrift) erfolgen. Als Standard für das Datenformat wird ZVDFÜ eingesetzt.[2]

Werden die MultiCash-Module mit dem Banking Communication Standard (BCS) kombiniert, wird die Software als *MultiCashPlus* bezeichnet. BCS kann als ein Rahmen für Electronic-Banking-Anwendungen angesehen werden, der als produktunabhängige Spezifikation System- und Kommunikationskomponenten definiert und vom ZKA als Standard für die deutsche Kreditwirtschaft festgelegt wurde. Für Firmenkunden ist die Verwendung eines Cash-Management-Systems, das BCS unterstützt, die Voraussetzung für die Multi-Bank-Fähigkeit, d.h. das Verarbeiten von Daten verschiedener Kreditinstitute in einer Software. Derzeit werden den Firmenkunden Cash-Management-Daten nach Buchungsschluß bzw. *near Time* zur Verfügung gestellt. Insbesondere große Firmenkunden fordern jedoch eine Real-Time-Übertragung der Daten.

Funktionen des unternehmensinternen Cash Managements eines Firmenkunden sind das Netting und das Cash-Pooling. Unter *Netting* versteht man die Verrechnung von firmen- bzw. konzerninternen Forderungen und Verbindlichkeiten mit dem Ziel, nur Betragsspitzen auszugleichen und somit effektive Zahlungen zu vermindern. *Cash Pooling* dient der zentralen Steuerung der Liquidität in Unternehmen bzw. Konzernen. Dazu wird ein automatisches, wertstellungsneutrales Übertragungsverfahren unter Einbin-

---

[2] FTAM = File Transfer Access Management; ZVDFÜ = Zahlungsverkehr-Datenfernübertragung.

dung mehrerer abgebender Konten und eines aufnehmenden Zielkontos bei einer Bank genutzt. Die abgebenden Konten weisen nach der Übertragung in der Regel einen Null-Saldo auf. Je nach Struktur und Größe des Unternehmens kann es einstufige und mehrstufige (Vor-Pooling) sowie nationale und internationale Cash Pools geben.

Entsprechende Verfahren und Systeme zur Unterstützung dieser Funktionen bei Firmenkunden werden in Deutschland lediglich von einigen Großbanken angeboten. Dabei handelt es sich um Eigenentwicklungen. Insbesondere große Firmenkunden beklagen, daß das entsprechende Dienstleistungsangebot deutscher Banken im internationalen Vergleich unzureichend ist.

2.3 Weitere Produkte im Zahlungsverkehr

Neben der Zahlungsverkehrsabwicklung und dem Cash Management gibt es weitere Produktentwicklungen im Zahlungsverkehr mit Firmenkunden. Ein wichtiger Bereich ist die EDIFACT-Thematik, die ausführlich im Abschnitt 3 dargestellt wird. Darüber hinaus werden seit etwa zwei Jahren von ausländischen Emittenten in Deutschland sogenannte *Procurement Cards* angeboten. Dabei handelt es sich um Kreditkarten für Firmen, die das bargeldlose Einkaufen von Büroartikeln etc. ermöglichen. Dadurch soll die bislang aufwendige Abwicklung von Einkaufsvorgängen für die Unternehmen vereinfacht werden. Deutsche Emittenten verhalten sich hier im Augenblick eher abwartend.

Von größerer Bedeutung sowohl für Firmenkunden als auch für Banken sind die Entwicklungen des Zahlungsverkehrs im Internet. Eine der wesentlichen Voraussetzungen für das weitere Wachstum des Electronic Commerce im Internet ist neben der Stabilität der technischen Infrastruktur und dem Ausbau des Angebots die Schaffung von sicheren Zahlungsmöglichkeiten.[3] Insbesondere die deutschen Kreditinstitute müssen darauf achten, daß ihnen ausländische Konkurrenten und branchenfremde Wettbewerber aus dem Bereich der Software- und Kommunikationsindustrie bei der Entwicklung und Etablierung von Zahlungsverkehrsverfahren und -standards nicht um entscheidende Schritte voraus sind.

3. EDIFACT im Zahlungsverkehr mit Firmenkunden

3.1 Bisherige Entwicklung des EDIFACT-Einsatzes

Elektronischer Datenaustausch zur Geschäftsabwicklung zwischen Firmen untereinander und zwischen Firmen und Banken ist grundsätzlich nichts Neues. In der Vergangenheit haben Banken die Firmenkunden zur Nutzung entsprechender Abwicklungsformen des Zahlungsverkehrs gedrängt. Die Verbreitung von *Electronic Data Interchange* (EDI) in

---

[3] Vgl. Wittenberg, J.H. (Beitrag in diesem Buch).

Deutschland war jedoch ingesamt im Vergleich insbesondere zu England und den USA eher zögerlich. EDI konnte bisher nur innerhalb bestimmter Branchen mit deren spezifischen Formaten (z.B. ODETTE in der Automobilindustrie) oder aufgrund länderspezifischer Formate (wie ANSI in den USA) nicht länderübergreifend genutzt werden.

Aus der Notwendigkeit heraus, einen internationalen, branchenübergreifenden Standard für den Austausch von Handels- und Geschäftsdaten zu schaffen, entstand EDIFACT (Electronic Data Interchange for Administration, Commerce and Transport) – ein EDI-Standard mit weltweit einheitlichen Regeln bzw. Datenformaten für die Darstellung von Geschäftsvorgängen zum branchen- und länderübergreifenden Datenaustausch zwischen EDV-Systemen. Branchen und länderspezifische Daten und Informationen werden in EDIFACT durch sogenannte Subsets[4] abgebildet. Somit besteht auch für die Nutzer anderer EDI-Formate die Möglichkeit zur Nutzung von EDIFACT, indem sie Daten mit anderen als EDIFACT-konformen Formaten in den Subsets ablegen. Der wesentliche Vorteil des EDIFACT-Einsatzes besteht für Firmenkunden in der Möglichkeit zur Realisierung des sogenannten *Electronic Loop*, d.h. die vollständige elektronische Abwicklung von Bestellung, Lieferung, Rechnung und Bezahlung. Die entsprechenden Daten bauen dabei aufeinander auf, d.h. sie werden nur einmal (z.B. bei der Bestellung) erfaßt und bei den Folgevorgängen Lieferschein, Rechnung usw. automatisch weitergegeben. In Abbildung 1 wird dieser Kreislauf mit den jeweiligen EDIFACT-Nachrichtentypen dargestellt.

Der Einsatz von EDIFACT bei Firmenkunden verlief bisher in Deutschland sehr zäh. Gründe hierfür sind u.a. das Fehlen entsprechender betriebswirtschaftlicher Standard-

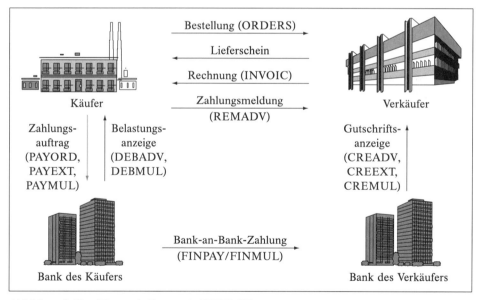

Abbildung 1: Der Electronic Loop mit EDIFACT

---

[4] Subset = Untermenge eines Datensatzes.

software. Der zunehmende Einsatz von SAP-Softwaremodulen sowie die Einführung der Europäischen Währungsunion werden nach Meinung von Experten jedoch zu einer starken Zunahme des EDIFACT-Einsatzes führen.

3.2 EDIFACT-Einsatz in Banken

Da der Standardisierungs- und Automatisierungsgrad im inländischen Zahlungsverkehr, insbesondere durch Verwendung des DTA-Formats, sehr hoch ist, war bei Banken die Bereitschaft zur Unterstützung des EDIFACT-Formats bis Mitte der 90er Jahre gering. Mittlerweile haben aber die Banken die Vorteile von EDIFACT für sich erkannt. Die wichtigsten, in einer Umfrage ermittelten Ziele zeigt die folgende Abbildung.

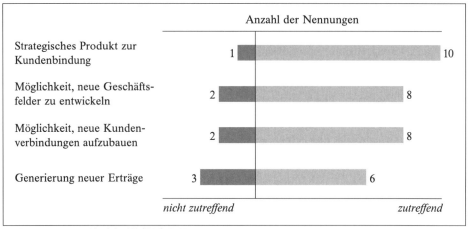

Quelle: Diebold Deutschland GmbH (1996), S. 85

Abbildung 2: Ziele der Banken beim Einsatz von EDIFACT

Die Verarbeitung von EDIFACT-Nachrichten im Zahlungsverkehr stellt besonders hohe Anforderungen an die Datenverarbeitung in Kreditinstituten. Da die vorhandenen Zahlungsverkehrs- bzw. Buchungssysteme Daten meistens im Format DTA/DTAZV verarbeiten, müssen EDIFACT-Aufträge in diese Formate konvertiert werden. Neben den reinen Zahlungsauftragsdaten sind jedoch vielfältige Informationen (z.B. Rechnungsnummern) in den Nachrichten enthalten. Bis zu 95% einer solchen Nachricht sind nicht für das Kreditinstitut bestimmt, sondern als Information an den Empfänger weiterzuleiten. In einem EDIFACT-Überweisungsauftrag (Extended Payment Order PAYEXT) können die Daten von bis zu 9999 Rechnungen aufgenommen werden.[5] Im DTA-Verfahren können als Verwendungszweck lediglich 13 × 27 Stellen freier Text weitergegeben werden. Dieses Datenvolumen macht in der Verarbeitung bei Banken ein

---

[5] PAYEXT ist gemäß Beschluß der deutschen Kreditwirtschaft das EDIFACT-Standardformat für Überweisungen.

aufwendiges Splitten, Deponieren und wieder Zusammenführen der Zahlungs- und kommerziellen Informationen erforderlich. Insgesamt kann die Verarbeitung in die Teile Kommunikation, Konvertierung und Weiterverarbeitung/Buchung gegliedert werden.

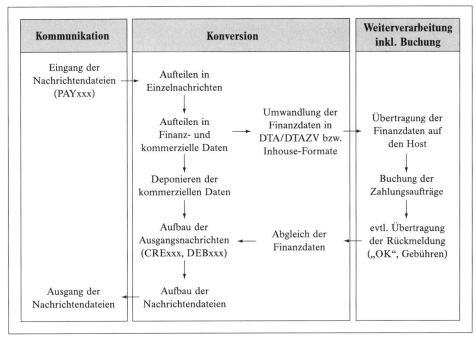

Abbildung 3: EDIFACT-Verarbeitung bei Kreditinstituten

Zur Umsetzung der dargestellten Verarbeitungsschritte werden von den meisten Banken Standardsoftware-Lösungen eingesetzt. Einige Banken nutzen auch die Möglichkeit des Outsourcing. Die Realisierung einer EDIFACT-Lösung ist trotz der Nutzung von Standardsoftware ein nicht zu unterschätzendes umfangreiches Vorhaben, dessen Komplexität nicht nur in der technologischen, sondern auch in der organisatorischen Konzeption und Implementierung liegt. Auch die Anbindung jedes neuen Firmenkunden stellt letztlich ein eigenes Projekt dar und muß entsprechend durchgeführt werden. In Abbildung 4 wird der grundsätzliche Aufbau bzw. die einzelnen Module einer EDIFACT-Lösung dargestellt.

Kernmodul ist die Konvertierung von EDIFACT zu DTA oder anderen Inhouse-Formaten und umgekehrt. Auf der Grundlage der Vereinbarungen über den auszutauschenden Nachrichtentyp werden in der *Partnerverwaltung* die Berechtigungen und administrativen Daten der Firmenkunden und Banken abgebildet und zu entsprechenden Prüfungen herangezogen. In der *Formatprüfung* werden die eingereichten Daten auf Richtigkeit der Syntax und Vollständigkeit überprüft. Im Modul *Tagesabschluß* wird die Bearbeitung eines Buchungstages abgeschlossen und eventuelle offene Posten für den nächsten Buchungstag vorgehalten. Das Modul *Archivierung* dient der Speicherung von

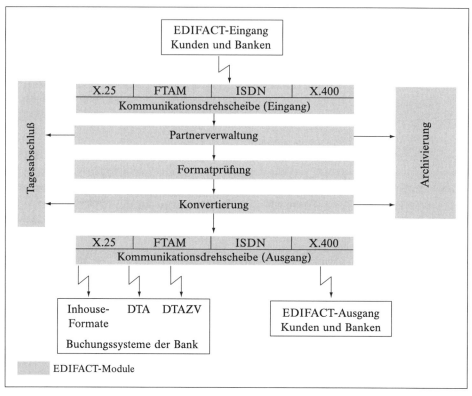

Abbildung 4: Module einer EDIFACT-Software für Kreditinstitute

Konvertierungsprotokollen, Referenznummern o.ä. Die *Kommunikationsdrehscheibe* bewältigt den Ein- und Ausgang der Daten von bzw. an Kunden und Banken. Hierfür, wie auch für die Archivierung, können in der Bank bereits vorhandene Softwareverfahren oder -module genutzt werden. Zur Verringerung der Komplexität des Gesamtsystems ist jedoch die Nutzung aller spezifischen Module eines Anbieters im Sinne einer integrierten Lösung empfehlenswert. Darüber hinaus sind nicht alle am Markt angebotenen Systeme so modularisiert, daß auf einzelne Komponenten verzichtet werden kann. Der Betrieb einer solchen Lösung stellt sich für die Bank unter Umständen als „Black Box" dar.

3.3 Zukünftige EDIFACT-Dienstleistungen der Banken

Wenn die Banken im Wettbewerb um die Firmenkunden zukünftig bestehen wollen, müssen sie ihre EDIFACT-Dienstleistungsangebote erweitern und zielgruppenorientiert gestalten. Dabei werden insbesondere für kleinere und mittelgroße Firmenkunden zukünftig verstärkt Beratungs- und Unterstützungsleistungen rund um EDIFACT und die dafür erforderliche Technologie erforderlich sein. Diese Kunden werden natürlich auch ein gegenüber heute erweitertes Produktangebot hinsichtlich Anwendungen und Schnittstellen zu Cash-Management- und Finanzbuchhaltungssystemen im Rahmen von Electronic Banking erwarten. Große Firmenkunden werden eine hochwertige Abwicklung zu attraktiven Konditionen fordern. Der Trend zum *Deal-based Banking* wird sich in diesem Kundensegment weiter verstärken, was bedeutet, daß Firmenkunden die geforderte Leistung stets beim leistungsfähigsten Anbieter in Anspruch nehmen. Um den Anforderungen der Firmenkunden nachkommen zu können, ist für kleinere und mittelgroße Banken das Eingehen von Kooperationen untereinander oder mit Softwarehäusern oder anderen Dienstleistern empfehlenswert.

Insbesondere die großen Kreditinstitute müssen sich wahrscheinlich im Wettbewerb auch gegen branchenfremde Dienstleister als umfassender Full-Service-Partner positionieren – und dieses nicht nur zur Abwicklung des Zahlungsverkehrs, sondern für EDI insgesamt. Grundlage dafür ist der Betrieb eines EDI-Clearing-Centers (ECC) zur umfassenden Abwicklung des Datenaustauschs von Unternehmen. Die Dienstleistungen eines ECC lassen sich in folgende Kategorien untergliedern:

- *Nachrichten-Services:* Dazu zählen Kommunikationsdienstleistungen, die Nachrichtenbearbeitung sowie das Bereitstellen spezifischer Anwendungen.
- *Unterstützungsdienstleistungen:* Diese umfassen die Beratung und Ausbildung von Kunden, Installations-/Implementierungsunterstützung sowie Wartung und Help(desk)-Funktionen.
- *Managementfunktionen:* Darunter fallen die EDI-Verkehrsüberwachung und -steuerung, die Wahrnehmung von Funktionen bezüglich Zugangskontrolle und Kommunikationssicherheit sowie die Abrechung und Fakturierung der erbrachten Dienstleistungen.

Das Dienstleistungsangebot eines ECC, das von einem Service-Anbieter betrieben wird, zeigt Abbildung 5. Der dunkelgraue Bereich stellt dabei das eigentliche ECC dar, während in den hellgrauen Bereichen die möglichen Kundensysteme, die an das ECC angebunden werden können, dargestellt sind.

4. Auswirkungen der Europäischen Währungsunion auf den Zahlungsverkehr mit Firmenkunden

Zur Abwicklung des grenzüberschreitenden Großbetragszahlungsverkehrs innerhalb der Europäischen Währungsunion (EWU) wird von den Notenbanken der beteiligten Länder das System TARGET *(Trans-European Automated Real-Time Gross Settlement Express Transfer)* entwickelt.[6] TARGET verbindet die nationalen Echtzeit-Bruttosy-

---

[6] Vgl. Hartmann, W. (Beitrag in diesem Buch).

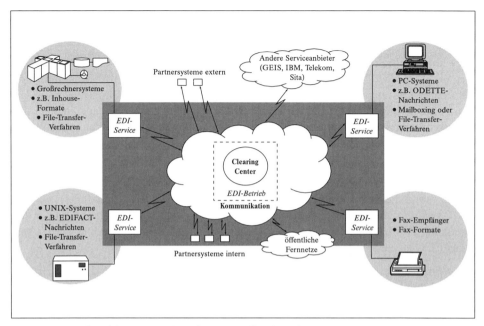

Abbildung 5: Dienstleistungsangebot eines EDI-Clearing-Centers

steme (RTGS)[7] der EU-Zentralbanken miteinander. Neben der Nutzung von TARGET wird es jedoch auch andere Möglichkeiten zur Abwicklung des Euro-Zahlungsverkehrs geben. Dazu gehören z.B. grenzüberschreitende Nettosysteme wie das derzeitige ECU-Clearing der *EURO Banking Association* (EBA). Die EBA hat bereits signalisiert, in der Stufe 3 der EWU den Betrieb als Euro-Clearer aufzunehmen. Welche Anteile der zukünftigen Euro-Zahlungsströme die vorhandenen oder neuen Systeme an sich ziehen werden, wird sich aufgrund der Effizienz der Systeme und der Preise entscheiden.

Eine wesentliche Fragestellung für Banken bezüglich der Abwicklung des Zahlungsverkehrs mit Firmenkunden wird also sein, welches der Systeme genutzt werden sollte, um ein Höchstmaß an Effizienz und Wirtschaftlichkeit zu erreichen. Nur wenige Banken sind in der Lage, ihre Inhouse-Systeme zur Abwicklung des Euro-Zahlungsverkehrs zu nutzen. Voraussetzung dafür ist die Präsenz im nationalen Clearing und Settlement in mehreren EU-Ländern durch eigene Niederlassungen oder Tochterinstitute. Wird jedoch eine kritische Anzahl von Ländern und Transaktionsvolumina erreicht, sind Inhouse-Systeme ein strategisches Instrument im Wettbewerb um Firmenkunden. Eine weitere Option zur Erreichung von Wettbewerbsvorteilen ist die Nutzung optimierter Korrespondenzbankverfahren sowie strategischer Kooperationen im Zahlungsverkehr.

---

[7] RTGS = Real-Time Gross Settlement.

In einigen Ländern wird TARGET und somit die Zentralbanken als potentieller Wettbewerber der Kreditinstitute um die künftige Abwicklung des Großbetragzahlungsverkehrs gesehen. Zumindest in der ersten Phase ist jedoch nicht davon auszugehen, daß die Zentralbanken einen vergleichbaren Service wie die Geschäftsbanken mit Merkmalen wie z. B. Statusmeldungen, Rückrufverfahren und Liquiditätssteuerungsmöglichkeiten anbieten werden. In diesem Zusammenhang ist die Frage zu beantworten, ob Firmenkunden unter Umgehung ihrer Hausbank TARGET nutzen können. Voraussetzung dazu wäre ein Zugang zu einem RTGS. Die Entscheidung darüber bzw. die Verantwortung für die Definiton der entsprechenden Bedingungen liegt bei dem jeweiligen RTGS-Betreiber. Somit wäre es beispielsweise möglich, daß Nichtbanken über ein LZB-Konto in Deutschland mittels ELS[8] Zugang zu TARGET erhalten. Gleichzeitig muß jedoch darauf verwiesen werden, daß das Europäische Währungsinstitut in seinen Richtlinien zum Zahlungsverkehr ausführt, daß nur Zentralbanken und Geschäftsbanken als Direktteilnehmer zugelassen werden können. Ausnahmen sind möglich für Institute, die aufgrund ihres öffentlichen Charakters geringe Insolvenzrisiken aufweisen oder von einer anerkannten Fachbehörde überwacht werden.[9] Diese Ausnahmeregelung soll von allen beteiligten Zentralbanken konsequent ausgelegt werden. Tatsache ist jedoch, daß es Firmenkunden gibt, in deren Konzern sich auch Banken oder Near Banks befinden, für die der Zugang möglicherweise geöffnet wird. An erster Stelle sind hier die Automobilkonzerne zu nennen. Auch die Siemens AG hat die Gründung einer Bank bzw. die Beantragung einer entsprechenden Lizenz angekündigt. Die Banken müssen also durchaus damit rechnen, daß große Firmenkunden versuchen werden, ihren Euro-Zahlungsverkehr durch eine direkte Anbindung an TARGET zu optimieren.

5. Erfolgsfaktoren für den zukünftigen Zahlungsverkehr mit Firmenkunden

Der klassische Zahlungsverkehr wird sich im Rahmen des Electronic Commerce weiterentwickeln. Die Konsequenz, insbesondere für das Firmenkundengeschäft, ist eindeutig: „Um die Wettbewerbsfähigkeit zu erhalten, müssen die Banken massiv in ihre Informationstechnik investieren."[10] Reicht das alleine jedoch aus? Technologieeinsatz ist sicherlich eine wichtige Voraussetzung. Auf diesem Gebiet sind Banken aufgrund ihrer umfangreichen IT-Erfahrungen in der Regel auch gut gerüstet, wenn auch nicht immer als *First Mover* – wie EDIFACT zeigt. Die Achillesferse liegt jedoch nach wie vor bei der bedarfsgerechten Entwicklung, dem zielgruppenorientierten Vertrieb und dem professionellen Service von elektronischen Zahlungsverkehrsprodukten, insbesondere im Geschäft mit Firmenkunden. Aber genau an diesen Faktoren wird sich der Wettbewerb

---

[8] ELS = Elektronischer Schalter der Deutschen Bundesbank.
[9] Vgl. European Monetary Institute (1995), S. 3.
[10] Niehoff, W./Westerhaus, C. (1997), S. 243.

entscheiden. Denn die Konkurrenten kommen vermehrt aus der IT- und Kommunikationsindustrie, und sie sind in den genannten Bereichen in der Regel besser aufgestellt als Banken. Gefordert sind also kundengerechte Produkte und hochwertiger Service. Daß sich ein aus Sicht der Firmenkunden unzureichendes Dienstleistungsangebot am Markt nicht mit der gewünschten Resonanz plazieren läßt, haben die Banken bereits bei Cash Management erfahren. Die Marktdurchdringung ihrer Produkte in diesem Bereich wird von den Banken selbst als nicht zufriedenstellend eingeschätzt.[11] Technologieeinsatz ist zwar eine Voraussetzung, aber nicht der alleinige Garant für einen nachhaltigen Erfolg im Wettbewerb.

Literaturhinweis

DIEBOLD DEUTSCHLAND GMBH (Hrsg.), Zahlungsverkehr in Deutschland – Eine Bankdienstleistung im Umbruch, Studie, Eschborn/Ts 1996.
EUROPEAN MONETARY INSTITUTE (Hrsg.), Developments in EU Payment Systems in 1994, Frankfurt/M 1995.
NIEHOFF, W./WESTERHAUS, C., TARGET: Zahlungsverkehrssystem für die Europäische Währungsunion (II), in: Die Bank, Nr. 4, 1997, S. 240 – 246.

---

[11] Vgl. Diebold Deutschland GmbH (1996), S. 73 ff.

Olaf Theilmann/Christiane Fotschki

Internet Banking mit Firmenkunden

1. Strategische Bedeutung des Corporate Internet Banking
2. Anforderungen durch Electronic Commerce
3. Angebotstrends
   - 3.1 Zahlungsverkehr
     - 3.1.1 Zahlungsverkehrssysteme
     - 3.1.2 Zahlungsverfahren
   - 3.2 Cash Management
   - 3.3 Kommerzielles Auslandsgeschäft
   - 3.4 Handelsprodukte
4. Marktentwicklung
5. Handlungsanforderungen für deutsche Banken

Literaturhinweis

Obwohl das Internet inzwischen ein populäres Thema ist und die deutsche Bankindustrie bei Privatkunden erste positive Erfahrungen gesammelt hat, wurde das Thema im Geschäft mit Unternehmen und institutionellen Kunden von deutschen Kreditinstituten noch nicht richtig entdeckt. Dies überrascht, geht man doch im allgemeinen davon aus, daß im Zuge der weltweiten Vernetzung insbesondere an der Schnittstelle Business to Business Geld zu verdienen ist. Der folgende Beitrag diskutiert die Potentiale und Anforderungen für Banken im Internet Banking mit Firmenkunden und gibt einen Ausblick auf die zu erwartende Marktentwicklung. Er ist in fünf Punkte gegliedert:

1. Was ist Corporate Internet Banking und warum ist es wichtig?
2. Welche Anforderungen stellen die Firmenkunden zukünftig an ihre Banken?
3. Was sind die wichtigsten Angebotstrends?
4. Wie schnell wird sich der Markt entwickeln?
5. Wie sollten deutsche Banken reagieren?

1. Strategische Bedeutung des Corporate Internet Banking

Das Internet ist ein Verbund von offenen Netzen, die auf Basis einheitlicher Technikstandards (Kommunikationsprotokoll TCP/IP) zusammenwirken. Die Kombination von standardisiertem Datenzugriff im World Wide Web und nutzerfreundlicher E-Mail hat die Möglichkeiten für die weltumspannende multimediale Kommunikation sowohl im Privatbereich als auch im Geschäftsbereich (Business to Business) revolutioniert. Das Internet verbindet Benutzer (über Web-Browser) mit Anbietern (über Web-Server) und ermöglicht interaktive Funktionalität mit Informationsaustausch.

Banken sind auf zweifache Weise von dieser Entwicklung betroffen. Zum einen bedeuten Vernetzung und globale Kommunikation durch eine leistungsfähige Netzwerkinfrastruktur (Bandbreite, Verfügbarkeit, Sicherheit), der Einsatz neuer Technologien an den Zugangspunkten zum Netz und der Bedarf für neue Produktstrukturen eine Herausforderung für den Aufbau neuer Kernfähigkeiten und Innovationsfähigkeit. Zum anderen kann die technologische Entwicklung zur strategischen Bedrohung werden, denn die Rolle der Bank verändert sich fundamental:

- Banken sind nicht mehr notwendigerweise im Zentrum der Finanzinformationsströme. Nichtbanken-Wettbewerber (z.B. Informationsdienstleister) erkämpfen sich Marktanteile.

- Kunden haben Zugang zu eigenen Informationen. Leistungen werden entbündelt, man kauft zukünftig beim jeweils besten Anbieter ein.

- Transaktionen erfolgen ohne Beteiligung der Banken, die Kundenbindung löst sich auf. Die Wirtschaftlichkeit der eigenen, proprietären Netze ist in Frage gestellt.

Dies gilt nicht nur im Privatkundengeschäft, sondern insbesondere im Firmenkundengeschäft. Firmenkunden entwickeln zunehmend ein strategisches Verständnis für die Chancen und Risiken in der vernetzten Welt und passen die eigene Infrastruktur für die Anbindung an die Netze an. Und sie erwarten, daß die Finanzdienstleistungen in bezug auf Wertschöpfung und Bereitstellung den veränderten Güter- und Transaktionsströmen entsprechen.

Corporate Internet Banking gilt als zukünftige Schlüsselkomponente im Electronic Banking. Im weitesten Sinne versteht man unter Corporate Internet Banking die Bereitstellung von Bankprodukten für Firmenkunden auf elektronischem Wege über Internet-Technologie. In dieser breiten Definition sind zum einen Informations- und Transaktionsdienstleistungen über das öffentliche Internet enthalten, welche derzeit bereits im Privatkundengeschäft etabliert sind. Zum anderen geht es beim Corporate Internet Banking auch darum, Produkte, die heute bereits auf traditionellem elektronischem Wege übertragen werden (z. B. per DFÜ), in einem Intranet bzw. Extranet bereitzustellen und durch den Einsatz von Internet-Technologie nutzerfreundlicher und bedarfsgerechter zu gestalten. Intranets sind Privatnetze innerhalb einer geschlossenen Benutzergruppe auf Basis der Internet-Technologie mit den gleichen hohen Sicherheitsstandards wie private Firmennetze. Unter einem Extranet versteht man die Ausweitung der internen Web-Infrastruktur eines Intranet auf externe Geschäftspartner bzw. Bankkunden. Ein Extranet verbindet die Vorteile eines sicheren und stabilen privaten Netzwerks mit der Nutzung der offenen Internet-Technologie.

Vordergründig ist Corporate Internet Banking damit nichts Neues. Die meisten Banken bieten elektronische Dienstleistungen für Firmenkunden an, z. B. im Zahlungsverkehr, im dokumentären Geschäft oder im Cash Management. Im letzten Jahr verfügten 80 % der großen Unternehmen in Europa über eine elektronische Verbindung zu ihrer Bank, und auch kleine Unternehmen setzen im Zuge der Verbreitung von PCs, einem verbesserten Kosten-/Nutzenverhältnis von Investitionen in die elektronische Kommunikation, der Verfügbarkeit von attraktiven Softwarelösungen und fallenden Kommunikationskosten zunehmend auf elektronische Lösungen.

Bei genauer Analyse zeigt sich allerdings der entscheidende Unterschied bzw. die Begründung dafür, daß erst Corporate Internet Banking das Electronic Banking endgültig zu einem wirklich dominierenden Vertriebsweg im Firmenkundengeschäft machen wird: Im klassischen Electronic Banking bieten viele Institute noch proprietäre Softwarelösungen mit der Konsequenz von Plattformabhängigkeit und fehlenden offenen Standards an. Die dadurch bedingte enge Anbindung der Kunden an die Bank limitiert die Kunden in ihrer Möglichkeit, die Bank zu wechseln. Internet-Technologie beseitigt diese Nachteile. Offene Standards, institutsunabhängige Anwendungen von Drittanbietern, Plattformunabhängigkeit und sehr flexible Integrationsmöglichkeiten über verschiedenartigste Systeme hinweg eröffnen für die Kunden mehr Flexibilität bei der Bankauswahl, bessere Funktionalitäten und den Bezug von Produkten unterschiedlicher Anbieter.

2. Anforderungen durch Electronic Commerce

Firmenkunden wollen zukünftig Geld im *Electronic Commerce* verdienen. Im weitesten Sinne ist Electronic Commerce die Durchführung von wertschöpfenden Geschäftsaktivitäten über Telekommunikationsnetze und beinhaltet alle informations- und kommunikationstechnischen Instrumente zur Verbesserung der Geschäftsabwicklung, sowohl in bezug auf die unternehmensinternen Prozesse als auch an der Schnittstelle zu Abnehmern und Lieferanten.[1]

Wichtigste Grundlage für Electronic Commerce ist EDI *(Electronic Data Interchange)*. EDI ist der standardisierte Austausch von Daten über proprietäre oder öffentliche Netze. Aufgrund des aufwendigen Prozesses für die Entwicklung von gemeinsamen Standards und hoher Projekt- und Betriebskosten für die entsprechenden Systeme ist EDI bis heute weitgehend nur bei Großunternehmen verbreitet. Eine weitere Schwäche ist, daß die klassischen nationalen EDI-Standards größtenteils branchenspezifisch sind, was eine branchenübergreifende elektronische Kommunikation erschwert. Mit EDIFACT *(Electronic Data Interchange For Administration, Commerce and Transportation)* wurde ein neuer branchenübergreifender EDI-Standard geschaffen, der Prozeßketten von Abnehmern, Banken und Lieferanten branchenübergreifend integriert.[2] Die ausgetauschten Daten inklusive der Transaktionsdetails aus Bankgeschäften ermöglichen dem Firmenkunden eine nahtlose elektronische Weiterverarbeitung. In Deutschland hat sich EDIFACT bisher nur bei Großunternehmen etablieren können, da sowohl auf Banken- als auch auf Kundenseite kostenintensive Umstellungen erforderlich sind. Die Übertragung von EDI auf das Internet soll jetzt Electronic Commerce im Business-to-Business-Bereich den Durchbruch bringen und den elektronischen Datenaustausch auch bei kleineren und mittleren Unternehmen beschleunigen. Die Vorteile der Internet-Technologie erlauben es, neue elektronische Geschäftsverbindungen leicht und flexibel zu implementieren. Auch kleine Unternehmen können so den gegenwärtigen Marktveränderungen, die durch Internationalisierung, kurze Produktlebenszyklen und schnelle Marktreaktionszeiten gekennzeichnet sind, gerecht werden.

Der Trend ist eindeutig: Bereits im Jahr 2000 werden zwei Drittel der mittelständischen Unternehmen und nahezu alle Großunternehmen in Deutschland über ein Intranet verfügen, jedes dritte mittelständische Unternehmen und 40% der Großunternehmen erwarten, von ihrer Bank Dienstleistungen über Internet-Technologie geliefert zu bekommen (Abbildung 1).[3] Banken müssen sich jetzt umstellen. Während sie sich bei der langsamen Entwicklung von EDI und EDIFACT noch von den Kundenanforderungen treiben lassen konnten und neue Dienstleistungen oft erst auf konkreten Druck einzelner Großkunden hin entwickelten, können jetzt ganze Marktsegmente wegbrechen, falls sie die Marktstandards und technologischen Entwicklungen bei den Firmenkunden nicht

---

[1] Vgl. Karszt (1996).
[2] Vgl. Schulz, A. (Beitrag in diesem Buch).
[3] Vgl. Theilmann, O./Miller, G. (1997).

rechtzeitig unterstützen. Firmenkunden werden zukünftig erwarten, daß sie per Internet-E-Mail mit ihrer Bank kommunizieren, Banktransaktionen über Web-Browser steuern und die im EDIFACT-Format übermittelten Transaktionsdaten nahtlos in den eigenen TCP/IP-basierten Systemen weiterverarbeiten können.

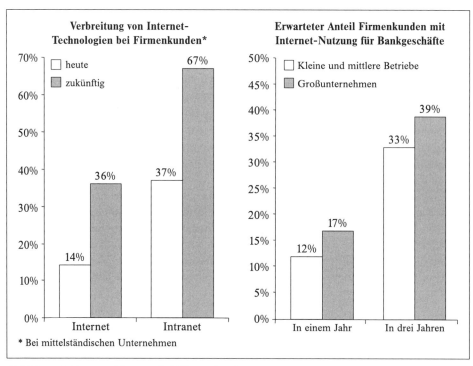

Abbildung 1: Internet-Nutzung bei Firmenkunden

3. Angebotstrends

Im Gegensatz zum Internet Banking für Privatkunden, wo typischerweise zu Beginn einfache Interaktivität (z.B. Kontoabfragen oder -eröffnungen), dann Zahlungsverkehrstransaktionen und schließlich Brokerage angeboten werden, gibt es kein Standardangebot im Corporate Internet Banking. Die Auswahl an Dienstleistungen, die den Firmenkunden über das öffentliche Internet oder über Extranets geboten werden, sind außerordentlich vielfältig. Welches Dienstleistungsspektrum in welcher Reihenfolge angeboten wird, hängt von der Kunden- und Produktstrategie jeder einzelnen Bank ab. Das Angebot an Großkunden unterscheidet sich dabei von den Leistungen für mittelständische Unternehmen. Im folgenden werden die wichtigsten Trends dargestellt, unterteilt in die vier Produktfelder Zahlungsverkehr, Cash Management, kommerzielles Auslandsgeschäft und Handelsprodukte.

3.1 Zahlungsverkehr

Der Großteil der derzeitigen Initiativen im Corporate Internet Banking konzentriert sich auf den Zahlungsverkehr. Banken arbeiten sowohl an Web-basierten Zahlungsverkehrssystemen als auch an Zahlungsverfahren.

3.1.1 Zahlungsverkehrssysteme

Unter einem Zahlungsverkehrssystem versteht man ein elektronisches Mehrwertsystem, das die Firmenkunden bei der Durchführung des Zahlungsverkehrs unterstützt. Heute sind die meisten Zahlungsverkehrssysteme proprietäre Systeme auf DFÜ-Basis, an die der Firmenkunde über seine PC-Finanzsoftware angebunden wird und die ihn bei der Durchführung von Überweisungen, Lastschriften und Daueraufträgen unterstützen.

In den USA gibt es bereits eine Reihe von Beispielen für die Abwicklung von Zahlungsverkehrstransaktionen über Web-Browser-Software und TCP/IP-Kommunikation. Die Chase Manhattan Bank hat bereits Ende 1996 in einem Pilotversuch mit der Ölraffinerie Diamond Shamrock Zahlungsverkehr per Internet-EDI durchgeführt. Die Nationsbank hat für ihre 8000 Firmenkunden Anfang 1997 ein Multiwährungszahlungssystem auf der Basis eines Intranet und Web-Browser-Technologie eingeführt. Das sogenannte FX Wire&Draft System ermöglicht ausländische Zahlungen bis zu einem Betrag von einer Million US-$. Questpoint, ein Tochterunternehmen von CoreStates, bietet seinen Firmenkunden über ein Intranet vereinfachten Zugang zu Geschäftsdaten an, die bisher an über 20 Standorten der Bank elektronisch verteilt waren. Dieser Service ist insbesondere für Großkunden mit vielen Standorten interessant. Die bei Questpoint durch das Intranet entstandenen Kosteneinsparungen werden durch eine Gebührenreduktion in Höhe von 50% an die Firmenkunden weitergegeben.[4]

Deutschland gilt im internationalen Vergleich als ein relativ weit entwickelter Zahlungsverkehrsstandort. Dennoch wollen auch hier, obwohl sich durch Produkte wie Multi-Cash, ZV light und ähnliche Softwareversionen für kleine Geschäftskunden ein multibankfähiger Quasi-Standard durchgesetzt hat, von 50 befragten Banken 38% innerhalb der nächsten drei Jahre Zahlungsverkehrstransaktionen über das Internet anbieten.[5] Die Banken versprechen sich davon, den elektronischen Anteil am Zahlungsverkehr weiter zu erhöhen. Zudem sind die Vorteile eines Internet-basierten Systems mit einem deutlich vereinfachtem Distributionsverfahren der Software (Browser können aus dem Netz heruntergeladen werden) und einer Verbesserung des Kundenservice bei gleichzeitig reduzierten Wartungskosten (nutzerfreundliche Handhabung, einfache Integration in Kundensysteme, kein Diskettenversand mehr, zentrale Wartung und Updates) sehr attraktiv.

---

[4] Vgl. Costanzo, C. (1997a).
[5] Vgl. Theilmann, O./Miller, G. (1997).

3.1.2 Zahlungsverfahren

Zahlungen werden heute über verschiedene technische Übermittlungsplattformen abgewickelt. Es wird zwischen Zahlungsverfahren im Geschäftskundenbereich, die die direkte Bezahlung im Anschluß an eine Güter- oder Dienstleistungstransaktion ermöglichen (z.B. Electronic Cash, POZ, Kreditkartensysteme, GeldKarte), und Großbetragszahlungsverfahren (z.B. S.W.I.F.T., TARGET) unterschieden.

Geschäftskundenzahlungsverfahren

In Deutschland liegt der Schwerpunkt der Internet-Banking-Aktivitäten der Banken gegenwärtig bei den Zahlungsverfahren im Geschäftskundenbereich – hauptsächlich getrieben von der zunehmenden Kommerzialisierung des WWW. Das Potential für Zahlungen im Internet ist enorm. Schätzungen gehen davon aus, daß im Jahr 2000 über neun Milliarden DM im Internet umgesetzt werden. Dies schließt all diejenigen Zahlungen ein, die aufgrund eines Waren- oder Dienstleistungsgeschäfts im Internet initiiert werden.

In Abhängigkeit von der Höhe der Zahlung haben sich bisher unterschiedliche Verfahren zum Bezahlen im Internet etabliert.[6] Für größere Beträge ab ca. 20 US-$ werden kreditkartenbasierte Verfahren eingesetzt. Sie machen 80% aller Online-Zahlungen aus. Hier dominieren die klassischen Kreditkartengesellschaften wie z.B. Visa und Eurocard den Markt. Sie haben gemeinsam mit Microsoft den SET-Standard für sichere Internet-Zahlungen entwickelt. Mittlerweile bieten viele Hersteller SET-kompatible Software an. Am Beispiel der Wells Fargo Bank zeigt sich das Potential der Kreditkartenverfahren. Die Wells Fargo bedient gegenwärtig 2000 Firmenkunden mit diesem Verfahren im Internet, die Kundenzahl wächst monatlich um 15%. 1996 wurden allein bei der Wells Fargo Bank 45 Millionen US-$ Kreditkartenzahlungen über das Internet abgewickelt, für 1997 wird die Summe auf 200 Millionen US-$ geschätzt. Der durchschnittlich im Internet umgesetzte Betrag liegt dabei zwischen 60 US-$ und 70 US-$.[7]

Sind Firmenkunden noch bereit, für Beträge über 20 US-$ die vergleichsweise hohen Gebühren der Kreditkartengesellschaften zu bezahlen, so rentiert sich dies spätestens im Kleinbetragszahlungsbereich *(Micropayment)* nicht mehr. Hier hat eine Vielzahl von jungen innovativen Unternehmen, wie z.B. DigiCash, CyberCash und Checkfree, diverse Verfahren entwickelt, bei denen deutlich niedrigere Gebühren anfallen.[8] In Zusammenarbeit mit Banken werden derzeit die ersten Micropayment-Systeme im Rahmen von Pilotversuchen getestet. So hat die Deutsche Bank im Oktober 1997 gemeinsam mit DigiCash ein Pilotprojekt mit dem Ecash-Verfahren gestartet. Die Dresdner Bank und die Sachsen LB arbeiten bereits mit dem Unternehmen CyberCash zusammen. Doch überzeugen können alle diese Systeme bisher nicht. Die Kreditkartenzahlungen im Internet sind mit hohen Gebühren belastet, bei den Micropayment-Systemen fehlt bisher noch ein Standard, da jede Großbank ihre eigene Micropayment-Währung ausgibt und die

---

[6] Vgl. Wittenberg, J.H. (Beitrag in diesem Buch).
[7] Vgl. Murphy, P. (1997).
[8] Vgl. Fotschki, C./Bartmann, D. (1997).

Kompatibilität noch nicht gewährleistet ist. Benötigt wird immer noch ein System, das beides besitzt: Hohe Verbreitung und leichte Handhabung (wie ein Kreditkartensystem) und gleichzeitig geringe Gebühren (wie ein Micropayment-System).[9]

Großbetragszahlungsverfahren

Während Internet-Zahlungen im Geschäftskundenbereich in der Regel durch ein Geschäft im Internet selbst initiiert werden, dient bei Großbetragszahlungsverfahren die Internet-Technologie lediglich als Übermittlungsplattform, losgelöst vom Waren- oder Dienstleistungsgeschäft. Firmenkunden und Banken stellen an Großbetragszahlungsverfahren erhebliche Anforderungen – aufgrund der Höhe der transferierten Beträge müssen sie absolut sicher und zuverlässig sein, sollten wenige Schnittstellen aufweisen und möglichst realtime funktionieren.

Bisher dominierte bei der Übermittlung von Firmenkundenzahlungen und im Interbankenverkehr S.W.I.F.T. Dieses System zeichnet sich vor allem durch ein hohes Maß an Sicherheit, Zuverlässigkeit und Economies of Scale aufgrund seiner hohen Nutzerzahl aus. S.W.I.F.T. weist jedoch auch Nachteile auf. Firmenkunden konnten bisher nicht direkt angeschlossen werden und Zahlungsnachrichten werden zwar realtime übermittelt, der Zahlungstransfer über das Korrespondenzbankensystem dauert jedoch oft mehrere Tage. Daher ist in den letzten Jahren eine Vielzahl von neuen Zahlungssystemen mit besseren Leistungsparametern entstanden (z.B. TIPANET, Eurogiro, Relay, IBOS, Connector).

Internet-Technologie wird auch bei Großbetragszahlungssystemen das Wettbewerbsumfeld für Banken verändern: Die etablierten Systeme werden mittelfristig auf Internet-Technologie migrieren. Dies schafft technische Kompatibilität und erleichtert potentiell die Zusammenarbeit der verschiedenen institutsgruppeneigenen Zahlungssysteme auf Basis eines gemeinsamen Standards. Das Internet öffnet die Großbetragzahlungssysteme für Firmenkunden. S.W.I.F.T. hat bereits angekündigt, Internet-Zugänge zur Verfügung zu stellen und gleichzeitig Zahlungen von Firmenkunden direkt zu übermitteln. Im dritten Quartal 1997 startete das Financial Services Technology Consortium unter Federführung der Citicorp das Pilotprojekt BIPS *(Bank Internet Payment System)*, um zu demonstrieren, wie Unternehmen das Internet für Großbetragszahlungen und als Zugangssystem für Zahlungssysteme wie S.W.I.F.T. und Fed Wire nutzen können. Im Dezember 1997 wurde eine erste Version des Standards präsentiert. Ein erster Pilotversuch mit Firmenkunden ist von der Mellon Bank geplant. Gleichzeitig beschleunigt sich der Trend, Großbetragszahlungsausgleiche inhouse im Rahmen von firmenkundeneigenen Intranets bzw. zwischen verschiedenen Unternehmen via Extranets durchzuführen – beides Entwicklungen, die zu einer Umgehung von Banken führen. Softwareanbieter wie z.B. Commerce-One unterstützen den Trend zu Inter-Firmenkunden-EDI. In den USA etablieren sich derzeit EDS und EDBanx, ein Niedrigkosten-Netzwerk, das auf die sechs Millionen kleinen und mittleren Unternehmen in den USA zielt.

---

[9] Vgl. Kossel, A./Wronski, H. J. (1997).

Im Fazit müssen auch deutsche Banken mittelfristig mit einer erheblichen Reduktion des von ihnen abgewickelten Zahlungsvolumens rechnen – sowohl wegen des Wachstums Internet-basierter Zahlungen als auch wegen des zunehmenden direkten Zahlungsausgleichs zwischen Firmenkunden über Extranets und Intranets. Dieser Effekt wird durch die Einführung des Euro noch verstärkt – Schätzungen gehen davon aus, daß grenzüberschreitende[10] Zahlungen um fünf Milliarden US-$ weltweit sinken werden.

3.2 Cash Management

Cash-Management-Systeme sind eine funktionale Erweiterung von Zahlungssystemen und bieten über die einfache Zahlungsabwicklung hinaus Entscheidungshilfen zur Steuerung der kurzfristigen Zahlungsströme. Wesentliche Module eines Cash-Management-Systems sind Finanzdisposition, Netting und Pooling sowie Planung und Kontrolle der Finanzströme.

Im Zuge der Globalisierung und wachsender Komplexität des Geschäfts benötigen vermehrt kleinere Unternehmen ein professionelles Cash Management, ohne jedoch die gleichen Investitionen in Systemintegration wie Großunternehmen tätigen zu können. Zudem sind viele dieser Unternehmen hybrid hinsichtlich ihrer Anforderungen – zum Teil kommerziell, zum Teil privatkundenorientiert. Produkte für das Großkundensegment lassen sich daher nicht so weit vereinfachen, daß sie diesen Anforderungen entsprechen.

In den USA wird dieser neue Markt mit speziell zugeschnittenen Internet-basierten Cash-Management-Dienstleistungen bedient. Die Nationsbank erweitert ihr Web-Browser-Zahlungssystem um zusätzliche Funktionalität. So können Nutzer über *Just-in-Time Applets* Real-Time-Devisenkurse herunterladen. Damit eröffnet das System ganz neue Geschäftspotentiale. Die First Union Bank hat ein Cash-Management-Programm für Small-Business-Firmenkunden, genannt All In One, entwickelt, das u.a. ein Liquiditätsmanagementmodul integriert, welches überschüssige Gelder automatisch in rentable Anlagen überführt. Anfang 1997 ist First Union dazu übergegangen, erste Funktionalitäten auf das Internet zu übertragen *(WebIn Vision)* und hatte Mitte 1997 bereits 75 Firmenkunden am Netz. Aber auch im internationalen Cash Management für Großkunden gewinnt Web-Technologie an Bedeutung. Die Bank of Boston, der US-Partner im US/Europäischen Netzwerk Connector (Bank of Boston und sieben europäische Banken), entwickelt derzeit in Kooperation mit FICS, Brüssel, ein Web-Produkt, das von allen Filialen in rund 100 Ländern den Firmenkunden ab Mitte 1998 angeboten werden soll.[11]

Es ist nur eine Frage der Zeit, wann die globalen Marktführer im Transaktionsbanking wie Chase Manhattan, Bank of America, Citibank oder auch die deutschen Marktführer ihre derzeit proprietären weltweiten Netze, die heute noch einen Wettbewerbsvorteil bedeuten (so kann die Citibank heute in über 50 Ländern 24 Stunden Real-Time-Zugang mit Mul-

---

[10] Als grenzüberschreitend werden Zahlungen in andere Währungsgebiete betrachtet.
[11] Vgl. Costanzo, C. (1997b).

tiwährungs-Pooling, Netting und Konzentration bieten), aus Kostengesichtspunkten und als Reaktion auf geänderte Kundenanforderungen auf Internet-Technologie umstellen werden. Die derzeitigen EDI-Standardisierungstrends im Internet sowie das ständig wachsende Angebot der Softwarehersteller[12] unterstützen den Trend. U.a. hat Microsoft zur Integration von Finanzmanagementsystemen gemeinsam mit Intuit und Checkfree den *Open Financial Exchange Standard* (OFX) entwickelt. Dieser Standard ermöglicht die direkte Übernahme von kundenspezifischen Bankdaten in Finanzmanagementsysteme. In Deutschland setzt sich HBCI *(Home Banking Computer Interface)* durch, wobei zu erwarten ist, daß HBCI mittelfristig zu internationalen Standards migrieren wird.

3.3 Kommerzielles Auslandsgeschäft

Auslandsgeschäft ist ein papierintensives Geschäft. Die Dokumente, vom Akkreditiv bis hin zum Frachtbrief, dienen zur Lieferungs- und Zahlungssicherung für Exporteur und Importeur. Bei den beiden entscheidenden Wettbewerbsfaktoren Zeit und globale Abdeckung sind weltweit präsente Banken bisher ihren lokalen Wettbewerbern voraus. Durch elektronische Eröffnung und Real-Time-Übermittlung der Akkreditive in ihren eigenen Netzen und durch systematisches Imaging von begleitenden Dokumenten verbessern sie zunehmend Abwicklungsgeschwindigkeit, Fehlerrate und Service.

Auch im Auslandsgeschäft wird Internet-Technologie proprietäre Standards ablösen und die Chance für kleinere Banken erschließen, mit erheblich geringeren Investitionen virtuelle globale Präsenz zu etablieren und zu den globalen Marktführern aufzuschließen. Die Norwest Bank, einer der Top-10-Eröffner von *Letters of Credit* in den USA, hat Ende 1996 einen Letter-of-Credit-Service mit dem Produkt Cyber LYNX LC der Firma Tiger Systems, New York, etabliert und innerhalb von einem halben Jahr zehn Großkunden gewonnen. Die Kunden sparen rund 10–20% an Transaktionsgebühren, die durchschnittliche Bearbeitungsdauer ist von drei auf einen Tag zurückgegangen, und auch kleinere Kunden, die typischerweise aufgrund der geringeren Volumina Papier einreichen, sind zunehmend interessiert. Ebenso werden Initiativen, die durch die Einstellung der Dokumentation (als Image oder Datensatz) in eine zentrale Datenbank das Papier im Prozeß eliminieren wollen, einen neuen Schub erfahren, wenn im Zuge von EDI und Internet die Kosten erheblich reduziert und die Daten von jedem Beteiligten über Browser-Technologie eingesehen werden können.

Ein weiteres Betätigungsfeld für Banken sind angrenzende Dienstleistungen im Bereich Import/Export. So spielt die Chase Manhattan Bank eine wichtige Rolle beim Aufbau von International Business Exchange (IBEX), einem Joint Venture zwischen führenden Banken, Telekommunikationsanbietern und Softwareunternehmen. IBEX ermöglicht Unternehmen, über Internet weltweit Marktpartner zu finden, Verträge zu verhandeln, Angebote zu machen sowie Güter und Dienstleistungen zu liefern, inklusive Zahlungsabwicklung.

---

[12] Vgl. Cohen, J. (1997).

3.4 Handelsprodukte

Auch das Handelsgeschäft der Banken entwickelt sich in Richtung Internet-Technologie, nicht nur auf der Front-End-Seite des Wertpapierprozesses, sondern auch bei Mid- und Back-End-Funktionen. Internet als Zugangsmedium für die Ordererfassung von Kunden ist inzwischen etabliert. Zahlreiche Discount Broker in den USA, aber auch in Europa und Deutschland, bieten Anlegern die Möglichkeit, Wertpapiergeschäfte über das Internet abzuwickeln. Die Investitionen der Anbieter in Web-basierte Front-Ends steigen drastisch. In den USA wird geschätzt, daß im Jahr 2000 fast jedes Wertpapierhaus Internet Trading anbieten wird, nicht nur für Privatanleger, sondern auch für Firmenkunden und Institutionelle. So bietet State Street Corp. seit November 1997 unter dem Namen Street Prime-Meridien einen Zugriff auf Kontoinformationen und Transaktionsdaten für ihre institutionellen Kunden via Web-Browser und Internet.

Daneben etablieren mehr und mehr Banken und Handelshäuser Intranets und Extranets für die Kommunikationsabwicklung und setzen TCP/IP-basierte Middleware ein, um die Datenintegration und -verteilung zu vereinfachen. Merrill Lynch implementiert derzeit ein Extranet für sein Trusted Global Advisor System mit 27000 Nutzern. Das Institut vertreibt Researchleistungen an 15000 externe Finanzberater und spart jährlich mehr als 3000 Tonnen Papier durch Nutzung des Intranet als Vertriebskanal ein. Neue elektronische Real-Time-Handelssysteme (z.B. Market Maker von Information Internet, Interactive Brokers, Timber Hill) werden in das Internet gebracht und ermöglichen dem Kunden, seine Order direkt beim Händler zu plazieren und sofort die Orderbestätigung zu bekommen.

Schließlich beschleunigt sich der Trend, Banken zukünftig vollständig aus dem Börsengeschäft herauszuhalten. Dies ist abzulesen an den ersten Projekten zur Etablierung von Direktbörsen (z.B. ESI/Sharelink) und ersten Direktplazierungen von Aktien im Internet (z.B. Spring Street Brewery). Inwieweit diese Aktivitäten langfristig eine wirkliche Bedrohung für Banken darstellen, bleibt abzuwarten. Denn insbesondere Großkunden haben im Rahmen ihrer Cash-Management-Systeme bereits Wertpapierorderfunktionen integriert, die einen direkten Marktzugang ermöglichen. Für sie besteht weniger die Notwendigkeit, von gut funktionierenden und stabilen Systemen zu wechseln. Doch im Fazit werden die kleinen und mittelgroßen Firmenkunden, die heute nicht – wie Großkunden – über einen professionellen Marktzugang verfügen, von diesen Entwicklungen profitieren und über Internet einen Service nutzen können, der heute nur etablierten Marktteilnehmern zukommt:

- Bessere und aktuellere Informationsbereitstellung durch Trading-Produkte und durch den Einsatz von Push-Technologie,
- hohe Interaktivität über E-Mail, Online-Beratung und Multimedia-Anwendungen und
- analytische Instrumente zur Unterstützung von Portfoliomanagement und Anlageentscheidungen.

4. Marktentwicklung

Internet-Technologie wird zum dominierenden Antrieb von Electronic Banking. Nach einer neuen Studie werden in zehn Jahren ca. 75% aller Firmenkundengeschäfte in Deutschland elektronisch abgewickelt werden, 90% davon basierend auf Internet-Technologie (Abbildung 2).[13]

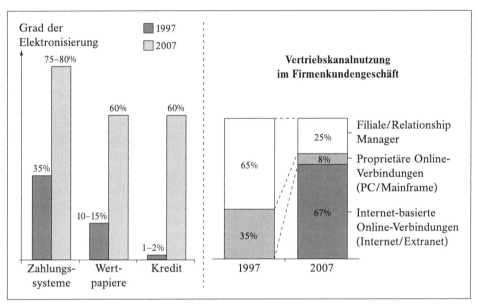

Abbildung 2: Elektronisierung des Firmenkundengeschäfts in Deutschland

Doch bis dahin ist es noch ein weiter Weg. Anfang 1997 gab es weltweit rund 500 Banken mit einem dedizierten Angebot für Firmenkunden (zusätzlich zu ihrer Retail-Web-Site) im Internet. Davon boten allerdings mehr als 90% lediglich Informationen über die eigene Leistungspalette und Produkte für Firmenkunden. Nur acht Banken stellten zu diesem Zeitpunkt echtes Transaktionsbanking, hauptsächlich im Zahlungsverkehr, für Firmenkunden.[14] Mittelfristig wird Corporate Internet Banking rasant zunehmen, sowohl in bezug auf die Anzahl der Anbieter als auch auf die Qualität der Leistungen.

Nach einer Umfrage von Booz, Allen und Hamilton, bei der 220 Banken weltweit zu ihren Plänen im Corporate Internet Banking befragt wurden, ist nach relativ geringen Einstiegskosten jetzt ein starker Investitionsanstieg zu erwarten, vor allem bei den größeren Banken. Während die meisten Banken für ihre Corporate Sites technologisch auf den Retail Sites aufsetzen konnten – die jährlichen Betriebskosten werden derzeit zwischen

---

[13] Vgl. Theilmann, O./Miller, G./Ulrich, J. (1997).
[14] Vgl. Theilmann, O./Nehmzow, C./Siggers, A./Miller, G. (1997).

100 000 und 500 000 US-$ angegeben – werden jetzt insbesondere die Großbanken im Laufe der nächsten drei Jahre durchschnittlich rund eine Million Dollar und mehr investieren, um ihre Firmenkunden-Sites auszubauen, ohne die Investitionen für die Umstellung einzelner Produkte auf Internet-Technologie mitzurechnen. Insgesamt wird erwartet, daß in drei Jahren rund 80 % aller Banken zumindest in Teilbereichen Transaktionsbanking für Firmenkunden anbieten werden und die Gesamtzahl der Corporate Internet Banken von rund 500 auf 2000 ansteigen wird, d.h. weltweit wird es im Jahr 2000 rund 600 bis 700 Voll-Service-Banken mit einem breiten Spektrum an Transaktionsleistungen für Firmenkunden in verschiedenen Produktbereichen geben.

Auch in Deutschland wird sich Internet Banking für Firmenkunden entwickeln. Rund 86 % der größeren deutschen Banken wollen nach der Booz, Allen & Hamilton-Umfrage bis zum Jahr 2000 Corporate Internet Banking anbieten. Dabei dominieren folgende Produkte (sortiert nach abnehmender Priorität): Überweisung zwischen eigenen Kunden, Überweisung an Dritte, Wertpapier- und Devisenhandel, Depotverwaltung und dokumentäres Geschäft. Im Jahr 2000 werden in Deutschland schätzungsweise 50 Corporate-Internet-Banken agieren, die ein breites, wenn auch inhomogenes Spektrum von Leistungen für Firmenkunden anbieten. Diesen optimistischen Umfrageergebnissen steht allerdings gegenüber, daß deutsche Banken nach eigener Aussage Internet-Technologie heute noch eher als Experimentierplattform verstehen. Die Begründung dafür liegt in einem generell konservativeren Umgang mit neuen Technologien, einem erhöhten Sicherheitsbedürfnis und – basierend auf der Tatsache, daß Deutschland über ein im internationalen Vergleich relativ weit entwickeltes elektronisches Bankensystem verfügt – einer weniger euphorischen Markteinschätzung deutscher Banken im Vergleich zu ihren angelsächsischen Wettbewerbern.

In der Tat dürfen bei allem Optimismus die Hemmnisse für die Entwicklung des Geschäfts nicht übersehen werden:

- Sicherheit ist unterschwellig bei Banken und Kunden immer noch das vorherrschende Hemmnis. Trotz der Verfügbarkeit von 128-Bit-Lösungen zur Sicherung von Transaktionen und immer leistungsfähigeren Methoden zur Autorisierung bleibt doch ein letzter Zweifel. Ob begründet oder nicht – viele Entscheidungsträger gehen mit gebremster Energie voran.

- Mangelnde Zuverlässigkeit, verzögerte Übertragungszeiten in Abhängigkeit von der aktuellen Internet-Nutzung, Überlastung der Zugangsknoten und immer wiederkehrende Netzausfälle sind Gründe, warum sensitive Transaktionen (z. B. Großbetragszahlungen, zeitkritische Anwendungen wie z. B. großvolumige Wertpapierorders) bisher nicht in großem Umfang über das öffentliche Internet abgewickelt werden. Dieses Problem lösen Banken jedoch derzeit, indem sie die Kunden nicht über das öffentliche Internet, sondern über ein stabiles Intranet bzw. Extranet anbinden.

- Es gibt immer noch keine etablierten Standards. Der Standardisierungsprozeß sowohl für Banktransaktionen als auch für Business-to-Business-Transaktionen im Electronic Commerce ist noch nicht abgeschlossen. In Deutschland wird HBCI Ende 1998 von allen deutschen Banken unterstützt. In den USA ist OFX etabliert. Erst im September

1997 wurde der *Open Buying on the Internet (OBI)-Standard* für elektronische Katalogbestellungen unter Führung der Chase Manhattan Bank entwickelt. Im Bereich Micropayment sind fehlende Kompatibilität der einzelnen Zahlungsverfahren und aufwendige Teilnahmebedingungen Ursache dafür, daß noch keine kritische Masse in Europa vorhanden ist. Im Softwarebereich gehen wöchentlich neue Anbieter mit neuen Anwendungen an den Markt. Auch hier wird es mittelfristig zu einer Konzentration und Standardisierung kommen müssen.

- Zudem ist für viele Entscheidungsträger der mittelfristige Markterfolg unklar. Die optimistischen Prognosen der Vergangenheit über Geschäftsvolumen und Kundenanzahl konnten oft nicht erreicht werden. Es herrscht weitgehende Einigkeit, daß Corporate Internet Banking ein strategisches Thema ist – aber in welchem Ausmaß kurzfristig investiert werden muß, ob eine Bank als Innovator oder Follower in den Markt geht, ist für viele Institute nicht entschieden.
- Schließlich kommt hinzu, daß gerade in Deutschland der Anteil des elektronischen Geschäfts schon heute relativ hoch ist, was den Kostensenkungseffekt durch Internet Banking respektive den Anpassungsdruck im internationalen Vergleich mindert. Des weiteren hat sich die Befürchtung, daß durch Corporate Internet Banking ausländische Institute in großem Umfang in den angestammten deutschen Firmenkundenmarkt eintreten, aufgrund länderspezifischer regulatorischer Restriktionen derzeit (noch) nicht bewahrheitet.

Trotz dieser Hemmnisse dürfte eine realistische Einschätzung der Marktentwicklung zu dem Fazit führen, daß nicht das *ob*, sondern das *wann* die entscheidende Frage ist:

1. Internet-Technologie wird definitiv die Standardplattform für das elektronische Firmenkundengeschäft. Wer diese Plattform nicht beherrscht, ist aus dem Markt heraus.
2. Internet-basierte Electronic-Banking-Produkte werden auch die kleineren und mittleren Marktsegmente für den elektronischen Vertrieb erschließen – mit der Konsequenz, daß gerade regional ausgerichtete Banken weitere Marktanteile im Firmenkundengeschäft verlieren werden, wenn sie nicht in bezug auf Innovationskraft dem Marktstandard entsprechen.
3. Unklarheit über den Zeitpunkt der Einführung darf nicht dazu verleiten, den Aufbau der notwendigen Kernfähigkeiten hinauszuzögern.

5. Handlungsanforderungen für deutsche Banken

Erster Schritt ist die Erkenntnis, daß Internet-Technologie in jedem Fall ein wettbewerbsentscheidender Faktor im Firmenkunden-Electronic-Banking wird. Die deutschen Banken arbeiten derzeit intensiv an ihrem Internet-Banking-Auftritt für Privatkunden, die Weiterentwicklung im Wholesale-Geschäft – dies gilt in jedem Fall für die traditionell schwächeren Teilnehmer im Electronic Banking – wird nicht ausreichend vorangetrieben.

Die deutschen Banken sollten Corporate Internet Banking auf vier Ebenen angehen: Entwicklung einer Corporate-Internet-Banking-Strategie, Forcieren der Produktentwicklung, systematischer Aufbau der Kernfähigkeiten für das neue Geschäft und Erfüllen der technischen Infrastrukturvoraussetzungen.

Abgeleitet von der Firmenkunden-Geschäftsstrategie und der Electronic-Banking/Vertriebskanal-Strategie müssen vier strategische Fragen geklärt werden:

- *Expansion oder Defensivstrategie:* Will die Bank die zunehmende Elektronisierung der Märkte nutzen, um in neue Segmente vorzustoßen oder geht es primär darum, das vorhandene Geschäft gegenüber dem Wettbewerb zu verteidigen?
- *Innovator oder Follower:* Wann ist der richtige Zeitpunkt zum Einstieg? Verfügt die Bank über die Fähigkeiten und das Marktpotential, Pionier zu sein? Welche Implikationen sind mit einer Follower-Strategie verbunden?
- *Allianzen oder allein:* Hat die Bank die notwendige Größe und Kompetenz, diesen neuen Markt allein zu erschließen oder machen Kooperationen mit anderen Banken und/oder Technologieführern aus dem Nichtbanken-Bereich Sinn?
- *Kunden und Produkte:* Welche Produkte werden im Rahmen von Corporate Internet Banking mittelfristig zum Standard, wo sind die Nischen für echte Wettbewerbsdifferenzierung in Abstimmung mit der Geschäftsstrategie im Firmenkundensegment?

Schon heute erfordert Electronic Banking die zunehmende Verbindung von Bankprodukten mit Technik und vor allem die Konzentration auf Nichtfinanz-Mehrwertdienste als Zusatzdienstleistung, um dem Problemlösungsbedarf der Kunden zu entsprechen. So bietet z.B. die Bank of Canada in Kooperation mit AT&T ein Business Banking Package an, das auch Netzservices wie z.B. E-Mail-Verwaltung beinhaltet. Die deutschen Banken sollten jetzt beginnen, in den wichtigen Produktbereichen Web-basierte Produkte zu entwickeln. Dazu könnte gehören, daß z.B. die neuen EDIFACT-Servicecenter[15] in das Internet-Umfeld übertragen werden.

Für deutsche Banken ist es wichtig, systematisch die kritischen Kernfähigkeiten zu entwickeln.[16] Corporate Internet Banking ist eine ganz neue Art von Banking. Die Fähigkeiten dazu können nicht kurzfristig aufgebaut werden.

- *Strategisches Technologiemanagement:* Das Verständnis für den Lebenszyklus einer Technologie, Reife und Veralterung wird zu einer strategischen Kernkompetenz. Die Auswahl einer zukunftsoffenen Technologie und das richtige Timing sind gerade im sich schnell entwickelnden Internet-Umfeld wettbewerbsentscheidend.
- *Schnellere Produktinnovation:* Unabhängig von Einzelentwicklungen müssen Banken ihre grundsätzlichen Innovationsprozesse optimieren und sich auf die hohe Innovationsgeschwindigkeit in der vernetzten Welt einstellen.

---

[15] Vgl. Grebe, M./Kerscher, B. (1997).
[16] Vgl. Theilmann, O./Fotschki, C. (1998).

- *Organisatorische Veränderungen:* Wenn bei den Produkten zunehmend die Technikkomponente dominiert und Firmenkundenbetreuung zum großen Teil auch elektronische Hilfsmittel beinhaltet, müssen neue Organisationsformen entwickelt werden, die Corporate Internet Banking im Vertrieb ansiedeln.

- *Kulturwandel/neue Mitarbeiterprofile:* Die Personalplanung der Banken muß bereits heute auf Mitarbeiter setzen, die Kenntnisse im Bereich Internet, Multimedia, neue Medien und Endgeräte aufweisen und flexibel sind für projektbezogenes Arbeiten, insbesondere in den Bereichen Vertrieb, EDV und Organisation.

- *Allianzmanagement:* Banken werden viel mehr als bisher mit Partnern arbeiten. Das zielorientierte Management dieser Partner ist wettbewerbsentscheidend.

Banken müssen sich heute den technischen Standards von morgen zuwenden. Dazu gehört die Auswahl der richtigen Plattformen, der Einsatz von Netzwerk-Computern und Komponentensoftware-Basistechnologien wie z.B. ActiveX/COM und CORBA, die Verwendung neuer Programmiersprachen wie Java sowie die Erfüllung der zukünftigen Standards für Kommunikation und Datenaustausch TCP/IP, HBCI und Internet-EDIFACT. Dazu gehören auch die Weiterentwicklung der eigenen Corporate Networks durch die Einführung von Intranets, der Einsatz von modernen Kommunikationstechnologien wie Internet-basierte E-Mail (auch nach außen) und Groupware, der Aufbau flexibler Middleware-Integrationsplattformen zur Anbindung von Front-, Middle- und Back-Office-Systemen sowie Komponenten zur Datensammlung (Data Warehouses), -auswertung (Data-Mining-Werkzeuge) und -verteilung (über Push-Technologie). Beispiele für den Trend zu Integrationsplattformen sind die Produkte von ESD und Brokat. Schließlich müssen Banken den Sicherheitsforderungen mit den jeweils neuesten Systemen für Autorisierung, Verschlüsselung und Abschirmung nach außen Genüge tun.

Literaturhinweis

COHEN, J., Corporate Banking Hits The Web, in: Bank Technology News, Nr. 7, 1997, S. 1, 13 u. 19–20.
COSTANZO, C. (1997a), There's Beauty In Intranet's Simplicity, in: Bank Technology News, Nr. 5, 1997, S. 1 u. S. 44–46.
COSTANZO, C. (1997b), Crossing Into New Cash Management Markets, in: Bank Technology News, Nr. 1, 1997, S. 1 u. 28–30.
FOTSCHKI, C./BARTMANN, D., Elektronische Geldbörse, in: Friedrich-Ebert-Stiftung (Hrsg.), Gutachten zur Medien- und Technologiepolitik, 1997, S. 30–34.
GREBE, M./KERSCHER, B., Electronic Banking im Firmenkundengeschäft, in: Arnold, F. (Hrsg.), Handbuch der Telekommunikation, Köln 1997, S. 1-16.
KARSZT, Electronic Commerce und Internet, in: edi-change, Nr. 2, 1996, S. 20–22.
KOSSEL, A./WRONSKI H.-J., Bare Bytes – Online bezahlen im Internet, in: ct, Nr. 16, 1997, S. 66–69.
MURPHY, P., Internet Commerce: Is it in the Cards?, in: Financial Service Online, Nr. 9, 1997, S. 56–59.
THEILMANN O./FOTSCHKI, C., Den Wandel als Chance nutzen!, in: Geldinstitute, Nr. 3, 1998, S. 8–11.
THEILMANN, O./MILLER, G., Strategien und Potentiale im Internet Banking für Firmenkunden, Booz, Allen & Hamilton, München 1997.
THEILMANN, O./MILLER G./ULRICH J., Electronic Banking im deutschen Bankenmarkt – Status Quo und Entwicklungen, Booz, Allen & Hamilton, Frankfurt/M. 1997.
THEILMANN O./NEHMZOW C./SIGGERS A./MILLER G., Corporate Internet Banking: A Study Of Global Potential, Booz, Allen & Hamilton, München, London 1997.

IV. Informatik im Investment Banking

Matthias Leclerc

Technologie im Handelsraum

1. Drei Trends im globalen Handel
2. Integration der Handelssysteme: Komponentenarchitektur als Weg
   2.1 Ausgangssituation
   2.2 Anforderungen
   2.3 Komponentenarchitektur
3. Kommunikation: Infrastruktur virtueller Handelsräume
   3.1 Kommunikationsbausteine
   3.2 Kombination der Kanäle
4. Kooperation mit dem Kunden: Dialog über Extranets
   4.1 Anforderungen des Kundengeschäfts
   4.2 Konzept einer Extranet-Struktur
5. Ausblick

1. Drei Trends im globalen Handel

Der Handel mit verschiedenen Finanzprodukten ist geprägt durch die steigende Effizienz der zugrundeliegenden Märkte. Dadurch wiederum wachsen die Anforderungen an die Aktualität und Qualität der verarbeiteten Informationen. Umgekehrt erhöhen die Fortschritte in der Kommunikations- und Informationstechnik die Transparenz der Märkte. Zunehmender Konkurrenzdruck erfordert einen höchst effizienten Umgang mit Parametern wie Serviceniveau, Durchlaufzeit und Risikokapital. Diese Entwicklungen führen zu einer Entwicklungsspirale, die eine permanente Verbesserung und Präzisierung der eingesetzten Informationstechnologie bedingt. Die Entwicklung manifestiert sich deutlich in drei Trends, aus denen sich die Struktur dieses Beitrags ableitet:

- *Integration der Handelssysteme:* Die Handelssysteme sind heute produktorientiert, d.h. jedes deckt ein bestimmtes Spektrum von Kasse- und Derivativprodukten ab. Dafür bieten sie neben der Geschäftserfassung und Positionsführung auch Funktionen wie Risikoanalyse, Profit/Loss-Berechnung und Back-Office-Anbindung an. Der Beitrag wird zeigen, daß die feste Zuordnung von Produkten und Positionsführungssystemen durch ein anderes, flexibleres Paradigma abzulösen ist. Es ist nämlich wegen der Produktorientierung schwer, das Risiko von Portfolios zu messen, deren Komponenten in unterschiedlichen Systemen geführt werden. Ähnliches gilt für Geschäfte, die aus unterschiedlichen Einzelprodukten strukturiert werden. Um diese Geschäfte bewerten und die Risiken beurteilen zu können, sind ebenfalls Informationen aus mehreren Systemen notwendig. Zur Lösung dieser Probleme ist es notwendig, die bestehenden Systemarchitekturen durch ein neues Modell zu ersetzen. Ein Ansatz besteht in der Implementierung einer *Komponentenarchitektur*, die Dienste isoliert, im Netz bereitstellt und auf einen leistungsfähigen Kommunikationsdienst aufsetzt. Hierfür müssen aber strukturelle Vorbedingungen in Form einer globalen und produktübergreifenden Datenkonsistenz geschaffen werden. Organisches Wachstum hat nämlich oft dazu geführt, daß Stammdaten wie Kontrahentenbezeichnungen, Produktkategorien, Portfolios etc. in unterschiedlichen Systemen auch unterschiedlich heißen. Ohne Datenkonsistenz lassen sich Systeme vielleicht technisch, nicht aber inhaltlich integrieren.

- *Kommunikation:* Frühzeitige und gute Informationen über marktrelevante Ereignisse sind der wichtigste Rohstoff des Handels. Neben den externen Informationsdiensten kommt auch der Kommunikation innerhalb und zwischen Handelsräumen eine hohe Bedeutung zu. Mitarbeiter an unterschiedlichen Standorten müssen in der Lage sein, zeitnah und auch zeitversetzt (etwa bei der Kommunikation zwischen verschiedenen Zeitzonen) miteinander zu kommunizieren. In diesem Zusammenhang spielt auch das Internet bzw. die Anwendung von dessen Kommunikationsformen im Intranet eine große Rolle. Sprachkommunikation und ihre Verknüpfung mit den Anwendungsprogrammen ist eine weitere Entwicklung, die gegenwärtig die Handelsrauminfrastruktur formt. Mit den Chancen, die eine frühe Anwendung effizienter Kommunikationstechnik bietet, entsteht gleichzeitig die Gefahr, daß hiermit nur eine Dissonanz unterschiedlicher Kommunikationskanäle geschaffen wird, die den Empfänger mehr verwirrt, als daß sie ihm präzise, relevante Informationen vermittelt. Es ist daher Teil der Innovation, ein Nutzungsmodell für die Informationskanäle aufzustellen und zu implementieren.

- *Kooperation mit den Kunden:* Der Handel besteht neben der eigenverantwortlichen Risikopositionierung durch die Bank aus dem Vertrieb von Finanzprodukten an Kunden. Die Handelsraumtechnologie muß darauf ausgerichtet sein, durch enge Verflechtung der Leistungen der Bank mit den Prozessen des Kunden einen optimalen Service anzubieten. Als Voraussetzung dafür sind zunächst die Wertschöpfungsketten der Bank stärker, Asset-Klassen übergreifend zu verzahnen und in der Konsequenz auch die Handels- und Abwicklungssysteme zu integrieren. Durch den Vormarsch der Internet-Technologie bietet sich ein geeignetes Medium, um die Banknetze zum Kunden zu verlängern. Damit existiert eine Grundlage, so daß Banken auch für ihre Handelskunden Angebote entwickeln werden, mit deren Hilfe eine qualitativ bessere Beratung, ein effizienter Handel und eine optimale Informationsversorgung zu den Kundenportfolios erreicht werden kann.

Im folgenden wird auf Realisierungsmöglichkeiten der beschriebenen Trends näher eingegangen. Die Fallbeispiele konkretisieren die Ausführungen.

2. Integration der Handelssysteme: Komponentenarchitektur als Weg

2.1 Ausgangssituation

Die IT-Infrastruktur im Handelsraum basiert auf zwei wesentlichen Säulen:

- Informationsplattformen, die Daten von Anbietern über Weitverkehrsnetze empfangen und diese nahezu gleichzeitig an registrierte Stationen im lokalen Netz weitergeben. Diese Daten sind so aufbereitet, daß sie von Anwendungssystemen und Tabellenkalkulationsprogrammen weiterverarbeitet werden können.

- Handelssysteme, die die Standardaufgaben eines Händlers oder eines Sales-Mitarbeiters unterstützen.

Informationsplattformen sind inzwischen transparenter Bestandteil jedes Handelsraums; der Beitrag wird sie daher nur gelegentlich streifen. Die nächsten Entwicklungsschritte sind eher bei den Handelssystemen zu erwarten, so daß hierauf der Fokus liegen wird.

Handelssysteme haben je nach Markt unterschiedliche Schwerpunkte, jedoch werden bestimmte Grundfunktionen in jedem Segment benötigt und sind daher auch bei den meisten Handelssystemen anzutreffen:

- Preisermittlung,
- Geschäftserfassung,
- Positionsermittlung und -bewertung,
- Profit/Loss-Berechnung,
- Risikoanalyse,
- Stammdatenverwaltung,
- Anbindung der Abwicklungs-, Risikocontrolling- und anderer nachgelagerter Systeme.

Gute Handelssysteme optimieren diese Funktionen für ihren eigenen Anwendungsbereich, d.h. sie zeichnen sich durch eine hohe Genauigkeit bei der Abbildung von Geschäften, der Berechnung der zugehörigen Profit/Loss-Werte und der Risikoanalyse-Kennzahlen aus. Viele Banken haben in den meisten Produktbereichen sehr leistungsfähige Handelssysteme etabliert. Diese Programme haben oft aber nur einen sehr engen Fokus, d.h. sie sind nicht nur auf bestimmte Produkte spezialisiert, sondern decken meist funktionell nur einen bestimmten Abschnitt des Handelsprozesses ab.

2.2 Anforderungen

Aufgrund der Spezialisierung auf bestimmte Produktbereiche und Funktionen bleiben allerdings auch Anforderungen, deren Bedeutung gerade mit steigendem Handelsvolumen immer größer wird, unerfüllt:

- Übergreifende Online-Gesamtrisikodarstellung des Kredit- und des Marktrisikos,
- Abbildung strukturierter Produkte,
- produkt- und standortübergreifende Kundenprofitabilität,
- elektronische Handelsfunktionen für Kunden über mehrere Produktkategorien hinweg sowie
- hochintegrierte, fehlerresistente Prozeßflüsse.

Obwohl die Einzelsysteme in der Regel sehr leistungsfähig sind, mangelt es häufig noch an der Integration dieser Programme untereinander bzw. an deren Einbindung in die gesamte Prozeßkette.

Handelssysteme sind in ein komplexes Umfeld eingebunden. Die erste Geschäftserfassung erfolgt häufig in elektronischen Dealing-Systemen (Reuters, EBS) oder elektronischen Börsenhandelssystemen wie DTB oder Xetra. Aus den Handelssystemen werden die Geschäftsdaten in die Back-Office-Systeme weitergeleitet. Um Doppeleingaben zu vermeiden, besitzen Handelssysteme eine Reihe von Schnittstellen zu anderen Systemen. Abbildung 1 stellt am Beispiel eines Devisenhandelssystems denkbare Schnittstellen dar.

Die entscheidende Herausforderung liegt bei Handelssystemen allerdings nicht in der Zahl der Schnittstellen, sondern in der Notwendigkeit, die über diese Schnittstellen übertragenen Informationen sehr zeitnah, teilweise sogar in Echtzeit zu übertragen. Dazu sind sichere, schnelle und möglichst flexible Kommunikationsverfahren einzuset-

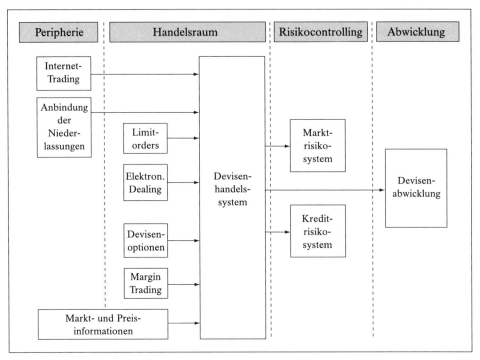

Abbildung 1: Schnittstellen eines Devisenhandelssystem

zen. Das meist übliche File-Transfer-Verfahren stößt bei allen drei Kriterien an seine Grenzen. Im Handelsraum setzt sich daher die sogenannte *Publish/Subscribe-Kommunikation* durch. Dieses Verfahren wird bereits als Plattform für die gleichzeitige Marktdatenverteilung an oft Hunderte von Handelstischen eingesetzt: Hier muß ein (bzw. wenige) Sender *(Publisher)* identische Informationen an mehrere Empfänger *(Subscribers)* verteilen. Das Verfahren läßt sich auf Informationen über abgeschlossene Geschäfte übertragen. D.h. die Daten eines Geschäfts werden in eine Struktur verpackt und versandt. Stationen, die für den Empfang dieses Informationstyps registriert sind, können die Daten empfangen. Für kritische Anwendungen muß zudem sichergestellt werden, daß Sequenzen von Übertragungen, sogenannte Transaktionen, entweder ganz oder gar nicht ausgeführt werden, d.h. entweder haben alle Stationen die Daten eines Geschäfts empfangen oder es wird garantiert, daß keine Station die Daten verwenden kann, bis alle zu Empfang und Verarbeitung in der Lage sind. Mit Hilfe derartiger Kommunikationssoftware, sogenannter *Middleware*, lassen sich Schnittstellen sehr effizient und sicher implementieren.

Obwohl Handelssysteme wie oben ausgeführt im wesentlichen produktbezogen optimiert sind, besitzen sie aber auch erhebliche Überschneidungen. Übersicht 1 zeigt Beispiele für Funktionen, die von den meisten marktüblichen Handelssystemen individuell, und damit in einem großen Handelsraum redundant, realisiert werden (die Zeilen beschreiben die Positionsführungssysteme der jeweiligen Handelsbereiche).

Übersicht 1: Funktionen marktüblicher Handelssysteme (Beispiele)

	Feiertags-kalender	Zins-kurven	Swap-Bewertung	Wertpapier-stammdaten	Kunden-daten	Value at Risk
Geld/Devisen	Ja	Ja	Ja		Ja	Ja
Devisen-optionen	Ja	Ja			Ja	Ja
Zins-derivate	Ja	Ja	Ja	Ja	Ja	Ja
Renten-handel	Ja	Ja	Ja	Ja	Ja	Ja
Aktien-derivate	Ja	Ja	Ja	Ja	Ja	Ja

Wegen der unterschiedlichen Produktschwerpunkte und Zielsetzungen werden die redundanten Funktionen von unterschiedlichen Systemen mit unterschiedlicher Qualität abgedeckt. So ist zu erwarten, daß die Zinskurvenfunktionen eines Systems für Zinsderivate genauer ausgelegt sind als die für den Geldhandel. Im Extremfall werden identische Geschäfte also in den verschiedenen Systemen unterschiedlich bewertet. Gleichzeitig ergeben sich durch die parallele Pflege von gleichen Stammdatensätzen Konsistenzprobleme, die wiederum zu fehlerhaften Darstellungen in produktübergreifenden Analysesystemen führen können. Zur Behebung dieser Probleme gibt es zwei denkbare Ansätze:

- Die Entwicklung eines umfassenden produkt- und funktionsübergreifenden Handelssystems, das für den Handelsraum eine ähnliche Rolle spielen würde wie die integrierten Programmpakete für die Industrie.

- Die Isolation übergreifend zu nutzender Dienste als zentrale Komponenten, um diese als Dienste im Netz für andere Programme anzubieten. Die Handelssysteme integrieren und koordinieren dann nur diese Funktionen.

Wegen der hohen Innovationsgeschwindigkeit, der die Finanzmärkte und damit der Handel unterliegen, wäre der erste Ansatz nicht flexibel genug. Schnelle Reaktion auf neue Entwicklungen ist ein wesentlicher Wettbewerbsvorteil im Handel. Die Lösung liegt also im zweiten Ansatz (der zunehmend auch von den integrierten Programmen der Industrie verfolgt wird). Die Entwicklung der Dienste kann auf zwei, durchaus komplementären Wegen geschehen:

- Neuentwicklung des Dienstes und Nutzung durch die Handelssysteme über Schnittstellen oder

- Identifikation desjenigen Systems, das die Funktion am besten erfüllt und Entwicklung einer Schnittstelle für dieses System, um den Dienst auch anderen Programmen verfügbar zu machen.

Die Situation könnte in Übersicht 2 dann folgendermaßen dargestellt werden:

Übersicht 2: Importierte und exportierte Komponenten von Handelssystemen

	Feiertags-kalender	Zins-kurven	Swap-Bewertung	Wertpapier-stammdaten	Kunden-daten	Value at Risk
Geld/ Devisen	Ja *exportiert*	Ja *importiert*	Ja *importiert*		Ja *importiert*	Ja *importiert*
Devisen-optionen	Ja *importiert*	Ja *importiert*			Ja *importiert*	Ja *importiert*
Zins-derivate	Ja *importiert*	Ja *exportiert*	Ja *exportiert*	Ja *importiert*	Ja *importiert*	Ja *importiert*
Renten-handel	Ja *importiert*	Ja *importiert*	Ja *importiert*	Ja *importiert*	Ja *importiert*	Ja *importiert*
Aktien-derivate	Ja *importiert*	Ja *importiert*	Ja *importiert*	Ja *importiert*	Ja *importiert*	Ja *importiert*
Neuent-wicklung				*exportiert*	*exportiert*	*exportiert*

2.3 Komponentenarchitektur

Die genauere Analyse zeigt, daß sich prinzipiell jede Komponente eines Handelssystems isolieren und für andere nutzbar machen läßt. Umgekehrt zeigt sich, daß nahezu jede Komponente auch an anderer Stelle gebraucht wird und deren Verfügbarkeit im Netz auch tatsächlich hilfreich ist. Diese Zerlegung von monolithischen Systemen in klare Strukturen kommunizierender Komponenten, die Dienste anbieten und Daten verwalten, reduziert die Gesamtkomplexität und ist der Schlüssel zu einer zukunftsweisenden Systemarchitektur für den Handelsraum. Viele der zentralen, aktuellen Herausforderungen lassen sich mit dieser Komponentenarchitektur elegant behandeln. Nicht zuletzt ist auch die Korrektheit der Systeme leichter nachweisbar, was den gewachsenen aufsichtsrechtlichen Anforderungen sehr entgegenkommt.

Die Zerlegung in Komponenten allein reicht natürlich noch nicht für eine vollständige Architektur. Insbesondere zwei Fragen sind zu entscheiden, bevor ein solches Modell umgesetzt werden kann:

- Es ist ein Objektmodell festzulegen, das beschreibt, wie sich die Komponenten verhalten, und das Basisdienste der Komponenten definiert.
- Es müssen Kommunikationsverfahren standardisiert werden, deren Interoperabilität untereinander sichergestellt ist.

Derzeit werden zwei wesentliche Konzepte diskutiert, die beide Aspekte adressieren: CORBA (festgelegt durch die OMG) und DCOM (festgelegt durch Microsoft). Welches sich durchsetzen wird, ist zur Zeit offen – es kann durchaus zu einer längeren Koexistenz kommen. Wichtig ist nur, als Bank einen eigenen Schwerpunkt zu setzen und insbesondere die Verknüpfung beider Verfahren zu beherrschen.

Beispiel 1: Ein Collateral-Management-System

Bei OTC-Derivaten kann durch das Wiederbeschaffungsrisiko implizit ein Kredit entstehen. Angesichts der langen Laufzeit dieser Geschäfte und der hohen Eigenkapitalbelastung ist es wünschenswert, diese Geschäfte durch Hinterlegung von Sicherheiten *(Collaterals)* abzusichern: Jeweils derjenige der beiden Kontrahenten, zu dessen Gunsten das Geschäft nach Mark-to-Market (MTM)-Bewertung gerade steht, erhält Wertpapiere oder Geld als Sicherheit von seinem Gegenüber (die vielen Feinheiten einer solchen Collateral-Vereinbarung sind in diesem Zusammenhang nebensächlich). Ein System, das die Collateral-Beziehungen überwacht, muß folgendes erfüllen:

- Zentrale Aufgabe ist der Vergleich der MTM-Werte der abzusichernden Portfolios mit den MTM-Werten der Sicherheiten.
- Das System sollte die MTM-Bewertungen nicht selbst vornehmen müssen, sondern auf die Bewertungen anderer Systeme zugreifen können.
- Es muß global 24 Stunden verfügbar sein.

Durch Verwendung bereits vorhandener Komponenten kann das Collateral-Management-System mit einem Minimum an Redundanz entwickelt werden. Zentraler Bestandteil des Systems ist der *Comparator*, der die MTM-Werte der Geschäftsportfolios mit denen der Sicherheiten, den Collateral-Portfolios, vergleicht. Diese Komponente nutzt diverse andere Komponenten und bietet selbst als Komponente Dienste für andere Anwendungen an. Abbildung 2 (S. 270) skizziert die Architektur und veranschaulicht das Prinzip der Anwendung der Komponentenarchitektur für ein Collateral-Management-System; in weiterer Verfeinerung läßt sich die Aufteilung in Komponenten noch wesentlich weiterführen. Wie weit man dabei geht, ist, wie in anderen Fällen auch, eine Frage der Balance zwischen Feinkörnigkeit des Designs und der Gesamtperformance des Systems.

Beispiel 2: Ein Sales-Informationssystem

Eine qualifizierte Kundenbetreuung erfordert einen detaillierten Überblick der Kundenbeziehung. Dies gilt für das kommerzielle Geschäft wie für das Investment Banking. Allerdings liegt im Handel der Schwerpunkt bei global, rund um die Uhr in den wesentlichen Märkten agierenden institutionellen Anlegern und Industrieunternehmen. Der Verkäufer muß also die Beziehung zu dem Kunden (einschließlich verbundener oder übergeordneter Konzerngesellschaften) an allen Standorten der Bank in allen Produkten kennen. Darüber hinaus müssen Profitabilität, Volumen und Qualität des Kundengeschäfts analysierbar sein. Für diese Informationen ist ein Informationssystem zu etablieren. Um all diese Anforderungen umzusetzen, hat es im Idealfall zwei Ebenen, die in der Abbildung 3 (S. 271) dargestellt sind.

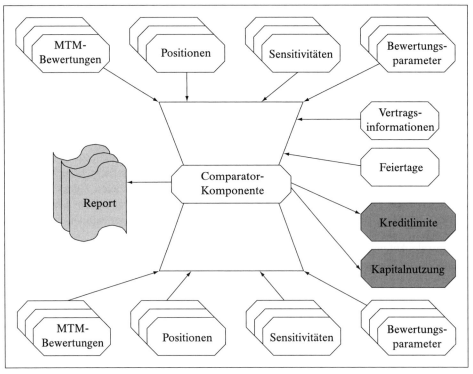

Abbildung 2: Komponentenarchitektur eines Collateral-Management-Systems

Zur Informationssammlung werden zunächst die Geschäfte mit dem Kunden in eine relationale Datenbank geladen. Auf diese Datenbank kann online zugriffen werden, und es lassen sich vordefinierte Reports erstellen. Insbesondere für Cross-Selling-Informationen ist diese Form der Datenhaltung und der darauf aufsetzenden Anwendung geeignet. Für darüber hinausgehende Analysen, d.h. Analysen, die Ad-hoc-Fragen auf den gesamten Datenbestand stellen, werden die Daten in einem sogenannten *OLAP-Würfel* genutzt. Dieser Würfel erlaubt auch den *Drill-down* von einer hochaggregierten Darstellung auf eine weniger verdichtete, bis hin zur Einzelgeschäftsebene. Darüber hinaus können aus der relationalen und der Würfel-Datenhaltung spezielle Reports gewonnen werden, z.B. für Flow- oder grafische Analysen. Abgesehen von der technischen Realisierung sind zwei Hauptprobleme für dieses Informationssystem zu lösen:

- *Datenkonsistenz:* Die Daten müssen zuordenbar sein, d.h. Kunden, Produkte, Profitcenter etc., die in verschiedenen Systemen unterschiedlich verschlüsselt sind, müssen über neutrale Schlüssel gleichnamig gemacht werden.

- *Datenqualität:* Im Rahmen der Datenanalyse werden Felder genutzt, die für eine rein abwicklungsbezogene Sichtweise unerheblich sind und deswegen oft nicht sorgfältig genug gepflegt wurden. Die Inhalte dieser Felder (z.B. Heimatland des Kunden, Konzernzugehörigkeit) müssen daher neuen Qualitätsansprüchen genügen.

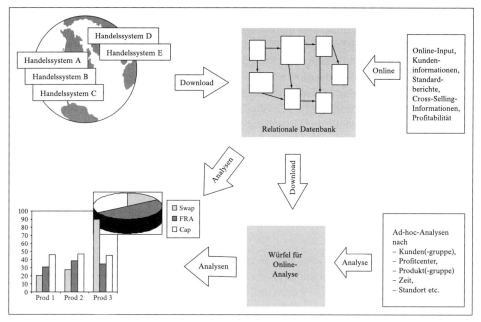

Abbildung 3: Modell eines Sales-Informationssystems

Durch Nutzung der Komponentenarchitektur läßt sich die Aktualität und Korrektheit der Daten auch in einem Sales-Informationssystem erhöhen und die Redundanz der vorgehaltenen Informationen verringern. Dennoch wird aus Performance-Gründen eine unabhängige Speicherung für Analysen notwendig bleiben.

3. Kommunikation: Infrastruktur virtueller Handelsräume

Handel bedeutet Kommunikation und wer handelt, braucht aktuelle, präzise Informationen. Durch Kommunikationsnetze entstehen virtuelle Handelsräume, die je nach Betrachtungstiefe die Handelszentren anderer Banken mit einschließen oder die sich nur auf die eigenen, oft um den Globus verteilten Standorte beziehen. Die Kommunikationsinfrastruktur des virtuellen, globalen Handelsraums läßt sich in drei Kategorien klassifizieren:

- Bezug externer aktueller und historischer Marktinformationen,
- Kommunikation und Handel mit externen Marktteilnehmern über Sprach- und Datennetze und
- interne Kommunikation und Handel über die bankeigene Infrastruktur.

Die beiden ersten Punkte haben sich in den meisten Handelsräumen als feste Bestandteile etabliert. Insbesondere wird die Bedeutung des zweiten Aspekts mit der wachsenden Verbreitung von elektronischen Börsen und Brokersystemen weiter steigen: Bereits 1997 schlossen Großbanken ca. drei Viertel ihrer Devisenhandelsgeschäfte elektronisch ab, der Erfolg von DTB und Xetra bestätigt diese Entwicklung. Die Herausforderung für die Bank besteht in erster Linie darin, diese Dienstleistungen und die sie realisierenden Anwendungssysteme möglichst eng in die Geschäftsprozesse und IT-Systeme der Bank einzubinden.[1] Weiter reicht der Gestaltungsspielraum beim dritten Punkt, der internen Kommunikation. Die wesentlichen Basistechnologien und ihre Anwendung im Handelsraum werden im folgenden dargestellt.

3.1 Kommunikationsbausteine

Hoot'n Holler

Hoot'n Holler ist eine auf analoger Technik beruhende Sprachanwendung zwischen mehreren Standorten, die ringförmig zusammengeschaltet sind. Die Technik erlaubt, daß gleichzeitig alle Teilnehmer hören und sprechen können. Damit bietet diese Anwendung die Möglichkeit der direkten Kommunikation zwischen weltweit verteilten Gruppen. Der Anwendungsbereich erstreckt sich dabei von moderierten Sitzungen mit Analysten über reine Informationsweitergabe bis zu chaotischem Durcheinander, um den Händlern an unterschiedlichen Standorten ein Gefühl für die Stimmung in den übrigen Standorten zu geben.

Händler-Telefonie

Die Händler-Telefonie ist eine hochspezialisierte Kommunikationsanwendung, die eine Erweiterung der Standard-Telefonie auf analoger oder digitaler Basis darstellt. Die wohl wichtigste dieser Erweiterungen besteht in der Möglichkeit, neben analogen oder digitalen Wählverbindungen eine Vielzahl verschiedener fester Sprachverbindungen ständig offen zu halten. Der klassische Fall für solche festen Sprachverbindungen sind die Verbindungen zwischen Devisenhändlern an unterschiedlichen Standorten oder zu Maklern, da für diese Handelstechnik bereits der Aufbau einer Wählverbindung eine nicht hinnehmbare zeitliche Verzögerung darstellt. Die Händlertelefonsysteme müssen sicherstellen, daß innerhalb einer Zeit von weniger als 200 Millisekunden die Verbindungen stehen, da sonst z.B. die erste gesprochene Zahl nicht korrekt verstanden werden kann.

Die anderen Spezialfunktionen von Händlertelefonen lassen sich in folgende Gruppen unterscheiden:
- *Free Seating:* Die schnellen Veränderungen im Handelsgeschäft machen es notwendig, daß sich Händler innerhalb eines Standorts und zwischen weltweit verteilten Lokatio-

---

[1] Vgl. Hille, L./Braue, C. (Beitrag in diesem Buch).

nen sehr schnell frei bewegen müssen. Es muß daher möglich sein, daß der Händler sich an einem fremden Telefon mit einer Kennung und einem Paßwort anmeldet und dann auf seinem Arbeitsplatz seine festen Leitungen vorfindet. Hinter dieser einfachen Anforderung verbergen sich zahlreiche komplexe Schaltungen, z.B. müssen spezifische Vorwahlen für gespeicherte Wählleitungen automatisch umgesetzt werden, beim Wechsel zwischen Lokationen sind Standleitungen im internen Netz zu verlängern etc.

- *Line Sharing:* Hierunter verstehen wir alle Kommunikationsfunktionen, die sich auf das Teilen einer gemeinsamen physikalischen Verbindung beziehen. Ein typisches Beispiel dafür ist Intercom, d.h. eine Gruppe von Händlern legt sich eine Verbindung auf Lautsprecher und Mikrofone, um Informationen vom anderen Ende der Leitung gemeinsam hören bzw. als Sprachkanal nutzen zu können.

- *Gruppen-Funktionen:* Die Gruppen-Funktionen beziehen sich auf die Signalisierung und gemeinsame Nutzung von Leitungen auf den Händlertelefonen. Signalisierung bezieht sich dabei auf den Zustand von Leitungen, wie „frei", „genutzt", „exklusiv genutzt" etc., aber auch auf platzbezogene Daten wie „Händler anwesend", „Händler spricht". Der Sinn dieser Signalisierung besteht darin, ohne zeitliche Verzögerung Verbindungen zu anderen Händlern aufzubauen und dabei nicht etwa bei genutzten Leitungen ein Besetzzeichen zu erhalten oder nicht anwesende Händler anzurufen. Die gemeinsame Nutzung besteht darin, daß Gruppen beliebig, auch standortübergreifend verteilt sein können. Bei Anrufen auf Leitungen, die einer Gruppe zu geordnet sind, muß daher an allen Standorten der Anruf über eine entsprechende Leitung für alle Mitglieder der Gruppe signalisiert werden und entgegengenommen werden können. Durch diese Funktionalität ist bei entsprechender Verteilung auf Zeitzonen einerseits eine ständige Erreichbarkeit garantiert, zudem können sich Gruppenmitglieder in verschiedenen Standorten in Spitzenzeiten gegenseitig unterstützen.

- *Sprachaufzeichnung:* Wegen der Bedeutung des gesprochenen Worts im Handel ist es unabdingbar, daß die Gespräche zur lückenlosen Dokumentation aufgezeichnet werden, um in Zweifelsfällen und bei Streitigkeiten abgehört werden zu können. Der aktuelle Stand ist dabei, daß die Händler selbst von ihrem Arbeitsplatz einen sogenannten Last Call Repeat ausführen können bzw. aus einer Liste von Anrufen über einen bestimmten Zeitraum Telefonnummern suchen und das Gespräch abhören können. Teilweise werden diese Aufzeichnungen in Zweifelsfällen dann direkt der Gegenseite über das Telefon überspielt.

- *Schnittstellen zu IT-Anwendungen:* Im Rahmen der notwendigen Integration der Anwendungssysteme im Handelsbereich kommt der Integration der Händler-Telefone mit den übrigen Anwendungen wachsende Bedeutung zu. Typische Anwendungsfälle sind hierfür Kundendatenbanken, aus denen über geeignete Schnittstellen der kommende Anrufe einem Kunden zugeordnet wird und der Händler bereits die relevanten Kundendaten auf dem Bildschirm vorfindet, wenn er den Hörer abnimmt.

Videokonferenzen

Die logische Erweiterung der Händler-Telefonie stellen Videokonferenzen dar. Durch die visuelle Darstellung, den Gesprächspartner zu sehen, erhält der Händler die Möglichkeit, über die Körpersprache zahlreiche Zusatzinformationen zu bewerten. Eine andere Möglichkeit besteht in der Bewertung von Handelsaktivitäten anhand von Übersichtskameras in großen Börsensälen wie New York, London oder auch in der eigenen Lokation. Neben dem direkten Gefühl für den Markt bieten solche Kameras die einzige Möglichkeit, die auf dem Parkett genutzte Zeichensprache nachzuvollziehen. Im übrigen sind Videokonferenzen aber nur ein Baustein von kooperativen Anwendungen, mit dem diese auch häufig gleichzeitig genutzt werden.

Kooperative Anwendungen

Kooperative Anwendungen bieten die Möglichkeit, standortunabhängig mit elektronischen Mitteln zusammenzuarbeiten. Die wichtigsten Anwendungen in dieser Gruppe sind:

- *Shared Whiteboard:* Beim Shared Whiteboard kann eine Gruppe von Anwendern gleichzeitig ein sogenanntes *Whiteboard* nutzen. Ein Anwendungsfall im Handelsumfeld ist z.B. die gemeinsame Diskussion von Handelsstrategien auf der Basis eines historischen Graphen im Hintergrund, auf dem Zeitpunkte für optimale Kauf- oder Verkaufsstrategien kenntlich gemacht und verschoben werden können. Ein anderer Fall sind handschriftliche Notizen auf einem Whiteboard, mit dem sich eine Gruppe von Händlern zwischen unterschiedlichen Standorten abstimmt und was zu Dokumentationszwecken von den Beteiligten gesichert werden kann.

- *Shared Application:* Bei Shared Applications werden z.B. Verträge in Textverarbeitungsprogrammen oder Folien in Präsentationsprogrammen gemeinsam entworfen und optimiert.

- *Real Time Chat:* Chat kommt im Handelsumfeld eine besondere Bedeutung zu, da hier in Echtzeit mittels in einen PC geschriebener Informationen kommuniziert werden kann. Damit können sprachliche Mißverständnisse vermieden und Informationen in sehr knapper Form einer Vielzahl von Händlern zugänglich gemacht werden.

Intranet

Um den ständigen Zugang zu allen relevanten Informationen zu ermöglichen, bietet sich die Funktionalität des World Wide Web im Intranet an. Über allgemeine Seiten kann der Händler unmittelbar Richtlinien abrufen, ohne daß diese wie früher gedruckt und verteilt werden müssen. Ein anderes Einsatzfeld ist die Bereitstellung aktueller Informationen in Text, Sprache oder Video auf allgemeinen Servern und die Bereitstellung von privaten Web-Seiten für alle Händler, um spezifische Angebotsbroschüren anzubieten.

3.2 Kombination der Kanäle

Die aufgeführten Kommunikationstechnologien sind die Grundbausteine der Infrastruktur eines virtuellen Handelsraums. Ihren Nutzen entfalten sie durch ein klares Anwendungskonzept. Dieses enthält nicht nur Festlegungen darüber, über welchen Kanal welche Informationen zu fließen haben. Darüber hinaus werden auch die Verknüpfungen der Technologien untereinander definiert. Die folgenden Beispiele sollen die Möglichkeiten illustrieren:

- Viele Chat-Programme verlieren die Konversationsinformation, d.h. ein neuer Teilnehmer sieht diese erst ab dem Zeitpunkt, zu dem er an der Chat-Sitzung teilnimmt. Häufig sind für ihn aber auch vorangegangene Konversationen interessant. Diese Information wird im Intranet unter dem Namen und Zeitraum der gewünschten Sitzung bereitgestellt. Im allgemeinen soll die Konversation nicht durch umfangreiche Information, wie einen längeren Text oder Tabellen, überfrachtet werden. Um dennoch die Möglichkeit zu schaffen, solche Informationen zu referenzieren, wird ein *Story Button* eingefügt, der wiederum auf eine Seite im Intranet verweist. Mit einem Mausklick wird diese Seite aufgerufen.

- Eine sinnvolle Anwendung des Hoot'n'Hollers ist ein moderiertes *Morning Meeting*, bei dem nacheinander die verschiedenen Marktbereiche und das Research ihre Meinungen zum kommenden Tag konstatieren. Für später Hinzukommende bzw. für Händler in späteren Zeitzonen ist diese Information zunächst verloren. Durch Mitschnitt und Einstellen der entsprechenden Audio-Dateien in das Intranet lassen sich die Morning Meetings über diesen Weg auch später abrufen.

- Kooperationswerkzeuge haben als ultimative Zielsetzung alle Kommunikationsformen zu integrieren, um sie bei Bedarf nutzbar zu machen. Besonders offensichtlich ist die Integration eines Shared Whiteboard mit Chat und Videokonferenzen. Diese Plattform ist besonders für standortübergreifend arbeitende Teams bei Strukturierungen oder auch bei Risikomanagementthemen nützlich.

4. Kooperation mit dem Kunden: Dialog über Extranets

4.1 Anforderungen des Kundengeschäfts

Global agierende institutionelle Kunden erwarten von der Bank eine auf sie ausgerichtete Dienstleistung. Zunehmend bedeutet dies, daß Informationen für den Kunden und über seine Geschäfte diesem schnell und ohne Medienbrüche verfügbar zu machen sind, und daß Werkzeuge, die die Bank im Rahmen ihrer Beratung einsetzt, auch durch den Kunden nutzbar sein sollten. Diese Informationen decken den gesamten Geschäftsprozeß von Bank und Kunde ab. Abbildung 4 zeigt Dienstleistungen, die zukünftig online erbracht werden sollten.

Allgemeine Information	Spezielle Beratung	Geschäftsabschluß	Geschäftsabwicklung	Portfolioinformation	Rechnungswesen
Zeitnahe Bereitstellung von allgemeinem Research-Material

Auf das Kundenportfolio ausgerichtete spezifische
- Analytics
- Trade-Empfehlungen

„Stories" zum Markt | Analyse der Kundenbilanzstruktur (Aktiv oder Passiv) mit Vorschlägen zur Repositionierung bei veränderter Zinsmeinung

Online-Strukturierung von OTC-Geschäften | Handelbare Preise

Handel über das Netz ohne Einschaltung einer Sales-Person mit definierten Spreads

Sofortige Bestätigung des Geschäfts | Vertragsinformationen für OTC-Geschäfte

Bestätigungen

Collateral Statements

Cash-Flow-Projektionen

Liste offener Repos | Risikokennzahlen

Vorschläge für Optimierungen

Tools und Risikoparameter für Downloads

Aufstellungen der Trades und Positionen | Bewertungen von Geschäften bzw. Tools und Risikoparameter für Downloads

Steuernachweise |

Abbildung 4: Online-Dienstleistungen im Investment Banking

Die Realisierung dieser Funktionen bedeutet, daß Handelsraum und Abwicklung von der Bank zum Kunden verlängert werden, so daß der Kunde Teil des virtuellen Handelsraums wird. Der Handelsraum und seine Technologie muß sich also noch klarer am Kunden ausrichten. Dem steht die oben diskutierte Produktorientierung der Prozeßketten in den Banken entgegen:

- Jeder Prozeß hat seine eigene Informationsbasis mit eigenen Stammdaten zu dem Kunden.
- Die strenge Produktorientierung der Handels- und Abwicklungssysteme macht es aufwendig, ein zeitnahes Bild der Kundenbeziehung zu erhalten.
- Geographische und aufbauorganisatorische Grenzen behindern eine Asset-Klassen-übergreifende Cash-Flow- und Portfoliooptimierung.

Um die Kunden sinnvoll mit der Bank vernetzen zu können, muß die Bank als Voraussetzung also zunächst eine stärkere Prozeßintegration erreichen. Im Abschnitt 2 wurde gezeigt, daß der eleganteste Weg zur Überwindung der starren Produktorientierung der Handelssysteme in der Komponentenarchitektur liegt. Die Kundenorientierung nutzt die Komponenten lediglich unter einer weiteren Sichtweise als die bankinterne Sicht, die oft auf Portfolios oder auf strukturierte Produkte bezogen sein wird (Abbildung 5).

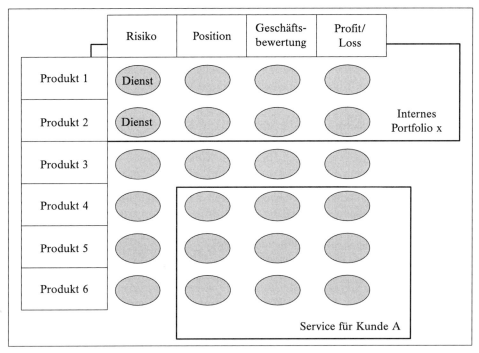

Abbildung 5: Komponentennutzung aus Bank- bzw. Kundensicht

4.2 Konzept einer Extranet-Struktur

Die vorangegangenen Ausführungen haben gezeigt, daß die zentrale Herausforderung bei den neuen Online-Dienstleistungen nicht in der Transporttechnologie – der Vernetzung – liegen, sondern vielmehr in der internen Organisation von Prozessen und Systemen. Trotzdem müssen die Dienste zum Kunden gebracht werden; das ideale Medium dafür ist die Internet-Technologie. Mit Hilfe dieser Technologie können sogenannte *Extranets* mit den Kunden geschaffen werden. Extranets beruhen auf den Internet-Kommunikationsverfahren, nutzen aber nicht das Internet, sondern eine bankeigene Netzinfrastruktur. Dies kostet zwar mehr, ist aber sicherer, und es lassen sich Übertragungszeiten leichter garantieren.

Die Internet-Technologie bietet neben dem lesenden Zugriff auf Web-Sites unterschiedliche technische Möglichkeiten zur Kommunikation mit den Kunden:

- *Search-Tools:* Zielsetzung der Web-Technologie ist es, Wettbewerbsvorteile durch zielorientierte Informationen zu erzielen. Infolgedessen ist das Risiko des Überladens des Kunden mit Informationen zu vermeiden. Search-Tools dienen der besseren Orientierung.

- *Profiling und Zugriffskontrolle:* Der Kunde soll Web-Seiten erhalten, deren Inhalt genau auf seine Bedürfnisse und Berechtigungen zugeschnitten ist. Durch entsprechende Werkzeuge läßt sich eine maximale Individualisierung erreichen.

- *Chat-Lines, Audio/Video-Tools:* Sie ermöglichen dem Kunden, aus seiner Web-Sitzung heraus mit der Bank Kontakt aufzunehmen; diese Kanäle sind aus der Web-Seite heraus aufrufbar.

- *Downloading:* Die Bank stellt Kunden spezifische Programme, individuelle Informationen (z.B. Portfoliokennzahlen) und allgemeinere Daten (z.B. Marktrisikoparameter) zur eigenen Weiterverarbeitung bereit; der Kunde lädt diese über File Transfer auf seine eigenen Systeme.

- *Push-Technik:* Traditionelle Web-Seiten basieren auf dem aktiven Holen der Informationen durch den Benutzer. Push-Techniken drücken Informationen auf die Station des Nutzers, ohne daß dieser einen *Refresh* auslösen muß. Damit lassen sich für Kunden, die keinen Zugriff auf die üblichen Systeme haben, Marktinformationen (ggf. mit Verzögerung) über das Internet verteilen.

Relevante Informationen sind in der Regel sehr sensitiv gegenüber unbefugtem Abhören und Modifikationen. Daher muß die Infrastruktur Mechanismen anbieten, die die erforderlichen Sicherheitsdienste Vertraulichkeit, Integrität und Authentizität realisieren. Kryptographische Verfahren können ein definiertes Maß an Sicherheit erreichen. Die Bank muß allerdings durch organisatorische Maßnahmen sicherstellen, daß diese auch sachgemäß eingesetzt und parametrisiert werden.

Wie eingangs erläutert, erfordert eine konsequente Kundenorientierung der Systeme eine weitgehende Umsetzung der Komponentenarchitektur und deren Nutzung für kundenbezogene Geschäftsprozesse. Daneben fällt für die Entwicklung von Web-basierten Anwendungen Realisierungsarbeit auf verschiedenen Ebenen an (Abbildung 6).

Die Online-Angebote im Investment Banking stehen am Beginn einer Entwicklung. Insbesondere das Handeln über Internet wird Paradigmen im Investment Banking verändern, ähnlich wie dies schon in anderen Bereichen des Bankgeschäfts geschieht.

Beispiel 3: Internet-Trading

Stark standardisierte Produkte sind über Internet handelbar, sofern eine Reihe von Voraussetzungen implementiert ist:

- Starke Authentifizierungsmechanismen, die die Identität des Kontrahenten garantieren.
- Mechanismen, die Preise auf Anfrage automatisch erzeugen und die Spreads differenziert nach Produkt, Volumen, Kontrahent und Marktsituation steuern.
- Limitsysteme, die sicherstellen, daß das vorgeschlagene Geschäft im Rahmen der dem Kontrahenten eingeräumten Linien liegt.
- Eine Netzinfrastruktur, die leistungsfähig genug ist, damit Preise bei der Übertragung nicht veralten.

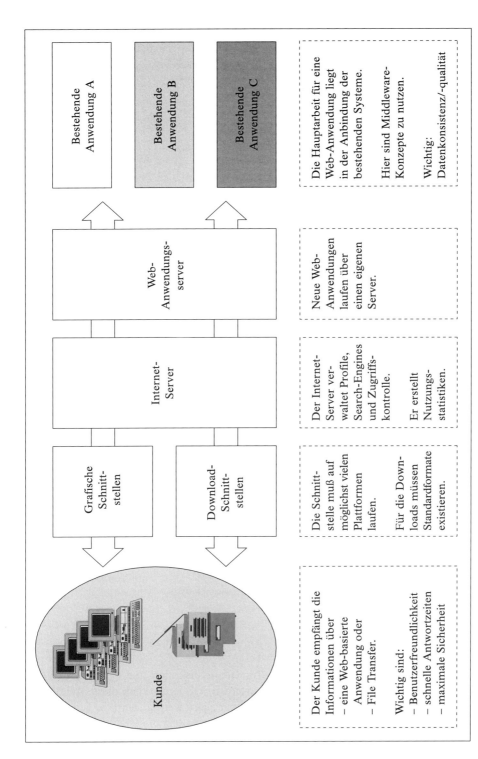

Abbildung 6: Struktur einer Web-basierten Anwendung

- Transaktionsverfahren, die für die korrekte Verarbeitung des Geschäfts bis in die Positionsführungssysteme hinein sorgen.

Abbildung 7 veranschaulicht das Protokoll.

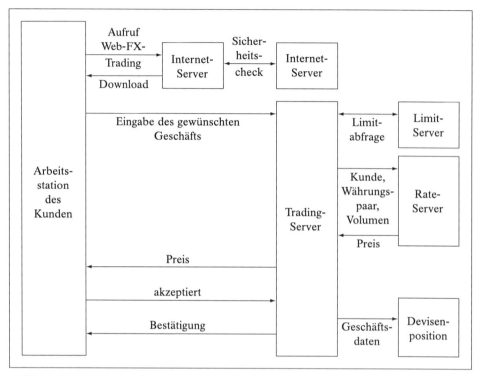

Abbildung 7: Modell eines Web-basierten Geschäftsabschlusses

Für das Handeln im Web ist allerdings nicht nur neue Technik zu implementieren – die wirklichen Veränderungen liegen darin, ein neues Prozeßmodell für beide, die Kunden- und die Bankseite, zu entwickeln. Dies wird eine wesentliche Herausforderung der nächsten Jahre werden.

5. Ausblick

Die vorangegangenen Abschnitte haben drei Trends diskutiert, die die Handelsraumtechnologie in den nächsten Jahren prägen werden. Ob es wirklich diese Trends sein werden, die dominieren, oder ob andere diese überlagern werden, wird die Entwicklung zeigen. Sicher scheinen trotzdem folgende Tendenzen zu sein:

- Die globale Virtualisierung der Arbeitsplätze geht weiter.
- Die Tendenz, daß Spezialentwicklungen zu Massenprodukten werden, hält an; dies führt zu engeren Margen, größeren Handelsvolumina und damit zu subtileren Risiken, die zu beherrschen sind.
- Es wird weiter zu Produktinnovationen kommen.

Diese Entwicklungen werden die in der Einleitung beschriebene Spirale weiter nach oben treiben. Der Entwicklungsdruck auf die Informationstechnologie hält damit an. Ob dies tatsächlich darin resultiert, daß Handelsräume nur noch als holographische virtuelle Realität existieren und Trading-Firmen nicht mehr *offshore*, sondern *offplanet* gehen, wird sich zeigen. Tatsache aber ist, daß die Front-Office-Technologie wie kaum eine andere ihren Anwendungsbereich, die Finanzmärkte, treibt und somit eines der innovationskräftigsten Felder der Bankinformatik bleibt.

Hans-Dieter Krönung

Architektur im Middle Office

1. Aktives Risikomanagement des Handels unter Gesamtbanksteuerungsaspekten
   1.1 Einbindung der Handelssteuerung in die Gesamtbanksteuerung
   1.2 Anforderungen an Schnittstellen und Datenbanksysteme
   1.3 Integration von Handels- und Gesamtbankinformationen
2. Anforderungen an die Ausgestaltung eines Middle Office Systems
   2.1 Funktionale Anforderungen
   2.2 Technische Anforderungen
3. Architekturmodell für das Middle Office
   3.1 Probleme bei traditionellen Architekturkonzepten
   3.2 Prinzip bei Publish/Subscribe-Architekturen
4. Ausblick

Im vorliegenden Beitrag werden im ersten Schritt die allgemeinen Aufgaben eines Risikomanagements für den Handel und die handelsnahen Bereiche beschrieben. Das Risikomanagement läßt sich dabei in die Sicht einer globalen Steuerung der Bank nach Risiko- und Ertragsgesichtspunkten einordnen. Aus dem Aufgabenkatalog für das Risikomanagement des Handels lassen sich funktionale Anforderungen an ein Risikomanagementsystem ableiten, das dem Middle Office zur Verfügung zu stellen ist (Abschnitt 2). Aus der Summe aller funktionalen und technischen Anforderungen ergeben sich Anforderungen an ein Architekturkonzept, in das das Middle Office eingebunden sein muß (Abschnitt 3). Abschließend wird ein Ausblick gegeben.

1. Aktives Risikomanagement des Handels unter Gesamtbanksteuerungsaspekten

Seit 1995 sind die aufsichtsrechtlichen Vorschriften für das Betreiben von Handelsgeschäften beträchtlich konkreter und damit schärfer formuliert worden. Das KWG, der Grundsatz 1, die Mindestanforderungen an das Betreiben von Handelsgeschäften (MaH), die Basler Beschlüsse u.a. haben ein Vorschriftengeflecht geschaffen, dessen Erfüllung die Banken vor erhebliche Anforderungen stellt. Die Erfüllung dieser Anforderungen verlangt von den Banken den Aufbau komplizierter, wissenschaftlich fundierter und anerkannter Berichtssysteme, die eine exakte Messung der Markt- und Ausfallrisiken sowie ihrer Auswirkungen auf die Ertragslage der Bank ermöglichen. Damit wird das klassische Berichtswesen der Banken, das bilanzbasiert aufgebaut ist (Controllinganwendungen, Managementinformationssysteme), entscheidend erweitert und verändert. Statt an Buchwerten orientiert sich nicht nur die interne Risikoüberwachung, sondern zunehmend auch die externe Berichtslegung an einer Bewertung der Geschäfte zu Marktpreisen *(Mark to Market)* oder im Falle von strukturierten außerbörslich gehandelten Finanzinstrumenten *(Over the Counter, OTC-Geschäft)* an Preisen aus finanzmathematischen Modellen, die sich aus entsprechenden Marktfaktoren ableiten. Die der Kapitaladäquanzrichtlinie zugrundeliegenden Berechnungsmodalitäten machen bei der Kapitalallokation als einem wesentlichen Steuerungskriterium keine grundsätzliche Unterscheidung mehr zwischen Handelsgeschäften, die sowohl Markt- als auch Kreditrisiken unterliegen, und Kreditgeschäften, die vorwiegend ausfallgefährdet sind. Unter dem Gesichtspunkt der Kapitalverzehrung spielt der Grund des Verzehrs keine entscheidende Rolle, und durch die barwertorientierte Bewertung jedes Geschäfts sind Kreditgeschäfte prinzipiell mit Handelsgeschäften vergleichbar.

Die fachliche und technische Ausgestaltung der Risiko- und Ergebnissteuerung im Handel, unter Berücksichtigung aufsichtsrechtlicher Rahmenbedingungen und wirtschaftlicher Erfordernisse *(Time to Market)*, stellt eine höchst komplexe Aufgabe dar, die von vielen Banken noch nicht entsprechend erfaßt, dokumentiert und konzeptionell durchdrungen worden ist.

1.1 Einbindung der Handelssteuerung in die Gesamtbanksteuerung

Die Risikosteuerung im Handel ist durch die risikokapitalbasierte Steuerungsphilosophie nicht mehr isoliert, sondern als Teil der Gesamtbanksteuerung aufzufassen und auszugestalten: Nach moderner Steuerungsphilosophie stellt die Bank den verschiedenen Geschäftsfeldern Kapital zur Verzinsung zur Verfügung und steuert diese Verteilung nach Value-at-Risk-Parametern und Performance-Zahlen, d.h. den jeweils erzielbaren Renditen unter Berücksichtigung der jeweiligen Risiken in den Geschäftsfeldern. Die Geschäftsbereiche steuern ihre Positionen innerhalb des vom Vorstand vorgegebenen Rahmens eigenverantwortlich. Das Risikocontrolling wirkt dabei unterstützend bei der Planung, Steuerung und Kontrolle aller Geschäfte der Bank mit. Durch den Auftrag, alle Risiken der Gesamtbank abzubilden, kommt dem Risikocontrolling in der Risiko- und Ertragssteuerung der Bank eine Querschnittsfunktion zu.[1] Wichtige Themenkomplexe sind hier neben der Darstellung der Markt- und Ausfallrisiken aus Handelsaktivitäten auch die Betrachtung der Ausfallrisiken im Kreditgeschäft sowie weiterer Risiken. Innerhalb des Themenkomplexes Markt- und Ausfallrisiken aus Handelsgeschäften sind die Kernaufgaben des Risikocontrolling in die Bereiche Reporting, Methodenentwicklung und Marktdaten bzw. Risikoüberwachungssysteme untergliedert.

Aktiv beteiligt an der Risiko- und Ertragssteuerung der Bank sind Treasury und Middle Office. Während das *Treasury* mittels Finanzinstrumenten des Handels die Aktiv/Passiv-Steuerung auf Basis der vom Gesamtbankrisikocontrolling gelieferten Daten aus dem traditionellen kommerziellen Geschäft übernimmt, werden umgekehrt die Marktrisiken umfassend in einem integrierten Ansatz auch unter Berücksichtigung der Treasurypositionen beurteilt. Das *Middle Office* ist zunächst für die Daten- und Informationsbereitstellung zur Durchführung des Risikomanagements verantwortlich. Darüber hinaus koordiniert das Middle Office als Risikomanagement für Handel und Treasury den Risikomanagementprozeß innerhalb des Handelsbereichs. Dabei muß der Handel selbst in der Lage sein, eigene Positionen in Portfolios unter Risikogesichtspunkten zusammenzufassen und auf Veränderungen des Markts, das eigene Risiko minimierend, zu reagieren, d.h. Glattstellen von Positionen oder Eingehen von Hedges (Gegenpositionen). Unterstützt wird er bei dieser Aufgabe durch moderne Handels- und Positionsführungssysteme, die ihrerseits Funktionalitäten zum Risikomanagement besitzen.

Flankiert wird der Risikomanagementprozeß durch ein Limitsystem, bei dem – ausgehend von der Festlegung des Risikokapitals für die jeweiligen Geschäftsbereiche und Kontrahenten – das zur Verfügung stehende Kapital für die Durchführung von Handelsgeschäften verteilt wird. Freies Risikokapital wird dabei quasi bankintern gehandelt, was automatisch zu einer optimalen Verteilung des Kapitals unter Risiko- und Ertragsgesichtspunkten führt. Dadurch können z.B. im Devisenhandel frei werdende Linien vom Derivatehandel herangezogen werden. Auf diese Weise kommen marktwirtschaftliche Prinzipien auch innerhalb der Bank zum Einsatz. Die aktive Verteilung des Risikokapitals wird vom Middle Office durchgeführt. Das Limitsystem dient in diesem Zusammenhang dazu, daß Risikokapital

---

[1] Vgl. dazu Gothein, W./Wohlenberg, K. (Beitrag in diesem Buch).

nicht ungehindert dem Geschäftsfeld zufließt, das die höchste Performance verspricht. Insgesamt entsteht ein Steuerungs- und Frühwarnsystem, bei dem eine rechtzeitige und optimale Reaktion auf die Marktgegebenheiten möglich ist. So sind bei Überschreiten eines Limits Positionen glattzustellen, für den speziellen Fall die Positionen zu halten oder bei geänderter Risikoeinschätzung Limite zu ändern. In jedem Fall ist durch ein geeignetes Reporting die Geschäftsleitung in Kenntnis zu setzen bzw. einzubeziehen.

Voraussetzung für einen effektiven Risikomanagementprozeß ist ein durchlässiger und für alle verständlicher Informationsfluß. Ein gutes Risikomanagement ist nur in enger Zusammenarbeit von Handel, Abwicklung, Middle Office, Controlling und Geschäftsführung möglich. Für die technische Ausgestaltung bedeutet dies, daß eine Integration der gesamten DV-Landschaft einer Bank erforderlich wird. Dies ist besonders schwierig für Architekturen, d.h. Anwendungslandschaften und Infrastrukturen (Datenbanken, Betriebssysteme, Netzwerke etc.), die in den Banken völlig getrennt entwickelt wurden und nun zu einem funktionierenden Ganzen zusammengebunden werden müssen. Die Notwendigkeit einer ganzheitlichen Betrachtung wird vom Gesetzgeber zusätzlich gesteigert, denn durch die KWG-Novellierungen ist die Unteilbarkeit des Risikobegriffs endgültig festgelegt. Methodisch untermauert wird die Forderung nach einer einheitlichen Betrachtungsweise dadurch, daß es ebenso wie für das Marktrisiko gelungen ist, den Risikobegriff des Kreditrisikos in der Meßgröße *Value at Risk* oder *Money at Risk* festzulegen, womit eine direkte Vergleichbarkeit von Markt- und Kreditrisiken ermöglicht wird (z.B. CreditMetrics von J.P. Morgan). Die Risikosteuerung des Handels ist damit ein in die Gesamtsteuerung des Hauses eingebundener Steuerungsprozeß, der auch technisch nicht vom Gesamthaus isoliert betrachtet werden darf (Abbildung 1).

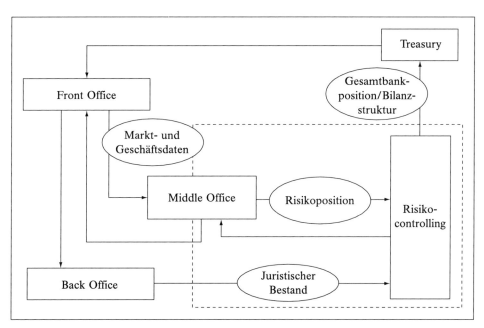

Abbildung 1: Einbindung der Handelssteuerung in die Gesamthaussteuerung

1.2 Anforderungen an Schnittstellen und Datenbanksysteme

Technisch gesehen erfordert der Anspruch der zeitnahen Bereitstellung von Daten zur Risikosteuerung – d.h. die Erfassung der Geschäfte in Echtzeit und die mindestens taggleiche Bewertung der gesamten Risiken aus allen Handelsgeschäften bis hin zur Echtzeitverarbeitung – zumeist hochkomplexe Schnittstellenkonstrukte und Datenbanksysteme.

Die Berechnungen der Risikokennzahlen (z.B. Value at Risk, VaR) weisen eine große Sensibilität bzgl. der Datenqualität der Liefersysteme auf. Die erste Erfassung der Geschäftsdaten erfolgt im Front Office, der juristische Bestand der Geschäfte wird in der Regel auf den Systemen des Back Office vorgehalten. Eine Lösung des Zielkonflikts zwischen zeitnaher Bereitstellung der Daten und erforderlicher Datenqualität, d.h. Identität der Bestände in Front, Middle und Back Office, ist die Entwicklung automatischer Schnittstellen vom Front Office zum Back Office, die einen Zugriff auf die Informationen für das Middle Office ermöglichen. Erschwerend wirkt hierbei, daß zur Erfassung der Geschäftsdaten im Front Office heute eine ganze Reihe von Anwendungen im Einsatz sind, die auf technisch sehr unterschiedlichen Standards und Architekturen basieren, und daß großrechnerbasierte Informationen in der Regel nicht tagggleich zur Verfügung gestellt werden können (Abbildung 2). Außerdem können Geschäfte in Front und Back Office unterschiedlich abgebildet sein (z.B. bei einem Swap: Ein Ticket im Front Office gegenüber mehreren Legs im Back Office).

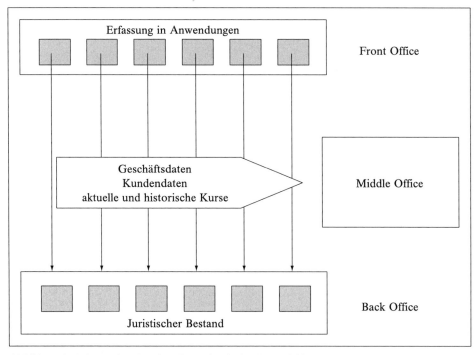

Abbildung 2: Informationsbereitstellung durch das Front Office

1.3 Integration von Handels- und Gesamtbankinformationen

Ein weiterer Aspekt darf in diesem Zusammenhang nicht vergessen werden: Das anspruchsvolle Bankgeschäft, vor allem im Wholesale- und Investment-Banking-Bereich, aber zunehmend auch im Retailgeschäft, lebt davon, kundenindividuelle Lösungen durch Kombination einzelner Instrumente zu schaffen *(Financial-Engineering-Prozeß)*. In diesem Zusammenhang wird es immer wichtiger, Informationen über die Märkte, aus dem Handelsbereich und anderen Bereichen der Bank dem Kundenberater zur Verfügung zu stellen. Umgekehrt benötigen Handel und Risikomanagement eine Rückmeldung über die im Kundenbereich getätigten Geschäfte, um eine Steuerung der Risiken durchführen zu können. Auch hierfür ist eine enge Verzahnung von Handelskompetenz und anderen Kompetenzen notwendig. Die Produktentwickler der Bank müssen eng mit dem Kredit- und Marktrisikomanagement sowie mit der Methodenentwicklung des Risikocontrolling zusammenarbeiten. In Banken ist eben keine vollständige Separation von Produktions- und Vertriebssystemen möglich.

Technisch gesehen werden die individuellen Produktkombinationen, soweit Handelsprodukte oder -tätigkeiten betroffen sind, nicht selten mit Off-the-Shelf-Anwendungen, d.h. Inselanwendungen auf PC- oder UNIX-Basis, abgebildet oder gar mittels Tabellenkalkulationsprogrammen *(Spreadsheets)* modelliert. Für die Marktinformationen und die Positionsführung/Geschäftseingabe im Handel sind zumeist Standardprodukte im Einsatz, die über individuelle Schnittstellen an die nachgelagerten Anwendungen angebunden sind (Abbildung 3). Bei der Anbindung dieser Handelssysteme an die nachgelagerten Systemen wird jedoch noch oft mit manuellen Schnittstellen gearbeitet. Die Meldeanforderungen schließlich werden zumeist mit Standardanwendungen erfüllt, die die relevanten Daten aus den Finanzbuchhaltungsanwendungen zusammenführen und auswerten.

Zur Durchführung des modernen Bankgeschäfts wird daher eine Infrastruktur benötigt, die nicht nur den Financial-Engineering-Prozeß in seiner kompletten Fertigungstiefe, also von der Entwicklung über den Verkauf bis zur Abwicklung, unterstützt, sondern auch alle anderen Geschäftsprozesse des Eigenhandels. Bezogen auf die Anwendungen bedeutet dies, daß eine Systemarchitektur alle am Geschäftsprozeß Handel und am Financial-Engineering-Prozeß beteiligten Applikationen integrieren und darüber die Versorgung mit aktuellen als auch historischen Marktdaten gewährleisten sollte.

Während zur Unterstützung der Geschäftsprozesse des Handels und handelsnaher Bereiche der Prozeß möglichst in der gesamten Fertigungstiefe abgebildet werden sollte und beim Risikomanagement auf Einzelpositions- und Portfoliobasis innerhalb der einzelnen Handelssparten auf die Risikomanagementfunktionalitäten der jeweiligen Handelssysteme zurückgegriffen werden kann, wird für die Risikosteuerung von Gesamthandel und Treasury ein System benötigt, das bei den heutigen Korrelationen und wechselseitigen Interdependenzen der Kapitalmärkte die Berechnung der Risikoparameter für alle Märkte und Handelsgeschäfte erlaubt. Die Notwendigkeit eines Risikomanagementsystems, das eine breite Produktabdeckung besitzt, ist eine direkte Folge aus diesen Anforderungen. Ein solches Risikomanagementsystem ist in eine Handelsarchitektur zu integrieren, um die Versorgung mit den benötigten Daten (aktuelle und hi-

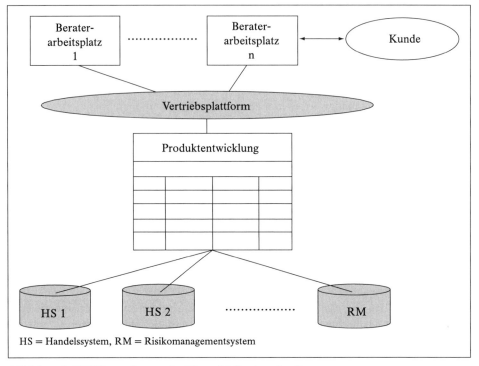

Abbildung 3: DV-Unterstützung des Financial-Engineering-Prozesses

storische Marktdaten sowie Kontrahenten- und Transaktionsdaten) zu gewährleisten. Die Bestimmung von Ertrags- und Aufwandsgrößen, die Inanspruchnahme von Kapital sowie die Abstimmung mit der Geschäftsabwicklung schließlich ist systemtechnisch im Umfeld der Finanzbuchhaltung sowie der Abwicklungssysteme angesiedelt.

Die Durchführung eines aktiven Risikomanagements für den Handel bedingt somit

- die Umstellung der Bewertungsansätze von Buchwerten zu Marktpreisen,
- die Erweiterung der in die Risikobetrachtung einzubeziehenden Geschäftsarten,
- die Steuerung von Eigenkapitalzuordnungen auf Basis von Value-at-Risk-Parametern und Performance-Zahlen,
- die Koordination der Risiko- und Ertragssteuerung in einer organisatorischen Einheit,
- die Einrichtung eines Middle Office, das auf Basis eines ausgeklügelten Limitsystems Risikokapital an die verschiedenen Einheiten des Handels verteilt,
- eine enge Zusammenarbeit der beteiligten Abteilungen,
- die zeitnahe Zusammenführung von Informationen heterogener Systeme aus den verschiedenen Bereichen der Bank,
- möglichst einheitliche Datenbestände in den Front-, Middle- und Back-Office-Systemen und
- die Installation eines Risikomanagementsystems mit einer möglichst hohen Produktabdeckung und dessen Integration in die Handelsarchitektur.

2. Anforderungen an die Ausgestaltung eines Middle Office Systems

Das Middle Office ist Schaltzentrale für die Erfassung und Bewertung relevanter Daten zur Risikosteuerung des Handels sowie zur Bereitstellung entsprechender Berichte zur Gesamtdisposition und für das externe Meldewesen. Die aufsichtsrechtlichen Vorschriften erzwingen eine organisatorisch vom Handel getrennte Einheit zur Erfassung und Messung der Risiken.

Abwicklungseinheiten sind in der Regel nicht für diese Aufgabenstellung ausgerichtet. Weder die technischen noch die organisatorischen Voraussetzungen sind vorhanden, um die anspruchsvolle Funktion des Middle Office abdecken zu können. Die technischen Strukturen sind im Abwicklungsbereich grundlegend anders konzipiert als es für die Erfüllung der steuerungsrelevanten Aufgaben notwendig ist. Ausgerichtet am Zweck der effizienten Abwicklung großer Datenmengen handelt es sich hierbei in der Regel um Großrechnersysteme, die nicht die erforderliche Flexibilität haben, mindestens tagleiche Auswertungen aus heterogenen Systemen bereitstellen zu können. Nicht selten wird in den Banken der Fehler gemacht, die großrechnerbasierten Anwendungen, die für einen ganz bestimmten Zweck konzipiert wurden, sukzessive um artfremde Funktionalitäten zu ergänzen. Abwicklungssysteme sind nun einmal für die Geschäftsabwicklung und nicht für die Risikomessung konzipiert, und die Ergänzung eines gewachsenen Abwicklungssystems mit der Begründung, prinzipiell seien ja bereits alle Daten vorhanden, negiert den wichtigen Aspekt der Funktionalität und des flexiblen Datentransports. Weder eine organisatorische Eingliederung in das Back Office noch eine funktionale Nutzung der dort verwendeten Systeme erscheint daher sinnvoll.

2.1 Funktionale Anforderungen

Als eine der wesentlichen Anforderungen des Risikomanagements wurde bislang erkannt, daß neben den Positionsführungssystemen des Handels, deren Risikomanagementfunktionalitäten vom Middle Office direkt genutzt werden können, um spartenbezogen Risiken zu messen, ein System benötigt wird, das die Risikodarstellung über alle Handelsprodukte erlaubt, um die hohen Korrelationen zwischen verschiedenen Märkten zu berücksichtigen. Ein Middle-Office-System ist weit mehr als eine Datenbank zur Sammlung vielfältiger Daten aus den Front-Office-Systemen. Die datentechnischen Anforderungen zur Limitgestaltung und -überwachung, zur Erfüllung der vielfältigen Meldeanforderungen und zur Ausgestaltung des internen Berichtswesens unterliegen permanenten Veränderungen. Das Middle-Office-System unterstützt die Steuerung des Gesamtbankrisikos durch Datenbereitstellung für komplexe interne Berechnungsmodelle, die nicht statisch, sondern dynamisch angelegt sind (Mark to Market) und immerwährend verfeinert werden. Benchmark- und Szenarienrechnungen erfordern darüber hinaus die aktive Unterstützung durch das Risikocontrolling bei der Modellausgestaltung im Hinblick auf die Verfügbarkeit von Daten. Damit verschwimmt auch in diesem

Bereich die traditionelle Grenze zwischen Anwendern und Entwicklern, wie es in gleichem Maße auch bei Händlern und deren technischer Unterstützung der Fall ist. Die funktionalen Anforderungen an ein Middle-Office-System lassen sich somit wie folgt beschreiben:

- Im Middle-Office-System werden zunächst alle steuerungsrelevanten Daten aus den Quellsystemen gesammelt. Hierzu gehören neben den Geschäftsdaten auch die entsprechenden Marktparameter sowie Informationen über die Kontrahenten und Kunden, mit denen die Handelsgeschäfte getätigt wurden (z.B. OTC-Geschäfte), um Kreditausfallrisiken zuordnen zu können. Entscheidend bei der Auswahl der für Risikocontrollingzwecke zu nutzenden Daten sind Aktualität sowie Zuverlässigkeit der Datenquelle (in der Regel Front-Office- bzw. Marktdatenanbindung).

- Eine Bewertung des Risikos innerhalb des Middle-Office-Systems ist mittels Benchmark- sowie Marktszenarienberechnungen durchzuführen. Die Gruppe der Benchmarkszenarien läßt sich dabei einteilen in Standardszenarien, bei denen im Zeitablauf konstante Parameterveränderungen – z.B. konstante Veränderung des Zinsniveaus über alle Laufzeiten *(Parallel Shift)* – unterstellt werden, als auch in Worst-Case-Szenarien zur Simulation extremer Marktveränderungen. Den Marktszenarien liegen aktuelle Schwankungen der Marktparameter in der jüngsten Vergangenheit zugrunde. Daher werden für derartige Berechnungen nicht nur aktuelle Marktdaten benötigt, sondern auch Marktdaten aus der Vergangenheit. Eine historische Marktdatenhaltung in einer zum Middle-Office-System gehörenden Datenbank ist somit unbedingt erforderlich.[2] Die mit Hilfe der Marktszenarien gemessenen Risikowerte auf der Grundlage von Volatilitäten sind die oben schon erwähnten Meßgrößen Money at Risk oder auch Value at Risk. Da die beschriebenen Simulationsverfahren sehr viel Rechenzeit erfordern, wird schon an dieser Stelle deutlich, daß Berechnung des Value at Risk auf einem großen Portfolio gegenwärtig kaum in Echtzeit erfolgen kann (insbesondere Monte-Carlo-Methoden), so daß die Analyse der Daten bei einem großen Handelsaufkommen nur in regelmäßigen Abständen vorzunehmen ist.

- Die hier beschriebenen statistischen Verfahren der Risikoanalyse sind stets anhand der tatsächlichen Wertschwankungen der Portfolios zu überprüfen. Dieses sogenannte *Back-Testing* gehört damit zu den funktionalen Anforderungen an ein Risikomanagementsystem.

- Eine weitere Aufgabe eines Middle-Office-Systems ist die Messung der Adressenausfallrisiken. Das heute vorwiegend benutzte Verfahren ist die Marktwertmethode (Marktwert plus Add-on) auf Basis der mit dem Kontrahenten nach Netting[3] aller Ansprüche und Verpflichtungen verbleibenden Risikoposition. Moderne Ansätze messen Kreditrisiken ebenfalls in Form eines Money at Risk, womit Markt- und Kreditrisiken gemeinsam handhabbar werden (siehe oben).

---

[2] Der in der Kapitaladäquanzrichtlinie vorgesehene historische Analysezeitraum beträgt drei bzw. fünf Jahre. Hieraus resultiert eine Marktdatenhaltung von mindestens dem gleichen Zeitraum.
[3] Nur bei Existenz einer Netting-Vereinbarung, andernfalls sind die wesentlich höheren Einzelrisiken anzurechnen.

- Ergebnisse aus dem Risikomanagement sind sowohl intern der Geschäftsleitung als auch extern zu berichten. Eine flexible Berichtssystematik für Managementinformationssysteme und externe Meldungen, d.h. mindestens taggleiche Auswertungen für die Ermittlung der Risikopositionen, ist daher unbedingt erforderlich. Oft vernachlässigt wird die Leistungsfähigkeit einer Systemarchitektur im Hinblick auf ihre Berichtsqualität und -flexibilität. Ständig sich verfeinernde Berichtsanforderungen für das externe Meldewesen, vor allem aber für das eigene Management, machen die umfangreiche Zugriffsmöglichkeit auf alle Daten zur Pflicht. Nicht der Umgang mit aggregierten Daten, sondern der mögliche, flexibel ausgestaltete Zugriff bis auf die Einzelgeschäftsebene stellt das Anforderungsniveau für die Datenbasis des Berichtswesens dar.

- Aufgrund der vom Financial Engineering ständig neu entwickelten Geschäftsarten muß darüber hinaus das Middle-Office-System flexibel und ständig erweiterbar sein. Alle bisher angesprochenen Methoden müssen für neuartige Geschäfte angewendet werden können.

2.2 Technische Anforderungen

Neben den komplexen Funktionsanforderungen an ein Risikomanagementsystem sind architektonische Probleme zu berücksichtigen:

- Als zentrales Problem bei der Sammlung steuerungsrelevanter Daten aus den Quellsystemen für die Risikomanagementanwendung wurde bereits die Heterogenität dieser Handelsanwendungen identifiziert. Wegen der hohen und sich wandelnden Anforderungen im Handel und im handelsnahen Umfeld durch neue Produkte und Derivate sind Eigenentwicklungen in diesem Bereich auf dem gegenwärtigen und absehbaren Stand der Technologie zu aufwendig und zu langwierig. Damit ist die systembedingte Heterogenität der Anwendungslandschaft der Quellsysteme eine Rahmenbedingung für die Ausgestaltung der Middle-Office-Architektur, kein zu eliminierender Störfaktor.

- Die Datenbanken des Middle-Office-Systems müssen so konzipiert sein, daß sie flexible Auswertungsalgorithmen zulassen. Bei Einführung neuer Geschäftsarten sind überdies nicht nur neue Bewertungsalgorithmen zu integrieren, sondern die Datenbanken an sich müssen erweiterbar sein. Die in der Regel eingesetzten relationalen Datenbanksysteme besitzen prinzipiell diese Funktionalität, jedoch muß die Datenbankarchitektur des Middle-Office-Systems diese Erweiterungen auch zulassen. Eine Middle-Office-Anwendung muß also nicht nur funktional erweiterbar sein, sondern auch eine erweiterbare Datenbankarchitektur besitzen.

Der Versuch, umfangreiche Data Warehouses mit komplexen Auswertungsmöglichkeiten aufzubauen, die praktisch alle möglichen Daten konsistent in einer physischen Datenbank beinhalten, ist bislang noch nicht erfolgreich umgesetzt worden – wenigstens nicht dort, wo über signifikante Datenmengen und -strukturen gesprochen wird. Logische Data-Warehouse-Strukturen, d.h. das Vorhalten der Daten in verschiedenen Datenbanken (Geschäftsdatenbank, Marktdatenbank, Kontrahentendatenbank), die untereinander in logisch konsistenter Struktur alle Daten bereitstellen, erfordern neben einer sorgfältigen Dokumentation der Datenstrukturen einen *Transformations-Dictionary*, der die Kommunikationsfähigkeit zwischen den verschiedenen Datenbanksystemen sicherstellt *(Load-Mapping-Problem)*. Diese scheinbar aufwendigere Struktur sichert allerdings die Realisierbarkeit eines logischen Data Warehouse, da die Einzelkomponenten wesentlich leichter und schneller realisierbar sowie deutlich besser wartbar und erweiterbar sind.

Das durch ein Architekturkonzept zu lösende Hauptproblem liegt darin, die Komplexität der Schnittstellen möglichst weitgehend zu reduzieren und eine Zulieferung der Daten aus den Quellsystemen in hoher Datenqualität sicherzustellen.

Die Anforderungen an die Architektur des Middle Office lassen sich somit wie folgt zusammenfassen:

- Sicherstellung der Datenlieferung in höchster Qualität aus vielfältigen Quellsystemen,
- größtmögliche Flexibilität im Hinblick auf die Anbindung heterogener Systemwelten unter Berücksichtigung der Integration bestehender und neuer Systeme,
- leichte Erweiterbarkeit im Hinblick auf permanente Zusatzanforderungen intern und extern,
- die Ermöglichung komplexer Auswertungen in kurzen Zeitabständen bis hin zur Echtzeitverarbeitung (Zeitnähe),
- ein flexibles Berichtswesen und
- einfache Wartbarkeit durch Minimierung der Schnittstellenvielfalt.

3. Architekturmodell für das Middle Office

Aus funktionalen und architektonischen Anforderungen an ein Middle-Office-System läßt sich ein Architekturkonzept ableiten, ohne das der erfolgreiche Aufbau und Einsatz eines Middle-Office-Systems nicht möglich ist.

3.1 Probleme bei traditionellen Architekturkonzepten

Im traditionellen Architekturverständnis wird die Installation eines Middle Office durch neue Schnittstellen zwischen den Quellsystemen (Front-Office- und Back-Office-Systeme) und dem Middle Office bewerkstelligt. Das Middle Office verfügt schließlich über ebenso viele Schnittstellen, wie es Quellsysteme gibt (Abbildung 4).

Dabei wird das Quellsystem als eine Quasi-Datenbank verstanden, aus der in bestimmten Abständen Daten bzw. Veränderungen abgefragt werden. Das Middle Office richtet Anfragen an die Quellsysteme, die diese Anfrage gegebenenfalls durch Datenlieferung über eine individuelle Schnittstelle beantworten. Dieses Architekturprinzip ist das *Request/Reply-Prinzip*. Häufig ist hierbei der Idealfall eines direkten Abrufs der Daten aus

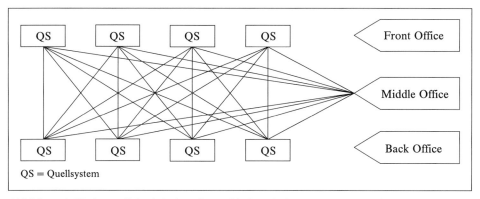

Abbildung 4: Herkömmliche Schnittstellenarchitektur in heterogener Systemlandschaft

dem Quellsystem gar nicht möglich. Die Daten werden nur zu bestimmten Zeitpunkten aus dem Quellsystem exportiert und liegen dann als Datei vor, die vom Middle Office abgerufen werden kann. Die Architektur ist durch eine hohe Anzahl individueller Schnittstellen zwischen den Quellsystemen und dem Middle Office gekennzeichnet, wobei der letzte Abfrageimpuls vom Middle Office ausgeht.

Dieses Architekturprinzip bestimmt weite Teile heutiger Front-, Back- und Middle-Office-Landschaften in den Banken. Es schafft dabei eine Reihe substantieller Probleme hinsichtlich Erweiterbarkeit, Performance, Effizienz und Wartung. Wesentlichste Schwachstelle einer solchen Architektur ist, daß es prinzipiell gar nicht möglich ist, die jederzeitige Erfassung aller Datenveränderungen in den Quellsystemen sicherzustellen, auch wenn der benutzte Abfragemechanismus eng getaktet ist: Die Quellsysteme haben gleichzeitig auch weitere Schnittstellen (z.B. Handelssystem zur Abwicklung) zu bedienen, was bei einer normalerweise gegebenen hinreichend großen Zahl von Quellsystemen zu Performance-Problemen führt.

Findet eine relevante Änderung der Datenlage zu einem Zeitpunkt statt, der zwischen zwei Abfragezeitpunkten liegt, erhält das Middle Office diese Information erst später, als es möglich gewesen wäre. Damit liegen möglicherweise wesentliche Informationen für die Steuerung des Risikos der Bank erst zu spät vor, um wirksam darauf reagieren zu können. Eine derartige Architektur ist daher selbst theoretisch nicht in der Lage, das Risikomanagement zeitnah, d.h. wenn möglich in Echtzeit, mit den erforderlichen Geschäftsdaten zu versorgen. Für Banken, die in globalen Märkten aktiv handeln, ist eine solche Architektur somit nicht zu empfehlen.

Ein weiteres Kernproblem der traditionellen Request/Reply-Architekturen ist die unzureichende Erweiterbarkeit. In einer Architektur, die dadurch gekennzeichnet ist, daß zwischen jeder Anwendung Schnittstellen bestehen, muß jede neue Anwendung mit allen relevanten bestehenden Anwendungen und dem Middle Office wiederum durch neue Schnittstellen angebunden werden. Daher wächst die Zahl neu zu schaffender Schnittstellen mit jedem weiteren Quellsystem für das Middle Office überproportional an.

Request/Reply-Architekturen sind darüber hinaus auch außerordentlich aufwendig in der Wartung. Die hohe Schnittstellenzahl führt zwangsläufig zu hohen Wartungs- und

Weiterentwicklungsaufwendungen bei Release-Wechseln und Programmänderungen. Eine große Anzahl von internen Mitarbeitern bzw. externe Unterstützung ist vorzuhalten, gerade weil in den Handelsbereichen die hohe Dynamik der Märkte auf die durchschnittliche Nutzungsdauer einer Anwendung signifikante Auswirkungen hat.

3.2 Prinzip bei Publish/Subscribe-Architekturen

Eine grundlegend andere Architekturphilosophie ist das *Publish and Subscribe*. Grundsätzlich geht der Impuls für die Veränderung des Risikos der Bank vom Handel und von den Märkten aus. Der Anstoß für eine solche Risikoänderung erfolgt z.B. durch die Erzeugung eines Geschäftsvorfalls in einem Handelssystem. Angestoßen durch ein solches Ereignis sind die Daten des Geschäfts an die weiteren Systeme und insbesondere die Back- und Middle-Office-Systeme zu verteilen. Dieser ereignisgesteuerte Ablauf wird durch Publish/Subscribe-Architekturen unterstützt. Das Gestaltungsprinzip einer solchen Architektur ist das Grundverständnis der Quellsysteme als beständige Datenlieferanten *(Publisher)* und des Middle Office als Meldesystem, das auf Veränderungsmeldungen der Quellsysteme reagiert *(Subscriber)*. Der Kommunikationsablauf der Systeme (Quellsysteme, Middle Office) wird durch das Publish/Subscribe-Prinzip umgekehrt.

Während Publish/Subscribe-Mechanismen bei der Verteilung von Marktdaten heute bereits häufig verwendet werden, ist die Verknüpfung aller Systeme miteinander in einer Publish/Subscribe-Architektur in den meisten Banken noch nicht realisiert. Sowohl die Datenqualität der verfügbaren Informationen als auch die Performance steigen deutlich an, weil die benötigten Informationen nur einmal veröffentlicht werden – im Gegensatz zur üblichen Architektur mit einer Vielzahl direkter Schnittstellen. Damit wird prinzipiell die Belieferung eines Risikomanagementsystems in Echtzeit ermöglicht (Abbildung 5).

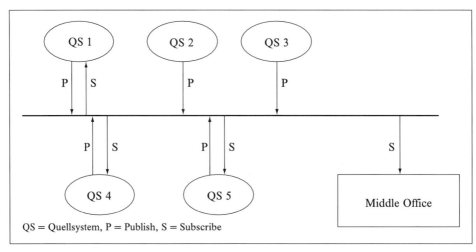

Abbildung 5: Publish/Subscribe-Architektur bei fünf Quellsystemen

Wesentliche Voraussetzung für eine effiziente und flexibel erweiterbare Architektur des Middle Office ist die Anbindung an eine Plattform, die die jederzeitige Verfügbarkeit der kontinuierlich und diskontinuierlich *(Batch Mode)* gelieferten Daten aus den Quellsystemen sicherstellt. Dabei ist qualitativ zu unterscheiden zwischen einer Lieferung von Daten im Modus „Reliable", wie sie z.B. bei der Marktdatenversorgung des Handels vorkommt, und einer garantierten Lieferung *(Guaranteed Delivery)*. Bei der Versorgung der Marktdaten im Handel sind nur die aktuellen Daten wichtig, bei einem kurzzeitigen Ausfall des Empfängers werden alte Daten nicht nachgeliefert. Der Modus „Guaranteed Delivery" sorgt dafür, daß die Daten mit Sicherheit den Empfänger erreichen, und ist für die Versorgung des Middle Office mit Transaktionsdaten aus den Handelssystemen unabdingbar.

Die heute in den Handelsbereichen der Banken überwiegend eingesetzten Handelsplattformen zur Verteilung von Marktinformationen (Kurse, Wechselkurse etc.) und zur Anbindung der Front-Office-Systeme, auch als *Middleware* bezeichnet, erfüllen technisch die Voraussetzungen zum Aufbau einer Architektur, die durch jeweils nur eine Schnittstelle einer Anwendung oder Funktion zu dieser Plattform gekennzeichnet ist.

Leistungsfähige Middleware-Produkte als Plattformen beinhalten auch funktionale Elemente, da sie auf objektorientierter Kommunikationsstruktur basieren. Damit ist prinzipiell die Möglichkeit geschaffen, heterogene Anwendungen ohne Gesamtbankdatenmodell kommunizieren zu lassen. Gerade das Middle Office kann nur erfolgreich gestaltet werden, wenn auch die datentechnische Heterogenität der eingesetzten Quellsysteme nicht aufgelöst werden muß, um die Kommunikation sicherzustellen.

Eine Kommunikationsplattform ist jedoch nicht nur für die Ausrichtung auf die zukünftigen Anforderungen einer möglichen Echtzeitverarbeitung der Positionsdaten im Risikomanagementsystem geeignet, sondern löst auch augenblickliche Probleme bei der Installation eines Risikomanagementsystems: Unter dem Gesichtspunkt einer zeitnahen Bereitstellung der Risikomeßgrößen ist gegenwärtig eine Lieferung der Geschäftsdaten aus den Handelssystemen in Echtzeit gar nicht notwendig, da die Risikomanagementsysteme aufgrund der rechenzeitintensiven Bewertungsmethoden noch nicht in der Lage sind, diese Daten auch in Echtzeit weiterzuverarbeiten. Bei der Konzeption einer Middle-Office-Architektur ist jedoch zu berücksichtigen, daß die Daten aus den Handelssystemen in einer synchronisierten Form vorliegen müssen, d.h. den Handelsbestand zu einem für alle Systeme gleichen Zeitpunkt beschreiben *(Snapshot* des Gesamtbestands). Dies wird aber am einfachsten dadurch erreicht, daß nach einem Erstladen des Bestands die Bestandsfortschreibung in der Datenbank – wenn möglich – eben doch in Echtzeit mittels einer Belieferung im Publish/Subscribe-Verfahren erfolgt. Die Synchronisation der Geschäftsdaten erfolgt dann im Risikomanagementsystem. Damit wird wesentlich zur Entzerrung der Datenlieferung und damit zur Performance-Steigerung beigetragen. Derart praktische Beispiele untermauern die Notwendigkeit eines sinnvollen Middleware-Ansatzes für die Architektur von Handel und handelsnahen Bereichen. An einer schnelleren Verarbeitung der Daten im Middle Office ist permanent zu arbeiten, um optimal auf Änderungen des Markts reagieren zu können *(Intra-Day-Risikomessung)*.

Ein leistungsfähiges Middle Office als Funktion zwischen den etablierten Front- und Back-Office-Einheiten kann nur aufgebaut werden, wenn sowohl die Komplexität in der

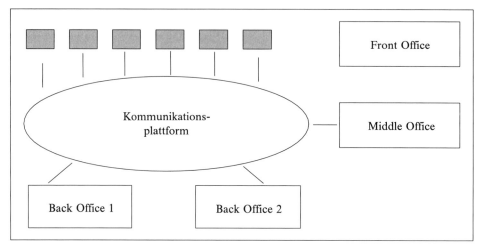

Abbildung 6: Die Kommunikationsplattform im Handelsbereich

Quellsystemarchitektur beherrschbar bleibt als auch technische Probleme gemeistert werden. Dies setzt voraus, daß die Quellsysteme konsequent als Publisher ausgestaltet werden und das Middle Office als Subscriber fungiert, der über eine leistungsfähige (objektorientierte) Schnittstelle an einer Kommunikationsplattform partizipiert.

4. Ausblick

Die Vielfalt der handelbaren Produkte wird in den kommenden Jahren noch deutlich ansteigen. Durch die europäische Vereinigung entstehen neue Märkte, Produkte und Risiken. Die bereits langsam beginnende Verbriefung der Bank-Aktivseite zu handelbaren Papieren wird in den nächsten Jahren eine Fülle von neuen Produkten in den Handelsbereichen generieren. Gerade die Dynamik und Volatilität der Geschäfte bringt beständig die Notwendigkeit mit sich, neue Anwendungen einzubinden oder bestehende zu erneuern. Für die nachgelagerten Funktionen entsteht dadurch die Problematik, mit dieser Veränderungsgeschwindigkeit mithalten zu müssen. Dies gilt in besonderem Maße für die Funktion des Middle Office.

Die Daten- und Informationsbereitstellung für das Risikomanagement der Bank wird in den kommenden Jahren weiter an Bedeutung gewinnen und mit ihr die Notwendigkeit, überzeugende technische Konzepte bereitzustellen. Die traditionelle Sichtweise auf die Architektur eines Middle Office als Datenbanksystem wird ersetzt durch eine plattformbasierte Publish/Subscribe-Architektur, die kaum Restriktionen in Performance und Erweiterbarkeit kennt. Gerade die Leistungsfähigkeit und Flexibilität einer Architektur wird angesichts der schneller werdenden Veränderungen die Funktionsfähigkeit eines Middle Office entscheidend beeinflussen.

Volker Willgosch

IT-Konzepte der Informationslieferanten für Banken

1. Finanzmarktinformationen und ihre Bedeutung für das Bankgeschäft
2. Die Notwendigkeit einer offenen Informationsplattform
3. Funktionale Anforderungen an die Informationsplattform
4. Technische Anforderungen an die Informationsplattform
5. Der „Genossenschaftliche Informations Service" als Fallbeispiel
6. Fazit

1. Finanzmarktinformationen und ihre Bedeutung für das Bankgeschäft

Mit dem Strukturwandel der Finanzmärkte, der mit dem Beginn der 80er Jahre einsetzte, hat sich die Situation der Banken grundlegend verändert. Die neue Rolle spiegelt sich in einem Trend wider, der als *Securitization* bezeichnet wird. Darunter versteht man eine zunehmende Verlagerung von direkt ausgehandelten Bankdarlehen auf verbriefte Forderungen, die auf den internationalen Finanzmärkten gehandelt werden. Die klassische Kreditbank mußte sich dem immer stärker aufkommenden Investment Banking stellen. Mit der Internationalisierung der Finanzmärkte ist auch eine breitere und flexiblere Skala von Finanzinstrumenten sowohl für die Kredit- und Eigenkapitalaufnahme als auch für die Absicherung von Zins-, Währungs- und Kursrisiken einhergegangen. Unterschiedliche Informationsstände über die Finanzmärkte wurden durch eine elektronisch geschaffene Markttransparenz, zu der die Informationslieferanten (Provider) wie Reuters, Dow Jones, Datastream, McGraw Hill etc. wesentlich beigetragen haben, abgebaut und haben damit für eine wesentliche Effizienzsteigerung dieser Märkte gesorgt.

Dieser Strukturwandel ist längst noch nicht abgeschlossen. Mit der zunehmenden Elektronisierung und Vernetzung der Marktteilnehmer werden zukünftig die Eintrittsbarrieren für potentielle Marktteilnehmer auf diesen Finanzmärkten sinken und damit die Rolle der Banken beeinflussen. Der derzeitig sich abzeichnende Strukturwandel in der Bankenbranche wird durch folgende Veränderungen geprägt:

- Die auf der originären Transformationstätigkeit der Bank beruhenden Finanzdienstleistungen werden einen geringeren Ergebnisbeitrag leisten und tendenziell abnehmen.

- Finanzdienstleistungen, die mit intensiver individueller Beratung verbunden sind und zu bedarfsgerechten Problemlösungen führen, werden einen höheren Ergebnisbeitrag leisten und tendenziell zunehmen.

- Finanzdienstleistungen, die Handelstätigkeiten und Risikomanagement an den Finanzmärkten darstellen, werden einen höheren Ergebnisbeitrag bringen.

Die Internationalisierung der Finanzmärkte, die Vielzahl der Finanzinstrumente, die wachsende Markttransparenz, die zunehmende Vernetzung der Marktteilnehmer und die Steuerung der aus diesen Geschäften resultierenden Risiken, sind Parameter, die nur eine Dimension der Anforderungen an die Informationstechnologie der auf diesen Märkten agierenden Banken definieren. Eine weitere Dimension ist die Ausprägung der Positionierung als Risikointermediär sowie die Ausprägung des Investment Banking einer Bank.

Das Investment Banking eines Kreditinstituts in Abhängigkeit von der strategischen Kundenorientierung ist über das Leistungsspektrum Finanzberatung, Unternehmens- und Marktanalysen, Emission von Wertpapieren, Spezial- und Projektfinanzierungen, Erwerb und Verkauf von Unternehmen und Unternehmensteilen, Wertpapierhandel, Wertpapiervertrieb und Vermögensverwaltung zu definieren. Im Rahmen des Firmenkundengeschäfts wird das Leistungsspektrum des Investment Banking umfassender ausgeschöpft als im Privatkundengeschäft. Die systemtechnische Unterstützung eines Kreditinstituts, in dem das klassische Wertpapiergeschäft im Privatkundensegment dominiert, wird anders dimensioniert sein als für das Investment Banking im Firmenkundenbereich.

Zusätzlich haben die Technologieentwicklungen in hohem Maße zur Vervollkommnung der Produkte sowie der Finanzmärkte geführt. Kostengünstige Telekommunikationssysteme haben entscheidend dazu beigetragen, daß die geographische Distanz zwischen den Marktteilnehmern weltweit abgenommen hat und Finanzmärkte entstanden sind, die die Bezeichnung global verdienen. Eines der wichtigsten Ergebnisse dieses technologischen Fortschritts ist die merkliche Erhöhung der Effizienz bei der Verbreitung und Auswertung der Informationen sowohl im Kassa- als auch im Terminsektor der Finanzmärkte. Sie verleihen dem Handel mehr Volumen und Tiefe. Diese Leistungssteigerung ermutigt die Banken, Märkte für weitere neue Instrumente zu schaffen. Diejenigen, die Innovationen bereitstellen, finden dadurch oftmals den direkten oder indirekten Zugang zum Endverbraucher, der sich früher mit separaten Märkten begnügen mußte.

Die Fähigkeit sämtlicher Marktteilnehmer, sich in allen Ländern der Erde Informationen über wirtschaftliche und politische Ereignisse zu beschaffen, hat zur Veränderung einer der Randfunktionen der Märkte geführt. Früher, als Informationen noch langsamer verbreitet wurden, fand der Austausch vornehmlich über Handelsorganisationen statt, die sich im Zentrum der Märkte, insbesondere der Kassamärkte, befanden. Sie hatten sich auf die Auswertung der Informationen für ihre Kunden spezialisiert. Inzwischen ist ihnen die Steuerung dieser Prozesse weitgehend aus der Hand genommen worden. Eine Reihe von Finanzunternehmen, Handelsorganisationen und einzelnen Investoren außerhalb des Kernbereichs der Märkte verfügt inzwischen sowohl über die gleichen Möglichkeiten, sich nach Belieben Zugang zu aktuellen Informationen zu beschaffen, als auch über die Fähigkeit, diese auszuwerten. Heute verfügt ein Vermögensberater einer Bank im Westerwald mit Unterstützung dieser Informationssysteme über eine Marktnähe, die es ihm ermöglicht, für seine Kunden die gleichen Marktchancen zu nutzen, als säße er vor Ort in der New Yorker Börse.

Der Informationsbedarf und die Auswertungsmöglichkeiten dieser Informationen sollen hier nicht weiter vertieft werden. Vielmehr werden im folgenden die Besonderheiten dieser Finanzmärkte und die damit verbundenen generellen funktionalen und technischen Anforderungen an die Informationsverarbeitung näher betrachtet.

2. Die Notwendigkeit einer offenen Informationsplattform

Die Informationsbreite, d.h. Märkte, Produkte, Unternehmen, Branchen, gesamtwirtschaftliche Informationen, Nachrichten etc., und die Informationstiefe, d.h. Historie einer Zeitreihe, Umfang der Kursinformationen etc., sind von unterschiedlichen Faktoren abhängig: Zum einen von der Ausprägung des Investment Banking für das Firmen- und Privatkundengeschäft und zum anderen von den spezifischen Anforderungen des jeweiligen Prozeßschritts in der gesamten Prozeßkette (Abbildung 1).

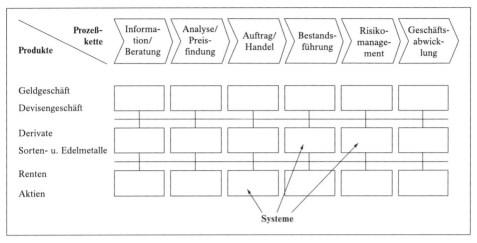

Abbildung 1: Produkte, Prozeßkette und Systeme

Die Finanzberatung im Firmenkundengeschäft und die Vermögensberatung im Privatkundengeschäft benötigen ein auf die jeweilige Zielgruppe spezialisiertes Informationsmanagement. Der Informationsbedarf kann nur durch eine Vielzahl von Informationslieferanten abgedeckt werden (Reuters, Telerate, DRI, Datastream, VWD, Telekurs etc.), die sowohl in der Informationsbreite als auch in der Informationstiefe unterschiedliche Datenqualitäten anbieten. Die Notwendigkeit, mehrere Informationsprovider zu integrieren, begründet die *Multiproviderfähigkeit* der technischen Informationsplattform des Investment Banking.

Neben der Integration dieser externen Informationsquellen ist die spezielle Verknüpfung dieser Informationen mit bankinternen Produkt- und Kundeninformationen notwendig. Portfolio-, Asset-, und Risikomanagement haben spezielle fachliche Anforderungen an die Veredelung und Verarbeitung dieser Informationen. Will man den Schnittstellenaufwand reduzieren und Dateneinkaufskosten optimieren, ist die Anforderung einer Standardschnittstelle für die unterschiedlichsten Informationsprovider für die nachgelagerten Systeme zu stellen. Die Einführung einer providerunabhängigen Informationsplattform zur Integration von unterschiedlichen Informations- und Analysesystemen als auch die Integration in die den Geschäftsprozeß unterstützenden, nachgelagerten Systeme kann folgende Teilziele realisieren helfen:

- Degression der Informationseinkaufskosten durch die Vernetzung und Weiterverarbeitung der Daten,
- Reduktion der System- und Schnittstellenvielfalt durch die Einführung einer Standardschnittstelle,

- dynamische Ausbaubarkeit der Infrastruktur,
- Nutzung von Standardsoftware,
- Unabhängigkeit von Hardware und Informationslieferanten,
- Möglichkeit zum Kosten-/Nutzencontrolling,
- integrierter Einsatz zentral gesteuerter Analysemethoden sowie die
- Geschäftsprozeßintegration.

3. Funktionale Anforderungen an die Informationsplattform

Eine Informationsplattform hat spezielle Anforderungen zu erfüllen, damit eine qualitativ hochwertige Informationsverteilung, Aufbereitung und Weiterverarbeitung stattfinden kann:

Übersichtliche Seitendarstellung (Compliant Page Display)

Die relevanten Datenströme der jeweiligen Informationslieferanten sollen übersichtlich dargestellt werden. Dabei müssen die unterschiedlichen Datensätze der Informationslieferanten in einem Standardformat aufbereitet werden.

Datenzugriff (Data Retrieval)

Darunter wird der einfache Zugriff auf alle auf dem Netz verfügbaren Informationen durch ein von der Plattformsoftware unabhängiges Data-Retrieval-System verstanden. Eine benutzerfreundliche Abfrage von Daten muß ohne Nachschlagen oder Merken von obskuren Codes oder Mnemonics möglich sein. Hierfür bietet sich z.B. eine Benutzerführung mit Hilfe einer Hierarchie von Auswahlgruppen bis hin zu einzelnen Datenelementen an. Die Abfrage muß einheitlich, d.h. unabhängig vom Datenlieferanten, möglich sein. Abgerufene Daten sind automatisch im richtigen Format darzustellen, d.h. bei Abruf einer numerischen Information wird automatisch die richtige Maske für die Darstellung dieser Information ausgewählt, bei Abruf einer verbalen Nachricht wird die Darstellung als Textseite gewählt, und bei Abruf einer historischen Zeitreihe wird die grafische Darstellung gewählt. Ein Verketten *(Chaining)* von z.B. Derivaten auf ein bestimmtes Underlying ermöglicht dem Händler, beliebige Zusammenhänge schnell herzustellen. Der Abruf der lieferbaren Anleihen zu einem beliebigen Bond Future ist ein Anwendungsbeispiel, das die beliebige Verknüpfung von Informationen notwendig macht. Die Vielzahl der unterschiedlichen Informationslieferanten, das Datenvolumen und die Dynamik der Finanzmärkte, die neue Finanzprodukte und neue Preise sofort generieren, stellen hohe Anforderungen an das Data-Retrieval-System.

Zerlegung von Informationsseiten (Page Shredder)

Um die Übernahme von seitenbasierten Informationen in andere Applikationen zu ermöglichen, muß der Page Shredder Ausschnitte von Seiten sowohl nach Standardregeln als auch nach vom Anwender speziell definierten Regeln in einzelne Datenelemente zerlegen können. Eine flexible Anpassung dieser Regeln durch den Benutzer ist hierbei unverzichtbar. Daher muß der Benutzer

- eigene Zerlegungsregeln definieren und speichern können,
- Standardzerlegungsregeln ändern können, ohne sie zu überschreiben, sowie
- die Zerlegungsregeln für jede Zeile oder Spalte einer zu ändernden Seite anpassen können.

Verknüpfung von Seiten (Composite Page Display)

Informationen jeglicher Herkunft müssen in einfacher Weise durch den Anwender in beliebiger Form auf *Composite Pages* integrierbar sein. Es darf hierbei keine Rolle spielen, ob diese Informationen aus externen Datenströmen, aus Datenbanken, aus Server-Applikationen oder aus lokalen Applikationen stammen. Auch Grafiken müssen integrierbar sein.

Nachrichten (News)

Die von den Märkten, der Politik, den Unternehmen etc. generierten Ereignisse werden von den Redakteuren dieser Welt aufbereitet und über die unterschiedlichsten elektronischen Medien zur Verfügung gestellt. Der Informationstyp Nachrichten stellt folgende besondere Anforderungen:

- Abfragemöglichkeit für alle aktuell hereingekommenen Nachrichtenüberschriften *(News Headlines)* von allen verfügbaren Nachrichtenquellen (extern und intern),
- Zugriff auf die komplette Nachricht per Knopfdruck/Mausklick,
- bei Bezug auf bestimmte Instrumente muß die Anzeige des jeweilgen Instuments per Knopfdruck/Mausklick möglich sein,
- Abfrage der Nachrichten nach beliebigen Suchkriterien usw.

Zeitliche Anforderungen

Alle hereinkommenden Informationen sind sowohl sofort *(Real Time)* als auch definiert verzögert *(delayed)* anzuzeigen, um gegebenenfalls Börsengebühren einzusparen. Zur Gewährleistung der zeitgleichen Darstellung von Real-Time-Daten ist die Verzögerung durch das physische Netz auf ein nicht wahrnehmbares Maß zu beschränken.

Einrichten von Limiten und Alarmsignalen (Limit Minding and Alerts)

Um dem Benutzer die ständige Überwachung der vielfältigen Marktereignisse und der individuellen technischen bzw. quantitativen Analysen zu vereinfachen, ist ein umfangreiches Limit Minding und Alert System notwendig. Folgende Funktionalitäten sind gefordert:

- Limits können auf ein beliebiges Datenelement gesetzt werden.
- Die Eingabe von Formeln ist möglich.
- Die Formeln dürfen sich auf mehrere Datenelemente beziehen.
- Jedes Limit darf aus einer Kombination mehrerer Ungleichungen und Gleichungen bestehen, die auf bestimmte Zeitabschnitte beschränkt werden können.

- Mit jedem Limit können benutzerdefinierte Alerts verbunden werden (z.B. einfaches akustisches Signal, farbliche Unterlegung des überwachten Datenfelds, sofern es auf dem Monitor sichtbar ist, Meldung in Alert Box, Meldung in Message Line etc.).
- Durch die Limits werden benutzerdefinerte Handlungen (Actions) ausgelöst (z.B. Absenden einer Nachricht an Händler XY, Berechnung neuer Optionspreise, Übernahme bestimmter Kurse in die Datenbank etc.).
- Mit jedem Limit können mehrere Actions und Alerts verbunden werden.
- Zur Handhabung der Limits ist ein geeignetes Limit-Management-System aufzubauen. Es muß alle definierten Limits bzw. Alerts/Actions anzeigen können, die Änderung, die Löschung und den Ausdruck von Limits bzw. Alerts/Actions ermöglichen usw.

Die elektronische Marktbeobachtung sowie die elektronische Unterstützung der Kauf- bzw. Verkaufsentscheidung werden durch eine geeignete Informationsplattform automatisch unterstützt und sind Werkzeuge, die eine zuverlässige, schnelle und umfassende Marktbearbeitung erst ermöglichen.

Historische Datenbank

Sowohl für die technischen bzw. quantitativen Analysemethoden der handelsunterstützenden Entscheidungsprozesse als auch für die Handelskontrolle (z.B. Kursverläufe für die Überwachung von Kurssprüngen) und das Controlling (z.B. für die Berechnung von Kennzahlen für die Bewertung der Marktrisiken) sind Datenbanken mit historischen Zeitreihen aufzubauen und zu pflegen. Zum Zwecke technischer und quantitativer Analysen muß ein Real-Time-Update mit Daten jeglicher Herkunft (z.B. externer Datenstrom, Real-Time-Spreadsheets, Technical Analysis Applications, selbstentwickelte Applikationen) sowie ein Real-Time-Zugriff gewährleistet sein. Beim Abruf der Daten darf nicht zwischen historischen Daten und auf dem Netz vorgehaltenen Real-Time-Daten unterschieden werden. Zum Beispiel wird eine historische Zeitreihe automatisch mit dem aktuellen Kurs fortgeschrieben. Besondere Beachtung ist der Datenqualität zu widmen. Aktiensplits, Kapitalveränderungen, Dividendenzahlungen etc. sind Ereignisse, die die Bereinigung der jeweiligen historischen Zeitreihe notwendig machen.

Chartanalyse und technische Analyse (Charting, Technical Analysis)

Im Zusammenhang mit den zahllosen Möglichkeiten der für Analysezwecke notwendigen Berechnungen werden nur einige Anwendungsbeispiele genannt, die die Dimension der Beanspruchung von Systemressourcen verdeutlichen soll:

- Real-Time-Auswertungen der historischen Datenbank,
- Real-Time-Datenimport und -export von bzw. zu anderen Applikationen,
- Berechnung aller gängigen technischen Indikatoren,
- Eingabe benutzerdefinierter Formeln für technische Indikatoren,
- statistische Auswertungen und
- die Einbindung eigener Programmroutinen zur Implementierung eigener Indikatoren bzw. statistischer Verfahren.

Verteilung (Contribution)

Unter einer Real-Time-Contribution wird die automatische, gleichzeitige Verteilung von Real-Time-Daten aus der bankinternen Informationsplattform in die elektronischen Märkte (Börsen, Reuters, Bloomberg, Telerate, VWD, Internet, T-Online, Handy-Banking etc.) verstanden. Funktionale Anforderungen sind z.B. Kontrollmöglichkeit über das derzeitige Layout der eigenen Contributor Pages und Möglichkeiten, Filter einzusetzen, falls der für das Contributing bestimmte Datenfluß nicht mehr bewältigt werden kann (z.B. die Möglichkeit, ein Update auf Minutenabstände zu begrenzen bzw. Prioritätensteuerungen vorzunehmen.).

Zugangsberechtigungen (Permissions, Accounting)

Für die Vergabe von individuellen Nutzerberechtigungen und die Berechnung individueller Nutzungskosten (Providerkosten, Börsengebühren etc.) ist in die Informationsplattform ein Permission- und Accountingsystem (PAS) zu integrieren. Das PAS muß in den börsenbezogenen Diensten den Anforderungen der Börsen und Datenlieferanten entsprechen. Darüber hinaus erstellt das PAS Statistiken, die Auswertungen über die datenbezogene Auslastung der Informationsplattform ermöglichen. Das PAS muß folgende Funktionen erfüllen:

- *Verwaltung von Informationsobjekten:* Informationsobjekte (Kurse, Preise, Indizes, Real-Time-Seiten, Nachrichtenkategorien, Host-Zugriffe etc.) sind die kleinste zugreifbare Informationseinheit. Informationsobjekten sind Berechtigungsattribute (z.B. Börsenplätze, Berechtigungscode, Datenlieferant etc.) zuzuordnen. Diese Zuordnung stellt die Basis zur Berechtigungssteuerung und zur leistungsbezogenen Umlage der Kosten auf die Anwender der Informationsplattform dar. Die Zuordnung von Berechtigungsattributen zu Informationsobjekten sollte frei definierbar sein.

- *Verwaltung von Dienstleistungsbausteinen:* Dienstleistungsbausteine fassen Informationsobjekte zu größeren Service-Einheiten zusammen. Hat ein Benutzer Zugriffsberechtigung auf einen Dienstleistungsbaustein, kann er alle enthaltenen Informationsobjekte nutzen. Die Zuordnung von Informationsobjekten zu Dienstleistungsbausteinen muß frei definierbar sein. Die Dienstleistungsbausteine sind mit frei definierbaren Kostenfaktoren verknüpft, um eine leistungsbezogene Abrechnung zu ermöglichen.

- *Verwaltung von Benutzerprofilen:* Benutzerprofile definieren die dem Benutzer individuell verfügbaren Dienstleistungsbausteine. Die in den Benutzerprofilen definierten Dienstleistungsbausteine dienen als Filter und erzeugen somit den zur Verfügung gestellten Leistungsumfang auf den Arbeitsplatzsystemen (APS).

- *Lokale Wirksamkeit von Benutzerprofilen:* Das Benutzerprofil sollte anhand der Identifikation des Benutzers durch Log-in mit Paßwort lokal auf den Arbeitsplatzsystemen den Zugang zu den Diensten der Informationsplattform regeln. Dieses Konzept verhindert Systemlasten, die durch den Versuch des Zugriffs auf nicht berechtigte Dienste entstehen würden.

- *Verwaltung benutzereigener Informationsobjekte:* Informationsobjekte, die von den Benutzern mit Hilfe analytischer Werkzeuge erstellt wurden, können systemweit zur Verfügung gestellt werden. Der Zugriff auf diese Informationsobjekte (Freigabe an einzelne Benutzer, an Gruppen oder freier Zugriff) sollte durch den Inhaber der Information selbst bestimmt werden. Das PAS hat hierzu eine einfach zu handhabende Applikation bereitzustellen.

- *Anwendungsprogrammschnittstelle (Application Program Interface)*

Die Erweiterbarkeit der Informationsplattform ist durch ein Application Program Interface (API) zu gewährleisten. Das API soll die Erstellung bankeigener Anwendungen sowie die Bereitstellung von Informationsobjekten aus der Informationsplattform zum Austausch mit externen Systemen unterstützen. Das API stellt Objektbibliotheken bzw. Dynamic Link Libraries (DLLs) zur Verfügung, die z.B. über ANSI-C-Funktionsaufrufe Eigenentwicklungen auf einer höheren Ebene ermöglichen. So ist es einem durchschnittlich erfahrenen C-Programmierer auf diese Weise möglich, Systemressourcen der Informationsplattform in seinen Programmen einzusetzen, ohne auf komplexe, systemnahe Schnittstellen angewiesen zu sein. Darüber hinaus sollte das API Schnittstellen zu SQL- und objektorientierten Datenbanken sowie Schnittstellen zum lokalen Datenaustausch (z.B. DDE), mit Anbindung an alle verfügbaren Applikationen der Informationsplattform, anbieten. Zur Vereinfachung der Entwicklung eigener Applikationen sollte ein auf das API abgestimmtes CASE-Tool bereitgestellt werden.

4. Technische Anforderungen an die Informationsplattform

Ziel der Einführung einer Informationsplattform ist die Schaffung einer einheitlichen, offenen technischen Infrastruktur für die speziellen Anforderungen des Investment Banking. Die Integration der Vielzahl an Informations- und Analysesystemen als auch die Anbindung der Handels- und Abwicklungssysteme definieren die technischen Anforderungen.[1]

Bei der Erfassung aller innerhalb der Bank existierenden Systeme und Schnittstellen im Investment Banking unter besonderer Berücksichtigung der Netzwerkkomponenten, Betriebssysteme, Datenbanken, Kommunikationsmethoden, Kommunikationsprotokolle sowie der Mengengerüste und der Applikationslandschaft wird in der Regel eine extrem heterogene Systemlandschaft festzustellen sein, die in den 80er Jahren mit dem Ausbau des Investment Banking geschäftsgetrieben (nicht technologiegetrieben) zusammengekauft wurde. Nicht selten wurden 40 unterschiedliche Anwendungen auf etwa acht verschiedenen Hardware- und Betriebssystemen alleine in den reinen Handelsbereichen des Investment Banking eingesetzt. Die Bereinigung dieser historisch gewachsenen, wilden

---

[1] Vgl. auch Leclerc, M. und Krönung, H.-D. (Beiträge in diesem Buch).

Systemlandschaft setzt die Definition und konsequente Umsetzung von Standards voraus. Ein Standard definiert einen Vorschlag zur Vereinheitlichung einer oder mehrerer Systemkomponenten, das Zusammenspiel zwischen einzelnen Systemkomponenten und eine abgestimmte Vorgehensweise zur Umsetzung dieser Standards. Diese müssen auf die jeweilige bestehende Systemlandschaft und die beabsichtigte Migration auf eine zukünftige Anwendungsarchitektur der Bank zugeschnitten sein (Abbildung 2).

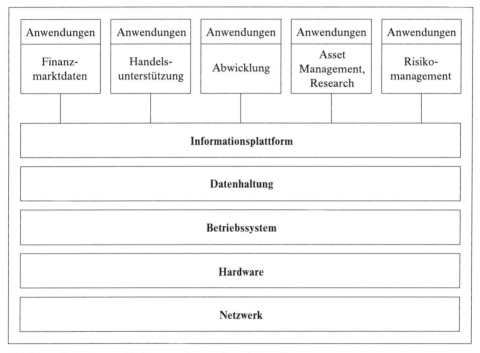

Abbildung 2: Systemarchitektur zur Anwendungsintegration

Sind die zukünftige Anwendungsarchitektur, die Systemstandards und der Migrationsprozeß definiert, muß rechtzeitig das Netzwerk-, System- und Applikationsmanagement konzipiert werden. Der möglichst reibungslose Betrieb von heterogenen Rechnerumgebungen innerhalb einer Bank, und bei den extremen Verfügbarkeitsanforderungen insbesondere im Investment Banking, erfordert einen integrierten Ansatz von Netzwerk-, System- und Applikationsmanagement. Das Zusammenspiel der Vielzahl der heterogenen Systemkomponenten macht ein vertikales Systemmanagement notwendig.

Der integrierte Ansatz betrachtet das Systemmanagement und das Netzwerkmanagement nicht als voneinander getrennte Disziplinen. Das vertikale, gesamthafte Systemmanagement ist die Summe aller Verfahren und Produkte zur Planung, Konfiguration, Steuerung und Überwachung, Fehlerbehebung sowie Verwaltung von Rechnernetzen und verteilten Systemen mit benutzerfreundlicher und wirtschaftlicher Unterstützung der Betreiber und Nutzer bei ihrer Arbeit. Dazu zählen folgende Aufgabenstellungen:

- *Configuration Management:* Schnelles Ändern von Konfigurationen, kostengünstiges (möglichst zentral initiiertes) Implementieren neuer Software-Releases, einfacher Standortwechsel von Endgeräten.
- *Fault Management:* Reduzieren von Ausfallhäufigkeiten, schnelles Auffinden und Beheben von Fehlern, schnelles Herstellen von Alternativverbindungen.
- *Performance Management:* Messung der Belastung einzelner Komponenten und Systeme, Vermeidung von Broadcast-Stürmen (d.h. plötzliches, durch die volatilen Finanzmärkte verursachtes Wachstum der Datenströme) und zeitliches Staffeln des Datenflusses.
- *Accounting Management:* Automatisierte Zuordnung und Abrechnung von Benutzungskosten, Erstellung von Finanz- und Planungsunterlagen bei Erweiterungsbudgets.
- *Security Management:* Zuteilung und Änderung von Zugriffsberechtigungen, Vermeidung von Schäden bei Mißbrauch.

Sind diese grundsätzlichen infrastrukturellen Voraussetzungen geschaffen, die sich im Investment Banking aufgrund der speziellen Anforderungen von der klassischen Banktechnologie unterscheiden, ist die Auswahl und Implementierung der eigentlichen Informationsplattform vorzunehmen. Diese Informationsplattform sollte auf dem „Bus-Konzept" basieren. Ziele dieses Konzepts sind die Reduktion der Schnittstellenzahl, die Optimierung der Systemintegration durch Verwendung einer einheitlichen und objektorientierten Schnittstelle und die Unabhängigkeit von den Systemkomponenten (Hardware, Netze, Betriebssysteme, Datenbanken und Kommunikationsmodelle).

Die Funktionalität dieser Standardschnittstelle der Informationsplattform ist für die schnelle und kostengünstige Integration bestehender und zukünftiger Applikationen, die noch keine Schnittstelle zur Informationsplattform haben, und die Entwicklung bankeigener Applikationen von entscheidender Bedeutung. Bewertungskriterien für diese Standardschnittstelle sind:

- Funktionalität (Lesen von Real-Time-Daten, automatisches Updating, Publizieren von Objekten, Permissioning und Accounting, SQL-Schnittstelle),
- Durchsatz/Performance sowie
- Benutzerfreundlichkeit.

Die grundsätzlichen, die Systemarchitektur definierenden Anforderungen des Investment Banking erfordern den Einsatz moderner Technologien, die mit den klassischen, ausschließlich transaktions- und batchorientierten Systemen nicht realisiert worden sind. Dazu zählen folgende drei Anforderungen:

- In jeder Sekunde müssen alle Marktteilnehmer gleichzeitig erreichbar sein. Das erfordert ein anderes Kommunikationsmodell, das *Broadcast-Verfahren*.
- Die volatilen Finanzmärkte generieren nicht planbare, plötzliche Anforderungen an die Systemressourcen, die unter den hohen Verfügbarkeits- und Performanceanforderungen skalierbare, performante und hoch verfügbare Systeme erfordern.

- Die Produktvielfalt und die komplexen bankfachlichen Anforderungen des Investment Banking (Handel, Risikomanagement, Limitsteuerung, Portfoliomanagement, Asset-Management, Research etc.) machen *verteilte Systeme* notwendig.

Allein diese speziellen Systemanforderungen erfordern eine IT-Architektur, die nur mit dafür geeigneter *Middleware-Technologie* realisierbar ist.

5. Der „Genossenschaftliche Informations Service" als Fallbeispiel

Mit den wachsenden Anforderungen des Investment Banking für das Firmenkunden- und Privatkundengeschäft und der damit einhergehenden Notwendigkeit, die unterschiedlichsten Informationslieferanten mit den geeigneten Finanzmarktdaten in die Geschäftsprozesse und die Systemlandschaft zu integrieren, mußte für den genossenschaftlichen FinanzVerbund die entsprechende technologische Kompetenz aufgebaut werden. Der genossenschaftliche FinanzVerbund mit etwa 2500 Volksbanken und Raiffeisenbanken, der DG Bank und den Zentralbanken, den Spar- und Darlehenskassen und der Deutschen Verkehrsbank, der R+V Versicherung, der Bausparkasse Schwäbisch Hall und vielen weiteren genossenschaftlichen Spezialdienstleistern in dieser Branche hat Ende der 80er Jahre mit dem Genossenschaftlichen Informations Service (GIS) ein zentrales Systemhaus gegründet, das u.a. diese spezielle technologische Aufgabenstellung, der Integration der unterschiedlichsten Quellen der Finanzmarktdaten für den genossenschaftlichen FinanzVerbund, wahrnimmt.

Das GIS-Zentralsystem integriert heute ungefähr zehn unterschiedliche Informationslieferanten. Diese Finanzmarktdaten werden für den Handel und die Handelskontrolle, die Kundenberatung, das Research und Asset Management, das Portfoliomanagement, das Risikomanagement/Controlling gesammelt, veredelt, aufbereitet, qualitätsgesichert, verteilt und in die entsprechenden Systeme integriert. Diese Systeme werden von der GIS entwickelt und betrieben. Auf Basis einer speziellen Middleware-Technologie werden die unterschiedlichsten Hardware- und Betriebssystemplattformen und Datenbanken integriert. Die bereits beschriebenen technologischen Anforderungen haben für die Kommunikation in der Fläche ein satellitenbasiertes Netzwerk notwendig gemacht, das aufgrund der Skalierbarkeit und der entsprechenden Bandbreiten auch für multimediale Dienste geeignet ist.

Abbildung 3 zeigt den integrierten Beraterplatz im lokalen Netzwerk der Bank vor Ort, der die Beratungskomponenten Informationen über die Finanzmärkte (I), Kundendepots (B) und Geschäftsabschluß (D) beinhaltet. Der für diese Komponenten benötigte Datenhaushalt wird im lokalen GIS-Server durch die Informationsdatenbank (IDB2), die historische Datenbank (HDB2) und die Beratungsdatenbank (BDB2) mit den Kundendepots vorgehalten. Diese dezentralen Datenbanken werden aus den zentralen Datenbeständen (IDB1, HDB1, BDB1) der GIS-Informationsplattform versorgt. Die Zu-

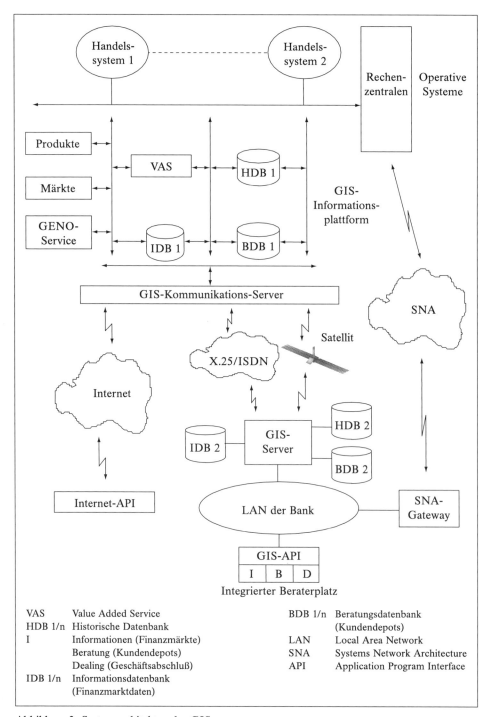

Abbildung 3: Systemarchitektur der GIS

führung der Datenströme mit den Informationen aus den externen Finanzmärkten findet in der GIS-Informationsplattform sowohl für den integrierten Beraterplatz für das Wertpapiergeschäft im Privatkundensegment statt als auch für die Versorgung der zentralen Handelsräume. Der zentral eingespeiste GENO-Service ermöglicht den genossenschaftlichen Finanzdienstleistern, Produkte über das GIS-System zu vermarkten. Damit werden die Produkte der externen Finanzmärkte und die internen Produkte des genossenschaftlichen FinanzVerbunds verknüpft und in die jeweiligen Beratersysteme integriert. Diese Informationen können sowohl über das Internet als auch über das satellitenbasierte Intranet der GIS verteilt werden.

6. Fazit

Mit der wachsenden Bedeutung des Investment Banking für das Firmen- und Privatkundengeschäft ist die elektronische Vernetzung mit den weltweiten Finanzmärkten zwingend notwendig geworden. Die spezielle Ausprägung des Investment Banking des jeweiligen Finanzdienstleisters in Abhängigkeit von der jeweiligen Unternehmensstrategie erfordert individuelle Systemlösungen, die zwar auf technologischen Standards aufsetzen und auch Standardsoftware integrieren, aber aufgrund der speziellen bankfachlichen und systemtechnischen Voraussetzungen der jeweiligen Finanzdienstleister individuell zu entwerfen, konfigurieren, entwickeln, integrieren und migrieren sind. Ein einzelner Informationslieferant kann die Anforderungen eines Finanzdienstleisters an die Informationsbreite und Informationstiefe im Investment Banking nicht abdecken. Waren die Informationsprovider in der Vergangenheit bestrebt, Gesamtlösungen (Daten, Software und manchmal sogar spezielle Hardware und Netze) anzubieten, die nur aufwendig oder gar nicht integrierbar waren, sind sie jetzt gefordert, offene Datenschnittstellen zur individuellen Integration anzubieten. Die in der Vergangenheit tendenziell monopolistischen Verhaltensweisen der Informationslieferanten nimmt mit der wachsenden Fähigkeit der Finanzdienstleister, diese speziellen Technologien zu beherrschen, ab. Die Finanzdienstleister selber sind zu Informationssammlern und Informationslieferanten geworden, die in dem von ihnen in der jeweiligen Ausprägung betriebenen Investment Banking den Anforderungen ihrer Klientel gerecht werden müssen. Die Informationsqualität ist zu einem entscheidenden Wettbewerbsfaktor für die Finanzdienstleister geworden – sie ist wesentlich von der jeweils eigenen technologischen Kompetenz abhängig.

V. Informatik in der Banksteuerung

André Steiner

Data Warehouse und Data Mining

1. Notwendigkeit für kundenbezogene Datenanalysen in Banken
2. Data Warehouse und Data Mining
   2.1 Zweck eines Data Warehouse
   2.2 Funktionsweise eines Data Warehouse
   2.3 Nutzung von Data Mining
3. Einsatz von Data Warehouse und Data Mining am Beispiel des Kundenbindungsmanagements
   3.1 Aufbau eines Frühwarnsystems zur Kundenbindung
      3.1.1 Ausgangssituation
      3.1.2 Vorgehensweise
      3.1.3 Überprüfung
   3.2 Rahmenbedingungen für erfolgreiche Kundenbindungsmaßnahmen
4. Zusammenfassung
Literaturhinweis

1. Notwendigkeit für kundenbezogene Datenanalysen in Banken

Die Rahmenbedingungen, wie die Banken ihre Produkte den Kunden anbieten, haben sich in den letzten Jahren dramatisch verändert.[1] Neue Konzepte wie *Life Time Value*, *Customer Retention* sowie *Acquisition Costing* sind Teil des sich mehr und mehr etablierenden Kundenbeziehungsmanagements.[2] Um diese Konzepte in den Banken operativ umzusetzen, bedarf es neuer Technologien und Denkmuster, in die investiert werden muß. Der Weg in Richtung der Einführung einer Wissensdatenbank *(Data Warehouse)* ist elementarer Bestandteil des Kundenbeziehungsmanagements, das die Art und Weise, wie das Bankgeschäft betrieben wird, für immer ändern wird.

Die Banken möchten die richtigen Kunden auswählen, um sie besser zu bedienen, zu halten und zu entwickeln. Sie möchten die Präferenzen der Kunden verstehen, ihre Profitabilität erhöhen und die richtige Mailing-Ansprache für das neue Produkt finden. Aber die Informationen, um dementsprechend zu handeln, haben die Banken zunächst nicht. Denn obwohl die dafür notwendigen Rohdaten meist vorhanden sind, liegen sie auf unterschiedlichen Systemen, in unterschiedlichen Formaten sowie auf unterschiedlichen Rechnern, die zudem oft noch geographisch verteilt sind. Daraus ergibt sich das Bedürfnis, die Daten zu konsolidieren, um sie in entscheidungsrelevante Informationen umzusetzen. Diese Vorgehensweise, die verknüpft ist mit einem neuen konzeptionellen Ansatz und dafür entwickelter Technologie und Methoden, wird uns mit dem Begriff Data Warehouse seit einigen Jahren aus den USA nähergebracht. Bevor die Bankinstitute mit dieser Vorgehensweise beginnen sollten, muß ein demonstrierbarer Nutzen erarbeitet werden, z.B. im Rahmen eines *Business Case*. Damit ist ein Fundament geschaffen, um eine Entscheidung für die notwendigen Investitionen zu treffen. Es gibt viele variierende Ansätze, um gute Business Cases zu entwickeln.

Hinter all diesen steht die Grundsatzfrage, was der Wert von Informationen ist.[3] Diese Frage ist oft Gegenstand bankinterner Diskussionen. Es zeichnet sich aber mehr und mehr ab, daß die Bankmanager den Wert von Informationen erkannt haben. So lassen sich beispielsweise mit Kundenverhaltensanalysen, Kundenbindungsanalysen, 1:1-Kundensegmentierungen und Vertriebskanalpräferenzen Wettbewerbsvorteile durch gezielte Datenauswertungen *(Data Mining)* erzielen. Diese Projekte basieren auf detaillierten Analysen von Transaktionen, Kundendaten, Konto- und Produktinformationen usw.

Die folgenden Ausführungen adressieren anhand von Praxisbeispielen die Umsetzung von Kundenbindungsmaßnahmen mit Hilfe von Data Warehouse und Data Mining. Doch zuerst wird auf die Begriffe Data Warehouse und Data Mining näher eingegangen.

---

[1] „Im Jahr 2002 brauchen die Menschen *banking*, aber sie brauchen keine Banken." Rune Neteland, Senior Vice President der Den Norske Bank anläßlich einer Data-Warehouse-Konferenz, Wien 1998.
[2] Vgl. McCoy, J.B. (1994).
[3] „Data is an expense – knowledge is a bargain.", Vgl. NCR (1997a).

2. Data Warehouse und Data Mining

Die Begriffe Data Warehouse und Data Mining werden in Theorie und Praxis unterschiedlich beschrieben und erklärt. Hier sollen Begriffsdefinitionen genutzt werden, die sich in den vielen Projekten bewährt haben.

2.1 Zweck eines Data Warehouse

Ein Data Warehouse ist kein Produkt, welches einfach ab Lager abgerufen und implementiert werden kann. Vielmehr ist es ein Prozeß, der operative Daten (z.B. aus Datenbanken wie IMS, DB2, Oracle oder Informix) in ein einheitliches Format bringt, den Analyseanforderungen entsprechend themenorientiert aufbereitet, sie in eine separate Datenbank auf einem separaten Hardwaresystem speichert und damit aus unterschiedlichen Lokationen an einer Stelle konzentriert. Dieser Datenpool für die Anwender wird Data Warehouse genannt. Zusätzlich werden Beschreibungen über den Inhalt und die Herkunft der Daten als sogenannte Metadaten gespeichert.[4]

Jede Bank, die eine unternehmensweite Entscheidungsunterstützung realisieren will, muß auf konzernweite Daten zurückgreifen können. Dies ist nur möglich mit der Einführung von Data-Warehouse-Systemen. Die Einscheidung über die Einführung eines Data Warehouse erfolgt fast immer durch die Entscheidungsträger in der Geschäftsführung, Vertrieb, Marketing und Controlling. Die DV-Abteilung ist immer beteiligt, da der Einsatz eines Data Warehouse nur in Verbindung mit bestehenden operativen Systemen möglich ist. Die Fachabteilungen sind die Hauptbenutzer des Data Warehouse, die DV-Abteilung ist der Betreiber.

2.2 Funktionsweise eines Data Warehouse

Das in Abbildung 1 gezeigte Schema beschreibt die prinzipielle Arbeitsweise eines Data Warehouse. Die Geschäftsprozesse werden durch die operativen Systeme unterstützt (Stufe 1). Dabei entstehen Daten über Kunden, Lieferanten und deren Beziehung zum Unternehmen. Mit Hilfe geeigneter Werkzeuge (z.B. Datentransformationen, Haushaltszusammenführungen oder Adreßabgleiche) werden diese Daten, die sich meistens auf verschiedenen DV-Systemen und -Anwendungen befinden, entnommen und in eine Data-Warehouse-Datenbank übertragen (Stufe 2). Dieser Schritt wird auch als Datentransformation bezeichnet. Auf den ersten Blick scheint dies ein trivialer Vorgang zu sein. Da in vielen Kreditinstituten aber keine einheitliche Festlegung der Datenformate und Dateninhalte *(Data Dictionary)* erfolgt oder unternehmensweit vorgeschrieben ist, bildet diese Vereinheitlichung den wesentlichen Teil des Datentransformationsprozesses.

---

[4] Zu Data-Warehouse-Konzepten vgl. Barquin, R./Edelstein, H. (1996); Kelly, S. (1996); Boehrer, D. (1997); Devlin, B. (1997); Inmon, W.H. (1997); Kelly, S. (1997).

Außerdem muß an der Qualität der Daten gearbeitet werden. Es gibt Unternehmen, deren Kundendatei dreimal so groß ist wie die Anzahl ihrer Kunden, weil z.B. Schreibfehler bei der Namenseingabe neue Einträge entstehen lassen. Die Qualität der Daten hängt immer von ihrem Nutzungsgrad ab. Die Einführung eines Data Warehouse hat die größtmögliche Nutzung des vorhandenen Datenmaterials zum Ziel und ist dadurch ein hervorragendes Instrument zur Verbesserung der Datenqualität. Durch regelmäßige Übertragung der Daten entstehen im Laufe der Zeit historische Informationen über das Kundenverhalten und der dazugehörigen Geschäftsprozesse. Externe Daten wie beispielsweise von Marktforschungsinstituten ergänzen diesen Datenfundus in der Datenbank des Data Warehouse (Stufe 3). Mit Hilfe verschiedener Analysewerkzeuge können die Fachabteilungen nun aus den Data-Warehouse-Daten neue Erkenntnisse über ihre Kunden und deren Verhalten gewinnen (Data Mining) und diese in wettbewerbsrelevante Entscheidungen umsetzen.[5] Die Analysewerkzeuge bieten verschiedene Methoden, wie z.B. statistische Methoden oder Verknüpfungen mittels neuronaler Netze, um Zusammenhänge erkennen und diese dann grafisch darstellen zu können (Stufe 4).

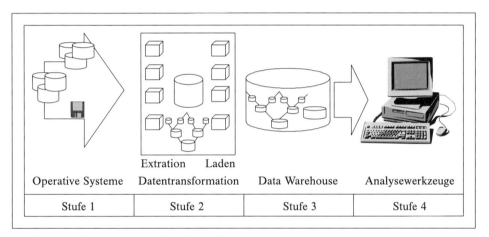

Abbildung 1: Funktionsweise eines Data Warehouse

2.3 Nutzung von Data Mining

Data Mining ist ein Prozeß der Analyse von Detaildaten, der Extraktion und der Präsentation entscheidungsrelevanter Informationen, um Geschäftsprobleme zu lösen. Der Begriff Prozeß verdeutlicht, daß es sich nicht nur um eine Technik oder einen Algorithmus handelt, sondern um eine Serie von zusammenhängenden Aktivitäten. Unter Analyse von Detaildaten wird das Durchforsten der granularen Daten[6] auf Verknüpfungspotentiale verstanden. Extraktion impliziert die (analytische) Anstrengung, versteckte

---

[5] „A banks true differentiator is the information it has kept on it's customers.", NCR (1997a).
[6] Granulare Daten sind z.B. detaillierte Transaktionsdaten (Umsätze o.ä.).

Informationen in den Quelldatenbeständen zu suchen – oder aber bestehendes oder vermutetes Wissen zu bestätigen. Präsentation bedeutet, daß die entdeckten Informationen so aufbereitet werden (Berichte, Regeln, Modelle usw.), daß sie den unterschiedlichen Anforderungen der Hierarchiestufen eines Unternehmens gerecht werden. Entscheidungsrelevante Informationen implizieren, daß direkte und unmittelbare Aktionen daraus abgeleitet werden können.

Data Mining wird grundsätzlich in zwei Subprozesse (Verifikations- und Entdeckungsprozeß) unterschieden. Der Verfikationsprozeß verifiziert mit Hilfe von einfachen Zugriffswerkzeugen (z.B. SQL oder OLAP)[7] Hypothesen, die von Bankfachkräften aufgestellt wurden. Der Entdeckungsprozeß sucht mit Hilfe statistischer Verfahren und künstlicher Intelligenz neue Erkenntnisse und stellt neue Hypothesen auf. Obwohl dieser Prozeß sehr stark von den jeweils eingesetzten Werkzeugen und Verfahren beeinflußt wird, ist das menschliche Know-how (z.B. Bankfachkenntnisse) notwendig. Abbildung 2 stellt eine Übersicht der meist eingesetzten Data-Mining-Verfahren dar.

Mit dem Einsatz eines Data Warehouse wird die Effektivität und Effizienz der Data-Mining-Anstrengungen verbessert und somit die Qualität der Informationen erhöht, denn nur aus vollständigen und sauberen Daten können richtige Entscheidungen abgeleitet werden. Das Data Warehouse bildet somit eine wichtige Grundlage.

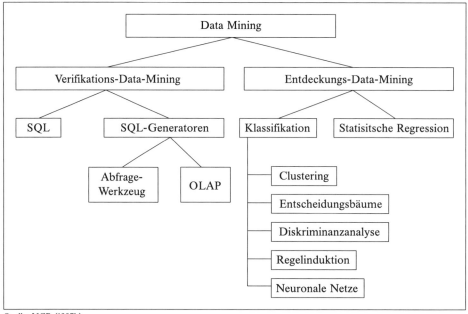

Quelle: NCR (1997b)

Abbildung 2: Data Mining Verfahren

---

[7] SQL = Structured Query Language, OLAP = On-Line Analytical Processing.

3. Einsatz von Data Warehouse und Data Mining am Beispiel des Kundenbindungsmanagements

Als Beispiel für Data Warehouse und Data Mining im Bankenbereich wird im folgenden die Business Case „Kundenbindung und Aufbau eines Frühwarnsystems" dargestellt. Das Thema Kundenbindung wird vor allem von Großbanken als eine der wichtigsten Geschäftsanforderungen gesehen.[8] Typischerweise werden zur Bewältigung dieser Anforderung Data-Warehouse- und Data-Mining-Konzepte eingesetzt.

Es gibt mindestens zwei Beweggründe zur Einführung eines Kundenbindungsprogramms. Erstens sind die profitabelsten Kunden am meisten absprunggefährdet, und zweitens kostet es gemäß verschiedener Studien mindestens das Fünffache, einen Neukunden zu gewinnen als einen Kunden zu halten. Unter Kundenbindungsmanagement können alle Maßnahmen zur Aufrechterhaltung einer engen Kundenbeziehung verstanden werden. Es geht aber nicht nur darum, Kunden davon abzuhalten, ihre Konten zu schließen, sondern Kundenbindung ist Teil eines intensiven Kundenbeziehungsprozesses. Viele Banken beschäftigen sich mit Kundenbindungsprogrammen, doch werden absprunggefährdete Kunden meist überhaupt nicht analysiert. Die Zielgruppensegmentierung basiert meist auf Marketingintuition oder rudimentären Selektionskriterien nach Alter, Einkommen usw. Obwohl diese Vorgehensweise im Wettbewerb eine Rolle spielt, sollten modernere Verfahren angewandt werden. Es ist durchaus möglich, Kundenbindungsprogramme zu optimieren, indem das vergangene Kundenverhalten analysiert und modelliert wird. Dieses bedingt aber granulare Transaktionsdaten mit einer Historie über mehrere Jahre.[9] Erst damit kann ein Frühwarnsystem für absprunggefährdete Kunden entwickelt werden.

3.1 Aufbau eines Frühwarnsystems zur Kundenbindung

Dieser Abschnitt beschreibt die Ausgangssituation, Vorgehensweise und Überprüfung im Rahmen zweier Kundenbindungsprojekte, die für zwei große Kreditinstitute durchgeführt wurden. Die Projekte hatten das Ziel, absprunggefährdete Kunden rechtzeitig zu erkennen, um durch gezielte Maßnahmen die Abwanderung (Migration) zu verhindern.

3.1.1 Ausgangssituation

Zunächst wurde aus den Kundendaten ein Punktwert (Score) für die Wechselwilligkeit jedes Kunden (Wahrscheinlichkeit) gebildet. Dieser Score konnte Werte zwischen Null und Eins annehmen und wurde aus praktischen Gründen auf Kategorien (z.B. hoch, mittel, niedrig) verdichtet. Anspracheweise, aus den jeweiligen Indikatoren der

---

[8] Vgl. NCR (1997c).
[9] „We have transaction history. Other companies have names and addresses." Miller, C. (1995).

Wechselwahrscheinlichkeit abgeleitet, unterstützten die Kundenberater oder Mitarbeiter im Call Center. Die Projekte wurden vor dem bankweiten Einsatz in ausgesuchten Filialen pilotiert. Als wirtschaftliches Ziel wurde in einem Fall eine Reduzierung der servicebedingten Migrationen um 20% p.a. angestrebt. Die Projekte wirkten zum einen direkt auf Erfolgskomponenten wie den Ertrag, die Kosten der Neukundengewinnung oder die Kosten der Kontokündigung. Zum anderen entstanden aber auch indirekte Einflüsse auf den Ertrag. So besitzen loyale Kunden ein positives Referenzpotential, illoyale Kunden hingegen ein (überproportional) negatives Referenzpotential. Weiterhin konnten Kunden, die im Rahmen der Kundenbindungsmaßnahmen angesprochen werden, wertvolle Hinweise zur Verbesserung der Bankdienstleistungen geben.

3.1.2 Vorgehensweise

Bevor die benötigten Daten für die Analysen definiert und bereitgestellt werden konnten, fanden Workshops zur Hypothesengewinnung und zur Datenanalyse statt. Die Ergebnisse dieser Workshops dienten als Ausgangspunkt für die Auswahl der Daten, der anschließenden Analyse sowie einer ersten Variablenauswahl für den Aufbau des Scoring-Modells (Absprungwahrscheinlichkeit).

Die mit Filialmitarbeitern durchgeführten Workshops zur Hypothesengewinnung hatten folgende Zielsetzungen: Schaffung eines gemeinsamen Problemverständnisses, Definition attraktiver bzw. unattraktiver Kunden, Definition und Charakterisierung der Begriffe „Kunde", „Migrant (Abgänger)", „Ex-Kunde", „Interessent", „Produkt", „Konto" usw., Identifikation von Absprunggründen, Definition von Frühindikatoren, Analyse des Verhaltens der Migranten sowie mögliche Anspracheninweise. Ein einleuchtendes Beispiel hierfür war die Cross-Selling-Rate. Es ließ sich annehmen, daß diese bei Bestandskunden steigt oder zumindest stabil bleibt, während sie bei späteren Wechslern sukzessive abnimmt. Andere Ansatzpunkte für derartige Annahmen könnten etwa das Alter und das Einkommen der Kunden sein. So ließen sich Hypothesen formulieren, nach denen z.B. jüngere Kunden eher bereit sind, einen Institutswechsel zu vollziehen als ältere Kunden oder, daß Kunden mit höherem Einkommen illoyaler als Kunden mit niedrigerem Einkommen sind.

Im Datenanalyse-Workshop mit den DV-Spezialisten wurden die vorhandenen Daten und Datenquellen identifiziert und auf ihre Verwendbarkeit bewertet. Die Datenbestände im Data Warehouse wurden in einem ersten Schritt einer Datenqualitätsprüfung aus Sicht der Kundenbindungsmaßnahmen unterzogen. Hierzu waren die exakten Feld- und Dateibeschreibungen im Data Warehouse notwendig. Der zweite Schritt – nach unter Umständen mehrmaligen Wiederholungen der Qualitätsprüfung der einzelnen Daten – war der Aufbau einer spezifischen Analysedatei auf Kundenebene. Diese Analysedatei bildete die Basis für die Auswahl entsprechender Variablen und Stichproben für die anschließenden deskriptiven und statistischen Analysen.

Im Rahmen der deskriptiven Analyse wurden erste Erkenntnisse gewonnen, und viele Hypothesen der Kundenberater aus den Workshops konnten verifiziert bzw. falsifiziert werden. Auffällig war z.B., daß mehr als die Hälfte der Neukunden die Bank innerhalb der ersten zwölf Monate wieder verlassen. Nach der deskriptiven Analyse folgte die Regressionsanalyse. Diese betrachtet den Zusammenhang zwischen abhängigen Variablen und unabhängigen Variablen. Die unabhängigen Variablen üben einen Einfluß auf die abhängigen Variablen aus. Dieser Einfluß wird erklärt oder prognostiziert. Die abhängige Variable in unserem Beispiel war die Wahrscheinlichkeit, daß ein Kunde nicht abspringen wird. Die unabhängen Variablen waren beispielsweise: Der mögliche Migrant hatte in einem Zeitraum von zwölf Monaten in zwei aufeinanderfolgenden Monaten keine Transaktionen, oder die Anzahl der Produkte hat sich im letzten halben Jahr verringert.

Nach dem statistischen Modell wurde das Scoring-Modell entwickelt. Dieses vergleicht laufend die aus der historischen Betrachtung gewonnenen Regeln mit dem aktuellen Kundenverhalten und ordnet jedem Kunden eine Bleibewahrscheinlichkeit zu. Je höher dieser Score-Wert ist, desto eher bleibt die Person Kunde der Bank. Für eine bessere Differenzierung der Migranten wurden durch das Score-Programm die identifizierten Migranten kategorisiert. Alle Kunden mit einem Score-Wert zwischen 0 und 0,55 wurden als hochabsprunggefährdet klassifiziert. Allen Personen zwischen 0,55 und 0,75 wurde eine mittlere Absprunggefährdung zugeteilt. Dies bedeutete, daß alle Personen mit einem Score-Wert von über 0,75 als Stammkunden definiert sind. Korreliert also beispielsweise die Abnahme der Cross-Selling-Rate tatsächlich mit dem späteren Wechsel, so beobachtet das Frühwarnsystem nun speziell diesen Indikator und meldet sich beim Überschreiten gewisser Schwellenwerte.

3.1.3 Überprüfung

Das entwickelte Frühwarnsystem wurden auf seine Zuverlässigkeit und Aussagefähigkeit überprüft. Die Analysedaten wurden in zwei Gruppen, die Trainingsgruppe und die Testgruppe, unterteilt. Das statistische Modell baut auf der ersten Gruppe auf. Das Score-Modell überprüft mit der zweiten Gruppe seine Trefferwahrscheinlichkeit durch den Vergleich des errechneten Punktwerts mit der tatsächlichen Ausprägung Kunde bzw. Migrant. Der nächste Schritt der Validierung ist die Überprüfung des Modells in der Realität. Der Projekterfolg läßt sich dabei anhand von drei Kriterien messen: der Ansprachequote, der Prognosequote und der Erfolgsquote.

- Die *Ansprachequote* zeigt das Verhältnis zwischen angesprochenen Personen und späteren Migranten. Die Fragestellung lautet: Wieviele Personen müssen angesprochen werden, um einen Migranten zu erreichen?

- Die *Prognosequote* zeigt das Verhältnis der erkannten Migranten zu allen Migranten. Die Fragestellung lautet: Wieviele der späteren Migranten sagt das Frühwarnsystem richtig voraus? Die Ansprachequote und die Prognosequote stehen in einem umgekehrt proportionalen Verhältnis zueinander. Folgendes Beispiel verdeutlicht diesen Zusammenhang: Würden alle Kunden ohne jede Selektion durch das Frühwarnsystems angesprochen werden, liegt die Prognosequote bei 100%, da so auch alle zukünftigen Migranten erreicht werden. Gleichzeitig erreicht bei dieser Vorgehensweise die Anspraquote natürlich astronomische Werte.

- Die *Erfolgsquote* als dritte Komponente zeigt den Projekterfolg. Die Fragestellung lautet: Um welchen Prozentsatz sinkt die bankweite Migrationsquote insgesamt durch die Kundenbindungsmaßnahmen?

Die Erfolgsquote als das eigentliche Projektziel kann nur langfristig und auch nur näherungsweise durch eine Kontrollgruppe ermittelt werden. Die Kontrollgruppe besteht aus abwanderungsgefährdeten Kunden, die nicht angesprochen werden. Aus dieser Gruppe sollten laut Modell später mehr Personen die Bank verlassen als aus den in das Projekt einbezogenen Kunden. Die Anspraquote und die Prognosequote lassen sich jedoch schon während des Projekts schätzen. In einem unserer Beispiele sank die Quote der erkannten Migranten nach dem vierten Monat stark ab. Die Prognose mußte somit alle vier Monate neu gestellt werden.

Das Frühwarnsystem ist kein Allheilmittel, denn Verhaltensmessungen sind natürlich Ex-post-Betrachtungen. Ändert sich das Verhalten des Kunden im Vorlauf seines Bankwechsels erheblich im Vergleich zu früher beobachteten Verhaltensweisen anderer Wechsler, so kann das Frühwarnsystem seiner Aufgabe nicht mehr gerecht werden. Die Frühindikatoren müssen also im Sinne eines lernenden Systems öfter überprüft und justiert werden.

3.2 Rahmenbedingungen für erfolgreiche Kundenbindungsmaßnahmen

Zum beschriebenen Vorgehen für ein Frühwarnsystem für absprunggefährdete Kunden sollten fünf Faktoren für erfolgreiche Kundenbindungsmaßnahmen beachtet werden.[10]

Ein erster wichtiger Faktor ist die Verpflichtung der Geschäftsleitung, in diesen Themenbereich zu investieren. Um das maximale Potential zur Verbesserung der Kundenbindung auszuschöpfen, bedarf es einer langfristigen Denkweise, denn die Ergebnisse des Projekts schlagen sich nicht über Nacht nieder. Diese Entscheidung der Geschäftsleitung bezieht sich nicht nur auf das Aufrüsten von Filialen und die Investition in Informationssysteme, sondern vor allem auf das Aufdecken der unbequemen Absprunggründe ihrer Kunden.

Der zweite Faktor ist die Kenntnis, welche Kunden überhaupt gebunden werden sollen. Die 80/20-Regel ist einschlägig bekannt: 80% der Erträge werden mit 20% der Kunden erwirtschaftet. Es gilt nun, sich auf diese Kunden zu fokussieren. Dazu gibt es unterschiedliche Möglichkeiten, abhängig von den bestehenden DV-Systemen. Kann eine Bank die Profitabilität je Kunden ausweisen, ist es relativ einfach, einen entsprechenden

---

[10] Vgl. Long, L.A. (1994).

Bericht zu generieren. Hier besteht die Möglichkeit, signifikante Erkenntnisse zu gewinnen, indem Ähnlichkeiten bei Kontenarten und -anzahl, Salden und Kundenbeziehungsdauern der Kunden analysiert werden. Natürlich dürfen Kunden, die nicht oder nur wenig profitabel, aber von großer Bedeutung für das Institut sind (Bürgermeister, Steuerberater, Journalisten usw.) nicht negiert werden. Sie sind auch Bestandteil der Kundenbindungsmaßnahmen. Es soll aber nochmals betont werden, daß Kundenbindungsprogramme für die ganze Kundenbasis nicht sinnvoll sind. Dieses wäre eine Verschwendung von Ressourcen.

Das dritte Schlüsselelement ist das Verständnis darüber, was die Kunden an der Bank zufriedenstellend finden. Um diese Informationen zu erheben, könnten Fokusgruppen gebildet werden aus den besten 20% der Kunden sowie von bereits abgesprungenen Kunden. Es ist ebenso wichtig, wenn nicht sogar wichtiger, herauszufinden, was Kunden nicht zufriedenstellt und was sie zufriedenstellt. Zusätzlich sollten Erhebungen aus Kundenzufriedenheitsbefragungen (z.B. mittels Mailings, persönlichen Interviews oder Telefonaten) in die Analysen einbezogen werden.

Das vierte Schlüsselelement hängt vom dritten Faktor ab. Es gilt herauszufinden, was die wirklichen Ursachen sind, die Kunden zum Abspringen bewegt. Interessant ist in diesem Zusammenhang, daß sich diese Kernursachen sehr von den Unzufriedenheitsgründen unterscheiden können. Kunden nennen gegebenenfalls Unzufriedenheitsgründe im Rahmen einer Fokusgruppe. Sie verhalten sich aber ganz anders, wenn es direkt um ihr Geld geht. Bain & Company hat herausgefunden, daß die Banker als häufigsten Absprunggrund den Preis (ca. 45%) angenommen haben. Nicht durch die Bank kontrollierbare Ereignisse wurden mit 35% und kontrollierbare Ereignisse mit 20% vermutet. Doch in der Realität springen über 50% der Kunden wegen des schlechten Services der Bank ab. Preisrelevante Abgänge liegen unter 20%.[11]

Das fünfte Schlüsselelement für ein Kundenbindungsprogramm ist, daß die Ergebnisse tatsächlich gemessen und über die Zeit weiter verfolgt werden. Es ist leicht, eine ungefähre Kundenbindungsrate zu berechnen, in dem einfach die nicht abgesprungenen Kunden prozentual gemessen werden. Hierfür ein Beispiel: Sinkt die Kundenanzahl von ursprünglich 500 auf 475, dann ist ihre Kundenbindungsrate 95%. Unglücklicherweise basiert diese Methode auf Nettozahlen und nimmt an, daß alle Kunden gleich sind. Wie bereits aufgeführt wurde, ist dies keine valide Annahme, und zudem ist es nicht erstrebenswert, alle Kunden zu behalten. Eine Lösungsmöglichkeit besteht darin, die Kunden nach ihrer Bedeutung, ihrem Life Time Value usw. zu klassifizieren. Um den Erfolg oder Mißerfolg von Kundenbindungsmaßnahmen wirklich verfolgen zu können, ist es ein Frühwarnsystem unabdingbar.

Zusätzlich ist zu erwähnen, daß es wichtig ist, alle Mitarbeiter aus allen Hierarchiestufen und aus den verschiedenen Abteilungen, die sich für die Kundenbindung einsetzen, zu entlohnen. Diese Mitarbeiter sind von unsagbarem Wert, denn ohne ihre Bereitschaft zur Kundenbindung ist es sinnlos, ein solches Programm einzuführen. Ein anderer wich-

---

[11] Vgl. Bain & Company, Inc. (1993).

tiger Punkt ist es, die Mitarbeiter, die im täglichen Kontakt zu Kunden stehen, mit mehr Kompetenz auszustatten. Sie sollten die Kompetenz besitzen, sofort Aktionen einzuleiten, um ihre Kunden wieder zufriedenzustellen.

4. Zusammenfassung

Ein Data Warehouse stellt Bankmanagern unternehmensweite Daten in einer benutzerfreundlichen Form für Analysen zur Verfügung, ohne daß dabei die operativen DV-Systeme tangiert werden. Das Data Warehouse dient als wichtige Grundlage für Data Mining. Letzteres unterstützt sämtliche Informationsmodelle, die sich in die traditionellen Verifikationsmodelle und die neuartigen Entdeckungsmodelle aufteilen lassen. Data Mining zeichnet sich dadurch aus, daß sich mehr oder weniger selbständig unbekannte Strukturen und Zusammenhänge aus sehr großen Datenbeständen entdecken lassen. Diese Informationen werden so aufbereitet, daß sie als Grundlage für kritische Unternehmensentscheidungen dienen können.

Es gibt in Banken viele Anwendungsgebiete für Data Mining, wobei sich neben der Kundenbindung besonders Betrugserkennung, Direktmarketing sowie Kundensegmentierung und -profilierung eignen. Data Mining kann in diesem Zusammenhang mithelfen, von einer Produkt- zu einer Kundenoriertierung zu gelangen und somit neue Gewinnpotentiale aufzudecken. Die Banken haben generell gute Voraussetzungen, um ein umfassendes Datenbankmarketing betreiben zu können. Sie besitzen alle notwendigen Daten oder können diese zukaufen. Gelingt es einer Bank, ein starkes Branding mit leistungsstarken Informationssystemen, Datenanalysen und Marketingstrategien zu kombinieren, so wird sie die anvisierten Kunden gewinnen und sogar die bei anderen Banken unzufriedenen profitablen Kunden abwerben können. Sie kann sich dabei auf die lohnenden Kundensegmente konzentrieren und wird somit erfolgreicher sein.

Literaturhinweis

BAIN & COMPANY, INC., Implementing Customer Loyality Strategies, Boston/MA 1993.
BARQUIN, R./EDELSTEIN, H., Planning and Designing the Data Warehouse, Englewood Cliffs/NJ 1996.
BOEHRER, D., Data warehouse und data mining, Bern 1997.
DEVLIN, B., Data Warehouse from Architecture to Implementation, Reading/MA 1997.
INMON, W.H., Building the Data Warehouse, New York/NY 1997.
KELLY, S., Data Warehousing. The Route to Mass Customization, Chichester 1996.
KELLY, S., Data Warehouse in Action, New York/NY 1997.
LONG, L.A., Customer Retention, The Who? What? Why? Where? When? And How?, Washington/DC 1994.
McCoy, J.B., Bottomline Banking. Meeting the Challenges for Survival & Success, Burr Ridge/Ill. 1994.
MILLER, C., in: Wall Street Journal, 8. 3. 95.
NCR (1997a), Relationship Banking: Building Your Scaleable Data Warehouse, Dayton/Ohio 1997.
NCR (1997b), Data Mining: What's It All About?, Dayton/Ohio 1997.
NCR (1997c), Kundenbindungsmaßnahmen, Verfahren und Methoden zum Aufbau eines Frühwarnsystems, München 1997.

Joachim Zimmermann

Informationstechnologie für das Bankcontrolling

1. Informationsverständnis und Informationsmanagement
    1.1 Dramatische Umweltveränderungen
    1.2 Panta rhei ...
    1.3 Optimierte Nutzung der Ressource Information
    1.4 Veränderte Formen der Informationsbereitstellung
2. Controlling: Anforderungen und Zielsetzungen
    2.1 Definition des Controlling
    2.2 Konzeptioneller Ansatz des Bankcontrolling
3. Technischer Stand des Bankcontrolling
    3.1 Vernetzte Datenbanken als Grundlage
    3.2 Data Warehouse Management
    3.3 Führungsinformationssysteme
    3.4 Neuere Entwicklungen
    3.5 Ergänzende Modelle und Systeme
4. Konkretisierung am Beispiel von SAP R/3
    4.1 Anwendungssysteme auf der Basis von Standardsoftware
    4.2 Branchenlösung für Banken (SAP Banking)
    4.3 Das Executive Information System SAP-EIS
5. Ausblick
Literaturhinweis

1. Informationsverständnis und Informationsmanagement

1.1 Dramatische Umweltveränderungen

Die Finanzwirtschaft befindet sich – vor dem Hintergrund eines sich exorbitant verschärfenden Wettbewerbs, steigender Kosten sowie sinkender Margen – in dramatischen Strukturveränderungen mit immer kürzer werdenden Technologieschüben und Produktinnovationszyklen. Hinzu kommen neue, stets komplexer werdende aufsichtsrechtliche Bestimmungen sowie grundlegende Markt- oder Controlling-Anforderungen (z.B. Einführung des Euro, Umstellung der technischen und organisatorischen Systeme auf das Jahr 2000, Mindestanforderungen für das Betreiben von Handelsgeschäften), die kurzfristig von den Unternehmen der Finanzdienstleistungsbranche zu erfüllen bzw. zu erbringen sind.

Der Erfolg einer Bank liegt dabei heute nicht mehr primär im Umgang mit Geld und Kapital, sondern im Management von Informationen und Wissen über Geld und Kapital. Informationen an sich werden im Bankgeschäft der Zukunft zum bestimmenden Faktor für alle wesentlichen geschäftspolitischen Entscheidungen. Dazu ist der zielgerichtete Einsatz moderner Technologien von entscheidender Bedeutung. Dieser Veränderungsprozeß bewirkt eine massive Veränderung der bisherigen Informations- und Kommunikationsformen und -strukturen und damit auch der bankbetrieblichen Controllinganforderungen und -funktionen.

1.2 Panta rhei ...

„Alles fließt (panta rhei) ..." wußte schon der griechische Philosoph Heraklit, zumindest wird es ihm nachgesagt. In der Praxis der heutigen Bankenwelt ist dieses Fließen, dieser Wandel, vor allem durch die Auflösung bisheriger starrer, inflexibler Strukturen gekennzeichnet. Neue, flexible Organisationsformen entstehen, bei denen zur Bewältigung der immer komplexer werdenden Aufgaben – vor allem auch für das bankspezifische Controlling – ein effizientes Informations- und Kommunikationsmanagement mit einer technologisch modernen und vernetzten Informatik erforderlich ist.

Zur rechtzeitigen und wirksamen Umsetzung dieser Herausforderungen ist es deshalb für das Bankcontrolling von zentraler Bedeutung, sehr flexible Formen der innerbetrieblichen Zusammenarbeit sowie interaktive, ziel- und ergebnisorientierte Führungsmethoden und -strukturen zu verwirklichen. Nur die Entscheider – unabhängig von Aufgabenstellung und Hierarchie – werden zukünftig erfolgreich sein, die über zeitnahe, kunden- bzw. sachgerecht aufbereitete Informationen verfügen: hier, jetzt, umfassend, grafisch aufbereitet und intuitiv im Zugang.

1.3 Optimierte Nutzung der Ressource Information

Controllingorientierte Kommunikation basiert also auf bedarfs-, zeit- und zielgerichteten Informationen. Die systematisierte und organisierte Informationsbeschaffung und -vermittlung wird allgemein als *Informationsmanagement* bezeichnet. Informationsmanagement ist generell geprägt durch die Summe aller Regeln, Techniken und Systeme, auf bzw. mit denen die Informations- und Kommunikationsinfrastruktur des Unternehmens gestaltet wird.[1]

Allerdings übersteigt das Wissens- und Informationsangebot von heute die menschliche Aufnahme- und Verarbeitungskapazität um ein Vielfaches. Die Folge ist eine steigende Informationsarmut bei gleichzeitiger Informationsüberflutung bzw. steigende Informationsquantität bei sinkender Informationsqualität. Notwendig ist eine professionelle Auswahl, Selektion und Aggregierung all jener Daten und Informationen, die für die Entscheidungsfindung bzw. für die Entscheidungsträger im Sinne eines zweckorientierten Wissens von Nutzen sind. Eine frühzeitige Weitergabe bzw. Übermittlung zielgerichteter Informationen trägt dazu bei, Fehlinformationen und Mißverständnissen vorzubeugen und den betroffenen Mitarbeitern als „Mit-Denkern" den erforderlichen bzw. gewünschten Kenntnisstand zu ermöglichen *(Motivationseffekt)*.

Da Informationen für ihren Empfänger (Nutzer) grundsätzlich einen Zweck zu erfüllen haben, besteht der Nutzen einer Information stets in dem Beitrag, den sie zur Zielerreichung beiträgt. Damit kann auch die Art bestimmt werden, wie die Bank (wie auch jeder Einzelne) mit ihrem Wissen umgeht und sich neues Wissen erwirbt. Wer aber seine Informationen und damit letztendlich sein Wissen nicht zu organisieren weiß, verliert rasch die Orientierung und wird damit unfähig, angemessen zu (re-)agieren. Informationsmanagement heißt folglich, die richtige Information zur richtigen Zeit am richtigen Ort in der richtigen Form und im erforderlichen Umfang sowie in optimaler Qualität zur Verfügung zu stellen.

Effizientes Informations- und Kommunikationsmanagement bedingt einen ganzheitlichen, interaktiven (d.h. an den Interessen und Zielen der Beteiligten und Betroffenen ausgerichteten) Informations- und Kommunikationsprozeß. Die zielgerichteten Fragen des Controlling müssen also lauten:

- Wofür und worüber sind Informationen zu beschaffen?
- Wann sind Informationen zu liefern?
- Für wen und an wen sollen Informationen gegeben werden?
- Woher sollen die Informationen beschafft werden?
- Wie sollen die Informationen geliefert werden?

---

[1] Vgl. zum Informationsmanagement auch Dube, J. (1995), S. 81 ff.

1.4 Veränderte Formen der Informationsbereitstellung

Die Aufgabe des Controlling als Informationsmanager liegt vor allem – unabhängig von der verwendeten Informationslogistik und Informationstechnik – in der Informationserarbeitung anstatt der Informationsverarbeitung, ganz gleich, ob dazu Bleistift und Papier, ein Computersystem, ein Netzwerk oder sonstige Technologien eingesetzt werden.

Wirklich effizient ist das Informations- und Kommunikationssystem dann, wenn für den einzelnen Nutzer zum einen die Maxime gilt „Welche Informationen und Anwendungen benötige ich für die Controllingaufgaben?" und zum anderen, wenn dazu restriktionsfrei alle für ihn relevanten technologischen Dienste (z.B. E-Mail, Internet-Zugang, Online-Recherchen, Sprache, Bild, Ton) unmittelbar an seinem Arbeitsplatz verfügbar sind. Dazu sollten für ihn vollständig transparent sein,

- wie die benötigten technischen Ressourcen (z.B. Telekommunikationsanlage, Host, Server) für die Verfügbarkeit der unterschiedlichen Dienste ins Netz integriert sind,
- wo seine benötigten Programme und Dateien liegen,
- von wo die verarbeiteten Daten abgerufen und
- wo sie wieder gespeichert werden.

Benötigte Informationen werden bisher normalerweise nach dem *Pull-Prinzip* verteilt bzw. empfangen. Jeder Betroffene holt sich dabei die Daten, die er gerade benötigt. Gerade für das Controlling kann aber auch eine Informationsverteilung nach dem *Push-Prinzip* sinnvoll sein, wenn Betroffene gezielt auf bestimmte Informationen hingewiesen werden bzw. diese unbedingt erhalten sollen. Moderne Systeme – z.B. die Internet-Anwendung „Pointcast" (www.pointcast.com) – ermöglichen diesen Ansatz.

Durch den aktiven Umgang mit Informationen wird gewissermaßen ein Umdenken in der Philosophie der Informationsbeschaffung angestoßen. Aus der Holschuld des Nachfragers wird eine Bringschuld des Informationsmanagers. Informationsbroker sind zukünftig gefragt, die durch ihre exzellenten Kenntnisse am bankbetrieblichen Informationsmarkt in der Lage sind, die gewünschten Informationen schnell und zuverlässig zu beschaffen.

2. Controlling: Anforderungen und Zielsetzungen

2.1 Definition des Controlling

Controlling ist vor allem eine zukunftsweisende Führungsphilosophie und erfordert eine konsequente Einstellungsänderung aller Beteiligten

- zum ertragsorientierten Management,
- zur ergebnisorientierten Aufgabenverantwortung durch Dezentralisierung und Delegation,

- zur Standardisierung und Objektivierung der Leistungspotentiale,
- zur ganzheitlichen kundenorientierten Prozeßstrukturierung,
- zur Minimierung der Bearbeitungs-, Entscheidungs- und Durchlaufzeiten,
- zur Optimierung der Ressourcennutzung und Erhöhung der Produktivität sowie
- zur Eliminierung von Ineffizienzen und konsequenten Kostenreduktion

mit dem Ziel eines umfassenden *Total Quality Management*. Diese grundlegenden Determinanten bedingen folgendes Umsetzungsverständnis:

- Die ertragsorientierte Führung steht vor einer volumenbezogenen Ausrichtung.
- Die Ressourcenplanung folgt den aufgabenspezifischen Leistungsanforderungen.
- Eine sinnvolle Standardisierung von Produkten, Dienstleistungen und Verfahren ermöglicht die Effizienzverbesserung bei der kundenbezogenen Aufgabenrealisierung.
- Der Controllingprozeß beinhaltet Top-down- und Bottom-up-Elemente.
- Führen durch Zielvereinbarungen bedeutet, daß Planung und Steuerung durch zielorientierte Zukunftsbetrachtungen, Festlegung der dafür erforderlichen Wege und Maßnahmen, Definition einzelner Teilziele und Pläne für einzelne Verantwortlichkeiten, fortlaufende Ergebnisabbildung und aktuelle Situationsanalysen, Koordination, Korrekturen und Gegensteuern erfolgen.
- Der Nutzen besteht in der effizienten Aufgabenerfüllung durch ergebnisorientiertes Handeln und einen permanenten Kommunikationsprozeß zwischen den Beteiligten.

2.2 Konzeptioneller Ansatz des Bankcontrolling

Unverzichtbare Voraussetzung für eine zielgerichtete und erfolgreiche Unternehmensführung in der Finanzwirtschaft ist heute – auf Basis eines integrierten Data Warehouse – ein sinnvoll strukturiertes und umfassendes Controlling-, Marketing-, Kunden-, Vertriebs-, Risiko-, Informations- und Führungssystem. Letzteres wird häufig als Management- oder Führungsinformationssystem *(Executive Information System, EIS)* bezeichnet. Damit werden die jeweils erforderlichen Informationen aus den Geschäftsprozessen der Bank zeit-, sach- und bedarfsorientiert für eine ganzheitliche Betrachtung zur Verfügung gestellt – sowohl aufgaben- und bereichsübergreifend (z.B. für Controllingzwecke) als auch arbeitsplatzbezogen (z.B. zur unmittelbaren Kundenberatung).

Die ertragsorientierte Betrachtung einzelner Vertriebswege, Kundenbeziehungen oder Produkte wird durch adäquate Controllingfunktionen sichergestellt. Ausgangspunkt ist dabei die bankspezifische Kundenkalkulation, die im Normalfall heute für Kalkulationszwecke und -objekte des Wertebereichs (liquiditätsmäßig-finanzieller Bereich, LFB) auf der Basis der Marktzins- und/oder Barwertmethode sowie für Kalkulationszwecke und -objekte des Betriebsbereichs (technisch-organisatorischer Bereich, TOB) auf der Basis der Teilkostenrechnungsphilosophie oder als Prozeßkostenrechnung realisiert wird. Eine willkürliche Schlüsselung nicht direkter (verursachungsbezogener) Kosten (z.B. Kosten der Stäbe) auf die operativen Kalkulationsobjekte sollte dabei stets aus Transparenz- und Verantwortungs-/Beeinflußbarkeitsgründen vermieden werden.

Grundlage der Kundenkalkulation bilden die erforderlichen Daten aus dem Rechnungswesen (Kostenarten-, Kostenstellen- und Leistungsrechnung sowie der Finanzbuchführung). Aufbauend auf den kostenrechnerischen Grundelementen der Kundenkalkulation sollte dann ein controllingorientiertes und integriertes Führungsinformationssystem in der Form einer mehrstufigen und mehrdimensionalen Deckungsbeitragsrechnung entstehen. Diese liefert bedarfsgerechte Informationen vor allem für folgende Zwecke:

- Kunden-/Zielgruppen- und Profitcenter-Ergebnisse,
- Produkt(gruppen)ergebnisse und sonstige Spezialauswertungen sowie
- die Gesamtbank-Ergebnisrechnung.

Auf der Basis dieser Informationen liegt die Zielsetzung des Controlling insbesondere in der Beantwortung folgender Fragestellungen:

- Welche Aktivitäten führ(t)en im Einzelfall zu den (unerwarteten) Ergebnissen?
- Auf welcher Grundlage basieren die Informationen?
- Auf welche Art und Weise läßt sich kurzfristig eine Kurskorrektur durchführen?
- Welche Annahmen bestimmen/determinieren die Kurskorrekturen?

3. Technischer Stand des Bankcontrolling

3.1 Vernetzte Datenbanken als Grundlage

Für ein effizientes Bankcontrolling ist zunächst die Technik notwendig, um alle erforderlichen Informationen (z. B. Kundendaten, Wettbewerbsdaten, Kostenstrukturen) sammeln und aufbereiten zu können und so überhaupt erst ein wirkungsvolles Database-Controlling zu ermöglichen. Auch gehört heute die interaktive Möglichkeit von Simulationsrechnungen für szenarische Entscheidungsevaluationen dazu. Insofern verschwimmen bzw. vermengen sich die bisher parallel betrachteten konzeptionellen Ansätze zur Informationsversorgung für Marketing, Vertrieb, Produktentwicklung und Controlling mit ihren jeweiligen Datenbankwerkzeugen (Controllinginstrumente, Marketingwerkzeuge, Data-Warehouse, EIS etc.) zu einem ganzheitlichen *Open Business Information und Data Warehouse*, quasi als „offenes Lagerhaus" für alle Daten bzw. Informationen, aus dem man sich je nach Bedarf bedient. Abbildung 1 zeigt die Integration eines EIS in die Systeme des bankbetrieblichen Controlling.

3.2 Data Warehouse Management

Jede systemtechnische Transaktion erfordert heute den schnellen Zugriff auf eine einheitliche Datenbasis unter Vermeidung von Medienbrüchen und Reduzierung unnötiger Mehrfacherfassungen und Mehrfachspeicherungen sowie manueller, redundanter Datenübertragungen. Dazu ist eine Entkoppelung der für das Informationsmanagement be-

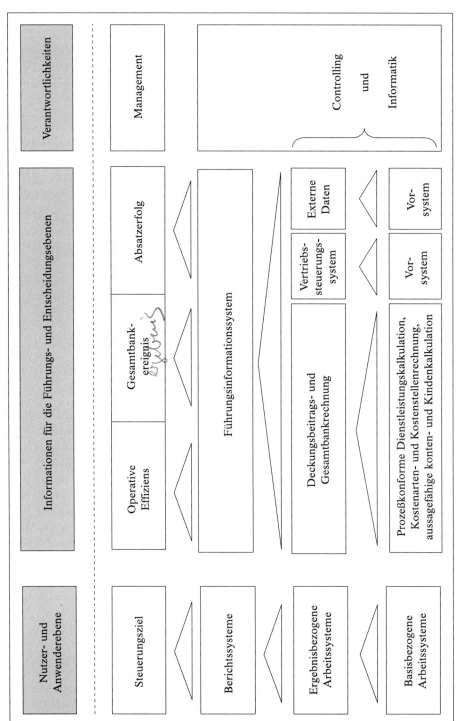

Abbildung 1: Das Führungsinformationssystem als Herz der Banksteuerung

nötigten Daten von den Front-Office-Systemen durch eine Art Zwischenablage, organisiert z.B. in Form eines zusätzlichen (redundanten) Datenpools, erforderlich. Die operativen Geschäftssysteme mit ihren Datenbeständen und Transaktionen werden also nicht mehr permanent mit jedem Berichts-, Analyse- oder Simulationssystem verknüpft, sondern liefern ihre Daten (nur noch) an das zentrale „Lagerhaus". Dadurch können in diesem Data-Warehouse-Datenpool nicht nur aktuelle sondern auch historische Daten (z.B. Zeitreihen über mehrere Jahre) geführt werden.

Ergänzt bzw. unterstützt wird dieser Ansatz durch OLAP *(Online Analytical Processing)* als multidimensionales Datenanalyseinstrument zur Beantwortung komplexer, controllingrelevanter Fragestellungen. Darunter sind technologische Spezialwerkzeuge (EIS-Generatoren) zu verstehen, die solche komplexen Analysen bewerkstelligen. Beispielsweise gehört detailliertes „Tiefbohren" *(Drill down)* zu diesen Werkzeugen.

Für ein solches Data Warehouse kommen nur hoch entwickelte, relationale Datenbanktechniken in Frage. Sind die Daten einmal in restrukturiertem, gesäubertem und konsistentem Format vorhanden, können sie, wo dies sinnvoll und notwendig erscheint, voraggregiert und dann systemtechnisch flexibel ausgewertet werden. Solche Anwendungen stellen hohe Anforderungen an die unterliegende Rechnerplattform:

- Bedingt durch die zahlreichen Einzelgeschäftsvorfälle wächst ein Data Warehouse sehr schnell in eine Größenordnung von mehreren hundert Gigabyte. Die Hardwareplattform muß daher skalierbar sein, d.h. hinsichtlich Speicherkapazität und Abfrageanforderungen flexibel mitwachsen.

- Ob ein Geschäft abgeschlossen wird oder nicht, hängt zunehmend von den Ergebnissen der Recherchen im Data Warehouse ab. Damit ist ein solches System eine Art Nervenzentrum für viele geschäftskritische Bereiche der Bank. Es muß deshalb – wie viele operative Geschäftsanwendungen auch – ständig verfügbar sein. Das gilt nicht nur für die Systemplattform. Auch die Erweiterung der Daten und ihre Reorganisation muß ständig möglich sein, ohne daß es zu Arbeitsunterbrechungen kommt. Die Basistechnologie muß in der Lage sein, komplexe Fragen in einer zumutbaren Zeit zu beantworten. Außerdem muß sie viele relativ einfache Fragestellungen, die simultan eingehen, schnell beantworten können.

3.3 Führungsinformationssysteme

Basierend auf den Informationen des Data Warehouse können Führungsinformationssysteme aufgebaut werden, die vor allem das Top-Management bei der strategischen und operativen Führung der Gesamtbank bzw. ihrer Teilbereiche unterstützen.[2] Ein direkter Zugang der Manager zu den Informationen über Bildschirme scheiterte bisher meist an der komplizierten Bedientechnik und an den relativ starren Abfragestrukturen. Die Controllingbereiche wurden daher zum Bindeglied zwischen dem Führungsinfor-

---

[2] Vgl. Diebold Deutschland GmbH (1994); Moormann, J. (1994).

mationssystem und dem mit geeigneten Informationen zu versorgenden Management. Dieser Tatbestand hat sich aber zwischenzeitlich aufgrund der technologischen Entwicklungen im Hinblick auf effiziente und schnelle Direktabfragemöglichkeiten gewandelt. Um dem Informationsbedarf der Manager gerecht zu werden, sollten Führungsinformationssysteme vor allem folgende Anforderungen erfüllen. Sie sollen

- Ergebnisse und Entscheidungsauswirkungen frühzeitig sichtbar machen (Aktualität),
- Informationen auf das für die Geschäftssituation wesentliche beschränken (Relevanz),
- sich am konkreten Bedarf nach Informationen orientieren (Flexibilität),
- einfache Technik und leichte Bedienbarkeit sicherstellen (Komfortabilität) und
- sowohl eine grafische als auch datenmäßige Aufbereitung der Informationen bieten (Variabilität).

3.4 Neuere Entwicklungen

Im Rahmen offener Systemarchitekturen werden heute vermehrt Datenbankmanagementsysteme präferiert, die mit der Fähigkeit zur Datenreplikation ausgestattet sind. Im Gegensatz zum sogenannten *Two-Phase-Commit-Protokoll*, bei dem ein Datenaustausch nur möglich ist, wenn alle Rechner online sind, ermöglicht die Replikation auch einen Datentransfer in dem Fall, wenn nur einziger Server arbeitet. Die anderen Rechner werden automatisch auf den aktuellen Stand gebracht, sobald sie wieder online am Netz sind.

Durch die logische Verknüpfung von sogenannten *Data Marts*, die wiederum mit Hilfe der Replikationsfunktionen arbeiten, können zukünftig – anstelle eines zentralen Data Warehouse – quasi virtuelle Data Warehouses erzeugt werden. Dies verbessert nachhaltig die gesamte Systemperformance und beschleunigt außerdem den zweckorientierten Informationsaustausch.

Das Forschen nach besonders marketing- und/oder controllingrelevanten Sachverhalten über (verborgene) Zusammenhänge von Daten und Informationen, die einer expliziten Aufmerksamkeit unterliegen bzw. auf besonderes Verhalten schließen lassen, kann zukünftig durch elektronische Programme – sogenannte intelligente Agenten – durchgeführt werden. Diese elektronischen Helfer durchforsten selbständig nach vorgegebenen Kriterien die Datenbanken, fügen die gewünschten Sachverhalte zusammen und bereiten sie nutzerbezogen auf. Dieses sogenannte *Data Mining* erfolgt auf der Basis statistischer Analysen und Methoden der künstlichen Intelligenz.[3]

Ein Höchstmaß an elektronischer Unterstützung im Informations- und Kommunikationsaustausch versprechen die Entwicklungen *neuronaler Netze* (auch als künstliche Intelligenz bezeichnet). Mit Hilfe neuronaler Netze sollen elektronische Schaltkreise – quasi vergleichbar mit den Nerven des menschlichen Gehirns – miteinander verknüpft werden. Informationen aus unterschiedlichen Anwendungen, die jeweils einzeln für sich nur wenig steuerungsrelevante Aussagen ergeben, können vom Rechner miteinander

---

[3] Vgl. Steiner, A. (Beitrag in diesem Buch).

verbunden oder in Beziehung gebracht und dann bewertet werden. Dadurch wird es möglich, daß Rechnersysteme eigenständig – nach vordefinierten Regeln und Anforderungen – Trends erkennen, Prognosen erstellen und Entscheidungen im Sinne der Aufgabenstellung fällen oder zumindest vorbereiten. Dies kann als ein weiterer technologischer Quantensprung im Hinblick auf ein umfassendes, technisch gesteuertes Wissensmanagement, insbesondere für die Zwecke strategischer Managemententscheidungen sowie des Controlling, Marketing und der kundenbezogenen Vertriebsunterstützung bezeichnet werden.

3.5 Ergänzende Modelle und Systeme

Im Finanzsektor sind erfahrungsgemäß enorm viele kundenspezifische Daten, die zudem noch sehr sensibel und schutzbedürftig sind, zu erfassen, zu verarbeiten, zu speichern und für die bedarfsorientierten Zwecke des Controlling, Marketing, Vertriebs etc. als Management- oder Kundenberatungsinformation aufzubereiten. Für die Analyse von Kundendaten und weiterer Informationen, gerade im Investment Banking und Kreditgeschäft, stehen zusätzliche Beurteilungs- und Auswertungsmethoden zur Verfügung. So kann mit Hilfe von Kredit-Scoring-Modellen ein recht objektiver Eindruck von der Bonität/Kreditwürdigkeit eines Kunden gewonnen werden. Die Ergebnisse dieser Modelle können dann wiederum in den Datenpool des umfassenden Führungsinformationssystems einfließen.

Aufgrund der künftigen gesetzlichen Vorschriften für das Risikomanagement (z.B. Mindestanforderungen für das Betreiben von Handelsgeschäften) muß in Kreditinstituten eine Vielzahl von Front-, Middle- und Back-Office-Systemen – bisherige Insellösungen, die auf ganz heterogenen Plattformen basieren – integriert werden. Hierzu ist vor allem ein aktives, zukunftsweisendes Schnittstellenmanagement oder – soweit das zeitlich und kostenmäßig sowie organisatorisch überhaupt so kurzfristig möglich ist – die komplette Reorganisation der gesamten DV-Landschaft erforderlich. Andererseits behindert dieser DV-Engpaß eine zeitnahe, zuverlässige und vollständige Information des Managements bei der Umsetzung der angestrebten Ertrag/Risiko-Relationen der Bank.

4. Konkretisierung am Beispiel von SAP R/3

4.1 Anwendungssysteme auf der Basis von Standardsoftware

Eine moderne, integrierte Anwendungsarchitektur, die die Anforderungen einer controllingorientierten Informationsversorgung erfüllt, soll am Beispiel der R/3-Technologie[4] der SAP AG dargestellt werden. Abbildung 2 zeigt die Einbindung der SAP-Produkte in die DV-Landschaft eines Kreditinstituts.

---

[4] Vgl. Buck-Emden, R./Galimow, J. (1995).

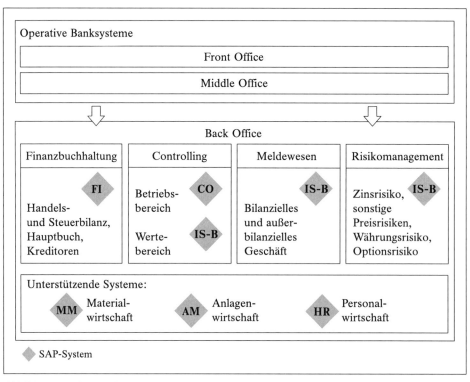

Abbildung 2: SAP-Produkte für Banken

Mit Hilfe des SAP-Systems R/3 können zum einen alle notwendigen betriebswirtschaftlichen Anforderungen und Zielsetzungen abgebildet werden, und zum anderen kann die Integration des Controllingsystems in das gesamte Informationssystem der Bank hergestellt werden. Die zielgerichtete Parametrisierung der betriebswirtschaftlich-organisatorischen Funktionen bewirkt aufgrund der Systemintegration einen konsequent durchlaufenden Datenfluß im Controllingprozeß.

4.2 Branchenlösung für Banken (SAP Banking)

Die Branchenlösung für Banken (*SAP Banking*, auch *Industry Solution Banking, IS-B*)[5] setzt auf die R/3-Standardkomponenten aus den Bereichen Controlling, Rechnungswesen, Personalwesen, Materialwirtschaft und Projektmanagement auf und ergänzt diese um einen Datenpool für die benötigten Stamm- und Bewegungsdaten der bankspezifischen Einzelgeschäfte aus den operativen Banksystemen (Abbildung 3).

---

[5] Vgl. SAP AG (1996).

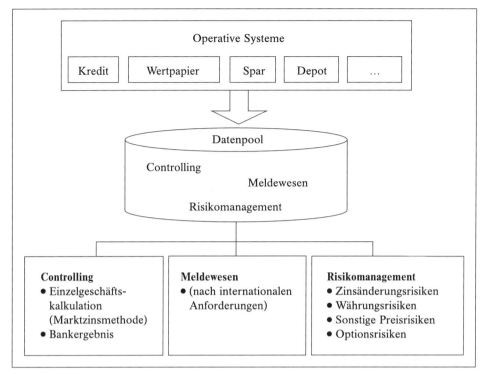

Abbildung 3: Komponenten von SAP Banking

Mit den Funktionsbausteinen von SAP Banking können somit spezifische Problemstellungen gelöst werden, z.B.

- für das Controlling die Einzelgeschäfts-/Einzelbestandskalkulation und die Bank-Ergebnisrechnung,
- für das Risikomanagement Analysen der Marktrisiken nach dem Value-at-Risk-Ansatz sowie nach der Gap-Analyse und der Barwertmethode,
- für das Aktiv/Passiv-Management What-if-Analysen und Simulationsrechnungen auf der Basis der Marktzinsmethode sowie
- für das externe Meldewesen die Zurverfügungstellung der erforderlichen Daten zwecks Weiterleitung durch ausführende länderspezifische Meldesysteme.

Sind keine SAP-Standardanwendungen im Einsatz, werden die Buchhaltungsinformationen dem Datenpool über eine Standardschnittstelle zur Verfügung gestellt. Somit bietet SAP mit seinen Anwendungen eine komplette Back-Office-Lösung, mit der Banken die Controlling-, Buchhaltungs- und Risk-Management-Anforderungen sowie das gesetzlich erforderliche Meldewesen unter Berücksichtigung der aktuellen Auskunftsbereitschaft gemäß Fünfter und Sechster KWG-Novelle abbilden bzw. ausführen können.

Ergänzend ermöglicht die Währungsbuchhaltung, als integraler Bestandteil des Hauptbuchs, die Aufzeichnung aller Geschäftsvorfälle in Transaktions-, Haus- und Konzernwährung zu historischen Werten – eine unabdingbare Voraussetzung für multinational agierende Banken. Parallele Währungsbücher sind ein wichtiges Instrument, um die Anforderungen zu erfüllen, die sich aus der Einführung des Euro in der Doppelwährungsphase zur Etablierung der europäischen Währungsunion ab 1. 1. 1999 ergeben. Dank der modularen Struktur kann jede Bank die Branchenlösung entsprechend ihren jeweiligen Schwerpunkten flexibel aufbauen und erweitern.

4.3 Das Executive Information System SAP-EIS

Das Werkzeug SAP-EIS bildet die Integrationsplattform für Daten aus unterschiedlichen DV-Systemen. Die Systemfunktionen ermöglichen die Selektion und Umsetzung der Informationen für ein strategisches Berichtswesen. Die Flexibilität des Systems gewährleistet eine individuelle Ausrichtung des Berichtswesens an den tatsächlichen Informationsbedürfnissen des Anwenders, wobei vor allem den Belangen des Controlling Rechnung getragen wird. Das System unterstützt die schnelle Reaktion auf kurzfristige Anfragen sowie spezifische Rechercheaufträge des Managements, die über den standardmäßig vorhandenen Umfang des Berichtswesens hinausgehen. Gleiches gilt für Anpassungen, wenn sich Berichtsstrukturen ändern oder neue Anforderungen integriert werden müssen.

Kernelemente von SAP-EIS sind eine eigene, frei definierbare Datenbank sowie ein Werkzeug für die Versorgung der Datenbank mit Informationen. Der Datenzufluß erfolgt sowohl aus SAP-Anwendungen wie auch aus Fremdsystemen und externen Quellen, wie z.B. Informationsdiensten, Wirtschaftsdatenbanken oder Partnerunternehmen. Die eigene Datenhaltung im EIS-System ermöglicht eine schnelle Aufbereitung und Bereitstellung von Informationen, unabhängig von möglichen Engpässen anderer Rechner.

Im Präsentationsteil bietet SAP-EIS Werkzeuge für die freie Recherche. Damit können Stabsstellen, Controller oder andere mit der Informationsaufbereitung betraute Mitarbeiter im EIS-Datenbestand navigieren, unterschiedliche Analysepfade öffnen, Hitlisten erstellen sowie Kennzahlen bilden und Berichtsstrukturen beliebig gestalten.

5. Ausblick

Die Entwicklung geht derzeit eindeutig zum technologisch dominierten Banking. Davon ist das Bankcontrolling besonders betroffen. Neue Technologien werden die bankbetriebliche Transparenz weiter erhöhen und damit die Steuerung von Kreditinstituten erleichtern.

Der Einsatz von Standardsoftwarekomponenten unterstützt die Bemühungen, die oftmals monolithische Bankensoftware wieder überschaubar und handhabbar zu machen. Von besonderer Bedeutung sind dabei offene Schnittstellen, um einen ungehinderten

Datenfluß zwischen den verschiedenen IT-Komponenten zu ermöglichen. Auf diese Weise kann das Controlling die erforderlichen Daten in einem Data Warehouse zusammmenführen und für Auswertungen verwenden. So läßt sich die enorme Datenmenge, die in Kreditinstituten anfällt, zu Informationen (im Sinne von zweckorientiertem Wissen) transferieren. Durch die Zuverfügungstellung zum Beispiel im Rahmen eines Führungsinformationssystems lassen sich die Informationen im Bankmanagement für operative und strategische Entscheidungen nutzen.

Literaturhinweis:

BUCK-EMDEN, R./GALIMOW, J., Die Client/Server-Technologie des SAP-Systems R/3, Bonn 1995.
DIEBOLD DEUTSCHLAND GMBH, Lean Reporting und Führungsinformationssysteme bei Finanzdienstleistern, Teilbereich Kreditinstitute, Studie, Eschborn/Ts. 1994.
DUBE, J., Informationsmanagement in Banken, Wiesbaden 1995.
MOORMANN, J., Lean Reporting für die Spitze, in: Die Bank, Nr. 11, 1994, S. 686–690.
SAP AG, Standardsoftware für Banken, Produktbeschreibung, Walldorf 1996.

Werner Gothein/Karsten Wohlenberg

IT für das Risikomanagement in der Gesamtbank

1. Steuerung von Risiko und Return
    1.1 Konzeption der Steuerung
    1.2 Methodik zur Quantifizierung
2. Konsumenten von Risikomanagementinformationen
3. Unterschiedliche Aktualität der Informationen
4. Performance und Komplexität der Methodik
5. Systeme für das Risikomanagement
    5.1 Anforderungen
        5.1.1 Marktpreisrisiko
        5.1.2 Adressenausfallrisiko
        5.1.3 Ergebnisrechung
        5.1.4 Marktkonformität
        5.1.5 Back Testing
        5.1.6 Generelle Anforderungen
        5.1.7 Der Stolperstein: Datenanforderungen und Qualität
    5.2 Strategien zur Architektur
        5.2.1 Anwendungsbasierte Systeme
        5.2.2 Framework-basierte Systeme
        5.2.3 Komponentenbasierte Ansätze
6. Projektdurchführung
7. Resümee

1. Steuerung von Risiko und Return

1.1 Konzeption der Steuerung

Das Kapital einer Bank sollte als knappe Ressource gezielt in jenen Bereichen arbeiten, in denen es den insgesamt größten Output erzielt. Eine Maximierung dieses Output könnte theoretisch so erfolgen, indem das größtmögliche Risiko eingegangen wird: Je höher das Risiko, desto mehr Ertrag verspricht die Kapitalmarkttheorie. Die Risikopolitik des Unternehmens schiebt dem jedoch tatsächlich einen Riegel vor. Auf Basis der Unternehmensziele und davon abgeleiteten Geschäftsstrategien existieren Vorgaben, welche Risiken im Rahmen des Geschäftsumfanges eingegangen werden (Marktrisiken, Ausfallrisiken, Liquiditätsrisiken, operationale und rechtliche Risiken) bzw. wie groß diese Risiken maximal werden können. Diese Obergrenze ist das Risikolimit und bildet ein wesentliches Element der Unternehmenssteuerung. Sie steht in einem engen logischen Zusammenhang mit Ertragszielsetzungen, welche durch den Einsatz dieses – explizit limitierten – Risikokapitals erreicht werden sollen. Ein Steuerungskonzept beinhaltet neben diesen vorgegebenen Risikolimiten und Zielsetzungen zwei weitere wichtige Komponenten: Die Quantifizierungsmethodik für das Risikokapital und die Allokationskriterien auf die verschiedenen Unternehmensaktivitäten.

1.2 Methodik zur Quantifizierung

Für die Quantifizierung gibt es grundsätzlich zwei Kategorien von Ansätzen: extern vorgeschriebene sowie interne Erweiterungen.

In den 90er Jahren wurden eine Reihe neuer Richtlinien von verschiedenen Institutionen (G30, BIZ) verabschiedet, die angeben, welche kritischen Punkte insbesondere im Umgang mit Derivaten zu berücksichtigen sind. Darauf folgend hat der Gesetzgeber in Form von Kapitaladäquanzrichtlinie, Mindestanforderungen für das Betreiben von Handelsgeschäften und der Novellierung des KWG eine Reihe von Bestimmungen verabschiedet, welche eine umfassende Restrukturierung des Risikomanagements in den Banken nach sich zieht. Im wesentlichen handelt es sich dabei um

- die Einrichtung eines unabhängigen Risikocontrolling zur Verifikation von Annahmen, Methoden und Berichten,
- die zunehmende Verwendung von aktuellen Marktpreisen für die Bewertung der Transaktionen und die darauf basierende Risikoanalyse – verbunden mit der Annäherung an die intern verwendeten, feineren Ansätze der Risikosteuerung – sowie
- die konsolidierte Betrachtungsweise hinsichtlich der verschiedenen Risiken und die Zeitnähe deren vorgeschriebener Beobachtung.

Die Quantifizierung erfolgt durch komplexere Methoden als in der Vergangenheit. Die resultierenden Größen werden dann in Relation zum haftenden Eigenkapital der Bank gesetzt, wodurch Obergrenzen für den Umfang der Geschäfte insgesamt oder bezüglich einzelner Kontrahenten entstehen. Die ermittelten Kennzahlen sind den Aufsichtsbehörden regelmäßig zu melden.

Da diese externen Ansätze eine breite Gültigkeit haben müssen, sind sie teilweise nicht ideal zur Steuerung des jeweiligen Unternehmensrisikos geeignet, sondern bieten trotz der analytischen Verfeinerungen lediglich pauschale Größenordnungen. Es fehlt an der notwendigen Individualität und Feinheit ab einer bestimmten Komplexität des Geschäftes, welche in der Regel früher erreicht ist, als dies intern gern zugegeben wird. Die Risiken werden dadurch teilweise ignoriert, unterschätzt oder überschätzt. Das führte zur Entwicklung von sogenannten *internen Methoden bzw. Modellen* zur Risikomessung. Sie sind wesentlich besser zur Steuerung geeignet und werden zunehmend auch für das externe, gesetzliche Reporting zugelassen (derzeit für das Marktrisiko, demnächst voraussichtlich für die Ausfallrisiken). In diesen internen Modellen wird unter Berücksichtigung der Risikoneigung der Kapitalgeber ein Sicherheitsniveau definiert, das für alle zu ermittelnden Kennzahlen der Risikosteuerung Gültigkeit besitzt. Mittels statistischer Analysen – auf der Basis von historischen Marktbewegungen und Ausfallraten – sind Szenarien zu erarbeiten und auf das aktuelle Geschäft mittels verschiedenster Simulationen anzuwenden. Solche Simulationen sind empirische Verfahren, Methoden aus dem Portfoliomanagement oder komplexe analytische oder numerische Verfahren (z.B. Monte-Carlo-Simulationen). Das Resultat der Simulationen sind Kennzahlen für mögliche Verluste mit einem bestimmten Konfidenzniveau. Diese Kennzahlen sind durch ein hierfür gewidmetes ökonomisches Risikokapital zu unterlegen. Worst-Case-Szenarien, Stress-Tests, zusätzliche Korrelationen etc. ergänzen diese Informationen und bilden das Kernstück der eigentlichen Risikosteuerung. Die ermittelten Kennzahlen werden dann ergänzend zu den gesetzlichen Vorgaben für das Eigenkapital bezüglich ihrer Höhe limitiert. Sie erlauben aber auch weiterführende Ex-post-Analysen: Mit welchem Risiko wurde welcher Ertrag in welchem Unternehmensbereich mit welchem Kunden oder Produkt erzielt. Dadurch können wertvolle Rückschlüsse für die angesprochene Allokation von Risikokapital getroffen werden. Einzelne Unternehmenseinheiten werden bevorzugt mit Risikokapital ausgestattet, der Produktmix ist anzupassen, die Kundenstruktur zu optimieren. Durch diese Analysen entsteht ein hoher Nutzen im Sinne des strapazierten Shareholder Value, auch die Mitarbeiter und Kunden profitieren langfristig. Außerdem handelt es sich um eine Schlüsselfunktion in der Stärkung der Wettbewerbsposition der Bank. Die eingeführte Steuerung führt zu einem wesentlich besseren Verhältnis zwischen Ertrag und dafür notwendigem Risiko – alles innerhalb vorgegebener Grenzen. Nur das ist erfolgreiche Steuerung von Risiko und Return.

2. Konsumenten von Risikomanagementinformationen

Wer benötigt nun diese Kennzahlen? Die organisatorischen Vorgaben im Rahmen der beschriebenen Steuerung sehen eine Reihe von Kernanwendern vor:

Der *Vorstand* benötigt zumindest tagesaktuell eine Übersicht über die Auslastung der vorgegebenen Obergrenzen und der erzielten Ergebnisse. Dabei sind für die Übersichtlichkeit hoch aggregierte Zahlen hilfreich, welche ein schnelles, konsistentes, integriertes Verständnis der aktuellen Situation unter Berücksichtigung aller Aktivitäten ermöglicht. Das Risiko bezüglich potentieller Marktbewegungen oder des potentiellen Ausfalls großer Engagements, die größten Ergebnisschwankungen im Rahmen der täglichen Mark-to-Market-Bewertung. Falls außergewöhnliche Ereignisse auftreten, ist eine schnelle Analyse bezüglich der Ursachen zu ermöglichen; das bedeutet eine schichtweise Auflösung des Aggregationsgrads *(Drill down)*, um einzelne Risikofaktoren oder Transaktionen transparent zu machen und Entscheidungen bezüglich des weiteren Vorgehens zu ermöglichen. Es handelt sich somit um wenige, ausgewählte Kennzahlen – falls möglich zusätzlich grafisch aufgearbeitet und auf ein bis drei Seiten dargestellt.

Das *Risikomanagement* mit der unmittelbaren operativen Verantwortung für das Ergebnis einzelner Bereiche (Handelsabteilung, Kreditabteilung, evtl. Asset Liability Committee) braucht jeweils den relevanten reduzierten Ausschnitt, welcher zum Verantwortungsbereich paßt, jedoch unter Umständen immer noch auf konsolidierter Basis für das gesamte Unternehmen (Kontrahentenausfall, marginales Risikokapital einer Transaktion). Dieser bezüglich Aggregation und Breite reduzierte Ausschnitt bedarf jedoch wiederum einer größeren Zeitnähe, als dies für die aggregierten Vorstandsinformationen notwendig ist. Die Entscheidungen mögen zwar von ihrer Natur her mehr steuernden als operativen Charakter haben, werden jedoch regelmäßig getroffen, also nicht nur in Ausnahmesituationen.

Die *operativ handelnden Organe* bedürfen der gleichen Kennzahlen wie der Vorstand, jedoch detaillierter (d.h. einzelgeschäftsbezogen). Bewertungen und Risikokennzahlen sind dabei so zeitnah zur Verfügung zu stellen, daß eine sofortige Entscheidung bezüglich einer bestimmten beabsichtigten Transaktion möglich ist. Zu beobachten sind die Einhaltung von Risikolimiten, welcher Zielbeitrag anvisiert oder bereits realisiert wird, welche weiteren Transaktionen zu veranlassen sind, um die Absicherung von Risiken oder die Refinanzierung zu gewährleisten etc. Der notwendige Ausschnitt ist auf den Verantwortungsbereich konzentriert, unter Umständen jedoch weiter anzureichern bzw. zu konsolidieren. Letzteres stellt eine große technische Herausforderung dar.

Das *Risikocontrolling* versorgt alle drei bisher genannten Gruppen mit unabhängig ermittelten Kennzahlen. Der Vorstand erhält verifizierte und zusätzliche Ergebniskennzahlen und Limitreports, Analysen bezüglich des risikoadjustierten Erfolgs eines Geschäftsbereichs, einer Produkt- oder Kundengruppe. Alle verwendeten Daten und Parameter sind entsprechend nachvollzogen, ohne den Interessenskonflikt einer Erfolgsabhängigkeit. Auch das Risikomanagement und die operativen Organe profitieren von den Analysen, da hier eine konsolidierte und vergleichende Sicht angeboten wird, welche nicht unter dem Druck einer Online-Verfügbarkeit ermittelt wurde. Differenzen zwischen Zahlen des Controlling und des Managements führen in der Regel zu intensiven Dialogen zur Klärung von Unterschieden, wobei nicht selten lediglich die Datenbasis als verantwortlich entlarvt wird.

Nicht zu vergessen sind die Verantwortlichen für das (externe) *Meldewesen*, welche die gesetzlich vorgeschriebenen Reports erstellen und an die Aufsichtsbehörden weitergeben. Die Analysen erfolgen auf der gleichen Datenbasis wie die interne Steuerung, jedoch mit regelmäßig abweichender (gesetzlicher) Methodik. Die Kennzahlen unterscheiden sich daher häufig und sind weniger zeitkritisch bezüglich ihrer Ermittlung.

3. Unterschiedliche Aktualität der Informationen

Die höchsten Anforderungen an die Aktualität der Informationen stellt der operativ Handelnde. Der herangezogene Daten- und Parameterstand sollte sich auf dem letzten Stand befinden, d.h. alle anderen Transaktionen und Informationen berücksichtigen. Nur dann kann als gesichert gelten, daß Risikolimite tatsächlich nicht überzogen werden und Entscheidungen bezüglich der Risikosteuerung die beabsichtigte Wirkung zeigen. Besonders für das Ausfallrisiko ergeben sich hier zusätzliche Herausforderungen, da nur eine konsolidierte Sicht über alle Geschäfte ein richtiges Bild ergibt. Die Analyse des Marktrisikos dagegen ist auch ausschnittsweise möglich, wobei die marginale Inanspruchnahme von Risikokapital wiederum eine Aggregation verlangt.

Ein Problem ergibt sich aus der theoretischen Doppelbelastung dieser Online-Analysen durch die Berücksichtigung gesetzlich vorgeschriebener Methoden. Diese können jedoch unter Beeinträchtigung der optimalen Risikokapitalnutzung konzeptionell berücksichtigt werden. Eine einheitliche Limitierung für gesetzliche und interne Vorgaben ist zu definieren. Die Einheitlichkeit fordert ihren Preis in Form von notwendigen Puffern bei der Formulierung der Obergrenzen und daher teilweise unproduktivem Kapital. Das gilt für alle Puffer, welche auf der Basis von Systemunzulänglichkeiten konzeptionell bzw. organisatorisch gebildet werden müssen. Die dabei entstehenden Opportunitätskosten sind den notwendigen Investitionen in Verbesserungen der Systeme entgegenzuhalten.

Die Anforderung „online" gilt prinzipiell auch für das Risikomanagement, insofern hier operative Transaktionsentscheidungen getroffen werden. Ansonsten ist für die Übersicht eher das Gesamtbild in bestimmten Abständen notwendig, insbesondere im Hinblick auf die eingegangenen Marktrisiken. Daher können Teilaggregationen unter Umständen über einen größeren Teil des Geschäfts hinweg mehrmals täglich ein kompletteres Bild geben, als online möglich.

Das Controlling benötigt, neben der Möglichkeit zur Einsicht in die eventuell vorhandenen Online-Systeme, maximal einmal tägliche Aktualität; teilweise werden solche Analysen wöchentlich, monatlich etc. durchgeführt. Wichtig ist in diesem Zusammenhang lediglich, daß der Cut-off-Zeitpunkt für alle Daten einheitlich erfolgt, damit das Ergebnis nicht verzerrt wird. Inkonsistente Bestände oder Parameter können einer Aussage hinsichtlich Marktwert oder Risiko jeglichen Sinn nehmen. Das tägliche unabhängige Reporting des Controlling erfolgt unmittelbar an verschiedene Bereiche des Unternehmens (Vorstand, Senior Management, Meldewesen).

4. Performance und Komplexität der Methodik

Das Thema Risiko stellt einige Herausforderungen an die Leistungsfähigkeit eines Systems. Für die Simulation des *Marktrisikos* werden Marktparameter „geschockt", d.h. der Ursprungswert wird je nach verwendeter Methode zwischen einmalig *(Worst-Case-Szenario)*, einige Male *(Kovarianz)*, ein paar Hundert Male *(Historische Simulation)* bis zu tausendfach (Monte-Carlo-Simulation) nach oben oder unten bewegt. Mit dem jeweils neuen Wert findet auch eine neue Bewertung der Position statt. Die Differenz zwischen Original- und Simulationswert ergibt abschließend eine Aussage bezüglich geschätzter Chance und Risiko. Die beschriebene Schock-Prozedur ist generell für jeden Parameter (Risikofaktor) durchzuführen, es handelt sich in der Regel um eine Anzahl von einigen Hundert bis zu mehreren Tausend, abhängig vom Geschäftsportfolio des Unternehmens. Wieder andere Verfahren bauen auf partiellen Ableitungen auf und versuchen, das Risikoprofil in Abhängigkeit von der vorgegebenen Konfidenz aufzubauen. Diese Verfahren sind relativ schnell, aber unter Umständen entsprechend ungenau. Als Hilfsmethode zur Ermittlung partieller Ableitungen und deren Limitierung bieten sich diese Verfahren auf jeden Fall an.

Eine weitere Steigerung der Anforderungen bedeutet die Ermittlung der Exposure für das *Ausfallrisiko*. Es ist dabei jedes Geschäft bis zum Ende seiner Laufzeit mehrmals der vorher beschriebenen Prozedur für die Simulation des Marktrisikos zu unterziehen, um pro Kontrahent und Transaktion die potentielle Exposure in Abhängigkeit von der Zeit darstellen zu können. Hier findet oftmals eine Limitierung statt, denn es bedeutet streng genommen die Anforderung „Echtzeit" im Bereich der operativen Entscheidungen. Anschließend sind noch die Ausfallwahrscheinlichkeiten pro Kontrahent und über alle Transaktionen hinweg pro Zeitabschnitt zu simulieren, um Risikokapital ermitteln zu können. Derzeit besteht kaum eine Möglichkeit dies zeitnah durchzuführen. Außerdem existieren als weitere Erschwernis Anforderungen, wie die Berücksichtigung der organisatorischen Verflechtung bzw. anderer Zusammenhänge zwischen verschiedenen Kontrahenten oder Regelungen, welche für ein mögliches Netting der Ansprüche und die Berücksichtigung bzw. Bewertung von Sicherheiten gelten.

Zum Idealfall der Online-Simulation mit einer großen Anzahl von Transaktionen mittels vieler Szenarien, mit verschiedenen Restlaufzeiten, ohne bemerkenswerte Antwortzeiten, führt im Falle fehlender Rechnerleistung die konzeptionelle oder organisatorische Anpassung der Vorgaben. So ist es ohne weiteres möglich, über entsprechende Kompressionen der Markt- oder Kontrahentenexposure im Laufe von extensiven Analysen über längere Zeiträume in einem dispositiven Umfeld Daten zu ermitteln, welche den operativen Systemen anschließend zur Verfügung gestellt werden. Das erspart einen großen Teil des Rechenbedarfs im Online-Bereich, führt bei kurzfristigen Veränderungen im Bereich Portfoliostruktur, Markt- oder Kontrahentenrisiko aber unter Umständen zu extremen Verzerrungen. Das Gleiche gilt für die zu verwendenden Szenarien, welche durch aufwendigere Analysen angereichert werden können. Zusätzlich können Limite auf verschiedenen logischen Ebenen eingezogen werden, um die Möglichkeiten des wirtschaftlich Machbaren im Rahmen der Aktivitäten zu reflektieren.

5. Systeme für das Risikomanagement

Zuvor wurden die eigentlichen Zielsetzungen angesprochen, die das Management von Finanzdienstleistern mit der Implementierung von Risikomanagementsystemen verbindet. Ihre Implementierung ist allerdings gegenwärtig vielfach durch erneute Novellierung des Kreditwesengesetzes induziert. Hierbei stehen die Gesetzesanforderungen und ihre zeitgerechte Umsetzung im Vordergrund, was dazu führt, daß die Erfüllung der Anforderungen, die sich aus den zuvor genannten fachlichen Bedürfnissen ableiten, mit weniger Energie betrieben werden. In vielen Fällen trifft man folglich immer wieder auf die allseits bekannte Zwischenlösung, der ein längeres Dasein beschieden ist, als ihr ursprünglich zugestanden werden sollte.

In den folgenden Abschnitten beschreiben wir deshalb zunächst typische Anforderungen, wie sie in verschiedenen uns bekannten Anforderungskatalogen in ähnlicher Form festgelegt worden sind. Daraufhin werden unterschiedliche Architekturen dargestellt. Der Erfolg ihrer Umsetzung ist dabei in hohem Maße von der zur Verfügung stehenden Technologie abhängig, die hierzu in Beziehung gesetzt werden muß.

5.1 Anforderungen

Die wesentlichen Anforderungen an ein Risikomanagementsystem lassen sich in die Kategorien Marktpreisrisiko, Adressenausfallrisiko, Ergebnisrechnung (Profit & Loss, P&L), Marktkonformität der getätigten Handelsgeschäfte und das Back Testing der verwendeten internen Modelle gliedern. Hierfür sind sämtliche relevanten Geschäfte in einem einheitlichen Format zu sammeln und zu speichern. Dies geschieht in den meisten Fällen in einer zentralen Datenbank, dem Data Warehouse.

5.1.1 Marktpreisrisiko

Für die Berücksichtigung von Marktpreisrisiken werden unterschiedliche Methoden vorgeschlagen, die in den implementierten Systemen durchweg mit Zugeständnissen an Möglichkeiten der vorhandenen Plattformen umgesetzt worden sind. Als Verfahren stehen die Varianz-Kovarianz-Simulation, die historische Simulation und die Monte-Carlo-Simulation im Vordergrund. Diese sind als Methodengruppen zu verstehen, die in unterschiedlichsten Ausprägungen implementiert worden sind. Alle Verfahren legen eine Reihe von Annahmen zugrunde, die in der Realität nur teilweise als erfüllt gelten können. Eine wissenschaftliche Absicherung, inwieweit die Nichterfüllung dieser Annahmen die Schätzergebnisse verzerrt, ist bislang nicht erfolgt und wohl generell auch kaum möglich. Die durch die Berechnungsvorgänge entstehenden Schätzfehler sind in vielerlei Hinsicht von der Zusammenstellung der betrachteten Portfolios abhängig. Im praktischen Einsatz zeigt es sich folglich als sinnvoll, verschiedene Methoden zu integrieren, um letztlich durch eigene Experimente auf den realen Geschäftsportfolios die Auswirkung unterschiedlicher Simulationsmethodik zu analysieren.

Entscheidend im technischen Zusammenhang sind, wie angesprochen, die unterschiedlichen Laufzeiten der Simulationen. Gegenüber der vergleichsweise schnellen Varianz-Kovarianz-Simulation können Monte-Carlo-Simulationen je nach Umsetzung und Geschäftsvolumen erhebliche Rechenlaufzeiten verursachen. Eine regelmäßige Berichterstattung nach dieser Methode, die gegenwärtig generell als die exakteste Variante gilt, ist folglich schwierig. Auch die historische Simulation führt zu längeren Laufzeiten. Ihr Vorteil liegt gegenüber der Varianz-Kovarianz-Methode in weniger restriktiven Annahmen. Die Ergebnisse sind jedoch hinsichtlich ihrer statistischen Eigenschaften weniger handlich und sehr vorsichtig zu interpretieren.

Bereits nach dieser knappen Diskussion des komplexen Themenkreises wird deutlich, daß die einzige und wahre Methode noch nicht gefunden ist. Um ein Risikomanagementsystem zu einem nützlichen Steuerungsinstrument eines Unternehmens auszubauen, ist es folglich hilfreich, verschiedene der genannten Methoden, ergänzt um Szenariosimulationen, zu integrieren.

5.1.2 Adressenausfallrisiko

Ein Risikomanagementsystem sollte Adressenausfallrisiken ermitteln. Hierbei spielt die Pflege und Haltung der Stammdaten in bezug auf die Daten der Kontrahenten eine entscheidende Rolle. Es werden alle Geschäfte (Handels- wie Nichthandelsgeschäfte, Zusagen und schwebende Geschäfte) mit allen relevanten Daten zur Ermittlung der Risiken benötigt. Die Aggregationen sollten sich auf Bonitätsklassen, Produkte, Länder, Branchen, Konzerne, Kontrahenten, Kunden etc. aber auch auf die Limit-Organisationseinheiten des Instituts (Händlertische, Handel, Kredit, Niederlassungen, usw) beziehen.

Unterschiedliche Limitierungsstandards und die Konsistenz der Limitsteuerung mit der verwendeten Risikomethodik stellt ein fachliches Problem dar, welches durch die technische Schwierigkeit, die errechneten Kennzahlen an den Entscheidungsträger zeitnah durchzureichen, erschwert wird. Da dem Händler üblicherweise nur ein kurzer Zeitraum für die Entscheidung zur Verfügung steht, sollten ihn die für die Entscheidung erforderlichen Informationen schnell erreichen.

Um Adressenausfallrisiken für das Kreditgeschäft zu errechnen, ist eine Anlieferung aller Geschäfte auf Einzeltransaktionsbasis erforderlich. Dabei ist eine parametrisierte

Darstellung der Einzeltransaktionen notwendig, da eine Abbildung als Reihe von Cash Flows keine adäquate Ermittlung der Einzelrisiken zuläßt.

5.1.3 Ergebnisrechnung

Das Ergebnis, welches zu den eingegangen Risiken in Beziehung gesetzt werden muß, steht für das Steuerungsinstrument und auch für das Berichtswesen im Vordergrund. Eine wichtige Anforderung an ein Risikomanagementsystem ist folglich die unabhängige Berechnung der Ergebnisse über einen bestimmten Zeitraum (Profit & Loss). Hierbei sollte es möglich sein, die realisierten von den unrealisierten Ergebnisbestandteilen zu trennen und die Kosten, die für die Refinanzierung der Geschäfte entstanden sind, in Betracht zu ziehen. Die Berechnung auf identischem Datenbestand und Methodik führt zu vergleichbaren Ergebnissen. Die Voraussetzung für die Bewertung der Bestände und folglich die Bestimmung des relativen Ergebnisses zu dem bewerteten Bestand eines in der Vergangenheit liegenden Zeitpunkts, ist die Bildung des Bestands. Genau dies erweist sich in der Realität für alle Produkte insofern als problematisch, als daß verschiedene Bestandsrechnungen der beteiligten Systeme abgeglichen werden müssen, da nur so die Konsistenz der zu berichtenden Kennzahlen gegeben ist.

5.1.4 Marktkonformität

Das System sollte die Möglichkeit bieten, für alle bislang integrierten Produkte eine Marktgerechtigkeitsprüfung durchzuführen. Es stellt sich hier wieder die Frage, ob es erforderlich ist, daß die Überprüfung zeitnah zum Handelszeitpunkt durchgeführt wird.

Für eine adäquate Marktgerechtigkeitsprüfung ist es erforderlich, daß eine hochfrequente Sammlung von Marktdaten während des Tages aufgebaut wird, die für die Prüfung herangezogen werden.

5.1.5 Back Testing

Ein wichtiges Steuerungsinstrument für die Bewertung der Prognoseergebnisse der Risikosimulationen ist das *Back Testing*. Mit Hilfe dieser Rückvergleiche wird der prognostizierte Value at Risk aus der Vergangenheit mit dem tatsächlich entstandenen Geschäftsergebnis verglichen. Dieses auch vom Gesetzgeber geforderte Verfahren bedingt jedoch, daß der Bestand der Geschäfte in dem Zustand eingefroren wird, der zu den Prognoseergebnissen konsistent ist. Wenngleich dieses Problem sich aus fachlicher Sicht zunächst als recht einfach darstellt, so ist die Bildung einer flexiblen „No Transaction P&L" technisch aufwendig, so daß man gezwungen ist, den Prüfzeitraum (auf meistens einen Tag) zu fixieren. Dennoch ist, insbesondere wenn ein längerer Prüfzeitraum fixiert wurde, eine Reihe von Portfolioeffekten zu bedenken, die das Ergebnis erheblich verzerren können.

Aus diesem Grund lohnt es sich darüber nachzudenken, einen alternativen Fachansatz zu suchen wie beispielsweise die rückwärtige Schätzung eines Value at Risk auf der Basis des heutigen Geschäftsbestands mit alten Marktdaten. Hierbei entfällt die Erfordernis, den Handelsbestand einzufrieren; gleichzeitig müssen jedoch zusätzliche Simulationen durchgerechnet werden.

Kurzum zeigt sich auch in diesem Abschnitt, daß eine einheitliche Betrachtungsweise nicht in Sicht ist. Darüber hinaus liegt aus statistischer Sicht bei den bislang offiziell vorgestellten Verfahren eine Reihe weiterer Probleme vor.

5.1.6 Generelle Anforderungen

Grundsätzlich stellt sich die Frage, mit welcher Aktualität die Ergebnisse aus den zuvor genannten Anwendungsblöcken zur Verfügung stehen müssen. Wenn Daten beispielsweise online zur Verfügung gestellt werden sollen, dann müssen die Geschäftstransaktionen realtime an das Risikomanagementsystem übergeben werden, welches in der Lage sein muß, mit verhältnismäßig aufwendigen Kalkulationen (Bewertung auf der Basis neu zusammengestellter Marktdaten, Simulation) diese ebenso schnell auszurechnen. Unter Rückgriff auf einige Kunstgriffe in der Bereitstellung der Daten ist es nicht ausgeschlossen, dies verhältnismäßig schnell darzustellen. Es ist jedoch wesentlich, das Gesamtsystem darauf auszulegen, daß nur die wirklich notwendigen Berechnungen schnell durchgeführt werden. Weitere Ergebnisse sollten am Tagesende oder „intraday" produziert werden.

Eine zentrale Fragestellung bei der Integration heterogener Systemwelten, insbesondere von Quellsystemen mit unterschiedlichen Standards zur Absicherung der Zuverlässigkeit der Daten, ist ihre Qualität. Die Wahrscheinlichkeit, daß sowohl die Geschäftsdaten als auch die für ihre Bewertung erforderlichen Marktdaten eine nicht unerhebliche Fehlerquote aufweisen, ist hoch. Folglich sind Maßnahmen vorzusehen, die diese Daten auf ihre Qualität prüfen und gegebenenfalls abweisen.

Für eine Reihe von Anwendungen ist es erforderlich, daß das einzelne Geschäft tatsächlich schnell zur Verfügung steht und somit im Data Warehouse vorgehalten werden sollte. Für andere der oben genannten Anwendungen ist es dagegen hilfreich, daß die einzelnen Geschäfte zu den jeweiligen Beständen aggregiert werden, die wieder die Basis weiterer Berechnungsschritte (Marktpreisrisiko, P&L) sind. Dies reduziert die Rechenlaufzeiten erheblich. Eine der schwierigsten Aufgaben ist in diesem Zusammenhang die konsistente Bildung von Beständen. Aufgrund der Vielzahl der Geschäftsprozesse (neue Geschäfte, auslaufende Geschäfte, Stornierungen, Ausübung von Optionsrechten), die die Bestandsbildung auf unterschiedliche Weise beeinflussen und die in einem einzelnen System nur sehr schwer bewältigt werden können, ist die Konsolidierung von Bestandsdaten zwischen den unterschiedlichen datenhaltenden Systemen eine enorme Hilfe. Es empfiehlt sich folglich zur Konsolidierung von Beständen eine Wahlmöglichkeit zu schaffen, diese von einem liefernden System zu importieren.

In Kreditinstituten wird eine Vielzahl teilweise sehr komplexer Produkte gehandelt. Der Produktkatalog verändert sich ständig und insbesondere das Risikomanagementsystem muß in der Lage sein, einen neu geschaffenen Instrumententyp adäquat zu behandeln.

Insbesondere bedeutet dies die Bewertung nach Mark-to-Market-Gesichtspunkten. Aus diesem Grunde sollte ein System, welches dieser Anforderung auf Dauer genügen soll, Möglichkeiten schaffen, die eine möglichst schnelle Integration dieser Typen ermöglichen.

5.1.7 Der Stolperstein: Datenanforderungen und Qualität

Auf der Ebene der Datenanforderungen sind für die Risikoanalyse die Vollständigkeit und Qualität der Transaktionsdaten und Parameter entscheidend. Jedoch genau an dieser Stelle liegt der größte Aufwand für Implementierungen, da Schnittstellen geschaffen und fehlende oder schlechte Daten ergänzt werden müssen.

Für eine vollständige Bewertung der verschiedenen Instrumente sind verschiedene Marktdaten erforderlich. Dabei ist zu beachten, daß die angeführten Daten für eine Tagesendbewertung einmal am Tag, für eine Prüfung der Marktgerechtigkeit zusätzlich als Intra-Day-Zeitreihe benötigt werden. Unabhängig von der Sammlung und Historisierung von aktuellen Marktdaten kann sich auch die Integration von Marktdatenhistorien als notwendig erweisen, um die notwendige Datenbasis für Simulationszwecke (historische bzw. Kovarianzsimulation) zu schaffen. Alle erfaßten Produkte müssen aufgrund der genannten Anforderungen auf Einzeltransaktionsebene erfaßt werden. Transaktionen sollten jedoch nicht einfach als Cash Flows, sondern zur vollständigen Bewertung mit komplettem Parametersatz angeliefert werden.

Die vollständige Integration von Stammdaten stellt sich in der Praxis immer wieder als ein aufwendiger Prozeß dar. Da bislang verschiedene bestehende Systeme auf diese Daten zurückgreifen mußten, stehen diese Daten häufig nur in veralteten Systemen zur Verfügung, die nur schwer den Anforderungen an die Flexibilität der zu schaffenden Schnittstellen genügen. Gleichzeitig entstammen diese Daten unterschiedlichen Kategorien, die zumeist in ganz unterschiedlichen Systemen gehalten werden.

Wertpapierstammdaten beschreiben transaktionsunabhängige Attribute von Wertpapieren, die für deren Bewertung unabdingbar sind. Ohne Stammdaten können die Geschäfte nicht adäquat behandelt werden und sollten von der Qualitätskontrolle abgewiesen werden. Darüber hinaus werden Kundenstammdaten und Länderstammdaten benötigt.

5.2 Strategien zur Architektur

In den zuvor skizzierten Anforderungen wurde bereits deutlich, daß beim Design einer Systemarchitektur eine Vielzahl von Entscheidungen zu treffen sind, die wiederum in hohem Maße schlicht davon abhängen, welche Möglichkeiten der technischen Umsetzung gegeben sind. Insbesondere sind hierbei die am Markt verfügbaren Softwarepakete zu betrachten, ebenso wie Datenhaltungs- und Middlewaretechnologie.

Eine Gemeinsamkeit aller am Markt erhältlichen Systempakete besteht darin, daß derzeit von den oben genannten Anforderungen immer nur ein Teil zufriedenstellend umgesetzt werden kann. Wir gehen in unserer Auffassung sogar noch einen Schritt weiter, als daß wir grundsätzlich in Frage stellen, ob heutige Technologie hinreichend ist, um diese Anforderungen zu erfüllen. Hierzu sollen in den nächsten Abschnitten beispielhaft verschiedene Systemarchitekturen skizziert werden, um so ein Bild einer vielleicht idealen (wenngleich vielleicht heute utopischen) Architektur zu entwickeln.

5.2.1 Anwendungsbasierte Systeme

Abbildung 1 skizziert den klassischen Ansatz. Aus einer Vielzahl von Quellsystemen, die hier in Front Office und Back Office gegliedert sind, werden verschiedene Daten in unidirektionalen Schnittstellen direkt vom Quellsystem zum Zielsystem überführt. Das bedeutet, daß für jedes System eine eigene Schnittstelle geschaffen werden muß, die das System direkt mit dem Zielsystem verbindet. Dies mag hinsichtlich der Bedürfnisse des

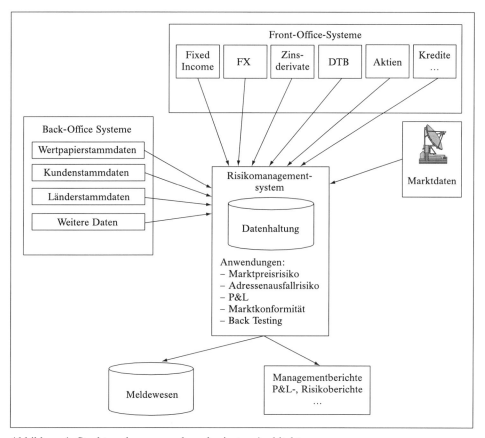

Abbildung 1: Struktur einer anwendungsbasierten Architektur

einzelnen Auftraggebers ausreichen, wenn alle weiteren Empfänger des Systems – wie hier exemplarisch das Meldewesen – komplett aus dem System heraus gespeist werden, was sicherlich nur in wenigen Fällen realistisch ist. Vielmehr besteht eine Vielzahl von Abhängigkeiten aus bestehenden Strukturen, wo bestimmte Informationen, die bislang beispielsweise vom Meldewesen angefordert worden sind, über die bestehenden Datenversorgungswege geschickt werden.

Das Risikomanagementsystem sammelt alle notwendigen Daten und stellt die gewünschten Auswertungen in einem System zur Verfügung. Dieser Ansatz ist verhältnismäßig schnell zu implementieren. Wie jedoch oben angesprochen, gibt es kein System, welches allen Anforderungen in gleicher Qualität genügt, so daß hier für einen gewissen Zeitraum Kompromisse hinsichtlich des Funktionsumfangs notwendig sind. Der Vorteil liegt in der klaren Trennung der Verantwortlichkeit verschiedener Systembestandteile. Ein Nachteil liegt in der Abhängigkeit von dem zentralen System, da in ihm eine Vielzahl von Funktionen enthalten ist und wenig Spielraum für eigene Experimente und Analysen besteht. Ein weiterer Nachteil liegt in der Art der Schnittstellen, der ihre Wiederverwendung erschwert. Falls weitere Systeme neben dem Risikomanagementsystem auf Daten der Quellsysteme angewiesen sind, dann ist für diese ebenfalls eine neue Schnittstelle zu schaffen. Unangenehm ist dies insbesondere dann, wenn ähnliche oder identische Produkte in verschiedenen Systemen eingegeben werden. Folglich ist Offenheit des Data Warehouse eine bedeutsame Anforderung. Es sollten Werkzeuge zur Verfügung stehen, die Geschäftsdaten und die Historien der generierten Marktdaten anderen Anwendungen zur Verfügung stellen, und die es erlauben, auf der Basis der importierten Originaldaten und der errechneten Daten eigene Berichte zu generieren.

5.2.2 Framework-basierte Systeme

Eine weitere Architekturvariante, bei der verschiedene der oben genannten starren Strukturen aufgelöst werden, ist exemplarisch in Abbildung 2 dargestellt. Dieses Design enthält gegenüber des zuerst vorgestellten Ansatzes zwei wesentliche Änderungen. Der Datentransport erfolgt über einen Informationsbus, der durch Middlewarearchitektur zur Verfügung gestellt wird. Das bedeutet, daß Systeme nicht mehr direkt miteinander verbunden sind. Stattdessen übernimmt die Aufgabe des Datentransports ein *Bus*, über den sämtliche Informationen geleitet werden können. Die Entwicklung von Schnittstellen führt zur logischen Abtrennung von Quell- und Zielsystem. In Form von Adaptern, die an den Bus angeschlossen werden, wird nur eine Schnittstelle erstellt. Ein Daten lieferndes System *(Publisher)* weiß folglich nicht mehr, welche Systeme *(Subscriber)* von den Daten Gebrauch machen. Es ist also eine gewisse Steuerungslogik notwendig, mit deren Hilfe der Datenverkehr auf dem Informationsbus organisiert wird und mit der sichergestellt wird, daß die Subscriber-Systeme die veröffentlichten Daten auch in Empfang genommen haben, so daß diese wieder aus dem Verkehr gezogen werden können.[1]

---

[1] Vgl. auch Krönung, H.-D. (Beitrag in diesem Buch).

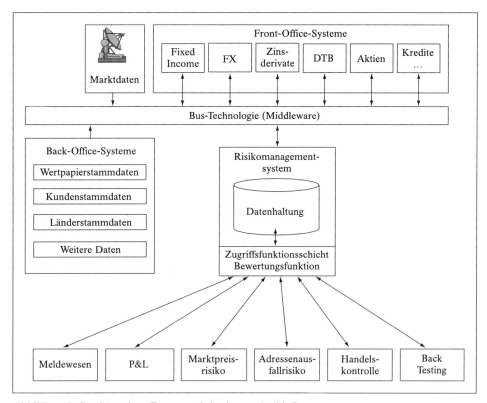

Abbildung 2: Struktur einer Framework-basierten Architektur

Eine der wesentlichen Voraussetzungen, um solch ein Konzept erfolgreich umzusetzen, ist die Verfügbarkeit der oben kurz skizzierten Basistechnologie. Hier sind in verschiedenen Abstraktionsebenen bis hin zur beschriebenen Steuerungslogik teilweise Konzepte oder Basistechnologien (CORBA, DCOM), teilweise auch Produkte erhältlich. Eine weitere Voraussetzung besteht jedoch auch im hinreichend allgemeinen Design der jeweiligen Adapter und folglich in der Spezifikation des Formats. Wie bereits zu Beginn angedeutet, sind die potentiellen Kunden eine heterogene Gemeinschaft, die jedoch die Gemeinsamkeit aufweisen, daß sie ihre Informationen aus dem zentralen Datenbestand erhalten. Folglich muß aus diesem Datenbedarf das Format für die Informationseinheiten definiert werden. Das ist ein fachlich komplexer Vorgang, der in der Projektplanung in einer frühen Phase berücksichtigt werden muß. Die oben dargestellte Ausprägung, daß sämtliche Daten über einen Informationsbus gesendet werden, findet sich in den wenigsten Instituten. Vornehmlich für die von Marktdatenanbietern gelieferten Informationen wird diese Technik derzeit benutzt. Für den Transport von Geschäfts- oder gar Stammdaten wird sie bislang nur vereinzelt eingesetzt.

Eine weitere, in der Abbildung dargestellte Veränderung findet sich beim eigentlichen Risikomanagementsystem. Die einzelnen Anwendungen werden aus dem System in einzelne selbständige Teilanwendungen herausgelöst. Dennoch greifen sie auf den gleichen Datenbestand und die gleiche Bewertungsfunktionalität zu. Das Risikomanagementsystem besteht folglich aus einem Funktionsrahmen, der durch einzelne Anwendungen ausgefüllt wird, die auf der Basis der Framework-Bibliotheken entwickelt werden. Die Flexibilität des Systemumfelds ist auf diese Weise sehr hoch, da aufgrund der verfügbaren Basisfunktion in der Form von Bibliotheken neue Anwendungen geschaffen werden können, die nicht zwingend vom Systemhersteller produziert werden müssen. Darüber hinaus sind Anpassungen an veränderte Produktkataloge durch den Kunden in Eigenregie gegenüber der zuvor beschriebenen Architektur einfacher realisierbar.

Dennoch wird durch das Risikomanagementsystem eine Vielzahl an Rechen- und Verwaltungsfunktionalität abgedeckt, die letztlich zu erheblich komplexeren Integrationsprozessen führt. Insbesondere bei einer solchen Systemarchitektur, wo eine Vielzahl an Wahlmöglichkeiten bei der Realisierung (Welche Risikoverfahren sollen entwickelt werden? Sollen am Markt verfügbare Produkte einer Eigenentwicklung vorgezogen werden? Welche Geschäftsattribute werden für diesen Anwendungstyp benötigt?) vorliegt, ist eine fundierte fachliche Unterstützung unerläßlich. Die Festlegung der Zuordnung der Attribute (Mapping der Daten), die Festsetzung von Prioritäten in bezug auf die Entwicklungsziele oder die Spezifikation von Anwendungsbestandteilen und Geschäftsprozessen lassen sich letztlich nur in Teams mit hervorragendem fachlichen Hintergrund, verbunden mit profundem technischen Verständnis, bewerkstelligen. Freilich ist die Ausprägung der Kombination beider Ansätze „Informationsbus mit Zugriffs- und Bewertungsfunktionalität" willkürlich und variierbar.

5.2.3 Komponentenbasierte Ansätze

Während die zuvor beschriebenen Architekturansätze bereits in verschiedenen Instituten verfolgt und umgesetzt werden, steckt die nächste Variante, die wir beschreiben, noch in den Kinderschuhen und dürfte nach unserer Kenntnis nur in Teilen und in Einzelfällen realisiert worden sein. Abbildung 3 illustriert die Idee.

Die Motivation dieses Architekturdesigns zielt auf die Maximierung der Unabhängigkeit der einzelnen Systemkomponenten ab. Alle Geschäftstransaktionen, Stammdaten und Rechenergebnisse werden über den Informationsbus – repräsentiert als Objekte mit ihren Methoden – dargestellt. Die Verbindungen zwischen den Anwendungen reduzieren sich auf flache, einfach kommunizierbare Strukturen. Die Notwendigkeit, alle Daten in einem System oder einer Systemumgebung vorzuhalten, reduziert sich langfristig. Während heute jedes Front-Office-System seine eigene Datenhaltung hat, läßt sich diese standardisieren ebenso wie die Bewertungsbibliotheken, die von den verschiedenen Systemen genutzt werden. Ein wesentliches Merkmal dieser Architektur besteht darin, daß aufgrund der Trennung der Verantwortung für die einzelnen Teilkomponenten eine fachlich technische Spezialisierung in den einzelnen Teilanwendungen möglich wird. Unter der Voraussetzung einer hinreichenden Kommunikationsstruktur führt diese Architektur, die auf den ersten Blick komplex erscheint, möglicherweise zu einer Reduktion der Komplexität.

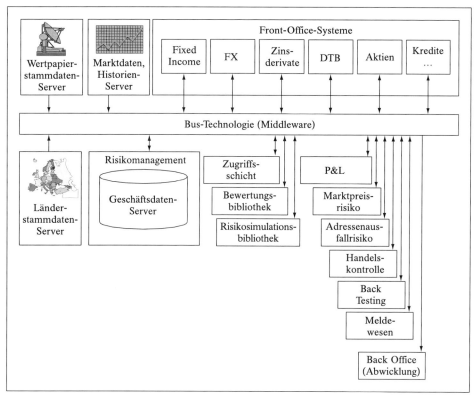

Abbildung 3: Struktur einer komponentenbasierten Architektur

Fragestellungen und Probleme, die in den Beschreibungen der ersten beiden Ansätze unterschlagen worden sind, wie beispielsweise die Schwierigkeit, qualitativ hochstehende Marktdatenhistorien für alle definierten Risikofaktoren zu erzeugen (mit all den Teilproblemen wie der Rückwärtsbereinigung von Aktienkurshistorien, fehlenden Werten, geeigneter Datenfrequenz), oder die Schwierigkeit, für die adäquate Parametrierung der Geschäfte die erforderlichen aktuellen Stammdaten zu generieren, lassen sich durch spezialisierte Server wesentlich eleganter und qualitativ besser darstellen. Die Vereinheitlichung des Methodensatzes ebenso wie die Reduktion von redundant gespeicherten Datenmengen und damit der Abhängigkeiten von den Funktionen tragen insgesamt zur Erhöhung der Flexibilität und der Reduktion der Komplexität bei.

Wir gestehen zu, daß dieses Design einer zukünftigen Systemarchitektur gegenwärtig utopisch anmutet. Zu viele Abhängigkeiten zu bestehenden Systemen und fehlende technische Voraussetzungen verhindern eine erfolgreiche Umsetzung solch eines Konzepts. In diesem Sinne ist es gerechtfertigt und auch notwendig, Kompromisse an die Umsetzung zu machen. Angesichts der rasanten technischen Entwicklung sollte jedoch bedacht werden, daß alle gegenwärtigen Anstrengungen (und seien sie noch so teuer) mit nicht geringer Wahrscheinlichkeit von temporärer Natur sein werden. Folglich ist es bei derzeit durchgeführten oder geplanten Projekten zur Realisierung eines Risikomanagementsystems um so bedeutsamer, die Prioritäten hinsichtlich der wirklich benötigten Funktionalität sinnvoll zu setzen.

6. Projektdurchführung

Dieser Abschnitt befaßt sich mit der Vorgehensweise in einem konkreten Projekt. Wie wir bei der Betrachtung der verschiedenen Systemarchitekturen festgestellt haben, ist es für den Projekterfolg von herausragender Bedeutung, den Funktionskatalog mit Prioritäten zu versehen. Wenn es schon nicht möglich ist, die Abhängigkeiten durch Trennung der Verantwortung aufzulösen, daß klar definierte und einfache Schnittstellen zwischen den Modulen zur Verfügung stehen, was gegenwärtig eben gerade nicht gegeben ist, dann ist es um so wichtiger, die Funktionstüchtigkeit erst eines Anwendungsfelds sicherzustellen, um dann in einem weiteren Projektschritt den nächsten Anwendungsbestandteil zu realisieren.

Die Festlegung der Reihenfolge ist unbedingt mit kompetenter fachlicher Unterstützung durchzuführen. Eine rein technisch orientierte Projektorganisationsstruktur mit unzureichender Fachkenntnis führt garantiert zur Festlegung unsinniger Prioritäten, die im schlimmsten Fall zu irreparablen Projektfehlentwicklungen führen. Wenngleich (auch durch teilweise ehrgeizig formulierte Anforderungen des Gesetzgebers induziert) verschiedene der zuvor beschriebenen Anwendungsbausteine möglichst gleichzeitig zur Verfügung stehen sollen, so ist doch zunächst sicherzustellen, daß der Datenhaushalt in einer den Geschäften adäquaten Weise zur Verfügung gestellt werden kann. Kompromisse, die hier in einer frühen Projektphase eingegangen werden, mit dem Ziel, die abhängigen Anwendungen zu realisieren, erweist sich als eine der gefährlichsten Fallen, da bei diesem Projektabschnitt eine Vielzahl an Abhängigkeiten von zuliefernden Systemen vorliegen, die nachträglich immer zu gewaltigen Nachbesserungen führen.

Gleichzeitig sollte in der Organisation des Projektteams berücksichtigt werden, daß sowohl aus fachlicher Sicht als auch aus technischer Sicht bei jeder der beschriebenen Architekturvarianten konzeptionelles Neuland betreten wird. Aus diesem Grund ist ein klassischer Projektansatz allein (Spezifikation durch die Fachabteilung, Umsetzung durch eine DV/ORG-Abteilung) ungeeignet. Mitarbeiter der Fachabteilungen sind in dem komplexen Themenumfeld häufig noch nicht mit jedem Detail vertraut. Darüber hinaus ist die Fachabteilung keinesfalls in der Lage die Schwierigkeiten bei der Umsetzung einer bestimmten Variante abzusehen. Da jedoch aus fachlicher Sicht ebenso wie aus technischer Sicht eine Vielzahl von Wahlmöglichkeiten gegeben und gleichzeitig Kompromisse notwendig sind, sollte die Spezifikation des Gesamtsystems und seiner Bestandteile in engem Verbund von fachlich und technisch gut ausgebildeten Mitarbeitern durchgeführt werden. Die derzeitig typische Organisationsstruktur von Kreditinstituten mit einer relativ strikten Trennung von DV und Fachabteilung ist für das beschriebene Vorgehen nicht sonderlich günstig.

Wie in vielen Fällen, in denen fachliches und technologisches Neuland betreten wird, wird die Komplexität verschiedener Prozesse unterschätzt. Insbesondere wenn die Ziele zu ehrgeizig formuliert und folglich unübersehbare Abhängigkeiten geschaffen worden sind, kann dies Projekte sowohl hinsichtlich der vorgesehenen Budgets als auch hinsichtlich des angestrebten Funktionsumfangs in eine bedrohliche Schieflage führen. Entsprechend des zuvor jeweils angerissenen Qualifikationsprofils sollte als Konsequenz ein sorgfältig zusammengestelltes Team die entstandenen spezifischen Teilprobleme sukzessive aus dem Weg räumen. Im Fall einer Neuplanung definiert ein solches Team zunächst die Prioritäten, um hieraus die eigentlichen Ziele, die mit der Systemimplementierung verfolgt werden, zu realisieren. Die Aufgabe an einen großen Systemintegrator als Generalunternehmer zu übertragen, dessen Leistungsfähigkeit aller Probleme Herr wird, hat sich bereits vielfach als trügerische Hoffnung erwiesen. Als Konsequenz empfiehlt es sich, langfristig eine Organisationsstruktur anzustreben, in der sich die Spezialisierung auf die Kernfunktion einer Teilanwendung oder Komponente wiederfindet.

Projekte dieser Komplexität, bei denen fachlich und technologisch für alle Beteiligte in vielen Bereichen Neuland betreten wird, sind gekennzeichnet durch kontinuierliche Lernprozesse. Wenngleich die Festschreibung von Anforderungen und die Definition von Zielen essentiell für die Steuerung eines Projekts ist, so sollte die Zusammenstellung und Organisation des Projektteams Flexibilität und Anpassungsfähigkeit an neu entwickelte Erkenntnisse unterstützen und nicht durch festgefahrene Kunde-Lieferanten-Beziehung behindern.

7. Resümee

Wir haben in diesem Beitrag den Versuch unternommen, die wesentlichen Aspekte bei der Integration eines Risikomanagementsystems zu beschreiben. Die betrachteten Themen sind vielfältig und können folglich nicht in der gebotenen Ausführlichkeit behandelt werden. Die wichtigen unternehmerischen Ziele, die Anforderungen, die sich aus ihnen ableiten, die Frage, in welcher Struktur diese umgesetzt werden, bis zu Schwierigkeiten und der Vorgehensweise bei der konkreten Umsetzung münden in der Quintessenz darin, daß es nach heutigem Stand nicht möglich ist, ein System zu kaufen, welches alle Bedürfnisse erfüllt und unkompliziert integriert werden kann. Die Integration ist ein komplexer Prozeß, da die verfügbaren Systeme immer nur einen Teil der Anforderungen mit unterschiedlichem Schwerpunkt erfüllen und eine ideale Systemarchitektur bislang an der Vielzahl der Abhängigkeiten von bestehenden Systemen und Organisationsstrukturen scheitert.

Die Integration eines Risikomanagementsystems ist folglich mit einer Vielzahl von Kompromissen verbunden, die durch eine sorgfältige fachliche Unterstützung in Hinblick auf die Anforderungen aller Kunden des Systems priorisiert werden müssen. Der gesamte Themenkreis ist technologisch wie auch fachlich methodisches Neuland für viele der Beteiligten. Gleichwohl entwickelt sich in diesem Umfeld eine dynamische

Wachstumsbranche mit erhöhtem Bedarf an ausgebildetem Personal, was teilweise zu Abstrichen an die Qualität bei der Durchführung einzelner Prozeßschritte führen kann.

Sowohl unter dem Aspekt der Systemgestaltung als auch aus Sicht der verfügbaren Ressourcen ist die Spezialisierung in Einheiten angeraten, die in der Lage sind, den spezifischen Teilanforderungen zu genügen und in ihnen unter Umständen eine herausragende Rolle spielen zu können. Die Wettbewerbsfähigkeit eines Kreditinstituts hängt in der Zukunft in vielerlei Hinsicht von der Leistungsfähigkeit dieser Einheiten ab, so daß die Erfüllung der Mindestanforderungen nur die untere Meßlatte darstellen kann.

VI. Die Produktion bankbetrieblicher Informatikleistungen

Rudolf Marty

IT-Architektur als Strategiepfeiler bankbetrieblichen Technologieeinsatzes

1. Einleitung
2. IT-Wertschöpfung und IT-Architektur
3. Ziel und Struktur einer IT-Architektur
4. Inhalt einer IT-Architektur
    4.1 Applikationsarchitektur
    4.2 Softwarearchitektur
    4.3 Plattformarchitektur
    4.4 Methodenarchitektur
5. Abschließende Bemerkungen
Literaturhinweis

1. Einleitung

Der Duden definiert *Architektur* als „Gestaltung, Stil eines Bauwerks". Diese Auslegung macht die Herkunft des Begriffs Architektur aus dem Bauwesen deutlich. Bauten wie Häuser, Verkehrswege oder Denkmäler gehörten zu den ersten Werken der zivilisierten Menschheit. Bei der Entwicklung technischer Systeme wurde die Semantik des Worts Architektur auf andere technische Schöpfungen angewandt, insbesondere auf die Ausgestaltung von mechanischen und elektrischen Systemen.

Dieser Artikel beschäftigt sich mit der Frage des Stellenwerts und der Struktur von IT-Architekturen in Kreditinstituten – der Frage also, welche grundsätzlichen Aspekte der Ausgestaltung von bankbetrieblichen Informationssystemen als strukturelle Bauvorgaben zu definieren sind, und welche Bedeutung solche Vorgaben bei der Umsetzung einer IT-Strategie haben. Das ultimative Ziel einer unternehmerisch orientierten IT-Architektur ist dabei die langfristige Steigerung des Unternehmenswerts durch effizienten und effektiven Einsatz der IT und nicht die technische Ästhetik der IT-Systeme an sich. In diesem Punkt unterscheidet sich eine IT-Architektur klar von einer Bauwerkarchitektur, bei der die künstlerische Ausgestaltung neben den funktionellen und statischen Aspekten einen wichtigen Stellenwert hat.

Die Gartner-Group stellt in einer kürzlich erschienenen Publikation fest, daß Unternehmen, welche in den kommenden drei Jahren keine adäquate IT-Architektur anwenden, durch Mangel an Funktionalität, langsamere Reaktionsgeschwindigkeit und zunehmende IT-Kosten Wettbewerbsnachteile erleiden werden.[1] Dies erstaunt auf den ersten Blick, wurden doch auch die in der Vergangenheit entwickelten IT-Systeme entlang bestimmter Strukturvorgaben entwickelt. Bei genauerer Analyse stellt man jedoch fest, daß diese Strukturvorgaben (resp. Architekturen) in der überwiegenden Anzahl von Informatikabteilungen auf einer relativ tiefen technischen Stufe stehengeblieben sind. Im Zentrum der gestalterischen Normen stehen oft Aspekte der Modularisierung von Programmen, der Modellierung relationaler Daten, der softwaretechnischen Steuerung von Prozessen oder der Ausgestaltung der Hardware- und Netzwerkstruktur, um nur einige Beispiele zu nennen.

Nicht, daß solche Aspekte der Ausgestaltung von Software- und Hardwareumgebungen unnötig wären. Die Konstruktion jedes technischen Systems verlangt nach Bauvorgaben, so auch Informationssysteme. Die Problematik liegt in der Lücke zwischen der unternehmerisch positionierten IT-Strategie und den ausgesprochen technisch gehaltenen Konstruktionsvorschriften im aufgezeigten Sinn. Die heute in vielen Unternehmen angetroffene IT-Situation könnte verglichen werden mit dem Bau von großen Gebäudekomplexen, für die einerseits Nutzungsstrategien vorliegen, andererseits technische Konstruktionsvorgaben für die Ingenieure und Handwerker. Es ist auch dem Laien klar, daß ein solches Bauvorhaben entweder scheitern würde oder zumindest ein Gebäude

---

[1] Vgl. Gartner Group, Inc. (1996).

seltsamer Struktur entstünde. Eine Gesamtarchitektur tritt beim Hochbau als Bindeglied zwischen den Nutzungswünschen des Bauherrn und den mit der Realisierung beauftragten Baufachleuten auf. Auch die Realisierung von IT-Systemen verlangt nach einer solchen Gesamtarchitektur, die die herkömmlich unter dem Begriff *Systemarchitektur* subsummierten Aktivitäten wesentlich erweitert und klarer strukturiert. Die folgenden Kapitel zeigen die Struktur und die unternehmerische Positionierung einer modernen IT-Architektur auf.

2. IT-Wertschöpfung und IT-Architektur

Bevor auf die IT-Architektur eingegangen wird, ist die Frage zu beantworten, welche Aspekte des IT-Einsatzes in der Bank durch die IT-Architektur geprägt werden. Dazu ist eine Aufgliederung der Gesamtwertschöpfung der IT für ein Unternehmen dienlich, wie sie in Abbildung 1 dargestellt ist.

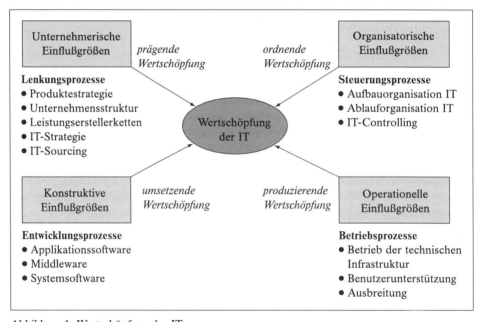

Abbildung 1: Wertschöpfung der IT

- *Unternehmerische Einflußgrößen:* Die Anwendung von IT im Unternehmen wird durch Lenkungsprozesse strategischer Natur geprägt. Aus diesen resultieren die Produktestrategie, Unternehmensstruktur und Leistungserstellerketten, die den Rahmen für die IT-Strategie des Unternehmens bilden. Die IT-Strategie, welche ebenfalls aus einem Lenkungsprozeß entsteht, schließt Vorgaben über das IT-Sourcing, d.h. über die Zuweisung der IT-Leistungserbringung an interne und externe Instanzen, ein.

- *Organisatorische Einflußgrößen:* Die Leistungserbringung des IT-Bereichs wird durch Steuerungsprozesse geordnet. Diese definieren die notwendigen Planungs-, Führungs- und Kontrollinstrumentarien für die gesamte IT und setzen sie um.

- *Konstruktive Einflußgrößen:* Durch Anwendung von Methoden und Werkzeugen des Softwareentwurfs und der Softwarerealisierung setzen Entwicklungsprozesse die betrieblichen Anforderungen an die IT im Rahmen der IT-Strategie, des IT-Sourcing und der vorgegebenen organisatorischen Strukturen in zeitgerecht bereitgestellte, qualitativ und kostenmäßig befriedigende Systeme um. Dazu werden applikatorische und systemtechnische Softwarekomponenten selbst hergestellt und zugekauft.

- *Operationelle Einflußgrößen:* Die durch die Softwareentwicklung bereitgestellten Softwaresysteme werden dem Unternehmen durch effiziente Betriebsprozesse zur Nutzung bereitgestellt. Die Betriebsprozesse umfassen auch alle Aktivitäten zur Einführung und Ausbreitung von IT-Komponenten im Unternehmen sowie zur Schulung und Unterstützung der Anwender.

Ein den unternehmerischen Anforderungen genügender IT-Einsatz ist nur gewährleistet, wenn alle vier Bereiche der Wertschöpfung zum Tragen kommen. Die unterschiedliche Fokussierung der normativen und ausführenden Prozesse in den vier Bereichen der Wertschöpfung macht die Anwendung spezifischer Führungsinstrumentarien unabdingbar. Die IT-Architektur ist das zentrale Instrument zur fachlichen Führung der Entwicklungsprozesse. Sie ergänzt die organisatorischen Führungsvorgaben durch Vorgaben zur applikatorischen und technischen Strukturierung der entwickelten und zugekauften Software. Die IT-Architektur hat damit einen direkten, unmittelbaren Einfluß auf die technische Spezifikation und die Implementation von IT-Komponenten, einen indirekten, mittelbaren Einfluß auf deren Konzeption und Einführung.

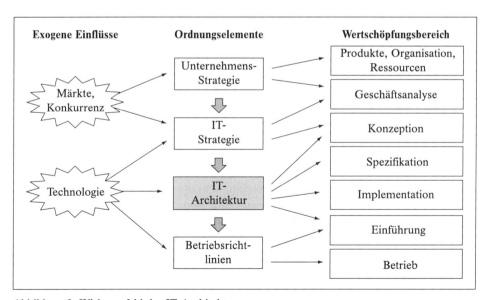

Abbildung 2: Wirkungsfeld der IT-Architektur

Wie Abbildung 2 zeigt, beeinflußt eine zweckmäßige IT-Architektur einen wesentlichen Teil der Wertschöpfungskette betrieblichen IT-Einsatzes, die ihren Anfang bei der Definition der Produkte, Organisation und Ressourcen des Unternehmens hat, und die mit dem Betrieb der IT-Infrastruktur aufhört. Erweitert man die Elemente der IT-Wertschöpfungskette durch die zugehörigen Maximen und Erfolgsfaktoren, wird weiter klar, daß die IT-Architektur ein strategisches Steuerungselement unternehmerischen IT-Einsatzes ist (Abbildung 3).

Wertschöpfungsbereich	Maxime	Erfolgsfaktor	
Produkte, Organisation, Ressourcen	erfolgsversprechende Produkte, effiziente Prozesse	Vision	
Geschäftsanalyse	umfassende, lückenlose Geschäftsbeschreibung	Fokus	
Konzeption	adaptive, hochwertige IT-Strukturen	Struktur	IT-Architektur
Spezifikation	präzise Realisierungsvorgaben	Präzision	
Implementation	schnelle, qualitätskonforme Realisierung	Fabrikation	
Einführung	reibungslose, schnelle Ausbreitung	Integration	
Betrieb	kostengünstige Produktion	Kosten	

Abbildung 3: Unternehmerische Maximen und Erfolgsfaktoren

3. Ziel und Struktur einer IT-Architektur

Der wichtigste Richtpunkt einer IT-Architektur sind die Applikationen, d.h. die zeitgerechte, wirtschaftliche und qualitativ befriedigende Bereitstellung von IT-Unterstützung für Geschäftsfunktionen. Plattformkomponenten wie Hardware, Netzwerke, Systemsoftware und Datenbanksysteme sind lediglich Mittel zum Zweck. Applikationen dienen zur Unterstützung von Kreditinstituten bei der Ausführung ihrer Aufgaben. Jede Änderung der Arbeitsweise einer Bank betrifft zwangsläufig auch die verwendeten Applikationen. Das bedeutet, daß die Applikationen mit organisatorischen und geschäftlichen Veränderungen Schritt halten müssen. Auf der anderen Seite sind die Applikationen auch eng mit der unterliegenden Plattformtechnologie (Betriebssysteme, Netzwerke, Datenbanken, Middleware, Benutzerschnittstellen etc.) verknüpft. Sie müssen daher mit dem Wandel dieser Teile der IT-Infrastruktur mithalten können.

Aus der Tatsache, daß sowohl die applikatorischen Anforderungen als auch die unterliegende Plattformtechnologie Veränderungen unterworfen sind, muß folgender Schluß gezogen werden: Applikationen und Plattformtechnologie müssen weitgehend unabhängig voneinander anpaßbar sein. Diese Forderung ist mit herkömmlichen, an monolithischen und vertikal integrierten Softwarestrukturen orientierten Applikationen und Systemumfeldern nicht erreichbar. Die durch solche Strukturen entstehenden Probleme zeigen sich heute in vielen Banken, in denen die IT den geschäftlichen, organisatorischen und technischen Anforderungen nicht mehr folgen kann.

Eine moderne IT-Architektur wird dem Ziel einer möglichst weitgehenden Entkopplung von Applikationen und Plattformtechnologie durch eine klare Aufteilung in drei Klassen von Strukturarchitekturen gerecht, nämlich in

- eine Applikationsarchitektur,
- eine Softwarearchitektur und
- eine Plattformarchitektur.

Ergänzt werden diese Strukturarchitekturen durch eine Vorgehensarchitektur resp. Methodenarchitektur. Abbildung 4 zeigt die Hauptbestandteile der einzelnen Klassen einer IT-Architektur.

Es ist selbstverständlich, daß die drei Strukturarchitekturen nicht völlig unabhängig voneinander erstellt werden können. Insbesondere wird die Softwarearchitektur fundamental von den applikatorischen wie von den plattformbezogenen Randbedingungen geprägt. Die Entwicklungen der Soft- und Hardwaretechniken der letzten Zeit lassen bei einer klugen Wahl von Architekturvorgaben jedoch den Bau einer IT-Infrastruktur zu, die eine weitgehende Entkopplung der Applikationen von den technologischen Gegebenheiten und damit eine gegenüber herkömmlichen Systemen weit bessere Anpaßbarkeit und Wartbarkeit unterstützt. Die einzelnen Klassen der IT-Architektur lassen sich in das übliche Schema der Softwareerstellung eingliedern, wie Abbildung 5 zeigt.

Eine gute IT-Architektur ist weit mehr als lediglich eine Entwurfs- und Konstruktionsvorschrift für Softwareentwickler. Sie wird zu einem eigentlichen Brennpunkt aller Überlegungen bezüglich der Gestaltung betrieblicher Prozesse und dem Einsatz technologischer Mittel. Eine IT-Architektur soll folgenden Zwecken dienen:[2]

- Bauplan für Applikationen und Systemkomponenten,
- Ausbildung von Mitarbeitern in IT-relevanten Aspekten der betrieblichen Prozesse,
- Definition der Zuständigkeitsabgrenzungen,

---

[2] Vgl. Gartner Group, Inc. (1996).

- Ausgangspunkt für Veränderungen der Geschäftsprozesse und der IT,
- Mittel zur Durchsetzung von Standards und Vorgaben sowie
- Grundlage für erhöhte Effizienz in Informatikprojekten.

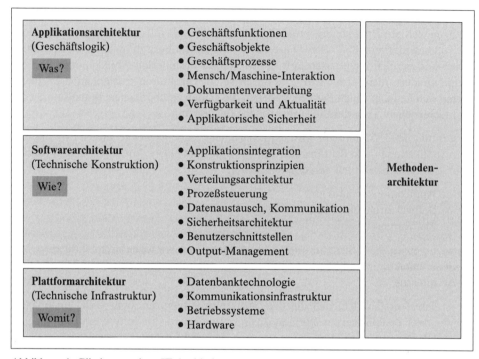

Abbildung 4: Gliederung einer IT-Architektur

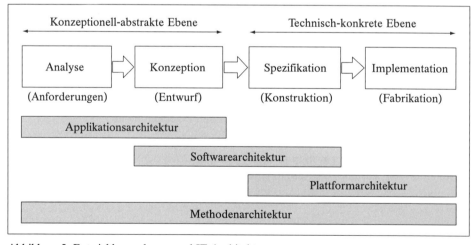

Abbildung 5: Entwicklungsphasen und IT-Architektur

Ein zentrales Anliegen einer zweckdienlichen IT-Architektur, in dieser Aufstellung als Definition der Zuständigkeitsabgrenzungen aufgeführt, ist die Förderung hochgradig arbeitsteiliger Analyse-, Entwurfs- und Realisierungstätigkeiten. Durch klare Vorgaben können die Arbeiten an Konzeption, Spezifikation und Realisierung der einzelnen applikatorischen und systemtechnischen Softwaremodule weitgehend entkoppelt voneinander ablaufen. Ist keine IT-Architektur vorhanden, wird es während der Entwicklung und der Wartung von komplexen Softwaresystemen permanent zu komplexen Abstimmprozeduren und zu unerwünschten Interdependenzen kommen.

4. Inhalt einer IT-Architektur

4.1 Applikationsarchitektur

Unter Applikationsarchitektur verstehen wir Vorgaben für den Entwurf, die Realisierung und den Betrieb von Applikationen auf einer applikatorischen, d.h. fachbezogenen, Ebene. Diese fachbezogene Ebene ist weitgehend unabhängig von der gewählten Realisierungs- und Betriebstechnik. Letztere fallen einer informatisch-technischen Betrachtungsweise zu und sind Bestandteil der Software- und der Plattformarchitektur.

Zielpublikum der Applikationsarchitektur sind in IT-Projekte involvierte Mitarbeiter aller Funktionen und Führungsstufen sowie externe Partner, welche der Bank IT-Dienstleistungen erbringen. Die Applikationsarchitektur hat keine Definition technischer Eigenschaften, sondern die Beschreibung betrieblicher Anforderungen zum Inhalt. Es geht um das „was", nicht um das „wie" einer IT-Applikationsumgebung. Wird diese Unterscheidung zu wenig konsequent eingehalten, kann kein sinnvoller Architekturdialog zwischen Informatiker und Anwender entstehen, da der Anwender immer wieder mit auf dieser Stufe der Architekturarbeiten unwichtigen technischen Problemen konfrontiert wird, die für ihn ohne Belang sind. Eine Konsequenz des effizienten Einbezugs von Anwendern in Arbeiten an der Erstellung und Weiterentwicklung der Applikationsarchitektur ist die Verwendung von Beschreibungsmitteln, die die Anwender auch verstehen. Dazu gehören gute grafische Notationen, wie sie mit den meisten bekannten Analyse- und Entwurfsmethoden vorgegeben werden, sowie eine auf betriebsfachliche Bedürfnisse zugeschnittene schriftliche und mündliche Sprache. Prosatexte als Teil der Applikationsarchitektur sind in einer einfachen Sprache zu halten und auf eine einheitliche Terminologie abzustützen. Die Struktur und Ausprägung der Applikationsarchitektur ist stark von der Gestalt der betrieblichen Prozesse und der Aufbauorganisation geprägt. Die nachfolgend übersichtsartig dargestellten Inhalte einer Applikationsarchitektur sind deshalb als Ausgangspunkt für die Konzeption einer Applikationsarchitektur zu verstehen.

Bereich	Inhalt	Maximen
Geschäftsfunktionen	• Hierarchische Gliederung der durch IT unterstützten Geschäftsfunktionen. • Beschreibung jeder Geschäftsfunktion einschließlich der zur Durchführung der Geschäftsfunktion verwendeten Schnittstellen zum Applikationssystem. • Klassierung der einzelnen Geschäftsfunktionsgruppen in Front-Office-, Back-Office-, Managementunterstützungs-, Partneranschluß- und Plattformfunktionen.	• Klare und allgemeinverständliche Definition der betriebslogischen Struktur der durch IT unterstützten Geschäftsfunktionen. • Entflechtung von Geschäftsfunktionen zur Erreichung einer vereinfachten Neuentwicklung und Wartung. • Schaffung der Grundlagen für die Aufgliederung der Entwicklung und den Einkauf von Applikationen und Applikationsteilen.
Geschäftsobjekte	• Hierarchische Gliederung der von den Geschäftsfunktionen bearbeiteten Geschäftsobjekte. • Identifikation der externen Geschäftsobjekte, d.h. der mit externen Systemen ausgetauschten Geschäftsobjekte. • Logische Beziehungen zwischen den einzelnen Geschäftsobjekten. • Prinzipien für die Historisierung und Futurisierung der Geschäftsobjekte.	• Klare und allgemeinverständliche Darstellung der statischen Struktur der für die Durchführung der Geschäftsfunktionen relevanten Geschäftsobjekte sowie der Zusammenhänge (resp. Beziehungen oder Relationen) zwischen diesen. • Aufbau einer redundanzfreien und logisch kohärenten Datenbasis zur Unterstützung von Geschäftsfunktionen. • Schaffung eines Ausgangspunkts für die Datenbankmodellierung und die physische Implementation der Datenbanken.
Geschäftsprozesse	• Prozeßstruktur der durch IT unterstützten betrieblichen Tätigkeiten als netzwerkartige Abfolge von Geschäftsfunktionen. • Hierarchisch aufgegliederte Darstellung der Prozesse, ausgehend von den Kernprozessen. • Prinzipien des Workflowmanagements.	• Klare und allgemeinverständliche Darstellung der dynamischen resp. ablauforientierten Struktur der IT-unterstützten Funktionen sowie der gegenseitigen Abhängigkeiten zwischen diesen. • Strukturierung der betrieblichen Abläufe in ein kohärentes, den betrieblichen Bedürfnissen angepaßtes Ablaufschema. • Aufteilung der Prozesse in Online-Prozesse und Batch-orientierte Verarbeitungen.

Bereich	Inhalt	Maximen
		• Erarbeitung der Grundlagen für ein flexibles Workflowmanagement.
		• Abstimmung der betriebsinternen Prozesse mit den Prozessen bei Partnern (Kunden, Lieferanten, affilierte Betriebe etc.).
Mensch/ Maschine-Interaktion	• Definition der Grundzüge des Informationsaustauschs zwischen den Benutzern und dem System (Dialognormen, Gestaltung von papiergebundenem Output, gegebenenfalls Interaktion mit Spezialsystemen).	• Konsistente, moderne Dialognormen. • Konsistentes Druckbild des Papier-Outputs. • Einfache Interaktion mit Spezialsystemen.
Dokumentenverarbeitung	• Applikatorische Funktionalität der Dokumentenverarbeitung (Erzeugung von Papier-Output, Produktion von elektronischem Output, elektronische Eingabeverarbeitung von Dokumenten, Archivierung von dokumentenorientierten Datenbeständen).	• Flexibles Output-Management für zentrale und dezentrale Erzeugung von Papier-Output. • Bereitstellung elektronischen Outputs auf verschiedenen Ausbreitungsmedien und in verschiedenen Formaten. • Konzeption eines den betrieblichen Anforderungen genügenden Archivierungssystems.
Verfügbarkeit und Aktualität	• Vorgaben an die Verfügbarkeit von Geschäftsfunktionen, insbesondere Angaben über maximale Ausfallzeit sowie Antwortzeiten für einzelne oder ganze Gruppen von Geschäftsfunktionen. • Aktualitätsanforderungen an Geschäftsobjekte.	• Setzen der Rahmenvorgaben für die Ausgestaltung einer genügenden und wirtschaftlich sinnvollen IT-Infrastruktur zur Erfüllung der unternehmerisch benötigten Verfügbarkeitsanforderungen. • Bereitstellung eines genügenden Back-up-Verfahrens zur Schadensbegrenzung bei Ausfällen von Software- und Hardwarekomponenten. • Definition der Aktualitätsanforderungen an Daten als Richtschnur für den Aufbau der Applikationen und der technischen Infrastruktur.
Applikatorische Sicherheit	• Sicherheitsbezogene Rahmenbedingungen.	• Festlegung der notwendigen und wirtschaftlich vertretbaren Sicherheitsanforderungen an das Applikationssystem.

Bereich	Inhalt	Maximen
		• Abgestimmte aktive und passive Sicherheitstechnik in Applikationssoftware, Systemsoftware und Hardware.
		• Aufbau eines effizienten und systemüberschreitenden Administrationsverfahrens für die Verwaltung von sicherheitsbezogenen Informationselementen.
		• Einhaltung der Vorschriften bezüglich Datenschutz und Datensicherheit.
Diverses	• Definition weiterer Teile der Applikationsarchitektur (z.B. Mehrsprachigkeit, Mandatenfähigkeit, Auditing)	

4.2 Softwarearchitektur

Die Softwarearchitektur macht Vorgaben für die technische Spezifikation sowie die Realisierung von Applikationssoftware und der unterstützenden Middleware- und Systemsoftwarekomponenten. Diese technische Ebene nimmt dabei Rücksicht auf die durch die Plattformarchitektur vorgegebenen Infrastrukturen einerseits und auf die aus der Applikationsarchitektur hervorgehenden Anforderungen an die Realisierungstechnik andererseits. Die Softwarearchitektur beinhaltet notwendigerweise Spezifikationen von technischen Normen und macht in vielen Fällen sogar konkrete Angaben über empfohlene oder obligatorische Softwareprodukte.

Zielpublikum der Softwarearchitektur sind die Entwickler und die Lieferanten von Applikationssoftware, Middleware und Systemsoftware. In diesem Sinne ist die Softwarearchitektur nicht nur eine Richtlinie für die eigenen Entwickler, sondern auch eine Art Vertrag mit externen Lieferanten von Software und IT-Dienstleistungen.

Der Begriff *Offenes System* wird in den vorliegenden Ausführungen zu einer IT-Architektur nirgends explizit erwähnt. Die postulierten Architekturgrundsätze sind jedoch unmißverständlich auf den Bau einer offenen, d.h. portablen, interoperablen und skalierbaren IT-Infrastruktur fokussiert.

Bereich	Inhalt	Maximen
Applikations-integration	• Strukturelle Vorgaben zur Integration von Geschäftsprozessen, Geschäftsfunktionen und Geschäftsobjekten in Applikationsdomänen und einzelne Applikationen. • Identifikation der Schnittstellen zwischen den Applikationen auf Stufe der betroffenen Datenobjekte. • Vorgaben zur evolutionären Migration der bestehenden Applikationsumgebungen in eine Zielstruktur.	• Aufbau einer möglichst weitgehend entkoppelten, modularen Applikationsstruktur mit dem Ziel einer einfachen und schnellen Anpassung an Veränderungen des Geschäfts. • Vermeidung von mehrfacher Implementation von Geschäftsfunktionen oder von Funktionalität der Geschäftsobjekte in verschiedenen Applikationen. • Aufzeigen einer realisierbaren Migrationsstrategie von der bestehenden applikatorischen Infrastruktur in eine Zielarchitektur. • Vorbereitung der applikatorischen Struktur für ein schrittweises Reengineering in Richtung objektorientierter Systeme.
Konstruktions-prinzipien	• Elementare Konstruktionsprinzipien für die Softwareentwicklung (u.a. Softwarestruktur, Prozeßgliederung, Programmgliederung, Schnittstellennormen).	• Gewährleistung einer konstruktiv kohärenten, verständlichen Softwarestruktur. • Beschränkung der Vielfalt an Konstruktionsarten. • Fördern der Wiederverwendung von Entwurfs- und Realisierungsleistungen durch die Erzeugung von „Standardbausteinen". • Schaffen der Voraussetzungen für die Wahl der Methoden und Werkzeuge durch Definition der für die einzelnen Applikationsbereiche anzuwendenden Konstruktionsprinzipien. • Gute Gliederungsprinzipien als unabdingbare Grundlage für eine langfristige Flexibilität durch verbesserte Kombinationsfähigkeit der Softwareelemente und durch deren vereinfachte Wartbarkeit.

Bereich	Inhalt	Maximen
Verteilungs-architektur	• Prinzipien für die Verteilung von Prozessen und Daten auf verschiedene Hardwarekomponenten (Host, Server, Clients). • Synchronisation verteilter Prozesse und Abgleich verteilter Datenbestände.	• Gute Ressourcennutzung sowie adäquate Leistungsfähigkeit und Sicherheit durch zweckmäßige Verteilung der Prozesse und der Daten. • Prinzip der „leichten" Clients, d.h. lediglich Präsentationsprozesse auf Clients, keine Applikationslogik und keine permanenten Daten. • Einfache Applikationsstruktur durch weitgehend zentrale Datenhaltung.
Prozeßsteuerung	• Steuerung von Online- und Batch-Prozessen.	• Einfache Erstellung von Online-Programmen durch Einsatz eines leistungsfähigen Transaktionsmonitors. • Flexible und betrieblich sichere Steuerung aller Batch-Abläufe, auch auf Server-Umfeldern. Synchronisation der Batch-Abläufe zwischen Host und Servern. • Einheitliche Steuerungssoftware für Workflow-orientierte Applikationen.
Datenaustausch, Kommunikation	• Technologie des Datenaustauschs und der Interprozeßkommunikation zwischen lokalen und verteilten Prozessen. (Die Definition der applikatorischen Inhalte der ausgetauschten Dateninhalte ist Teil der Applikationsarchitektur, nicht der Softwarearchitektur.)	• Einfache Entwicklungen und hohe Betriebssicherheit durch Kapselung der technischen Mechanismen von Datenaustausch und Kommunikation zwischen Prozessen. • Vereinfachung des Anschlusses von Fremdsystemen an eigene Applikationen durch Verwendung von de-jure- oder de-facto Normen im Bereich des Datenaustauschs und der Interprozeßkommunikation.
Sicherheits-architektur	• Softwaretechnische Aspekte der Benutzungssicherheit und der Autorisierung.	• Gewährleistung eines bezüglich Ausfällen und unerlaubter Nutzung den betrieblichen Anforderungen entsprechenden Betriebs der Applikationen.

Bereich	Inhalt	Maximen
	• Technik der Datenfortschreibung (Logging), der Datensicherung und der Wiederanlaufverfahren. • Konstruktionsprinzipien für „Fail-safe-Software", d.h. für Softwaresysteme, die auch bei Ausfall oder Verspätung von anderen Softwareteilen betriebsbereit bleiben, gegebenenfalls in einem reduzierten funktionalen Umfang. • Softwaretechnische Vorkehrungen für Ausweich- und Fallback-Lösungen bei Eintreten gravierender Ausfälle von Hardwarekomponenten.	• Befolgung der für den Betrieb gültigen gesetzlichen und internen Sicherheitsgrundsätze.
Benutzerschnittstellen	• Gestaltung des „look and feel" der zum Einsatz gelangenden graphischen Benutzerschnittstellen (GUI). • Anzuwendende GUI-Softwaretechnik.	• Unterstützung eines effizienten Arbeitens der Benutzer durch applikationsübergreifende Dialognormen. • Zeit und Kosteneinsparungen bei der Softwareentwicklung durch konsequenten Einsatz von GUI-Standards und entsprechenden Bibliothekskomponenten.
Output-Management	• Softwaretechnische Infrastruktur für die Erzeugung von papiergebundenem Output in zentralen und dezentralen Druckumgebungen. • Softwaretechnische Infrastruktur für die Produktion von elektronischem Output auf magnetischen und optischen Datenträgern. • Softwaretechnische Infrastruktur für die Archivierung und Wiederauffindung von dokumentenorientierten Daten.	• Einheitliche Erzeugung von Papier-Output in zentralen Druckzentren und dezentral am Arbeitsplatz. • Flexible, den Anforderungen des Unternehmens und seiner Partner genügende Bereitstellung von Daten auf elektronischer Basis. • Einfach zu nutzende und betriebssichere Archivierung.
Diverses	• Spezifikation weiterer Teile der Softwarearchitektur (z.B. technische Aspekte der Internationalisierung, Multi-Release-Fähigkeit von Softwarekomponenten).	

4.3 Plattformarchitektur

Die Plattformarchitektur umschreibt die für die Realisierung von Applikationen zur Verfügung stehenden informationstechnischen Plattformen. Die Plattformarchitektur ist in einer modernen IT-Architektur, wie bereits in Abschnitt 3 diskutiert, weitestgehend von der Applikationsarchitektur entkoppelt. Sie ist jedoch eng mit der Softwarearchitektur verzahnt, indem letztere eine Brückenfunktion zwischen der Applikationsarchitektur und der Plattformarchitektur einnimmt. Zielpublikum der Plattformarchitektur sind die Softwareingenieure und IT-Lieferanten, die sich mit der Bereitstellung der in der Softwarearchitektur definierten Infrastruktur befassen.

Bereich	Inhalt	Maximen
Datenbanktechnologie	• Datenbankmanagementsysteme (DBMS) für Server und, falls erforderlich, für Clients.	• Bereitstellung eines den funktionalen Anforderungen genügenden, kostenoptimalen und betriebssicheren DBMS. • Sicherstellung einer langfristig genügenden Stabilität und einer permanenten Weiterentwicklung des DBMS durch den Hersteller.
Kommunikationsinfrastruktur	• Software- und hardwaretechnische Basisinfrastruktur eines unternehmensweiten Kommunikationssystems. • Anschlußtechnologie für externe IT-Komponenten.	• Erreichung einer hohen Verfügbarkeit und Leistungsfähigkeit der Netzwerkinfrastruktur zu möglichst wirtschaftlichen Bedingungen.
Betriebssysteme	• Betriebssysteme und eng damit gekoppelte Systemsoftware für Clients, Server, Superserver und Hosts.	• Betriebssicherer und langfristig kostenoptimaler Einsatz von den Anforderungen der Softwarearchitektur genügenden Betriebssystemen.
Hardware	• Infrastrukturvorgaben für Hosts, Superserver, Server und Clients.	• Möglichst geringe „Costs of Ownership" für Hardware bei vorgegebenen Mindestleistungsmerkmalen.

4.4 Methodenarchitektur

Die Methodenarchitektur definiert die für die Konzeption, Spezifikation und Realisierung von Applikationssoftware anzuwendenden Vorgehensmodelle, Methoden und Werkzeuge. Zielpublikum der Methodenarchitektur sind die Applikationsentwickler sowie deren Vorgesetzte und Partner.

Bereich	Inhalt	Maximen
Vorgehensmodell	• Aufbau- und ablauforganisatorische Grundregeln für die Durchführung von IT-Projekten (Rollen, Produkte, Aktivitäten, Techniken).	• Flexibles, den verschiedenen Projekttypen anpaßbares Vorgehensmodell (Baukastensystem), kein starres, klassisches „Phasenmodell". • Sicherheit und einheitliches Vorgehen durch klare Vorgaben für das *Projektmanagement*, das *Projektcontrolling*, die *Softwareerstellung*, das *Konfigurationsmanagement* und die *Qualitätsprüfung*.
Analyse und Entwurf	• Methode und darauf abgestimmter Satz an Werkzeugen für die Analyse und den Entwurf von Applikationssystemen.	• Fehlerfreie, vollständige und redundanzarme Resultate aus Analyse- und Entwurfsprozessen applikatorischer Informatiksysteme als Grundlage für eine anforderungsgerechte und effiziente Realisierung der Applikationen. • Gewährleistung der Wartung und Weiterentwicklung von Analyse- und Entwurfsresultaten während der ganzen Lebensdauer der Applikation. • Fruchtbare Zusammenarbeit von Informatikern und Auftraggebern durch methodisch saubere, von Implementationsspezifika freie Analyse- und Entwurfsnotationen und -verfahren. • Geringe Schulungsaufwendungen für alle an Analyse- und Entwurfstätigkeiten beteiligten Personen.
Realisierung	• Realisierungsvorgaben mit dem Stellenwert klarer, durchsetzbarer Programmier- und Testrichtlinien.	• Qualitativ hochwertige, wirtschaftliche und schnelle Realisierung von Applikationsentwicklungen in einem hochgradig arbeitsteiligen Umfeld. • Gewährleistung einer effizienten Wartung und Weiterentwicklung von Software während der ganzen Lebensdauer der Applikation.

Bereich	Inhalt	Maximen
		• Sicherstellung von qualitativen Rahmenbedingungen auch bei externer Realisierung von Software.
		• Den betrieblichen Qualitätsanforderungen angepaßte Testverfahren.

5. Abschließende Bemerkungen

Die Ausarbeitung und Umsetzung einer IT-Architektur ist ein Vorhaben, dessen Nutzen nicht kurzfristig zum Tragen kommen kann. Praktische Erfahrungen zeigen, daß die Payback-Periode für die Investitionen in eine IT-Architektur in der Regel zwischen vier und fünf Jahre beträgt. In der modernen Wirtschaftswelt, wo die Erzielung kurzer Pay-backs einen hohen Stellenwert hat, fällt es meist schwer, Geschäftseinheiten von der Notwendigkeit einer IT-Architektur zu überzeugen. Trotzdem ist für eine Bank, welche komplexe IT-Infrastrukturen mit mehreren unterschiedlichen Applikationssystemen betreibt, die Definition und konsequente Umsetzung einer IT-Architektur mittel- bis langfristig unabdingbar. Der Konflikt zwischen kurzfristigem finanziellem Erfolg und mittel- bis langfristiger effizienter und effektiver IT-Infrastruktur muß durch einen Grundsatzentscheid auf Geschäftsführungsstufe gelöst werden. Ein solcher Entscheid auf oberster Ebene drängt sich deshalb auf, weil Time to Market und Produktequalität nachhaltig durch die strukturelle Qualität der IT, d.h. durch die IT-Architektur, geprägt werden.

Literaturhinweis

Gartner Group, Inc. (Hrsg.), Management Solutions for the Distributed Computing Revolution, Gartner Group Strategic Analysis Report R-ITD-105, Stamford/CT 1996.

Dimitris Karagiannis

Einsatz von Workflow-Technologien zur Umsetzung von Geschäftsprozessen

1. Einleitung
2. Workflow-Management: Evolution der Anwendungsentwicklung
    2.1 Technologie, Systeme und Produkte
        2.1.1 Die Workflow-Technologie
        2.1.2 Workflow-Management-Systeme
        2.1.3 Workflow-Management-Produkte
    2.2 Einordnung der Workflow-Technologie
        2.2.1 Sicht der Anwendungsentwicklung
        2.2.2 Der Einführungsprozeß
3. Das BPMS-Vorgehensmodell als Integrationskonzept
4. Bankbetriebliche Anwendungsbeispiele
    4.1 Baufinanzierung
    4.2 Sparverkehr
5. Ausblick
Literaturhinweis

Im vorliegenden Beitrag wird ein ganzheitliches Vorgehensmodell für die Realisierung Workflow-basierter bankbetrieblicher Anwendungen vorgestellt. Die Grundidee dabei ist es, Geschäftsprozeßmanagement-Werkzeuge und Workflow-Management-Systeme als einheitliche IT-Produktionsplattform zu behandeln und Modellierungsaspekte in den Vordergrund zu stellen. Die vorgestellte BPMS-Methodologie schließt die Lücke zwischen Geschäftsprozeßmanagement-Werkzeugen und Workflow-Management-Systemen und unterstützt lokale bzw. globale Outputs der unterschiedlichen Phasen ausgehend von strategischen Entscheidungen, über die Gestaltung und Umsetzung von Geschäftsprozessen bis zu deren Evaluation. Die Praktikabilität und Wertschöpfung dieser Vorgehensweise werden anhand ausgewählter Beispiele aus dem Bankgeschäft illustriert.

1. Einleitung

Vergleicht man die Geschäftsprozesse des Dienstleistungssektors, die das Know-how der Unternehmensabläufe repräsentieren, mit den Konstruktionszeichnungen im Produktionssektor, bleibt die Frage offen, wo die Fertigungs- und Produktionsverfahren des Dienstleistungssektors wiederzufinden sind und wie diese gestaltet werden müssen, damit die durch einen prozeßorientierten Ansatz erzielte Wertschöpfung nicht nur auf dem Papier existiert, sondern auch in das Unternehmen transformiert werden kann.

Erfolgreiche Unternehmen zeichnen sich durch die Fähigkeit aus, ihre Unternehmensprozesse schnell an wechselnde Markterfordernisse und Kundenanforderungen adaptieren zu können. Das Ziel jeder betrieblichen (Re-)Organisation ist es, die eingesetzten Technologien, Abläufe und Strukturen einer Organisation und allgemein die Leistungskette im Unternehmen permanent zu verbessern. Im Zusammenhang mit betrieblicher Reorganisation werden unter anderem Ansätze wie Lean Management, Change Management, Total Quality Management, ISO-9000-Zertifizierung, Outsourcing oder Rightsizing/Downsizing diskutiert. Demgegenüber zeichnet sich die Geschäftsprozeßorientierung – oft auch als Business Process Reengineering (BPR), Business Process (Re-)Design u.ä. bezeichnet – durch konsequentes Abgehen von tayloristischen Vorgehensweisen aus; vielmehr sollen die Geschäftsprozesse als Ganzes verbessert werden.[1]

Diese Entwicklung spiegelt sich auch in der Informationstechnologie wider. Neue innovative Produkte, sogenannte Workflow-Management-Systeme (WFMS), sollen bei ihrem Einsatz die versprochenen Vorteile der Geschäftsprozeßorientierung manifestieren.[2] Derzeit sind jedoch Workflow-Projekte für viele Unternehmen schmerzhafte Lernprozesse. Oft fehlen durchgängige Vorgehensmodelle, die den unterschiedlichen Rollen der Beteiligten und den Ansprüchen und Chancen der Workflow-Technologie Rechnung tragen.

---

[1] Vgl. Hammer, M. (1990); Davenport, T.H. (1993); Hammer, M./Champy, J. (1993); Karagiannis, D. (1989).
[2] Vgl. Workflow Management Coalition (1996); Silver, B. (1995).

Der vorliegende Beitrag beschreibt den Einsatz von Workflow-Technologien und die dadurch entstehende Notwendigkeit zur Nutzung von Geschäftsprozeßmanagement-(GPM-)Werkzeugen für die fachliche und betriebsorganisatorische Betrachtung der Geschäftsprozesse und der Arbeitsumgebungen, in denen diese ausgeführt werden. Unterbleibt diese fachliche Betrachtung, so kann es im schlimmsten Fall passieren, daß die Einführung eines WFMS schlecht strukturierte Geschäftsprozesse zementiert und die angestrebten Verbesserungen ins Gegenteil umkehrt.

Aus Sicht der betrieblichen Organisation läßt sich umgekehrt feststellen, daß die Durchführung von BPR ohne den „letzten Schritt", d.h. die DV-technische Umsetzung mittels der Workflow-Technologie, nur bedingt Verbesserungspotentiale mit sich bringt. Behandelt man die Mengenproblematik bei strukturierten Prozessen mit standardisiertem Ablauf beim Einsatz von Workflow-Management-Systemen adäquat, ist der optimale Mehrwert dieser Technologie gewährleistet.

Die Business-Process-Management-Systems-(BPMS-)Methodologie[3] bietet einen Lösungsansatz als Integrationsplattform von GPM und WFMS. Dieser Ansatz ist durch folgende Erkenntnisse motiviert:

- Eine rein technische Werkzeugkopplung ist mit semantischen und methodischen Brüchen verbunden.

- Die Nutzung eines einzigen Werkzeugs durch unterschiedliche Know-how-Träger (Fachbereich, Betriebsorganisation und Informatik) führt in den seltensten Fällen zu Vorteilen, da meist ein Funktionalitätsbereich – in der Regel der DV-technische – die anderen dominiert.

In dem hier vorgestellten Ansatz werden die logischen Zusammenhänge zwischen fachlicher (Business-) und technischer (Workflow-) Sicht auf der Basis des prozeßorientierten BPMS-Vorgehensmodells betrachtet. Zusätzlich zu den im vorliegenden Beitrag behandelten harten Faktoren soll darauf hingewiesen werden, daß die Erzielung des gesamten Verbesserungspotentials im Unternehmen nur durch die Synergieeffekte zwischen den meßbaren Einflußfaktoren – organisatorisch, fachlich, IT – und der Unternehmenskultur möglich ist. Reengineering-Projekte zeitigen enorme Auswirkungen auf die Informationstechnologie von Kreditinstituten.[4]

---

[3]   Vgl. Karagiannis, D. (1995).
[4]   Vgl. Moormann, J. (1996).

2. Workflow-Management: Evolution der Anwendungsentwicklung

2.1 Technologie, Systeme und Produkte

2.1.1 Die Workflow-Technologie

Die Workflow-Management-Technologie erlaubt eine einheitliche Modellierung von Unternehmen und die Ausführung ihrer Geschäftsprozesse auf einer organisationsorientierten Abstraktionsebene. Diese Abstraktionsebene besteht aus vier grundsätzlichen Ebenen: Aufbauorganisation, Berechtigungen/Rollen, Ablauforganisation, DV-Systeme (Abbildung 1). Sie verfügt über integrative Eigenschaften bezüglich der technischen Plattformen, die die Ausführung von Geschäftsprozessen in heterogenen und verteilten Umgebungen ermöglichen. Aus Sicht des Software-Engineering kann die Workflow-Management-Technologie als neue Evolutionsstufe in der Anwendungsentwicklung aufgefaßt werden. Die hauptsächlich durch die Datenbanktechnologie vorangetriebene Trennung von Anwendungen in Daten und Funktionen wird durch die Ebene „Steuerung" ergänzt. Unter Steuerung wird die explizite Darstellung der Beziehungen zwischen Funktionseinheiten (Kontrollfluß) und Daten (Datenfluß) verstanden. Diese Trennung bietet eine erhöhte Flexibilität bei der Anwendungsentwicklung, da Funktionseinheiten wiederverwendbar werden und die Anwendung einfach durch Austausch der Beziehungen (Steuerung) zwischen Funktionseinheiten an neue Bedürfnisse adaptiert wird.

2.1.2 Workflow-Management-Systeme

„Ein Workflow-Management-System ist ein Computersystem, das die Ablaufkontrolle von betrieblichen Abläufen (Geschäftsprozessen) zwischen Personen in Abhängigkeit von ihren Rollen in einer Organisation sicherstellt. Der Arbeitsfluß wird aus modellierten Geschäftsvorfällen, die aus einer Menge von elementaren Tätigkeiten bestehen, abgeleitet. Die Funktionalität dieser Aktivitäten wird rechnergestützt (Aktivierung existierender Softwarekomponenten) und/oder manuell (Einbindung von Mitarbeitertätigkeiten) umgesetzt."[5] Workflow-Management-Systeme können als Werkzeuge für die Modellierung und Ausführung von Geschäftsprozessen aufgefaßt werden. Die Bezeichnung *Werkzeug* motiviert sich aus der Tatsache, daß ein Workflow-Management-System im Grundzustand über kein Anwendungswissen verfügt und erst durch die Modellierung von Geschäftsprozessen zu einem prozeßorientierten Informationssystem wird.

Aus Benutzersicht lassen sich Workflow-Management-Systeme in zwei logische Komponenten gliedern: eine Modellierungskomponente und eine Ausführungskomponente. In der *Modellierungskomponente* werden, meistens mittels grafischer Editoren, der Ab-

---

[5] Karagiannis, D. (1994a).

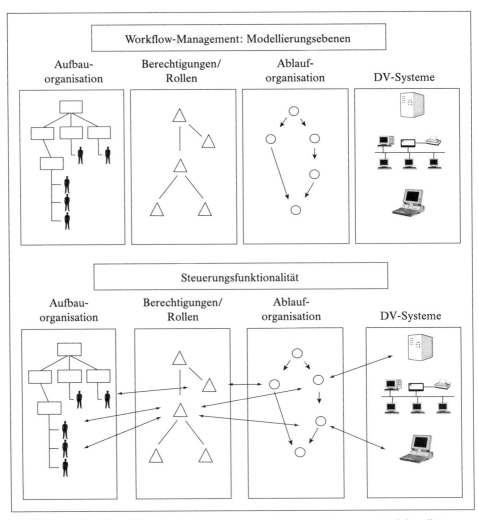

Abbildung 1: Workflow-Management: Modellierungsebenen und Steuerungsfunktionalität

lauf und die Arbeitsumgebung definiert. Zentrales Element dieser Modellierung stellen die Geschäftsprozesse dar. Sie verbinden elementare Tätigkeiten, Ressourcen, Organisationseinheiten und Personen miteinander. Diese Objekte und ihre Beziehungen werden in der Regel in einer Datenbank gespeichert und können in produktspezifischen Geschäftsprozeßbeschreibungssprachen dargestellt werden. Neben der Modellierung mit grafischen Editoren erlauben diese prozeßorientierten Sprachen das Ein- und Auslesen (Import/Export) von Aufbau- und Ablaufstruktur. Die *Ausführungskomponente* basiert in der Regel auf einer Client/Server-Architektur. Sie dient zur Ausführung vorher modellierter Geschäftsprozesse. Nach dem Start eines Geschäftsprozesses wird – entsprechend dem Kontrollfluß – einem über die Auswertung eines Rollenausdrucks ermittelten Akteur eine Aktion zugewiesen. Bei Ausführung der Aktivität wird die der Aktivität zugeordnete Applikation (Programm) mit den vordefinierten Datentypen ausgeführt. Nach Beendigung der Aktivität werden die für den Verlauf des Geschäftsprozesses relevanten Daten an das Workflow-Management-System übergeben und stehen für die Ermittlung der nächsten Aktivität und Bestimmung der Akteure und Ressourcen zur Verfügung.

2.1.3 Workflow-Management-Produkte

Der Begriff Workflow-Management-System wird oft synonym oder auch im Kontext zu Begriffen wie „Vorgangssteuerungssysteme", „Vorgangsmanagementsysteme", „integrierte Vorgangssteuerung", „ganzheitliche Vorgangsbearbeitung" verwendet. Workflow-Management-Produkte sind aus den verschiedensten Bereichen hervorgegangen, wie Dokumentenverwaltung, E-Mail-Systemen, Textverarbeitung etc. Die unterschiedlichen Anforderungen, die sich aus diesen Bereichen für die Geschäftsprozeßabwicklung ableiten lassen, werden teilweise durch Integrationsansätze der Produkte abgedeckt.[6]

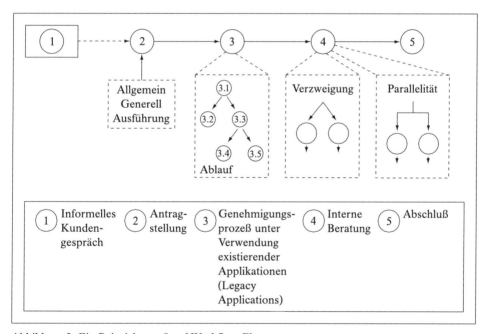

Abbildung 2: Ein Beispielprozeß auf Workflow-Ebene

---

[6] Vgl. Malone, T.W./Crowston, K./Lee, J./Pentland, B. (1993).

Originäre Workflow-Management-Produkte stellen die Steuerung der Geschäftsprozesse in den Mittelpunkt. Die Steuerung erfolgt durch Rückgabewerte der Applikationen und durch Referenzen auf eine explizit modellierte Aufbauorganisation. Die Zuordnung der Bearbeiter zu den einzelnen Tätigkeiten des Geschäftsprozesses wird durch eine Anonymisierung der Aufbauorganisation (Rollenkonzept) realisiert. Kurz gesagt sollen Workflow-Management-Systeme die richtige Applikation zur richtigen Zeit beim richtigen Bearbeiter aufrufen. Ein Prozeßbeispiel ist in Abbildung 2 dargestellt. Zur ersten Generation von Workflow-Management-Produkten, die diese Sichtweise vertreten, zählen beispielsweise FlowMark von IBM oder WorkParty von SNI. Eine ausführliche Produktübersicht bietet Lawrence.[7]

2.2 Einordnung der Workflow-Technologie

2.2.1 Sicht der Anwendungsentwicklung

Eine der Technologien, mit der die Workflow-Management-Technologie häufig verglichen wird, ist CASE *(Computer Aided Software Engineering)*. Betrachtet man CASE-Tools bzw. Workflow-Management-Systeme als alternative Werkzeuge für die informationstechnische Umsetzung von Geschäftsprozessen, so besteht einer der grundlegenden Unterschiede in der Erstellung des Steuerungscodes. Bei einer CASE-orientierten Betrachtung wird der Schwerpunkt im *Software System Design* gesetzt, indem die anwendungsspezifische Modellierung und Programmentwicklung entweder auf der Basis von Daten und Funktionen oder auch objektorientiert durchgeführt wird. Eine Workflow-orientierte Betrachtung legt demgegenüber den Schwerpunkt auf die Steuerung der Abläufe und die allgemeingültige Prozeßsteuerungsmodellierung und nicht auf die Definition von Funktionen und Daten bzw. Objekten.

Workflow-Management-Systeme stellen von Haus aus Mechanismen zur Steuerung bereit. Diese Mechanismen werden sowohl auf der Modellierungs- als auch auf der Umsetzungsebene wirksam. Dies ermöglicht die Modellierung von Vorgängen auf einer höheren Abstraktionsebene, da Funktionalitäten wie die Ermittlung der auszuführenden Aktivitäten mit deren zuständigen Bearbeitern und die Zurverfügungstellung der für die Aktivitäten erforderlichen Informationen bereits im System vorhanden sind und nicht erst noch entwickelt werden müssen.

2.2.2 Der Einführungsprozeß

Der Einsatz von Workflow-Management-Systemen erfordert Entscheidungsprozesse, die folgende Aspekte abdecken sollten:

- Bestimmung des zu optimierenden Geschäftsfelds,
- Auswahl der einzusetzenden Technologien und
- die Produktentscheidung.

---

[7] Vgl. Lawrence, P. (1997).

In Abbildung 3 wird dieser Einführungsprozeß grafisch dargestellt. Bevor eine Entscheidung in bezug auf den Einsatz der Workflow-Management-Technologie getroffen werden kann, muß geklärt werden, welche Geschäftsprozesse überhaupt reengineert werden sollen.

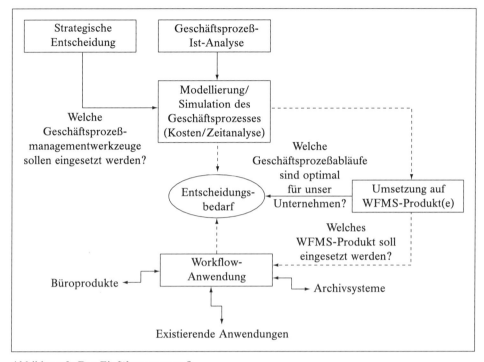

Abbildung 3: Der Einführungsprozeß

Nachdem die strategischen Ziele festgelegt worden sind, werden bei der organisatorischen Gestaltung die einzelnen Aktivitäten, deren Ablauf, Verantwortungsbereiche und die zu verwendenden Ressourcen spezifiziert. Es können aber durchaus auch DV-Aspekte eine Rolle spielen, beispielsweise gewisse Vorgaben in bezug auf die Zielplattform, die Konzepte, Produkte und Hardware. Die größten Vorteile bietet die Workflow-Management-Technologie bisher für strukturierte Geschäftsprozesse, die im allgemeinen Routinetätigkeiten darstellen.

Zum Zwecke der Analyse und des sinnvollen Prozeßentwurfs verfügen einige Workflow-Management-Systeme über integrierte Simulations- und Animationskomponenten oder sind an Geschäftsprozeßmanagement-Werkzeuge koppelbar, so daß die Planung und das Design von Geschäftsprozessen wesentlich erleichtert wird. Die meisten Produkte setzen jedoch voraus, daß ein modellierter Geschäftsprozeß auch in der Ausführungskomponente ausgeführt wird. Dies führt dazu, daß manuelle und automatisierte Tätigkeiten zwar in einem Workflow-Management-System abgebildet und simuliert werden können, der so modellierte Geschäftsprozeß jedoch nicht informationstechnisch untersucht wird, so daß er nicht ohne weiteres in der Ausführungskomponente durchgeführt werden kann.

Die Entscheidung für ein konkretes Workflow-Produkt hängt in hohem Maße von den zu realisierenden Geschäftsprozessen und der umgebenden Infrastruktur ab. Studien, in denen die Stärken und Schwächen der einzelnen Workflow-Produkte aufgeführt sind, sollen dabei berücksichtigt werden und können die Entscheidung erheblich erleichtern. Eine der erfolgversprechendsten Vorgehensweisen zur Klärung dieser Frage ist der temporäre Einsatz des ausgewählten Produkts. So können durch Fallbeispiele die Fähigkeiten der einzelnen Produkte in bezug auf die speziellen Merkmale der Einsatzumgebung untersucht werden.[8] Beispielsweise wird ein Unternehmen, das stark dokumentenorientierte Geschäftsprozesse durchführt, ein stärkeres Interesse an Produkten entwickeln, die über ausgeprägte Schnittstellen zu Dokumentenverwaltungs- und Archivierungssystemen verfügen. Im folgenden werden einige Fähigkeiten der ersten Generation von Workflow-Management-Systemen auf der Modellierungs- und Ausführungsebene dargestellt.

Vorteile auf Modellierungsebene sind:
- Einheitliche Modellierung manueller und automatischer Tätigkeiten,
- Evaluation bezüglich Zeit, Mengen und Kosten,
- Transparenz und Strukturierung der Geschäftsprozesse,
- Flexibilität bei Änderungen,
- Wiederverwendbarkeit der Modellierungselemente,
- Einhaltung rechtlicher und organisatorischer Richtlinien bei der Ausführung,
- Nutzung als Revisions- und Controllinginstrument sowie
- Testmöglichkeit von Verbesserungsvorschlägen.

Vorteile auf Ausführungsebene sind:
- Durchgängige DV-Unterstützung,
- Flexibilität bezüglich der Zielplattform,
- Unterstützung heterogener und neuer Umgebungen,
- Integration bestehender und neuer Anwendungen,
- dezentrale Verfügbarkeit durch Client/Server-Architekturen sowie
- erleichterte Entwicklung verteilter Anwendungen.

3. Das BPMS-Vorgehensmodell als Integrationskonzept

Eine durchgängige Methodologie, die von der Entscheidung des Reengineering von Geschäftsprozessen über Design, Analyse und Umsetzung bis zur Auswertung reicht, ist in der Workflow-Technologie noch nicht erkennbar. Diese Durchgängigkeit, gekoppelt mit

---

[8] Vgl. Schnetzer, R. (1997).

Werkzeugen, die die einzelnen Phasen der Realisierung von Geschäftsprozessen unterstützen, ist das Anliegen des BPMS-Ansatzes.[9] Der BPMS-Ansatz verfolgt die Ziele:

- Durchgängige Unterstützung bei der Umsetzung von Geschäftsprozessen, d. h.
  - Modellierung und Reengineering der Geschäftsprozesse auf einer standardisierten Prozeßdefinitionssprache wie WPDL von der WfMC *(Workflow Management Coalition)*,
  - organisatorische Betrachtung der Geschäftsprozesse (Simulation bezüglich Zeit, Kosten und Mengen)[10] sowie
  - Modellierung der Geschäftsprozesse unter Beachtung vorhandener Rahmenbedingungen (organisatorische und rechtliche Richtlinien, Verfügbarkeit von Ressourcen etc.),
- Flexibilität bei der Anbindung an existierende WFMS,
- Unabhängigkeit von den verwendeten Zielplattformen und
- Evaluation der Geschäftsprozesse.

Zur Realisierung eines Geschäftsprozesses werden Tätigkeiten auf unterschiedlichen Ebenen identifiziert. Die Auswahl und Zusammenstellung dieser Tätigkeiten werden ihrerseits als Prozesse gesehen (Abbildung 4).

Strategischer Entscheidungsprozeß: Aufgrund von strategischen Unternehmensentscheidungen werden Rahmenbedingungen und wesentliche Kriterien für Geschäftsprozesse festgelegt. Ein wesentliches Merkmal ist die Einbringung bzw. der Einfluß von Erfolgsfaktoren in der Gestaltung der Geschäftsprozesse. Unterstützende Werkzeuge finden sich im Bereich *Executive Information Systems* (EIS), *Decision Support Systems* (DSS) und *Management Information Systems* (MIS).

Restrukturierungsprozeß: Das Reengineering setzt ein, nachdem eine entsprechende strategische Entscheidung getroffen wurde. Dabei werden die zu realisierenden Geschäftsprozesse den gesetzlichen und fachlichen Rahmenbedingungen angepaßt und aus organisatorischer Sicht bezüglich Zeit und Kosten mittels unterschiedlicher qualitativer und quantitativer Merkmale optimiert.[11] Während dieser Phase sollten (fachliche) *Business Objects* des Unternehmens entstehen. Geschäftsprozeßmanagement-Werkzeuge bieten die Funktionalität für Management und Wiederverwendung dieser Objekte. Für die Speicherung dieser Objekte ist es empfehlenswert, *Business Objects Libraries* zu benutzen.

Umsetzungsprozeß: Für die technische Umsetzung müssen konkrete Ressourcen den Aktivitäten des Geschäftsprozesses zugeordnet werden und für die Workflow-Ausführung zur Verfügung stehen. Dies beinhaltet eine informationstechnische Betrachtung des Geschäftsprozesses und erfordert Kenntnisse über die infrastrukturellen Gegebenheiten des Einsatzraums. Ein wesentlicher Punkt ist die für den Workflow-Einsatz benötigte IT-Infrastruktur, die eine hochvernetzte Client/Server-Umgebung voraussetzt. Dazu kommt die Problematik der Softwareverteilung, die aufgrund der zur Zeit realisierten Server-to-Server-Kommunikation im Kontext von Workflow-Management-Systemen nur unzureichend gelöst ist. Hierbei sollen weitere Ansätze aus dem Bereich Informa-

---

[9] Vgl. Karagiannis, D. (1994a); Karagiannis, D. (1994b); Karagiannis, D./Junginger, S./Strobl, R. (1996).
[10] Vgl. Herbst, J./Junginger, S./Kühn H. (1997).
[11] Vgl. Junginger, S. (1997); Karagiannis, D. (1991).

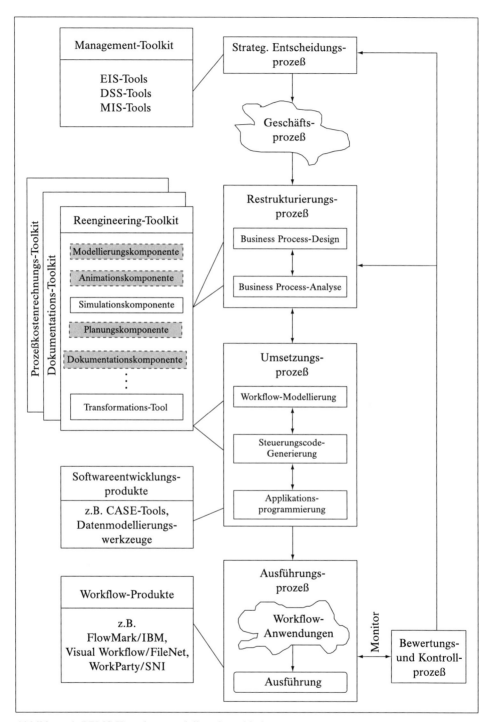

Abbildung 4: BPMS-Vorgehensmodell und -architektur

tion Engineering, die sich mit Softwareverteilungsstrategien beschäftigen, in Zusammenhang mit der Anwendungsentwicklungsmethode, mit welcher dieses System realisiert ist, zu Hilfe genommen werden.

Ausführungsprozeß: Nachdem Modellierung und Ressourcenzuteilung feststehen, wird der Geschäftsprozeß in der eigentlichen Arbeitsumgebung ausgeführt. Hierbei werden die existierenden *Workflow Objects* aktiviert. Diese Objekte realisieren die Steuerungsebene einer Workflow-basierten IT-Anwendung und werden als wiederverwendbare Elemente verwaltet. Ein integrierter Ansatz zur Entwicklung und Realisierung einer wiederverwendbaren Bibliothek sowohl für Business Objects als auch für Workflow Objects ist Gegenstand aktueller Forschungsarbeiten.

Bewertungs- und Kontrollprozeß: Ziel des Prozesses ist die Evaluation der ausgeführten Geschäftsprozesse. Dabei werden Prozeßdaten gesammelt, aufbereitet und aggregiert und stehen somit den anderen Prozessen zur Erkenntnisgewinnung zur Verfügung. Während der Modellierung der Geschäftsprozesse sind die *Evaluation Objects* zu definieren, die später während des Workflow-Einsatzes mit den entstehenden Daten aus den *Audit Trails* (Protokolle) verglichen werden müssen, um die erwünschten kontinuierlichen Prozeßverbesserungen zu erreichen.

Die oben kurz beschriebenen BPMS-Prozesse werden in der Regel von verschiedenen Akteuren, beispielsweise Betriebsorganisation, DV-Abteilung und Fachbereichen, durchgeführt. Jede dieser Gruppen hat bestimmte Sichten auf die Geschäftsprozesse.[12] Um den BPMS-Ansatz als Geschäftsprozeßmanagement-Workflow-Integrationsplattform einsetzen zu können, ist ihm deshalb ein graphenbasierter Aufbau zugrundegelegt: *Business Graph*, *Workflow Graph*, *Execution Graph* und *Evaluation Graph* sowie deren Beziehungen zueinander sind in Abbildung 5 dargestellt.[13]

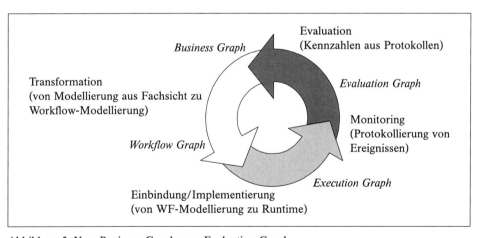

Abbildung 5: Vom Business Graph zum Evaluation Graph

---

[12] Vgl. Kleinfeld, S./Guiney, M./Miller, J.K./Barnes, M. (1994).
[13] Vgl. Karagiannis, D./Junginger, S./Strobl, R. (1996).

Bei der Durchführung von Projekten ist zusätzlich zu einem Projektmanagement, welches auf der Basis des BPMS-Vorgehensmodells durchzuführen ist (vgl. Abbildung 4), die Nominierung eines Prozeßverantwortlichen bzw. eines Prozeßmanagers, der das Projekt von der Erhebungs- bis zur Evaluationsphase einschließlich Pilotierung und operativem Einsatz leitet, von essentieller Bedeutung, da diese Rolle mit abteilungsübergreifenden Kompetenzen und Rechten ausgestattet werden muß.

4. Bankbetriebliche Anwendungsbeispiele

In die Realisierung einer bankbetrieblichen IT-Leistung nach dem BPMS-Ansatz sind unterschiedliche Know-how-Träger involviert, die unterschiedliche Sichten auf die Geschäftsprozeßmodelle haben. Je weiter der Realisierungsprozeß fortgeschritten ist, desto mehr muß IT-spezifisches Wissen berücksichtigt werden, welches aus betriebswirtschaftlicher Sicht nicht unbedingt relevant ist. Diese unterschiedlichen Sichten – hier definiert als lokale bzw. globale Outputs – sollen an Prozeßbeispielen der Bereiche „Baufinanzierung" und „Sparverkehr" erläutert werden: Der Optimierungsansatz liegt beim Beispiel der Baufinanzierungseröffnung auf organisatorischen Komponenten, während im Sparverkehr technische Aspekte im Vordergrund stehen. Zur Modellierung der Geschäftsprozesse wird das Geschäftsprozeßmanagement-Werkzeug ADONIS®[14] verwendet, das auf der BPMS-Methode basiert.[15] Die Auswahl der Optimierungsrichtungen soll als Beispiel dienen; eine Argumentation hinsichtlich anderer Optimierungssichten kann im Spezialfall sinnvoll sein.

4.1 Baufinanzierung

Das Produkt Baufinanzierung ist im Bereich des Privatkundensektors für Banken eine tragende Säule des Aktivgeschäfts: Hohe Einzelsummen und lange Laufzeiten sichern für das Unternehmen positive Ertragsbeträge. Dementsprechend wird der Markt durch Werbemaßnahmen intensiv umkämpft. Die Kundenbindung kann in diesem Punkt als kritischer Faktor angesehen werden, da potentielle Kunden mehrere Mitbewerber besuchen, um die Konditionen zu vergleichen. Im Produktlebenszyklus „Beratung/Abschluß – Verwaltung – Auflösung" sind daher die Prozesse der Beratung und des Abschlusses als kritisch zu betrachten. Die Verwaltung und Auflösung der Baufinanzierung liegen durch die Standardisierbarkeit im unkritischen Bereich und werden in diesem Beispiel vernachlässigt. Schwierigkeiten und Probleme in der Prozeßdurchführung sind auf fehlerhafte Beratung und ungünstige Abschlußbedingungen zurückzuführen.

---

[14] Vgl. Business Information Technologies Consulting GmbH (1997).
[15] Vgl. Kühn, H./Karagiannis, D./Junginger, S. (1996); Herbst, J./Junginger, S./Kühn, H. (1997).

In der Erstberatung am Beginn der Baufinanzierungsberatung erfolgt die Entscheidung des Kunden für den Abschluß der Baufinanzierung. Neben den eigentlichen Determinanten des Produkts (Zinskonditionen, Vertragskosten etc.) spielen die Faktoren Zeit und Qualität der Beratung eine immer entscheidendere Rolle für den Kunden. Zeit- und Qualitätsverbesserungen sind daher die wesentlichen Ziele der Prozeßoptimierung. Folgende Aspekte können daher bezüglich einer Optimierung als kritische Erfolgsfaktoren angesehen werden:

- *Erweiterung der Beratungskompetenz:* Die Berater in den Filialen stellen die wesentliche Schnittstelle zum Kunden dar. Produktkenntnis und Einschätzungsfähigkeit der finanziellen Situation des Kunden sind die wesentlichen Voraussetzungen zur Einschätzung des Baufinanzierungswunsches.

- *Verkürzung der Dauer zwischen Kundengespräch und der Zusage der Baufinanzierung:* Eine schnelle Zusage bedeutet eine schnellere, endgültige Bindung des Kunden für das Baufinanzierungsgeschäft und somit Sicherung des Ertrags. Die Dauer der Zusage kann als ein sehr wichtiges sekundäres Produktmerkmal angesehen werden. Die Beratungs- und Abschlußprozesse müssen auf diesen Aspekt ausgerichtet sein, um am Markt Erfolg zu haben.

- *Information des Kunden und korrekte Beratungsbearbeitung:* Zur Unterstützung einer zügigen Kreditentscheidung müssen alle relevanten Informationen mitgeliefert bzw. erfragt werden, um unnötige Rückfragen und Verzögerungen zu vermeiden.

- *Minimierung der internen, organisatorischen Schnittstellen:* Zur zügigen Kreditentscheidung müssen die möglichen technischen Hilfsmittel (DV-System, Fax, Telefon etc.) in pragmatischer Weise genutzt werden, um die kritische Phase „Beratung/Abschluß" zu unterstützen. Neben der technischen Kommunikationsunterstützung ist die Bereitschaft zur Zusammenarbeit der beteiligten Stellen ein wesentlicher Faktor.

In Abbildung 6 sind beispielhaft die Anfangsphasen des Baufinanzierungsprozesses dargestellt. Die gestrichelten Bereiche des Prozesses kennzeichnen die Optimierungsstellen im Prozeß.

Das Beispiel soll den oben im Text aufgezeigten Fokus verdeutlichen: Die Optimierung des Subprozesses „Kundenberatung" basiert auf den Punkten „Erweiterung der Beratungskompetenz" und „Kundeninformation". Der Aspekt „Minimierung der Schnittstellen" wird im Zusammenspiel der Subprozesse „Kundenberatung" und „Kreditsachbearbeitung" sichtbar. Die „Verkürzung der Dauer" ist der wesentliche Punkt in der schnellen und zeitgerechten Information des Kunden.

4.2 Sparverkehr

In dieser Produktsparte des Passivbereichs ist eine Menge von Produkten (Sparbuch, Vermögensplan, vermögenswirksame Leistungen usw.) realisiert, die dem Kunden am Schalter angeboten werden. Diese Produktvielfalt bringt eine enorme Aufgabensteigerung für das Back Office mit sich, da – auch wenn das Produkt aus Kundensicht kon-

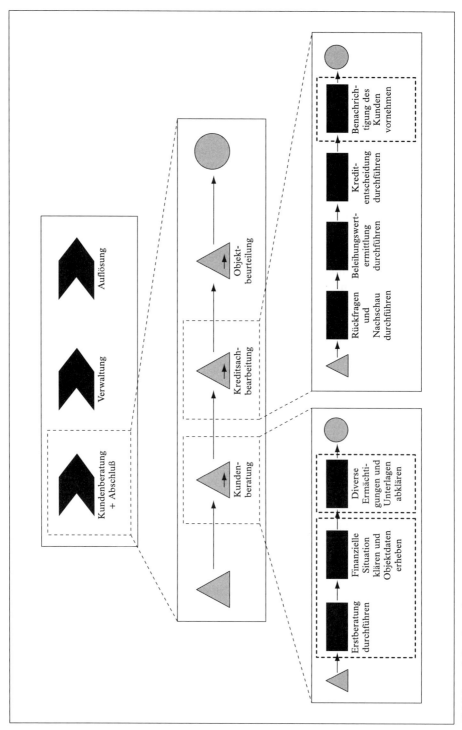

Abbildung 6: Baufinanzierung

sumiert ist – der gestartete Prozeß im Back Office reibungslos ablaufen muß, um die dem Kunden versprochenen Dienstleistungen erbringen zu können. Hierbei ist durch die Modellierung der erforderlichen Geschäftsprozesse das Zusammenspiel zwischen *Kundenorientierung* und *Back-Office-Funktionalität* optimal zu realisieren.

Die wesentlichen Optimierungschancen im Produktlebenszyklus „Beratung/Abschluß – Verwaltung – Auflösung" liegen also in den Verwaltungsprozessen: Diese Prozesse – häufig zentralisiert im Back Office – produzieren verbundene Dienstleistungen wie z.B. Informationen zur Steuererklärung, gesetzliche Arbeiten sowie Laufzeitüberwachungen. Einsparungspotentiale können vor allem in technischer Unterstützung, wie z.B. der elektronischen Archivierung, gefunden werden. Die Archivierungsvorgänge sind sehr unterschiedlich. Sie differieren erheblich in ihrem Zeitaufwand (z.B. einerseits Ablage kompletter Vertragsvorgänge, andererseits Stapel von Einzelbelegen) und können unter Einsatz organisatorisch-technischer Prozeßoptimierungsansätze integriert werden.

Folgende Optimierungsaspekte können zusammengefaßt werden:

- *Technische Integration unterschiedlicher Sparprodukte:* Die am Markt unter dem Aspekt der Kundenorientierung angebotenen Produktarten können unter technischen Aspekten gut zusammengefaßt und in umfassenden Applikationen integriert werden. Dies erleichtert die Wartung und vereinfacht die technische Bearbeitung während der Abschlußbearbeitung und der Verwaltungsprozesse.

- *Elektronische Unterstützung der Back-Office-Arbeiten (Archivierung, Workflow):* Gerade der Wechsel des Bearbeitungsobjekts (geschäftsvorfallbasierte Bearbeitung versus Batch-Bearbeitung) erfordert für die Minimierung von Bearbeitungskosten im Back Office die Unterstützung durch Dokumentenmanagementsystem-(DMS-)Applikationen und Workflow-Systeme. Die Prozesse eignen sich durch deren repetitive und standardisierte Struktur besonders, sie in eine elektronische Ablaufsteuerung zu überführen.

- *Kundenorientierte Dienstleistungsangebote:* Durch Verlagerung von technischer Infrastruktur und Integration von Prozessen können verschiedene Dienstleistungen direkt in den Filialen oder über andere Kommunikationsmittel angeboten werden (z.B. Sparkontoauszugsdrucker).

Abbildung 7 soll die unterschiedlichen Optimierungsansätze anhand eines Prozeßmodells verdeutlichen.

Durch geeignete technische Infrastrukturmaßnahmen können Zinsberichtigungen oder – nachberechnungen direkt durch den Kunden überwacht bzw. kontrolliert werden. Sonstige Geschäftsvorfälle – beispielhaft dargestellt in der Abbildung – erlauben die Einführung von prozeßbasierten IT-Bausteinen, wie Workflow-Management-Systeme.

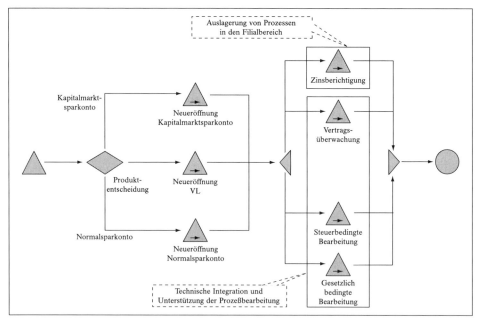

Abbildung 7: Sparverkehr

5. Ausblick

Obwohl öfters in Frage gestellt, wird meistens der Zugriff auf vorhandenes Fachwissen (Ist/Soll-Ansatz) bei Optimierungsprojekten aus zeitlichen und finanziellen Gründen als der pragmatische Ansatz gewählt und realisiert. Man verfügt im Unternehmen über Systeme und Komponenten, die bereits erworben, meistens weiterentwickelt und in die Unternehmensumgebung integriert wurden.[16] Diese bieten den Ausgangspunkt „existierendes Unternehmens-Know-how" für jegliche Verbesserung, vor allem weil die Mitarbeiter mit ihrem Wissen operieren und nicht nur mit DV-Systemen. In diesem Zusammenhang spielt neben den technischen Voraussetzungen, wie z.B. Sicherheitsaspekten,[17] funktionierenden Kommunikationsstrukturen und entsprechender infrastruktureller Ausstattung auch die Akzeptanz aller Beteiligten eine wichtige Rolle für den Erfolg des BPMS-Ansatzes. Soziale und ethische Probleme sollten bei der Entscheidung zur Einführung dieser Technologie genauso durchdacht werden wie kommerzielle Gesichtspunkte. Wie bei nahezu allen modernen Technologien hängt eine Bewertung der Workflow-Technologie eher von unserem Umgang mit dieser ab als von der Technologie selbst.

---

[16] Vgl. Hinkelmann, K. (1998); Hinkelmann, K./Karagiannis, D. (1992).
[17] Vgl. Karagiannis, D./Heidenfeld, M. (1998).

Literaturhinweis

BUSINESS INFORMATION TECHNOLOGIES CONSULTING GMBH (Hrsg.), ADONIS® Version 2.0, Benutzerhandbuch, Wien 1997.

DAVENPORT, T. H., Process Innovation – Reengineering Work through Information Technology, Boston/MA 1993.

HAMMER, M., Reengineering Work: Don't Automate, Obliterate, in: Harvard Business Review, 1990, July-August, S. 104–112.

HAMMER, M./CHAMPY, J., Reengineering the Corporation, New York 1993.

HERBST, J./JUNGINGER S./KÜHN, H., Simulation in Financial Services with the Business Process Management System ADONIS®, in: Hahn, W./Lehmann, A. (Hrsg.), Proceedings of the 9th European Simulation Symposium and Exhibition, Passau 1997, S. 491–495.

HINKELMANN, K., Vom Geschäftsprozeßmanagement zum Wissensmanagement, in: Wissenschaftsmanagement, Nr. 3, 1998.

HINKELMANN, K./KARAGIANNIS, D., Context-Sensitive Office Tasks: A Generative Approach, in: Decision Support Systems, 1992, Nr. 3, S. 255–267.

JUNGINGER, S., Quantitative Auswertung von Geschäftsprozeßmodellen mit Hilfe von rechnerischen Auswertungen und Simulation: Eine Gegenüberstellung, in: Technical Report Nr. 2, Version 1.0, BPMS-Gruppe, Institut für Angewandte Informatik und Informationssysteme, Universität Wien 1997.

KARAGIANNIS, D., Flexible Bürosysteme (FBS): Architektur und Einsatzmöglichkeiten, in: Fuhrmann, S./Pietsch, T. (Hrsg.), Praktische Anwendungen moderner Bürotechnologien, Berlin 1989, S. 29–60.

KARAGIANNIS, D., Wissensbasierte Simulation im Büro, in: Office Management, 1991, Nr. 10, S. 16–24.

KARAGIANNIS, D. (1994a), Towards Business Process Management Systems. Tutorial at the International Conference on Cooperative Information Systems (CoopIS '94), Toronto.

KARAGIANNIS, D. (1994b), Die Rolle von Workflow-Management beim Re-Engineering von Geschäftsprozessen, in: DV-Management, Nr. 3, S. 109–114.

KARAGIANNIS, D., BPMS: Business Process Management Systems: Concepts, Methods and Technology, in: SIGOIS Bulletin, 1995, Nr. 1, S. 10–13.

KARAGIANNIS, D./HEIDENFELD, M., Modellierung, Analyse und Evaluation sicherer Geschäftsprozesse: Ein Implementierungsansatz für Security Workflows, in: SIS 98, „Sicherheit in Informationssystemen", Zürich 1998, S. 223–246.

KARAGIANNIS, D./JUNGINGER, S./STROBL, R., Introduction to Business Process Management System Concepts, in: Scholz-Reiter, B./Stickel, E. (Hrsg.), Business Process Modelling, Lecture Notes in Computer Science, Berlin 1996, S. 81–106.

KLEINFELDT, S./GUINEY, M./MILLER, J.K./BARNES, M., Design Methodology Management, in: Proceedings of the IEEE, 1994, Nr. 2.

KÜHN, H./KARAGIANNIS, D./JUNGINGER, S., Metamodellierung in dem BPMS-Analysewerkzeug ADONIS, Business Information Technologies Consulting GmbH (Hrsg.), Wien 1996.

LAWRENCE, P., Workflow Management Coalition, Workflow Handbook 1997, Chichester 1997.

MALONE, T. W./CROWSTON, K./LEE, J./PENTLAND, B., Tools for inventing organizations: Toward a handbook of organizational processes, in: Proceedings of the 2nd IEEE Workshop on Enabling Technologies Infrastructure for Collaborative Enterprises, Morgantown/WVa 1993.

MOORMANN, J., Auswirkungen von Reengineering-Projekten auf die Informatik in Banken, in: Al-Ani, A. (Hrsg.), Business Reengineering in Banken: Erfahrungen aus der Praxis, Wien 1996, S. 65–84.

SCHNETZER, R., Business Process Reengineering und Workflowmanagement: Theorie und Praxis in der Schweiz, Zürich 1997.

SILVER, B., Selecting a Workflow Tool, in: Proceedings of the international conference WORKFLOW '95 – Business Process Re-Engineering, Boston/MA 1995.

WORKFLOW MANAGEMENT COALITION (Hrsg.), Terminology & Glossary, Document Number WFMC-TC-1011, Issue 2.0, Brüssel 1996.

Rüdiger Zastrow

Sourcing von IT-Leistungen

1. Informationstechnologie als Motor im Bankgeschäft
2. Gestaltungsmöglichkeiten: Outsourcing, Insourcing und Joint Ventures
    2.1 Outsourcing
    2.2 Insourcing
    2.3 Joint Ventures
3. Strategischer Einsatz der IT im Bankgeschäft
    3.1 Konzentration auf das Kerngeschäft
    3.2 Hilfe durch externe Unterstützung
    3.3 Aufbau einer Partnerschaft
    3.4 Möglichkeiten für Auslagerungen
    3.5 Auslagerung des Wertpapierhandels
4. Fallbeispiel: Bankhaus Sal. Oppenheim jr. & Cie.
5. Fazit
Literaturhinweis

Aus dem Bankgeschäft der Gegenwart ist die Informationstechnologie (IT) nicht mehr wegzudenken. Sie unterstützt nicht nur die Prozesse und Funktionen einer Bank, sondern nimmt maßgeblichen Einfluß auf das Produkt eines Kreditinstituts. Der technologische Fortschritt stellt die Bank vor neue Herausforderungen und eröffnet ihr gleichzeitig die Chance, im globalen Wettbewerb erfolgreich zu bestehen. Mehr denn je zuvor ist die Konzentration auf das Kerngeschäft ein wesentlicher Faktor für den Erfolg eines Unternehmens. Auch die Banken sind gezwungen, ihre Kernkompetenzen zu definieren. Im Hinblick auf das Sourcing von IT-Leistungen stehen ihnen im wesentlichen drei Möglichkeiten zur Verfügung: *Outsourcing*, *Insourcing* und *Joint Ventures*. Im Rahmen einer Outsourcing-Partnerschaft kann der IT-Dienstleister die Bank dabei unterstützen, Informationstechnologie gezielt als Wettbewerbsfaktor einzusetzen und damit ihre Marktposition zu festigen und auszubauen.

1. Informationstechnologie als Motor im Bankgeschäft

Nachdem die Informationstechnologie sich sowohl zum Träger des Bankprodukts Geld als auch zum Katalysator aller Wertschöpfungsarten über alle Banksparten hinweg entwickelt hat, stellt sich die Frage nach den Trends der Zukunft. Drei Szenarien sind vorstellbar.

Szenario 1

Alles bleibt so wie bisher: Der Motor Informationstechnologie treibt das Bankgeschäft erfolgreich weiter an. Das Bankgeschäft kann mit Hilfe der IT effizienter und damit kostengünstiger gestaltet werden. Dazu werden Back Office und Front Office mehr und mehr getrennt. Die Bank baut das Back Office mit Hilfe eines Fabrikansatzes zum Produktionsumfeld aus. Starke Automatisierung und Strukturierung ermöglichen dabei Synergien und Skaleneffekte. Das Front Office erlaubt Flexibilität in seiner IT-Infrastruktur und dient zur Differenzierung von Wettbewerbern.

Szenario 2

Es gibt allerdings schon heute Anzeichen, daß die Bemühungen aus dem ersten Szenario nicht ausreichen werden, das Bankgeschäft für die Zukunft zu rüsten. Denn die parallele Fortentwicklung von Bankgeschäft und Informationstechnologie wird sich nicht ohne weiteres fortsetzen lassen. Grund dafür ist, daß die Fortschritte auf dem Gebiet der Informationstechnologie nicht nur den Banken neue Tätigkeitsfelder erschließen, sondern auch Nichtbanken oder sogar den Bankkunden selbst. Davon sind zahlreiche Bankgeschäfte unmittelbar betroffen. Beispielsweise können sowohl Netzanbieter als auch Banken die Clearing-Center von Internet-Shopping-Malls betreiben. Große Industrieunternehmen geben eigene Zahlungsmittel in Form von virtuellem Geld aus und übernehmen somit die elektronische Zahlung intern selbst. Gerade weil die Industrie große Geldbeträge bewegt, hat sie die Möglichkeit, die Salden unter Umgehung der Banken direkt mit ihren Kunden, Lieferanten und Subunternehmern auszugleichen. Diesem Trend können die Banken nur entgegenwirken, indem sie kundenfreundlicher und flexibler werden, beispielsweise durch den Einsatz von Financial-EDIFACT im Zahlungsverkehr. Aber nicht nur im Geschäftsfeld Zahlungsverkehr sieht sich die Bank neuer Konkurrenz gegenüber. Die Internet-Technologie bietet die Möglichkeit, eine virtuelle Börse zum Wertpapierhandel zu installieren. Obwohl heute noch große Vorbehalte hinsichtlich der Sicherheit im Internet existieren, lassen die rasanten Entwicklungen auf diesem Gebiet in naher Zukunft eine Akzeptanz der virtuellen Börse vermuten. Setzt sich dieser Trend fort, ersetzen individuelle Finanzgeschäfte das traditionelle Bankwesen zunehmend. Die Banken werden ohne proaktive Nutzung der Informationstechnologie zur Entwicklung neuer Geschäftsfelder ihre Existenzberechtigung im virtuellen Markt verlieren. Sie können sich nicht mehr nur darauf beschränken, wie im ersten Szenario das Bankgeschäft mit der IT effizienter und effektiver zu gestalten. Sie sind gezwungen, die IT für ihr Neugeschäft einzusetzen.

Szenario 3

Der Innovationsdruck, neues Bankgeschäft aufgrund der rasanten IT-Entwicklung zu generieren, stellt die Bank vor neue Herausforderungen. „Das IT-Management einer Bank kann dem Erneuerungsdruck nur dann gerecht werden, wenn bei der Konzeption der Informations- und Kommunikationsinfrastruktur prospektiv und antizipierend die möglichst nahtlose Integration von Innovationen eingeplant wird. Das IT-Management einer Bank muß ein Management des Wandels nicht nur zulassen, sondern aktiv unterstützen und forcieren."[1] Der Fortschritt auf dem Gebiet der IT provoziert im Bankgeschäft eine Reihe von Zielkonflikten innerhalb der traditionellen Wertschöpfungsarten. Beispielsweise hat sich eine Investmentbank entschlossen, ihre Systemkapazität zu erhöhen. Der Bereich, der die Großkunden betreut, braucht ein System, das sehr große, komplexe und auf den Kunden zugeschnittene Programme handhaben kann. Der Handelsbereich dagegen muß kleine Routinetransaktionen schnell umsetzen. Der richtige Weg liegt für die Investmentbank in der Mitte. Ein System, das alle Anforderungen gleichzeitig abdeckt, wird es nicht geben. Deshalb ist die Bank gezwungen, kleinere und effiziente Geschäftseinheiten zu bilden, von denen jede eine auf den jeweiligen Bedarf zugeschnittene IT erhält. Damit bricht die Bank ihre traditionelle Bündelungsfunktion auf und zerteilt sich in einzelne Wertschöpfungsbereiche, die zwar in der Summe mehr Bankgeschäft betreiben, aber nicht als *ein* Unternehmen. Diese entbündelten Wertschöpfungsarten sind allerdings mehr denn je der Gefahr ausgesetzt, von Nichtbanken übernommen zu werden.

Der IT-Dienstleister unterstützt die Bank in allen drei Szenarien. Es zeichnet sich jedoch der Trend ab, daß der effiziente Einsatz der Informationstechnologie immer stärker für die Erreichung der strategischen Ziele eines Unternehmens sowie seine Wettbewerbsfähigkeit entscheidend sein wird. Nur wenn Erfahrung und Know-how aus Bankgeschäft und Informationstechnologie kombiniert werden, kann die Bank ihren Weg in die Zukunft erfolgreich beschreiten. Es gibt sicher viele Möglichkeiten, wie

---

[1] Priewasser, E. (1993), S. 171.

diese Zusammenarbeit ausgestaltet werden kann. Wichtig für eine zukunftsträchtige Kooperation ist aber auf alle Fälle, daß der Bankspezialist den Kontext der Informationstechnologie kennt und der IT-Experte die Ziele und die Sprache im Bankgeschäft versteht.

2. Gestaltungsmöglichkeiten: Outsourcing, Insourcing und Joint Ventures

2.1 Outsourcing

Als der Begriff Outsourcing Anfang der 90er Jahre aufkam, gab er einer Dienstleistung, die keineswegs neu war, einen neuen Namen. Auch vorher schon hatten Unternehmen bestimmte Arbeiten ausgelagert. Diese betrafen sehr unterschiedliche Bereiche – unter anderem auch die Informationsverarbeitung. Lediglich über die Gründe für Outsourcing sowie die Frage, welche Arbeiten oder Funktionen ausgelagert werden sollen oder dürfen, gab es unterschiedliche Ansichten. Mittlerweile gibt es jedoch nur noch wenige Skeptiker, die im Outsourcing lediglich eine kostengünstige Variante sehen, die Verantwortung für ausgelagerte Prozesse einem externen Dienstleister übergeben zu können. Vielmehr stehen heute solche Überlegungen im Mittelpunkt, die Outsourcing als strategische Handlungsalternative und neue Form unternehmerischer Kooperation sehen. Im Vordergrund steht dabei der Anspruch, die jeweiligen Synergiepotentiale von Auftraggeber und externem Dienstleister für bestmögliche Ergebnisse zu nutzen und für den Outsourcing-Kunden einen signifikanten Mehrwert zu erzielen. Jeder der beiden Partner konzentriert sich auf sein Kerngeschäft und profitiert vom Know-how des anderen. Outsourcing ist eine Partnerschaft auf Vertrauensbasis und steht jenseits überholter Kunde/Lieferant-Beziehungen.[2]

Die Dienstleistung des Outsourcing wird heute von den Entscheidern in den Unternehmen anders beurteilt als noch zu Anfang unseres Jahrzehnts, da die Informationstechnologie heute einen völlig anderen Stellenwert hat: Entscheider beurteilen diese als strategisches Werkzeug für den Unternehmenserfolg.[3] Um jedoch ein für den Unternehmenserfolg strategisches Werkzeug einem externen Dienstleister zu übergeben, wird ein hohes Maß an Vertrauen vorausgesetzt. Bevor sich ein Unternehmen daher mit der Frage nach dem Outsourcing von Teilen oder der gesamten Informationstechnologie beschäftigt, ist es unabdingbar, dieser Dienstleistung grundsätzlich positiv gegenüberzustehen und auch bereit zu sein, darüber zu diskutieren, welche Vorteile Outsourcing hat. Angst vor Know-how-Verlust oder vor der Bindung an einen Partner, der entscheidend an der Erreichung der strategischen Geschäftsziele und der Wettbewerbsfähigkeit des

---

[2] Vgl. Rodemich, H. (1995), S. 337.
[3] Vgl. MORI, Market & Opinion Research International Ltd. (1996).

Unternehmens beteiligt sein wird, schränkt nicht nur die theoretischen, sondern auch die praktischen Möglichkeiten ein, deren Ausschöpfung möglicherweise erst zum Erfolg führt.

2.2 Insourcing

Auch der Begriff Insourcing beschreibt die Vergabe bestimmter Arbeiten oder Funktionen an einen externen Dienstleister. Allerdings handelt es sich in diesem Fall um eine Tochtergesellschaft oder um ein Joint Venture (bzw. ein Gemeinschaftsunternehmen), wobei mehrere Unternehmen ein neues Unternehmen gründen, um bestimmte Aufgaben zentral bearbeiten zu lassen.[4] „Funktionsausgliederungen bedeuten eine Dezentralisierung aus der Sicht des ausgliedernden Unternehmens; gleichzeitig sind sie eine Form der Zentralisierung in Funktionsunternehmen, da sie ausgegliederte Funktionen mehrerer Unternehmen zusammenfassen."[5] Sowohl das Tochterunternehmen als auch das Gemeinschaftsunternehmen bieten ihre Dienstleistungen in der Regel sowohl den ausgliedernden Unternehmen an als auch Dritten. Klein weist darauf hin, daß dieser Trend unterstützt wird durch die Notwendigkeit der Förderung unternehmerischen Engagements, von Innovationskraft und struktureller Anpassungsfähigkeit, die durch den Aufbau konföderativer Strukturen mit einem hohen Grad an dezentralisierter Kompetenz in solchen Bereichen, die nicht die eigentlichen betrieblichen Kernfunktionen darstellen, gefördert werden."[6] Auch im Bereich der Informationsverarbeitung praktizieren Banken bereits seit langem Insourcing. So fassen z.B. Sparkassen und Genossenschaftsbanken zur Ausnutzung von Synergiepotentialen ihre Datenverarbeitung in Gebietsrechenzentren zusammen.

Verstärkte Konkurrenz und zunehmender Margendruck haben seit Jahren auch einen negativen Einfluß auf die Wirtschaftlichkeit großer Bankkonzerne. Hier lautet das Schlüsselwort Ausnutzung von *economies of scale*. In den letzten Jahren haben z.B. alle Großbanken in der Schweiz die Zentralisierung der Zahlungsverkehrs- und Wertpapierabwicklung in wenige Zentren vorgenommen. Steinmann ist der Auffassung, daß aus bankfachlicher und organisatorischer Sicht schon heute der Aufbau globaler, internationaler Verarbeitungszentren geprüft werden sollte. So führt er an, daß auf dem globalen Clearing-Markt in unterschiedlichen Währungen verschiedene Anbieter versuchen, durch aktives Insourcing die Volumina so zu steigern, daß kostenseitig dem harten Konkurrenzdruck begegnet werden kann.[7] Das Outsourcen von Leistungen kann für die Erreichung optimaler Betriebsgrößen ebenso ergiebig sein wie Zentralisierung und/oder Insourcing. „In verschiedenen Regionen, wo primär das Wholesale-Geschäft betrieben wird, kann die kritische Masse primär in verarbeitungsorientierten Funktionen nicht erreicht werden. Dagegen sind lokale Anbieter in ihrem Heimatmarkt in der Lage, dank

---

[4] Vgl. Klein, W. (1995), S. 557.
[5] Klein, W. (1995), S. 557.
[6] Klein, W. (1995), S. 557.
[7] Vgl. Steinmann, H. (1995), S. 495.

economies of scale, mit vergleichsweise tiefen Kostenstrukturen zu arbeiten. Eine entsprechende Auslagerung solcher Funktionen ist damit keine Frage des Wollens, sondern eine betriebswirtschaftliche Notwendigkeit."[8]

2.3 Joint Ventures

Nach einer Umfrage unter europäischen Führungskräften, die das Meinungsforschungsinstitut MORI durchführte, werden strategische Partnerschaften mit externen Dienstleistern sowie mit Wettbewerbern zunehmend an Bedeutung gewinnen. Rund zwei Drittel der befragten Führungskräfte stimmen der Aussage zu, daß mehr und engere Beziehungen zu Dienstleistern und Zulieferern geknüpft werden müssen. Nur ein Fünftel der Manager schließt strategische Allianzen mit Wettbewerbern völlig aus.[9] Insbesondere dem Trend zur Globalisierung begegnen viele Unternehmen mit grenzüberschreitenden Kooperationen. Unternehmen, die nur lokale Expertise besitzen, werden ohne einen Partner im Ausland keine Chance haben, ihre Geschäftsaktivitäten auf eine internationale Basis auszudehnen bzw. in ein neues Marktsegment einzutreten. Mit der Internationalisierung der jeweiligen Partner gehen Wettbewerbsvorteile einher: Das Leistungsspektrum wird erweitert. Kunden, die Niederlassungen im Ausland haben, können durch den dortigen Partner betreut werden, der nicht nur die Leistung vor Ort erbringt, sondern darüber hinaus mit den lokalen Anforderungen und kulturellen Besonderheiten vertraut ist. Darüber hinaus gehen immer häufiger Wettbewerber innerhalb einer Branche Joint Ventures ein, um sich gegen andere Konkurrenten durchzusetzen.

Beispiel 1: IBOS (Inter-Bank Online System)

Gründer von IBOS Ltd. waren die Kreditinstitute Banco Santander und The Royal Bank of Scotland. Ihr Ziel war die Schaffung eines integrierten europäischen Bankfilialnetzes. IBOS verdeutlicht den Trend im internationalen Banking, strategische Allianzen einzugehen – mit dem Ziel der Internationalisierung oder Ausweitung des Servicespektrums. Die teilnehmenden Banken entwickeln für ihre Kunden gemeinsam Dienstleistungen und Produkte und setzen IBOS als Distributionsplattform ein. Für die technische Realisierung der angestrebten weltweiten Expansion des IBOS-Systems zogen die Banken einen IT-Dienstleistungspartner hinzu. EDS stieg 1994 als Teilhaber in das Unternehmen ein. Durch die Partnerschaft mit EDS wurde IBOS integraler Teil des internationalen Bankensystems und unterstützte die Banken bei ihrem Ziel, eine signifikante globale Marktposition zu erwerben.

IBOS, ein Konkurrenzprodukt zu S.W.I.F.T., ist ein Beispiel für die Integration von Electronic Banking und automatisierten internationalen Zahlungsservices. Das Echtzeitsystem für Interbanken-Zahlungen auf internationaler Ebene erteilt innerhalb von

---

[8] Steinmann, H. (1995), S. 495 f.
[9] Vgl. MORI, Market & Opinion Research International Ltd. (1996).

nur sieben Sekunden die Bestätigung über ausgeführte Transaktionen. Gegenüber ihren Kunden treten die angeschlossenen Banken in bestimmten Bereichen wie eine einzige Großbank auf.[10] Das Ziel ist es, durch horizontale Kooperation Wettbewerbsvorteile zu erzielen.

Beispiel 2: Joint Venture zwischen einer Bank und einem IT-Dienstleister

1997 gingen The Commonwealth Bank of Australia und EDS eine strategische Technologie-Partnerschaft ein, die es in dieser Form bisher noch nicht gegeben hatte: Im Rahmen des Vertrags übernahm die Bank einen Anteil von 35 % an EDS Australia. So entstand eine der weltweit bedeutendsten IT-Allianzen innerhalb der Finanzdienstleistungsindustrie. Während der Dienstleister die Ausrichtung für die Modernisierung und effizientere Nutzung aller IT-Funktionen einschließlich Betrieb der IT-Infrastruktur, Arbeitsplatzkommunikation und Anwendungsentwicklung vorgibt, behält die Bank ein Führungsteam, das für die technische Gesamtstrategie verantwortlich ist. Als wichtigste Vorteile der Partnerschaft nennt die Bank: Verbessertes Kostenmanagement, kontinuierliche Produktivitätsverbesserung, bessere Technologienutzung, schnellere Marktreife neuer Produkte und Dienstleistungen, Verringerung der Risiken und einen Umsatzanteil an einem rasch wachsenden Technologiemarkt in Australien. Für EDS Australia bietet der Vertrag erweiterte Möglichkeiten für Mitarbeiter und Kunden, da die Ressourcen und das Know-how enorm gewachsen sind. Rund 1500 IT-Mitarbeiter der Bank wechselten zum Dienstleister.

3. Strategischer Einsatz der IT im Bankgeschäft

3.1 Konzentration auf das Kerngeschäft

In Deutschland prägen heute drei Faktoren ganz entscheidend die Diskussion in der Bankwirtschaft: Die Erosion der Gewinnmargen, der zu große Verwaltungsapparat in Banken und die stärkere Individualisierung der Kundenwünsche. Heute arbeitet der größte Teil der Mitarbeiter einer Bank ohne direkten Kundenkontakt. Die zunehmende Individualisierung der Kundenwünsche beziehungsweise die Nachfrage nach immer individuellerer Beratung wird jedoch in Zukunft eine noch entscheidendere Bedeutung haben. Nur durch kompetente Beratung kann sich das Kreditinstitut im Wettbewerb abgrenzen. Dabei muß sich jedes Institut auf seine Kernkompetenzen konzentrieren. Hier stellt sich die Frage, ob die derzeit von einigen Banken in zentrale Verarbeitungszentren ausgelagerten Back-Office-Tätigkeiten vom jeweiligen Institut selbst auch betrieben werden sollten. Unter Synergieaspekten betrachtet kann ein neutraler Dienstleister, der die administrativen Tätigkeiten mehrerer Banken bündelt, den Gesamtprozeß optimieren.

---

[10] Vgl. Hoffmann, H. J./Schmitz, L. (1996), S. 51 f.

Stetige Verbesserung der Prozesse im Verarbeitungszentrum durch den Einsatz neuer Technologien oder Business-Process-Reengineering-Projekte ist dabei selbstverständlich, da diese Aufgaben zur Kernkompetenz des IT-Partners gehören.

3.2 Hilfe durch externe Unterstützung

In der heutigen Zeit entscheidet das strategische Informationsmanagement eines Unternehmens über Wettbewerbsfähigkeit, Erfolg und Marktführerschaft. Der IT-Leiter ist jedoch aufgrund der Fülle der Aufgaben und der Komplexität der Anforderungen fast ausschließlich mit dem Tagesgeschäft befaßt. Ihm fehlt es häufig an der Zeit, mit seinem Vorstand über den unternehmensstrategischen Einsatz der Informationstechnologie zu diskutieren. Auch der Erfahrungs- und Informationsaustausch mit IT-Verantwortlichen anderer Unternehmen auf Kongressen und Seminaren findet aus Zeitgründen häufig nicht statt. Wertvolle Managementkapazitäten sind fast vollständig im Tagesgeschäft gebunden. Ein externer Dienstleister kann hier Abhilfe schaffen, indem er die Bank in ihrem Tagesgeschäft unterstützt. Aufwendige Sonderprojekte, wie die Umstellung der Datenverarbeitung auf das Jahr 2000 oder auf die Euro-Währung, binden eine Vielzahl von Ressourcen. Die Umstellung muß neben dem Tagesgeschäft erfolgen. Dieses kann eine Bank mit ihren IT-Mitarbeitern allein nicht bewältigen – sowohl im Hinblick auf die Anzahl der Mitarbeiter als auch im Hinblick auf spezielles Know-how.

3.3 Aufbau einer Partnerschaft

Voraussetzung für eine kompetente Beratung durch den potentiellen IT-Partner ist, daß dessen Mitarbeiter auch bankbetriebliches Know-how haben, also idealerweise aus dem Bankenumfeld kommen. Sie müssen die Probleme des Kunden kennen und seine Sprache sprechen. Der Aufbau einer Kundenbeziehung ist ein langwieriger Prozeß, bei dem Vertrauen ein signifikanter Faktor ist. Der Dienstleister muß zum einen seine fachliche Kompetenz und seine Erfahrung unter Beweis stellen, zum anderen darf der Wert einer kontinuierlichen, umfassenden Kommunikation auf allen Hierarchieebenen nicht unterschätzt werden. Bereits die ersten Kontakte mit dem Kunden müssen im Sinne eines Relationship-Managements aufgebaut werden. Der Relationship-Manager ist der Ansprechpartner für den Kunden während der gesamten Angebotsphase beziehungsweise der Vertragsverhandlungen und darüber hinaus. Das Team – in der Angebotsphase etabliert – wird sukzessive ausgebaut. Je nach Bedarf werden Experten des Dienstleisters mit dem entsprechenden technischen oder bankspezifischen Know-how involviert.

3.4 Möglichkeiten für Auslagerungen

Konkrete Outsourcing-Dienstleistungen für Banken sind zum einen die Auslagerung der klassischen IT-Infrastrukturebenen (Mainframe-, Midrange- und Client/Server-Systeme sowie Netzwerkmanagement) und zum anderen die Überwachung und der Betrieb von Middleware-Systemen (z.B. SAP, Lotus Notes, MS-Exchange). Die Outsourcing-Dienstleistungen können jedoch auch bankspezifische Prozesse umfassen, z.b. technologieintensive Bereiche wie Wertpapier- und Handelsabwicklungen oder den Zahlungsverkehr. Der Trend geht dahin, nicht nur Banken-Applikationen von Dritten betreuen und warten zu lassen, sondern komplette Back-Office-Prozesse des Wertpapier- und Zahlungsverkehrsgeschäfts auszulagern. Am Beispiel des Wertpapierhandels wird eine solche Auslagerung im folgenden gezeigt.

3.5 Auslagerung des Wertpapierhandels

Die neue Herausforderung Deregulierung ermöglicht eine Ausweitung des Wertpapierhandels, wie dieser zuvor im Rahmen der gesetzlichen Beschränkungen nicht möglich gewesen wäre. Immer anspruchsvollere, besser informierte Kunden verlangen zudem einen optimalen Service – sowohl in bezug auf Qualität als auch auf Schnelligkeit.

Die Anforderungen in diesem Zusammenhang sind sowohl technischer als auch prozeßbezogener Natur. Weltweite Vernetzung und Datenübertragung, z.B. via Satellit, sollen Privatkunden, Firmenkunden und institutionellen Kunden zu jeder Zeit an jedem Ort stets aktuelle Daten liefern. Auf Prozeßebene ist ein globales Risikomanagement gefordert. Ein gründliches *Business Process Reengineering* definiert die Abläufe neu und unterstützt die Banken bei der Definition der Anforderungen. Wichtig ist der Zugriff auf die erforderlichen Systeme, um Risiken, die den Markt, herausgelegte Kredite, den Ablauf von Genehmigungsprozessen oder die systemtechnische Seite betreffen, einschätzen zu können. Im Bereich des globalen Wertpapierhandels kann ein IT-Dienstleister seine Kunden weltweit bei der Bereitstellung aktueller Börseninformationen beim Wertpapierhandel, über alle Zeitzonen und Landesgrenzen hinweg, ebenso wie beim länderübergreifenden Cash Management und beim globalen Real-Time-Risikomanagement unterstützen.

Die Umsetzung der neuen Vorschriften des Bundesaufsichtsamts für das Kreditwesen zu den Mindestanforderungen an das Betreiben von Handelsgeschäften (MaH), erfordert eine Reihe technischer und organisatorischer Maßnahmen. Zur Umsetzung der neuen Vorschriften gilt es zum einen, Arbeitsabläufe zu ändern und Organisationsstrukturen neu zu gestalten, zum anderen geht es jedoch auch um die Neuordnung von Verantwortlichkeiten, eine verbesserte Kalkulation von Risiken sowie um die Anpassung der DV-Systeme. Insbesondere der letzte Punkt ist mit erheblichem Aufwand verbunden. Die Verordnung verlangt nämlich, daß auch bei Ausfall der für das Handelsgeschäft erforderlichen technischen Einrichtungen kurzfristig einsetzbare Ersatzlösungen zur Verfügung stehen. Das gilt für die Hard- ebenso wie für die Software. Selbst Vorsorge für mögliche Fehler soll getroffen werden. Das bedeutet, daß das bestehende System erweitert, im Idealfall quasi dupliziert werden muß – eine kostenintensive Lösung, wobei die Anschaffung von Computern noch der geringere Kostenfaktor ist. Nur versierte Programmierer werden in der Lage sein, die Erweiterungen in die existierenden Systeme zu integrieren. Dies wiederum bedeutet erhöhte Personalkosten. Der finanzielle und auch organisatorische Aufwand ist in jedem Fall hoch – zumal der Euro und das Jahr 2000 vor der Tür stehen. Prinzipiell gibt es drei Möglichkeiten, die MaH im Bereich Datenverarbeitung zu erfüllen.

- *Die Banken vergrößern ihr bestehendes DV-System um entsprechende Notfallsysteme:* Diese Möglichkeit dürfte vergleichsweise teuer sein. Für mindestens ein Drittel der bestehenden Händler müßte ein Ausweichplatz eingerichtet werden, um den Betrieb sinnvoll weiterführen zu können. Das bedeutet hohe Investitionen. Zudem müssen diese Notfallplätze ständig gewartet und in Soft- und Hardware auf dem Stand des regulären Systems gehalten werden. Dies bindet Personal und verursacht zusätzlich laufende Kosten.

- *Mehrere Banken schließen sich zusammen und konzipieren ein gemeinsames Notfallsystem:* Die Banken teilen sich ein Notfallsystem und reduzieren somit die Kosten. Doch jede Kooperation ist mit großem organisatorischen Aufwand verbunden. Rechte und Pflichten müssen definiert, Bedingungen für den Notfall ausgehandelt und die Kostenteilung einvernehmlich verabschiedet werden. Außerdem müssen die Systeme – Hard- und Software der einzelnen Häuser – kompatibel sein. Das läßt sich zwar vor Beginn der Kooperation überprüfen, i.d.R entwickeln sich jedoch Bank A und Bank B in fachlicher und informationstechnologischer Hinsicht unterschiedlich. Was würde beispielsweise passieren, wenn eine Bank beschließt, die Betriebssystemsoftware zu wechseln, die andere aber nicht?

- *Die Banken nutzen das Notfallsystem eines neutralen Anbieters:* Der externe Dienstleister stellt die zur Durchführung von Handelsgeschäften notwendige Technologie sowie die erforderliche Infrastruktur als Standardlösung zur Verfügung. Der Standard sollte dabei das Ergebnis einer Abstimmung zwischen den beteiligten Banken, dem Dienstleister sowie anderen handelsnahen Partnern sein. Betreiber von Handelsgeschäften können im Notfall kurzfristig auf diese Plätze ausweichen, um dort ihre Tätigkeit fortzusetzen. Die Bank ist in diesem Fall nicht verantwortlicher Eigentümer oder abhängiger Mitbenutzer, sondern sie ist Kunde. Insofern nutzt sie eine Dienstleistung. Sie bezahlt für einen Service und muß sich nicht um das Zustandekommen dieser Dienstleistung kümmern.

Die dritte Variante hat noch weitere Vorteile. Technologischer Wandel vollzieht sich heute mit einer derartigen Geschwindigkeit, daß nur Spezialisten in der Lage sind, adäquat einzuschätzen, was für die jeweilige Infrastruktur und die künftigen Anforderungen der Benutzer sinnvoll ist. In dem Maße, in dem Komplexität und Funktionalität der Systeme steigen, wachsen gleichzeitig die Ansprüche der Anwender. Das gilt für alle Bereiche der Informationstechnologie – also auch für Handelsplätze. In der Regel bieten externe Dienstleister den Vorteil, aus einem Wissenspool schöpfen zu können. Sie verknüpfen ihre Kernkompetenz mit dem Wissen von Partnerunternehmen. Gerade die Technologievielfalt im Bereich Bank und Börse macht es einem einzigen Unternehmen sehr schwer, eine optimale Lösung für die Anforderungen seiner Kunden zu entwickeln.

Eine von EDS konzipierte Lösung für den Handelsraum ist TRaCS *(Trading Room and Continuity Services)*. Sie umfaßt drei Service-Komponenten: Gewährleistung der Kontinuität im Tagesgeschäft, tagesgeschäftsnahe Tests neuentwickelter Software sowie Schulungen. Durch regelmäßige Notfallübungen bei TRaCS wird sichergestellt, daß der Betrieb jederzeit reibungslos weitergeführt werden kann. Künftig können Kunden TRaCS außerdem nutzen, um beispielsweise Umzugs- oder Modernisierungsphasen zu überbrücken. Sie können den gebotenen Service so lange in Anspruch nehmen, bis bankinterne Einrichtungen wieder voll funktionstüchtig sind. Darüber hinaus können Schulungen in der Einrichtung durchgeführt werden, um Mitarbeiter in Handelsraumtechnologie aus- und weiterzubilden. So kann eine Bank das Tagesgeschäft bei Schulungsmaßnahmen simulieren. Neue Software können die Mitarbeiter auf diese Weise realitätsnah erproben. TRaCS steht hierbei in einem internationalen Kontext, d.h. EDS setzt Standardtechnologien ein, und der Kunde findet in jedem Land die gleiche technische Infrastruktur vor. Zu den wesentlichen Elementen des Konzepts gehören Netzwerk-Computer ohne lokale Intelligenz, ein mandantenfähiges Netzwerk sowie integrierte Telefonie. Ein Bankhaus würde somit z.B. in Frankfurt, Mailand, London und New York exakt die gleichen Arbeitsbedingungen vorfinden. Das Konzept wird damit insbesondere auch den steigenden Ansprüchen international agierender Banken gerecht. Sie sparen durch das Outsourcing ihres Handelsraum-Back-up nicht nur Kosten, sondern erzielen durch erweiterte Funktionalitäten zusätzlichen Nutzen und somit eine Qualitätsverbesserung für ihren Handelsraum.

Wie schon beschrieben, bedeuten die Internationalisierung der Märkte und der damit verbundene globale Wettbewerb für die Bankwirtschaft zusätzlichen Druck. Wer in diesem Wettbewerb bestehen will, muß sich auf seine Stärken konzentrieren. Denn nur durch Konzentration auf Kernkompetenzen läßt sich der Wandel zu mehr Internationalität vollziehen. Doch gehört das Einrichten eines Handelsraums, die Wartung und Anpassung an die modernsten Technologien zu diesen Kernkompetenzen? Letztlich muß jede Bank für sich die Entscheidung treffen, wie sie die MaH erfüllen wird – gerade auch im Bereich Handelsarbeitsplatz.

4. Fallbeispiel: Bankhaus Sal. Oppenheim jr. & Cie.

Als sich das Bankhaus Sal. Oppenheim mit der Frage auseinandersetzte, ob es seinen IT-Betrieb auslagern sollte, standen strategische Überlegungen im Mittelpunkt. Es war das Ziel der Bank, Innovationspotentiale im IT-Bereich noch effizienter als bisher zur Stärkung ihrer Marktposition zu nutzen. Die Entscheidung des Bankhauses, einen IT-Spezialisten mit entsprechendem Branchen-Know-how einzusetzen, fiel vor dem Hintergrund, moderne Technologie gezielt als Wettbewerbsfaktor einzusetzen. Der damit verbundene Anspruch war, eine Qualitätssteigerung für die Kunden des Bankhauses herbeizuführen. Der externe Dienstleister soll durch den Einsatz effektiver IT-Systeme die internen Abläufe optimieren und somit einen Beitrag zur Wertschöpfung von Sal. Oppenheim leisten, damit sich das Bankhaus ganz auf das eigene Kerngeschäft konzentrieren kann.

Als Sal. Oppenheim im März 1997 an EDS herantrat, um über die Auslagerung der IT-Infrastruktur zu sprechen, etablierte EDS ein Team, das während der einzelnen Phasen der Verhandlungen sukzessive ausgebaut wurde. In die Vorgespräche waren neben einem Vertreter der Geschäftsleitung und dem Projektleiter von Anfang an technische Experten zum Host- und Client/Server-Umfeld involviert. Kurz nach Gesprächsaufnahme führte das EDS-Team eine zweitägige Analyse- beziehungsweise Beurteilungsphase durch. Die Grundlage bildeten zum einen umfangreiche schriftliche Unterlagen der Bank, zum anderen stellte der potentielle Kunde dem Dienstleister Ansprechpartner zur Verfügung, die eng mit den EDS-Spezialisten zusammenarbeiteten. Nach Abgabe des Angebots entschied sich Sal. Oppenheim innerhalb von zwei Wochen, in die Phase der Ist-Aufnahme einzutreten. Während der dreimonatigen Ist-Aufnahme von Juni bis August wurden nicht nur das gesamte Equipment und die Arbeitsabläufe erfaßt und dokumentiert, sondern die Kooperationspartner legten auch bereits gemeinsam die endgültigen Vertragsbedingungen fest.

Zu Beginn der Ist-Aufnahme informierte die Geschäftsleitung des Bankhauses den Betriebsrat und involvierte den Wirtschaftsausschuß. Anschließend wurden die Mitarbeiter von Sal. Oppenheim informiert, und man begann mit der Durchführung von Personalgesprächen. Parallel hierzu erweiterte EDS sein Projektteam um Mitarbeiter mit bankspezifischem Know-how sowie um Mitarbeiter aus den Bereichen Personal, Finanzen, Einkauf und Recht. Außerdem wurden technische Experten aus den Bereichen Host, Client/Server, Netzwerke und Voice & Video einbezogen. Um die direkte Kommunikation zwischen der Bank und den Mitarbeitern des IT-Partners sicherzustellen, wurden zwei Kick-off-Meetings in der Bank durchgeführt und jeweils die direkten Ansprechpartner einander vorgestellt. Beide Kick-off-Meetings erwiesen sich als ausgesprochen erfolgreich. In Gesprächen, die noch am gleichen Tag geführt wurden, hatten die Ansprechpartner Gelegenheit, Erfahrungen auszutauschen und die betreffenden Arbeitsgebiete kennenzulernen. Hierbei ging es im wesentlichen um Mengengerüste sowie Produktions- und Arbeitsabläufe.

Die Vertragsgespräche zwischen EDS und Sal. Oppenheim kamen im September 1997 zu einem erfolgreichen Abschluß. Im Rahmen eines Fünf-Jahres-Vertrags übergab die Bank die Verantwortung für den informationstechnischen Betrieb des Bankhauses an EDS. Dazu gehören der komplette Host- und Client/Server-Betrieb, das Netzwerk (LAN/WAN), alle Telefonanlagen inklusive der Endgeräte und der Videokonferenzanlagen, die IT-Betreuung der Händlerarbeitsplätze sowie das Management von IT-Infrastruktur-Projekten.

Die Migrationsphase, die von erfahrenen EDS-Mitarbeitern begleitet wird, begann im Oktober. Zu den Aufgaben des Migrationsteams gehören die Optimierung der Help-Desk-Abläufe, das Netzwerk-Redesign, die Konsolidierung im Server-Bereich durch Einführung neuer Technologien sowie die Verlagerung der Host-Applikationen in das EDS-Rechenzentrum nach Rüsselsheim.

Parallel zum Abschluß der Ist-Aufnahme nahm die Personalabteilung von EDS Gespräche mit denjenigen Mitarbeitern auf, die von dem Übergang betroffen sein würden. In Einzelgesprächen ging der künftige Arbeitgeber auf die individuelle Situation ein und legte dann entsprechende Vertragsangebote vor. Bevor sich die Mitarbeiter jedoch endgültig entschieden, erhielten sie die Möglichkeit, mit EDS-Mitarbeitern in Rüsselsheim zu sprechen, unter denen auch einige waren, die zuvor selbst von einem Übergang betroffen gewesen waren. Im Anschluß an die Gesprächsphasen entschlossen sich 30 Mitarbeiter des Bankhauses Sal. Oppenheim, zu EDS zu wechseln.

Wie beschrieben, haben bei einem Personalübergang umfassende Kommunikation und Information der Mitarbeiter höchste Priorität. Dabei geht es nicht nur um arbeitsrechtliche Vorschriften, sondern vor allem auch um persönliche oder soziale Aspekte. EDS etabliert daher sogenannte Übergangs-Teams *(Transition-Teams)*, die sowohl über die arbeitsrechtlichen Kenntnisse als auch über fundiertes Fachwissen im Kerngeschäft des Kunden und über umfangreiche soziale Kompetenzen verfügen. In jeder Phase des Outsourcing-Projekts stehen diese EDS-Mitarbeiter den Mitarbeitern des Kunden in technischen und persönlichen Fragen zur Verfügung. Die Aufgabe dieser Teams ist es, Geschäfts- und Mitarbeiterinteressen in Einklang zu bringen. Angesichts der Komplexität von Outsourcing-Projekten läßt sich dieses Ziel nur durch eine systematische Vorgehensweise und partnerschaftliche Zusammenarbeit mit dem Kunden erreichen.

Vor diesem Hintergrund hat EDS ein Drei-Phasen-Modell entwickelt, das sich in Pre-Transition, Transition und Post-Transition untergliedert. In der *Pre-Transition-Phase* wird die Basis für einen erfolgreichen Betriebsübergang gelegt. Im Vordergrund stehen der Vergleich der Gehaltsstrukturen und zusätzlichen Firmenleistungen zwischen Kunde und EDS sowie die Planung des Zeitpunkts des Betriebsübergangs und des Personalübergangs.[11] In der *Transition-Phase* werden konkrete Maßnahmen zur Umsetzung der Personalübernahme getroffen. Hierbei geht es im wesentlichen um die Darstellung der Umsetzung der Rechtsgrundlage für den Betriebsübergang in der Praxis. Zu den Aktivitäten gehören eine allgemeine Informationsveranstaltung über EDS, Gruppen- und Einzelgespräche, Ausarbeitung individueller Vertragsangebote, Konkretisierung und Sicherstellung des Personaltransfers sowie eine parallele Betreuung durch das abgebende und das aufnehmende Unternehmen. Das Outsourcing-Projekt ist mit der Übernahme der operativen Geschäftsabläufe und der Mitarbeiter jedoch noch nicht abgeschlossen. In der *Post-Transition-Phase* wird die Integration der neuen Mitarbeiter bei EDS sichergestellt. Schritt für Schritt werden die neuen Mitarbeiter in die EDS-Organisation eingeführt.

Entscheidend ist, daß in jeder dieser Phasen der alte und der neue Arbeitgeber den betroffenen Mitarbeitern durch gezielte Planung und gemeinsame Aktionen verdeutlichen, daß ein Personalübergang allen Beteiligten die Chance für eine erfolgreiche Zukunft bietet. Denn das Kerngeschäft des neuen Arbeitgebers, d.h. die Informationstechnologie, ist auch ihr Kerngeschäft. Den neuen Mitarbeitern eröffnen sich nun ganz andere Entwicklungs- und Karrierechancen – in fachlicher und persönlicher Hinsicht.

Die eigentlichen Gefahren für den reibungslosen Verlauf von Personalübernahmen sind unpräzise oder falsche Informationen. Oftmals existieren Ängste gegenüber dem neuen Unternehmen. Die bevorstehenden Veränderungen, das unbekannte Neue, aber auch

---

[11] Vgl. Balzer, F.-H. (1995), S. 90.

Enttäuschung und Verärgerung über den Verkauf durch das bisherige Unternehmen lassen unter den Mitarbeitern oftmals ein schlechtes Klima aufkommen. Das wirksamste Gegenmittel ist eine offene und in allen Projektphasen konsequent verfolgte Informationspolitik.[12]

Als sich das Bankhaus Sal. Oppenheim dazu entschloß, seine IT-Infrastruktur auszulagern, wollte man nicht nur einen IT-Dienstleister, der die Verantwortung für die Informationstechnologie übernahm, sondern einen strategischen Partner. In jeder Phase der Zusammenarbeit bestand und besteht ein enges Verhältnis zwischen der Bank und EDS. Wöchentlich stattfindende Projekt-Reviews gewährleisten zu jeder Zeit eine große Transparenz. Das Ziel ist es, den Kunden stets umfassend und offen zu informieren. Über den Outsourcing-Vertrag hinaus organisiert EDS Workshops, in denen die Direktoren für IT und für strategische Betriebsorganisation mit EDS-Spezialisten diskutieren und planen, wie der IT-Partner das Bankhaus zusätzlich unterstützen kann, um weitere Optimierungen in technologischer Hinsicht durchzuführen. Diese Managementkapazitäten waren auf Kundenseite zuvor im Tagesgeschäft gebunden. Da der Dienstleister diese Verantwortung nun übernommen hat, kann sich das IT-Management der Bank nach einer Übergangsphase auf sein Kerngeschäft konzentrieren, d.h. die strategische Planung des IT-Einsatzes zur Erreichung der Geschäftsziele.

5. Fazit

Wachsender Wettbewerbsdruck, steigende Kundenanforderungen, die explosionsartige Zunahme von IT-Projekten innerhalb der Banken und der damit verbundene Kosten- und Ressourcendruck sowie die Globalisierung haben das Sourcing von IT-Leistungen auch für die Banken längst zu einer akzeptierten strategischen Handlungsalternative werden lassen. Die Geschwindigkeit, mit der sich der technologische Wandel heute vollzieht, verlangt den Einsatz von Spezialisten. Die Banken erwarten für ihr Tagesgeschäft Unterstützung von IT-Dienstleistern und nehmen ein selektives Outsourcing von IT-Aktivitäten vor. Der zunehmenden Individualisierung der Kundenanforderungen kann die Bank nur durch kompetente Beratung begegnen und sich so von Mitbewerbern abgrenzen. Dabei muß sich jedes Kreditinstitut auf seine Kernkompetenz konzentrieren, während sich der Dienstleister auf sein Kerngeschäft konzentriert, d.h. auf die Informationstechnologie. So entsteht eine Partnerschaft, innerhalb derer Auftraggeber und externer Dienstleister Synergiepotentiale für bestmögliche Ergebnisse nutzen, um einen signifikanten Mehrwert zu erzielen.

---

[12] Vgl. Balzer, F.-H. (1995), S. 90.

Literaturhinweis

BALZER, F.-H., Outsourcing aus der Perspektive des Personalmanagements, in: Berg, J./Gräber, H. (Hrsg.), Outsourcing in der Informationstechnologie, Frankfurt/M. 1995, S. 82–94.

HOFFMANN, H. J./SCHMITZ, L., Virtuelle Unternehmen. Einige Visionen sind Realität geworden, in: Computerwoche, 1996, Nr. 37, S. 51–52.

KLEIN, W., Organisation von Funktionsausgliederungen, in: von Stein, J.H./Terrahe, J. (Hrsg.), Handbuch Bankorganisation, 2. Aufl., Wiesbaden 1995, S. 555–564.

MORI, Market & Opinion Research International Ltd. (Hrsg.), EDS (European Directors' Survey), London 1996.

RODEMICH, H., Der Account: Outsourcing als strategische Alternative, in: Sokianos, N. (Hrsg.), Produktion im Wandel, Frankfurt/M. 1995, S. 319–337.

PRIEWASSER, E., Die Priewasser-Prognose – Bankstrategie und Bankmanagement 2009, Frankfurt/M. 1995.

STEINMANN, H., Entwicklungstendenzen der Bankorganisation, in: von Stein, J.H./Terrahe, J. (Hrsg.), Handbuch Bankorganisation, 2. Aufl., Wiesbaden 1995, S. 487–504.

Karl-Heinz Streibich

Vorgehensmodell zum Outsourcing von IT-Leistungen

1. Relevanz des Outsourcing
2. Chancen und Risiken des Outsourcing von IT-Leistungen
    2.1 Grundsätzliche Motivation für ein Outsourcing von IT-Leistungen
    2.2 Stärken von IT-Outsourcern
    2.3 Risiken des IT-Outsourcing
3. Der Weg zum IT-Outsourcing
4. Sicherstellung einer permanenten technologischen Innovation
5. Vom IT-Outsourcing zum Auslagern von Geschäftsprozessen
6. Fallbeispiele
    6.1 Komplettauslagerung der Datenverarbeitung der Privatbankengruppe Banco Ambrosiano Veneto
    6.2 Application Management für die DG BANK
Literaturhinweis

1. Relevanz des Outsourcing

Dynamisch sich verändernde Märkte und steigender Wettbewerbsdruck verlangen von Banken eine Konzentration auf die Kernkompetenzen und die Anpassung ihrer Organisation. Hierbei werden Leistungen, die schon seit vielen Jahren im Unternehmen selbst erstellt werden, kritisch daraufhin überprüft, ob sie nicht günstiger von außen beziehbar sind. Die Festlegung der optimalen Fertigungs- bzw. Leistungstiefe des eigenen Kreditinstituts führt zu steigendem Interesse am Outsourcing-Thema. Dies bedeutet, daß diejenigen Arbeiten und Leistungen, welche Kreditinstitute nicht als ihre ureigenste Aufgabe definieren, verstärkt Dritten anvertraut werden, die diese Aufgaben wiederum als ihr Kerngeschäft betrachten. Idealerweise liefert in einer solchen Konstellation jeder Partner eine Leistung, die niemand sonst besser erbringen kann.

Zur Entscheidungsunterstützung, was out- bzw. ingesourct werden soll und kann, werden häufig Portfoliomatrizen herangezogen. Diese Portfolios haben den Vorteil, daß die Entscheidungskomplexität auf zwei Dimensionen reduziert wird, und sie damit einfach handhabbar sind. Beispielhaft sei hier die Gegenüberstellung der Dimensionen „Nähe zum Kerngeschäft" und „Schwierigkeit, geeignete Anbieter am Markt zu finden" erläutert. Die Gegenüberstellung dieser Dimensionen ergibt die folgenden vier Entscheidungsalternativen (Abbildung 1):

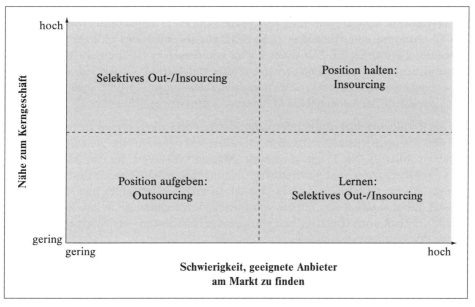

Abbildung 1: Entscheidungsportfolio zum Out-/Insourcing

In der Industrie ist Outsourcing seit vielen Jahren ein erprobtes Verfahren, welches in zahlreichen Variationen die Wettbewerbsfähigkeit sichern hilft. Die Zulieferer werden nicht allein mit der Fertigung einzelner Bauteile betraut, sondern ganze Komponenten und Module werden – teilweise bis hin zur eigentlichen Entwicklungsarbeit – von den Zulieferern übernommen. So können Unternehmen in konsequenter Optimierung ihrer Fertigungstiefe sogar die komplette Produktion auslagern. Virtuelle Unternehmen wie Nike besitzen keine eigene Produktion mehr oder haben nie eine besessen.

So, wie Aufgaben der Produktion ausgegliedert werden können, sind auch Aufgaben der Informatik auslagerbar. Dies erstreckt sich auf

- den Betrieb von Rechenzentren,
- die Verwaltung und den laufenden Betrieb von Client/Server-Systemen,
- die Bereitstellung dezentraler Infrastrukturen *(Desk-Top-Services)*,
- die Bereitstellung und den laufender Betrieb von unternehmensweiten Netzwerken,
- den Benutzerservice,
- die Einführung und Pflege von Standardsoftware,
- die Anwendungsentwicklung,
- die Wartung und Pflege von Anwendungssoftware *(Application Management)* usw.

Die Geschäftsentwicklung der Outsourcing-Anbieter belegt die hohe Akzeptanz dieser Dienstleistung. Die weltweiten Zuwachsraten der Ausgaben für IT-Auslagerung betrugen in der Zeit von 1991 bis 1996 durchschnittlich 9% pro Jahr. Ein geschätztes jährliches Wachstum von 11% bis ins Jahr 2000 – dann verbunden mit einem Marktvolumen von rund 43 Mrd. US-$ – zeigen laut dem Marktforschungsinstitut IDC ein weiter wachsendes Interesse am IT-Outsourcing.[1] Hierin sind die Ausgaben für konzerninternes IT-Outsourcing (ca. 50% des Umsatzes der großen IT-Outsourcer) sowie kooperative IT-Lösungen von Verbänden (z.B. Sparkassenorganisation) nicht enthalten. Der Anteil des klassischen RZ-Outsourcing wird von derzeit ca. 55% auf 40% abnehmen, während der Anteil des Client/Server-Umfelds laut Gartner Group von ca. 30% auf 45% zunehmen wird.[2] Andere Marktforschungsinstitute wie INPUT schätzen den zukünftigen Client/Server-Anteil am IT-Outsourcing noch deutlich höher als 50% ein.[3]

Für die Kreditwirtschaft ist die Informationstechnologie von zentraler Bedeutung. Banken sind von einer jederzeit möglichen, schnellen und sicheren Verarbeitung ihrer Informationen abhängig. Die IT gilt zudem als „Macher" *(Enabler)*, der eine Neugestaltung der Geschäftsprozesse und Vertriebswege erst möglich macht. Gerade deshalb lohnt es sich, das Thema Outsourcing von IT-Leistungen näher zu betrachten und zu prüfen, inwieweit dieses Konzept den Einsatz von Informationstechnologie in den Instituten der Kreditwirtschaft noch effektiver und effizienter gestalten kann – im Sinne einer Verbesserung der Wettbewerbsfähigkeit.

---

[1] Vgl. IDC International Data Corporation (www.idc.com).
[2] Vgl. Gartner Group (www.gartner.com).
[3] Vgl. INPUT (1996).

2. Chancen und Risiken des Outsourcing von IT-Leistungen

Richtig praktiziertes IT-Outsourcing hat das Ziel, die Produktivität des Kreditinstituts zu erhöhen, ohne seine Zukunft zu gefährden. Die Entscheidung für ein IT-Outsourcing ist jedoch komplex. Da sie selten ohne größere Komplikationen rückgängig gemacht werden kann, sind möglichst alle Variablen in die Entscheidungsvorbereitung einzubeziehen.

2.1 Grundsätzliche Motivation für ein Outsourcing von IT-Leistungen

Als Hauptgründe für IT-Outsourcing sind in Befragungen folgende Aspekte ermittelt worden: Kostenoptimierung, Konzentration auf Kernkompetenzen, Kostentransparenz, Zugriff auf spezialisierte Mitarbeiter, effizientere Projektsteuerung, kontinuierlicher Technologiefortschritt und geringere Investitionskosten. Angesichts des zunehmenden Einsatzes der Client/Server-Technologie in der Kreditwirtschaft für unternehmensweite und -kritische Prozesse und Anwendungen sind die Ergebnisse einer von der Meta Group in Deutschland durchgeführten Untersuchung interessant. Client/Server-Systeme haben einerseits den Vorteil einer wesentlich höheren Flexibilität, andererseits den Nachteil einer deutlich schwieriger zu beherrschenden Komplexität, insbesondere im laufenden Betrieb. Einige Ergebnisse der Studie waren:[4]

- An oberster Stelle der Wunschliste steht sowohl bei den befragten IT-Managern als auch bei Managern in den Fachbereichen eine 100%ige Verfügbarkeit der IT, insbesondere bei unternehmenskritischen Anwendungen. Die Manager in den Fachbereichen ziehen hier eine höhere Verfügbarkeit sogar niedrigeren Kosten vor.

- 55% der ca. 100 befragten Unternehmen (mehr als 500 Mitarbeiter) haben keine schriftliche Vereinbarung mit den Fachbereichen über sogenannte *Service Levels* (Leistungsvereinbarungen). Nur 2% hatten z.B. eine Vereinbarung über einen Service Level von 99% Verfügbarkeit. Solche Service Levels spiegeln einerseits die Anforderungen von unternehmenskritischen Anwendungen wider und bringen andererseits die Verantwortlichkeiten der IT-Abteilung klar zum Ausdruck.

- Mit mindestens zwei Ausfällen bzw. Störungen des IT-Geschehens pro Monat müssen deutsche Unternehmen rechnen und das aus Gründen, in denen keine Hardwarekomponenten ausgefallen sind.

- Beim Versuch, die durch solche Störungen verursachten Kosten zu schätzen, gaben die DV-Leiter diese im Durchschnitt nur halb so hoch an wie ihre Kollegen aus den Fachbereichen.

---

[4] Vgl. Meta Group (1997).

- Hauptursache für solche Ausfälle sind Kompatibilitätsprobleme auf der Hardware- und Softwareseite. Weiterhin spielen Bedienungs- und Konfigurationsfehler eine wichtige Rolle.

Diese Ergebnisse lassen den Schluß zu, daß bei komplexen, unternehmensweiten und -kritischen IT-Umgebungen die Motive für ein IT-Outsourcing auch im qualitativen Bereich zu suchen sind und nicht ausschließlich eine kostenorientierte Argumentation zum Tragen kommt. Zunehmend werden auch organisatorische Gründe wichtig. Das Auslagern eines beträchtlichen Teils der IT-Leistungen hat Auswirkungen auf das eigene IT-Personal. Die Befürchtung, daß Ausgliederung mit Arbeitsplatzverlust – IT-Outsourcing als Jobkiller – verbunden sei, läßt sich in den allermeisten Fällen nicht belegen. Umfangreiche Untersuchungen bei großen IT-Outsourcern haben eine Fluktuationsrate von weniger als 5% ergeben, wobei ein Großteil des Mitarbeiterstamms aus sogenannten *Transitions* stammt, das heißt aus Übernahmen von Mitarbeitern von auslagernden Unternehmen. Objektive Tatsachen und psychologische Motivlagen sprechen eher für eine positive Veränderung für die Mitarbeiter. Die IT-Mitarbeiter kommen einerseits im neuen Unternehmen als Spezialisten unter Gleichgesinnte und sind nicht mehr in der Rolle des Kostentreibers. Andererseits ist der Arbeitsplatz wegen des wachsenden Marktes für IT-Outsourcing wahrscheinlich sicherer als vorher. Aber auch für die im Unternehmen verbleibenden IT-Mitarbeiter als Rumpfmannschaft sind durchaus positive Veränderungen mit dem IT-Outsourcing verbunden. Die verbleibenden Aufgaben wie Planung, Steuerung und Controlling haben besonderes Gewicht gegenüber dem IT-Outsourcer. Deshalb ist die richtige Personalauswahl vor dem Hintergrund des IT-Outsourcing von hoher Bedeutung: Mitarbeiter mit eher operativen Tätigkeitsfeldern wechseln tendenziell zum IT-Outsourcer (Rolle = IT-Services) und Mitarbeiter mit Planungs- Controlling- und Dispositionsschwerpunkt verbleiben tendenziell im Unternehmen (Rolle = IT-Management).

2.2 Stärken von IT-Outsourcern

Im Vergleich mit Kreditinstituten haben IT-Outsourcer folgende Stärken:

- *Faktorkosten:* Der IT-Outsourcing-Anbieter kann einen oder mehrere Produktionsfaktoren (IT-Ausrüstung etc.) zu günstigeren Preisen als das Kreditinstitut selbst beziehen.

- *Economies of Scale:* Der Lieferant kann die gewünschten oder vergleichbare Dienstleistungen in höherer Stückzahl produzieren und gelangt dadurch zu niedrigeren Stückkosten.

- *Produktivität:* Der IT-Outsourcer besitzt häufig darüber hinaus signifikante organisatorische und motivationsbedingte Vorteile (z.B. Prozesse, Methoden, Identifikation der Mitarbeiter mit dem Geschäftszweck etc.).

- *Know-how:* Der Lieferant von IT-Dienstleistungen verfügt oftmals über mindestens gleichwertige oder bessere Personalqualifikation und ist in der Lage, hochspezialisierte Mitarbeiter auszubilden und einzusetzen. Er hat die kritische Größe, das Know-how der Mitarbeiter kontinuierlich den jeweils veränderten Marktbedingungen anzupassen.

- *Technologische Innovationen:* Der Lieferant strebt den Einsatz von jeweils neuester – im Sinne von bester – Technologie an, um den Service in der vereinbarten Qualität, möglichst wirtschaftlich und mit dem Ziel einer hohen Kundenzufriedenheit leisten zu können. Er hat die kritische Größe, um das Serviceangebot kontinuierlich an die jeweils veränderten Marktbedingungen anzupassen, d.h. er ist in der Lage, die notwendigen Investitionen zu tätigen und das damit verbundene Risiko zu tragen.

2.3 Risiken des IT-Outsourcing

Diesen Vorteilen stehen bei der Überlegung hinsichtlich des IT-Outsourcing jedoch Risikofaktoren entgegen, die sorgfältig zu betrachten sind:

- *Kernkompetenzen:* Der Teil der fremdbezogenen Leistungen sollte nur die Funktion einer verlängerten Werkbank haben, d.h. das IT-Outsourcing darf nicht wichtiges Unternehmens-Know-how beinhalten. IT-Outsourcing muß ein gestärktes, von Ballast befreites Kreditinstitut zur Folge haben und nicht ein Unternehmen, das einem ausgehöhlten Gebilde entspricht.

- *Funktionierender Beschaffungsmarkt:* Das IT-Outsourcing darf nicht zu einer vollständigen Abhängigkeit des Kreditinstituts vom Lieferanten führen. Jedes Outsourcing hat den Verzicht auf unmittelbare Macht für einen Teil der Wertschöpfungskette zur Folge. Damit ist ein Verlust des unternehmerischen Handlungsspielraums verbunden. Ein funktionierender Beschaffungsmarkt für IT-Dienstleistungen ist deshalb notwendige Voraussetzung.

- *Loyalität des Lieferanten:* Es bedarf einer vertrauensvollen Zusammenarbeit mit dem IT-Outsourcer, da sich nicht alle Feinheiten vertraglich regeln lassen, wie die Erfahrung zeigt.

- *Stabilität und Leistungsfähigkeit des Lieferanten:* Die Konstanz der Leistungserbringung muß höher bewertet werden als die Preisattraktion von Neuanbietern. Die Leistungsfähigkeit des Lieferanten muß auch für notwendige schnelle Anpassungen an die Marktveränderungen ausreichen.

- *Der Weg zurück:* Es muß eine Option erhalten bleiben, Aufgaben und Leistungen nach Vertragsende oder bei schlechter Erfüllung wieder ins eigene Unternehmen zurückzuholen.

3. Der Weg zum IT-Outsourcing

Wenn die prinzipielle Entscheidung für das IT-Outsourcing gefallen ist, sind weitere Überlegungen anzustellen und Entscheidungen zu fällen.

Phase 1: Leistungs- und Kostenanalyse

In einem ersten Schritt steht die Entscheidung an, was denn konkret in Fremdregie vergeben werden soll: Sollen die gesamten IT-Aktivitäten einschließlich der Netze bzw. einzelne Rechenzentren ausgelagert werden? Soll nur der laufende Betrieb der Client/Server-Systeme bis hin zum Endgerät ausgelagert werden? Kommt ein Fremdbezug des Netzmanagements in Frage? Oder sollen mit der Vergabe der Wartungs- und Pflegearbeiten für die Altanwendungen freie Kapazitäten, z.B. für die Neuentwicklung von Anwendungen, geschaffen werden? Es gilt die Faustregel: Je näher die IT-Aufgabe dem reinen Systembetrieb ist, desto geringer ist das Risiko für das auslagernde Kreditinstitut.

In jedem Fall will das Kreditinstitut wissen, mit welchen Verbesserungen in der Servicequalität gerechnet werden kann und welche Einsparungen zu erwarten sind. Dafür muß eine Transparenz der bisher erbrachten und zukünftig zu erbringenden Leistungen sowie der damit verbundenen Kosten geschaffen werden, d.h. eine Leistungs- und Kostenanalyse der zum Fremdbezug vorgesehenen IT-Services. Am Beispiel des Systembetriebs gehört dazu die Ermittlung der eingesetzten Systemkomponenten: Mit welcher Hardware und mit welcher Software wird derzeit gearbeitet? Wie intensiv ist die Nutzung? Welches sind die Kosten dieser Komponenten?

Die Leistungsanalyse zeigt auf, welche Leistungen der IT-Bereich überhaupt erbringt. Dabei muß auch ermittelt werden, welche spezifischen Anforderungen einzelne Fachbereiche an den auszugliedernden Teil bisher gestellt haben und in Zukunft stellen werden. Das bezieht sich z.B. auf unternehmenskritische Anwendungssysteme, die besondere Ansprüche an die Verfügbarkeit, Performance (z.B. Antwortzeiten) und Sicherheit haben. Die IT-Outsourcing-Anbieter unterstützen die Bank bei diesem Schritt mit praxiserprobten Vorgehensmodellen (z.B. *Total-Costs-of-Ownership-Modelle* für Client/Server-Systeme, d.h. Modelle, die alle mit der Planung, dem Aufbau und dem Betrieb von Client/Server-Systemen verbundenen Kosten erfassen und bewerten).

Ferner ist zu ermitteln, wie sich der Bedarf an Dienstleistungen in den kommenden Jahren voraussichtlich entwickeln wird. Da IT-Outsourcing-Verträge in der Regel über einen Zeitraum von fünf bis zehn Jahren abgeschlossen werden, ist dringend zu empfehlen, entsprechende Extrapolationen durchzuführen. Dies ist keine leichte Aufgabe sowohl im Hinblick auf die Geschäftsentwicklung als auch hinsichtlich des technologischen Fortschritts in der IT. Am Ende der Phase 1 steht das intern ermittelte IT-Budget fest, das die Basis für den Vergleich mit dem Angebot des IT-Outsourcing-Anbieters darstellt.

Phase 2: Grobkonzept und Ausschreibung

In dieser Phase erfolgt die Erarbeitung des Grobkonzepts mit der Vorbereitung der Ausschreibung sowie die Ausschreibung selbst. Das auslagernde Kreditinstitut legt fest, welchen Umfang die zu beziehenden Dienstleistungen haben sollen, wie sich die Prozesse und Abläufe zwischen dem eigenen Unternehmen und dem externen Dienstleister gestalten und welche Steuerungsmechanismen wirksam sein sollen. Diese Anforderungen fließen in die Ausschreibungsunterlagen ein. Die unmißverständliche Formulierung ist hier ein Muß, da ansonsten die Vergleichbarkeit der eingehenden Angebote nicht gegeben ist. Nach Sichtung und Bewertung der eingegangenen Angebote findet die Auswahl des Anbieters statt, mit dem man künftig zusammenarbeiten möchte. Sie führt zum *Letter of Intent* (LOI), d.h. zur schriftlichen Erklärung gegenüber dem Anbieter, daß man mit ihm in Vertragsverhandlungen treten möchte.

Phase 3: Vertragsverhandlungen

Für die eigentlichen Vertragsverhandlungen haben sich Rahmenverträge, die um sogenannte detaillierte Leistungsscheine ergänzt werden, bewährt. Die Details der Zusammenarbeit inklusive der Arbeitsergebnisse an den Schnittstellen müssen vereinbart und sogenannte *Service Level Agreements* (SLA) als Vertragsbestandteil formuliert werden. Diese Vereinbarungen dienen als Meßlatte zwischen der IT-Abteilung des auslagernden Kreditinstituts und dem IT-Outsourcer, um den gemeinsamen Erwartungshorizont zu formulieren und – falls nötig – abzustimmen.

Phase 4: Erbringung der Dienstleistungen durch den IT-Outsourcer

In dieser Betriebsphase erbringt der Outsourcer die vereinbarten IT-Dienstleistungen. Die Service Level Agreements spielen in dieser Phase eine entscheidende Rolle. Regelmäßige Berichte über die erbrachten Service-Levels gegenüber dem Kunden sowie Abstimmungsgespräche über die Qualität der Dienstleistungen und eventuelle Verbesserungsmaßnahmen müssen zu den Standardprozeduren eines leistungsfähigen IT-Outsourcers gehören. Man spricht hier vom Service Management. Für eine kontinuierliche Erbringung der vereinbarten Services in hoher Qualität sind beim IT-Outsourcer geeignete Prozesse notwendig. Abbildung 2 zeigt am Beispiel des Systembetriebs einer Client/Server-Infrastruktur, welche Bestandteile der Serviceerbringungsprozeß enthalten muß, um den speziellen Anforderungen von unternehmenskritischen Systemen an Verfügbarkeit, Performance und Sicherheit gerecht zu werden.

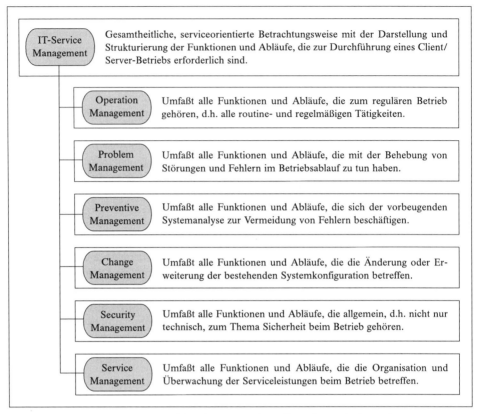

Abbildung 2: Bestandteile der Betriebsführung für eine Client/Server-Infrastruktur

4. Sicherstellung einer permanenten technologischen Innovation

Wie erwähnt ist für die Kreditwirtschaft die Informationstechnologie von zentraler Bedeutung. Deshalb ist ein wichtiger Aspekt in der Betriebsphase die Fähigkeit des IT-Outsourcers, immer wieder innovative Vorschläge einzubringen und in Abstimmung mit dem Kunden auch umzusetzen. Gestalten statt verwalten muß die Maxime sein, nach der ein IT-Outsourcer handeln sollte.

Das vordergründige Interesse des IT-Outsourcing-Anbieters ist es, die vereinbarten Service Levels rechtzeitig, zu vereinbarten Preisen, in der geforderten Menge und bei minimalen Kosten zu leisten. Dieses läßt sich aus Sicht des IT-Outsourcers auf der Basis beherrschter Technologien und Verfahren sicherer erreichen. Die Einführung technologischer Innovationen, mittels derer Geschäftsprozesse effektiver und effizienter unterstützt werden könnten, kann etablierte Abläufe stören und ist deshalb zunächst ein Risiko für den IT-Outsourcer. Für das Kreditinstitut sind Innovationen aber möglicherweise wettbewerbsentscheidend. Deshalb ist es gerade in der Betriebsphase wichtig, neben einem kontinuierlichen Service-Level-Management zur Sicherstellung der vereinbarten Servicequalität auch ein kontinuierliches Innovationsmanagement zu etablieren. Das Service-Level-Management zielt dabei auf die Service Levels, die auf Basis der vereinbarten Technologien und Abläufe erbracht werden. Das Innovationsmanagement bezieht sich auf potentiell notwendige strukturelle Änderungen dieser Ausgangsbasis. Aus Sicht des IT-Outsourcing-Anbieters steht dabei dem Risiko, sich durch Innovationen höhere Kosten und eventuell Störungen bei der Dienstleistungserbringung einzuhandeln, die Chance einer deutlich höheren Kundenzufriedenheit und damit auch nachhaltigeren Kundenbindung gegenüber. Ein Konzept für ein derartiges Innovationsmanagement kann im Rahmen einer Outsourcing-Partnerschaft auf Basis eines Regelkommunikationskreises vereinbart werden (Abbildung 3).

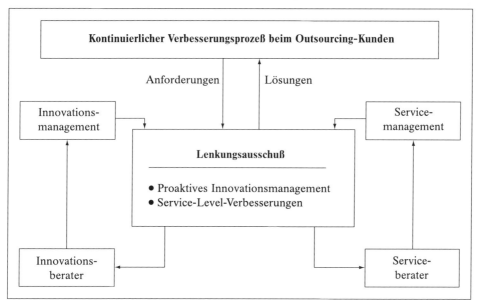

Abbildung 3: Konzept für ein Innovationsmanagement beim IT-Outsourcing

5. Vom IT-Outsourcing zum Auslagern von Geschäftsprozessen

IT-Outsourcing wird zunehmend auch über den Tellerrand hinaus betrachtet. Unter dem Begriff *Business Process Outsourcing* (BPO) steht die Auslagerung von Geschäftsprozessen oder Teilen davon (z.B. Rechnungswesen/Finanzwesen, Personalwesen, Verwaltung, Logistik) zur Debatte. Laut Aussagen von Marktforschungsinstituten lagern

90% der Global-2000-Unternehmen bis zum Jahr 2000 mehrere Geschäftsprozesse aus (zum Vergleich: 1996 waren es 25%).

Gefördert wird dieser Trend unter anderem dadurch, daß Geschäftsprozesse und Informationstechnologie immer mehr miteinander verzahnt sind. Der Anteil der Informationstechnologie an bestimmten Geschäftsprozessen ist inzwischen höher als der Anteil der Sachbearbeitung. Die steigende Anzahl von geschäftsprozeßorientierten Outsourcing-Kontrakten wird sich hauptsächlich auf Geschäftsabläufe beziehen, durch die bei den auslagernden Unternehmen keine Differenzierung vom Wettbewerb erfolgt. Beispiele dafür sind Pensionsmanagement, Steuern, Lohn- und Gehaltsabrechnung und Buchführung.

Bislang sind in Europa viele BPO-Kontrakte im öffentlichen Sektor in Großbritannien zustande gekommen. Zukünftig wird sich dieses Geschäft auch außerhalb Großbritanniens und im privaten Sektor etablieren. Im Bereich der Finanzdienstleistungen sind allerdings einige Besonderheiten zu beachten. Will ein Serviceanbieter z.B. bankspezifische Geschäftsprozesse wie die Wertpapierabwicklung anbieten, dann können damit nach den Bestimmungen des Kreditwesengesetzes bestimmte Auflagen verbunden sein.

6. Fallbeispiele

6.1 Komplettauslagerung der Datenverarbeitung der Privatbankengruppe Banco Ambrosiano Veneto

Mit der italienischen Privatbankengruppe Banco Ambrosiano Veneto, Mailand, hat das debis Systemhaus 1997 einen Vertrag über die Übernahme der gesamten Datenverarbeitung über einen Zeitraum von zehn Jahren geschlossen. Im Rahmen dieses Vertrags übernimmt das debis Systemhaus den kompletten Betrieb der Rechenzentren und Netzwerke. Der Vertrag hat einen Wert von mehr als einer Milliarde DM. Die technischen Eckdaten: Rechnerleistung von 2000 MIPS; 5500 Gigabyte an Speicherplatz; ein Netzwerk, das 650 Filialen in ganz Italien verbindet; Betrieb von rund 10 000 Arbeitsplatzrechnern, 700 Geldautomaten (ATM, Automatic Teller Machine) und 17 000 Bankschaltern (POS, Point of Sale).

Die Motive des Kunden waren mehrschichtig:

- Innerhalb des Vertragszeitraums erwartet der Kunde eine Vervierfachung der heutigen Rechnerkapazitäten. Im Rahmen des Outsourcingvertrages wird diese Kapazität bedarfsgerecht und ohne zusätzliche Investitionen für die Banco Ambrosiano verfügbar sein.

- Das Kooperationsabkommen stellt sicher, daß kontinuierlich fortschrittlichste Technik zur Verfügung gestellt wird und zwar zu geringeren Kosten als beim herkömmlichen IT-Betrieb in Eigenregie.

- Im Rahmen des Vertrags werden gegenüber den bisherigen Kosten ca. 20 % Einsparungen erzielt.
- Die Fokussierung auf die Kernkompetenz ist verbunden mit der Freisetzung von Mitteln, die zur Realisierung der Zukunftspläne der Bank verwendet werden können.

Der Vertrag sieht u. a. die Beibehaltung des heutigen Beschäftigungsstands und eine intensive berufliche Weiterbildung der transferierten Mitarbeiter vor.

6.2 Application Management für die DG BANK

Mit der DG Bank hat das debis Systemhaus Ende 1994 einen Drei-Jahres-Vertrag über die Wartung und Pflege von zwei zentralen Altanwendungen abgeschlossen:

- *Allgemeines Kundeninformationssystem (AKI):* Ca. 1300 COBOL-Programme zur Verwaltung von mehr als einer Million Konten sowie sämtlicher Stammdaten und Buchungen.
- *DG Bank Informations- und Auswertungssystem (DIA):* Ca. 900 Programme mit Schnittstellen zu bestehenden Anwendungen der Bank.

Eine in den Jahren 1992/93 begonnene Neuausrichtung der Informationsverarbeitung bei der DG Bank verfolgt das vorrangige Ziel, die Wettbewerbsposition zu verbessern. Wesentlicher Bestandteil der Strategie war die Ablösung der bestehenden operativen Zentralsysteme AKI und DIA. Die DG Bank stand vor der Herausforderung, bis zur Fertigstellung des neuen Systems die beiden Systeme AKI und DIA zu warten und zu pflegen. Dieses mit den vorhandenen Kräften zu bewältigen, war nicht möglich. Eine Aufstockung der personellen Ressourcen kam nicht in Betracht, weil nicht ausreichend qualifizierte Arbeitskräfte mit IT- und Banken-Know-how auf dem Arbeitsmarkt zur Verfügung standen.

Die Ziele der DG Bank im Zusammenhang mit dem Application-Management-Vertrag durch einen Dienstleister waren die Freisetzung von bisher mit Wartungs- und Pflegearbeiten gebundenen Entwicklerkapazitäten für das Neuprojekt, die Sicherstellung eines reibungslosen Produktionsbetriebs der beiden Altanwendungen AKI und DIA sowie die Wahrung einer hohen Datensicherheit. Durch den Einsatz einer *Application Management Workbench* (AMW), einem Werkzeug zur Analyse, Darstellung und Bearbeitung komplexer Softwaresysteme, konnte der Aufwand für die Ist-Analyse der beiden Altsysteme und die Einarbeitung der debis-Systemhaus-Mitarbeiter äußerst gering gehalten werden.

Mit der DG Bank wurden Service Levels vereinbart, die abhängig von der Wichtigkeit der Programmkomponente sind. Die Wichtigkeit bestimmt den vereinbarten Service Level, d.h. die Reaktionszeit, bis wann mit den Arbeiten begonnen werden muß, und die Bearbeitungszeit, bis wann die Arbeiten abgeschlossen sein müssen. Bis heute gab es keine gravierenden Ausfälle, und die Zusammenarbeit der Fachbereiche und der Organisation der Bank mit den Fachzentren des IT-Dienstleisters kann als gut bezeichnet werden.

Literaturhinweis

CUNNINGHAM, P.A., Outsourcing – strategische Bewertung einer Informationsdienstleistung, Frankfurt/M. 1995.
INPUT (Hrsg.), Information Systems Outsourcing Market –Europe 1995 – 2000, Slough Berkshire 1996.
Meta Group (Hrsg.), Höherwertige IT-Dienstleistungen, München 1997.

Bernhard Schüller

IT-Struktur einer Service-Bank für die Wertpapierabwicklung

1. Der Wandel in der Wertpapierindustrie
   1.1 Entstehung eines Wertpapier-Service-Markts
   1.2 Kernausprägungen im Back Office
   1.3 Optionen der Marktteilnehmer
   1.4 Kritische Masse als Erfolgsfaktor
   1.5 Sprengung regionaler Bindungen
2. Produkte einer Service-Bank
   2.1 IT als Treiber der Entwicklungen
   2.2 Outsourcing von Prozessen
      2.2.1 Die IT als erste Stufe
      2.2.2 Das Back Office als weitere Möglichkeit
      2.2.3 Das Full Service Back Office als Endstufe
   2.3 Organisation der Zusammenarbeit
3. IT-Systeme einer Service-Bank
   3.1 Handels- und Ordersysteme
   3.2 Informationsbasen
   3.3 Abwicklungssysteme
   3.4 Drittsysteme
   3.5 Schnittstellen
4. Die langfristige Vorausschau

1. Der Wandel in der Wertpapierindustrie

Wie könnte das Morgen und Übermorgen in der Wertpapierindustrie aussehen? Welche Probleme und Lösungsansätze werden an Bedeutung gewinnen? Welche Forschungsfelder werden für die Praxis künftig Relevanz erlangen? Diese Aufforderung zur Prophetie mag anmaßend erscheinen. Dennoch gilt es, sich ihr zu stellen, um mögliche Veränderungsprozesse zu beschreiben und aktiv gestaltend zu realisieren. Insbesondere wird die Informationstechnologie (IT) weiterhin tiefe Spuren der Fortentwicklung in allen Bereichen hinterlassen. Umfassende Simulationen komplexer Realitäten, Formulieren dynamischer Prozesse und Ablösen gängiger analytischer Verfahren durch den Computer werden die Zukunft prägen.

Die vorhandenen Bankensysteme mit ihren wesentlichen Ausprägungen in Form von Universal-/Spezialbanken und Trennbanken haben in den vergangenen Jahren begonnen, die Struktur des jeweils anderen Systems zu übernehmen. Universalbanken haben bewegliche und selbständige Wertpapierhandelseinheiten gebildet und davon wiederum abgespalten solche für das derivative Geschäft, während Trennbanken Brokerfirmen aufkauften und über diese Töchter das Effektengeschäft betreiben. Die IT der Unternehmen war hierbei gefordert, diese gesellschaftsrechtlichen Strukturveränderungen durch umfangreiche Anpassungen und Auftrennung der Systeme zu begleiten. Eine Veränderung anderer Art fand innerhalb der Europäischen Union (EU) statt, in der – historisch bedingt – unterschiedliche Rahmenbedingungen aufeinanderstoßen. Da jedoch seit 1993 alle Banken aufgrund ihres Heimatrechts EU-weit tätig sein dürfen, sind Erweiterungen der jeweiligen Systeme an europäische Regelwerke die zwangsläufige Folge. Auch hier gilt, daß die IT der in der EU tätigen Banken diese Prozesse proaktiv begleiten und „Europa-Lösungen" realisieren muß. Bei jeder dieser Veränderungen werden Wettbewerbsstrukturen grundsätzlich in Frage gestellt oder aber neu definiert.

1.1 Entstehung eines Wertpapier-Service-Markts

Die Organisation des Bankbetriebs kann in vielfältiger Form erfolgen. Sei es z.B. als Matrixorganisation von Zentralen und Filialen oder in Form einer Geschäftsfeldorientierung (Divisionalisierung). Letzteres bedeutet, daß z.B. die Retail Bank das Filialgeschäft betreut, die Wholesale Bank das Geschäft mit großen Firmenkunden und Institutionellen beinhaltet und die Service Bank Back-Office- und IT-Dienstleistungen anbietet. Voraussetzungen für den Erfolg einer Organisation in Geschäftsfeldern sind hinreichend große Volumina *(Critical Mass)*, Minimierung von Funktions- und Kundenüberlappungen sowie ausgewogene Balance zwischen Teilbank-Egoismus und Gesamtbank-Denke.

Diesen Überlegungen folgend, hat sich Anfang der 90er Jahre die Diskussion ergeben, die Kostenführerschaft über alle Prozeßketten im Wertpapierbereich dadurch zu verstärken bzw. zu erreichen, indem eine Trennung zwischen Beratung, Research, Vertrieb und Handel einerseits sowie Abwicklung andererseits erfolgen sollte. Ein Gedanke, dem auch das Bundesaufsichtsamt für das Kreditwesen durch seine Auflage der „konsequenten Gewaltenteilung" zwischen Handel und Abwicklung Rechnung trug. Analog der ebenfalls bis in die Gesetzgebung verankerten funktionalen Trennung bei den zentralen Institutionen Börsen und Zentralverwahrer wurde 1993 ein erstes konkretes Konzept durch die DWZ Deutsche Wertpapierdaten-Zentrale GmbH (vormals BDZ Börsendaten-Zentrale GmbH) und die Lombardkasse AG in Frankfurt erarbeitet, mit dem Ziel, eine solche Struktur im deutschen Kreditgewerbe einzuführen und hierbei grundsätzliche Outsourcing-Optionen einzubeziehen. Diesem Konzept folgten anschließend auch Überlegungen im Sparkassenbereich und genossenschaftlichen Verbund. Im Vorhof einer Realisierung war mithin am Finanzplatz Deutschland der Plan für einen „Wertpapier-Service-Markt" entstanden, dessen beide Hauptglieder Fachabteilung und IT hießen und zusammenfassend als *Full Service Back Office* (FSBO) bezeichnet wurden.

1.2 Kernausprägungen im Back Office

Zu den wesentlichen Funktionen einer Fachabteilung *Wertpapier-Back-Office* zählen die folgenden wesentlichen Prozeßpakete und -stränge: Ordereingabe und -verwaltung sowie Abrechnung, Disposition und Buchung, Regulierung und Lieferung, Kapitaldienste sowie Jahresendarbeiten. Diese Funktionalitäten im Wertpapierbereich sind bei den Banken durch IT-Lösungen vielschichtiger Art und Tiefe unterlegt. Die Qualität der realisierten IT ist maßgebend vor allem für den Grad der Automatisierung der Wertpapierprozesse bzw. den Umfang verbleibender manueller Handhabungen und die dadurch entstehenden Kosten. Endziel ist es, über 90% der Funktionalität automatisiert über die IT zur Verfügung zu stellen. Neben den Kernausprägungen, bestehend aus Funktionen und Daten sowie deren technologischen Lösungen, ist die Versorgung der Schnittstellen zu den übrigen Bankeinheiten eine wesentliche Voraussetzung für die Umsetzung einer abgetrennten Division „Bank für Wertpapierdienstleistungen".

1.3 Optionen der Marktteilnehmer

Alle Banken, Broker und Finanzdienstleister mit Aktivitäten im Wertpapiermarkt stehen aufgrund vorgenannter Überlegungen vor der Entscheidung,

- weiterhin alle Funktionen entlang der Prozeßkette vom Research bis zum Zahlungsverkehr selbständig durchzuführen, verbunden mit der Konsequenz immer neuer und hoher Investitionen in qualifizierteres Personal und verbesserte Informationstechnologie, oder

- Teilbereiche als nicht mehr wettbewerbsrelevant für das eigene Institut zu erkennen und diese an Service-Einheiten abzugeben, die sich hierauf spezialisiert haben und durch genügend kritische Masse (z.B. an Depotvolumina und Transaktionen) günstigere Preise für Verarbeitungen sowie Dienstleistungen anbieten können.

Eine weitere erforderliche Unterteilung vor einer solchen Entscheidung ist, ob nur Informationstechnologie (IT), nur Fachabteilungsdienste (Back Office) oder beides (Full Service Back Office) von dritter Seite bezogen werden sollen. Langfristig wird sich nur die Option einer Komplettausgliederung – also IT plus Fachabteilung – empfehlen, da nur so eindeutige Schnittstellen, Kompetenzen und Zuständigkeiten darzustellen sind. Beim Outsourcing nur von Teilbereichen ist die Effizienz und Kosteneinsparung aufgrund von Schnittstellenproblemen und Redundanzen zwangsläufig geringer als bei dem Nutzen eines Full Service Back Office. Betrachtet werden muß – wie oben bereits erwähnt – auch der Grad der Automatisierung der Abläufe durch die IT, da dies ein wesentlicher Faktor bei der Entscheidung für die eine oder andere Option der Ausgliederung ist. Ein hoher Automatisierungsgrad (idealtypisch 90%) bedeutet zwangsläufig die Chance von erheblichen Einsparungen im Personalbereich und damit bei einem der wesentlichen Kostentreiber. Während deutsches Geschäft bereits einen hohen Anteil der Automation erreichen konnte, sind Transaktionen mit dem Ausland trotz des Bemühens internationaler Normierungsgremien wie ISO, ISSA oder FIBV durch unterschiedliche Gesetze und Regelwerke belastet.

1.4 Die kritische Masse als Erfolgsfaktor

Die Einrichtung und der Betrieb einer Service-Bank bedingt, daß auf jeden Fall hohe IT-Investitionen getätigt sein müssen bzw. noch aufzubringen sind in einer Größenordnung von mindestens 150 Millionen DM. Der *Return on Investment* (ROI) kann jedoch nur erfolgreich sein, wenn ausreichende kritische Masse vorhanden ist. Kritische Masse ist in diesem Service-Bereich gegeben, wenn eine hohe Zahl von Kunden mit entsprechenden Depotvolumina sowie Transaktionen gewonnen werden kann. Bei einem Gesamtmarkt in Deutschland von ca. 16 Millionen Depots – wobei in dieser Zahl ca. vier Millionen Investmentfondskonten enthalten sind, also unechte Depots – kann ab 25% Anteil aufwärts von kritischer Masse gesprochen werden. Nur ab einem solchen prozentualen Marktanteil können der ROI und die übrigen Betriebskosten auf Dauer gedeckt bzw. eine entsprechende Marge erzielt werden. Beispielhaft mögen die Stückkosten für die Abwicklung eines Wertpapierhandelsgeschäfts bei einem Volumen von ca. einer Million Depots in einer Spanne von 50–75 DM liegen. Dieser Preis ließe sich in einem statischen Umfeld durch eine Verdoppelung von Depotzahl und Transaktionen auf z.B. 25 DM absenken. Trendsetter sind die Direkt- und Internetbanken, die bereits in diesen Preiskategorien operieren; allerdings bedienen sie sich in der Regel der Fachabteilungen des Konzerns und werden von diesen quer-subventioniert, da deren Service zur Zeit nicht zu diesen Preisen herstellbar ist.

Durch die Entwicklung zum neuen „Binnenland Europa" und des permanenten Fortschreitens von Standardisierungen der Gesetze und Regelwerke wird das Agieren in diesem Dienstleistungsmarkt auf andere Regionen der europäischen Zeitzone ausgedehnt werden können. Dadurch findet der Wettbewerb in diesem Marktsegment künftig auf einer höheren Ebene statt. Die kritische Masse wird bei denjenigen Service-Banken zunehmen, die als „First Mover" eine europaweite Geschäftstätigkeit entfalten und dadurch ihre Preise weiter absenken können.

1.5 Sprengung regionaler Bindungen

Mit der weiteren Verfestigung und Integration der europäischen Märkte als neue volkswirtschaftliche Einheit werden sich alte, traditionelle Bindungen in den Regionen – wie der Bundesrepublik Deutschland – auflösen. Hierzu zählen auch die heutigen Verbandszugehörigkeiten der Kreditinstitute in Deutschland mit den

- Privatbanken und Auslandsbanken,
- Landesbanken und Sparkassen
- genossenschaftlichen Verbundunternehmen und Primärinstituten sowie
- Spezialinstituten.

Der steigende Kostendruck – verbunden mit weiter nachgebenden Margen – werden die Leidensfähigkeit, politisch einem Verband treu zu bleiben, koste es, was es wolle, auf die Probe stellen. Die Wahrscheinlichkeit ist sehr hoch, daß künftig der günstigste Anbieter am Markt in Europa als Service-Geber von Ausgliederungswilligen gesucht wird – unabhängig von der jeweiligen Verbandszugehörigkeit.

2. Produkte einer Service-Bank

Die Produkte für das Verwahren und Verwalten von Wertpapieren und deren Abwicklung werden durch die Bedürfnisse des Markts und der Kunden der Kreditinstitute definiert. Es gilt hierbei, alle Formen der Finanzierungen und der Anlagen zu berücksichtigen, um Emittenten wie Anlegern gleichermaßen gerecht werden zu können. Mithin sind die Aktien-, Renten- und Derivativemärkte mit allen Facetten zu berücksichtigen.

2.1 IT als Treiber der Entwicklungen

Viele Produktentwicklungen und ihre Begleiterscheinungen sind erst durch den Einsatz der IT möglich geworden. Dies gilt insbesondere für die diversen Arten derivativer Geschäfte, die modernen Portfoliostrategien und das weltumspannende Informationsmanagement. Die Fortschritte der Telekommunikation gestatten den Banken Handelsstrategien aus einem zentralen Wertpapier-Orderbuch rund um den Globus im 24-Stunden-Takt. Die flexible Speicherung von Informationen in relationalen Datenbanken führt zu hoher, permanenter Auskunftsfähigkeit. Die Verlagerung der Prozesse von gestapelten Abläufen einmal pro Tag zu Real-Time-Prozeduren beschleunigt die Verarbeitung und erhöht die Häufigkeit sowie Drehgeschwindigkeit von Geschäften. Diese durch die Chips verursachten Treiber-Effekte wurden zunächst in Informations-, danach in Handels- und schließlich auch in den Abwicklungsbereichen der Wertpapierindustrie sukzessive spürbar und werden auch weiterhin die zukünftigen Entwicklungen stark beeinflussen. Dadurch hat die IT zwangsläufig eine permanente Anstoßfunktion für Erneuerungen übernommen.

2.2 Outsourcing von Prozessen

Die Abgabe von Funktionen an Dritte setzt ein klares Verständnis der eigenen und gewollten Kernkompetenzen voraus. Gleichzeitig darf gegenüber den eigenen Kunden kein Verlust in der Qualität und der Breite des Leistungsspektrums entstehen.

2.2.1 Die IT als erste Stufe

Die Anwendungen für den Wertpapierbereich zählen zu den umfangreichen und den komplexen Verfahren bei Kreditinstituten. Dies bedingt hohes fachliches Know-how in der IT über die zu gestaltenden Prozesse. Durch eine Flut gesetzgeberischer Maßnahmen, permanente Evolutionen der Produkte sowie Strukturmaßnahmen bei zentralen Institutionen war und ist die IT der Banken gezwungen, im Wertpapierbereich laufend vollständige Überarbeitungen vorzunehmen, um diesen Anforderungen gerecht werden zu können. Idealtypisch ist aus technologischer Sicht der Zyklus einer neuen Strategie- und Entwicklungskurve nach jeweils acht bis zehn Jahren zu starten. In der Realität vergehen bis auf Zwangsmaßnahmen deutlich mehr Jahre. Häufig erfolgt der „Kick-off" erst, wenn eine völlige Überalterung der IT-Strukturen bereits eingetreten ist. Da dieser Wettlauf der Entwicklung hochqualifiziertes Personal benötigt und dieser Engpaß nicht durch Einsatz nur externer Spezialisten oder beliebiger Finanzmittel zu bewältigen ist, haben schon in den 70er Jahren Institute begonnen, ihre IT-Leistungen für den Wertpapiersektor von Dritten zu beziehen.

Zu den Marktführern in Deutschland zählt die Bank für Wertpapierservice und -systeme AG (bws bank), die für alle Institute des genossenschaftlichen Verbunds sowie für über 100 Privatbanken, Auslandsbanken, Sparkassen und Kapitalanlagegesellschaften IT-Dienstleistungen für den Wertpapierbereich durchführt. Erforderlich ist, daß, beginnend mit der Ordereingabe und -verwaltung, alle Geschäftsarten der nach dem Handel durchzuführenden Abrechnung, Buchung und Verwahrung mittels entsprechender Programme angeboten werden. Das Produkt „IT-Service" betrifft sowohl das Entwickeln der Anwendungen als auch den Rechenzentrumsbetrieb und das Betreiben der Netzwerke. Kreditinstitute, die diesen Service nutzen, benötigen mithin keine eigenen IT-Ressourcen für diesen Teilbetrieb. Dies führt zu deutlich geringeren Kosten gegenüber einer Eigenentwicklung, da ein zentraler Dienstleister durch höhere kritische Masse niedrigere IT-Kosten hat als ein Einzelanwender. Gleichzeitig wird in der Regel die Qualität dauerhaft verbessert, da durch das Poolen von Spezialisten und Investitionsbeträgen ein Mehr an Leistung und Nutzen erzielt werden kann. Die für diese IT-Services zu zahlenden Preise basieren in der Regel auf dem Bestands- und Transaktionsvolumen, zuzüglich einem Preis für die Softwareentwicklung. Eine zusätzliche Orientierung am Markt und den Preisen der Mitbewerber ist hierbei unerläßlich, da ähnliche Angebote von einigen Landesbanken und Drittfirmen (wie z.B. SNI) erbracht werden.

2.2.2 Das Back Office als weitere Möglichkeit

Neben dem Outsourcen der IT besteht die Möglichkeit, reine Fachabteilungsfunktionen durch Dritte zu beziehen oder besorgen zu lassen. Zu denken ist hierbei insbesondere an Randbereiche des Wertpapiergeschäfts wie Tresorverwaltung, Hauptversammlung, Research, Wertpapierleihe und ähnliche, abtrennbare Geschäftsarten. Genutzt wird diese Option nur punktuell von mittleren und kleineren Kreditinstituten, so daß die Bedeutung insgesamt als gering einzustufen ist. Weniger bis überhaupt nicht in Frage kommen Teile der verschachtelten Prozesse von Handel und Abwicklung, zumal diese wiederum umfangreiche und integrierte IT-Systeme voraussetzen.

2.2.3 Das Full Service Back Office als Endstufe

Die vollständige Verlagerung und damit Aufgabe der eigenen Back-Office-Abteilung für Wertpapiere ist in Verbindung mit der dadurch zwangsläufig ebenfalls auszulagernden IT als Full-Service und Endstufe zu betrachten. Von Vorteil hierbei ist die eindeutige Schnittstelle zwischen Handel und nachfolgenden Arbeiten, so daß Doppel- oder Restarbeiten, wie sie bei Teilverlagerung entstehen können, entfallen. Praktiziert wird dies schon seit Anfang der 70er Jahre durch die Landesbanken für die Sparkassen und durch die DG BANK/Zentralbanken für die Volks- und Raiffeisenbanken. Bei diesen zentralen Institutionen ist der logische Folgeschritt einer weitergehenden Verlagerung in eine separate Service-Bank wie der BWS für den genossenschaftlichen Verbund teilweise bereits vollzogen oder in Planung. Es ist davon auszugehen, daß dieses Modell ein Standard wird und das Outsourcing dieser Einheiten der Regelfall.

2.3 Die Organisation der Zusammenarbeit

Über die vertragliche Festlegung zwischen In- und Outsourcer hinaus muß die tägliche Zusammenarbeit organisiert werden. Insourcer wie die bws bank bieten hierzu ein Call Center, Schulungen, Beirat, Projektausschüsse und Arbeitskreise an. Alle Fragen und auftretenden Probleme können dadurch sofort von den Kunden z.B. an das Call Center gemeldet werden. Dort erfolgt die Erfassung und Behandlung bzw. Weitergabe an Spezialisten, so daß eine zeitnahe Klärung zu einem hohen Prozentsatz erreicht werden kann. Monatliche statistische Auswertungen zeigen Problemfelder auf und bieten Ansätze für laufende qualitative Verbesserungen des Insourcers. Die Weiter- und Neuentwicklung der Anwendungssoftware geschieht zwar grundsätzlich durch den Insourcer, es ist jedoch unerläßlich, daß die Outsourcer an diesen Prozessen aktiv über Arbeitskreise und Projektausschüsse oder einen Beirat beteiligt werden. Mit jeder Änderung der Technologie und der Anwendungen sind zudem Schulungen sowie Anpassungen von Handbüchern erforderlich. Dadurch wird auch sichergestellt, daß das Wissen beim Outsourcer weiterentwickelt wird und nicht auf dem Stand zum Zeitpunkt des Outsourcing stehenbleibt.

3. IT-Systeme einer Service-Bank

Die Definition exakter technischer und funktionaler Schnittstellen zwischen den Systemen einer Service-Bank für Wertpapierabwicklungen und dem Handel sowie den Zahlungsverkehrssystemen ist eine wesentliche Voraussetzung für einen konfliktfreien Betrieb. Innerhalb der Service-Bank sind die zu- und abgehenden Datenströme einerseits sowie die Verwaltungs- und Buchungssysteme als Kernanwendungen andererseits zu organisieren. Eine Anzahl von notwendigen Drittsystemen ergänzt die erforderlichen Basisanwendungen. Mithin entsteht eine komplexe Inhouse-Architektur der Service-Bank, die in übergreifende Verfahren einzubinden ist. Im folgenden wird am Beispiel der BWS die IT-Struktur einer Wertpapier-Dienstleistungsfabrik skizziert. Abbildung 1 zeigt einen Überblick über die eingesetzten Systeme.

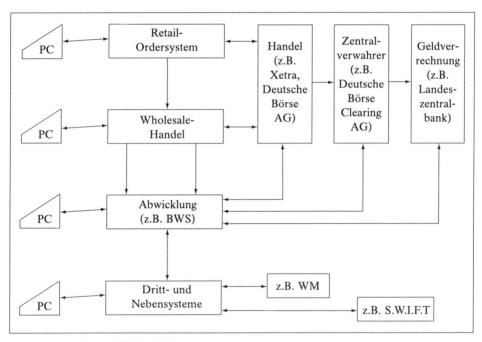

Abbildung 1: Gesamtbild der IT-Systeme

3.1 Handels- und Ordersysteme

Der Eigenhandel der Kreditinstitute findet in der Regel auf separaten Plattformen unter der Oberfläche von Betriebssystemen wie z.B. UNIX, NT oder VMS statt. Die hohe Verfügbarkeit von Technologien und Informationen ist der wesentliche Treiber dieser Einheiten. Hochperformante Workstations gestatten das professionelle Betreiben verschiedenster Datenströme und Prozesse. Die Realtime-Zugriffe auf die Handelssysteme der Börse (z.B. über einen sogenannten MISS[1] auf das elektronische Handelssystem *Xetra* bzw. über einen User Device auf die Terminbörse der Deutsche Börse AG) muß gesichert sein. Nach Abschluß eines Handelsgeschäfts – inner- oder außerhalb der Börse – erfolgt die Übergabe an die Abwicklung zur weiteren Verarbeitung. Von Xetra aus kann eine *Trade Confirmation* (TC) von jedem Handelsgeschäft nicht nur an den Händler, sondern auch direkt an den Service-Provider für Back-Office-Dienstleistungen geleitet werden, um dort eine sofortige Depotbuchung zu ermöglichen (Abbildung 2).[2]

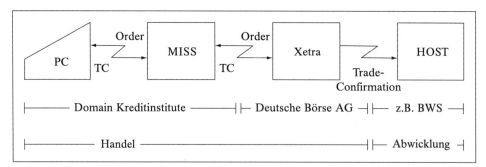

Abbildung 2: Struktur der Xetra-Einbindung

Als zweiter wesentlicher Strang für Vertrieb und Handel ist das Kunden-(Retail-)Geschäft der Kreditinstitute zu nennen. Über Orderleitsysteme werden die Eingaben bei den Filialen und Beraterplätzen an ein zentrales Orderverwaltungssystem geleitet. Von dort erfolgt die direkte Weitergabe und Ankoppelung an das Börsensystem (zur Zeit in Deutschland an das System *BOSS* der Deutsche Börse AG, ab Ende 1998 ebenfalls an Xetra; analoge Strukturen sind seit 1987, beginnend mit dem CAT-System der Börse in Toronto, an allen wesentlichen Finanzplätzen installiert worden). Das Bestätigen eines Geschäfts erfolgt einerseits direkt an den Eingebenden, andererseits in Intervallen durch Schlußnoten von der Börse an das Ordersystem, so daß auch hierbei eine laufende Disposition oder Buchung möglich ist (Abbildung 3).

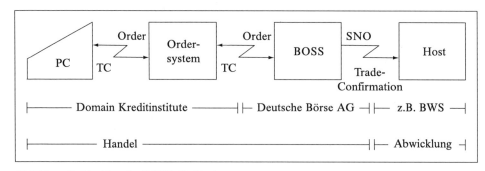

Abbildung 3: Struktur der BOSS-Einbindung

---

[1] MISS = Member Integrated System Server.
[2] Vgl. auch Hille, L./Braue, C. (Beitrag in diesem Buch).

3.2 Informationsbasen

Für den Handel und die Abwicklung von Wertpapiergeschäften sind umfangreiche Daten und Informationen erforderlich. Die wesentlichen Wertpapierstamm- und -termindaten für alle Arten der Verarbeitung werden zentral über die „Herausgebergemeinschaft Wertpapiermitteilungen (WM)" zur Verfügung gestellt. Die Kurse als ein weiterer Bestandteil für viele Anwendungen kommen aus den Handelsgeschäften der Börsen; verteilt bzw. angeboten werden sie über die Börsen oder die Informationslieferanten wie Reuters, Telekurs und andere.

Während die Kurse sowohl als Batch- als auch Realtime-Strom angeboten werden, erfolgt die Versorgung der Wertpapierdaten für die Systeme seitens WM über Datenträger per Versand oder Datenfernverarbeitung. Ebenso erhalten die Abwicklungssysteme diese Daten für die weitere Verarbeitung (Abbildung 4).

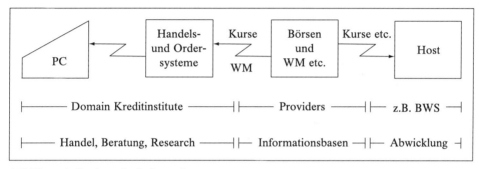

Abbildung 4: Struktur der Informationsversorgung

3.3 Abwicklungssysteme

Aus den Handelsgeschäften von Aktien und Renten wird in Deutschland ein Lieferbestand erstellt, der die Datenschnittstellen darstellt für die Abwicklung des Zentralverwahrers Deutsche Börse Clearing AG.[3] Jedes Kreditinstitut muß alle Geschäfte in Abhängigkeit von dem bei Börsengeschäften in Deutschland fest geregelten Abwicklungstermin *Trading Day plus 2* (T+2) bzw. bei den übrigen Geschäften nach entsprechenden Regeln aufbereiten und für die Belieferung Stücke gegen Geld positionieren. Dieser zentrale Bereich wird in den kommenden Jahren durch das voraussichtlich Ende 1998 beginnende Projekt TRUST einem Reengineering unterzogen werden. Globale Zielsetzung ist es, alle Prozesse weitestgehend in eine Realtime-Verarbeitung zu überführen.

Die Depotbuchungssysteme werden ergänzt durch Anwendungen für Kapitaldienste wie Zins- und Dividendengutschriften, Bezugsrechte und sonstige Arten, die den Wertpapierbestand hierdurch täglich im Batch fortschreiben. Periodische Arbeiten am Ul-

---

[3] Vgl. dazu Blitz, J. (Beitrag in diesem Buch).

timo und vor allem am Jahresende durch den Jahresdepotauszug und die Steuerbescheinigungen ergänzen diesen Kernbereich der Anwendung. Bei Fälligkeit der Geschäfte, z.B. am T+2, muß bei einem Wertpapierkauf das Geld über eine Landeszentralbank zur Verfügung gestellt werden, bei einem Verkauf erfolgt die Verrechnung als Gutschrift entsprechend (Abbildung 5).

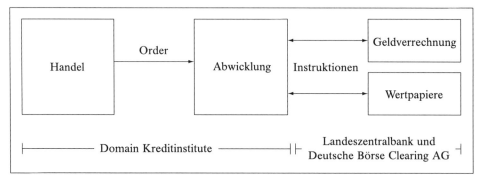

Abbildung 5: Struktur der Abwicklung

Im Derivate-Bereich nehmen Clearing-Häuser die Rolle des zentralen Abwicklers ein, wobei bei sogenannten Ausübungen der Zentralverwahrer die Wertpapiere ausliefert. Bei Abwicklungen mit ausländischen Lagerstellen oder Verwahrern können neben Direktverbindungen die Dienste zentraler Institutionen wie der Deutsche Börse Clearing AG, Cedel oder Euroclear in Anspruch genommen werden.

3.4 Drittsysteme

Neben den Kernanwendungen (z.B. der Orderverwaltung, Abwicklung und Kapitaldienste) sind weitere Systeme für das Betreiben einer Service Bank erforderlich.

- Die Zahlungsströme für Wertpapiere und eigene Verpflichtungen müssen abgebildet werden. Das gleiche gilt für alle Aktiv-/Passivpositionen und alle Erlöse und Kosten. Hierfür bietet sich die Installation von Standardpaketen wie SAP an und/oder das Mitbenutzen von Zahlungsverkehrssystemen einer Mutterbank.

- Um eine dedizierte Kosten- und Preispolitik zu ermöglichen, sind entsprechende Controlling-Verfahren zu installieren. Auch hierbei bietet sich SAP an.

- Das Personalwesen ist abzubilden, sei es durch SAP oder analoge Verfahren wie Paisy. Gegebenenfalls kann dies auch als Outsourcing-Dienst bezogen werden.

- Spezielle, ergänzende Systeme für Nachrichtenübermittlungen an Dritte (z.B. MERVA als Anbindungssoftware für das S.W.I.F.T.-Netzwerk) oder für Abstimmzwecke bei Lagerstellen sind ebenfalls erforderlich.

Diese Drittsysteme sind über Schnittstellen an die eigentlichen Wertpapiersysteme anzubinden (Abbildung 6).

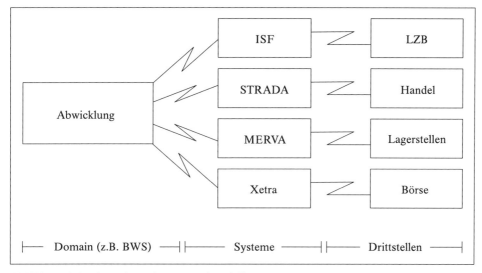

Abbildung 6: Struktur der Drittsysteme (Modell)

3.5 Schnittstellen

Die Versorgung von Neben- und Drittsystemen sowie vor- bzw. nachgelagerten Rechenzentren zentraler Institutionen oder Kreditinstitute, die ihren Wertpapierbereich an eine Service-Bank übergeben haben, sollte über standardisierte Formate und technische Strukturen erfolgen.

Für die Formate hat sich der ISO/S.W.I.F.T.-Message-Standard inzwischen durchgesetzt, so daß die erforderlichen Instruktionen im Abwicklungsbereich hierüber darstellbar sind. Da in ein solches Netzwerk verschiedenste Computersysteme und damit Betriebssystemoberflächen eingebunden werden müssen, empfiehlt es sich, einerseits den weit verbreiteten SNA-Standard von IBM, andererseits vor allem im Hinblick auf Handels-, Informations- und diverse Drittsysteme TCP/IP vorzusehen (Abbildung 7).

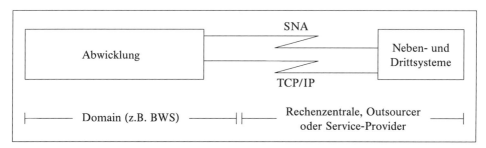

Abbildung 7: Struktur der Schnittstellen zu Neben-/Drittsystemen

4. Die langfristige Vorausschau

Vor 50 Jahren haben lediglich „Science-Fiction-Schreiber" Szenarien dargestellt, in welchem Umfeld und mit welcher Technologie die Industrie im Jahre 1998 arbeiten würde. Die Realität entspricht in vielen Punkten diesen Visionen. Die Stränge möglicher Entwicklungen im Wertpapierbereich scheinen auch heute wieder vorhersehbar zu sein, so daß versucht werden soll, diese provokativ zu beschreiben:

- Der Wertpapierhandel wird künftig voraussichtlich ohne Händler, sondern nur noch durch Computer getätigt werden. Die heutigen Mittlerrollen durch die Kreditinstitute und Broker werden damit entfallen und durch die Anwendungen der IT übernommen.

- Durch den Computerhandel und das Vernetzen der „handelnden Computer" wird die Information über den Preis, die zeitliche Entwicklung und die Wahrscheinlichkeit von zu erzielenden Renditen für die Anleger noch transparenter werden. Research und Portfoliomanagement gehen dadurch in die Anwendungen auf Computersystemen über.

- Das Internet wird das Durchführen von allen Wertpapiertransaktionen von jedem beliebigen Ort aus gestatten, so daß die örtlichen Vertriebsstellen oder Bankfilialen hierfür obsolet werden. Diese müssen sich ihrerseits vielmehr mit Produktangeboten in diesem Netzwerk ansiedeln.

- Alle Geschäfte der Kunden im Wertpapierbereich werden sofort und abschließend in Echtzeit durchgeführt werden. Das Stapeln von IT-Abläufen wird durch Online-Verfahren komplett abgelöst.

- Abwicklung, Kapitaldienste, Steuerbescheinigungen und Fortschreiben des Depots sowie der Lagerstellen werden in einem direkten und durchgängigen Prozeß erfolgen.

Der Weg zu diesen Stufen der weiteren Entwicklung wird nicht leicht sein, seine Zeit benötigen und entsprechende Investitionen erforderlich machen. Jedoch dürfte das grundsätzliche Voranschreiten zu diesen Zielen nicht zu bezweifeln sein. Um im Wettbewerb der Funktionen, der Servicegrade und der Kosten bestehen zu können, ist die Informationstechnologie wie in der Vergangenheit gefordert, wesentliche Schrittmacherdienste zu leisten.

W. Angelika Kreitel

Planung und Steuerung von IT-Projekten

1. Projekte und Projektmanagement im IT-Bereich
    1.1 IT-Projekte als Bewegungsform in der Softwareentwicklung
    1.2 Paradigmawechsel
2. Projektmanagement als Rahmen für Planung und Steuerung
    2.1 Strategisches Projektmanagement
    2.2 Operatives Projektmanagement
3. Unterstützung durch Projektmanagement-Werkzeuge
    3.1 Projektmanagement-Software als Mittel zum Zweck
    3.2 Einsatz eines Projektmanagement-Werkzeugs in der Dresdner Bank AG
        3.2.1 Zielsetzung und Rahmenbedingungen
        3.2.2 Realisierung
        3.2.3 Ergebnisse
    3.3 Voraussetzungen für den Erfolg
4. Resümee
Literaturhinweis

1. Projekte und Projektmanagement im IT-Bereich

1.1 IT-Projekte als Bewegungsform in der Softwareentwicklung

„Wenn Du ein Schiff bauen willst, rufe nicht Männer zusammen, damit sie Bäume fällen, sondern lehre sie die Sehnsucht nach dem weiten Meer." Diesen oft zitierten Satz des Schriftstellers Antoine de Saint-Exupéry sollten alle im Projektmanagement verantwortlichen Führungskräfte als Leitmotiv zum Handeln benutzen. Voraussetzung dafür ist allerdings das Wissen um die Bedeutung und um die Spezifika von Projekten und ihre Einordnung in die Strategie des Unternehmens, um dann das Projektteam weitsichtig zu motivieren. Darin liegt der Schlüssel zum Erfolg.

Die Vielfalt des Projektverständnisses sowohl bei Theoretikern als auch bei Praktikern ist nahezu unerschöpflich, die Kernaussagen sind allerdings in hohem Maße konsistent. Laut DIN 69901 wird ein Projekt definiert als „… ein Vorhaben, das im wesentlichen durch Einmaligkeit der Bedingungen in ihrer Gesamtheit gekennzeichnet ist."[1] Als weitere charakteristische Merkmale, an denen sich letztlich die Aussagen differenzieren, seien aufgrund der Erfahrungen der Verfasserin folgende hinzugefügt: Zeitliche Begrenzung, Zielorientierung, Komplexität, Interdisziplinarität, Innovation und Kreativität sowie Risiko.

Dabei haben sicherlich die Einmaligkeit – verbunden mit einem definierten Beginn und einem definierten Ende – einen hohen Stellenwert, zeigen diese Merkmale doch eine Abweichung von der Normalität im Sinne von dauernden, sich wiederholenden, wiederkehrenden Aufgaben. Madauss bezeichnet Projekte aus diesem Grunde als „außergewöhnliche Vorhaben."[2] Eine spezifische Zielsetzung und ein adäquater Aufgabenumfang stellen Grundvoraussetzungen für die Etablierung eines Projekts dar. Die Chancen zur zeitweiligen Integration von Fachkräften aus unterschiedlichen Gebieten und auch Organisationseinheiten mit differenzierten Wissens- und Erfahrungskomponenten sind einmalig groß und eröffnen bei qualifizierter Nutzung wiederum Chancen zur Synergie in breitem Umfang. Projekte bieten dann einen Rahmen für innovatives Denken und Kreativität, wenn das Projektteam ein Potential dafür birgt, motiviert ist und die inhaltlichen Zielsetzungen die Freiräume zulassen. Das Risiko in Projekten liegt in der Einmaligkeit und dem aufwands- und funktionsbestimmten Ziel/Ergebnis-Konflikt begründet.

Im IT-Bereich bieten sich derartig beschriebene Vorhaben als Bewegungsform vor allem für die Softwareentwicklung an. Dabei spielt es eine untergeordnete Rolle, ob es sich um ein Neu-Design oder eine Produktmodifikation handelt. Unter *Neu-Design* sollen an dieser Stelle alle Neuentwicklungen einschließlich Daten- und Prozeßmodellierung sowie der Kauf von Software und deren Test und Integration im gegebenen Umfeld verstanden werden. Zur *Produktmodifikation* zählen

---

[1] Deutsches Institut für Normung e.V. (1987).
[2] Madauss, B. (1994), S. 490.

- alle Aktivitäten von der Korrektur bis hin zur Anpassung an neue Anforderungen, die zur Bildung neuer Softwareversionen führen (Weiterentwicklung oder Portierung) und
- die Migration als spezifische Anpassung der alten IT-Welt an die neue IT-Welt vor allem unter technologischem, aber auch unter betriebswirtschaftlichem Blickwinkel.

Bei all diesen Vorhaben handelt es sich um Aufgaben unter einmaligen Bedingungen mit speziellen Inhalts-, Zeit- und Wertvorgaben, die projekthaft bearbeitet werden können und im Sinne der Ausnutzung der Vorteile von Projekten auch bearbeitet werden sollten. Differenzieren werden sich diese Projekte in Umfang, Komplexität und Risiko.

1.2 Paradigmawechsel

Aufbauorganisatorisch gibt es im IT-Bereich der Banken eine historisch gewachsene Orientierung nach Aufgaben bzw. Softwareprodukten, die im Einsatz sind und demzufolge gepflegt und weiterentwickelt werden müssen. Diese funktionale Gliederung hat volle Berechtigung z.B. für Basisaktivitäten (wie den RZ-Betrieb und die Netzwerkadministration) und Routinetätigkeiten zur Aufrechterhaltung des IT-Betriebs, zur Produktpflege im Sinne von reinen Wartungsaktivitäten und für den Produktservice. Also für alle Aktivitäten, die entweder dauerhaft, wiederkehrend oder nicht konkret planbar, aber funktional zuordenbar seien müssen. Dem Vorteil stabiler Strukturen und Verantwortungsbereiche und damit auch der Akkumulation von Wissen und Erfahrungen stehen Nachteile wie

- hohe Arbeitsteiligkeit und damit hoher Koordinationsaufwand,
- lange Entscheidungswege,
- Zielkonflikte zwischen den Hierarchieebenen,
- schwache Kundenorientierung und
- Mißachtung von Synergiechancen gegenüber.[3]

Im Zuge der Dynamisierung der Märkte und deren Anforderungen an die Reaktionsfähigkeit des IT-Bereichs zeigt sich neben der Funktionsorientierung eine steigende Tendenz nach prozeßorientierten Organisationsformen mit dynamischem Charakter. Zurückzuführen ist diese Tendenz auf positive Erfahrungen, die im Anlagenbau, der Automobil- und Baubranche gemacht wurden. Projekte stellen sicherlich eine entscheidende Form zur Realisierung der Prozeßorientierung dar. Die Dynamik besteht in der zeitweiligen Konzentration von Aktivitäten, Ressourcen und Budget zur Erbringung einer im Ziel formulierten Leistung bis hin zum Aufbau von Wertschöpfungsketten. Damit wird ein effizienter Einsatz der Kräfte und Potentiale erreicht, der über Zielgrößen abrechenbar und meßbar ist.

---

[3] Vgl. Schmelzer, H.J. (1997), S. 4ff.

Dieser Paradigmawechsel von stabilen, oft ineffizienten Strukturen mit akkumuliertem Know-how und entsprechenden Spezialisten hin zu instabilen, effizienten Strukturen mit temporärer Know-how-Konzentration und Spezialisten mit neuen Karrieremustern kann nur unter den Bedingungen einer Motivation in Richtung Herausforderung der Führungskräfte mit klaren Zuständigkeiten und neuen Perspektiven erfolgreich sein. Lediglich auf diesem Wege wird es im IT-Bereich gelingen, die zeitweilige Instabilität und Unruhe zugunsten der Dynamik ohne nennenswerte Auswirkungen auf die Ergebnisse abzufangen.

Obwohl jedes Projekt aufgrund seiner Einmaligkeit der Bedingungen ein Unikat darstellt, folgt es ablauforganisatorisch und methodisch standardisierten Regeln. So werden differenziert nach dem Projekttyp (Neu-Design, Migration usw.) Vorgehensmodelle als Basis für den Projektleiter erarbeitet, die, gegliedert in Phasen, über abrechenbare Ergebnistypen und Meilensteine verfügen. Abbildung 1 zeigt ein solches Modell für das Neu-Design, orientiert am Lebenszyklus des Produkts, von der Idee über die Entwicklung bis zur Nutzung.

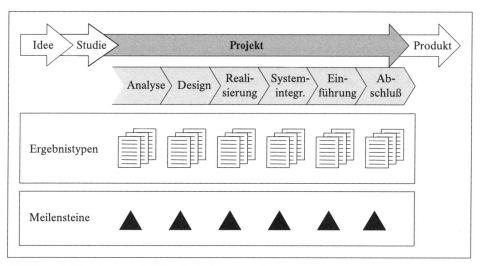

Abbildung 1: Vorgehensmodell für die Softwareentwicklung

Derartige einheitliche Vorgehensmodelle bilden gleichzeitig eine Arbeitsgrundlage für das Projektcontrolling. Die Dynamik wird steuerbar und der Erfolg beeinflußbar.

2. Projektmanagement als Rahmen für Planung und Steuerung

2.1 Strategisches Projektmanagement

Das Ziel strategischer Entscheidungen ist die Schaffung und Erhaltung von Erfolgspotentialen zur nachhaltigen Existenzsicherung der Unternehmung.[4] Auf Basis der geschäftspolitischen Zielsetzungen, gesetzlicher Rahmenbedingungen und informationstechnologischer Entwicklungen wird eine IT-Strategie für das Unternehmen als Handlungsspielraum des strategischen Projektcontrollings erarbeitet (Abbildung 2).

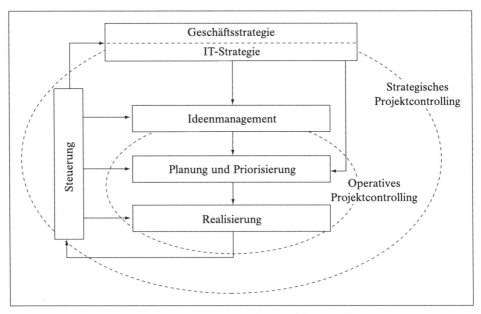

Abbildung 2: IT-Strategie, strategisches und operatives Projektcontrolling

Die Formulierung von mit der Strategie und der Realisierung gleichermaßen zusammenhängenden Zielsetzungen für kurz-, mittel- und langfristige Zeiträume ist eine der wichtigsten Aufgaben im IT-Führungsbereich. Dabei geht es nicht um das technisch/technologisch Machbare, sondern um das Mögliche im Rahmen des geschäftlich Sinnvollen. Das bedeutet jedoch immer eine Gratwanderung zwischen verpaßten technologischen Chancen und einer unreflektierten Technologiebegeisterung zu hohen Kosten.[5] Der Grad der Beherrschung dieses Balanceakts unter sich stets verändernden unterneh-

---

[4] Vgl. Welge, M./Al Laham, A. (1992), S. 5.
[5] Vgl. Morgen, K. (1995), S. 515.

mensexternen und -internen Bedingungen zeigt sich letztlich in realistischen Plänen für die gesamten IT-Leistungen und in realistischen Projektportfolios für außergewöhnliche Vorhaben.

Bei der Umsetzung der Strategie spielen zwei Komponenten – der Technologieplan und die Anwendungsarchitektur – eine wesentliche Rolle. Beide beruhen auf der Planungsmethodik und der zur Realisierung geeigneten Führungskonzeption. Ein *Technologieplan* beinhaltet sowohl Hardware-, Systemsoftware- und Kommunikationsentwicklungen als auch ihre technologische Einordnung in den IT-Prozeß – also die Art und Weise der Verarbeitung der Daten zu Informationen. Durch die *Anwendungsarchitektur* wird der Applikationsrahmen einschließlich der Informationssysteme mit den dazugehörigen Datenstrukturen und -modellen abgesteckt. Die Inhalte beider Säulen genügen dem organisatorischen Aufbau des Unternehmens und unterstützen die Prozeßorganisation und damit die Etablierung von Projekten.

Im strategischen Projektmanagement, als einen Teil des Führungsbereichs, werden Entscheidungen zu drei Hauptthemen getroffen:

1. Zum Projektportfolio und damit zur Auswahl von Projekten entsprechend der Zielkriterien und Erfolgspotentiale.
2. Zur Durchführung und zum strategiekonformen Verlauf der Projekte.
3. Zum Verfahren und zur Methodik (Vorgehensmodell) bei der Durchführung, differenziert nach den Projekttypen.

Die gesammelten und bewerteten Ideen der Nutzer, Auftraggeber und des eigenen Führungsbereichs werden entsprechend der strategischen Zielsetzungen priorisiert und in Portfolios mit unterschiedlichen Zeithorizonten umgesetzt. Nach der Entscheidung zur Durchführung von Projekten übernimmt das operative Projektmanagement die Realisierung der Projektinhalte in Qualität und Zeit. Von seiten des strategischen Projektmanagements und des strategischen Projektcontrollings erfolgt während des Projektverlaufs eine Überprüfung der erreichten Werte mit den Zielwerten zu bestimmten Zeitpunkten (Meilensteine). Aufgrund von Abweichungsanalysen bzw. Vorausberechnungen wird über Fortführung, Modifizierung oder Abbruch von Teilen oder gesamten Projekten entschieden.

2.2 Operatives Projektmanagement

Im Kern ist jedes operative Projektmanagement nach der Festlegung des Projektziels auf drei interdependente Parameter gerichtet:

- Inhalt, dargestellt in Quantität und Qualität,
- Zeit, dargestellt in Dauer und Stichtagen,
- Ressourcen, gemessen in Ressourcenaufwänden und Kosten.

In der Literatur wird auch vom *magischen Dreieck* des Projektmanagements gesprochen, da jede Veränderung eines Parameters Veränderungen der anderen Parameter nach sich zieht. Zur Bestimmung der konkreten Werte des Dreiecks sollte der Projektleiter immer die acht Kardinalfragen des Projektmanagements stellen (Übersicht 1):

Übersicht 1: Kernfragen des Projektmanagements

Frage	Instrument
Was ist zu tun?	Aufgabenstrukturierung
Wer realisiert was?	Kapazitätsplanung
Welche Mitarbeiter arbeiten mit wem?	Ablaufplanung
Wann wird was realisiert?	Terminplanung
Wo wird was realisiert?	Aufbauorganisation/Raumplanung
Wie wird was realisiert?	Qualitätsplanung
Wieviel kostet was?	Kostenplanung
Woher wird was bezahlt?	Finanzplanung

Während der Projektrealisierung werden zu jedem Meilenstein die veränderten Zustände der Parameter und gleichzeitig die Projektfortschritte verdeutlicht. Die Auseinandersetzung mit diesen Ergebnissen führt zu weiteren Fragen nach der Höhe der Abweichung und den Ursachen, zur Rückkopplung und damit bewußten Steuerung des Projektverlaufs. Die Verantwortung für die Leistungsplanung und die projektbegleitende Steuerung und Kontrolle trägt der Projektleiter, der vom operativen Controlling, speziell dem Projektcontrolling, unterstützt wird. Die Art und Weise der Einflußnahme und die Prozeßbegleitung zeigt in zusammengefaßter Form die Abbildung 3.

Die Unterstützung durch das Projektcontrolling besteht vor allem in einer steuernden Wirkung auf die Einhaltung von Inhalts-, Zeit- und Ressourcen- bzw. Wertvorgaben. Um unter dem heutigen Kosten- und Zeitdruck die gewünschte Effizenz der Projektarbeit zu erreichen, muß das operative Projektcontrolling

- auf die Bildung von überschaubaren und steuerbaren Projektabschnitten, die mögliche Parallelisierung der Phasen und gegebenenfalls eine Vereinfachung der Rahmenbedingungen achten und
- die Projektleiter im unternehmerischen Denken unterstützen.[6]

Erst dann leistet das operative Projektcontrolling einen Beitrag zur Zielerreichung bei verantwortbarer Kostenentwicklung.

---

[6] Vgl. Sokolovsky, Z./Kreitel, W.A. (1995), S. 16ff.

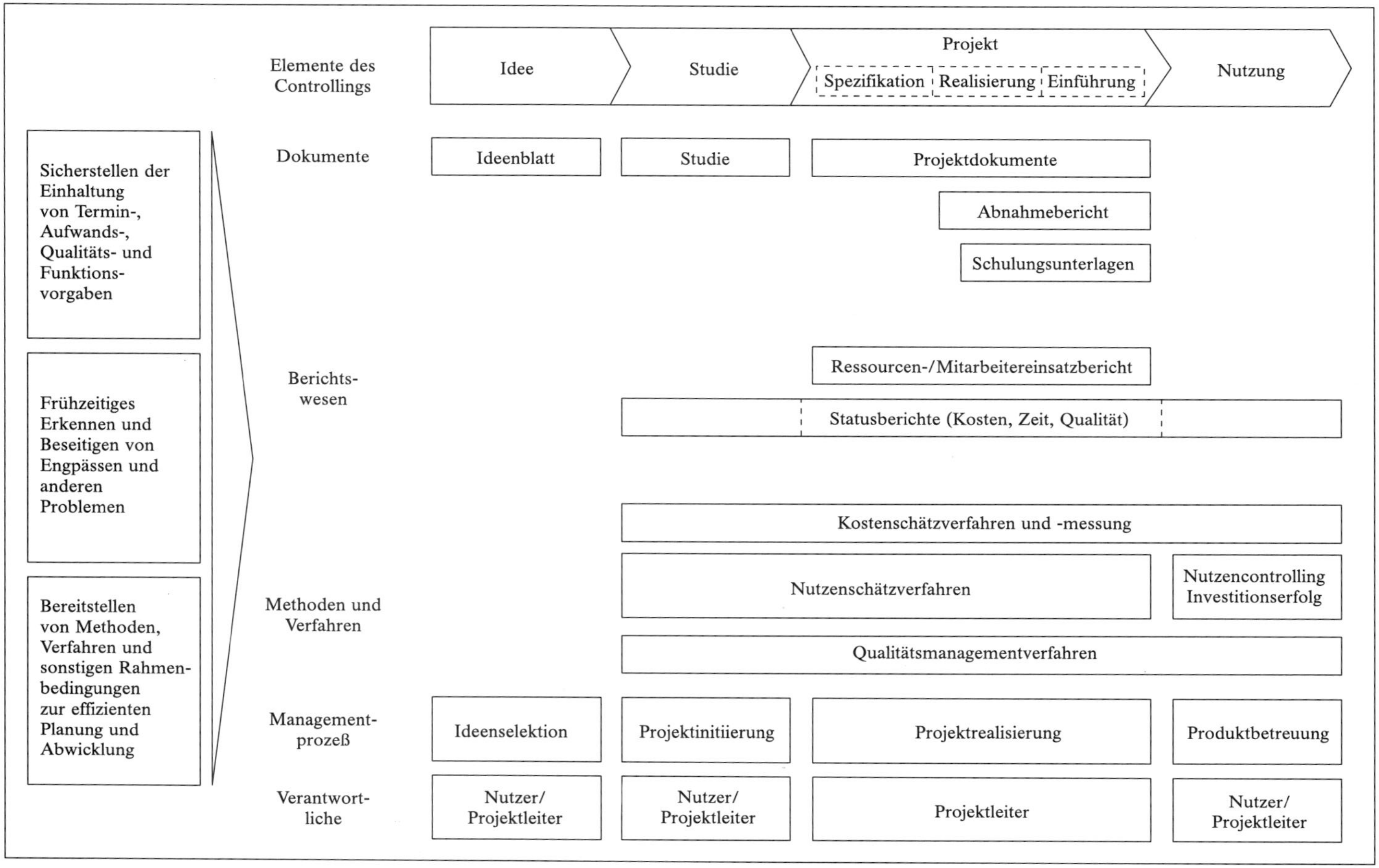

Abbildung 3: Prozeßbegleitung des Projektcontrollings

3. Unterstützung durch Projektmanagement-Werkzeuge

3.1 Projektmanagement-Software als Mittel zum Zweck

Der Ruf nach Softwareunterstützung des Projektmanagementprozesses geht bei Projektleitern stets einher mit Wünschen nach Entlastung von formalistischen Tätigkeiten, nach automatischer Netzplanfunktionalität, um Planungssicherheit zu erreichen und nicht zuletzt nach optisch ansprechender Aufbereitung der Projektfortschritte und -ergebnisse. In vielen Fällen wird er allerdings auch begleitet vom Gedanken des computergestützten, sensitiven Instruments zur Bewältigung der Führungsaufgaben einschließlich der Beeinflussung kultureller Barrieren. An dieser Stelle treten bei den Projektleitern Zielkonflikte auf, die zu Lasten der Akzeptanz bis hin zur Ignoranz von Projektmanagement-Software führen können. Dabei liegt die Irritation nicht in mangelnder Funktionalität der Software begründet, sondern in fehlerhaften Vorstellungen von Softwareunterstützung im Projektmanagement. Bereits in der Zielformulierung für den Einsatz muß die Unterstützung der kognitiven Fähigkeiten der Projektleiter im Planungs- und Steuerungsprozeß durch die Software klar hervorgehoben werden.

Auf folgende Zielsetzungen ist die Einführung und Nutzung von Projektmanagement-Software zu richten:

- Unterstützung der *Projektplanung* in Inhalt, Zeit und Ressourcen, d.h.
  - Detaillierung der Inhalte in der Zeit,
  - Gestaltung von Aufgabenabhängigkeiten und damit Realisierung der Netzplanmethodik,
  - Ressourcenplanung nach Verfügbarkeit von Mitarbeitern und Bedarf,
  - Zuordnung der Ressourcen zu den Inhalten,
  - Priorisierung der Inhalte,
  - Ressourcenabgleich mit den priorisierten Aufgaben in der verfügbaren und benötigten Zeit sowie
  - Simulation möglicher Pläne.
- Unterstützung der *Projektsteuerung*, d.h.
  - Fixierung von Meilensteinen,
  - Darstellung von Projektstati,
  - Erfassung und Berücksichtigung der tatsächlichen Projektaufwände sowie
  - Darstellung des Projektfortschritts.
- Unterstützung des *Berichtswesens*, d.h.
  - Auswertungen in Text und Grafik aus der Sicht des Projektleiters und
  - Auswertungen aus der Sicht des Projektcontrollings.

Diese realistischen Zielsetzungen in Einheit mit bekannten Vorzügen eines Projektmanagement-Werkzeugs sprechen für sich und sind überzeugend genug, den Einsatz zu rechtfertigen. Folgende Vorzüge sollen hier hervorgehoben werden:

- *Zwang zur gedanklichen Vorwegnahme:* Durch die Nutzung des Werkzeugs wird der Projektleiter gezwungen, systematisch und im voraus über die Struktur des Projekts, Termine und Ressourcen für die gesamte Projektlaufzeit nachzudenken. Eine Just-in-Time-Planung ist zwar für spontane Veränderungen möglich, wird aber als Methode ausgeschlossen.

- *Möglichkeit zur Simulation von Alternativplänen:* Allein die Speicherung verschiedener Pläne mit unterschiedlichen Ausgangsbedingungen gibt Raum zur Kreativität im Planungsprozeß. Wird dann allerdings noch die „Was wäre, wenn"-Frage unterstützt, eröffnet die Simulation als Möglichkeit zum Experimentieren Chancen für eine realistische Planung. Solche Pläne in begründbaren Varianten stellen die qualitativ besseren Vorlagen für die Entscheidungsgremien innerhalb der Projektarbeit dar.

- *Planung der Aktivitäten in beliebiger Tiefe und Struktur:* Es gibt bei den üblichen Projektmanagement-Werkzeugen keine Beschränkung in der Tiefengliederung, vielmehr gute Angebote zur hierarchischen Strukturierung und wiederum zur Zusammenfassung von Teilstrukturen zu Multistrukturen auch über den gesamten IT-Bereich.

- *Visualisierte Termin- und Aufwandsplanung mit Netzplanabhängigkeiten:* Die Netzplanfunktionalität liegt jedem Projektmanagement-Werkzeug zugrunde, so daß bei Veränderungen neue Termine sofort entsprechend der eingegebenen Abhängigkeiten berechnet und optisch sichtbar gemacht werden, z.B. über die rote Farbe für den kritischen Pfad im Projektverlauf.

- *Einheitliches Berichtswesen auf Basis einheitlicher Datenbestände:* Werden Berichte über die laufenden Projekte in spezieller Strukturierung benötigt, sind die Daten aggregierbar und vergleichbar.

- *Überwachung und Steuerung in allen Phasen der Projekttätigkeit:* Durch farbige Kennzeichnungen im Netzplan oder Gantt-Diagramm werden Auswirkungen von Veränderungen in Inhalt, Zeit und Ressourcenaufwand sofort angezeigt. Auch Projektfortschritte sind jederzeit für den Projektleiter bzw. das Projektcontrolling abrufbar und nachweisbar.

- *Einheitliches Vorgehen bei der Projektplanung:* Damit ist sowohl eine zentrale Unterstützung für alle Projektleiter möglich, als auch die Benutzung einer einheitlichen Methodik (Vorgehensmodell) bei der Projektrealisierung garantiert.

- *Angebot von Risikoindikatoren:* Die Nutzung von angebotenen Earned-Value-Kennziffern oder auch Ressourcenhistogrammen ersetzen nicht die Risikoberechnungen, gestatten aber Aussagen über Eintrittswahrscheinlichkeiten und mögliche Auswirkungen von Risikofaktoren.

3.2 Einsatz eines Projektmanagement-Werkzeugs in der Dresdner Bank AG

3.2.1 Zielsetzung und Rahmenbedingungen

Für die Dresdner Bank als Unternehmen mit historisch gewachsener IT und umfangreicher unternehmenseigener Softwareentwicklung einschließlich Wartung und Pflege der im Einsatz befindlichen Softwareprodukte stellte sich die Frage nach effektiver und effizienter Werkzeugunterstützung in den Planungs- und Steuerungsprozessen der Projekte und IT-Abteilungen. Aufgrund dessen wurde im Rahmen einer Studie eine Projektmanagement-Software am Markt gesucht, die definierten Zielvorstellungen und bestimmten unternehmenseigenen Rahmenbedingungen genügen mußte.

Beim Zielsegment *Projektplanung* kam es der Dresdner Bank vor allem auf die Planung und Abbildung aller Aktivitäten der IT-Abteilungen und Projekte in beliebiger Struktur an. Das bedeutet eine Unterstützung der Planung in Inhalt, Zeit und mit Ressourcen vom Vorhaben insgesamt bis hin zur einzelnen Aktivität, deren Tiefengliederung individuell gewählt werden kann bei gleichzeitiger Aggregierung zu berichtspflichtigen Stufen.

Beim Zielsegment *Projektsteuerung* ging es um die Abbildung des mit Meilensteinen versehenen Realisierungsprozesses bei gleichzeitiger Verdeutlichung der Projektfortschritte. Dieses Ziel impliziert allerdings die Erfassung der tatsächlich geleisteten Zeitaufwände für die Aktivitäten und ihrer prozentualen Fertigstellungsgrade.

Das Zielsegment *Berichtswesen* fordert vom Projektmanagement-Werkzeug sowohl für die Projektleiter als auch für das operative Controlling eine in der inhaltlichen und formalen Gestaltung flexible Berichtsgenerierung.

Da allen drei Zielsetzungen ein ganzheitliches Konzept im Sinne der Abbildung aller Aktivitäten im IT-Bereich des Unternehmens zugrundeliegt, setzt die Zielerreichung eine zentrale Datenhaltung in Form einer relationalen Datenbank voraus.

Die Rahmenbedingungen, die für die Wahl eines Projektmanagement-Werkzeugs maßgeblich waren, richteten sich nach dem inhaltlichen, technologischen und organisatorischen Umfeld der Softwareentwicklung und -wartung bei der Dresdner Bank. Die folgenden Kriterien steckten den Rahmen für die Auswahl des Werkzeugs ab:

- Notwendige Integration des Projektmanagement-Werkzeugs in die vorhandene IT-Landschaft, d.h. in die Anwendungsarchitektur und den Technologieplan.
- Zentrale Datenhaltung in einer relationalen Datenbank als Voraussetzung für ganzheitliche Abbildung und Auswertung und ein einheitliches Berichtswesen.
- Offengelegte Datenbankstrukturen als Voraussetzung für den Zugriff anderer Werkzeuge auf die Daten und eine erforderliche Schnittstellenprogrammierung.
- Nutzerakzeptanz durch eine deutliche Unterscheidung vom Altsystem in Oberfläche, Bedienung und Funktionalität.
- Unterstützung des Projektplanungsprozesses und der Ist-Zeiterfassungsfunktionalität von jedem angeschlossenen Arbeitsplatz aus.
- Akzeptable Leistungsfähigkeit des Systems bei entsprechendem Mengengerüst.

- Möglichkeit der differenzierten Zugriffsregelung für Nutzer mit unterschiedlichen Rechten, z.B. Schreib- und/oder Leserecht, und
- Vermeidung eines Pilotkundenstatus zum Zeitpunkt des Kaufs der Software.

3.2.2 Realisierung

Den relativ anspruchsvollen Zielsetzungen und konkreten Rahmenbedingungen entsprachen nur wenige Projektmanagement-Werkzeuge am Markt. Die Wahl der Dresdner Bank fiel auf eine Produktpalette im Bereich des Projektmanagements der Firma Artemis International, deren Produkte seit mehr als 20 Jahren weltweit zur Unterstützung des Projektmanagements im Einsatz sind. Zunächst wurden diese Produkte über Großrechnerterminal-Technologie in klassischen Großprojekten insbesondere des Anlagenbaus und der Luft- und Raumfahrt eingesetzt. Darüber hinaus bietet Artemis Projektmanagement-Software für Client/Server-Technologie und auch für Stand-alone-Arbeitsplätze an. Aus diesen drei möglichen Kategorien wählte die Dresdner Bank die Client/Server-basierte Lösung, ArtemisViews, aus und entsprach damit zunächst den grundlegenden Anforderungen nach Client/Server-Technologie, zentraler Datenhaltung und Flexibilität durch Modularität.

Die ArtemisViews-Reihe besteht zum heutigen Zeitpunkt aus fünf Modulen, die alle auf eine relationale Datenbank zugreifen bzw. über diese miteinander verbunden sind.

Artemis ProjectView stellt die Aktivitäten- und Terminplanungskomponente für den Projektleiter dar. Damit kann dieser eine inhaltliche Strukturierung seines Projekts einschließlich einer Terminierung und Vergabe von Abhängigkeiten zwischen den Aktivitäten und der Zuordnung der Ressourcen zu jeder Aktivität vornehmen. Visualisiert werden diese Aktivitäten in Form von Balkendiagrammen bzw. Netzplänen. Durch eine Versionsführung je Projekt hat der Projektleiter die Möglichkeit, seinen Plan unter veränderten Bedingungen zu simulieren und in maximal 99 Versionen zu präsentieren.

Artemis TrackView stellt ein Ist-Zeiterfassungsmodul für jeden Projektmitarbeiter einschließlich des Projektleiters dar. Im TrackView spiegeln sich die im ProjectView angelegten Aktivitätenstrukturen und die Zuordnung der Personalressourcen wider, auf deren Basis die Erfassung der tatsächlichen personellen Aufwände erfolgen kann. Die Ergebnisse fließen über die Datenbank dem ProjectView zu und finden z.B. bei der Berechnung der Fertigstellungsgrade der Aktivitäten Berücksichtigung.

Artemis CostView dient dem Projektleiter und dem Projektcontrolling als Kostenplanungs- und Analyseinstrument für die Kostenentwicklung.

Artemis ResourceView ist als Werkzeug für einen Ressourcenmanager einer Organisationseinheit gedacht, der Arbeitsaufträge koordiniert und die Ressourceneinsatzplanung durchführt.

Artemis GlobalView stellt das Informations- und Präsentationsmodul für das Management dar. Mit Hilfe der OLAP-Technologie *(Online Analytical Processing)* ist das Modul in der Lage, in der Datenbank gespeicherte Daten entsprechend der gewünschten Strukturen zu konfigurieren und verbal bzw. grafisch zu präsentieren. Es unterstützt die Verbreitung der aufbereiteten Information auch im HTML-Format.

Die Dresdner Bank entschied sich in einer ersten Stufe für die Module ProjectView und TrackView, die in der Funktionalität überzeugten und den geforderten Rahmenbedingungen entsprachen. Inwieweit auch die Zielsetzungen erreicht werden, hängt einerseits vom konkreten Softwareprodukt, aber andererseits auch von der Qualität der konzeptionellen Arbeit im Vorfeld der Einführung und nicht zuletzt von der Art und Weise der Einführung selbst ab.

Die Einführung des Projektmanagement-Werkzeugs erfolgte in drei Phasen und wurde von Artemis International begleitet:

- In der *Konzeptions- und Planungsphase* kam es darauf an, den Breiteneinsatz der beiden Module inhaltlich, technisch und organisatorisch vorzubereiten. Die inhaltliche Vorbereitung begann mit der Definition der Einheiten, die mit Hilfe der Projektmanagement-Software strukturiert, geplant und kontinuierlich bearbeitet werden sollten. Die Dresdner Bank entschloß sich zu einer ganzheitlichen Einbeziehung der Aktivitäten im IT-Bereich, um über die Datenbank vollständige Auswertungen realisieren zu können. Das bedeutete die Definition von Projekten und daneben die Definition von Vorhaben für alle sonstigen Wartungs-, Service- und Routinetätigkeiten, die in den in der Linie organisierten Abteilungen anfallen. Die inhaltliche Vorbereitung betraf aber auch die Festlegung von Auswertungsattributen je Projekt und Vorhaben, nach denen Berichte gezogen und Ad-hoc-Abfragen durchgeführt werden können. Die getroffenen Maßnahmen inhaltlicher Art mußten über geeignete Medien erläutert und mit Hilfe von Musterplänen den Führungskräften vermittelt werden. Die technische Vorbereitung betraf die Systemkonfiguration im gegebenen technischen und technologischen Umfeld des IT-Bereichs. Es wurden ein Datenbankserver für die SQL-Datenbank eingerichtet, die Software auf die vorhandenen Abteilungsserver innerhalb des Client/Server-Verbunds verteilt und eine Testumgebung geschaffen, um die neue Projektmanagement-Software bzw. auch alle folgenden Versionen vor dem endgültigen Einsatz unter praxisähnlichen Bedingungen der Dresdner Bank zu testen. Die organisatorische Vorbereitung konzentrierte sich auf die Festlegung der inhaltlichen Zuständigkeiten (z.B. wer plant die Aktivitäten, wer kontiert geleistete Stunden und wer nutzt die eingegebenen Daten in welcher Art und Weise). Dazu mußte ein Rechtekonzept erarbeitet werden, das regelt, wer Lese- und/oder Schreibrechte in welchen Projekten und Vorhaben besitzt. Dieses Konzept stellt wiederum eine wesentliche Grundlage für den korrekten Umgang mit der gewollten Transparenz der Daten dar.

- Nach der Klärung notwendiger konzeptioneller und inhaltlicher Fragen und der Konsolidierung der Softwareanforderungen zu einem lauffähigen System wurde eine dreimonatige *Pilotierungsphase* durchgeführt. Als Pilotkunden konnten Projektleiter unterschiedlicher Projektgrößen und Abteilungsleiter mit unterschiedlichen Aufgabengebieten gewonnen werden, die unter intensiver Betreuung kritisch und konstruktiv wirkten. Im Ergebnis dessen fiel die Entscheidung für die Breiteneinführung der Artemis-Projektmanagement-Software.

- Während der *Implementierung* erfolgte parallel zur Schulung des Umgangs mit dem System die Freischaltung der Software und der Datenbank zur Nutzung. Neben einer zweitägigen Schulung für Projekt- und Vorhabenleiter wurde eine einstündige Einweisung in das Zeiterfassungsmodul angeboten. Zur Implementierungsphase gehörte allerdings auch eine intensive Betreuung der Nutzer über Servicetelefon bzw. Workshops, um Fragen zu beantworten, Erfahrungen auszutauschen, Vorschläge weiterzugeben und Kritik zu üben. Die Workshops werden auch über die Implementierung hinaus beibehalten, als Form des Erfahrungsaustauschs und als Form der Vertiefung von Kenntnissen und Fertigkeiten im Umgang mit der Software.

3.2.3 Ergebnisse

Die unternehmensbezogene Bewertung der im Einsatz befindlichen Projektmanagement-Software ergibt, daß die implementierten Module in einem hohen Maß die Zielstellungen der Dresdner Bank erfüllen und den gesetzten Rahmenbedingungen des Unternehmens entsprechen. Zweifellos liegen die Stärken des Werkzeugs auf seiner Client/Server-Technologie, der zentralen Datenhaltung mit auswertbaren Strukturen, der durchgängigen MS-Windows-Oberfläche und der Modularität. Der starken Komplexität des Werkzeugs, die sich vor allem beim Projektleiter auswirkt, muß ein stufenweises Einführungs- und Schulungskonzept zur Beherrschung entgegengesetzt werden. Die folgenden Ergebnisse wurden in der Dresdner Bank im direkten Vergleich mit den drei Zielsegmenten erreicht:

- Vertiefung der Planungskultur als Bestandteil des Projektmanagements und erstmalige Transparenz der Leistungen in den Projekte für die Führungskräfte,
- überarbeitete Strukturen aller Aktivitäten im IT-Bereich,
- Gewährleistung der Anwendung eines Projektmanagement-Werkzeugs zur Erreichung höherer Planungssicherheit für die Projektleiter bei gleichzeitigem Druck zur Nutzung aufgrund der ganzheitlichen Datenhaltung bezogen auf den IT-Bereich,
- Gewährleistung der Nutzung eines Zeiterfassungsmoduls für alle Mitarbeiter,
- qualitativ verbessertes und erweitertes Berichtswesen und
- Unterstützung durch ein Instrumentarium zur Steuerung der Softwareentwicklungs- und -wartungsprozesse unter der Voraussetzung einer entsprechenden Datenqualität.

3.3 Voraussetzungen für den Erfolg

Um eine Projektmanagement-Software erfolgreich als Unterstützungswerkzeug zu etablieren, sind die Zielsetzungen des Unternehmens mit den Intentionen und dem Leistungsspektrum solcher Werkzeuge in Übereinstimmung zu bringen. Marktübliche Projektmanagement-Werkzeuge sind ausgelegt für die operative Projektplanung und -steuerung, d.h. speziell für die inhaltliche Planung in Zeiträumen und mit Ressourcenaufwänden. Das Spektrum der Projektmanagement-Methoden wird damit längst nicht abgedeckt. Die Unterstützung von Methoden der Zielfindung, der Aufwandsschätzung, der Wirtschaftlichkeitsrechnung, der Risikoabschätzung usw. ist von anderen Werkzeugen zu leisten, die nicht zwingend kompatibel zum Planungswerkzeug sind. Diese können parallel mit allen Konsequenzen der mehrfachen Dateneingabe und eventuellen Inkonsistenzen genutzt werden. Durch eine relationale Datenbank werden allerdings Möglichkeiten zur effektiven Nutzung weiterer Methodenwerkzeuge neben dem Projektmanagement-Werkzeug eröffnet.

Eine präzise Formulierung der Zielsetzungen für die Implementierung des Projektmanagement-Werkzeugs schützt vor überhöhten Erwartungen gleichermaßen wie vor Enttäuschungen über zu hohe Komplexität und Qualität der Software. Neben einer klugen Zielorientierung sind folgende spezifische Erfahrungen bei der Einführung einer Projektmanagement-Software verallgemeinerungswürdig:

- Die oftmals hohe Komplexität der Software ist schrittweise durchschaubar und beherrschbar zu machen. Damit wird eine anfängliche Überforderung der Projektleiter vermieden und die Akzeptanz als Unterstützungswerkzeug beschleunigt.
- Ein differenziertes Schulungskonzept als präventive und als begleitende Maßnahme fördert die intelligente Nutzung. Nicht allein das Training der Bedienung, sondern auch begleitende Workshops zur inhaltlichen Arbeit mit dem Werkzeug (Tool) geben Sicherheit im funktionalen Umgang und in der Unterstützung des Projektmanagers.
- Die Qualität der in der Datenbank verwalteten Daten und der dazugehörigen Auswertungen in Berichtsform ist entscheidend für die Akzeptanz der Software als nutzbringendes Werkzeug für die Planung und Steuerung von Projekten.
- Die Erarbeitung einer unternehmenseigenen Dokumentation, z.B. als Leitfaden im Intranet hinterlegt, eröffnet die Nutzung unkomplizierter und auf die Anwender zugeschnittener Erläuterungen zur Funktionalität der Software und ihrer unternehmensspezifischen Einbindung. Alle Neuerungen über das Werkzeug und den Umgang mit diesem sind permanent verfügbar.
- Die Implementierung des Projektmanagement-Werkzeugs ist nur inklusive einer Pilotierungsphase zu empfehlen; allerdings unter der Voraussetzung, daß kritische und zugleich einem Experiment wohlgesonnene Pilotkunden gefunden werden. Daneben spielen die Zeitgestaltung der Pilotphasen und die Berücksichtigung verschiedener Projekttypen in der Pilotierung eine wesentliche Rolle für den Erfolg.

4. Resümee

IT-Projekte als Bewegungsform für die Softwareentwicklung leben von ihrer Dynamik und den handelnden Personen. Gerade die Vorzüge der Dynamik und Unruhe im geregelten Organismus sollten genutzt werden, um die Aufgabenstellungen im Sinne und zum Erfolg des Unternehmens flexibel und kreativ zu lösen. Die Position des Projektleiters darf nicht als Posten angesehen, sondern sollte mit jedem neuen Projekt als neue Herausforderung betrachtet werden. Dazu muß diese Führungsaufgabe so attraktiv gestaltet werden, daß die besten Führungskräfte danach streben, Projektleitungen zu übernehmen.

Durch entsprechend der Vorgehensmodelle detaillierte Aufgabenstellungen bietet sich auch die Möglichkeit der Rückkopplung über das Meilensteinkonzept und damit der frühzeitigen Einflußnahme auf den Realisierungsprozeß im Projekt. Eine Steuerung im Sinne des Controlling wird nur erfolgreich sein bei permanenter Rückkopplung zum laufenden Prozeß und durch vorausschauende Inhalt-, Zeit- und Ressourcenplanung und der damit verbundenen gegenwartsorientierten Einflußnahme. Eine vergangenheitsorientierte Analyse wird zwar weiterhin zur Ursachenforschung beitragen, aber dem Projektmanagement keine situative Steuerung erlauben.

Eine mit präziser Zielformulierung vorgenommene Implementierung eines Projektmanagement-Werkzeugs – „nicht einen Traktor kaufen, aber Rolls Royce fahren wollen und umgekehrt" – garantiert die Unterstützung der Projektleiter in ihrer Planungs- und Steuerungstätigkeit. Dabei sind die Chancen einer Softwareeinführung zu nutzen, aber nicht überzubewerten. Ein Projektmanagement-Werkzeug unterstützt die Projektleiter, erzeugt aber keinesfalls mit Kauf und Einführung der Software eine Projektmanagementkultur. Ein Projektmanagement-Tool unterstützt bestimmte Projektplanungs- und Projektsteuerungsmethoden, erzielt aber keinesfalls mit Selbstverständlichkeit einen Methodendurchbruch. Ein Projektmanagement-Werkzeug unterstützt die kognitiven Fähigkeiten des Projektleiters, entlastet ihn aber keinesfalls von seinen ureigensten Aufgaben – der Planung, Steuerung und Teamführung.

Literaturhinweis

DEUTSCHES INSTITUT FÜR NORMUNG E.V. (Hrsg.), Projektmanagement, DIN 69901, Berlin 1987.
MADAUSS, B., Handbuch Projektmanagement, 5. Auflage, Stuttgart 1994.
MORGEN, K., Organisationsplanung als Bestandteil der Unternehmensstrategie, in: von Stein J.H./Terrahe, J. (Hrsg.), Handbuch Bankorganisation, 2. Aufl., Wiesbaden 1995, S. 505–521.
SCHMELZER, H.J., Neuorientierung des FuE-Projektmanagements durch Prozeßmanagement, in: Projektmanagement, 1997, Nr. 4, S. 4ff.
SOKOLOVSKY, Z./KREITEL, W.A., Kostenmanagement im Informatikbereich – am Beispiel der Kreditbranche, in: Ebert, G. (Hrsg.), Handbuch Controlling, Landsberg/Lech 1995, S. 16ff.
WELGE, M./AL LAHAM, A., Planung. Prozesse – Strategien – Maßnahmen, Wiesbaden 1992.

Ayad Al-Ani/Peter Ostermann

Die Organisation des IT-Bereichs in Banken

1. IT-Organisation als Erfolgsfaktor
2. Zusammenhang von Unternehmensszenarien und IT-Aufgaben
    2.1 Veränderungsmanagement und Erzielung von Wettbewerbsvorteilen
    2.2 Erreichung von Wettbewerbsvorteilen und Aufrechterhaltung des Betriebs
    2.3 Kostenvorteile und Aufrechterhaltung des Betriebs
    2.4 Veränderungsmanagement und Kosteneinsparungen
3. Die Auswirkungen der IT-Szenarien auf das IT-Prozeßmodell
4. IT-Strukturmodelle
    4.1 Generelle Leitlinien für IT-Strukturen
    4.2 Gestaltung der Beziehung zwischen Fachbereich und IT-Bereich
    4.3 Gestaltung eines Projektmanagements
    4.4 Kompetenzmanagement: HR-Modell für die IT-Organisation
    4.5 Linienorganisation der IT
5. Transformation des IT-Bereichs
6. Zusammenfassung
Literaturhinweis

1. IT-Organisation als Erfolgsfaktor

Der Bereich der Informationstechnologie (IT) in Finanzdienstleistungsunternehmen gerät zusehends unter Druck. Dies vor allem darum, weil die IT oftmals den hohen Erwartungen im Zusammenhang mit der „Informationsrevolution" nicht gerecht werden konnte.[1] Es zeigt sich aber auch klar, daß ohne eine wertsteigernde Einbindung der IT ein Reengineering bzw. eine Umwandlung (Transformation) des Finanzdienstleistungssektors nicht erreichbar ist,[2] denn innovative Finanzdienstleistungen sind nur durch intensive und strategische Nutzung der IT realisierbar.[3] Die IT ist dabei aber immer mit einer paradoxen Situation konfrontiert: Zum einen ist sie organisatorisch und führungstechnisch Teil des bestehenden Systems, gleichzeitig hat sie aber auch die Rolle, das System zu hinterfragen, weiterzuentwickeln und umzuwandeln. Um bestehende Lösungen, die sich in der Organisation oftmals verriegelt haben („Lock in"), zu verändern, muß die IT eine entsprechende organisatorische und strategische Integration und Positionierung im Gesamtsystem aufweisen können.[4] Nur wenn Organisation und Prozeßstruktur der IT den strategischen und operativen Anforderungen der Fachbereiche der Bank gerecht werden und diese Aufgaben durch Aufzeigen technischer und organisatorischer Entwicklungsmöglichkeiten auch mitbeeinflußt werden können, ist die IT überhaupt in der Lage, eine solche wertschöpfende Aufgabe wahrzunehmen.

Im vorliegenden Beitrag wird zunächst der Zusammenhang zwischen Unternehmensstrategien und IT-Aufgaben dargestellt. Danach werden die verschiedenen Ebenen der Struktur erläutert: Zusammenarbeitsmodell mit dem Fachbereich, Projektorganisation, Management der Mitarbeiterkompetenzen und Organisationsmodelle. Dieses Strukturmodell wird in bezug auf verschiedene Anforderungen der einzelnen IT-Aufgaben beschrieben und analysiert. Abschließend wird eine Vorgangsweise vorgestellt, die eine Veränderung bzw. Transformation der bestehenden IT-Organisation in Richtung der aufgezeigten IT-Prozesse und -Strukturen ermöglicht.

---

[1] „With few exceptions, IT's role in the redesign of the nonmanufacturing work has been disappointing; few firms have achieved major productivity gains. Aggregate productivity figures for the United States show no increase since 1973." Davenport, T.H./Short, J. (1990); vgl. zu diesem Produktivitätsparadoxon auch Ortmann, G. (1995).
[2] Vgl. Moormann, J. (1996); Rockart, J.F./Earl, J.F./Jeanne, R.W. (1996).
[3] Vgl. Haiss, P. (1996).
[4] Das Thema der Verriegelung von technologischen und organisatorischen Lösungen durch selbstverstärkende Mechanismen wie etwa adaptive Erwartungen, Koordinationsvorteile, Sunk Costs und kontinuierliche Verbesserungen ist ausführlich dargestellt in Ortmann, G. (1995) und Al-Ani, A. (1996a).

2. Zusammenhang von Unternehmensszenarien und IT-Aufgaben

Die Betonung und Relevanz sowie das konkrete Design einzelner IT-Prozesse und Strukturmodelle hängt ganz erheblich von den Aufgaben der IT im Rahmen der Wertsteigerung für die Bank ab. Diese IT-Aufgaben werden wiederum von der allgemeinen Bankstrategie determiniert (Abbildung 1). Bevor eine konkrete Ausformung des Organisationsmodells durchgeführt werden kann, muß also zunächst die Rolle der IT im Rahmen der Bankstrategie definiert werden.

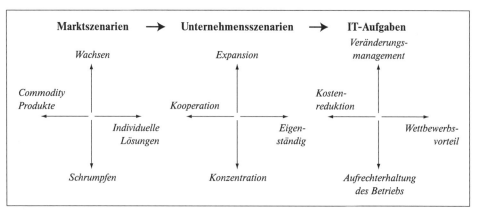

Abbildung 1: IT-Aufgaben in Abhängigkeit von Markt- und Unternehmensszenarien

In der allgemeinsten Form können die Märkte der Finanzdienstleister als Wachstumsmärkte bzw. als schrumpfende Märkte kategorisiert werden. Diese beiden primären Szenarien gelten sowohl für die Massenprodukte als auch für die Schiene der individuellen Kundenlösungen. Daraus abgeleitet können Finanzdienstleister Strategien entwickeln, die entweder auf Expansion oder Konzentration ausgerichtet sind. Ergänzt werden die beiden Primärausrichtungen durch eine weitere Festlegung entweder auf eine kooperative Strategie oder auf eine die Eigenständigkeit forcierende Strategie. Diese Unternehmensszenarien legen wiederum die jeweilige IT-Aufgabenausrichtung fest. Die Ausrichtung auf Expansion verlangt in der Regel von der IT, daß ein Beitrag zur Innovation, Veränderung bzw. Erweiterung bestehender Abläufe, Strukturen und Systeme mit dem Ziel der Erreichung von Wettbewerbsvorteilen geleistet werden muß. Die Wahl einer eigenständigen Rolle bedingt, daß die IT die Wettbewerbsvorteile bzw. marktdifferenzierenden Kernkompetenzen verstärken bzw. umsetzen muß. Die Kooperationsstrategie wiederum fordert von der IT die Umsetzung von Einsparungspotentialen und Synergien mit neuen Partnern; die Konsolidierungs- bzw Konzentrationsstrategie verlangt, daß trotz aller Sparmaßnahmen der Betrieb aufrechterhalten wird.

Zusammenfassend kann also festgehalten werden, daß das Verhältnis von IT-Aufgaben und Unternehmensstrategie ein dynamisches ist. Sollte es jedoch zwischen IT und Strategie keine Integration geben, kann es dazu kommen, daß sich zwar die Bankstrategie verändert, die IT-Aufgaben aber beibehalten werden. Dies führt in weiterer Folge dazu, daß die IT den Anforderungen der Fachbereiche nur noch durch eine Fragmentierung ihrer Architektur und Verlängerungen der Projektdurchlaufzeiten nachkommen kann, wodurch sich die Unzufriedenheit mit der IT erhöht und der IT immer mehr die Rolle des Sündenbocks zukommt. Dort, wo die Beziehung zwischen IT und Strategie funktioniert, treten die Ausrichtungen der IT-Aufgaben auf die beschriebenen Nutzenfunktionen für das Unternehmen – Veränderungsmanagement, Erzielung von Wettbewerbsvorteilen, Kostenreduktion und Aufrechterhaltung des Betriebs – selten isoliert auf. Vielmehr kommt es zu einer Kombination der beschriebenen Nutzenfunktionen. Im Rahmen von Projekten konnten wir folgende grobe Ausprägungen (IT-Szenarien) und damit verbundene Aufgaben beobachten.

2.1 Veränderungsmanagement und Erzielung von Wettbewerbsvorteilen

Ziel der IT in diesem Szenario ist es, den größten Nutzen aus den IT-Investitionen in Hinblick auf Wettbewerbsvorteile zu ziehen. Hier besteht die wertschöpfende Aufgabe der IT darin, die strategische Transformation des Unternehmens zu ermöglichen und Wettbewerbsvorteile des Unternehmens organisatorisch und mit entsprechenden Systemen zu realisieren. Der Leiter der IT (*Chief Information Officer*, CIO) hat bei strategischen Vorhaben die Rolle des Beraters des Vorstands. Die Aufgaben der IT sind in diesem Szenario:

- Research nach neuen Organisationskonzepten und IT-Lösungen in der Branche,
- Pilotierung des Einsatzes neuer Technologien,
- Entwicklung neuer Organisationskonzepte,
- Entwicklung von neuen IT-Architekturen,
- Entwicklung von neuen IT-Lösungen,
- Ausbau und Sicherung des Systembetriebs sowie
- Nutzung von Sourcing-Möglichkeiten.

Der Controllingfokus zielt hier auf die Messung der angestrebten Veränderungen ab. Nicht allein die Betrachtung der Einhaltung von Projektbudgets und -durchlaufzeiten ist wichtig, sondern vor allem die Messung der Umsetzung von angestrebten strategischen Veränderungen bzw. die Realisierung der qualitativen und quantitativen Veränderungsziele.

2.2 Erreichung von Wettbewerbsvorteilen und Aufrechterhaltung des Betriebs

Der Zweck dieses Szenarios kann mit dem Wahlspruch „Besser der sichere Zweite als unsicher und riskant der Erste sein" umschrieben werden. Dieses Szenario basiert auf der Beobachtung, daß technologische Innovationen für Banken oftmals kostspielig und riskant sind. In einem solchen Fall ist es vernünftig, sich auf die Strategie „Do not lead – be a fast follower instead" zu konzentrieren, um Ressourcen zu sparen und aus den Erfahrungen anderer zu lernen.[5] Dabei muß die IT Wettbewerbsvorteile – unter Verwendung der Erfahrungen von Branchenführern – in ausgewählten Bereichen umsetzen und zugleich die Aufrechterhaltung des Betriebs für die anderen Unternehmenssegmente sicherstellen. Dieser selektive Ansatz erfordert vom CIO, daß er die Rolle eines IT-Experten einnimmt, der das Portfolio umfassend steuern, warten und zugleich in strategischen Bereichen neue Lösungen implementieren kann, wobei auch eine entsprechende Integration der IT in die Entwicklung einer Wettbewerbsstrategie notwendig ist. Die Aufgaben der IT in diesem Szenario sind vor allem:

- Research nach betriebssichernden IT-Lösungen in der Branche,
- Pilotierung des Einsatzes neuer Technologien,
- Review und Optimierung bestehender Organisationskonzepte,
- Optimierung bestehender IT-Architekturen und evolutionäre Neuentwicklung,
- Wartung und Erweiterung bestehender IT-Lösungen,
- Sicherung des Systembetriebs sowie
- Ausbau der eigenen Kapazitäten und selektive Nutzung von externen Resourcen.

Der Controllingfokus in diesem Ansatz zielt auf die Überprüfung der Verfügbarkeit des Gesamtsystems (Systemcontrolling) sowie auf die Analyse der Einführungsgeschwindigkeit von neuen Lösungen ab.

2.3 Kosteneinsparungen und Aufrechterhaltung des Betriebs

Intention dieses Szenarios ist es, die niedrigsten IT-Kosten in der Branche anzustreben. Dabei wird die IT vor allem im Rahmen von Kostensenkungsmaßnahmen eingesetzt bzw. muß auch selbst Kosteneinsparungsmaßnahmen bei der Entwicklung und Wartung durchführen *(IT-Reengineering)*. Gleichzeitig muß sichergestellt werden, daß trotz aller Kosteneinsparungen die IT weiterhin voll funktionsfähig bleibt und gegenüber den Kunden möglichst keine bzw. nur vertretbare Nutzenreduzierung bemerkbar wird. Der CIO ist in diesem Sinne vor allem Umsetzer von Kostensenkungsmaßnahmen sowie verantwortlich für das kosteneffiziente Management der IT-Infrastruktur. Folgende Aufgaben stehen bei diesem Ansatz im Mittelpunkt:

- Reduktion der IT-Kosten,
- Suche nach kostengünstigeren IT-Lösungen,
- Wartung und punktuelle Erweiterung bestehender IT-Lösungen,
- Sicherung des Systembetriebs und
- Nutzung von billigen externen Ressourcen.

---

[5] Vgl. zu dieser Strategie auch Steiner, T.D./Teixeira, D.B. (1990), S. 90ff.

Der Controllingfokus zielt hier auf die Feststellung von Kosteneinsparungseffekten durch organisatorische Optimierungsprojekte und Automatisationsprojekte ab.

2.4 Veränderungsmanagement und Kosteneinsparungen

Auch in diesem Szenario sind Kosteneinsparungen ein zentrales Element. War es hingegen das Ziel der vorherigen Strategie, um jeden Preis billig zu sein, so wird das in diesem Szenario differenzierter bzw. strategischer betrachtet: Nicht Billiganbieter zu sein ist das Ziel, sondern die Erreichung der Kostenführerschaft in der Branche. Dabei ist der wertsteigernde Nutzen der IT in der Realisierung von Einsparungsmaßnahmen zu sehen, gleichzeitig wird aber die IT als Hebel zur Umsetzung von radikalen organisatorischen und technologischen produktivitätssteigernden Veränderungen verwendet. Die Rolle des CIO ist demgemäß die eines Beraters des Vorstands bei Kosteneinsparungsmaßnahmen sowie die eines Change Agent, der anstehende Veränderungen plant, initiiert und umsetzen kann. Die Hauptaufgaben sind:

- Research nach kostensenkenden IT-Lösungen in der Branche,
- Mitarbeit bei Kostensenkungsprogrammen,
- Review und Reengineering bestehender Organisationskonzepte,
- Entwicklung und Einführung neuer kostensenkender IT-Lösungen,
- effizienter Betrieb der IT-Systeme und
- selektive Nutzung von externen Spezialisten.

Der Controllingschwerpunkt liegt bei diesem Ansatz auf der Verfolgung von Kosteneinsparungseffekten und auf der Messung der erfolgten Veränderung.

3. Die Auswirkungen der IT-Szenarien auf das IT-Prozeßmodell

Das IT-Prozeßmodell gliedert alle Aktivitäten des IT-Bereichs in Prozesse. Ein Prozeß ist hier definiert als eine spezifische Anordnung von Aktivitäten mit einem Anfang und einem Ende, einem Zeitablauf, räumlicher und organisatorischer Zuordnung, eindeutigen Inputs und Outputs: Eine Struktur, die darstellt, wie Arbeit verrichtet wird.[6] Grob können die IT-Prozesse in *benutzerorientierte Prozesse* eingeteilt werden, die ereignisgesteuert sind (z.B. Systementwicklung und -wartung) oder kontinuierlich angestoßen werden (z.B. Planung, IT-Research), sowie in *Infrastrukturprozesse*, die reproduktive und unterstützende Aufgaben für die IT wahrnehmen (z.B. Risiko- und Qualitätsmanagement) (Abbildung 2).

---

[6] Vgl. Al-Ani, A. (1994), S. 308f.

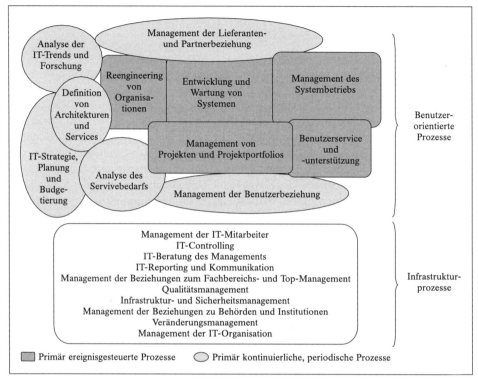

Abbildung 2: Generisches IT-Prozeßmodell

In Hinblick auf die vorher skizzierten IT-Szenarien haben einzelne IT-Prozesse eine unterschiedliche Gewichtung. So ist der Prozeß der Strategie und Planung im Szenario 1, das die IT zur Erzielung strategischer Wettbewerbsvorteile verwendet, gefahrvoll. Gelingt es nicht, eine Verbindung zwischen Bankstrategie und IT herzustellen, können die IT und organisatorische Lösungen nicht als strategischer Hebel verwendet werden.

Die Bedeutung der einzelnen IT-Prozesse für die jeweiligen IT-Szenarien ist in folgender Übersicht dargestellt. Erkennbar ist, daß das Szenario 1 offensichtlich die größten Anforderungen an die Prozesse des IT-Bereichs stellt, Szenario 3 hingegen, welches die IT als einen Billigproduzenten definiert, ganz im Sinne der gewählten Zielsetzung die geringsten Ausprägungen erfordert (Übersicht 1).

4. IT-Strukturmodelle

Nachdem IT-Szenarien, IT-Aufgaben und deren Auswirkungen auf das Prozeßmodell der IT definiert bzw. abgeleitet wurden, können als nächster Schritt die Folgerungen

Übersicht 1: Ausprägungen des IT-Prozeßmodells in den einzelnen Szenarien

IT-Prozesse	Szenario 1 Veränderungsmanagement/Wettbewerbsvorteil	Szenario 2 Wettbewerbsvorteil/ Aufrechterhaltung des Betriebs	Szenario 3 Aufrechterhaltung des Betriebs/ Kostenreduktion	Szenario 4 Kostenreduktion/ Veränderungsmanagement
IT-Strategie und Planung	H	N	N	M
IT-Budgetierung	M	H	H	H
Analyse der IT-Trends und Forschung	H	M	N	M
Analyse des Servicebedarfs	H	N	N	M
Definition von Architekturen und Services	H	H	N	N
Reengineering von Organisationen	H	N	N	H
Entwicklung und Wartung von Systemen	H	H	M	M
Management von Projekten und Projektportfolios	H	M	N	M
Management des Systembetriebs	M	H	H	N
Benutzerservice und -unterstützung	H	M	N	M
Management der Benutzerbeziehung	H	M	N	N
Management der Lieferanten- und Partnerbeziehung	H	M	N	M
Management der IT-Mitarbeiter	H	M	N	M
IT-Controlling	H	H	N	M
IT-Beratung des Managements	H	N	N	H
IT-Reporting und Kommunikation	H	M	N	M
Management der Beziehungen zum Fachbereichs- und Top-Management	H	N	N	M
Qualitätsmanagement	H	H	N	M
Infrastruktur- und Sicherheitsmanagement	M	H	M	N
Management der Beziehungen zu Behörden und Institutionen	M	H	N	N
Veränderungsmanagement	H	N	N	H
Management der IT-Organisation	H	M	N	M

H ... hoch   M ... mittel   N ... niedrig

für die Strukturen der IT entwickelt werden. Das Thema der IT-Struktur ist in diesem Zusammenhang betrachtet allerdings ein recht vielschichtiges. Folgende Elemente bzw. Dimensionen der Struktur sind maßgeblich:

- *Beziehungsebene*: In der Strukturebene Beziehungen werden Schnittstellen und Zusammenarbeitsmodelle zwischen den Fachbereichen und der IT dargestellt, wobei hier insbesondere die gemeinsamen Entscheidungs- bzw. Planungsprozesse im Vordergrund stehen. Die Aufgabe der IT ist es, das Kerngeschäft bzw. die Kernprozesse der Bank in einer Weise zu unterstützen, durch die der Wert des Unternehmens gesteigert werden kann. Eine reine Steigerung der IT-Investitionen bewirkt dies nicht. So findet sich kein empirischer Beleg dafür, daß es eine Korrelation von IT-Investitionen und Wettbewerbsvorteilen gibt.[7] Die Argumentation, daß die IT-Abteilung allein für eine Wertsteigerung verantwortlich gemacht werden kann, hat ihre Begrenzungen. Durch eine solche Einstellung wird die Verantwortung der Fachbereiche außer acht gelassen. Die IT-Struktur bezieht sich jedoch auf alle Facetten der Verbindung von Technologie und Bankgeschäft und muß deshalb die Fachbereiche bzw. die Zusammenarbeit zwischen IT und Fachbereichen berücksichtigen.[8]

- *Projektmanagement:* Die zentralen Leistungen des IT-Bereichs, wie z.B. Systementwicklung und Reengineering von Geschäftsprozessen, werden vor allem im Rahmen von Projektstrukturen abgewickelt. Kritische Erfolgsfaktoren dieser Strukturebene sind insbesondere Regelungen zur Integration von Fachbereichen und IT, die Frage der Steuerung solcher Projekte sowie die Anbindung an die Linienorganisation.

- *Kompetenzen*: Die IT ist ein wissensintensiver Bereich – die Steuerung des IT-Know-hows und der -Fähigkeiten somit eine der wichtigsten Aufgaben des IT-Managements. Ausgehend von der Forderung von Prahalad und Hamel, daß sich das Management weniger mit dem Produktportfolio als mit dem Portfolio der (Kern-)Kompetenzen beschäftigen sollte,[9] muß auch die entsprechende Organisation, Steuerung und Entwicklung von IT-Kompetenzen festgelegt werden.

- *Linienorganisation*: Aus den vorangegangenen Betrachtungen wird erkennbar, daß eine reine Fokussierung auf die Hierarchieebene bzw. Organisationskästchen wesentliche Aspekte der IT-Struktur ausblendet.[10] Damit soll aber die Funktion der Linienhierarchie nicht gering geschätzt werden. Nur durch die entsprechende organisatorische Einbindung können Strukturen geschaffen werden, die die IT-Prozesse und

---

[7] „The lack of correlation between information technology spending and profitability is contrary to advertised claims. It defies the common belief that investing in electronic processing of information somehow leads to lower costs and results in competitive advantage." Strassmann, P. (1990), S. 2.
[8] Vgl. Schwarz, G. (1997), S. 5.
[9] Vgl. Prahalad, C.K./Hamel, G. (1990).
[10] Die reine Modifikation von Organisationsstrukturen ohne eine Veränderung der kritischen IT-Prozesse führt nicht zur tiefgreifenden Transformation der IT. Die Art und Weise, wie gearbeitet wird, wird durch eine solche „Strukturreform" oftmals nicht angetastet. In diesem Kontext kritisiert auch Schwarz die mit großem Eifer vorgetragene Zentralisierungsdebatte der IT: „Angesichts regelmäßiger Zentralisierungs- und Dezentralisierungswellen drängt sich der Eindruck auf, daß zuungunsten eines Gesamtkonzeptes zur Verbindung von Geschäft und IT der Ansatz ‚Structure follows fashion' diskutiert wird." Schwarz, G. (1997), S. 3.

Projektteams entsprechend unterstützen.[11] Die Organisationsstruktur legt in der Regel auch fest, wie der Planungs- und Strategieprozeß verläuft und wie Technologie eingesetzt und gesteuert wird.[12]

4.1 Generelle Leitlinien für IT-Strukturen

Aus den Rahmenbedingungen des IT-Bereichs lassen sich vorab folgende generelle Zielsetzungen und Designmuster für die skizzierten IT-Strukturen ableiten:

- Aufgrund der strategischen Relevanz der IT kann diese keine reine Abwicklerrolle einnehmen. Vielmehr müssen die IT-Strukturen auf eine beratende Funktion der IT abzielen. Geschieht dies nicht, besteht die Gefahr, daß sich die Fachbereiche eigene IT-Spezialfunktionen aufbauen, was wiederum zu einer Heterogenisierung dieser Funktion und damit zu einer erschwerten strategischen Steuerung führen kann.

- Die Vernetzung mit den Fachbereichen wird durch eine klare Ausrichtung auf die Prozesse der Fachbereiche und durch jeweils einen zentralen Ansprechpartner *(Account Manager)* unterstützt. „IT organizations have made major efforts to move toward more effective relationships. In many companies, IT education includes interpersonal skill-building, such as active listening, negotiation skills, or team building. Many IT-executives are assigning high-level-‚account managers', chosen for their knowledge of the business and technical capability, to focus specially on IT-business communication and understanding."[13]

- Die Ausrichtung der IT auf die Prozesse der Fachbereiche muß durch eine zentrale Funktion im IT-Bereich ausbalanciert werden. Zu den Aufgaben dieser zentralen Funktion zählen z.B. die Steuerung des Projektportfolios, die Definition der IT-Architekturen (Technologie, Applikationen und Daten), die Pflege und Weiterentwicklung der Methoden, das IT-Controlling, die Personalsteuerung, das Risiko- und Qualitätsmanagement und die Unterstützung der Planungs- und Strategieprozesse.

- Die Konzentration auf die Lieferung von Technologie allein führt nicht zu den notwendigen Veränderungen der Bankorganisation. „The CIO has no power to change or to effect the other necessary changes – the changes in structure, culture, processes and peoples roles – and therefore no power over the most crucial factors in an implementation process aimed at vastly improving an organization's efficiency and effectiveness."[14] Um dieses auszugleichen, müssen Strukturen geschaffen werden, die ein effektives Change Management und Change Controlling zulassen, die Barrieren zwi-

---

[11] Vgl. Katzenbach, J.R./Smith, D.K. (1993), S. 256.
[12] „Thus, technology may, as the technological determinists argue, affect structure, but it is evident, that structure and the interests embedded in it also effect technology" Thomas, R.J. (1995), S. 205.
[13] Rockart, J.F./Earl, J.F./Jeanne, R.W. (1996), S. 48.
[14] Rockart, J.F./Earl, J.F./Jeanne, R.W. (1996), S. 54.

schen Organisationsentwicklung und Systementwicklung niederreißen und somit einen integrativen Veränderungsansatz durch die IT ermöglichen.[15]

- Um die Verbindung zwischen IT und Fachbereichen sicherzustellen, bedarf es auch Ansprechpartner in den Fachbereichen, die sowohl über Geschäftswissen als auch über technologisches Know-how verfügen.

4.2 Gestaltung der Beziehung zwischen Fachbereich und IT-Bereich

Die Schnittstellen zwischen dem Fachbereich (FB) und der IT sind von zentraler Bedeutung, da eine erfolgreiche Planung und der Einsatz von IT-Dienstleistungen nur gemeinsam mit dem Fachbereich geschehen können. Nur der Fachbereich kann Auskunft über den Nutzen und über die Priorität der gestellten IT-Anforderungen geben. Planung und Priorisierung von IT-Vorhaben sind zentrale Angelpunkte für die IT, weil die Workload für nachgelagerte IT-Prozesse – wie etwa die Systementwicklung – beeinflußt bzw. gesteuert wird. Gerade aber dieser Bereich scheint recht problembehaftet zu sein, denn oftmals gelingt keine Anbindung der IT-Planung an die Bankstrategie bzw. an Teilstrategien der einzelnen Fachbereiche,[16] werden Investitionen in nicht-strategische Bereiche geleitet[17] und plant die IT ihre Vorhaben lediglich im Rahmen der jährlichen Budgetierung. Wenn keine objektiven, strategisch vernetzten Entscheidungsmechanismen zur Verfügung stehen, wird der Einsatz der IT-Investitionen häufig (mikro-)politisch determiniert. „Damit ergibt sich die paradoxe Situation, daß über das ‚Rationalisierungsinstrument par excellence', das die Transparenz, Berechenbarkeit und Kontrolle des betrieblichen Geschehens perfektionieren soll, in Entscheidungsprozessen befunden wird, die zu den intransparentesten, unberechenbarsten und am wenigsten kontrollierbaren Entscheidungen in Privatunternehmen zu gehören scheinen, und daß der Weg zur Vollendung ökonomischer Rationalität sich aufgrund seiner Unsicherheit und Unüberschaubarkeit als bevorzugter Austragungsort betrieblicher Machtspiele erweist."[18]

Eine Lösung bzw. Neustrukturierung des Planungs- und Entscheidungsprozesses kann aber nur durch eine verbesserte Zusammenarbeit zwischen IT und den Fachbereichen erreicht werden. So streicht die Untersuchung von 50 amerikanischen IT-Abteilungen diese Zusammenarbeitskomponente als Erfolgsfaktor klar hervor. „We found that the more the IT staff and clients worked together, the more they communicated, coordinated, negotiated, laughed and cried together, up and down the hierarchy, the stronger the

---

[15] Vgl. dazu Markus, L.M./Benjamin, R.E. (1997).
[16] So schlußfolgert Moormann im Rahmen einer Untersuchung über die DV deutscher Kreditinstitute: „Der Aufbruch zu neuen DV-Strukturen gestaltet sich allerdings in vielen Institutionen nicht leicht. So wissen viele Informatik-Verantwortliche zu wenig über die strategischen Ziele und Haupterfolgsfaktoren ihres Hauses. Die Kenntnis der strategischen Unternehmensziele aber bildet die Voraussetzung für die Entwicklung einer zielgerechten Informatik-Strategie." Moormann, J. (1994), S. 8.
[17] Eine Untersuchung von Andersen Consulting (1996) bei amerikanischen Top-Banken ergab, daß nur 25 % der IT-Investitionen in strategische Bereiche dirigiert wurden.
[18] Berger, U. (1988), S. 126.

partnership became and the more effective both were at planning, developing new applications, and using their current information technology."[19]

Wichtige Instrumente zur Gestaltung dieser gemeinsamen Entscheidungs- und Planungsmechanismen und den damit verbundenen Rollen und Kompetenzen sind:

- *Business Case*: Der Business Case stellt die Projektkosten und -nutzen dar, schlägt eine Vorgehensweise vor, legt die Position des Projekts im Rahmen des Projektportfolios und der IT-Architektur fest, definiert die Risiken und bewertet die Unterstützung der strategischen Bankziele. Der Vorteil des Business Case ist, daß er nur gemeinsam von Fachbereich und IT-Bereich zu erstellen ist. Während der IT-Bereich die Umsetzungsaspekte und hier insbesondere die -kosten einbringt, ist der Fachbereich für die Analyse der Nutzeneffekte zuständig. Damit wird einerseits die Zusammenarbeit zwischen den beiden Bereichen festgelegt und andererseits die strategische Relevanz des Projekts analysiert.

- *Potentialanalysen*: Oftmals ist (zumindest nachträglich) zu beobachten, daß IT-Projekte voreilig in Auftrag gegeben werden. Der Grund für die mangelnde Effektivität der IT-Projekte kann sein, daß etwa das ursächliche Geschäftsproblem nicht (oder nicht allein) mit der DV zu lösen ist, andere Lösungskomponenten (Reorganisation, Personal, Strategie etc.) aber nicht betrachtet wurden. Weiters zeigt sich des öfteren, daß der Aufwand der IT-Lösung in keinem zufriedenstellenden Verhältnis zu der tatsächlich erzielten Wertsteigerung für die Bank steht, da die Erwartungen und Zielsetzungen für das Projekt nicht genügend hinterfragt wurden. In dieser Situation können Potentialanalysen dem IT-Bereich helfen, die Geschäftsprozesse der Fachbereiche zu analysieren, Potentiale für Verbesserungsvorhaben zu strukturieren und Business Cases für IT-Umsetzungsprojekte zu entwickeln. Die Potentialanalyse unterscheidet sich somit von in diesem Zusammenhang ebenfalls eingesetzten Machbarkeitsstudien. Diese haben oft dazu geführt, daß das Vorhaben sich zu schnell auf die „Machbarkeit" einer IT-Lösung konzentrierte, während das eigentliche Problem eher im Bereich unzureichender Geschäfts- und Managementprozesse, mangelhafter bzw. nicht vorhandener Fachbereichsstrategien und/oder Personalmanagementkonzepte lag.

- *Mittelfristige Planungen der Großprojekte statt nur Budgetierung*: Wenn die Planung der IT allein im Rahmen der Budgetierung anfällt, hat dies zur Folge, daß sich die Priorisierung der IT-Vorhaben sehr stark auf das Thema der Kosten und weniger auf den Nutzen bezieht, da die Budgetierung vor allem ein Instrument zur Kostenkontrolle ist.[20] Zudem können längerfristige Projekte durch das einjährige Zeitfenster nur unzureichend dargestellt werden. Aus dieser Situation kann die IT nur herauskommen, wenn sie eine mittelfristige Planung anlegt, in der die Projekte auf einer 3 bis 5-Jahresschiene angeordnet werden. Somit werden die bereits gebundenen Ressourcen auch für den Fachbereich erkennbar, eine längerfristige Orientierung transparent. Die Anforderungen werden nicht mehr zum Stichtag gesammelt, sondern von ganzjährig

---

[19] Ross, J.W./Beath, C.M./Goodhue, D.L. (1996), S. 35.
[20] Vgl. zu diesem „Budgetfirst"-Ansatz auch Mintzberg, H. (1994).

tagenden Planungsteams – zusammengesetzt aus Fachbereich und IT – erstellt. Die Planung von kleinteiligen Wartungsaufwänden hingegen sollte Teams übertragen werden, die die Verantwortung für einzelne Applikationen bzw. Applikationsgruppen haben und die über zugewiesene Ressourcentöpfe verfügen und somit eine kurzfristige Planung und Umsetzung sicherstellen können.

- *Gemeinsame Teams:* Gemeinsame Teams sind ein wichtiges Element, um die strategische Planung von Projekten, die Erstellung von Business Cases und die Priorisierung von IT-Ressourcen über die Fachbereiche hinweg durchführen zu können.[21] Gemeinsame Teams sind in diesem Zusammenhang natürlich keine neue Erfindung. Neu sind vielmehr die Ziele, die mit diesen Teams verbunden werden. „Leading edge organizations have revived IT steering committees that are very different from those of the 1970s and 1980s, when each member argued vociferously for funding for his or her particular function or suborganization. Today's committees are formally charged with two primary objectives: (1) to ensure that appropriate education is provided for, and absorbed by, all members to enable them to make effective business decisions about information technology; and (2) to require members to take an organizationwide perspective in decisions on IT resources."[22] Teams spielen also auch eine wichtige Rolle bei der Befähigung des Fachbereichsmanagements in bezug auf das Wissen über IT-Lösungsmöglichkeiten und bankweite Implikationen dieser Lösungen. Wichtig ist, daß die Gremien so besetzt werden, daß der Level der Mitglieder den Gremienagenden und -inhalten entspricht. So sollten z.B. Vorstandsgremien weniger über technologische und projekttechnische Implikationen von Projekten, sondern eher über Nutzen und Kosten und deren Auswirkungen auf die Bankziele diskutieren. Genauso ist es für hochrangige Vertreter aus Fachbereichen, die aus politischen Gründen für Projektaufsichtssitzungen nominiert werden, oft problematisch, wenn sie die technologischen Details und Projektmanagementaspekte nicht verstehen. Eine bewährte Teamkonstellation ist zum Beispiel das FB/IT-Management-Team. Zu den Aufgaben dieses Teams gehört die fortlaufende Priorisierung von fachbereichsübergreifenden IT-Maßnahmen, die Erarbeitung von Vorschlägen über die Priorisierung fachbereichsspezifischer Anforderungen im Konnex mit der Bankstrategie, die fortlaufende rollierende Mittelfristplanung und der jährliche IT-Budgetentwurf.

Die hier beschriebenen Planungsmechanismen besagen aber keinesfalls, daß preisliche Lenkungsmechanismen keine Rolle spielen. Vielmehr muß zuerst eine Grundsatzentscheidung über die Verwendung von Preisen für den IT-Einsatz getroffen werden. In der Regel ist der Grad der Unabhängigkeit, über IT-Ressourcen zu disponieren, deckungsgleich mit dem Grad der Unabhängigkeit, Geschäftsentscheidungen zu treffen.[23] Wer als Bereichsleiter Gewinnverantwortung hat, kann im Rahmen der vorgegebenen Standards

---

[21] Andere Instrumente zur besseren Verknüpfung von IT und Bankstrategie sind etwa die Miteinbeziehung des CIO in den strategischen Planungskreis, die Nominierung von CIOs mit Fachbereichshintergrund, die unternehmensweite Festlegung der IT als oberste Priorität und die Verbesserung der Kommunikation zwischen IT und Fachbereich durch die Vermeidung von Fachjargons. Vgl. Griffith, V. (1997), S. 85.
[22] Rockart, J.F./Earl, J.F./Jeanne, R.W. (1996), S. 47.
[23] Vgl. Penzel, H.-G. (1992), S. 5.

oft unabhängig IT-Leistungen einkaufen. Wenn hingegen eine zentrale Steuerung oder zumindest Kontrolle der IT-Ressourcen angestrebt wird, ist eine integrative planerische Komponente unerläßlich.[24]

4.3 Gestaltung des Projektmanagements

Die Erstellung der meisten Dienstleistungen des IT-Bereichs werden in Projektform abgewickelt. Im Rahmen der optimalen Gestaltung dieser Organisationsart sind gerade in bezug auf die Erbringung von IT-Leistungen folgende Fragestellungen relevant:[25]

- *Regelung des Verhältnisses bzw. der Verantwortung zwischen IT-Linienorganisation und Projektorganisation:* Ein oftmals auftauchendes Abgrenzungsproblem in diesem Zusammenhang ist etwa die Frage, welche Einflußmöglichkeiten das IT-Management in bezug auf die Steuerung von Projekten haben sollte. Mit anderen Worten: Kann der jeweilige Projektleiter verantwortlich für den Projekterfolg sein, wenn wesentliche Entscheidungen und auch inhaltliche Ergebnisse vom IT-Linienmanagement beeinflußt werden? Hier hilft als erster Schritt, die Beziehungen zwischen Linie und Projekt transparent zu machen. Als nächster Schritt kann eine organisatorische Lösung Abhilfe schaffen, die etwa Großprojekte einer auf Projekte spezialisierten „Projektfabrik" zuweist. Diese Projektfabrik ist in sich teammäßig organisiert und ermöglicht somit eine optimale Verbindung zwischen Linie und Projekt.[26]

- *Steuerung von Projekten:* Oftmals ist gerade bei IT-Projekten zu beobachten, daß zwar Gremien zur Abnahme von Ergebnissen und zur Steuerung des Projektfortschritts vorhanden sind, diese aber ineffektiv arbeiten, weil sie mit Mitarbeitern besetzt werden, die vor allem aus politischen bzw. aus Gründen der Hierarchie nominiert wurden und wegen mangelnden operativen Wissens zur reinen Zuhörerschaft verurteilt sind. Oftmals müssen die Projektausschußmitglieder vor den Sitzungen durch die eigentlichen Projektbeteiligten vorbereitet und mit Informationen versorgt werden. Durch diesen Effekt gehen aber viele Informationen verloren. Dieselbe Tendenz zeigt sich auch bei Ausschüssen und ähnlichen beratenden Gremien. Diese haben selten die Aufgabe, Entscheidungen zu treffen, sondern werden in das Projekt integriert, um das Risiko zu streuen bzw. die Fachbereiche nach dem Motto „mitgefangen – mitgehangen" zu kooptieren. Abhilfe schafft hier vor allem – neben der Festlegung und Verwendung von Rollenprofilen für die einzelnen Projektsteuerungsmitglieder – ein effektives und unabhängiges Risiko- und Qualitätsmanagement sowie ein umfassendes IT-Controlling bzw. -Reporting, das die Projektsteuerung mit Informationen über die

---

[24] Zu einer kritischen Betrachtung der Planungsmechanismen in der IT-Planung und entsprechenden marktlichen Gegenvorschlägen vgl. z.B. Penzel, H.-G. (1992) und Becker, W. (1996).
[25] Für eine umfassende Darstellung der Verwendung des Projektmanagements in Banken vgl. Pesendorfer, S. (1996), S. 98ff.
[26] Diese Projektfabrik kann in weiterer Folge als eine Software Factory ausgegliedert werden, wenn die organisationalen Transaktionskosten dies erlauben.

bisher erzielten Ergebnisse, die weitere Vorgehensweise und die umgesetzten und geplanten Risikomanagementmaßnahmen versorgt.

- *Partizipation der Fachbereiche im Projektteam:* Ohne ausreichende Partizipation der Fachbereiche in den IT-Projekten kann keine kundenspezifische Lösung gewährleistet werden. Es muß sowohl im Rahmen des methodischen Vorgehens als auch bei der Projektsteuerung sichergestellt werden, daß sowohl die Anforderungen als auch die (Teil-)Ergebnisse den Spezifikationen des Fachbereichs entsprechen und durch diesen auch abgenommen werden (z.B. durch Erstellung und Bewertung der funktionalen Anforderungen, ein entsprechendes Qualitätsmanagement, Einbindung der Fachbereiche in das Testverfahren etc.). Darüber hinaus müssen aber auch für die Mitarbeiter der Fachbereiche konkrete Anreize geschaffen werden, damit die Arbeit in Projekten auch im Verhältnis zur Fachbereichsarbeit lukrativ und karrierefördernd ist.

4.4 Kompetenzmanagement: HR-Modell für die IT-Organisation

Führungsaufgaben im IT-Bereich beschränken sich nur allzu oft auf technologische Aspekte und berücksichtigen Personalagenden zuwenig. Im Zentrum des Personalmanagements (*Human Resources*, HR) der IT-Organisation müssen aber die Fähigkeiten *(Skills)* und das Know-how der Mitarbeiter stehen. Nur diese Betrachtung ermöglicht eine Festlegung notwendiger Personalentwicklungsmaßnahmen und eine übergreifende Projekteinsatzplanung. In bezug auf notwendige neue Mitarbeiterskills im IT-Bereich geht aus den bisherigen Ausführungen hervor, daß gerade hier ein enormer Handlungsbedarf besteht. Abgesehen von dem sich rasant ändernden technologischen Wissen kommen Fertigkeiten wie Fachbereichswissen, betriebswirtschaftliche Kenntnisse, Change-Management-Techniken und Reorganisationsfähigkeiten hinzu (Abbildung 3). „IT reskilling must go beyond technology skills to business skills. None of those skills will be easy to develop among the current ranks. There are estimates that up to 50 percent of existing IT personnel will not be able to make the technical transition, much less be able to learn the appropriate business skills."[27]

Basis eines HR-Managements, das auf den Kompetenzen der Mitarbeiter beruht, ist ein Skill-Katalog, der alle Aufgaben des IT-Bereichs und deren angestrebte Abdeckung durch die einzelnen Rollen (Organisator, Programmierer, Systemspezialist etc.) bzw. deren jeweilige Erfahrungsstufe (z.B. Junior, Senior, Experte) darstellt. Alle Mitarbeiter des IT-Bereichs werden in der Folge den einzelnen Rollen und Stufen zugeordnet und ihre Skills den benötigten Ausprägungen gegenübergestellt. Die Übersicht über die Skill-Struktur des IT-Bereichs ist die Basis für eine organisationsübergreifende Vernetzung der Kompetenzen. Oftmals sind knappe Fähigkeiten durch Organisationsstrukturen aufgesplittet (z.B. Aufteilung der Entwickler auf verschiedene Entwicklungsabteilungen), so daß eine gezielte Weiterentwicklung dieser Skills verhindert wird. Durch die

---

[27] Rockart, J.F./Earl, J.F./Jeanne, R.W. (1996), S. 50.

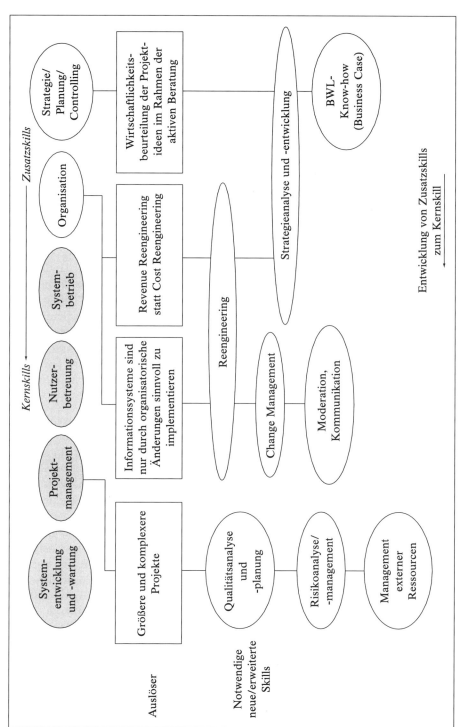

Abbildung 3: Beispielhafte Analyse von Skill-Lücken eines IT-Bereichs

Schaffung von organisationsübergreifenden Kompetenzzentren können diese Skills besser gebündelt, betreut und eingesetzt werden.

Der IT-HR-Manager ist für ein Portfolio an Mitarbeiterskills verantwortlich und entfernt sich somit von der Rolle eines reinen Personaladministrators bzw. reaktiven Personalbeschaffers für IT-Projekte.[28] Er ist aktiv in die Formulierung von IT-Strategien und Plänen involviert, und zwar mit dem Ziel, die vorhandenen Ressourcen so optimal und so vorausschauend als möglich einzusetzen und weiterzuentwickeln.

4.5 Linienorganisation der IT

Ein wichtiges Designkriterium ist die Entscheidung über den *Grad der Integration* zwischen den Bereichen Organisation (O), Entwicklung (E) und Rechenzentrum (R) (Abbildung 4). Hier sind verschiedene Ausprägungen möglich: Organisation als selbständige Einheit (Modell 1), Entwicklungsagenden gemeinsam mit Organisationsaufgaben (Modell 2) und Entwicklung gemeinsam mit dem Rechenzentrum (Modell 3). Ein weiteres Gestaltungskriterium ist die *Eingliederung der Organisationsaufgaben.* Neben der schon dargestellten Kombination mit Entwicklungseinheiten kann die Organisation auch als Stabsstelle des IT-Managements (Modell 4) oder des Bankmanagements angegliedert werden (Modell 5). Drittes Gestaltungsmerkmal ist der *Grad der Dezentralisierung* der IT. Entsprechende Varianten sind etwa die Verlagerung von Organisationsaufgaben und/oder Entwicklungsaufgaben (Kleinprojekte, Wartung) in die jeweiligen Fachbereiche (Modelle 6 bzw. 7), wobei eine zentrale Entwicklungseinheit für Großprojekte vorgehalten werden kann.

Die skizzierten Organisationsformen sollten vor dem Hintergrund des gewählten IT-Szenarios und der damit verbundenen Aufgaben und IT-Prozesse ausgewählt und beurteilt werden (Abbildung 5). Im Lichte unserer bisherigen Erfahrungen ergibt sich ein gewisser Nutzenvorteil für das Modell mit zusammengefaßter Entwicklung und Organisation. Nur wenn beide Agenden integriert wahrgenommen und nach (internen) Kundenanforderungen gebündelt werden, kann es zu einer fruchtbaren Verbindung zwischen Systementwicklung und Organisationsgestaltung kommen. Die Nachteile eines solchen Modells, wie etwa die Tendenz zu Kleinprojekten und mangelnde übergreifende Koordination, können durch zentrale Komponenten wie die zentrale Abwicklung von Großprojekten *(Software Factory)* sowie übergreifendes Qualitäts- und Risikomanagement ausgeglichen werden. Voraussetzung für dieses Modell ist zudem ein straffer, vom CIO koordinierter Planungsprozeß. Bei der Frage der Aufteilung von Funktionen zwischen Fachbereich und IT ist ein wichtiges Kriterium die Diversifikation bzw. Autonomie der Fachbereiche, die mit der Tendenz korreliert, eigenständige IT-Agenden zu übernehmen.

---

[28] Vgl. zu dieser aktiven Rolle des HR-Managements in Banken z.B. Al-Ani, A./Haiss, P. (1996).

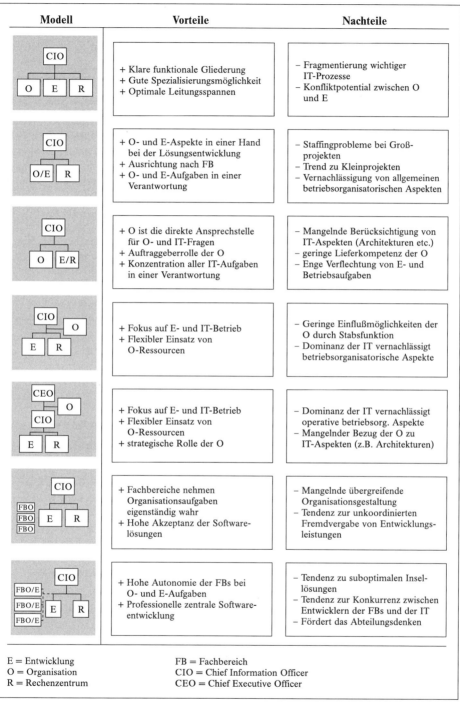

Abbildung 4: Ausgewählte Organisationsmodelle der IT

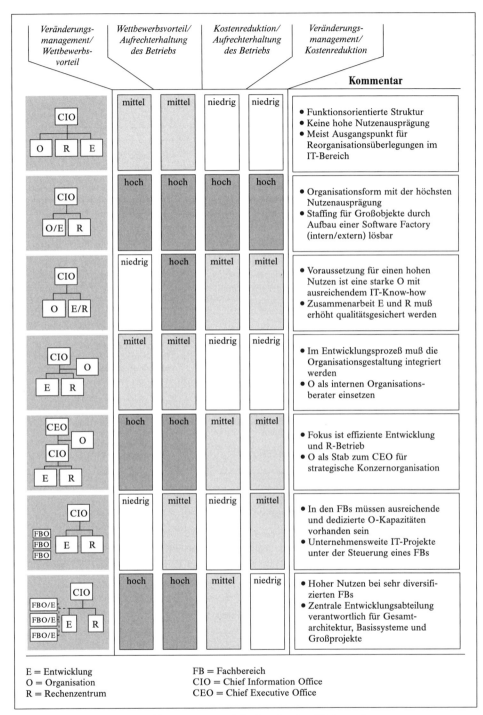

Abbildung 5: Relevanz der Organisationsmodelle für einzelne IT-Szenarien

5. Transformation des IT-Bereichs

Der Umbau bestehender IT-Organisationen kann sich nicht allein auf die Strukturkomponenten der Aufbauorganisation beziehen. Ein integrativer Ansatz zur Transformation bestehender Organisationen muß verschiedene Elemente in sein Projektdesign einfließen lassen: IT-Strategie, IT-Organisationsstrategie und Umsetzungsmanagement. Eine Veränderung der IT-Organisation ohne eine entsprechende strategische Fundierung ist wenig zielführend. Ohne eine Klärung der Vision und Mission der IT und der damit verbundenen IT-Strategie bzw. -Szenarien hat die Veränderung der Prozesse und Struktur keine Grundlage bzw. keinen gesicherten Ausgangspunkt. Alle organisatorischen Lösungen wären jederzeit hinterfragbar und würden über weite Strecken hinweg „in der Luft hängen". Ist keine IT-Strategie vorhanden, muß der erste Schritt des Transformationsprojekts sein, diese zu entwickeln und auch den zukünftigen Prozeß der IT-Strategieentwicklung zu determinieren.[29]

Auf Basis der IT-Strategie kann die Organisationsstrategie abgeleitet werden. Diese beinhaltet ein Modell der Soll-IT-Prozesse. Für die einzelnen Prozesse der IT wird auf Basis der Strategie eine Prozeßvision entwickelt, die als Blueprint für ein detailliertes Prozeßdesign dient. Der konkret ausgeformte Prozeß wird in weiterer Folge mit einem Controllingsystem versehen, das die Zielerreichung analysiert und Abweichungen aufzeigt. In einem nächsten Schritt können die Anforderungen des neuen Prozesses an die Mitarbeiterskills abgeleitet werden. Sind keine entsprechenden Skills vorhanden bzw. sind sie in absehbarer Zeit nicht generierbar, kann es hier zu einer Modifikation des Prozesses kommen. Auf Basis der neuen Prozesse kann eine entsprechende Organisationsstruktur abgeleitet, die Strukturen für Teams definiert und die Prinzipien der Personalsteuerung festgelegt werden. Anschließend werden die notwendigen Umsetzungsbarrieren aufgezeigt und Gegenmaßnahmen im Rahmen eines Change-Management-Programms entwickelt (Abbildung 6).

Das neue Prozeß- und Strukturmodell muß in weiterer Folge gegenüber den alten Kulturen, Strukturen, Verhaltensweisen und Methoden durchgesetzt werden. Viele Reengineering- bzw. Transformationsprojekte scheitern nicht daran, daß es keine umsetzungswürdigen Konzepte gibt, sondern vielmehr daran, daß die Umsetzungsbarrieren nicht gemeistert werden können. Nur wenn zusätzlich zu den eigentlichen Transformationsmaßnahmen auch Change-Management-Maßnahmen entwickelt werden, die die Navigation und Führung des Veränderungsprozesses durch das Management und die Befähigung und Identifikation der Mitarbeiter sicherstellen, besteht Aussicht auf Erfolg.[30]

---

[29] Zur Problematik der organisatorischen Transformation in Banken bei ungesicherter Strategie vgl. z.B. Al-Ani, A./Pesendorfer, S. (1995), Al-Ani, A. (1996b). Zum Reengineering des Strategieprozesses vgl. Al-Ani, A. (1996c) und Al-Ani, A. (1998).

[30] Zu den Techniken und Instrumenten des Change Management vgl. Gattermeyer, W./Neubauer, R. (1996) und Al-Ani, A. (1997).

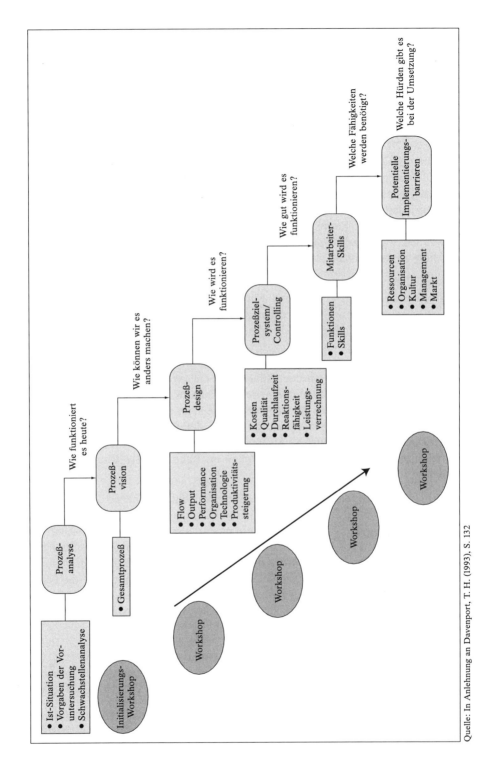

Quelle: In Anlehnung an Davenport, T. H. (1993), S. 132

Abbildung 6: Vorgehensmodell beim Reengineering der IT-Prozesse

6. Zusammenfassung

Die Struktur des bankbetrieblichen IT-Bereichs umfaßt mehrere Dimensionen. Auf der Ebene des Beziehungsmanagements zwischen IT und Fachbereich stehen insbesondere integrierte, d.h. von gemeinsamen Teams verwendete Planungsmechanismen wie Business Case, Potentialanalysen und rollierende Planung im Mittelpunkt. Im Rahmen des Projektmanagements gilt es, die Rollen der Beteiligten genau festzulegen, den Fachbereichen Verantwortung für die Abnahme und Spezifikation zuzuweisen und durch ein effektives Qualitäts- und Risikomanagement die Entscheidungsfähigkeit der Projektgremien zu verstärken. Die im Bereich IT vorhandenen Fähigkeiten müssen durch ein entsprechendes Kompetenzmanagement organisiert, geplant und weiterentwickelt werden, das durch die Einbindung in die mittelfristige Planung eine aktive Rolle spielt und sich deshalb von der passiven Personaladministrationsfunktion unterscheidet. Die Organisationsstrukturen des IT-Bereichs werden nach den Kriterien der Integration zwischen Entwicklungs- und Organisationsaufgaben, nach der Position der Organisationsabteilung und nach der Arbeitsverteilung zwischen IT und Fachbereich unterschieden. Die Wahl des jeweiligen Modells ist auch abhängig von der gewählten IT-Rolle bzw. -Strategie, wobei sich in allen Szenarien ein gewisser Vorteil für das Modell mit integrierter Entwicklung und Organisation ergibt. Die Transformation zu neuen Strukturen kann nur im Rahmen eines integrierten Veränderungsprogramms gelingen, welches die IT-Strategie, -Prozesse und HR-Funktionen festlegt und im Rahmen eines Change-Management-Programms Veränderungsbarrieren überwindet.

Literaturhinweis

AL-ANI, A., Das Management von Total Quality Programmen. Eine kritische Betrachtung, in: Hofmann, M./Al-Ani, A. (Hrsg.), Neue Entwicklungen im Management, Heidelberg 1994, S. 305–324.

AL-ANI, A. (1996a), Mikropolitik und die Theorie des Lock In: Erklärungsansätze für das Produktivitätsparadoxon, in: Gutschelhofer, A./Scheff, J. (Hrsg.), Paradoxes Management. Widersprüche im Management, Management der Widersprüche, Wien 1996, S. 495–522.

AL-ANI, A. (1996b), Business Reengineering in Banken – Betrachtungen zur prozeßorientierten Unternehmenstransformation, in: Al-Ani, A. (Hrsg.), Business Reengineering in Banken, Wien 1996, S. 33–63.

AL-ANI, A. (1996c), Das Neue Strategische Management – Strategieentwicklung in der Post-Reengineering Ära, in: Hinterhuber, H.H./Al-Ani, A./Handlbauer, G. (Hrsg.), Das Neue Strategische Management, Wiesbaden 1996, S. 13–32.

AL-ANI, A., Wenn Veränderungen Wirklichkeit werden sollen ..., in: Gablers Magazin, 1997, Nr. 5, S. 8-12.

AL-ANI, A., Strategische Neupositionierung durch Reengineering der Managementprozesse, in: Bamberger, I. (Hrsg.): Konzeptionen der strategischen Unternehmensberatung, Wiesbaden 1998 (im Druck)

AL-ANI, A./HAISS, P., Personalmanagement im Virtual-Banking, in: Bank Magazin, 1996, Nr. 7, S. 8-13.

AL-ANI, A./PESENDORFER, S., Lean Banking, in: Österreichisches Bankarchiv, 1995, Nr. 2, S. 85–96.

Andersen Consulting (Hrsg.), IT-Structure and Governance, Vortragspräsentation, Juni 1996, London.

BECKER, W., Profitcenter Informatik, in: Diebold Management Report, 1996, Nr. 5, S. 14–18.

BERGER, U., Rationalität, Macht und Mythen, in: Küpper, W./Ortmann, G. (Hrsg.), Mikropolitik, Opladen 1998, S. 115–130.

DAVENPORT, T.H., Process Innovation. Reegineering Work through Information Technology, Boston/MA 1993.

DAVENPORT, T.H./SHORT, J. E., The New Industrial Engineering. Information Technology and Business Process Redesign, in: Sloan Management Review, 1990, Nr. 4, S. 11–27.

GATTERMEYER, W./NEUBAUER, R., Change Management zur Umsetzung von Strategien, in: Hinterhuber, H.H./Al-Ani, A./Handlbauer, G. (Hrsg.), Das Neue Strategische Management, Wiesbaden 1996, S. 321–342.

GRIFFITH, V., Making Information Technology Strategic, in: Technology, Fourth Quarter 1997, S. 80–86.

HAISS, P., Parameteränderungen als Auslöser des Lean Banking und des Business Reengineering, in: Al-Ani, A. (Hrsg.), Business Reengineering in Banken, Wien 1996, S. 13–32.

KATZENBACH, J.R./SMITH, D.K., The Wisdom of Teams, Boston/MA 1993.

MARKUS, L.M./BENJAMIN, R.E., The Magic Bullet Theory in IT-Enabled Transformation, in: Sloan Management Review, 1997, Nr. 2, S. 55–68.

MINTZBERG, H., The Rise and Fall of Strategic Planning, New York 1994.

MOORMANN, J., Banker-Defizite, in: Diebold Management Report, 1994, Nr. 3, S. 7-11.

MOORMANN, J., Auswirkungen von Reengineering-Projekten auf die Informatik in Banken, in: Al-Ani, A. (Hrsg.), Business Reengineering in Banken, Wien 1996, S. 65–84.

ORTMANN, G., Formen der Produktion. Organisation und Rekursivität, Opladen 1995.

PENZEL, H.-G., Die Informatik-Organisation auf dem Weg in die Marktwirtschaft, in: IBM Deutschland GmbH (Hrsg.), Anwenderkongreß '92 Kreditwirtschaft, Dokumentation, Referat Nr. 3.

PESENDORFER, S., Projektmanagement in Banken, in: Al-Ani, A. (Hrsg.), Business Reengineering in Banken, Wien 1996, S. 85–129.

PRAHALAD, C.K./HAMEL, G., The Core Competence of the Corporation, in: Harvard Business Review, 1990, Nr. 3, S. 79–91.

ROCKART, J.F./EARL, J.F./JEANNE, R.W., Eight Imperatives for the New IT Organization, in: Sloan Management Review, 1996, Nr. 1, S. 43–56.

ROSS, J.W./BEATH, C.M./GOODHUE, D.L., Develop Long-Term Competitiveness Through IT Assets, in: Sloan Management Review, 1996, Nr. 1, S. 31–42.

SCHWARZ, G., IT-Organisation: Wert schaffen durch Verbindung von Kerngeschäft und Informationstechnologie, in: Information Management & Consulting, 1997, Nr. 11, S. 1-5.

STEINER, T.D./TEIXEIRA, D.B., Technology in Banking. Creating Value and Destroying Profits, Homewood/Ill. 1990.

STRASSMANN, P., The Business Value of Computers, New Canaan 1990.

THOMAS, R.J., What Machines Can't Do. Politics and Technology in the Industrial Enterprise, Berkeley/CA 1995.

VII. Elektronische Märkte

Lars Hille/Carsten Braue

Wertpapierhandelsprozesse und elektronischer Börsenhandel

1. Wertpapierhandelsprozesse
   1.1 Prozeßkette – idealtypisch und bei Nutzung des Parketthandels
   1.2 Anforderungen an den börslichen Wertpapierhandel
2. Elektronisches Börsenhandelssystem Xetra als zentrales Element der Prozeßkette
   2.1 Marktmodell des elektronischen Handelssystems
   2.2 Technische Struktur des elektronischen Handelssystems und der Teilnehmeranbindung
   2.3 Implementierungspfad des elektronischen Handelssystems bis Ende 1999
3. Auswirkungen des elektronischen Börsenhandels auf Investoren und Intermediäre
   3.1 Transparenz und Standortunabhängigkeit
   3.2 Geschäftspotentiale, Prozeßverbesserungen und Kostenreduktion
Literaturhinweis

1. Wertpapierhandelsprozesse

Im börslichen Wertpapierhandel wird zwischen mittelbar und unmittelbar am Handel teilnehmenden Akteuren unterschieden. Die *Investoren* partizipieren mittelbar am Handel, d.h. über an der Börse zugelassene Teilnehmer. Die Gruppe der Investoren setzt sich aus privaten und institutionellen Anlegern zusammen. Zu den institutionellen Investoren gehören z.B. Kapitalanlagegesellschaften und Versicherungen, während die Privaten häufig in vermögende Anleger und Kleinanleger unterteilt werden. Die Investoren bedienen sich der börsenzugelassenen *Intermediäre* (Banken und Makler), um Wertpapiere an der Börse zu kaufen bzw. zu verkaufen. Diese Tätigkeit der Intermediäre wird als Kommissionsgeschäft bezeichnet. Die Intermediäre können zusätzlich auch Eigenhandel betreiben, indem sie Wertpapiergeschäfte für eigene Rechnung und im eigenen Namen abschließen.

1.1 Prozeßkette – idealtypisch und bei Nutzung des Parketthandels

Die idealtypische Bearbeitung von börslichen Wertpapieraufträgen ist in die Prozeßschritte *Ordererteilung, Orderrouting, Orderausführung, Geschäftsbestätigung* und *Geschäftsabwicklung* unterteilt. Am Anfang der Prozeßkette geben die Investoren ihre Wertpapieraufträge direkt in der Bank, telefonisch oder via Electronic Banking auf. Die Bank übernimmt die Orders in das institutseigene Wertpapiersystem. Da die Wertpapiersysteme der Intermediäre (Orderleitsysteme) zumeist mit den Handelsplattformen der Börsen verbunden sind, kann die Übermittlung der Wertpapieraufträge elektronisch erfolgen. Unmittelbar nach der Orderausführung an der Wertpapierbörse werden elektronische Geschäftsbestätigungen generiert, die die Kontrahenten über das zustandegekommene Geschäft informieren und ihnen gleichzeitig die für den Start der Geschäftsabwicklung erforderlichen Daten liefern.

Sofern der Parketthandel zur Ausführung von Orders genutzt wird, ist die Prozeßkette allerdings durch starke manuelle Eingriffe geprägt. Die Bearbeitung von Wertpapieraufträgen wird im wesentlichen durch zwei Systeme unterstützt: BOSS-CUBE und BÖGA.[1] BOSS-CUBE *(Börsen-Order-Service-System/Computerunterstütztes Börsenentscheidungssystem)* verbindet die Orderleitsysteme der Banken mit dem Parketthandel und unterstützt die dortige Preisfeststellung, indem es alle Aufträge zu einem Wertpapier im Orderbuch des jeweiligen Maklers zusammenführt. Die Makler können neben der Orderausführung, bei der sie die Preisfestsetzung manuell durchführen, noch weitere Eingriffe in die Prozeßkette vornehmen. Nach der Ausführung der Orders werden den Geschäftskontrahenten zwar entsprechende Bestätigungen in Form von Schlußnoten via BÖGA *(Börsengeschäftsabwicklung)* bereitgestellt, wobei die endgültige Zuordnung der Kontrahenten jedoch offen bleibt, falls die Geschäftsabschlüsse durch den vorläufigen

---

[1] Vgl. Keßler, J.-R. (1993), S. 42ff.

Selbsteintritt von Maklern entstanden sind. Die Eingriffe der Makler in den Wertpapierhandel erfordern bei den Banken zusätzliche Geschäftsabstimmungen zur Überprüfung, ob der ursprünglich fehlende Kontrahent mittlerweile feststeht. Alternativ zur elektronischen Übermittlung der Orders an die Makler mittels Orderleitsystemen können die Banken ihre Wertpapieraufträge z.B. auch telefonisch an die auf dem Parkett agierenden Händler weiterleiten und diese mit der Orderplazierung beauftragen. Die Ausführung von Wertpapieraufträgen durch Parketthändler wird insbesondere bei Orders mit großen Volumina bevorzugt.

Ein elektronischer Prozeß, der eine weitestgehend integrierte, effiziente Prozeßkette von der Ordererteilung bis zur Abwicklung der Geschäfte ermöglicht, ist demzufolge bei Einbindung des Parketthandels aufgrund der oben exemplarisch dargestellten Medienbrüche nicht gewährleistet. Der Parketthandel wird somit den Ansprüchen vieler Marktteilnehmer nicht gerecht.

1.2 Anforderungen an den börslichen Wertpapierhandel

Im Bank- bzw. Wertpapiergeschäft sind folgende Tendenzen festzustellen:[2]

- Die Sensibilität der Investoren hinsichtlich des Preis-Leistungs-Verhältnisses und der Ausführungsgeschwindigkeit von Wertpapieraufträgen wird zunehmen.
- Die sinkende Kundenloyalität führt tendenziell zum Verlust des Hausbank-Prinzips, so daß sich die Anzahl der Anleger, die mit mehreren Intermediären gleichzeitig zusammenarbeiten, erhöhen wird.
- Die Anforderungen an Service (z.B. Öffnungszeiten der Banken) sowie Beratungsleistungen (z.B. Aktualität der den Wertpapierempfehlungen zugrundeliegenden Marktinformationen) steigen weiter an.
- Die Investoren führen ihre Wertpapiergeschäfte zunehmend auf elektronischem Wege durch.[3]

Viele Banken tragen derartigen Tendenzen bereits heute in folgender Weise Rechnung: Die Investoren werden grundsätzlich in gut informierte, transaktionskostenorientierte sowie beratungsintensive Anleger unterteilt und mit segmentspezifischen Produkten bzw. Dienstleistungen versorgt.[4] Ein weiteres Differenzierungsmerkmal ist der Umfang der technischen Orientierung von Investoren, die entweder standortunabhängig über eine eigene Anbindung in Form von Electronic Banking mit der Bank kommunizieren oder den gesamten Beratungsservice des Intermediärs vor Ort in Anspruch nehmen. Vor diesem Hintergrund bieten einige Banken im Wertpapiergeschäft bereits Vertriebskanäle an, die den Anforderungen an Umfang und Aktualität der verfügbaren Informationen sowie an eine effiziente Ordererteilung und -ausführung zumindest in Ansätzen gerecht werden.

---

[2] Vgl. Wallstabe-Watermann, B. (1998).
[3] Vgl. Gerard, P./Wild, R. G. (1995).
[4] Vgl. Pischulti, H. (1998).

Neben den oben dargestellten Tendenzen im Bank- bzw. Wertpapiergeschäft ist eine erhebliche Zunahme der Nachfrage nach Wertpapieranlagen zu erwarten. So bewirken z.B. der kontinuierliche Anstieg des Geldvermögens und die Notwendigkeit zum Aufbau einer privaten Altersvorsorge, daß der Anteil der in börsennotierten Wertpapieren (insbesondere Aktien) investierten Gelder erheblich wachsen wird.[5]

Die Intermediäre haben demnach im Wertpapierhandel vorrangig zwei Aufgaben: Sicherstellung einer adäquaten Versorgung der Investoren mit aktuellen Marktinformationen und einer effizienten Erteilung bzw. Ausführung der Wertpapieraufträge im Kommissionsgeschäft, wobei letzteres niedrige Transaktionskosten sowie die sofortige Bereitstellung einer Ausführungsbestätigung ermöglichen sollte. Es ist hierbei eine größtmögliche Integration der Investoren in die Prozeßkette der Banken erforderlich, damit die Anleger die angebotenen Dienstleistungen auch auf elektronischem Wege in Anspruch nehmen können. In der Studie „Market 2000 Analysis" der *United States Securities and Exchange Commission* (SEC) wurde festgestellt, daß insbesondere elektronische Handelssysteme die Basis zur Erfüllung der genannten Anforderungen schaffen. Die durch elektronische Handelssysteme erhöhte Transparenz der Handelsaktivitäten steigert die Marktfairneß, da alle Teilnehmer einen zeitnahen Zugriff auf die preisrelevanten Marktinformationen haben und diesen zur bestmöglichen Ausführung ihrer Orders nutzen können. Die elektronischen Handelssysteme erleichtern ferner eine internationale Vernetzung der Märkte, so daß die Marktteilnehmer den für ihre jeweiligen Bedürfnisse geeigneten Börsenplatz auswählen können, ohne daß eine Präsenz vor Ort erforderlich ist.[6]

2. Elektronisches Börsenhandelssystem Xetra als zentrales Element der Prozeßkette

Am Beispiel von Xetra *(Exchange Electronic Trading)*, dem elektronischen Handelssystem der Deutsche Börse AG, ist nachfolgend dargestellt, wie ein Handelssystem als zentrales Element der Prozeßkette in die Arbeitsabläufe der Prozeßbeteiligten eingebettet werden kann.

2.1 Marktmodell des elektronischen Handelssystems

Das Kernelement von Xetra ist das neu entwickelte Marktmodell für den elektronischen Handel.[7] Das Marktmodell definiert die Merkmale eines ordergetriebenen Handels in Aktien, Renten sowie Optionsscheinen und hat folgende Eckpfeiler:

---

[5] Vgl. Mattern, F./Seifert, W.G./Streit, C.C./Voth, H.-J. (1997), S. 131 ff. u. 154 ff.
[6] Vgl. United States Securities and Exchange Commission (1994), S. 21 ff.; vgl. zu diesem Thema auch Schwartz, R.A. (1995), S. 187 ff.
[7] Vgl. im folgenden Braue, C./Hille, L. (1997).

- *Konzentration der gesamten Liquidität des börslichen Kassahandels in einem zentralen Orderbuch pro Wertpapier:* In Xetra werden sämtliche Wertpapieraufträge – unabhängig vom regionalen Standort der Marktteilnehmer – in einem zentralen Orderbuch zusammengefaßt. Diese Konzentration ermöglicht eine höhere Liquidität (im Vergleich zur heutigen, dezentral ausgerichteten Struktur des Paketthandels mit mehreren, grundsätzlich unverbundenen Orderbüchern pro Wertpapier) und somit eine genauere Abbildung von Wertpapierangebot und -nachfrage. Durch die Konzentration der Handelsaktivitäten kann die heutige Zersplitterung des Handels beseitigt werden. Die Preisbildung in Xetra gewährleistet zusätzlich, daß nur ein Börsenpreis pro Wertpapier zu einem Zeitpunkt festgestellt wird. Hierdurch werden Inkonsistenzen bei der Preisermittlung vermieden, die im dezentral ausgerichteten Paketthandel auftreten können. Ein zentrales Orderbuch unterstützt ferner eine lückenlose und effiziente Kontrolle aller börslichen Wertpapiertransaktionen durch die Handelsüberwachung.

- *Transparenz des Orderbuchs und der Handelsaktivitäten:* In einem transparenten Orderbuch wird allen Marktteilnehmern das vorhandene Handelsinteresse unter Wahrung der Anonymität der Auftraggeber angezeigt. Die in Xetra durch eine hohe Transparenz der Handelsaktivitäten bewirkte Reduktion von Informationsvorsprüngen erhöht die Fairneß des Marktes und die Bereitschaft der Investoren zur Teilnahme am börslichen Handel.

- *Schaffung eines kostengünstigen und gleichberechtigten, dezentralen Marktzugangs für Teilnehmer aus dem In- und Ausland:* Alle Marktteilnehmer können standortunabhängig über das Netzwerk von Xetra am Wertpapierhandel teilnehmen. Damit wird der grenzüberschreitende Kapitalfluß erleichtert und eine Verbesserung der Teilnahmebedingungen insbesondere für kleine und ausländische Handelsteilnehmer erreicht, deren Präsenz an der Börse vor Ort nicht mehr notwendig ist.

- *Bereitstellung von Zusatzliquidität zur Unterstützung des Handels in weniger liquiden Wertpapieren:* Im Aktienhandel sollen Betreuer in den von ihnen betreuten Mid- und Small-Caps spätestens auf Anfrage von Marktteilnehmern Zusatzliquidität in Form von Geld-/Brief-Limiten *(Quotes)* bereitstellen. Die Quotes werden in das Orderbuch eingeordnet und sind somit für alle Marktteilnehmer handelbar. Durch die Teilnahme von Betreuern am Aktienhandel sollen temporäre Marktungleichgewichte überbrückt, die Wertpapierumsätze erhöht und die Preisqualität verbessert werden. Im Renten- und Optionsscheinehandel können die Market Maker bzw. Emissionshäuser – analog der Vorgehensweise der Betreuer im Aktienhandel – Marktpflege betreiben.

Das Xetra-Marktmodell ist ein flexibles, auf die unterschiedlichen Anforderungen der jeweiligen Marktsegmente zugeschnittenes Modell. Abhängig von verschiedenen Kriterien (beispielsweise Wertpapierliquidität, Marktkapitalisierung und durchschnittliche Ordergröße) können spezifische Ausprägungen des Xetra-Marktmodells hinsichtlich Handelsform, Transparenz des Orderbuchs und Ordergröße festgelegt werden. Die Börse kann folglich mittels eines umfangreichen Instrumentariums die Rahmenbedingungen des Handels marktgerecht ausgestalten (beispielsweise über die Anzahl der täglichen Auktionen), wobei die Eingriffe ad hoc oder zyklisch erfolgen können.

Für den börslichen Wertpapierhandel sieht das Xetra-Marktmodell die Handelsformen Auktion und fortlaufender Handel in Verbindung mit Auktionen vor (Abbildung 1). Der außerbörsliche Handel wird hingegen über den Vermittlungs- und Suchmarkt abgewickelt.

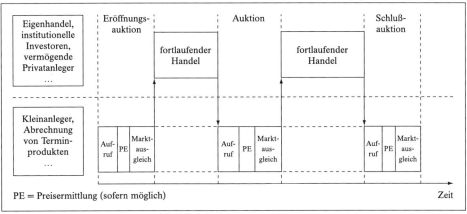

Quelle: In Anlehnung an Deutsche Börse AG (1997a), S. 24

Abbildung 1: Tagesablauf des fortlaufenden Handels in Verbindung mit Auktionen

Die Handelsform *Auktion* wird in jedem Marktsegment und für alle Ordergrößen durchgeführt, wobei ihre Ausgestaltung segmentspezifisch variiert. In den fortlaufenden Handel eingebettete, untertägige Auktionen treten z.B. im Handel von liquiden Aktien auf. Sie können u.a. zur Ermittlung der Abrechnungspreise von Terminmarktprodukten (wie etwa DAX-Futures) und zur Ausführung der Orders von Kleinanlegern genutzt werden. Auktionen können aber auch – wie beispielsweise im Handel von wenig liquiden Aktien – als einzige Handelsform vorkommen. Die Anzahl der Auktionen ist vor allem von der Liquidität der Wertpapiere eines Segments abhängig.

Der Auktionsablauf ist in die Aufruf-, Preisermittlungs- und Marktausgleichsphase unterteilt. Während der Aufrufphase können die Handelsteilnehmer Wertpapieraufträge in das Orderbuch einstellen sowie eigene, bestehende Orders ändern oder löschen. Ein Auktionsplan informiert sie darüber, zu welchen Zeiten die einzelnen Wertpapiere aufgerufen werden. In dieser Phase ist das Orderbuch im Aktienhandel teilweise geschlossen. Den Teilnehmern wird folglich – im Falle einer ausführbaren Ordersituation – der Preis, zu dem das größte Auftragsvolumen bei niedrigstem Überhang ausführbar ist, als indikativer Auktionspreis[8] angezeigt. Der indikative Auktionspreis wird entsprechend den Orderbuchveränderungen bis zum Ende der Aufrufphase angepaßt. Ermöglicht die Orderbuchlage keine Ausführungen, werden nur das höchste Geld- und das niedrigste Brief-Limit veröffentlicht. Im Rentenhandel ist ein offenes Orderbuch vorgesehen, das

---

[8] Der indikative Auktionspreis ist der Preis, zu dem eine Ausführung der vorliegenden Orders erfolgt, falls die Aufrufphase zum Zeitpunkt der Ermittlung des indikativen Preises beendet wird.

den Marktteilnehmern einen Einblick in die gesamte Geld- und Briefseite des Orderbuchs (Limite und die je Limit kumulierten Kauf- und Verkaufsvolumina) gewährt und zusätzlich – bei ausführbarer Orderbuchlage – den indikativen Auktionspreis anzeigt. Das Ende der Aufrufphase wird nach Ablauf einer Mindestdauer durch einen Zufallsalgorithmus bestimmt, was die Handelsteilnehmer zur frühzeitigen Einstellung von Orders in das Orderbuch veranlassen soll. Hierdurch könnten aussagekräftige Informationen über das aktuelle Handelsinteresse bereits zu einem frühen Zeitpunkt in der Aufrufphase angezeigt werden.

Um die Marktteilnehmer auf kurzfristige, extreme Preissprünge hinzuweisen, sind sogenannte Volatilitätsunterbrechungen vorgesehen. Diese treten am Ende der Aufrufphase auf, falls der indikative Auktionspreis zu diesem Zeitpunkt außerhalb des vordefinierten Preiskorridors um den Referenzpreis[9] liegt. Eine Volatilitätsunterbrechung bewirkt eine Verlängerung der Aufrufphase, um den Handelsteilnehmern die Überprüfung und Korrektur ihrer Orders im Orderbuch sowie die Einstellung von zusätzlichen Orders zu ermöglichen.

In der Preisermittlungsphase sind keine die Orderbuchlage verändernden Aktivitäten von seiten der Handelsteilnehmer möglich. Der Auktionspreis wird – analog der Vorgehensweise beim indikativen Preis – auf Basis der fixierten Orderbuchlage ermittelt. Nach der Ermittlung des Auktionspreises werden die Handelsteilnehmer über die zustandegekommenen Geschäfte informiert.

Im Anschluß an die Preisermittlungsphase findet ein Marktausgleich statt, falls ein Teil der zum Auktionspreis limitierten Kauf- oder Verkaufsorders nicht oder nur teilweise ausgeführt werden kann. In der Marktausgleichsphase wird dieser Überhang allen Handelsteilnehmern zum Auktionspreis angeboten, wobei die Zeitpriorität über dessen Zuteilung entscheidet. Der Marktausgleich wird beendet, wenn der Überhang vollständig akzeptiert oder das Ende einer vorgegebenen Zeitspanne erreicht ist. Sollte der Überhang oder Teile davon nicht akzeptiert werden, bleiben die Orders im Auktionsorderbuch und nehmen an der nächsten Auktion teil, falls deren Auftraggeber die Ausführung nicht auf die jeweilige Auktion beschränkt haben. Im Falle von untertägigen Auktionen werden die nicht ausgeführten, aufgrund ihrer Ordergröße aber fortlaufend handelbaren Orders in den fortlaufenden Handel übernommen.

Der *fortlaufende Handel*, der mit einer Eröffnungsauktion beginnt und mit einer Schlußauktion endet, läßt ausschließlich Orders zu, die eine wertpapierspezifische Mindestauftragsgröße oder ein ganzzahliges Vielfaches davon aufweisen. Diese Handelsform ist durch ein offenes Orderbuch gekennzeichnet, das den Marktteilnehmern die Limite und die je Limit kumulierten Kauf- und Verkaufsvolumina anzeigt. Bei jeder neu eintreffenden Order wird sofort geprüft, ob sie mit einer im Orderbuch ent-

---

[9] Der Referenzpreis entspricht dem letzten Preis des aktuellen Handelstages. Sollte dieser nicht zur Verfügung stehen, wird auf die entsprechende Referenzgröße des Vorhandelstages bzw. eines weiter zurückliegenden Handelstages zurückgegriffen.

haltenen Order der gegenüberliegenden Seite entsprechend der Preis-Zeit-Priorität[10] ausgeführt werden kann. Der Ausführungspreis wird grundsätzlich durch das jeweils höchste Kauf- oder niedrigste Verkaufslimit der Orders im Orderbuch bestimmt. Die Marktteilnehmer werden über die zustandegekommenen Geschäfte sofort informiert. Sollte eine neu eintreffende Order nicht oder nur teilweise ausführbar sein, wird diese bzw. der nicht ausgeführte Teil in das Orderbuch des fortlaufenden Handels übernommen. Im fortlaufenden Handel kann es – wie bei Auktionen – zu einer Volatilitätsunterbrechung kommen, wenn der potentielle Ausführungspreis außerhalb des Preiskorridors um den Referenzpreis liegt. In diesem Fall wird der fortlaufende Handel in dem entsprechenden Wertpapier für eine vordefinierte Zeitdauer unterbrochen und eine Auktion mit dem Start der Aufrufphase eingeleitet. Hierdurch erhalten alle Handelsteilnehmer die Möglichkeit, auf Preissprünge zu reagieren.

In Ergänzung zum börslichen Wertpapierhandel können außerbörsliche Geschäfte in Aktien, Renten und Optionsscheinen über den *Vermittlungs- und Suchmarkt* abgeschlossen werden. Diese Handelsform dient einer kostengünstigen und schnellen Kontrahentensuche für Geschäftsabschlüsse oberhalb eines festgelegten Mindestauftragsvolumens (Blockhandel). Ein Geschäftsangebot zum Kauf oder Verkauf eines Wertpapiers über ein bestimmtes Volumen zu einem festgelegten Preis (Offerte) kann an einen oder an mehrere Handelsteilnehmer (Adressat/-en) direkt übermittelt werden. Der Adressat kann die Offerte annehmen, eine Gegenofferte unterbreiten oder nicht reagieren.

2.2 Technische Struktur des elektronischen Handelssystems und der Teilnehmeranbindung

Xetra basiert auf einem verteilten System nach dem Client/Server-Prinzip, so daß Teile der Funktionalität dezentral auf Teilnehmerinstallationen (Front Ends) und andere Teile zentral auf dem Back End der Börse vorgehalten werden (Abbildung 2).[11] Die Marktteilnehmer können demzufolge Veränderungen im Front-End-Bereich vornehmen, ohne daß sich diese auf das Back End der Börse auswirken. Gleichzeitig können bei börsenseitigen Modifikationen am Back End die Auswirkungen auf die Teilnehmer reduziert werden. Die Verbindung zwischen dem Front- und Back-End, das sogenannte Leitungsnetz, wird von der Börse bereitgestellt, so daß letztere für die technische Anbindung der Lokationen von Handelsteilnehmern an Xetra verantwortlich ist.

---

[10] Aus der Preis-Zeit-Priorität resultiert, daß die Kauforders mit einem höheren Limit Vorrang vor niedriger limitierten Orders haben. Umgekehrt haben Verkaufsorders mit einem niedrigeren Limit Priorität vor Orders mit einer höheren Limitierung. Sollten Orders das gleiche Limit haben, wird die Zeit als zusätzliches Sortierungskriterium herangezogen; die frühzeitig in das Orderbuch eingestellten Orders werden somit zuerst ausgeführt.
[11] Vgl. im folgenden Deutsche Börse AG (1997b), S. 9ff.

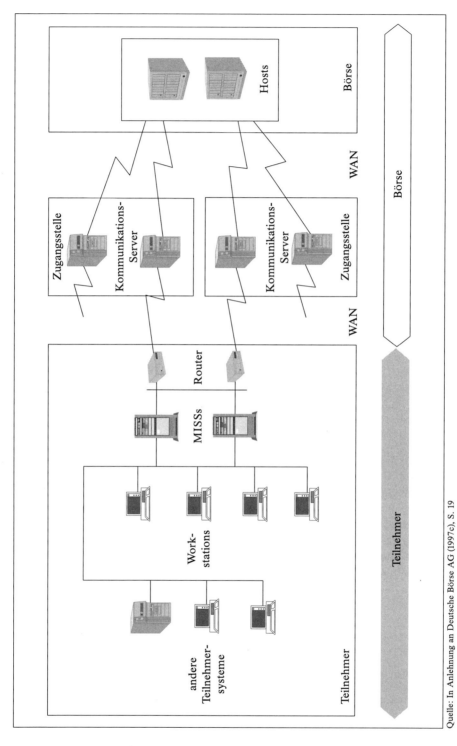

Quelle: In Anlehnung an Deutsche Börse AG (1997c), S. 19

Abbildung 2: Architektur zwischen Teilnehmer und Börse

Die Teilnehmerinstallation kann aus einem oder mehreren Teilnehmer-Servern (MISS[12]) und bei Bedarf aus zusätzlichen Händlerplätzen (Workstations) bestehen. Für die Hardwarekomponenten der Teilnehmerinstallation stellt die Deutsche Börse AG eigenentwickelte Xetra-Front-End-Anwendungen auf den folgenden, in den Handelsräumen gängigen Hard- und Softwareplattformen bereit: AIX (IBM), Solaris (Sun) und Windows NT (Microsoft). Derartige Front-End-Anwendungen setzen sich aus der Xetra-Börsenanwendung und Kommunikationssoftware zusammen. Letztere ist auf dem MISS installiert und stellt Schnittstellen zum Anschluß von unterschiedlichen Anwendungen bereit (Abbildung 3).

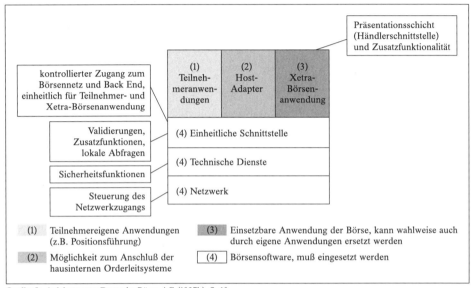

Quelle: In Anlehnung an Deutsche Börse AG (1997b), S. 10

Abbildung 3: Front-End-Konzept

Die Xetra-Architektur stellt die Fairneß sowie die Integrations- und Differenzierungsmöglichkeiten hinsichtlich des Zugangs zum elektronischen Handelssystem für die Teilnehmer in folgender Weise sicher: Die einheitliche, programmierbare Schnittstelle ermöglicht allen Marktteilnehmern einen gleichberechtigten und sicheren Zugang zum Börsensystem, unabhängig von ihrem Standort und dem Umfang ihrer Handelsaktivitäten. Über die Schnittstelle können die Xetra-Börsenanwendung sowie Teilnehmeranwendungen (z.B. eigene Handelsoberflächen und Positionsführungssysteme) angeschlossen werden. Die börsenseitige Bereitstellung der Xetra-Börsenanwendung senkt die Markteintrittsschwelle, indem sie auch kleinen Handelsteilnehmern einen kostengünstigen Zugang zur Börse auf Basis einer grafisch unterstützten Handelsoberfläche

---

[12] Die Teilnehmer-Server werden beim elektronischen Handelssystem Xetra „Member Integration System Server" genannt.

mit geringem Differenzierungspotential bietet und hierdurch die Notwendigkeit von kostspieligen Eigenentwicklungen verringert.

Die effiziente Integration von Xetra in die technische Infrastruktur der Teilnehmer wird durch die Unterstützung der gängigen Betriebssystemplattformen gewährleistet. Falls die teilnehmereigenen Anwendungen auf nicht unterstützten Plattformen laufen (z.B. Back-Office- und Orderleitsysteme), vereinfachen die an die einheitliche Schnittstelle anschließbaren Host-Adapter deren Integrationsprozeß. Die einheitliche, programmierbare Schnittstelle ermöglicht somit den Teilnehmern, die Funktionalität der Xetra-Börsenanwendung zu ersetzen oder um eigene Anwendungen zu ergänzen, um sich gegenüber anderen Marktteilnehmern zu differenzieren.

2.3 Implementierungspfad des elektronischen Handelssystems bis Ende 1999

Das elektronische Handelssystem Xetra wird in mehreren Schritten *(Releases)* eingeführt. Durch eine derartige Vorgehensweise soll zwei Aspekten Rechnung getragen werden: Zum einen ist es hierdurch möglich, den Bedürfnissen der Marktteilnehmer zeitnah zu entsprechen, indem frühzeitig eine Ablösung des durch Defizite gekennzeichneten Altsystems IBIS *(Integriertes Börsenhandels- und Informationssystem)* erfolgt und Xetra nachfolgend sukzessive um zusätzliche Funktionalitäten und Produkte erweitert wird. Zum anderen entspricht die schrittweise Xetra-Einführung den Erfordernissen eines risikobehafteten DV-Großprojekts, indem sie den Beteiligten eine frühzeitige Erprobung der neuen Technologie ermöglicht, ihnen ausreichend Zeit zur Integration des elektronischen Handelssystems in die hauseigene DV-Infrastruktur des Front- sowie Back-Office-Bereichs gibt und damit auf andere Aufgaben der DV-Bereiche in Banken (z.B. Euro-Einführung) Rücksicht nimmt.[13]

Das am 10. Juni 1997 eingeführte Release 1 (Einführung Xetra-Front-End) eröffnete den Teilnehmern die Möglichkeit zur frühzeitigen Erprobung der neuen Xetra-Front-End-Technologie auf Basis der Kassamarktsysteme IBIS und IBIS-R. Das Release 2 (Einführung Xetra-Back-End), das den Aufbau einer neuen Infrastruktur des Leitungsnetzes und des Xetra-Back-Ends umfaßte, schloß am 28. November 1997 die Einführung der Xetra-Gesamtarchitektur ab und ermöglichte eine Ablösung des IBIS-Systems. Der Handel war zu diesem Zeitpunkt allerdings noch auf das Aktien-Wholesale-Segment beschränkt. Mit Release 3 (Xetra Grundstufe), das am 12. Oktober 1998 eingeführt wurde, können auch Retail-Orders am Xetra-Handel teilnehmen, da das Marktmodell nahezu vollständig umgesetzt ist. Es stehen somit die Handelsformen fortlaufender Handel und Auktion (insbesondere die untertägige Auktion für alle Ordergrößen) sowie die Betreuerfunktionalität zur Verfügung.

---

[13] Vgl. Deutsche Börse AG (1997b), S. 4f.

Seit dem 12. Oktober 1998 stehen sich mit Xetra und den deutschen Parkettbörsen vollständig kompetitive Handelsplattformen gegenüber, so daß die Investoren die Wahl haben, über welche Plattform sie ihre Wertpapieraufträge ausführen lassen. Die Einführung von Release 3 hat gleichzeitig die Basis für die Optimierung der Prozeßabläufe bei den Handelsteilnehmern geschaffen, so daß insbesondere die Anbindung von Orderleitsystemen an Xetra zwecks Durchführung eines effizienten Retail-Handels nun vorgenommen werden kann.

Mit der Einführung von Release 4 (Xetra Ausbaustufe) in 1999 wird die Anzahl der elektronisch handelbaren Wertpapiere noch einmal erhöht, so daß dann alle an der Frankfurter Wertpapierbörse notierten Papiere (inklusive Optionsscheine) auch über Xetra verfügbar sind. Die Ausbaustufe umfaßt darüber hinaus noch den Vermittlungs- und Suchmarkt, der als Blockhandelsfunktionalität vorgesehen ist.

3. Auswirkungen des elektronischen Börsenhandels auf Investoren und Intermediäre

3.1 Transparenz und Standortunabhängigkeit

Die Transparenz des Orderbuchs und der Handelsaktivitäten ist für die Investoren bzw. Intermediäre zum Zeitpunkt der Wertpapierauftragserteilung von zentraler Bedeutung, da ein offenes Orderbuch (Abbildung 4) eine standortunabhängige Bereitstellung von aktuellen Marktinformationen und hierdurch verschiedene Ansatzpunkte für Verbesserungen im Wertpapiergeschäft ermöglicht.

Ein offenes Orderbuch erhöht die Ausführungswahrscheinlichkeit der Wertpapieraufträge von Investoren, da die Anleger vor Abgabe ihrer Orders einen Überblick über die aktuelle Marktlage erhalten und somit eine exaktere Orderlimitierung vornehmen können. Die Investoren erhalten durch das offene Orderbuch einen Einblick in die gesamte Geld- und Briefseite – die sogenannte Markttiefe – des Orderbuchs (Limite und die je Limit kumulierten Kauf- und Verkaufsvolumina). Die Markttiefe gibt den Investoren eine Indikation, wieviele Stücke einer Aktie zu welchem durchschnittlichen Preis maximal ge- oder verkauft werden können. Insbesondere bei weniger liquiden Wertpapieren, die zumeist eine geringe Markttiefe aufweisen, ist es für die Investoren wichtig, ihre Auftragsvolumina an die aktuelle Orderbuchlage anzupassen, um einen starken Angebots- oder Nachfrageüberhang mit den daraus resultierenden Preisveränderungen zu vermeiden. Die hohe Markttransparenz ist ein wesentlicher Vorteil gegenüber dem Parketthandel, der nur den mit der Kursfeststellung beauftragten Maklern einen Einblick in die Orderbücher gewährt.

Der im Parketthandel noch häufig anzutreffende Ordertyp „Market Order" (preislich unlimitierter Wertpapierauftrag), der zur Erhöhung der Ausführungswahrscheinlichkeit eingesetzt wird, ist in elektronischen Handelssystemen grundsätzlich nicht mehr erfor-

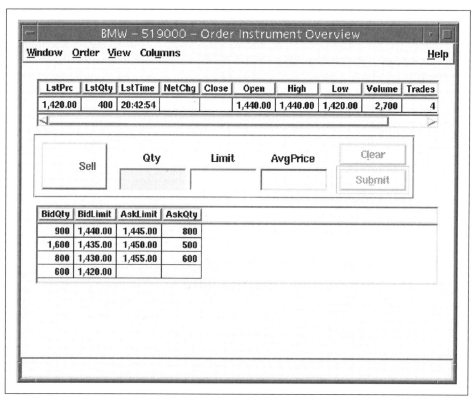

Abbildung 4: Offenes Orderbuch in der Xetra-Börsenanwendung (Stand 28. 11. 97)

derlich. Durch ein offenes Orderbuch im elektronischen Handel können die Investoren ihre Limitierung relativ eng an den vorliegenden Geld- und Brief-Limiten ausrichten, ohne die Ausführungswahrscheinlichkeit zu verringern. Der Verzicht auf den Ordertyp Market Order vermeidet das ordertypspezifische Risiko, in Relation zum vorherigen Preis wesentlich teurer zu kaufen bzw. billiger zu verkaufen. Die exaktere Orderlimitierung erhöht gleichzeitig die Qualität der ermittelten Preise.

Die mit einem offenen Orderbuch insbesondere für die Investoren und die Börsenaufsicht verbundene, eindeutige Nachvollziehbarkeit der Preisbildungsprozesse leistet ferner einen Beitrag zur Förderung der Aktienkultur, indem sie das Vertrauen in die Anlageform Aktie erhöht und somit die Basis dafür schafft, daß die Märkte mehr Liquidität anziehen. Die vertrauensbildenden Maßnahmen sind vorrangig für ausländische Investoren, die nicht über eine eigene Präsenz vor Ort verfügen, von essentieller Bedeutung, da sie die Aktivitäten am Parketthandel mit dem Informationsmonopol der Kursmakler und deren Ermessensspielraum bei der Preisfeststellung nur schwer nachvollziehen können. Es ist daher zu erwarten, daß diese Investoren zukünftig verstärkt die Möglichkeit zur standortunabhängigen Handelsteilnahme nutzen, wodurch die Marktliquidität und die Ausführungswahrscheinlichkeit von Orders erhöht sowie die Qualität der Börsenpreise verbessert wird, was letztlich dem Interesse alle Handelsteilnehmer entspricht.

Durch die Einführung von Xetra ist auch bei weniger liquiden Aktien ein Anstieg der Liquidität zu erwarten. Im Handel dieser Wertpapiere haben insbesondere Betreuer, die der Leistungskontrolle seitens der Deutsche Börse AG unterliegen, eine herausragende Funktion. Falls keine (aktuellen) Kauf- und/oder Verkaufsorders im Orderbuch eines Wertpapiers vorliegen, können die Marktteilnehmer standortunabhängig die Betreuer mittels eines *Quote Request* auffordern, durch das Stellen von Geld-/Brief-Limiten für Preisindikationen zu sorgen und Handelsmöglichkeiten zu schaffen. Eine derartige Verpflichtung der Betreuer reduziert die Kosten der Investoren für die Kontrahentensuche. Da das Betreuerkonzept mehrere, miteinander konkurrierende Intermediäre pro Wertpapier zuläßt, sind – im Falle mehrerer Betreuer – ebenfalls niedrigere Transaktionskosten in Form von engeren Geld-/Brief-Spannen im Vergleich zum Parketthandel zu erwarten, wo nur ein mit der Kursfeststellung beauftragter Makler pro Wertpapier zugelassen ist.

Ein transparenter Wertpapierhandel ermöglicht den Banken eine stärkere Differenzierung hinsichtlich der Ausgestaltung ihrer Vertriebskanäle. Einerseits kann die Qualität der Wertpapierberatung in den Filialen vor Ort durch die standortunabhängig verfügbaren, aktuellen Marktinformationen aus dem offenen Orderbuch signifikant erhöht werden.[14] Andererseits können die Banken aber auch den Kunden, die ihre Wertpapierauftragserteilung primär via Electronic Banking vornehmen, aktuelle handelsrelevante Orderbuchinformationen in elektronischer Form zur Verfügung stellen. Es ist zu erwarten, daß insbesondere Discount Broker die Vorteile von elektronischen Börsensystemen nutzen und somit ihren Kunden aktuelle Marktinformationen neben preiswerten Wertpapierdienstleistungen zur Verfügung stellen werden. Im Bereich der Call Center dieser Häuser ist z.B. die Möglichkeit der unverzüglichen Ausführung von Kundenaufträgen auf Basis des elektronisch angezeigten, offenen Orderbuchs und der schnelle Erhalt der Geschäftsbestätigung für den gegebenenfalls am Telefon wartenden Kunden ein entscheidender Wettbewerbsfaktor.

3.2 Geschäftspotentiale, Prozeßverbesserungen und Kostenreduktion

Die Investoren haben hinsichtlich der Wertpapierauftragserteilung zwei Möglichkeiten, um ihre Orders via Xetra ausführen zu lassen. Die Orders können entweder im weitestgehend ganztägig verfügbaren fortlaufenden Handel (bei vollkommener Markttransparenz und Sofortigkeit der Ausführung) oder in einer bestimmten Auktion (ohne die im fortlaufenden Handel erforderliche Mindestauftragsgröße und die Bildschirmpräsenz des Händlers) ausgeführt werden. Der Spielraum der Investoren zur Umsetzung von Handelsstrategien wird insbesondere durch die ganztägige Verfügbarkeit des fortlaufenden Handels erweitert (z.B. Ausnutzung von untertägigen Marktbewegungen durch In-

---

[14] Der transparente Börsenhandel hat allerdings auch steigende Anforderungen an die Wertpapierberater vor Ort zur Folge, da diese die Handelsinformationen interpretieren müssen, ohne über eine Händlerausbildung zu verfügen.

traday Trading). Die hieraus resultierende Chance zur Ausweitung des Geschäftsvolumens im Kommissionsgeschäft zwingt die Intermediäre allerdings zur Sicherstellung einer ganztägigen Ausführbarkeit von Wertpapieraufträgen, wofür entsprechende ablauforganisatorische Vorkehrungen zu treffen sind (z.B. hinsichtlich der Servicezeiten im Kundenverkehr).

Neben den organisatorischen Veränderungen ist im Wertpapierbereich und in der -beratung vor Ort hinsichtlich der personellen Kapazitäten zu überprüfen, inwieweit diese aufgrund der zu erwartenden Geschäftsausweitung zu modifizieren sind. Parallel zur Veränderung der Ablauforganisation sowie der personellen Kapazitäten wird der forcierte Ausbau der durch Electronic Banking angebotenen Produkt- und Dienstleistungspalette eine weitere Konsequenz des Einsatzes von elektronischen Börsensystemen sein.

Die Einführung von elektronischen Handelssystemen kann darüber hinaus zur Erschließung von zusätzlichen Geschäftspotentialen genutzt werden, indem die Intermediäre Betreueraufgaben in Mid- und Small-Caps übernehmen. So haben z.B. die Emissionshäuser die Möglichkeit, im Investment Banking die Betreuertätigkeit als zusätzliche Dienstleistung gegenüber den Emittenten zu vermarkten. Es ist zu erwarten, daß neben Emissionshäusern auch kleine Wertpapierdienstleistungsunternehmen – sogenannte Locals – als Betreuer für einzelne Aktien oder Branchen am Markt auftreten werden, um zusätzliche Geschäftserträge zu generieren.

Durch die Möglichkeit zur internationalen Vernetzung von elektronischen Handelssystemen können die Intermediäre ferner den zeitzonen- bzw. länderübergreifenden Handel intensivieren, wodurch ihre Geschäftsbasis erheblich erweitert würde. Eine zunehmende Internationalisierung des Handels ist dringend erforderlich, da z.B. die Bedeutung von nationalen Benchmarks (DAX, CAC 40, FT-SE 100 etc.) zugunsten von entsprechenden europäischen Indices (wie etwa Dow Jones Euro STOXX 50) abnehmen wird.

Das elektronische Handelssystem Xetra bietet den Intermediären allerdings nicht nur Möglichkeiten zur Erschließung von zusätzlichen Geschäftspotentialen, sondern fordert sie in einigen Bereichen auch heraus, ihr aktuelles Geschäftsvolumen zu erhalten. Letzteres gilt insbesondere für Transaktionen mit institutionellen Investoren und Instituten des Sparkassen- bzw. Genossenschaftssektors. In diesen Geschäftssegmenten wird die Qualität der von Intermediären angebotenen Dienstleistungen ein wesentlicher Entscheidungsfaktor dafür sein, ob die Kunden zukünftig eine eigene Zulassung zum Börsenhandel beantragen. Es ist daher zu erwarten, daß die Intermediäre ihr Dienstleistungsangebot hinsichtlich Kostenstruktur, Effizienz der Wertpapierauftragsübermittlung und -abwicklung sowie Qualität bzw. Umfang der bereitgestellten Marktinformationen optimieren werden, um ein Abwandern der Kunden zu vermeiden. Trotzdem werden vermutlich insbesondere einige Sparkassen und Genossenschaftsbanken die Frage der eigenen Börsenmitgliedschaft überprüfen. Im Rahmen einer derartigen Prüfung sind die mit einer Börsenmitgliedschaft verbundenen Investitions- und Betriebskosten zu bewerten, der hieraus resultierende Reputationsgewinn zu beurteilen sowie die gesetzlichen Auflagen[15] zu beach-

---

[15] Vgl. Beck, H. (1998).

ten. Die Sparkassen und Genossenschaftsbanken müssen ferner analysieren, ob sie die erforderliche kritische Geschäftsgröße von ca. 20000 Orders pro Jahr mit einer durchschnittlichen Ordergröße von ca. 20000,- DM erreichen[16] und ob sie auf die im Falle einer direkten Börsenteilnahme entfallenden, zumeist nicht in Rechnung gestellten Dienstleistungen der jeweiligen Zentralinstitute (z.B. Research-Informationen für die Wertpapierberatung) verzichten können oder ein externer Einkauf derartiger Leistungen wirtschaftlich ist.

Neben den Auswirkungen auf das Geschäftspotential schafft das elektronische Handelssystem Xetra durch seine offene Schnittstelle die Basis für umfangreiche Prozeßverbesserungen im Front- und Back-Office-Bereich der Intermediäre. Die offene Schnittstelle ermöglicht eine direkte, elektronische Anbindung von Front-Office-Systemen an die Xetra-Handelsplattform. Als Front-Office-Systeme kommen z.B. Basket Trader, Positionsführung und Quote Machines[17] in Frage. Eine adäquate Ausgestaltung der Front-Office-Bereiche von Intermediären kann eine erhebliche Arbeitsentlastung im Wertpapierhandel aufgrund von verstärkter Automation bewirken.

Im Back-Office-Bereich der Intermediäre können Prozeßverbesserungen realisiert werden, indem z.B. die Wertpapierabwicklung auf Basis der von Xetra elektronisch übermittelten Geschäftsbestätigungen sofort nach der Ausführung von Orders erfolgt. Eine derartig ausgestaltete Abwicklung weist eine starke Verringerung der Medienbrüche in der Prozeßkette auf, so daß ein wesentlich geringerer manueller Abstimmungsbedarf als im Parketthandel erforderlich ist (z.B. entfällt der Abgleich von Schlußnotendaten mit den manuell in das bankinterne Abwicklungssystem eingegebenen Informationen). Durch die stärkere Automatisierung der Abwicklungsprozesse können beträchtliche Kostensenkungspotentiale erschlossen werden.

Für die Investoren wirken sich die Vorteile des elektronischen Handels primär bei der Ausführung ihrer Wertpapieraufträge in Form von Prozeßverbesserungen und reduzierten Kosten aus. Die mit dem elektronischen Handel verbundenen Real-Time-Prozesse erhöhen die Ausführungsgewißheit, indem den jeweiligen Marktteilnehmern elektronische Empfangs- bzw. Geschäftsbestätigungen unverzüglich nach der Einstellung bzw. Ausführung von Orders zugeschickt werden. Die Intermediäre können den Investoren daher zeitnah mitteilen, zu welchem Preis ihre Wertpapieraufträge ausgeführt wurden. Die Investoren erhalten hierdurch die Möglichkeit, schneller und zielgerichteter zu disponieren sowie ihre Transaktionskosten zu reduzieren (indem sie z.B. im Falle einer Teilausführung einen neuen Wertpapierauftrag umgehend plazieren). Da der elektronische Handel ohne die Einschaltung von Maklern erfolgt, wird den Investoren zudem keine Courtage wie im Parketthandel in Rechnung gestellt. Dieser transaktionskosten-

---

[16] Basiert auf eigenen Berechnungen. Erst mit Erreichen dieser Größenordnungen entsprechen die Kosten einer direkten Börsenteilnahme annähernd den Kosten einer mittelbaren Teilnahme über das jeweilige Zentralinstitut, wobei die zusätzlichen geldwerten Vorteile aus dieser Partnerschaft (z.B. Economies of Scale aus der gemeinsamen Nutzung der IT-Infrastruktur) unbewertet bleiben.
[17] Quote Machines können z.B. zur automatischen Ordergenerierung im Zuge der Umsetzung von Handelsstrategien eingesetzt werden, die auf Arbitragegeschäfte zwischen dem elektronischen Kassa- und Terminhandel ausgerichtet sind.

senkende Effekt wird noch durch das Preis- und Gebührenmodell der Deutsche Börse AG verstärkt, das zur Unterstützung einer positiven Entwicklung der Aktienkultur in Deutschland vor allem den Interessen der Privatanleger mit einem börsenseitig erhobenen Geschäftspreis von 3,- DM für Ordergrößen bis ca. 10000,- DM gerecht wird.[18]

Literaturhinweis

BECK, H., Das neue elektronische Handelssystem Xetra der Frankfurter Wertpapierbörse, in: Wertpapiermitteilungen – Zeitschrift für Wirtschafts- und Bankrecht, 1998, Nr. 9, S. 417–430.
BRAUE, C./HILLE, L., Xetra – Elektronisches Handelssystem am Finanzplatz Deutschland, in: Die Bank, 1997, Nr. 3, S. 140–145.
Deutsche Börse AG (1997a), Xetra Marktmodell Aktien, börslich gehandelte Optionsscheine und Renten, Informationsschrift für Marktteilnehmer, Frankfurt/M. 1997.
Deutsche Börse AG (1997b), Xetra Releasebeschreibung, Version 1.3 – High Level, Informationsschrift für Marktteilnehmer, Frankfurt/M. 1997.
Deutsche Börse AG (1997c), Xetra – Technische Beschreibung Release 1 und 2, Version 2.0, Informationsschrift für Marktteilnehmer, Frankfurt/M. 1997.
Deutsche Börse AG (1997d), Xetra – Das elektronische Handelssystem für den Kassamarkt/Release 2. Handeln verändern, Informationsschrift für Marktteilnehmer, Frankfurt/M. 1997.
GERARD, P./WILD, R. G., Die Virtuelle Bank oder „Being Digital", in: Wirtschaftsinformatik, 1995, Nr. 6, S. 529–538.
KESSLER, J.-R., Wertpapiertechnik, Geschäftsabwicklung und Wertpapierverwaltung, 2. überarb. Aufl., Hamburg 1994.
MATTERN, F./SEIFERT, W. G./STREIT, C. C./VOTH, H.-J., Aktie, Arbeit, Aufschwung, Frankfurt/M. 1997.
PISCHULTI, H., Mehr oder weniger Beratungsleistung, in: Frankfurter Allgemeine Zeitung, 1998, Nr. 52, Verlagsbeilage: Die Bank der Zukunft, S. B 7.
United States Securities and Exchange Commission (Hrsg.), Market 2000 Analysis, New York 1994.
SCHWARTZ, R. A. (Hrsg.), Global Equity Markets – Technological, Competitive and Regulatory Challenges, New York 1995.
WALLSTABE-WATERMANN, B., Discount Broker. „Wir explodieren – aber in Zeitlupe", in: Börse Online, 1998, Nr. 13, S. 12–20.

---

[18] Vgl. Deutsche Börse AG (1997d), S. 24ff.

Jürgen Blitz

Das nationale und internationale Clearing von Wertpapiergeschäften

1. Aufgaben der Deutsche Börse Clearing AG
2. System zur Abwicklung des Inlandsgeschäfts
    2.1 Auftragsarten
    2.2 Börsliche und außerbörsliche Transaktionen
    2.3 Steuerung der Geschäftsabwicklung
    2.4 Weitere CASCADE-Funktionen
    2.5 Geldclearing
3. System zur Abwicklung des Auslandsgeschäfts
4. Kapitaldienste und Kapitalveränderungen
5. Wertpapierleihe Inland
6. Neue Produkte der Deutsche Börse Clearing AG
7. Zukünftige IT-Plattform

1. Aufgaben der Deutsche Börse Clearing AG

Die Deutsche Börse Clearing AG ist ein Spezialkreditinstitut für die effiziente Verwahrung von Wertpapieren sowie die schnelle und sichere Abwicklung von börslichen und außerbörslichen Handelsgeschäften in in- und ausländischen Wertpapieren. Außerdem fungiert das Institut als globaler (Zwischen-)Verwahrer von ausländischen Wertpapieren in 38 verschiedenen Ländern. Sie bedient sich hierzu zahlreicher Verwahrbanken im Ausland. Durch die enge gesellschaftsrechtliche und organisatorische Verbindung mit der Deutsche Börse AG erhalten Banken und Finanzdienstleistungsunternehmen eine Reihe wertpapierbezogener Dienstleistungen aus einer Hand.

Die Deutsche Börse Clearing verwahrt für rund 400 Kunden über 90 % der in Deutschland emittierten Rentenwerte und rund 75 % der deutschen Aktien in ihren Tresoren (Girosammelverwahrung). Hinzu kommen verschiedene ausländische Wertpapiere und eine große Zahl von inländischen Investmentanteilen. Der Kurswert dieser Wertpapiere summierte sich Ende März 1998 auf 7,3 Billionen DM. Desweiteren werden ausländische Wertpapiere mit einem Kurswert von 115 Milliarden DM weltweit bei über 30 Verwahrbanken verwahrt. Der Girosammelbestand besteht aus 55000 Wertpapiergattungen, im Ausland werden 16500 Gattungen in Wertpapierverrechnung verwahrt. Über 190000 buchungsmäßige Wertpapierlieferungen im Tagesdurchschnitt (einseitig gezählt) mit einem steigenden Anteil an grenzüberschreitenden Transaktionen verdeutlichen die hohe Umschlagsgeschwindigkeit der bei der Deutschen Börse Clearing verwahrten Wertpapierbestände. Ziel ist es, sinkende Stückkosten über niedrige Depot- und Umsatzentgelte direkt an die Kunden weiterzugeben. Als zentrale Abwicklungsplattform für im Inland bzw. im Ausland verwahrte Wertpapiere dienen die Systeme CASCADE und OLGA. Diese werden im folgenden dargestellt.

2. System zur Abwicklung des Inlandsgeschäfts

Das System CASCADE *(Central Application for Settlement, Clearing and Depository Expansion)* dient der zentralen Abwicklung des DM-Inlandsgeschäfts. Es umfaßt Auftragserteilung, Matching, Settlement-Dienst und Regulierung für Wertpapiere und Geld zur Abwicklung sowohl des börslichen als auch des außerbörslichen Geschäfts. Es steht den Kunden von 7.30 Uhr bis 19.00 Uhr für Geschäftseingaben und Informationsdienstleistungen zur Verfügung.

2.1 Auftragsarten

Für die Abwicklung von Wertpapiergeschäften stehen drei Auftragsarten zur Verfügung:
- Standard (STD) – heute per morgen,
- Same-Day Settlement (SDS) – gleichtägige Abwicklung,

- Real-Time Settlement (RTS) – sofortige Abwicklung für größere und besonders zeitkritische Aufträge.

Die Matching-Funktion ermöglicht den frühzeitigen Abgleich der von den beiden Kontrahenten eingegebenen Geschäftsdaten. Sie stellt sicher, daß die Abwicklungsmodalitäten den Vereinbarungen zwischen den Kontrahenten genau entsprechen. Die Zug-um-Zug-Abwicklung bei Aufträgen „Lieferung gegen Zahlung" (L/Z) gewährleistet, daß der Käufer die Wertpapiere nur dann erhält, wenn er gleichzeitig den vereinbarten Gegenwert bezahlt. Durch die L/Z-Abwicklung wird das Erfüllungsrisiko nahezu vollständig ausgeschaltet.

Zwei Kommunikationswege können für den Zugang zu CASCADE genutzt werden: Online-Eingabe über Terminal und elektronische Datenübertragung *(File Transfer)*. Auftragsdaten aus den Inhouse-Systemen der Kunden werden mittels standardisierten Datenformaten (S.W.I.F.T.-MT52x)[1] in das CASCADE-System übertragen.

2.2 Börsliche und außerbörsliche Transaktionen

CASCADE bietet auf einer Plattform die Abwicklungsfunktionalitäten sowohl für das börsliche, als auch das außerbörsliche Geschäft. Bei der Auftragserteilung über Terminaleingabe wird zwischen Erfassungs- und Auftragsstatus unterschieden, um das Vier-Augen-Prinzip zu wahren. Nach Erfassung durch die erste Person befindet sich ein Auftrag im Erfassungsstatus. Wird dieser anschließend durch eine zweite Person kontrolliert und damit freigegeben, gelangt er in den Auftragsstatus und ist gültig an die Deutsche Börse Clearing erteilt. Bei der Auftragserteilung via elektronischen Datenaustausch obliegt es dem Auftraggeber, bei der Datenerfassung in seinem Haus das Vier-Augen-Prinzip sicherzustellen, da diese Aufträge sofort in den Auftragsstatus gelangen.

Alle L/Z-Aufträge sind vom Empfänger der Lieferung in Form einer Match-Instruktion zu bestätigen, bevor sie am Erfüllungstag disponiert werden. Hierdurch wird sichergestellt, daß zwischen den Kontrahenten Übereinstimmung bezüglich der Match-Kriterien wie beispielsweise Wertpapiergattung, Nominalbetrag und Gegenwert besteht. Bei Aufträgen frei von Zahlung ist kein Matching erforderlich.

Auch die Abwicklung von Börsengeschäften ist in das CASCADE-Online-System integriert. Somit steht den Kunden für die Bearbeitung von börslichem und außerbörslichem Geschäft eine einheitliche Benutzeroberfläche zur Verfügung. Eine separate Erfassung und Kontrolle der Börsengeschäfte ist nicht erforderlich. Diese werden über eine spezielle Schnittstelle von den Handelssystemen Xetra, BOSS-CUBE, IBIS-R und DTB über das Börsenabrechnungssystem BÖGA automatisch an CASCADE geleitet.[2] Dort gelangen sie direkt in den Auftragsstatus und können vom Verkäufer für die Belieferung freigegeben oder gesperrt werden.

---

[1] MT = Message Type.
[2] Vgl. Hille, L./Braue, C. (Beitrag in diesem Buch).

2.3 Steuerung der Geschäftsabwicklung

Die CASCADE-Kunden können zwischen den Settlement-Arten STD, SDS und RTS wählen. Der Settlement-Dienst von CASCADE ermöglicht es sowohl den Empfängern als auch den Auftraggebern, Aufträge mit einer Sperre zu belegen. Diese bewirkt, daß der Auftrag nicht zur Disposition weitergeleitet wird. Die Freigabe eines Auftrags kann nur durch den Kontrahenten erfolgen, der die Sperre gesetzt hat.

Bei Börsengeschäften wird – abhängig von dem vom Verkäufer gewählten Verfahren – bei der Überleitung aus den Handelssystemen standardmäßig eine Settlement-Sperre gesetzt (Positivverfahren) oder der Auftrag ohne Settlement-Sperre in CASCADE eingestellt (Negativverfahren). Beim Positivverfahren gibt der Verkäufer jedes zu beliefernde Geschäft einzeln frei. Beim Negativverfahren kann der Verkäufer einzelne Positionen sperren und damit von der Regulierung zurückhalten.

Aufträge werden automatisch an die Wertpapierdisposition weitergeleitet, wenn der Valutatag erreicht ist und keine Settlement-Sperre besteht sowie außerbörsliche Transaktionen gematcht wurden. Bei erfolgreicher Disposition werden die Wertpapiere dem Käufer gutgeschrieben, sobald die Gegenwerte Zug um Zug über die LZB verrechnet wurden. Bei der Massendisposition wird eine Vielzahl von Aufträgen, die bis zu einem bestimmten Zeitpunkt gültig erteilt wurden, gleichzeitig verarbeitet. Pro Valutatag gibt es derzeit zwei Arten der Massendisposition:

- *Standard-Settlement* (STD) für Aufträge, die bereits am Vorabend des vereinbarten Settlement-Tages eingestellt werden konnten und daher nicht zeitkritisch sind. Die Verarbeitung erfolgt mit Valuta „per nächstem Arbeitstag".
- *Same-Day Settlement* (SDS) für Aufträge, die in der vorangegangenen Sofortdisposition nicht reguliert werden konnten. SDS-Massendispositionen laufen zweimal täglich: 10.00 Uhr bis 10.15 Uhr und 12.45 Uhr bis 13.00 Uhr.

Bei der Sofortdisposition wird jeder Auftrag wertpapierseitig einzeln und sofort verarbeitet. Diese Settlement-Art steht tagsgleich in zwei Zyklen (1. SDS und 2. SDS) von 7.00 Uhr bis 12.45 Uhr zur Verfügung. Alle zwischen 7.00 Uhr und 12.45 Uhr freigegebenen Aufträge werden bei ausreichender Deckung in dieser Verarbeitung einzeln und sofort disponiert. Zusätzlich fließen automatisch alle Geschäfte ein, die am Vorabend im Standard-Settlement nicht disponiert werden konnten. Die Geldverrechnung der Geschäfte aus STD und 1. SDS findet in der Zeit von 10.20 Uhr bis 11.30 Uhr über eine elektronische Schnittstelle zu den Landeszentralbanken statt. Die 2. Geldverrechnung der Geschäfte aus der 2. SDS läuft in der Zeit von 13.15 Uhr bis 14.15 Uhr.

Eine gleichtägige Abwicklung kann auch im Rahmen des RTS mit Gegenwertverrechnung geschehen. Es erfolgt eine sofortige Disposition der Stücke mit unmittelbar anschließender Geldverrechnung über den Elektronischen Schalter (ELS) der Landeszentralbanken. RTS-Aufträge mit Gegenwertverrechnung sind ab einem Gegenwert von 50 TDM möglich. RTS ohne Gegenwert kann unabhängig von Mindestbeträgen angewendet werden. Es ist zum Beispiel dann die richtige Settlement-Art, wenn der Stückeeingang ohne Gegenwert noch gleichtägig im Rahmen eines RTS-Geschäfts mit Gegenwert weiterverfügt werden soll.

2.4 Weitere CASCADE-Funktionen

Neben der Geschäftsabwicklung und dem Effektengiroverkehr bietet CASCADE auch Funktionen für die Bearbeitung effektiver Wertpapiere. Elektronische Aufträge zur Ein- und Auslieferung von physischen Wertpapieren lösen zunehmend die bisher beleggebundene Auftragserteilung ab. Neben einem deutlichen Rationalisierungseffekt bedeutet dies vor allem eine Erhöhung der Sicherheit, da die einzelnen Stücke schon bei der Erfassung maschinell auf Lieferbarkeit (Oppositionen, Aufgebotsverfahren, Zahlungssperren) geprüft werden.

Anfang 1997 wurden die ersten vinkulierten Namensaktien in die Girosammelverwahrung einbezogen; die kostenintensive physische Belieferung der Wertpapiergeschäfte wird somit sukzessiv abgeschafft. Das eröffnete den Nutzern von CASCADE ein erhebliches Kosteneinsparungspotential. Die Dienstleistung *Delivery Repo* ermöglicht eine vereinfachte Abwicklung und Terminüberwachung von Repo-Geschäften durch die Deutsche Börse Clearing.

2.5 Geldclearing

Die aus der Regulierung von Wertpapiergeschäften, Kapitaldiensten (z.B. Zinsen, Dividenden, Kapitalrückzahlungen) und anderen Dienstleistungen (z.B. Zahlstellenprovisionen, Dienstleistungsentgelte, Maklercourtage) resultierenden Zahlungsvorgänge werden über die Konten der beteiligten Parteien bei den Landeszentralbanken verrechnet. Die Abrechnung über Zentralbankguthaben garantiert die finale Erfüllung aller Verpflichtungen im Zusammenhang mit Dienstleistungen der Deutsche Börse Clearing AG.

3. System zur Abwicklung des Auslandsgeschäfts

Die Deutsche Börse Clearing AG wickelt ferner grenzüberschreitende Geschäfte mit ausländischen Zentralverwahrern und Clearing-Organisationen ab. Entsprechende Depot- und Kontoverbindungen mit elektronischem Datenaustausch bestehen derzeit mit Euroclear in Brüssel, CEDEL in Luxemburg, OeKB in Österreich, SEGA in der Schweiz, SICOVAM in Frankreich, DTC in den USA und der niederländischen NECIGEF.[3]

---

[3] CEDEL = Centrale de Livraison de Valeurs mobilières SA
OeKB = Oesterreichische Kontrollbank AG
SEGA = Schweizerische Effekten-Giro AG
SICOVAM = Société Interprofessionelle pour la Compensation des Valeurs Mobilièrs
DTC = The Depository Trust Company
NECIGEF = Nederlands Centraal Instituut voor Giraal Effectenverkeer B.V.

Die Abwicklung von ausländischen Wertpapiergeschäften in derzeit 38 Ländern wird im System OLGA *(Online-Geschäftsabwicklung)* vorgenommen. Es soll in das CASCADE-System integriert werden, um den Kunden eine einheitliche Plattform für die gesamte Abwicklung zu bieten. Der Nachrichtenaustausch zwischen der Deutsche Börse Clearing und ausländischen Korrespondenzbanken erfolgt mittels standardisierter Nachrichtenformate. Für Wertpapierüberträge mit und ohne Gegenwert wird der S.W.I.F.T.-MT580 und für Settlement-Bestätigungen der MT53x verwendet. Zur Abwicklung von Wertpapiergeschäften im Ausland führt die Deutsche Börse Clearing Geldkonten in DM und in allen Währungen, die ihre ausländischen Korrespondenzbanken betreffen. Die Kunden verfügen über ihre Fremdwährungsguthaben mittels Zahlungsaufträgen. Bei den Aufträgen und Rückbestätigungen finden die S.W.I.F.T.-MT200, -MT202 und -MT210 Anwendung. Die Kunden können bei Gut- und Lastschriften zwischen der jeweiligen Fremdwährung und DM wählen (ständige Weisungen). Für Konvertierungen von Devisen wird der S.W.I.F.T.-MT300 verwendet. Elektronische Geldkontoauszüge stellt die Clearing AG ihren Kunden im S.W.I.F.T.-MT950 zur Verfügung. Eine Disposition über Geldsalden ist damit frühest möglich.

4. Kapitaldienste und Kapitalveränderungen

Die Deutsche Börse Clearing AG sorgt dafür, daß fällige Erträge und sonstige Ausschüttungen sowie Rückzahlungen auf Anleihen ihren Kunden valutengerecht vergütet werden. Sie zieht die Ertragsgegenwerte bei den Emittenten bzw. deren Zahlstellen am Fälligkeitstag ein. Bei im Ausland verwahrten Wertpapieren übernehmen die ausländischen Verwahrbanken diese Funktion. Im Rahmen von Kapitalveränderungsmaßnahmen wie Kapitalerhöhungen, Umtauschangebote, Optionsausübungen etc. erbringt das Clearing-Institut zahlreiche Dienstleistungen. Hierfür stehen jeweils spezielle DV-Anwendungen zur Verfügung.

5. Wertpapierleihe Inland

Die Deutsche Börse Clearing AG tritt bei der Leihe als Vermittler (Agent) auf und stellt darüber hinaus die gesamte Abwicklung der Leihegeschäfte über das CASCADE-System sicher. Verleiher haben die Auswahl, ob sie als gelegentliche Verleiher, die die Deutsche Börse Clearing bei Bedarfsfällen anspricht, auftreten möchten oder als automatische Verleiher, deren verleihbare Bestände ohne Rückfrage durch die Deutsche Börse Clearing verliehen werden können. Der Wertpapierleihe-Service umfaßt alle im DAX enthaltenen Aktien und wichtige Nebenwerte, alle amtlich notierten Rentenwerte und weitere Wertpapiere, deren Handelsvolumen den Kunden der Deutschen Börse Clearing eine Leihe wünschenswert erscheinen lassen.

Die elektronische Anzeige des kumulierten Verleiheangebots aller automatischen Verleiher für jede Wertpapiergattung auf der Angebotsseite und die Anzeige der kumulierten Entleihenachfrage für jede Wertpapiergattung auf der Nachfrageseite schaffen die notwendige Markttransparenz. Die tägliche Bewertung der offenen Leihegeschäfte sowie die Einbeziehung und Verwaltung angemessener Sicherheitsleistungen durch die Deutsche Börse Clearing sorgen für eine vollständige Abdeckung aller mit der Leihe verbundenen Risiken.

6. Neue Produkte der Deutsche Börse Clearing AG

An neuen Produkten werden zukünftig die folgenden drei Services angeboten:

- *Grenzüberschreitende Abwicklung mit TARGET:* Das System TARGET wird die Echtzeit-Bruttozahlungsverkehrssysteme der EU-Zentralbanken derjenigen Länder verbinden, die an der dritten Stufe der EWU teilnehmen.[4] Grenzüberschreitende Wertpapiergeschäfte zwischen den europäischen Zentralverwahrern können dann mittels Geldzahlungen in TARGET zwischen den Zentralverwahrern endgültig und unwiderruflich erfüllt werden.

- *TRUST-Real-Time Gross Settlement:* Bereits heute bietet die Deutsche Börse Clearing ihren Kunden die Möglichkeit, Wertpapiere mit und ohne Gegenwertverrechnung im Real-Time Settlement (RTS) unwiderruflich und endgültig auf das Depot ihres Kontrahenten zu übertragen. Um das Rückabwicklungsrisiko auch im Rahmen der Massenverarbeitungszyklen auszuschließen, arbeitet die Deutsche Börse Clearing zusammen mit der Deutschen Bundesbank und den Landeszentralbanken an einem neuen Real-Time Gross Settlement-(RTGS-)Buchungsverfahren, das eine unwiderrufliche, sofortige und endgültige Übertragung von Wertpapieren gegen Geld ermöglicht. TRUST *(True Settlement)* steht für die Einführung eines Echtzeit-Brutto-Settlement. Zukünftig werden die Geschäfte im Gegensatz zum heutigen Nettingverfahren einzeln realtime und final erfüllt und damit Erfüllungsrisiken gänzlich ausgeschlossen. Ergänzt wird dieses Settlement-System um ein Informationssystem, das jederzeit Auskunft über den Status des Erfüllungsprozesses gibt.

- *Collateral Management Service:* Bisher bietet die Deutsche Börse Clearing Verwahrdienstleistungen für das Collateral Management der Deutschen Bundesbank bei Lombardfazilitäten, für Margin-Leistungen zugunsten der DTB Deutsche Terminbörse und bei Wertpapierleihe-Geschäften zwischen Marktteilnehmern an. Die Deutsche Börse Clearing plant, diesen Service künftig auf weitere risikotragende Geschäftsarten auszudehnen und für jeden Kunden einen zentralen Sicherheitenpool einzurichten, der zur effizienten Absicherung von wertpapier- bzw. geldgesicherten Transaktionen dient. So kann beispielsweise eine Überdeckung in einer Geschäftsart unverzüglich zum

---

[4] Vgl. Hartmann, W. (Beitrag in diesem Buch).

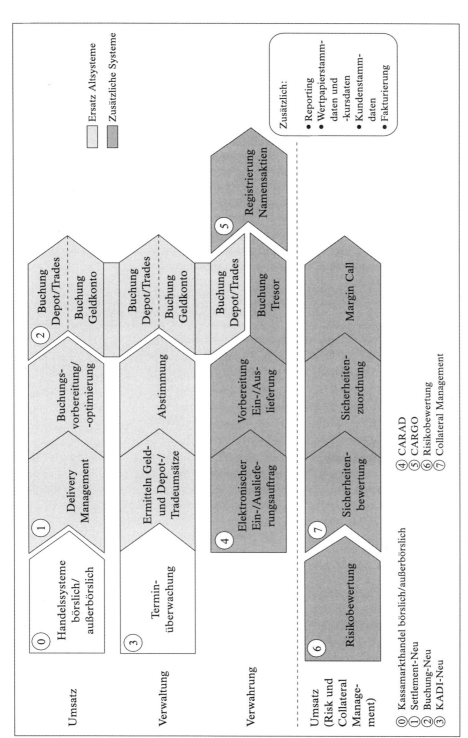

Abbildung 1: Kernprozesse und zukünftige Basissysteme

Ausgleich einer Unterdeckung in einer anderen Geschäftsart verwendet werden. Für die Verwaltung der in den Sicherheitenpool eingestellten Wertpapiere und deren Zuordnung zu den risikotragenden Geschäften entwickelt die Deutsche Börse Clearing AG derzeit ein neues DV-System.

7. Zukünftige IT-Plattform

Neue Marktanforderungen und die Konsolidierung der vorhandenen DV-Systeme waren Gegenstand eines Projekts. Dabei wurden vor allem die Kernprozesse und die künftigen Basissysteme als Blue Print definiert und eine Anwendungsarchitektur entwickelt. Die vier Kernprozesse Umsatz, Verwaltung, Verwahrung sowie Risk und Collateral Management werden zukünftig durch sieben Basissysteme abgebildet (Abbildung 1). Einen Überblick zur Anwendungszielarchitektur gibt Abbildung 2.

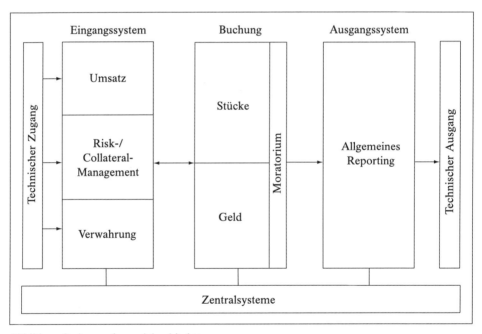

Abbildung 2: Anwendungszielarchitektur

Stephen Schapp

Zahlungstransaktionen am elektronischen Marktplatz

1. Elektronische Marktplätze
   1.1 Eine europäische Vision
   1.2 Entwicklung von Bankdienstleistungen
2. Zahlungstransaktionen
   2.1 Die Klassifizierung von Zahlungen
   2.2 Konkretisierung der Zahlungsklassen
      2.2.1 Megazahlungen
      2.2.2 Makrozahlungen
      2.2.3 Minizahlungen
3. Implementierung von Makrozahlungen
   3.1 Zahlungskarten
   3.2 Secure Electronic Transactions (SET)
   3.3 Andere Optionen
4. Implementierung von Minizahlungen
   4.1 Implementierungsplattformen
      4.1.1 Hardware oder Software?
      4.1.2 Zahlungen oder Rechnungsstellung?
   4.2 Elektronische Geldbörsen
   4.3 Digitales Bargeld
   4.4 Elektronische Zähler
   4.5 Digitale Abrechnungen
5. Schlußfolgerung
Literaturhinweis

1. Elektronische Marktplätze

1.1 Eine europäische Vision

Die Abwicklung des elektronischen Handels findet am elektronischen Marktplatz statt. Dort sind Käufer und Verkäufer an verschiedenen Standorten anwesend, die ein intelligentes Instrument benötigen, um miteinander zu kommunizieren.[1] Auch wenn der Begriff „elektronischer Handel" nur im Zusammenhang mit jenen Verbrauchern verwendet wird, die Waren und Dienstleistungen mit Hilfe eines PCs über das Internet erwerben, gilt er immer noch als ein rasant wachsender Geschäftsbereich. In den USA hatten Ende 1997 mehr als 51 Millionen Erwachsene einen Online-Zugang. Davon hatten 17% bereits über das Internet gekauft; der Monatsumsatz beträgt dabei durchschnittlich knapp 100 DM.[2] Dies entspricht heute einem Jahresumsatz von etwa neun Milliarden DM.[3] Bemerkenswert ist auch, daß sich die Art der erworbenen Waren und Dienstleistungen rasch ändert. Im Jahre 1996 wurden z.B. Computerausstattungen als der Renner bei America Online registriert; 1997 hingegen erreichten Computerausstattungen nicht einmal Platz 5 – sie wurde durch Kleidung (trotz des allgemeinen Glaubens, Kleidung sei nicht optimal geeignet für den Online-Verkauf, weil Kunden die Waren vorab berühren und fühlen wollen) als Spitzenreiter ersetzt.[4]

Aber der elektronische Handel ist viel mehr als einfach nur *Web-Shopping* und die europäische Plattform besteht aus mehr als nur PCs, dem Internet und der Kreditkarte. Bis jetzt sind nur relativ wenige Europäer an das Internet angeschlossen, Ortsgespräche sind noch nicht gebührenfrei und nur 22% aller europäischen Kartenzahlungen werden mit Kreditkarten getätigt. Im breitesten Sinne umfaßt die europäische Plattform das Internet, mobile Telefone, elektronische Geldbörsen und digitale Fernseher. Der Erfolg des digitalen Funktelefons in Europa ist besonders interessant. Mit ihren hohen Durchdringungsraten (Abbildung 1) und der kontinuierlichen Entwicklung ausgefeilter Dienste sind GSM-Telefone *(Global System for Mobile Communication)* die optimale elektronische Handelsplattform für den Massenmarkt geworden. Das Potential der Anbindung des Funktelefons (als Informationsverteilungsplattform) an das Internet (als Kundenschnittstelle und Call-Center-Ersatz) wurde bisher kaum berührt: Man stelle sich vor, die Web-Site einer Bank per Handy anzuwählen, einen Zahlungsauftrag einzugeben und dann eine Bestätigung über die Ausführung des Auftrages in der Anzeige des Funktelefons zu erhalten.

---

[1] Diese Definition schließt nicht den konventionellen Handel via Telefon und Postversand (Mail Order and Telephone Order, MOTO) ein.
[2] Neueste Umfragen unter britischen Internet-Surfern ergaben, daß etwa ein Drittel bereits online gekauft hat und etwa ein Fünftel mehr als einmal online gekauft hat. Vgl. o.V. (1997e).
[3] Vgl. o.V. (1997a).
[4] Online-Verkäufe in den USA machen inzwischen circa 1% der gesamten Einzelhandelsverkäufe aus. Vgl. Swartz, J./Emert, C. (1997).

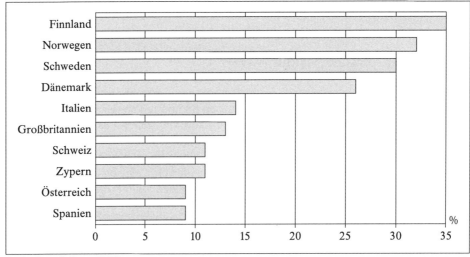

Quelle: Strategis Group (11/97)

Abbildung 1: Durchdringung des mobilen Telefons in Europa

Das digitale Fernsehen ist eine weitere wichtige Plattform. Seit 1998 stellen Kabelfernsehunternehmen, das Satellitenkonsortium British Interactive Broadcasting (bestehend aus BSkyB, BT, Midland Bank & Matsushita) und das terrestrische Konsortium British Digital Broadcasting (bestehend aus Carlton & Granada) jedem Haushalt in Großbritannien neue interaktive digitale TV-Dienstleistungen zur Verfügung.[5] Darüber hinaus wurde 1998 in Schweden digitales terrestrisches Fernsehen eingeführt. In Deutschland soll digitales Kabelfernsehen eingeführt werden.[6] Die wichtigsten Märkte werden nach und nach digitalisiert und verschmelzen langsam zu einem riesigen Marktraum für den elektronischen Handel. Dieser Marktraum wird flexible und effiziente Zahlungsmechanismen erfordern und sowohl Chancen als auch Risiken für Zahlungsarten im Retail Banking beinhalten.

Auf dem Gebiet der verschiedenen Zahlungsmodalitäten sind Europa und die USA sehr verschieden. Insbesondere Scheckkarten und Schecks sind in den USA wesentlich verbreiteter. VISA z.B. hat in Europa etwa 47 Millionen Debitkarten und 62 Millionen Kreditkarten im Umlauf.[7] Die wachsende Bereitschaft zum Einsatz von Debitkarten und die Verbreitung von Direct-Credits und -Debits führt zu einem stetigen Rückgang in der Nutzung von Schecks. Bereits jetzt sind etwa 100 Millionen auf Chiptechnologie basierende elektronische Geldkarten (wie z.B. VISA Cash) im Umlauf.[8] In den USA steigt

---

[5] Vgl. Glyn–Jones, F. (1997).
[6] In einigen Ländern wurde bereits ein Zeitplan für die Schließung der existierenden analogen terrestrischen Fernsehkanäle aufgestellt (z.B. Spanien in 2010).
[7] VISA wickelt gegenwärtig circa 660 Milliarden DM in Kredit- und Debit-Transaktionen in der EU ab.
[8] Vgl. Brown-Hughes, C. (1997).

hingegen die Schecknutzung derzeit leicht an, während die ersten Pilotprojekte für *elektronische Geldbörsen (E-Purses)* gerade erst angelaufen sind.

Ein Schlüsselelement der europäischen Plattform – die Chipkarte *(Smart Card)*[9] – ist im Kommen. Microsoft hat schon ein kostenfreies Softwareentwicklungs-Kit für Windows Chipkarten-Anwendungen angekündigt. Auch Netscape hat Produkte zur Integration von Chipkarten in ihren weitverbreiteten Browser bekanntgegeben, die das Surfen im Web und das Versenden von E-Mails sicher machen sollen. Die Mikrochips – Herzstück der Chipkarten – werden Tag für Tag intelligenter und sicherer. Sie sind inzwischen in der Lage, mehrere Anwendungen anzubieten. Durch diese Entwicklung wird der Trend zu multifunktionalen Chipkarten für den Massenmarkt vorangetrieben. Der Einsatz dieser Karten bei Loyalitätsprogrammen, Fahrkartensystemen usw. erhöht die Attraktivität von elektronischen Geldbörsen für die Karteninhaber und reduziert die Kosten der Transaktionsbearbeitung in viele Unternehmen. Die fast zwei Millionen sich in Belgien im Umlauf befindenden elektronischen Geldbörsen – die in Debitkarten mit Magnetstreifen integriert sind – funktionieren gleichzeitig als Belgacom-Telefonkarten und werden demnächst Internet-Zahlungen, verschiedenartige Kundenbindungsprogramme (Bonusprogramme) und die elektronische Überweisung von Sozialversicherungsleistungen abwickeln.

Sämtliche Aspekte, die bei der Implementierung von multifunktionalen Chipkarten zu berücksichtigen sind (Welche Marken sollen auf der Karte erscheinen? Wer ist zuständig für das Kundenservice usw.?) können hier nicht diskutiert werden. Wird aber die Realisierung von multiplen Anwendungen für den kommerziellen Erfolg des Programmes erforderlich, werden diese Themen mit einer hohen Priorität angesprochen werden müssen. Das Erscheinen von Standardplattformen für Multianwendungschipkarten (wie z.B. JavaCard oder das Multi Application Operating System MULTOS von Mondex), die gleichzeitig elektronische Geldbörsen und andere Anwendungen betreiben sowie neue Anwendungen nach Bedarf vom Netzwerk herunterladen können, sollten die vollkommene Integration der Chipkarte in den elektronischen Handel beschleunigen.[10] Denn die Fähigkeit, mehrere Anwendungen auf einer Karte zu installieren, erhöht die Attraktivität der Karten für die Verbraucher und die Dienstleister. Zur Unterstützung dieses Trends arbeiten Sun Microsystems und VISA International eng zusammen, um einen JavaChip gemäß VISAs Anforderungen zu konzipieren.[11]

Finnland ist ein gutes Beispiel dafür, wie sich die eurozentrische Vision des Marktraumes entwickeln könnte. Finnland hat europaweit die höchstentwickelte Infrastruktur für mobile Telefone (siehe Abbildung 1) und Internet-Zugänge. Trotz einer Bevölkerung von nur fünf Millionen Menschen sind insgesamt 3,5 Millionen GAA-Karten[12] ausgestellt worden. Telecom Finland hat ein Pilotprojekt initiiert, das Verbrauchern z.B. ermöglicht, Erfrischungsgetränke von Verkaufsautomaten zu kaufen und per Handy zu

---

[9] Die Chipkarte ist ein Entwicklungswerkzeug für Chipkartenanwendungen unter Windows.
[10] VISA hat die Migration von VISA Cash auf die JavaCard-Plattform bereits angekündigt. Vgl. Kutler, J. (1997).
[11] Vgl. Hachman, M. (1998).
[12] GAA = Geldausgabeautomat.

bezahlen.[13] Die Bezahlung mit Schecks ist eher ungewöhnlich und – wie in allen nordischen Ländern – das Home Banking sehr beliebt. Die 200 000 Online-Kunden der Merita Bank tätigen 14 % aller Zahlungen des Privatkundengeschäftes (mehr als die Zahlungen vor Ort in den Filialen), und jeden Monat kommen mehrere Tausend Neukunden hinzu. Gehälter, Sozialversicherungsleistungen und Rechnungsbegleichung werden in Finnland generell per elektronischer Überweisung geregelt. Bis zum Jahre 2001 wird die Hälfte des Bargeldes aus dem Verkehr gezogen sein.[14] Diese Umgebung, die sich von der amerikanischen deutlich unterscheidet, entspricht den europäischen Vorstellungen des Modells für das Internet und die neuen Mediendienste.

1.2 Entwicklung von Bankdienstleistungen

Besteht hier eine Möglichkeit für die Banken, im europäischen Marktraum Dienstleistungen anbieten? Es ist unbestritten, daß die Kosten für elektronisch übermittelte Transaktionen in der Zukunft sinken werden. Dies schließt auch Zahlungstransaktionen ein. Daher ist es für die Banken notwendig, ihre Strategien nicht nur auf die Gebühren für die Abwicklung von relativ einfachen Transaktionen zu stützen, sondern sich auch den Herausforderungen des elektronischen Handels zu stellen und zentral bei der Entwicklung effektiver Lösungen mitzuwirken. Weil es der Konkurrenz – den Telekommunikationsunternehmen und den wichtigsten Markenunternehmen – in diesem Wettkampf an mehreren Kernkompetenzen mangelt, ist sie nicht unbesiegbar. In diesem Zusammenhang gehört mehr als nur eine Umstellung auf neue Medien zu der Bereitstellung von Zahlungsdienstleistungen für Privatverbraucher. Vielmehr müssen die Banken ihre Dienstleistungen für die Zukunft strategisch positionieren.

Das Internet kann dazu benutzt werden, die Kundensysteme mit den Banksystemen zu integrieren (wodurch Unterschiede undeutlicher werden) und somit die Transaktionskosten zu reduzieren. Einfache Beispiele sind: Die Entwicklung einer automatischen Anbindung an die Standard-Management- und -Buchhaltungsanwendungen ihrer Kunden durch die Citibank; oder die Aktivitäten von Barclays Bank und Midland Bank auf dem Gebiet der Anbindungen an Kleinunternehmen durch Anwendungen wie z.-B. Pegasus und Sage. Banken, die in der Lage sind, dem heutigen Bedarf an elektronischen Dienstleistungen – vorwiegend Zahlungsdienstleistungen – nachzukommen, sind besser positioniert, sich den Anforderungen der Zukunft (basierend auf differenzierteren Bedürfnissen der Kunden und komplexeren Technologien) zu stellen. Als logische Folge könnten im Verbrauchersektor elektronische Rechnungsstellung und -begleichung als attraktive Komponenten eines Home Banking-Service dienen, um Kunden anzulocken.

---

[13] Die Kosten für Waren und Dienstleistungen werden in der monatlichen Telefonabrechnung beglichen.
[14] Vgl. Sachs, S. (1997).

2. Zahlungstransaktionen

2.1 Die Klassifizierung von Zahlungen

Zahlungstransaktionen können nach unterschiedlichen Kriterien unterteilt werden. Ein sinnvoller Maßstab ist die Zahlungshöhe:

- *Megazahlungen:* Dies sind Zahlungen, die nur mittels einer elektronischen Überweisung komfortabel und kosteneffektiv getätigt werden können. Als Beispiel: Zahlungen über 10 000 DM.

- *Makrozahlungen:* Das sind Zahlungen, die auf verschiedenste Weise – von der Kreditkarte bis hin zu elektronischen Schecks – getätigt werden können. Als Beispiel: Zahlungen von 20 DM bis 10 000 DM.

- *Minizahlungen*: Dies sind Zahlungen, die mit dem Einsatz von existierenden Kredit-, Debit- und Charge-Karten nicht mehr komfortabel und kosteneffektiv getätigt werden können (mit ein Grund dafür, daß die Verbraucher immer noch Geldscheine und Münzen benutzen). Als Beispiel: Zahlungen unter 20 DM.

Diese Gliederung wird in den folgenden Abschnitten detaillierter beschrieben.

2.2 Konkretisierung der Zahlungsklassen

2.2.1 Megazahlungen

Heutzutage werden große Zahlungen zwischen den einzelnen Instituten über proprietäre Netze übertragen. Das Potential für offene Netze und manipulationssichere Hardware, um die proprietären Netze zu ersetzen, existiert ohne Zweifel. Trotz der erheblichen Kosteneinsparungen wird es jedoch länger dauern, bevor Finanzinstitute genügend Mut und Erfahrung besitzen, um eine Migration einzuleiten. Nichtsdestotrotz hat sich einer der wichtigsten Anbieter – S.W.I.F.T. – für einen Kurswechsel seiner früheren Politik entschieden (das Internet sei zu unsicher für eine kommerzielle Anwendung) und damit angefangen, verschiedene auf dem Internet basierende Dienstleistungen zu konzipieren.[15] Da das Konzept für Zahlungen im Internet noch einige Zeit benötigen wird, wird auf Megazahlungen in diesem Artikel nicht näher eingegangen.[16]

2.2.2 Makrozahlungen

Kredit-, Debit- und Charge-Karten werden vorwiegend für Makrozahlungen im Internet eingesetzt; mittelfristig wird sich daran auch nichts ändern. Ohne den Zugang zu ausge-

---

[15] Vgl. o.V. (1997d).
[16] Vgl. zu Megazahlungen Kothe, C. (Beitrag in diesem Buch).

reiften und international anerkannten Programmen für die Abwicklung von Rechnungen und elektronischen Schecks bedienen sich die Verbraucher der Vorteile von Zahlungskarten als einfaches, komfortables und vertrautes Mittel zur Abwicklung von Fernzahlungen.

Interessant ist hierbei, daß Zahlungskarten nicht nur bei den Privatverbrauchern sondern auch bei Firmenkunden gut ankommen – denn beide profitieren von den gleichen Vorteilen. Genau wie im Privatkundengeschäft bietet der Einsatz von betrieblichen Purchasing Cards im Internet ein unkompliziertes, sicheres und kostengünstiges Einkaufsmedium. Unternehmen haben festgestellt, daß rigoros implementierte und kontrollierte betriebliche Purchasing Card-Programme zu erheblichen Einsparungen bei dem Erwerb von Produkten und Dienstleistungen von Drittanbietern führen können. VISA und seine europäischen Partner untersuchen im Rahmen des E2S-Projektes (das teilweise vom EU Esprit Fourth Framework Project subventioniert wird), wie Transaktionen zwischen Unternehmen bzw. zwischen den einzelnen Rechnern innerhalb eines Unternehmens sicher über das Internet übertragen werden können. Dabei hat sich der Einsatz von VISA Purchasing Cards in diesem Kontext als praktisch und machbar erwiesen. Auf die Umsetzung von Makrozahlungskonzepten wird im Kapitel 3 näher eingegangen.

2.2.3 Minizahlungen

Der Sektor für Minizahlungen im Internet wird augenblicklich sehr genau unter die Lupe genommen. Der Grund dafür liegt nicht im Wert dieses Marktsegmentes (die Umsätze von Minitransaktionen sind und werden weiterhin nur ein winziger Bruchteil des gesamten Marktes für den elektronischen Handel bleiben), sondern daran, daß dieser Sektor als Katalysator für die Entwicklung und Umsetzung von neuartigen Handelsmethoden angesehen wird.[17] Nur allzuviele Unternehmen stecken in einer Zwickmühle. Zahlreiche Firmen verfügen über Informationen (z.B. Artikel aus vergriffenen Zeitschriftenausgaben) mit einem kommerziellen Wert. Könnten diese Artikel für 1 DM/ Stück im Internet verkauft werden (ohne Abonnementsgebühren, Vorvereinbarungen oder andere lästige Formalitäten) würden die Unternehmen anfangen Geld zu verdienen. Aber erst nachdem Mechanismen entstanden sind, um die Kleinbeträge einzusammeln, werden Verlage bereit sein, die nötigen Investitionen zu tätigen und ihre Geschäftsprozesse anzupassen.

Es geht hier nicht nur um Chipkarten. Es gibt gute Gründe dafür, warum die Erweiterung von *Vorkasse-Systemen* eine Rolle in der Entwicklung eines neuen Marktraums spielen sollte: Die Kosten für Kryptographie, Buchprüfung, Abwicklung usw. bei den Einzelzahlungen machen sehr kleine Transaktionen nicht attraktiv. Telekommunikationsunternehmen bieten ihren Kunden z.B. die Möglichkeit an, einen bestimmten Wert

---

[17] Vgl. Brown, E. (1997a).

im voraus zu zahlen, der dann abtelefoniert werden kann. Ein solches Modell kommt sowohl bei den Betreibern als auch bei den Kunden sehr gut an.[18]

Ein weiterer Faktor: Wer sind die Kunden in diesem Marktraum? Jupiter Communications schätzt, daß im Jahre 2002 fast 100 Millionen Einzelpersonen in den USA Online-Transaktionen von zu Hause aus tätigen und etwa 20% davon Kinder unter 18 Jahre sein werden (die weder im Besitz von Kredit- noch Debit- noch Charge-Karten sind).[19] Es ist durchaus denkbar, daß irgendwann die Anzahl der von Kindern getätigten Transaktionen die Anzahl der von Erwachsenen getätigten übersteigen wird. Aus diesem Grund muß die Infrastruktur für Minizahlungen so konzipiert werden, um sowohl das Spielen von Computerspielen als auch das Lesen einer Zeitung zu ermöglichen. Es könnte das interaktive Spielen der Jugendlichen an digitalen Fernsehgeräten sein, das diesen Sektor vorantreibt. Die technische Implementierung von Minizahlungskonzepten wird im Kapitel 4 näher beschrieben.

3. Implementierung von Makrozahlungen

3.1 Zahlungskarten

Gemäß Killen Associates wurden 1996 Einzel- und Großhandelseinkäufe mit einem Gesamtwert von mehr als acht Milliarden DM getätigt. 13% davon (circa eine Milliarde DM) wurden von Kunden veranlaßt, die an der Verkaufsstelle nicht anwesend waren, also per Katalog, Fernsehen, elektronischem Datenaustausch und Internet.[20] In den kommenden Jahren wird das Internet für diese Art von Transaktionen eine immer wichtigere Rolle spielen – vorausgesetzt, daß die Anwender Vertrauen zu dem System haben. In einer Umfrage hat VISA festgestellt, daß nur 5% der Verbraucher ihre Kreditkartennummer über das Internet preisgeben würden.[21] Unabhängig davon, vob solche Ängste berechtigt oder unberechtigt sind, müssen die Banken sich damit auseinandersetzen.

Ein solcher Mangel an Vertrauen hat weniger mit den technologischen Aspekten des Systems zu tun. Verbraucher wollen nicht wissen, wie ein Zahlungssystem funktioniert, sondern daß es funktioniert. Und gerade dieser unerschütterliche Glauben an der Zuverlässigkeit des Systembetreibers[22] macht Marken wie VISA oder MasterCard/Eurocard so wichtig. Es besteht ein großer Bedarf an einer sicheren Plattform für den elek-

---

[18] Viele Verbraucher bevorzugen im voraus bezahlte Programme, selbst wenn diese teurer sind. Vgl. Fiske, S. (1997).
[19] Vgl. (1997c).
[20] Vgl. Lunt, P. (1996).
[21] Zum Vergleich: Das Vertrauen der Verbraucher in Home Banking beträgt 57%, in Telefonbanking 66% und in GAAs 77%.
[22] Was sich die Verbraucher unter Zuverlässigkeit vorstellen, schließt eine Reihe von Kriterien ein. Vgl. Brown, J. (1997b).

tronischen Handel in offenen Netzen. Diese Plattform soll die neuen Technologien mit einem den Verbrauchern vertrauten Firmenauftritt kombinieren.

Geheimhaltung im Internet ist relativ einfach. Die wichtigste Herausforderung im Augenblick ist, das Vertrauen aller Beteiligten zu gewinnen. Dies kann nur über eine eindeutige Identifizierung des Gegenpartners erreicht werden, mit anderen Worten: Ein Händler muß sich davon überzeugen können, mit legitimen Karteninhabern zu kommunizieren und umgekehrt müssen sich die Karteninhaber davon überzeugen können, mit legitimen Händlern zu kommunizieren. Zahlungskarten, die in offenen Netzen eingesetzt werden, müssen daher bestimmte Sicherheitseigenschaften besitzen: Bestellungs- und Zahlungsnachrichten müssen verschlüsselt werden, so daß sie von Dritten nicht lesbar sind; Nachrichten müssen gegen unzulässige Änderungen geschützt werden; Teilnehmer müssen sich gegenseitig identifizieren – genau wie der VISA-Aufkleber im Schaufenster eines Geschäftes den Händler als ein von VISA anerkanntes Vertragsunternehmen und die Unterschrift auf der Rückseite der VISA-Karte den Karteninhaber in einer konventionellen POS-Umgebung ausweist. Alle dieser Merkmale wurden in die Spezifikation für den *Secure Electronic Transaction* (SET)-Standard integriert.

3.2 Secure Elektronic Transaction (SET)

SET wurde von VISA, MasterCard und einer Reihe führender Technologieunternehmen konzipiert. Die SET-Spezifikation wurde im Juni 1997 veröffentlicht. Das größte Pilotprojekt weltweit, an dem 45 VISA-Mitgliedsbanken in 18 Ländern teilnehmen, wird zur Zeit in Europa durchgeführt. Verschiedene Softwarehersteller – u.a. Spezialisten wie CyberCash sowie marktführende Anbieter wie IBM und Microsoft – werden in der nahen Zukunft mit der Distribution von *Wallet-Software* für die Implementierung von SET auf PC anfangen. Alles deutet darauf hin, daß SET der globale Standard für sichere Kartenzahlungstransaktionen über das Internet werden wird. Daher sollten Händler, die hohe Umsätze über das Internet abwickeln, bereits jetzt damit anfangen, ihre SET-Strategie zu überlegen.

Während die aktuelle Version von SET diese Wallet-Software benutzt, werden zukünftige Versionen in Chipkarten integriert werden. Der fortgeschrittene Zustand des Chipkarteneinsatzes in Europa zusammen mit der geplanten Evolution von SET hat VISA, Europay und MasterCard seit geraumer Zeit veranlaßt, die Kompatibilität der SET- und EMV- (Europay, MasterCard, VISA) Chipkartenstandards zu verbessern.[23] Pilotprojekte für auf Chips basierenden elektronischen Handel werden bereits in Japan und Frankreich getestet. Obwohl nicht alle Karteninhaber in Europa SET-Zertifikate auf ihre PCs herunterladen werden, werden sie früher oder später SET-Zertifikate in ihren Chipkarten oder mobilen Funktelefonen mit sich tragen, ohne daß sie die Komplexität der Technologie merken.

---

[23] Vgl. Andreae, P. (1996).

SET besteht aus vier Komponenten:

- Eine *Zertifikatsbehörde* (ZB), die den Karteninhabern und Händlern digitale Authentizitätszertifikate ausstellt. Banken können entweder ihre eigenen ZBs einrichten oder ein anderes Zahlungsprogramm oder Drittanbieter damit beauftragen.
- *Software für den Karteninhaber* (inklusive Wallet), die auf dem PC des jeweiligen Karteninhabers gespeichert wird. Die Software lagert und verwaltet das digitale Zertifikat und verschlüsselt und entschlüsselt Nachrichten. Sie wird von dem Internet-Browser aus aufgerufen und wird über *Point-And-Click-Technologie* bedient.
- *Software für den Händler*, die dessen Zertifikate verwaltet und die Schnittstellen zu dessen Bank steuert.
- Ein *Zahlungs-Gateway* wird im Rechenzentrum der Händlerbank installiert, um die eingehenden Anfragen von den Händlern zu entschlüsseln und die abgehenden Antworten an die Händler zu verschlüsseln.

Sowohl Händler als auch Karteninhaber können digitale Zertifikate bei ihren Banken (oder deren Vertretern) beantragen. Damit können sie Transaktionen abschließen. Eine ZB überprüft den Antrag eines Karteninhabers, bevor sie ein Zertifikat ausstellt. Nach der Ausstellung können Zertifikate nicht mehr geändert werden. Das Zertifikat eines Karteninhabers entspricht der physikalischen VISA-Karte in elektronischer Form, das Zertifikat eines Händlers entspricht dem physikalischen VISA-Aufkleber, der am Schaufenster angebracht wird, in elektronischer Form.

Ein Online-Kauf läuft wie folgt ab: Der zuständige Händler verschickt ein elektronisches Bestellformular und sein digitales Zertifikat. Dieses wird von der SET-Software des Karteninhabers auf Echtheit geprüft. Der Karteninhaber selektiert eine Zahlungskarte und ein Zertifikat aus seinem elektronischen Wallet. Die Software sendet das Zertifikat mit der Bestellung an den Händler zurück. Um zusätzliche Sicherheit zu gewährleisten, muß der Karteninhaber ein Paßwort oder – falls eine Chipkarte benutzt wurde – seine persönliche Identifikationsnummer (PIN) eingeben, bevor Kartendetails übertragen werden können. Nachdem die Bestellung und Karteninformationen sicher empfangen worden sind, wird die Händlerbank die Zahlungsdetails entschlüsseln und – genau wie bei herkömmlichen Einzelhandelstransaktionen – die emittierende Bank um eine Zahlungsautorisierung bitten. Nach einer positiven Autorisierung informiert der Händler den Karteninhaber über den erfolgreichen Abschluß der Transaktion.

Sämtliche Daten werden verschlüsselt, um auszuschließen, daß übertragene Daten kopiert oder zu einem späteren Zeitpunkt mißbräuchlich verwendet werden können. Darüber hinaus sind dem Händler lediglich die Bestellinformationen und nicht die Zahlungsdetails sichtbar. Alle SET-Transaktionen werden online autorisiert und von konventionellen Systemen abgerechnet. Die Clearing- und Abrechnungsprozesse sind identisch mit denen, die bei der Abwicklung von Transaktionen in physikalischen Geschäften zum Einsatz kommen.

3.3 Andere Optionen[24]

Außer Chipkarten und SET besteht auch eine Reihe von anderen Möglichkeiten für die Umstellung von herkömmlichen Zahlungskarten auf Cyberspace. Die einfachste davon ist die Verwendung des sogenannten *Secure Socket Layer* (SSL) im Zusammenhang mit *Hyper-Text-Markup-Language* (HTML)[25]-Formularen, in die die Kartendaten in Textformat eingegeben werden. Obwohl SSL die Vertraulichkeit der Daten gewährleistet, bestehen noch keine Mechanismen, um die Authentizität des Karteninhabers zu garantieren.

Als Alternative bieten einige Hersteller Software mit einem höheren Grad an Integration und Sicherheit an: CyberCash, vielleicht der bekannteste von diesen, bietet verschiedene Zahlungssysteme (Zahlungskarten, Schecks, Cybermünzen für Mikrozahlungen etc.) in einer einzelnen integrierten Systemumgebung. Um diesen Dienst zu nutzen, muß der Anwender zuerst ein CyberCash-Wallet herunterladen. Während der Einrichtung des Wallet teilt der Anwender CyberCash bestimmte Informationen über seine Zahlungskarten mit. Als Antwort erhält der Anwender verschlüsselte Codes, die nur im Zusammenhang mit diesen Karten verwendet werden können. Um bei einem CyberCash-Händler einzukaufen, muß der Anwender lediglich den entsprechenden Code mittels seines Wallet mitteilen. Der Händler leitet den Code mit dem Kaufpreis an CyberCash weiter. CyberCash verifiziert die Transaktion mit dem Kreditkartenunternehmen und überweist die Gelder an den Händler mit der Autorisierung, daß die Waren versandt werden dürfen. First Virtual ist ein weiterer Pionier auf diesem Gebiet.

Es ist vorauszusehen, daß in diesem Sektor Zahlungskarten mit anderen Produkten (wie z.B. Rechnungszahlungssystemen und elektronischen Schecks) ergänzt werden. Wells Fargo hat im Frühjahr 1998 in den USA ein Pilotprojekt für die elektronische Rechnungsstellung und -begleichung angekündigt. Dieses Pilotprojekt wird voraussichtlich das erste sein, das die neuen Technologien von MSFDC (eine Partnerschaft zwischen Microsoft und First Data Corporation) einsetzt. Weitere Projekte, wie z.B. das von Microsoft und Intuit geführte OFX-Konsortium[26] (Standards für Rechnungsbegleichung) und das Elektronic-Check-Projekt des Financial-Services-Technology-Konsortiums (FSTC), sollten in den kommenden Jahren gute Fortschritte machen.

---

[24] Vgl. auch Wittenberg, J.H. (Beitrag in diesem Buch).
[25] Dies ist die Sprache, in der Web-Browser und Web-Server miteinander kommunizieren.
[26] OFX = Open Financial Exchange.

4. Implementierung von Minizahlungen

4.1 Implementierungsplattformen

4.1.1 Hardware oder Software?

Konzepte für Minizahlungen werden entweder auf Hardwareplattformen oder ausschließlich auf Softwareplattformen implementiert. Die bekannteste Form einer Hardwareplattform ist die elektronische Geldbörse. Vom Gesamtwert her werden auf lange Sicht (besonders in Europa) elektronische Geldbörsen und intelligente Zahlungskarten den Markt für Minizahlungen erobern. Verbraucher wollen nicht mit vielen verschiedenartigen Konzepten (jedes davon mit seinen eigenen Merkmalen und Besonderheiten), sondern nur mit einem zahlen – es wird wesentlich einfacher sein, sämtliche Zahlungen mit der Geldkarte abzuwickeln, egal ob diese von einem PC oder von einem Fernsehgerät initiiert werden. Darüber hinaus sind die Grenzkosten für eine Abwicklung mit Chipkarte über GSM, digitales Fernsehen oder Internet niedrig, weil sich die Chipkarten bereits im Besitz der Verbraucher befinden. Nichtsdestotrotz glauben einige Marktforscher, daß auf lange Sicht die Mehrzahl aller Transaktionen über reine Softwarelösungen abgewickelt werden.[27]

4.1.2 Zahlungen oder Rechnungsstellung?

Ob eine Lösung auf Hardware oder Software basiert, ist nur ein Aspekt. Ein anderer ist, wie Zahlungstransaktionen zusammengebündelt werden. Konzepte für Minizahlungen können nämlich auch auf Direktzahlungs- oder Rechnungsstellungsmechanismen basieren. Transaktionen, die einzeln und unabhängig von anderen Transaktionen gebucht und abgerechnet werden, werden als *Einzeltransaktionen* bezeichnet: Ein Verbraucher durchsucht z.B. die Archive einer Zeitung und klickt dabei auf den Button „Artikel für 0,10 DM lesen", wobei 0,10 DM von seiner Geldkarte zugunsten der Zeitung abgebucht werden.

Mehrere Transaktionen, die in einem Zahlungsvorgang beglichen werden (wie eine Telefonabrechnung), werden als *Sammeltransaktionen* bezeichnet. Hier würde ein Verbraucher eine Zeitung für 0,10 DM pro Seite lesen. Nach der fünfzigsten Einzelseite würde im folgenden Monat eine einzelne Transaktion in Höhe von 5 DM auf der Kredit- oder Debitkarten-Abrechnung erscheinen. Sowohl Einzeltransaktionen als auch Sammeltransaktionen können gleichermaßen von Hardware- oder Softwaresystemen abgewickelt werden. Infolgedessen ist der Sektor für Minizahlungen nicht homogen, sondern er besteht aus vier verschiedenen Kombinationen von Komponenten (Übersicht 1). Jede dieser Kombinationen wird nachfolgend ausführlich beschrieben.

---

[27] Jupiter Communications (1997) rechnet mit der folgenden Marktaufteilung für Internet-Zahlungstransaktionen unter 10 US-$ im Jahr 2000 (nach Volumen): digitales Geld 50%, Chipkarten 30%, elektronische Schecks 12%, Debit-/Kreditkarten 5% und sonstige 3%. Vgl. z.B. Luhby, T. (1998).

Übersicht 1: Verschiedene Konstellationen für Minizahlungen.

Klassifizierung des Minizahlungskonzeptes	Auf Hardware basierendes Konzept	Auf Software basierendes Konzept
Zahlung (Einzeltransaktionen)	Elektronische Geldbörse (Abschnitt 4.2)	Digitales Bargeld (Abschnitt 4.3)
Rechnungsstellung (Sammeltransaktionen)	Elektronischer Zähler (Abschnitt 4.4)	Digitale Abrechnung (Abschnitt 4.5)

4.2 Elektronische Geldbörsen

Eine interessante Eigenschaft elektronischer Geldbörsen (sowie für alle Zahlungsmethoden, bei denen Chipkarten verwendet werden), ist der starke Zusammenhang zwischen dem physikalischen und virtuellen Handel. Nachdem die Hardware installiert worden ist, können Verbraucher mit der gleichen elektronischen Geldbörse sowohl vor Ort als auch virtuell einkaufen gehen. Die elektronische Geldbörse hat sich in Europa heterogen entwickelt und die einzelnen Konzepte haben sich in den verschiedenen Ländern mit unterschiedlicher Geschwindigkeit etabliert. Obwohl elektronische Geldbörsen in den meisten EU-Ländern eingeführt worden sind, bestehen große Unterschiede in deren Verbreitung (Übersicht 2).

Übersicht 2: Elektronische Geldbörsenkonzepte in der EU

Land	Elekt. Geldbörsen (Ende 1997)	Hinweise
Belgien	3 000 000	Proton
Dänemark	1 000 000	Danmønt
Deutschland	40 000 000	GeldKarte, P-Card, Paycard
Finnland	1 200 000	Avant
Frankreich	–	
Griechenland	10 000	Opera (mit Unterstützung von EC)
Großbritannien	200 000	Mondex, Visa Cash
Irland	–	Visa Cash Launch geplant
Italien	700 000	MiniPay, Visa Cash, Cassamat
Luxemburg	–	
Niederlande	11 000 000	ChipKnip (Proton), Chipper
Österreich	3 500 000	Quick
Portugal	300 000	PMB
Schweden	100 000	Proton
Spanien	1 600 000	Visa Cash, CECA, 4B

Quelle: Retail Banking Research, British Retail Consortium

Zur Zeit verfügt VISA über die größte internationale elektronische Geldbörsenmarke (VISA Cash). Diese umfaßt mehr als acht Millionen Karten und 50 verschiedene Programme in 15 Ländern. Das größte nationale Konzept – GeldKarte – ist in Deutschland angesiedelt und umfaßt ca. 40 Millionen Karten. Im Vergleich dazu verfügt Mondex über einige 100 000 Karten.[28] Datamonitor schätzt die Anzahl der elektronischen Geldbörsen im Umlauf in Europa im Jahre 2001 auf etwa 450 Millionen – dies entspricht einem Kaufpotential von mehr als 100 Milliarden Transaktionen.[29]

Es ist nicht überraschend, daß die höchste Durchdringung der Konzepte auf nationaler Ebene stattfindet, da die Mehrzahl aller Verbrauchereinkäufe lokal getätigt werden. In Anbetracht der relativ niedrigen internationalen Transaktionszahlen schätzen die nationalen Betreiber die Kosten für eine internationale Kompatibilität als unrentabel ein. Obwohl diese Einschätzung im Augenblick stimmt, wird die EWU es Verbrauchern ermöglichen, Online-Transaktionen auch für niedrige Beträge grenzüberschreitend zu tätigen. Mittelfristig wird anstatt der geschlossenen nationalen Systeme mit einem Trend in Richtung internationaler Marken (wie z. B. VISA Cash oder Mondex) gerechnet.

Der entscheidende Wettbewerbsvorteil der elektronischen Geldbörse liegt natürlich in den Bereichen, in denen Geldscheine und Münzen nicht konkurrieren können. Dem Telefon als Ersatz für Western Union, Barzahlungen für *Video on Demand* (VoD) und Handys als Geldautomaten werden sowohl von Verbrauchern als auch von Dienstleistungsunternehmen mit Enthusiasmus entgegengesehen. Gerade am elektronischen Marktplatz kann sich das volle Potential der elektronischen Geldbörse entfalten.

Die Niederlande sind ein optimales Beispiel. Hier konkurrieren zwei Konsortien: Das von verschiedenen Banken geführte ChipKnip (basierend auf Proton-Technologie) und das von der PTT geführte Chipper.[30] ChipKnip hat bisher circa sechs Millionen Karten ausgestellt, die in die herkömmlichen Debitkarten mit Magnetstreifen integriert sind, und etwa 120 000 POS-Terminals aufgestellt. In den ersten neun Monaten wurden rund 1,8 Millionen Transaktionen registriert. Chipper hat fünf Millionen Karten im Umlauf: Die niederländische Postbank gehört zum Konsortium und plant, Karten an alle ihre sieben Millionen Kontoinhaber auszustellen. Die niederländische PTT stellt zur Zeit seine Münzfernsprecher um und plant, Fernsprechteilnehmern kostenfreie Chipkartenterminals zur Verfügung zu stellen (um Telefone oder PCs anzuschließen). Somit werden chipkartenfähige Verkaufsstellen bald zum Alltagsgegenstand werden. Die Konkurrenz zwischen den von Banken und den von Telekommunikationsunternehmen geführten Konsortien wird sehr spannend sein.

---

[28] Vgl. o. V. (1997b).
[29] Von insgesamt ca. 3,5 Milliarden Chipkarten in Europa. Vgl. Moules, J. (1997).
[30] Vgl. Ebbeling, H. (1997).

4.3 Digitales Bargeld

Von allen auf Software-Tokens basierenden Zahlungskonzepten ist DigiCash vielleicht das bekannteste. Es wurde vom Kryptographen David Chaum konzipiert und funktioniert relativ einfach: Die Bank leistet eine digitale Unterschrift für eine bestimmte Zeichenkette und nennt diese „0,50 DM". Kunden können sich dann diese Zeichenkette (das Token) ausdrucken oder per Email oder Post an einen anderen Teilnehmer übertragen, der sie auf sein Bankkonto einzahlt. Darüber hinaus neutralisiert DigiCash die Tokens, so daß, wenn der Händler die Münzen einzahlt, die Bank diese Einzahlung zwar kryptographisch als gültiges Geld erkennen kann, jedoch nicht erkennen kann, von wem die 50 Pfennig ursprünglich sind.[31] Obwohl einige der größten Banken Österreichs und Norwegens (sowie das Pilotprojekt der Deutschen Bank) zu den Lizenzinhabern gehören, setzt sich DigiCash nur zögerlich durch. Nach einigen Monaten Betrieb in Australien hatte die Advance Bank nur 300 Kunden für DigiCash gewonnen (an die wiederum durchschnittlich nur 100 A $ virtuelles Geld ausgegeben wurde).

In Konkurrenz zu DigiCash, bei dem digitale Geld-Tokens ausgestellt werden, sind einige andere Programme – wie z.B. ‚Cybercoin' von CyberCash – die Software-Tokens im Zusammenhang mit zentralisierten Abrechnungssystemen kombinieren. In Großbritannien sind Pilotprojekte – wie z.B. BarclayCoin – bereits produktiv. Ein Verbraucher kann Geld (Tokens) von seinem Konto auf sein Wallet übertragen und beim Einkaufen, diese Tokens an den Händler weitergeben. Der Händler überträgt die Tokens an seine Hausbank, welche diese seinem Konto gutschreibt.

4.4 Elektronische Zähler

Die Hardwarelösung für gesammelte Minizahlungen bedarf der Installation eines manipulationssicheren Zählers beim Kunden. Eine Methode wäre, eine Chipkarte als Zähler einzusetzen und die gespeicherten Werteinheiten nach und nach abzuhaken (wie bei einer Telefonkarte). Eine andere Möglichkeit wäre, einen manipulationssicheren Zähler in das Gerät des Verbrauchers – in den PC, das Fernsehgerät u.ä.. – einzubauen und die gemeinsame Nutzung des im Zähler gespeicherten Wertes von allen in dem Gerät laufenden Anwendungen zu erlauben. Gerade diese Methode wird von Wave Interactive Systems angeboten. Eine sichere zweckgebundene integrierte Schaltung wird in den PC eingebaut und kann online mit einer Kreditkarte aufgeladen werden. Während der Verbraucher im Internet surft, verschlüsselte Materie liest oder eine CD anschaut, werden die Kosten vom Chip abgebucht. Wenn der gespeicherte Betrag erschöpft ist, muß der Verbraucher den Chip erneut online aufladen. Dies wäre eine einfache und komfortable Modalität, wenn sie sich durchsetzten könnte. Der europäische Markt bevorzugt jedoch multifunktionale Chipkarten gegenüber maßgeschneiderter Hardware.

---

[31] DigiCash glaubt, die potentiellen Ängste hinsichtlich der Preisgabe von privaten Daten somit lindern zu können.

4.5 Digitale Abrechnungen

Die Ausstellung von Abrechnungen ist komplex und teuer. Selbst wenn alle Ressourcen für den Rechnungsversand und die Einziehung der Gelder (die teuerste aller Aktivitäten) optimiert werden, verursachen sie immer noch signifikante Kosten. Glücklicherweise arbeiten zahlreiche Unternehmen daran, eine Lösung für diese Probleme zu finden. Konzepte, wie z.B. MiniPay von IBM oder GlobeID und Millicent von Digital, versuchen in diesen Markt einzudringen. Sie sind aber keine allgemeinen Lösungen. Vielmehr versuchen sie, ein ganz spezifisches Problem zu lösen, nämlich die Kosten für Informationsbeschaffung mit einem Browser drastisch zu reduzieren, indem nur minimale Datenbestände heruntergeladen werden. Die Abrechnung und Begleichung erfolgt über das dazugehörige Abrechnungssystem. Seitens der Bank haben jedoch alle Softwarelösungen für gesammelte Minizahlungen einen Haken: Irgendwo in der Verarbeitungskette wird eine Abrechnungsmaschine benötigt, die noch nicht Bestandteil der bestehenden Infrastruktur der Bank ist. Aus diesem Grund sind solche Lösungen zur Zeit für die meisten Banken eher weniger interessant.

5. Schlußfolgerung

Es ist schwierig, die zukünftige Entwicklung von elektronischen Zahlungen im Einzelhandelsbereich vorauszusehen – sei es über das Internet, GSM oder das Fernsehgerät. Es sind aber eindeutige Trends zu erkennen. Von den Banken ausgestellte *Relationship-Karten*, eine multifunktionale EMV-konforme Chipkarte mit Debit- oder Kreditzahlungsfunktion und eine elektronische Geldbörse zuzüglich anderer wertschöpfender Anwendungen (wie z.B. Kundenbindungsprogramme, Fahrkartenbestellung, Versicherung etc.), werden aller Wahrscheinlichkeit nach die Basis sowohl für Makro-, als auch Minizahlungen bilden. Verbraucher werden diese Relationship-Karten für den sicheren, authentifizierten Zugang zu Finanzdienstleistungen über Telefone, Fernsehapparate, PCs und andere Geräte einsetzen. Die Realität des elektronischen Marktes ist allerdings, daß auch Dienstleistungsunternehmen, die nicht im Finanzbereich tätig sind, finanzielle Dienstleistungen anbieten können – und weil viele von diesen die Verbindungen zwischen den Banken und Verbrauchern beeinflussen, sind sie optimal positioniert, den elektronischen Handel voll auszunutzen. Die Zukunft des Privatkundengeschäftes der Banken hängt davon ab, ob und wie erfolgreich sie ihre existierenden Märkte ausbauen und inwiefern sie die neuen Technologien als Säulen ihrer zukünftigen Strategien integrieren, um die Treue ihrer Kunden zu erhalten.

Literaturhinweis

ANDREAE, P., Europay's Perspective on the Migration to Chip, in: Proceeding of Electronic Payments '96, London 1996.
BROWN, E., The Net's One Cent Future, in: NewMedia, 1997, Nr. 8.
BROWN, J., Consumers Needs regarding Emerging Forms of Electronic Money and Commerce, in: Emerging Law of Cyberbanking and Electronic Commerce, Little Falls/NJ 1997, S. 323–336.
BROWN-HUGHES, C., Plastic out to achieve a triumph, in: Financial Times – Economic & Monetary Union Supplement, 21.11.1997, S. 2.
EBBELING, H., The application is for profit, the infrastructure is common, in: Proceeding of Multi-Application, An Opportunity for Profit, Brüssel 1997.
FISKE, S., Prepaid Services and Billing, in: Proceeding of Billing and Pricing Internet Services, London 1997.
GLYN-JONES, F., The E-Comm Revolution, in: CBI News, 1997, Nr. 5, S. 24.
HACHMAN, M., Sun taps into smart card market, in: Electronic Buyers News, 17.1.1998.
Jupiter Communications (Hrsg.), Quantifying Kids' Purchasing Power, in: Digital Kids Report, New York 1997.
KUTLER, J., Challenging MasterCard, Visa plans Java-based alternative to Mondex, in: American Banker, 26.3.1997.
LUHBY, T., Credit Card Dominance of On-line Payments Waning, in: American Banker, 16.1.1998.
LUNT, P., Payments on the 'Net: How many? How safe?, in: ABA Banking Journal, 1996, Nr. 11, S. 46.
MOULES, J., Build up for a plastic punch-up, in: The Banker, 1997, S. 67.
o.V. (1997a), 51 million on the internet, in: Electronic Commerce World, 1997, Nr. 11, S. 66.
o.V. (1997b), Proton takes world lead in electronic purse market, in: Smart Card News, 1997, Nr. 3, S. 42–43.
o.V. (1997c), Swift Embraces Internet at Last, in: Securities Industry News, 1997, Nr. 40, S. 1.
o.V. (1997d). UK online purchasing, in: Net Profit, 1997, Nr. 11, S. 24.
SACHS, S., Finland Dumping Cold Cash, in: Newsday, 28.3.97, S. a19.
SWARTZ, J./EMERT, C., Online Sales For Christmas Hit $1.1 Billion, in: San Francisco Chronicle, 23.12.1997.

Wendelin Hartmann

Die Abwicklung des Eurozahlungsverkehrs

1. Entwicklungslinien des unbaren Zahlungsverkehrs
   1.1 Allgemeine Vorgaben
   1.2 Technische Entwicklungen
2. Die Abwicklung des Großzahlungsverkehrs
   2.1 Nationales und europäisches Umfeld
   2.2 Nationale RTGS-Systeme
       2.2.1 Merkmale von RTGS-Systemen der Zentralbanken
       2.2.2 Der Eilige Zahlungsverkehr der Deutschen Bundesbank
             2.2.2.1 Teilnehmer und abzuwickelnde Zahlungen im EIL-ZV
             2.2.2.2 Technische Infrastruktur
             2.2.2.3 Verfahrensbeschreibung des EIL-ZV
   2.3 Das TARGET-System
       2.3.1 Ziele und Grundprinzipien
       2.3.2 Teilnehmer und abzuwickelnde Zahlungen
       2.3.3 Geschäftspolitische Ausgestaltung
             2.3.3.1 Betriebszeiten
             2.3.3.2 Feiertagsregelung
             2.3.3.3 Preispolitik
       2.3.4 Technische Infrastruktur
   2.4 Nettosysteme
       2.4.1 Vor- und Nachteile von Nettosystemen
       2.4.2 Die Rolle von nationalen und grenzüberschreitenden Nettosystemen
       2.4.3 Die EAF der Deutschen Bundesbank
             2.4.3.1 Teilnehmer und abzuwickelnde Zahlungen in der EAF
             2.4.3.2 Verfahrensbeschreibung der EAF
             2.4.3.3 Technische Infrastruktur
       2.4.4 Das Clearingsystem der Euro Banking Association
       2.4.5 Sonstige Nettosysteme in Europa
3. Die Abwicklung des Massenzahlungsverkehrs
   3.1 Gegenwärtige Organisation des europäischen Massenzahlungsverkehrs
   3.2 Probleme im europäischen Massenzahlungsverkehr
   3.3 Die Entwicklung neuer Zahlungsmedien
4. Weltweite Aspekte des künftigen europäischen Zahlungsverkehrs
Literaturhinweis

1. Entwicklungslinien des unbaren Zahlungsverkehrs

1.1 Allgemeine Vorgaben

Die Entwicklungen im unbaren Zahlungsverkehr in Europa sind in den letzten Jahren durch die Vorbereitungsarbeiten auf die dritte Stufe der Europäischen Wirtschafts- und Währungsunion (EWU) geprägt worden. Die Durchführung der gemeinsamen Geldpolitik im Euro-Währungsraum erfordert eine entsprechende Zahlungsverkehrsinfrastruktur. Außerdem ist mit Einführung des Euro eine beträchtliche Zunahme des grenzüberschreitenden Zahlungsverkehrs zu erwarten. Selbstverständlich müssen auch die auf nationaler Ebene betriebenen Zahlungsverkehrssysteme auf den Euro umgestellt werden.

Unabhängig von der EWU spielt aber auch die allgemein rasch wachsende Bedeutung der Finanzdienstleistungen eine wichtige Rolle. Hierdurch ist ein verstärktes Bedürfnis nach schnellen, sicheren und risikoarmen Zahlungsverkehrsverfahren entstanden. Aus diesem Grund sind zahlreiche auf DV-Technologie basierende neue Verfahren entwickelt worden.

1.2 Technische Entwicklungen

In den vergangenen 30 Jahren haben Fortschritte in der Informationstechnologie die Arbeitsabwicklung in allen Bereichen der Wirtschaft erheblich verändert. Unter allen Geschäften, die mit Hilfe der Datenverarbeitung ausgeführt werden können, kommt dem Zahlungsverkehr eine herausragende Bedeutung zu. Es verwundert daher nicht, daß technische Neuentwicklungen und Innovationen beim Zahlungsverkehr eine immer wichtigere Rolle spielen.

Um eine durchgängige beleglose Abwicklung zu erreichen, waren Standards für den Satzaufbau der verschiedenen Zahlungsarten und die Dateigliederung nötig. In Deutschland wurde daher bereits vor etwa 25 Jahren von der Deutschen Bundesbank in Zusammenarbeit mit dem Kreditgewerbe ein Regelwerk für den Datenträgeraustausch (DTA) erarbeitet, das in der Folge auch die Formatbasis für den elektronischen Zahlungsverkehr bildete. Das nationale DTA-Format findet heute noch Anwendung. In den letzten Jahren gab es vermehrt Bestrebungen, Standards einzusetzen, die nicht nur für den Einsatz auf nationaler Ebene, sondern auch weltweit genutzt werden können.

2. Die Abwicklung des Großzahlungsverkehrs

2.1 Nationales und europäisches Umfeld

Üblicherweise wird im Zahlungsverkehr zwischen Großzahlungssystemen und Systemen des Massenzahlungsverkehrs unterschieden. *Großzahlungssysteme* dienen der Abwicklung von Interbankenzahlungen, die aus Geld-, Devisen- und Wertpapiergeschäften resultieren, sowie von Kundenaufträgen über größere Beträge, die eine schnelle und vor allem risikofreie Abwicklung erfordern.

Alle Zentralbanken in der Europäischen Union (EU) übernehmen im Großzahlungsverkehr eine aktive Rolle. Risikofreie Großzahlungssysteme sind eine unerläßliche Voraussetzung für die sichere Umsetzung der Geldpolitik und einen funktionierenden Geldmarkt. Mit dem Ziel des Abbaus von Systemrisiken haben alle EU-Zentralbanken *Echtzeit-Brutto-(RTGS-)*[1] *Systeme* aufgebaut, in denen eilige Zahlungen transaktionsorientiert über Zentralbankkonten verrechnet werden. Die aktive gemeinsame Risikopolitik der Zentralbanken ist damit ein wichtiger Bestimmungsfaktor für die Entwicklungen im Großzahlungsverkehr.

Als weitere treibende Kraft für die Aktivitäten der EU-Zentralbanken und die Veränderungen im Großzahlungsverkehr ist die europäische Integration und die Einführung der gemeinsamen Währung, des Euro, zu nennen. Nach Beginn der Stufe 3 der EWU wird es im gesamten Euro-Währungsraum eine einheitliche Geldpolitik des Europäischen Systems der Zentralbanken (ESZB) geben, für deren sichere Umsetzung das grenzüberschreitende TARGET-System (siehe Abschnitt 2.3) aufgebaut wird. Ohne ein solches System, das den raschen und taggleichen Liquiditätsausgleich innerhalb des Euro-Währungsraums ermöglicht, könnten Zinsunterschiede in den einzelnen Finanzzentren entstehen, die einen einheitlichen europäischen Geldmarkt gefährden könnten. Nur eine jederzeit funktionsfähige Zinsarbitrage kann die Einheitlichkeit des Euro-Geldmarkts sicherstellen.

2.2 Nationale RTGS-Systeme

2.2.1 Merkmale von RTGS-Systemen der Zentralbanken

RTGS-Systeme sind Bruttoverrechnungssysteme, in denen eilige Zahlungen in Echtzeit ausgeführt werden. Diese Real-Time-Verarbeitung sollte nicht unbedingt im computertechnischen Sinne verstanden werden, sondern weist darauf hin, daß Zahlungen nach Deckung sofort ausgeführt werden. Die Belastung der auftraggebenden Bank und die Gutschrift auf dem Konto der Empfängerbank erfolgen zeitnah, unter optimalen Umständen innerhalb von Sekunden, zumindest aber innerhalb weniger Minuten.

---

[1] RTGS = Real Time Gross Settlement.

Der Sicherheitsvorteil von modernen RTGS-Systemen besteht vor allem in der sofortigen Finalität von Zahlungen. Da Zahlungen nur nach Deckung ausgeführt werden, stehen sie dem Empfänger mit der Buchung auf seinem Konto unwiderruflich und endgültig zur Verfügung. Eine Rückabwicklung mit der Gefahr des Ausstrahlens von Zahlungsschwierigkeiten eines Teilnehmers auf andere Teilnehmer wie bei den klassischen Nettosystemen findet in den RTGS-Systemen der Zentralbanken nicht statt (siehe Abschnitt 2.4.1).

Als Deckung für ausgehende Zahlungen stehen den auftraggebenden Banken neben ihren Kontoguthaben in der Regel auch von der Zentralbank gewährte Innertageskreditlinien zur Verfügung. Solche Innertageskredite der EU-Zentralbanken müssen voll besichert sein und werden von ihnen zinslos zur Verfügung gestellt. Aufträge, für die zur Zeit der Einreichung keine ausreichenden Deckungsmittel zur Verfügung stehen, werden üblicherweise zunächst in eine Warteschlange eingestellt. Ein solcher Warteschlangenmechanismus ist in den meisten RTGS-Systemen in der EU vorhanden bzw. vorgesehen. Erst wenn am Tagesende weiterhin Deckung fehlt, werden die Zahlungsaufträge in den Warteschlangen gelöscht und an die auftraggebende Bank unausgeführt zurückgegeben.

2.2.2 Der Eilige Zahlungsverkehr der Deutschen Bundesbank

2.2.2.1 Teilnehmer und abzuwickelnde Zahlungen im EIL-ZV

Die Deutsche Bundesbank betreibt bereits seit 1988 ein automatisiertes RTGS-System, den Eiligen Zahlungsverkehr (EIL-ZV), der mit Beginn der Stufe 3 sowohl DM- als auch Euro-Zahlungen und ab dem Jahr 2002 nur noch Euro-Zahlungen verarbeiten wird. Alle Banken, die ein Girokonto bei einer Stelle der Deutschen Bundesbank unterhalten, können direkt am EIL-ZV teilnehmen.[2] Die Banken nutzen den EIL-ZV vor allem für die Abwicklung von Interbankenzahlungen, z.B. aus Geldmarktgeschäften. Aber auch eilbedürftige Überweisungsaufträge der Bankkunden werden hier weitergeleitet. Seit 1992 können die Überweisungsaufträge auch elektronisch über den sogenannten *Elektronischen Schalter* (ELS) mittels Datenfernübertragung oder Diskette von den teilnehmenden Banken eingereicht und entgegengenommen werden. Der ELS ermöglicht so die durchgängige elektronische Weiterleitung von Zahlungen von der auftraggebenden Bank zur Empfängerbank. Im EIL-ZV können über den ELS folgende Inlandszahlungen ohne Betragsgrenzen eingereicht werden:

- Inlandszahlungen im S.W.I.F.T.-Format, d.h. reine Bank-an-Bank-Überträge ausschließlich zwischen im Inland ansässigen Kreditinstituten,
- Inlandszahlungen im nationalen DTA-Format,
- S.W.I.F.T.-Inlandsanschlußzahlungen, d.h. Zahlungsaufträge aus dem Ausland, die an eine andere Empfängerbank im Inland weiterzuleiten sind sowie
- Eilüberweisungen im EDIFACT-Format.

---

[2] Vgl. Deutsche Bundesbank (1997b).

Inlandszahlungen im S.W.I.F.T.-Format und Eilüberweisungen im EDIFACT-Format dürfen nur eingeliefert werden, wenn das endbegünstigte Kreditinstitut oder dessen Verrechnungsinstitut sich bereit erklärt hat, solche Zahlungen beleglos entgegenzunehmen. Die Aufträge im EIL-ZV können von den Teilnehmern mit unterschiedlichen Prioritäten versehen werden. Die *Prior 1-Zahlungen* werden gegen höhere Entgelte in Echtzeit abgewickelt. Die *Prior 2-Zahlungen* werden dagegen stapelorientiert und daher kostengünstiger, aber auch langsamer, verarbeitet. Bei beiden Arten von Zahlungen garantiert die Deutsche Bundesbank aber eine taggleiche Abwicklung, z.B. auch im Falle eines Systemausfalls (bei Prior 1-Zahlungen stets; bei Prior 2-Zahlungen, sofern Einlieferung und Auslieferung per DFÜ erfolgen und die Aufträge bis zu einem bestimmten Zeitpunkt gedeckt sind).

2.2.2.2 Technische Infrastruktur

Die technische Infrastruktur des EIL-ZV befindet sich derzeit in einem mehrstufigen Migrationsprozeß. Ursprünglich basierte der EIL-ZV auf einem Verbund von ca. 150 lokalen Rechnersystemen für die Zahlungsabwicklung und Kontoführung, die in jeder Zweiganstalt der Deutschen Bundesbank installiert waren. Zahlungen wurden im Direktverkehr zwischen den Zweiganstalten durch Kommunikation der lokalen Zweiganstaltenrechner über das Datex-P-Netz der Deutsche Telekom AG abgewickelt. Ein starker Anstieg der Stückzahlen und strukturelle Veränderungen im Zahlungsverkehr, die zu einer deutlichen Konzentration auf wenige Zweiganstalten führten, machten den Übergang zu einem mengenelastischeren System notwendig. In einem mehrstufigen Migrationsprozeß werden daher sowohl die Zahlungsabwicklung im EIL-ZV als auch die Kontoführung auf eine neue technische Basis gestellt. Die dezentralen Zweiganstaltenrechner werden dabei durch zwei MVS-Großrechner in Düsseldorf und Frankfurt abgelöst. Beide Großrechner (EIL-System) bedienen künftig einen genau definierten Kreis von Bundesbank-Zweiganstalten, die im übrigen weiterhin „Herr" ihrer Konten bleiben. Die Rechenzentren sind mit modernster Hochverfügbarkeitstechnik ausgerüstet. In jedem Rechenzentrum, das aus zwei räumlich getrennten Rechnerzellen besteht, sind sämtliche Systemkomponenten doppelt vorhanden. Um sicherzustellen, daß bei Störungen der Betrieb nach einer kurzen Wiederanlaufphase fortgesetzt werden kann, werden alle System- und Anwendungsdaten fortlaufend synchron gespiegelt. Ferner ist im Not- und Katastrophenfall auch eine permanente Datenspiegelung in das jeweils andere Rechenzentrum vorgesehen.

Die technische Migration betrifft die interne Kommunikation innerhalb der Bundesbank. Für die Schnittstellen zu den Kreditinstituten ergibt sich hieraus kein unmittelbarer Anpassungsbedarf. Banken, die am ELS teilnehmen, können weiterhin Zahlungsaufträge im EIL-ZV elektronisch per Datenfernübertragung oder mittels Disketten erteilen bzw. entgegennehmen. Der ELS als elektronisches Zugangsmedium zum RTGS-System der Bundesbank ist Teil des Leistungsangebots *Elektronische Öffnung*, mit dem die Deutsche Bundesbank zur wirtschaftlichen Abwicklung und Rationalisierung des Zahlungsverkehrs und anderer Dienste (z.B. in der Bankenstatistik) durch das Prinzip der Einmalerfassung und Mehrfachnutzung der Daten beiträgt.

Die technische Verfahrenskonzeption ist so ausgelegt, daß den Geschäftsbanken eine einheitliche Kommunikationsschnittstelle auf der Basis herstellerunabhängiger, international standardisierter Kommunikationsprotokolle (ISO/OSI FTAM-Protokoll) zur Verfügung gestellt wird. Die Datenfernübertragung erfolgt im Datex-P-Netz (X.25-Netz) der Deutsche Telekom AG, wobei der Übergang zu den Anwendungen der Bundesbank über dedizierte Gateway-Systeme abgewickelt wird. Mit dieser Konzeption wird zum einen der Systemvielfalt bei den Banken Rechnung getragen. Zum anderen gelingt es, die Verarbeitungssysteme der Bundesbank und der Geschäftsbanken nicht zuletzt aus Sicherheitsgründen weitgehend voneinander zu entkoppeln.

Die einheitliche technische Schnittstelle der Elektronischen Öffnung umfaßt neben dem ELS auch den Zugang zur *Elektronischen Abrechnung Frankfurt* (EAF, siehe Abschnitt 2.4.3). Als weitere Anwendungen sind ein elektronischer Zugang zum Kleinzahlungssystem, dem DTA-Verfahren, sowie ein elektronisches Kontoinformationssystem geplant.

2.2.2.3 Verfahrensbeschreibung des EIL-ZV

Die per Datenfernübertragung eingelieferten Überweisungsaufträge werden vom Gateway-System direkt an das zuständige Hochverfügbarkeitsrechenzentrum (HVRZ) weitergeleitet. Beleghafte Aufträge (nur im Falle von Prior 1-Zahlungen möglich) und Aufträge per Diskette sind dagegen von der auftraggebenden Bank bei der kontoführenden Zweiganstalt der Deutschen Bundesbank einzureichen. Die Verbindung zu den Rechenzentren erfolgt in diesem Fall über die bei den Zweiganstalten installierten Datenein- und -ausgabegeräte. In den HVRZ, in denen mit Abschluß der Migration auch die Konten technisch geführt werden, wird zunächst überprüft, ob genügend Deckung auf dem Konto des Auftraggebers vorhanden ist. Neben Kontoguthaben werden dabei auch freie Kreditlinien, die sogenannten Giroüberzugslombardlinien, berücksichtigt. Die Deutsche Bundesbank gewährt den Kreditinstituten Lombardkredite gegen Verpfändung von Wertpapieren. Die verpfändeten Sicherheiten können für normale Lombardkreditaufnahmen und für den sogenannten Giroüberzugslombard im Zahlungsverkehr genutzt werden. Auf den Giroüberzugslombard greift die Bundesbank nach vorheriger genereller Ermächtigung durch ein Kreditinstitut automatisch am Tagesende zur Abdeckung von etwaigen Debetsalden auf dem Girokonto zurück. Im Laufe des Tages stehen freie Giroüberzugslombardlinien zinslos als Innertageskredit zur Verfügung, d.h. Kreditinstitute können ihr Girokonto im Laufe des Tages in entsprechender Höhe überziehen.

Bei Prior 1-Zahlungen erfolgt die Deckungsprüfung für jede einzelne Zahlung. Ist genügend Deckung vorhanden, wird das Konto der auftraggebenden Bank belastet und sofort darauf das Konto der Empfängerbank erkannt. Die ELS-Empfängerbank erhält eine Gutschriftsanzeige per Datenfernübertragung – hierfür werden die auszuliefernden Prior 1- Zahlungen alle 20 Minuten in Ausgangsdateien verdichtet – oder per Diskette. An Kontoinhaber, die nicht am ELS teilnehmen, liefert die Bundesbank Gutschriftsbelege aus.

Im Falle von Prior 2-Zahlungen erfolgt die Bearbeitung (Deckungsprüfung und Belastungsbuchung) und Auslieferung in zeitlich gestaffelten Intervallen (in der Zeit von

8.00 Uhr bis 12.00 Uhr in Abständen von 60 Minuten, ab 12.00 Uhr in Abständen von 30 Minuten). Eingetroffene Prior 2-Zahlungen werden den ELS-Empfängerbanken etwa zeitgleich mit der Auslieferung per Datenfernübertragung bzw. mit der Bereitstellung von Dateien zur Ausgabe auf Disketten auf ihren Girokonten gutgeschrieben. Mit den stapelorientiert durchgeleiteten Prior 2-Zahlungen wurde ein vollkommen neues Produkt im Großzahlungsverkehr geschaffen. Es dürfte insbesondere für weniger eilige Kundenzahlungen, die nicht notwendigerweise in Echtzeit ausgeführt werden müssen, eine kostengünstige Alternative darstellen.

Zahlungsaufträge, für die keine ausreichende Deckung vorhanden ist, werden zunächst in eine Warteschlange eingestellt und – falls möglich – zu einem späteren Zeitpunkt ausgeführt. Nach Realisierung der neuen technischen Infrastruktur wird den Banken die Möglichkeit eröffnet, die Warteschlangen sowohl eingangs- als auch ausgangsseitig einzusehen. Durch diese Warteschlangentransparenz und die Möglichkeit zur laufenden Einsichtnahme in das eigene Konto wird die Liquiditätsdisposition für die Banken erheblich erleichtert. Ein weiteres Instrument zur Erleichterung der Liquiditätssteuerung ist die von der Bundesbank angebotene Leitwegsteuerung, die insbesondere von Filialinstituten genutzt wird. Sie ermöglicht es, für dezentrale Konten bestimmte Zahlungen im Tagesverlauf selbsttätig auf ein vorgegebenes zentrales Konto umzuleiten. Darüber hinaus ist ein weitergehendes Cash Management in Form automatischer Abführungen von überschüssigen Guthaben am Tagesende zugunsten zentraler Konten durch die Bundesbank möglich. Zusätzlich nutzt die Bundesbank ein automatisiertes Verfahren, den sogenannten umfassenden Buchungsversuch, zur Verrechnung gegenseitiger Zahlungen in Warteschlangen. Mit dem Buchungsversuch wird geprüft, ob durch eine gleichzeitige Buchung aller ungedeckten Aufträge eine Verklemmungssituation aufgelöst werden könnte. Ist dieses nicht der Fall, wird versucht, durch Herausnahme einzelner Aufträge möglichst viele Zahlungen auszuführen.

2.3 Das TARGET-System

2.3.1 Ziele und Grundprinzipien

Das TARGET-System *(Trans-European Automated Real-Time Gross Settlement Express Transfer System)* unterstützt mit Beginn der Stufe 3 der EWU die sichere Umsetzung der gemeinsamen Geldpolitik.[3] Unabhängig von dieser geldpolitisch motivierten Hauptzielsetzung wird TARGET durch die rasche, effiziente und sichere Abwicklung von Großzahlungen generell zur Verbesserung des grenzüberschreitenden Großzahlungsverkehrs in Europa beitragen.

TARGET ist ein dezentrales Verbundsystem.[4] Seine Komponenten sind die nationalen RTGS-Systeme der dem Euro-Währungsraum angehörenden Länder sowie der Zah-

---

[3] Vgl. European Monetary Institute (1995).
[4] Vgl. Deutsche Bundesbank (1996); European Monetary Institute (1996b); European Monetary Institute (1997a).

lungsverkehrsmechanismus der Europäischen Zentralbank (EZB). RTGS-Systeme von EU-Zentralbanken, die (zunächst) nicht an der Stufe 3 der EWU teilnehmen, können ebenfalls an TARGET angebunden werden, sofern sie technisch in der Lage sind, neben der nationalen Währung auch Euro-Transaktionen als Fremdwährungszahlungen abzuwickeln.[5] Die RTGS-Systeme und der EZB-Zahlungsverkehrsmechanismus werden über eine als *Interlinking-System* bezeichnete Verbindungskomponente grenzüberschreitend verknüpft, so daß Zahlungen von einem System zum nächsten übergeleitet werden können.

Bei der Ausgestaltung von TARGET wurde dem im Maastricht-Vertrag verankerten Prinzip der *Subsidiarität* und *Dezentralität* Rechnung getragen, wonach die Geschäftsabwicklung möglichst dezentral bei den nationalen Zentralbanken und nicht bei der EZB erfolgen sollte. Im TARGET-System werden daher die Konten der Kreditinstitute weiterhin auf nationaler Ebene geführt. Der Austausch von Zahlungen erfolgt direkt zwischen den nationalen Zentralbanken, ebenso wie die sich anschließende Verrechnung über gegenseitig geführte TARGET-Korrespondenzkonten. Die EZB übernimmt nur wenige zentrale Funktionen. Hierzu gehören neben der allgemeinen Überwachung und dem Testen des Systems auch die Tagesendabstimmung. Über ihren Zahlungsverkehrsmechanismus kann die EZB Zahlungen für eigene Rechnung oder im Auftrag ihrer Kunden über TARGET weiterleiten. Der Kreis der Kunden, die eine direkte Kontobeziehung mit der EZB haben, wird aber sehr begrenzt sein. Er ist auf institutionelle Kunden, wie z.B. internationale Organisationen und Zentralbanken aus Drittländern, sowie Clearing-Organisationen beschränkt.

Aus dem Prinzip der Dezentralität folgt auch, daß die nationalen Zentralbanken so viel Gestaltungsfreiheit hinsichtlich ihrer RTGS-Systeme wie möglich behalten sollen. Dieser Minimalansatz bei der Harmonisierung der nationalen Systeme ermöglicht es, daß der technische Anpassungsaufwand, sowohl für die Zentralbanken als auch die teilnehmenden Kreditinstitute, möglichst gering gehalten werden kann. Folglich wurde eine Harmonisierung nur in den Bereichen und in dem Maße angestrebt, wie es im Interesse der Wettbewerbsneutralität sowie der Sicherheit und Effizienz des Systems als unerläßlich erschien. Entsprechend wurden gemeinsame Vereinbarungen über die Bereitstellung von Innertageskredit, die Betriebszeiten und die Preispolitik getroffen (siehe Abschnitt 2.3.3).

2.3.2 Teilnehmer und abzuwickelnde Zahlungen

Alle Banken, die an einem RTGS-System einer EU-Zentralbank teilnehmen, können das TARGET-System nutzen. Sonstige Kontoinhaber, wie zum Beispiel die öffentlichen

---

[5] Hinsichtlich der Liquiditätsbereitstellung gelten für diese Zentralbanken allerdings besondere Bedingungen. Sie können beim ESZB verzinste Einlagen unterhalten und aus diesen heraus auf Guthabenbasis Zahlungsaufträge veranlassen. Den Kreditinstituten in ihren Euro-RTGS-Systemen können sie gegen Hinterlegung entsprechender Sicherheiten einen begrenzten Innertageskredit gewähren. (Vgl. Pressemitteilung der Europäischen Zentralbank vom 8. Juli 1998.)

Kassen, können über die jeweilige Zentralbank TARGET-Zahlungen veranlassen. Bei grenzüberschreitenden Zahlungen sind immer zwei Zentralbanken beteiligt: Eine nationale Zentralbank, die das Konto des Auftraggebers belastet, und eine andere nationale Zentralbank, die für die Gutschrift auf dem Konto der Empfängerbank sorgt.

Zahlungen, die sich aus der Durchführung der Geldpolitik des ESZB ergeben, z.B. aus Refinanzierungsgeschäften, müssen zwingend über TARGET abgewickelt werden. Für alle anderen Zahlungen ist den Banken die Nutzung des TARGET-Systems freigestellt. Mindestbetragsgrenzen für TARGET-Aufträge sind zu Beginn der Stufe 3 nicht vorgesehen. Allerdings ist das System prinzipiell nur zur Abwicklung von Großzahlungen aus dem Interbanken- und Kundengeschäft bestimmt. Es ist nicht darauf ausgerichtet, das Segment der grenzüberschreitenden Massenzahlungen zu bedienen.

Im Interlinking-System werden von Beginn an ausschließlich Zahlungen in Euro ausgetauscht. Die Zentralbanken können aber in der Übergangsphase anbieten, sowohl Zahlungen in Euro als auch in nationaler Währung zur Weiterleitung in ihren nationalen RTGS-Systemen zu akzeptieren. Auf nationale Währung lautende grenzüberschreitende TARGET-Zahlungen müssen dann von der erstbeteiligten Zentralbank vor der Weiterleitung zur Zentralbank des Empfängerlandes zum festgeschriebenen Umrechnungskurs in Euro umgerechnet werden. Im Empfängerland werden sie gegebenenfalls in die dortige nationale Währung konvertiert. Das Interlinking-System nutzt als Datenformat die S.W.I.F.T.-Nachricht MT198 für eigene Anwendungen. Dieser Nachrichtentyp wird als Umschlag genutzt, in den die S.W.I.F.T.-Nachrichten MT100 (Kundenüberweisungen) und MT202 (Banküberweisung zu Gunsten einer dritten Bank) plus einiger zusätzlicher Informationen (z.B. eine interne Interlinking-Referenznummer) „eingepackt" sind.[6] Die von Kunden eingereichten Zahlungsaufträge sind somit vor der Weiterleitung von der beauftragten Zentralbank vom nationalen Datenformat in das Interlinking-Format zu konvertieren. Umgekehrt sind über das Interlinking-System eintreffende Zahlungen in das nationale Datenformat zu transformieren.

Zur Adressierung der erstbeauftragten Bank und der endbegünstigten Bank sowie der eventuell in der Verrechnung zwischengeschalteten Banken ist nur die Verwendung des BIC *(Bank Identifier Code)* zulässig.[7] Dies bedeutet, daß nur Banken mit einem veröffentlichten BIC an TARGET als Auftraggeber- und/oder als Empfängerbank teilnehmen können. D.h., daß sie sich rechtzeitig um Eintragung eines BIC im S.W.I.F.T.-Directory kümmern müssen.

2.3.3 Geschäftspolitische Ausgestaltung

2.3.3.1 Betriebszeiten

Um dem Bedarf der Kreditinstitute und der Finanzmärkte Rechnung zu tragen, wird das TARGET-System täglich elf Stunden betriebsbereit sein, so daß die Überlappungszeiten

---

[6] Vgl. European Monetary Institute (1996c); European Monetary Institute (1997b).
[7] Vgl. dazu Kothe, C. (Beitrag in diesem Buch).

mit den Zahlungssystemen in den USA und Japan deutlich vergrößert werden. Es wird gemeinsame Betriebsstunden von 7.00 Uhr bis 18.00 Uhr geben.[8] Die Referenzzeit wird dabei die örtliche Zeit am Sitz der EZB sein, also Frankfurter Ortszeit. Die gemeinsame Schlußzeit der nationalen RTGS-Systeme ist unerläßlich, um zu verhindern, daß nationale Geldmarktsegmente mit unterschiedlichem Zinsniveau entstehen können. Auch die morgendliche Öffnungszeit sollte – schon allein aus Wettbewerbsgründen – einheitlich sein. Allerdings wird den Zentralbanken zugestanden, aus vorab genau festgelegten nationalen Gründen, z.B. für den Zahlungsausgleich von Wertpapiertransaktionen oder die Verrechnung von Salden aus Nettosystemen, ihr RTGS-System vor 7.00 Uhr morgens zu öffnen. Der Annahmeschluß für Kundenzahlungen wird eine Stunde vor der Schlußzeit von TARGET, also um 17.00 Uhr, liegen.[9] Danach dürfen – sowohl national als auch grenzüberschreitend – nur noch Interbankenzahlungen eingereicht werden.

2.3.3.2 Feiertagsregelung

Um das reibungslose Funktionieren der Finanzmärkte zu fördern und darüber hinaus gleiche Wettbewerbschancen für alle Marktteilnehmer zu gewährleisten, sollte TARGET möglichst viele gemeinsame Betriebstage haben.[10] Da Weihnachten (25. Dezember) und Neujahr die einzigen Feiertage sind, die in allen Ländern der EU begangen werden, hat man sich darauf geeinigt, daß TARGET nur an diesen beiden Tagen insgesamt geschlossen sein wird. Einzelne nationale Zentralbanken könnten zwar ihr RTGS-System an nationalen Feiertagen schließen, wenn dies aus rechtlichen Gründen geboten ist oder vom Kreditgewerbe gewünscht wird. Von dieser Möglichkeit wird aber in 1999 kein Land der EU Gebrauch machen, so daß TARGET mit Ausnahme der beiden Feiertage sowie der Samstage und Sonntage täglich in sämtlichen Ländern der EU betriebsbereit sein wird.

2.3.3.3 Preispolitik

Hinsichtlich der Preise für TARGET-Zahlungen haben sich die Zentralbanken auf das Prinzip der Kostendeckung verpflichtet, um unfairen Wettbewerb mit anderen grenzüberschreitenden Großzahlungssystemen zu vermeiden.[11] Das Entgelt für grenzüberschreitende TARGET-Transaktionen (ohne MwSt.) richtet sich nach der Anzahl der Transaktionen, die ein TARGET-Teilnehmer in einem einzelnen Echtzeitbruttosystem (RTGS) in Auftrag gibt. Die Entgelte sind wie folgt gestaffelt:

1,75 € für jede der ersten 100 Transaktionen pro Monat
1,00 € für jede der darauffolgenden 900 Transaktionen pro Monat
0,80 € für jede weitere Transaktion bei mehr als 1000 Transaktionen pro Monat.

Das Entgelt wird ausschließlich von der absendenden nationalen Zentralbank erhoben und wird, unabhängig vom Zielort oder vom Umfang der Zahlung, identisch sein. Es

---

[8] Vgl. European Monetary Institute (1996b); European Monetary Institute (1997a).
[9] Vgl. Deutsche Bundesbank (1997a).
[10] Vgl. European Monetary Institute (1996b); European Monetary Institute (1997a).
[11] Vgl. European Monetary Institute (1996b); European Monetary Institute (1997a).

deckt die Bearbeitungs- und Abwicklungskosten für die Transaktion mit Ausnahme der Kosten für die Kommunikation zwischen dem auftraggebenden Teilnehmer und der absendenden nationalen Zentralbank.

Den Benutzern des grenzüberschreitenden TARGET-Systems werden weder zusätzliche Aufnahmeentgelte noch periodische Entgelte berechnet.[12]

Über Preise für Inlandszahlungen in den nationalen RTGS-Systemen wird weiterhin individuell von den nationalen Zentralbanken entschieden. Sie müssen aber – nach einem harmonisierten Kalkulationsschema – kostendeckend sein und sollten in den einzelnen Mitgliedstaaten nicht soweit voneinander abweichen, daß die Einheitlichkeit des gemeinsamen Geldmarkts gefährdet wird.

2.3.4 Technische Infrastruktur

Aus dem Dezentralitätsprinzip ergibt sich zwangsläufig, daß die an TARGET angebundenen RTGS-Systeme den nationalen Gegebenheiten entsprechend auf unterschiedlicher Systemhard- und -software beruhen. Wie für die geschäftspolitischen Funktionen gibt es auch für die technischen Funktionen eine Reihe gemeinsamer Mindestanforderungen.[13] Diese betreffen insbesondere die Sicherheitsmaßnahmen (z.B. Identifikation des Absenders und Integrität der Daten), die Verfügbarkeit der Systemkomponenten und die Umsetzung der knappen Zeitvorgaben bei der Zahlungsabwicklung.

Die einzelnen RTGS-Systeme sind über das Interlinking-System miteinander verknüpft, das aus einem Kommunikationsnetz und einer Reihe gemeinsamer Verfahren und Einrichtungen besteht. Als Kommunikationsnetz für das Interlinking-System wird – zunächst für die Testphase und den Beginn der Stufe 3 – das S.W.I.F.T.-Netz genutzt. Die technischen Spezifikationen des Interlinking-Systems sind allerdings unabhängig von einzelnen Netzwerkanbietern ausgestaltet, so daß es den Zentralbanken auf längere Sicht grundsätzlich offensteht, einen anderen Netzwerkbetreiber zu beauftragen oder ein eigenes Kommunikationsnetz aufzubauen. Der Anschluß der RTGS-Systeme an das Interlinking-System erfolgt über auf nationaler Ebene implementierte Schnittstellen, die sogenannten Interlinking-Komponenten.

2.4 Nettosysteme

2.4.1 Vor- und Nachteile von Nettosystemen

Das besondere Merkmal von Nettosystemen ist die gegenseitige Verrechnung von Zahlungen, die entweder im bilateralen Verhältnis zwischen zwei Banken oder auch multilateral, d.h. zwischen allen teilnehmenden Banken, erfolgen kann. Der endgültige Aus-

---

[12] Vgl. Pressemitteilung der Europäischen Zentralbank vom 10. Juni 1998.
[13] Vgl. European Monetary Institute (1996c); European Monetary Institute (1997b).

gleich *(Settlement)* der dadurch entstandenen Salden durch Buchungen auf den Zahlungsverkehrskonten erfolgt üblicherweise einmal am Tag, bei manchen Systemen auch mehrmals am Tag. Im Gegensatz zu Bruttosystemen findet jedoch niemals eine sofortige Real-Time Buchung einer einzelnen Zahlung auf einem Konto statt. Jede Zahlung geht in einem Saldo unter, der dann zeitversetzt ausgeglichen wird.

Aus dieser Konstellation ergibt sich der wesentliche Vorteil von Nettosystemen gegenüber Bruttosystemen: Sie sind liquiditätssparend. Kontoguthaben bzw. Kreditlinien müssen nicht für jede einzelne Zahlung vorgehalten werden, sondern nur für den Betrag des Saldos. Gleichzeitig liegt hier aber auch ein erheblicher Nachteil: Die abgesandten und erhaltenen Zahlungsaufträge werden erst dann zu endgültigen und unwiderruflichen Zahlungen, wenn der Saldenausgleich erfolgt ist. Werden lediglich avisierte Zahlungen bereits vor dem Saldenausgleich an die End-Empfänger weitergeleitet, geht eine Bank ein unter Umständen erhebliches Ausfallrisiko ein. Sollte nämlich ein anderer Systemteilnehmer während des Tages, d.h. vor Durchführung des Saldenausgleichs, zahlungsunfähig werden, besteht die Gefahr einer vollständigen Rückabwicklung des gesamten Clearingvorgangs. Die Möglichkeit, daß es hierdurch zu einem Dominoeffekt mit Blockierungen und Problemen bei anderen Zahlungsverkehrsteilnehmern oder auch in anderen Zahlungsverkehrssystemen kommt, wird allgemein als *Systemrisiko* bezeichnet.

2.4.2 Die Rolle von nationalen und grenzüberschreitenden Nettosystemen

Im Interesse der Risikoreduzierung haben sich die Zentralbanken in den letzten Jahren auf den Aufbau von Bruttoverfahren bzw. die Weiterentwicklung bestehender Bruttoverfahren für Großzahlungen konzentriert (siehe Abschnitt 2.1). Aber auch Nettosysteme sowohl für Groß- als auch für Kleinzahlungen können weiterhin betrieben werden. Sie müssen ab Eintritt in die Stufe 3 der EWU aber die sogenannten *Lamfalussy-Standards*[14] erfüllen. Die Erfüllung dieser Standards soll sicherstellen, daß die Risiken aus dem Betreiben von Nettosystemen so gering wie möglich gehalten werden und daß die teilnehmenden Banken sich genau darüber im klaren sind, welche Risiken sie eingehen. Ferner haben die Zentralbanken den privaten Nettosystemen nicht nur angeboten, sondern es ihnen sogar dringend nahegelegt, den Saldenausgleich über Konten der Zentralbank vorzunehmen, um dadurch das Risiko auszuschalten, das durch den Ausfall des Settlement-Agenten entstehen könnte.

2.4.3 Die EAF der Deutschen Bundesbank[15]

2.4.3.1 Teilnehmer und abzuwickelnde Zahlungen in der EAF

Seit April 1998 ist die EAF für den Fernzugang weltweit geöffnet. Vorher war die Teilnahme auf die Banken beschränkt, die ihren Sitz oder eine Filiale in Frankfurt hatten.

---

[14] Vgl. Bank für Internationalen Zahlungsausgleich (1990).
[15] Vgl. auch Deutsche Bundesbank (1997b).

Als Zugangsvoraussetzungen für neue Teilnehmer wurde ein Gesamtumsatz von mindestens zwei Milliarden DM oder 500 Stück ein- bzw. ausgelieferte Zahlungen (jeweils im Tagesdurchschnitt) festgelegt. Darüber hinaus muß ein künftiger Teilnehmer darlegen, daß er aufgrund seiner Verkehrsstruktur zufriedenstellende bilaterale Verrechnungsergebnisse erreichen kann. Die gegenläufigen Zahlungen müssen mindestens 60% des abgewickelten Volumens ausmachen (siehe hierzu auch Abschnitt 2.4.3.2). Für die bisherigen Teilnehmer der EAF gilt jedoch für eine Übergangszeit Bestandsschutz. In der EAF können Überweisungen ohne Betragsbegrenzung in folgenden Formaten abgewickelt werden:

- Inlandszahlungen im DTA-Format,
- Inlandszahlungen im EDIFACT-Format,
- Inlandszahlungen im S.W.I.F.T.-Format (falls die Empfängerbank ihre Annahmebereitschaft erklärt hat) und
- Inlandsanschlußzahlungen im S.W.I.F.T.-Format.

Ab Beginn der Stufe 3 der EWU können Zahlungen in Euro und DM eingereicht werden. Ab dem Jahr 2002 wird die EAF ausschließlich Euro-Transaktionen verrechnen.

2.4.3.2 Verfahrensbeschreibung der EAF

Die EAF wurde im Jahre 1996 von einem reinen Nettosystem in ein Verfahren ganz neuer Art umgewandelt. Sie verbindet die Vorteile eines liquiditätssparenden Nettosystems mit der Sicherheit eines Bruttosystems. Die EAF ist ein vollelektronisches Verfahren. Alle Beteiligten übertragen ihre Dateien per Datenfernübertragung, nur im Back-up-Fall werden die Daten auf Datenträgern transportiert. Das besondere Kennzeichen der EAF ist ihr Zwei-Phasen-Ablauf. In der Phase 1 werden bilaterale und multilaterale Verrechnungen zwischen den Teilnehmern vorgenommen, in der sich anschließenden Phase 2 wird versucht, die in Phase 1 nicht verrechneten Zahlungen in zwei Durchgängen multilateral zu verrechnen.

Während der Phase 1, der Einlieferungsphase, ist die EAF ein System mit einer kontinuierlichen Abfolge von bilateralen und multilateralen Verrechnungen. Ein Teilnehmer kann im voraus für jeden anderen EAF-Teilnehmer bestimmen, ob er mit ihm bilateral oder multilateral verrechnen will. Diejenigen Zahlungen, die in einen der Verrechnungsprozesse einbezogen werden und gleichzeitig auch gedeckt sind, sind dabei wie in einem RTGS-System endgültig und unwiderruflich. Den Empfänger-Kreditinstituten stehen somit in einem nahezu kontinuierlichen Prozeß endgültige Zahlungen zur Verfügung.

Für die Deckung der bei den einzelnen Verrechnungsprozessen entstehenden bilateralen und multilateralen Sollsalden stellen die Teilnehmer vorab auf einem EAF-Sonderkonto Arbeitsguthaben in Form von Zentralbankgeld bereit. Die Höhe der bereitgestellten Liquidität wird von den Teilnehmern selbst bestimmt.

Die EAF wurde von vornherein so konzipiert, daß nicht alle eingereichten Zahlungen mit dem bewußt niedrig gehaltenen Betrag der bereitgestellten Liquidität sofort, d.h. schon zum Zeitpunkt der Einlieferung, verrechnet werden können. Das System arbeitet deshalb mit einem Verfahren zur Anpassung (Reduzierung) der bei der Verrechnung entstehenden Salden an die auf dem EAF-Sonderkonto verfügbare Deckungsmasse. Hierfür werden Algorithmen zur vorläufigen Herausnahme von Zahlungen verwendet. Die bei der Verrechnung entstandenen Soll-Salden sind deshalb immer gedeckt, ein für die üblichen Nettosysteme typisches Rückabwicklungsrisiko bei fehlender Deckung von Sollsalden wird mit dieser Vorgehensweise vermieden. Das Deckungsprinzip wird ähnlich wie in einem RTGS-System angewendet, mit dem Unterschied, daß in RTGS-Systemen einzelne Zahlungen, in der EAF jedoch ein im Vorfeld angepaßter Saldo gebucht wird. Die aufgrund der Algorithmen ermittelten, noch nicht verrechneten Zahlungen werden, ebenfalls wie in RTGS-Systemen, in Warteschlangen auf einen der nachfolgenden Verrechnungsprozesse vorgetragen.

Der positive Liquiditätseffekt der EAF beruht wie in jedem Nettozahlungssystem darauf, gegenläufige Zahlungen mehrerer Teilnehmer zu verrechnen und so ein großes Überweisungsvolumen mit geringem Liquiditätseinsatz abzuwickeln.

In der Phase 2, der Abschlußphase, finden nochmals zwei multilaterale Verrechnungen statt. Hierbei werden alle in der Phase 1 in Warteschlangen verbliebenen Zahlungen einbezogen und wie in der Phase 1 ein Mechanismus zur Saldenanpassung verwendet.

Im Unterschied zur multilateralen Verrechnung in Phase 1 dienen hierbei jedoch die Girokonten der Teilnehmer mit den in der Regel erheblichen Überziehungslinien als Deckungsmasse, so daß insgesamt ein höheres Volumen (nahezu 100%) endgültiger Zahlungen erreicht werden kann. Nach der ersten multilateralen Verrechnung in Phase 2 wird den Teilnehmern eine Frist zur Anschaffung von Deckungsmitteln für die ungedeckt gebliebenen Zahlungen im Wege des EIL-ZV bzw. im Wege des Saldenausgleichs innerhalb der EAF durch die Teilnehmer eingeräumt. Bleiben bei der darauffolgenden zweiten multilateralen Verrechnung Salden erneut ungedeckt, werden über den bereits erwähnten Algorithmus so viele einzelne Zahlungen aus der Verrechnung herausgenommen, bis die Salden von den zur Verfügung gestellten Dispositionsmitteln gedeckt sind.

Der Ausgleich der EAF kommt somit in jedem Fall zustande, eine Rückabwicklung verbunden mit einem Systemrisiko ist ausgeschlossen. Nicht gedeckte Zahlungen gelten als zurückgerufen und werden nicht ausgeführt. Als Grundlage für eine verbesserte Liquiditätssteuerung durch die Teilnehmer bietet die EAF eine Warteschlangentransparenz auch für die einzelnen eingehenden, für einen Teilnehmer bestimmten, aber noch nicht ausgeführten Zahlungen.

2.4.3.3 Technische Infrastruktur

Die EAF ist ein vollelektronisches Verfahren, bei dem die Zahlungsaustauschsätze per Datenfernübertragung von den Teilnehmern in das EAF-System übertragen werden. Auf dem gleichen Weg werden die Daten auch wieder an die Empfängerbank ausgeliefert und die Endgültigkeit bestätigt, sobald die Zahlung in einem Verrechnungsprozeß endgültig geworden ist. Als Standards finden die internationalen Standards X.25 und ISO/OSI-FTAM (s. Abschnitt 2.2.2.2) Anwendung, künftig wird auch der X.400-Standard eingesetzt. Zur Absicherung des EAF-Betriebs werden bewährte kryptographische

Verfahren eingesetzt. Alle im internationalen Großzahlungsverkehr üblichen Formate wie S.W.I.F.T.-MT100, -202, -205 und -400, EDIFACT-FINPAY (D.96A) und DTA (das nationale Format in Deutschland) können verwendet werden. Das S.W.I.F.T.-Format MT199 wird als freie Textnachricht zwischen den Teilnehmern genutzt. Die technische Verfügbarkeit der EAF liegt bei 99,9%. Dafür sorgen Back-up Verfahren sowie die doppelte Auslegung aller Systemkomponenten. Ein Informationsmanagement ermöglicht den Teilnehmern einen detaillierten Einblick in die Warteschlange auf der Eingangs- und Ausgangsseite. Die Informationen sind darüber hinaus so aufbereitet, daß die Kunden diese für die verschiedensten Zwecke automatisiert weiterverarbeiten können.

2.4.4 Das Clearingsystem der Euro Banking Association

Die *Euro Banking Association* (EBA; bis Dezember 1997: ECU Banking Association) wurde 1985 auf Initiative von Geschäftsbanken für die Verrechnung und den Saldenausgleich von Zahlungen in privaten ECU gegründet. Mit dem Start der EWU wird die EBA ihr europaweites Netto-Clearingsystem für Transaktionen in Euro bereitstellen. Dabei will sich die EBA vorwiegend auf den kommerziellen Zahlungsverkehr konzentrieren und sieht sich daher nicht als Konkurrenz, sondern vielmehr als Ergänzung zu dem von den EU-Zentralbanken entwickelten TARGET-System. Das derzeitige ECU-System der EBA wird umgestaltet, um dann als *Euro 1-System* den Anforderungen in Stufe 3 der EWU gerecht zu werden (u.a. Erfüllung der Lamfalussy-Standards). Das EBA-System basiert vollständig auf S.W.I.F.T.-Standards. Derzeit hat die EBA 104 Mitgliedsinstitute, von denen 56 den Status einer Clearingbank haben.

2.4.5 Sonstige Nettosysteme in Europa

Neben der EAF und dem luxemburgischen LIPS-System, die bereits jetzt die Lamfalussy-Standards einhalten, werden das SNP-System in Frankreich, das Madrid Clearing House in Spanien und das POPS-System in Finnland derzeit weiter- bzw. neuentwickelt, um diese Standards künftig einzuhalten.[16]

Das neuentwickelte SNP-System wird für die Abwicklung von Großzahlungen durch die Banque de France zur Verfügung gestellt. Die sich ergebenden Nettosalden im SNP sollen am Tagesende im französischen RTGS-System, TBF, ausgeglichen werden. Das *Madrid Clearing House* soll künftig über bindende bi- und multilaterale Limite verfügen. Darüber hinaus sollen Sicherheiten, die auf der Basis der bilateralen Limite festgelegt werden, für das Zustandekommen des Saldenausgleichs auch in dem Fall sorgen, daß der Teilnehmer mit dem höchsten Debet-Saldo ausfällt. Das finnische *POPS-System* ist ein bilaterales Nettosystem, das bis Beginn der Stufe 3 u.a. mit bindenden bilateralen Limiten ausgestattet werden soll. Sofern die bilateralen Limite erreicht werden, können Zahlungen, die zu einem Überschreiten des Limits führen würden, auch über das finnische RTGS-System ausgeführt werden.

---

[16] Vgl. European Monetary Institute (1997c).

3. Die Abwicklung des Massenzahlungsverkehrs

3.1 Gegenwärtige Organisation des europäischen Massenzahlungsverkehrs

Zur Zeit werden auf nationaler Ebene in Europa für die Abwicklung des *Massenzahlungsverkehrs* entweder zentrale Clearinghäuser oder ein Verbund von mehreren Clearingstellen, wie in Deutschland mit seinen Gironetzen, genutzt. Clearinghäuser ermöglichen normalerweise klar strukturierte Kommunikations- und Verrechnungswege mit standardisierten Abwicklungsverfahren. Da in diesen Verfahren üblicherweise hohe Stückzahlen verarbeitet werden, führt dies letztendlich zu geringen Stückkosten, was die im Massenzahlungsverkehr notwendigen niedrigen Preise ermöglicht. Auf grenzüberschreitender Ebene gibt es diese Lösungen bisher nicht bzw. nur ansatzweise. Statt dessen nutzen die Banken den Zugang über Filial- und Tochterinstitute im Ausland, bestehende Korrespondenzbankbeziehungen oder Verbundlösungen (z.B. ACH-Lösungen,[17] das TIPANET-System der Kreditgenossenschaften, das S-Interpay-System der Sparkassenorganisation). In jedem Fall müssen spezifische Absprachen zum Nachrichtenaustausch und für die Verrechnung getroffen werden.

Die Beteiligung der Zentralbanken am nationalen und grenzüberschreitenden Massenzahlungsverkehr reicht von der reinen Aufsicht *(Oversight)* über private Clearingsysteme bis hin zur aktiven Beteiligung bei der Abwicklung von Zahlungen. Einige Zentralbanken (auch die Deutsche Bundesbank) sind in ihrer Funktion als Hausbank des Staates in diesem Bereich sehr aktiv tätig und wickeln z.B. für den Staat Rentenzahlungen in das Ausland ab. Hierfür unterhalten sie, wie die Geschäftsbanken auch, eine Reihe von Korrespondenzbankbeziehungen mit privaten Partnern und ausländischen Notenbanken.

Da sich die Zentralbanken hauptsächlich im Bereich des Großzahlungsverkehrs wegen dessen Bedeutung für die Geldpolitik engagieren, ist es nicht verwunderlich, daß sie bei grenzüberschreitenden Massenzahlungen in Europa derzeit keine weitergehenden gemeinsamen Aktivitäten abgesprochen haben. Ein europaweites Netz der Zentralbanken für Massenzahlungen ist derzeit nicht vorhanden und auch nicht geplant. Bezüglich der nationalen Systeme kam man überein, daß die Zentralbanken sich am Massenzahlungsverkehr beteiligen können, so lange hiermit keine übergebührliche Subventionierung verbunden ist.

3.2 Probleme im europäischen Massenzahlungsverkehr

Eines der Probleme im europäischen Massenzahlungsverkehr liegt darin, daß derzeit in den nationalen Systemen keine EU-Zahlungen zusammen mit den Inlandszahlungen

---

[17] ACH = Automated Clearing House.

verarbeitet werden können, da die Standards und Leitwege völlig verschieden sind.[18] Neben der erforderlichen Währungsumrechnung müssen deshalb aufwendige Umformatierungen der Nachrichten im Sender- und Empfängerland vorgenommen werden, sofern keine besonderen Verfahren für Auslandszahlungen vorhanden sind, die eine Weiterverarbeitung im jeweiligen nationalen System ermöglichen. In der letzten Zeit ist man teilweise dazu übergegangen, sogenannte *Brückenstandards* im Nachrichtenaustausch zu nutzen, die dazu beitragen, den Konversionsaufwand zu verringern. Diese Unzulänglichkeiten sind eine Ursache für die noch bestehenden relativ hohen Preise und langen Laufzeiten im grenzüberschreitenden Massenzahlungsverkehr. Aus diesem Grunde setzen sich die Zentralbanken nachhaltig für eine europaweite Standardisierung der Datensätze und der DFÜ-Schnittstellen ein. Allerdings muß eine gemeinsame technische Basis noch ausreichend Raum für einen Konditionenwettbewerb lassen.

Ein weiteres Problem des europaweiten Zahlungsverkehrs ist die fehlende Rechtsharmonisierung in den EU-Ländern. Unwägbarkeiten und Risiken sind heute noch an der Tagesordnung. Neben Vertrags- und Sachenrecht ist insbesondere das Insolvenzrecht betroffen. Die EU Kommission bemüht sich deshalb, u.a. die Sicherstellung der Unwiderruflichkeit eingegangener Überweisungen und die Haftungsverteilung in der Überweisungskette zu harmonisieren. Darüber hinaus wird bei Nettingvereinbarungen und Pfändern auf eine Regelung der Bestandsfestigkeit im Zusammenhang mit den insolvenzrechtlichen Vorschriften einiger Länder hingearbeitet (u.a. sogenannte „Null-Uhr-Regelung" in einigen Ländern). Die EU Kommission beabsichtigt, diese Rechtsunsicherheit durch eine Finalitätsrichtlinie zu beseitigen *(Settlement Finality Directive).*

Bereits in Kraft gesetzt wurde auf EU-Ebene die sogenannte *Transparenzrichtlinie*, durch die Banken dazu verpflichtet wurden, ihre Kunden über die bei einem grenzüberschreitenden Zahlungsauftrag anfallenden Kosten genau zu informieren.

3.3 Die Entwicklung neuer Zahlungsmedien

In letzter Zeit ist viel über die Entwicklung und die Chancen neuer elektronischer Zahlungsformen berichtet worden. Das besondere Interesse der Zentralbanken liegt hierbei beim *elektronischen Geld*. Hierunter versteht man von einer Bank oder Nichtbank emittierte digitale Werteinheiten, die als Zahlungsmittel anstelle von Bargeld oder Buchgeld verwendet werden, ohne daß bei den einzelnen Transaktionen eine Kontobewegung stattfindet. Diese Werteinheiten können als Kartengeld auf Mikrochips oder als Netzgeld auf PC-Festplatten gespeichert werden. Die Werteinheiten sind dabei in jedem Fall vorausbezahlte Inhaberinstrumente. Dies grenzt elektronisches Geld auch von anderen elektronischen Zahlungsformen ab, wie der Überweisung beim Home Banking oder der gesicherten Übermittlung von Kreditkartendaten, bei denen es sich um sogenannte *Access-Produkte* handelt, d.h. um die Möglichkeit, auf elektronischem Wege über ein Konto bei einer Bank zu verfügen.

---

[18] Vgl. Friederich, H.-J. (1998).

Im Zusammenhang mit dem Electronic Commerce wird allen elektronischen Zahlungsformen, insbesondere der Verwendung von Netzgeld über das Internet, eine sprunghafte Entwicklung vorausgesagt, die in Deutschland jedoch bislang noch nicht eingetreten ist. Die Gründe hierfür liegen vor allem darin, daß die Verwendung von Netzgeld bisher nur in Inhouse-Lösungen möglich ist, d.h. Kunden und Händler müssen Konten bei der selben Bank unterhalten. Außerdem können die Netzgeldeinheiten zur Zeit nur einmal verwendet werden; eine Weitergabe von Hand zu Hand im Internet ist vorerst nicht vorgesehen, da sonst die Duplizierung einer Werteinheit bei Weitergabe befürchtet wird. Deshalb wird bei Bezahlung mit einer Netzgeldeinheit diese unmittelbar vom Händler zur Verifizierung der emittierenden Bank vorgelegt und danach nicht mehr wieder ausgegeben. Es gibt derzeit keinen einheitlichen Standard, der eine instituts- sowie länderübergreifende Verwendung von Netzgeld ermöglicht.

Bei den vorausbezahlten Karten handelt es sich meistens um Microcontroller Cards, den *Cryptocards*, die mit einem zusätzlichen kryptographischen Co-Prozessor ausgestattet sind. Mit diesem können rasch kryptographische Algorithmen berechnet werden, die den hohen Sicherheitsanforderungen genügen. Im Bereich der Sicherheitstechnik wurden erhebliche Fortschritte gemacht. Heute werden zur Echtheitsprüfung der Chipkarten und der Terminals beide gegenseitig authentisiert und mit Hilfe digitaler Signaturen die Echtheit der zwischen ihnen ausgetauschten Nachrichten geprüft. Die Betriebssysteme sind in der Lage, das unberechtigte Auslesen der Anwenderdaten und des Anwenderschlüssels zu verhindern. Die Verschlüsselungsverfahren werden immer komplexer, da ursprünglich als sicher geltende Verfahren heute nicht mehr ausreichenden Schutz bieten. So kommen heute überwiegend 128-bit-Schlüssel zum Einsatz. Die Sicherheit der kryptografischen Verfahren bedarf grundsätzlich einer ständigen Überprüfung und muß in Relation zu verfügbaren Rechnerkapazitäten und zum aktuellen Stand der Mathematik und Kryptoanalyse immer wieder neu beurteilt werden.

4. Weltweite Aspekte des künftigen europäischen Zahlungsverkehrs

Nicht nur auf europäischer Ebene, sondern auch weltweit dürfte der Trend im Bereich des Großzahlungsverkehrs zu einer Verbindung der nationalen RTGS-Systeme gehen, d.h. in Richtung eines weltweiten TARGET. Die Voraussetzung hierfür ist allerdings, daß man sich auf gemeinsame Standards einigen kann bzw. eine Möglichkeit findet, auf einfachem Wege eine Verknüpfung von Systemen herzustellen, die auf unterschiedlichen technischen Plattformen basieren. Gerade für die in der Entwicklung befindlichen Projekte, die die Abwicklung von Zahlung-gegen-Zahlung *(Payment versus Payment)* oder Lieferung-gegen-Zahlung *(Delivery versus Payment)* erfordern, wäre dies ein wichtiger Schritt bei der Verwirklichung ihres Ziels.

Die Globalisierung in der Finanzwelt hat bereits dazu geführt, daß die zahlreichen Zahlungsverkehrssysteme stärker als je zuvor im Wettbewerb miteinander stehen, aber gleichzeitig einen voll funktionsfähigen Verbund darstellen müssen, um die unverzichtbare sichere technische Basis für die globalen Finanzmärkte zu bilden. Die entscheidenden Gesichtspunkte hierbei sind die für den Nutzer anfallenden Kosten, die Schnelligkeit und technische Sicherheit des Verfahrens sowie die Möglichkeit, Risiken zu minimieren. Deshalb wurden in den letzten Jahren bestehende Systeme weiterentwickelt und neue Verfahren eingeführt, die den Anforderungen der Geschäftsbanken und der Zentralbanken entsprechen.

Literaturhinweis

BANK FÜR INTERNATIONALEN ZAHLUNGSAUSGLEICH, Bericht des Ausschusses für Interbank-Netting-Systeme der Zentralbanken der Länder der Zehnergruppe („Lamfalussy-Bericht"), Basel 1990.
DEUTSCHE BUNDESBANK, Informationsbrief zur Europäischen Wirtschafts- und Währungsunion, Nr. 1, Frankfurt/M. 1996.
DEUTSCHE BUNDESBANK (1997a), Informationsbrief zur Europäischen Wirtschafts- und Währungsunion, Nr. 8, Frankfurt/M.
DEUTSCHE BUNDESBANK (1997b), Elektronische Öffnung der Deutschen Bundesbank, Externe Spezifikationen, Version 4.0, Frankfurt/M.
EUROPEAN MONETARY INSTITUTE, Report to the Council of the European Monetary Institute on the TARGET System (Trans-European Automated Real-Time Gross Settlement Express Transfer System, a payment system arrangement for Stage Three of EMU) by the Working Group on EU Payment Systems, Frankfurt/M. 1995.
EUROPEAN MONETARY INSTITUTE (1996a), Payment Systems in the European Union („Blue Book"), Frankfurt/M.
EUROPEAN MONETARY INSTITUTE (1996b), First Progress Report on the TARGET Project by the Working Group on EU Payment Systems, Frankfurt/M.
EUROPEAN MONETARY INSTITUTE (1996c), Technical Annexes to the First Progress Report on the TARGET Project by the Working Group on EU Payment Systems, Frankfurt/M.
EUROPEAN MONETARY INSTITUTE (1997a), Second Progress Report on the TARGET Project by the Working Group on EU Payment Systems, Frankfurt/M.
EUROPEAN MONETARY INSTITUTE (1997b), Technical Annexes to the Second Progress Report on the TARGET Project by the Working Group on EU Payment Systems, Frankfurt/M.
EUROPEAN MONETARY INSTITUTE (1997c), Developments in EU Payment Systems, Frankfurt/M.
EUROPÄISCHE ZENTRALBANK, Pressemitteilung zur TARGET-Preisgestaltung, 10. Juni 1998.
EUROPÄISCHE ZENTRALBANK, Pressemitteilung zu Bedinungen für die Teilnahme von nationalen Zentralbanken und Kreditinstituten außerhalb des Euro-Währungsraums an TARGET, 8. Juli 1998
FRIEDERICH, H.-J., EU-Zahlungsverkehrssysteme, in: Glomb, W./Lauk, K.J. (Hrsg.), Euro-Guide – Handbuch der Europäischen Wirtschafts- und Währungsunion, Band 1, Köln 1998.

Christian Kothe

Weltweite Zahlungsverkehrs- und Wertpapiertransaktionen im S.W.I.F.T.-Netz

1. Bedeutung von Informationstechnologie und Telekommunikation
2. Aufgabenbereiche von S.W.I.F.T.
   2.1 Integration aller relevanten Marktteilnehmer
   2.2 Durchführung des Nachrichtenverkehrs
3. Neue Herausforderungen an die Telekommunikationsinfrastruktur
   3.1 Aktuelles und zukünftiges Kommunikationsnetzwerk von S.W.I.F.T.
   3.2 Zusatzleistungen im nationalen und grenzüberschreitenden Zahlungsverkehr, Geld- und Devisenhandel
   3.3 Vernetzung und Verknüpfung von Marktteilnehmern und Marktinfrastrukturen
   3.4. Etablierung einheitlicher globaler Standards und Formate
4. Telekommunikationsdienste und Zusatzleistungen in der Wertpapiergeschäftsabwicklung
5. Telekommunikationsdienste und Zusatzleistungen für den dokumentären Zahlungsverkehr
6. Ausblick

1. Bedeutung von Informationstechnologie und Telekommunikation

Die Globalisierung des Finanzgeschäfts – und damit einhergehend die fundamentale Restrukturierung der Infrastrukturen von Banken und Finanzdienstleistern – ist eine logische Folge der Evolution in den Bereichen der Informationstechnologie und Telekommunikation. Bemerkenswert ist, daß diese beiden Segmente zum einen die Voraussetzung waren und sind, und zum anderen die weiteren evolutionären Entwicklungspotentiale maßgeblich beeinflussen. Daneben gibt es eine Vielzahl weiterer Einflußfaktoren, die für eine zukünftig hohe Entwicklungsgeschwindigkeit sorgen, u.a. die Einführung des Euro, eine fortschreitende Securitization, fundamentale Umstrukturierung der Altersversorgungssysteme, Vererbung enormer Vermögenswerte, Handelserleichterungen durch WTO/GATT und eine erzwungene oder freiwillig herbeigeführte Deregulierung von Märkten, Produkten und Dienstleistungen.

Geographisch definierte Regionen verlieren ihre Bedeutung. Die Grenzen der Informationstechnologie und der Telekommunikation bilden vielmehr die entscheidenden Kriterien. Die Leistungserbringung hängt im Dienstleistungsbereich nicht mehr von Büros und Betriebsstandorten, sondern vielmehr von der räumlichen und zeitlichen Verfügbarkeit der besten Humanressourcen ab. Daten und Informationen werden zu gewichtigen Wirtschaftsgütern und die Welt wächst zusammen zu einem globalen Dorf. Die Telekommunikation bildet dabei das Rückgrat für die Weiterleitung und Verfügbarkeit von Daten und Informationen – zu jeder Zeit, an jedem Ort und mit größtmöglicher Geschwindigkeit.

2. Aufgabenbereiche von S.W.I.F.T.

Vor 25 Jahren wurde S.W.I.F.T. (*Society for Worldwide Interbank Financial Telecommunication*, La Hulpe, Belgien) von im internationalen Zahlungsverkehr führenden Banken mit der Absicht gegründet, den bis dahin überwiegend per Telex abgewickelten Auslandszahlungsverkehr durch elektronische Zahlungsanweisungen zu ersetzen. Heute ist S.W.I.F.T. der mit Abstand größte Anbieter von Finanztelekommunikationsleistungen weltweit. An der Organisation sind über 3000 Banken beteiligt. Insgesamt verbindet das S.W.I.F.T.-Netzwerk heute über 6500 Finanzinstitutionen in 175 Ländern. Mit etwa 570 angeschlossenen Instituten in Deutschland, Österreich und der Schweiz sind faktisch sämtliche Bankgeschäftsstellen in diesen Ländern entweder direkt oder indirekt angeschlossen. Die Anzahl der über S.W.I.F.T. versandten Nachrichten übersteigt die Zahl von 800 Millionen und für Ende 1998 werden 1 Milliarde Nachrichten erwartet. Diese Kapazität wird lediglich von dem Kommunikationsnetzwerk der IATA-Fluggesellschaften übertroffen.

Wenngleich die Ursprünge von S.W.I.F.T. im Zahlungsverkehr liegen (der mit etwa zwei Dritteln immer noch den überwiegenden Anteil aller Nachrichten stellt), steht die Kooperative auch mit Diensten für das Wertpapiergeschäft, den Bereich Treasury und FX (Foreign Exchange), das kommerzielle Auslandsgeschäft und Derivate zur Verfügung. Am dynamischsten entwickelte sich in den vergangenen fünf Jahren das Wertpapiergeschäft mit jahresdurchschnittlichen Zuwachsraten von über 40%. Insgesamt wird der durch Wertpapiertransaktionen ausgelöste Nachrichtenverkehr (einschließlich dazugehörender Nachrichten in den Bereichen Treasury/FX und Zahlungsverkehr) auf bereits etwa 30% geschätzt. Der von den Anteilseignern vorgegebene Auftrag an S.W.I.F.T. wird im folgenden dargestellt.

2.1 Integration aller relevanten Marktteilnehmer

Traditionell und aus den Ursprüngen der Gründung von S.W.I.F.T. waren Banken die einzigen Parteien, die sich für eine Teilnahme an der Kommunikation via S.W.I.F.T. qualifizieren konnten. Im Rahmen der Evolution der Finanz- und Kapitalmärkte, und damit einhergehend der Neuverteilung von Aufgaben und Funktionen, wird dieser Kreis seit einigen Jahren kontinuierlich erweitert. Neben Banken können sich heute auch Fondsmanager, Broker, Electronic-Trade-Confirmation-Dienstleister, aber auch Zentralbanken und Zentralverwahrer sowie andere essentielle Marktteilnehmer an S.W.I.F.T. anschließen, wenngleich es hier von Kategorie zu Kategorie unterschiedliche Regelungen der Rechte und Pflichten gibt. Gleichzeitig hat S.W.I.F.T. jedoch Sorge dafür getragen, daß die Anliegen des erweiterten Teilnehmerkreises bei der Fortentwicklung der Dienstleistungen von S.W.I.F.T. berücksichtigt werden. Beispielhaft sei hier das *S.W.I.F.T. Securities Steering Council* (SSSC) erwähnt, in dem Broker und Fondsmanager ebenfalls vertreten sind. Das SSSC berät das Management und erarbeitet Beschlußanträge für den Aufsichtsrat. Zwischenzeitlich sind über 250 Broker und mehr als 130 Fondsmanager weltweit an S.W.I.F.T. direkt angeschlossen.

2.2 Durchführung des Nachrichtenverkehrs

Die Natur des Finanzgeschäfts und der damit verbundenen Transaktionen verlangt ein außerordentlich hohes Maß an Schutz der gesendeten Nachrichten sowie deren Inhalte. Während der letzten 25 Jahre hat S.W.I.F.T. weder eine Nachricht verloren noch wurde jemals eine Manipulation, unberechtigte Zugriffe oder unvollständige Übermittlungen festgestellt. Umfangreiche Prüfroutinen und Zugangsberechtigungsprozeduren sowie komplexe Verschlüsselungsmechanismen bilden das Rahmenwerk für eine störungsfreie und zuverlässige Übermittlung der Nachrichteninhalte. Das S.W.I.F.T.-Netzwerk ist so beschaffen, daß eine Umschaltung von einem ausgefallenen Netzwerkknotenpunkt auf einen Alternativknotenpunkt innerhalb von maximal vier Minuten und die Umschaltung von einem der beiden Rechenzentren auf das jeweils andere innerhalb von maximal 30 Minuten ohne jeglichen Verlust oder die Beschädigung von Nachrichten sichergestellt ist. Dabei ist S.W.I.F.T. der einzige Anbieter im Telekommunikationsmarkt, der die volle Verantwortung und Haftung für die zeitnahe, vollständige und unversehrte Übermittlung der Nachrichten vom Netzwerkknotenpunkt des Absenders bis zum Netzwerkknotenpunkt des Empfängers übernimmt.

Ein weiteres bedeutendes Aufgabengebiet ist die Entwicklung des Nachrichtenverkehrs mit dem Ziel, eine möglichst hohe kritische Masse an zu transportierenden Nachrichten zu erreichen. Auf diesem Weg wird die Sicherstellung möglichst geringer Kommunikationskosten erreicht. Während der letzten fünf Jahre wurden die Preise pro Nachricht um etwa 56% reduziert. Somit erhielten die S.W.I.F.T.-Teilnehmer durch Rabatte und Rückvergütungen im Berichtszeitraum über 1 Milliarde US-$ zurückerstattet. Der durchschnittliche Preis für eine Nachricht liegt im nationalen Bereich bei etwa 0,15 DM und im grenzüberschreitenden Bereich bei etwa 0,40 DM.

Von erheblicher Bedeutung ist die Absicherung der Telekommunikationsdienste durch Supportleistungen. Auch in diesem Bereich wurden erhebliche Anstrengungen unternommen, um adäquate Unterstützung sicherzustellen. Dies zeigen die in der Übersicht dargestellten Kennziffern, wobei als Orientierung führende Unternehmen in den Bereichen der Informationstechnologie und Telekommunikationsdienstleistungen herangezogen wurden. Die unter ‚Erwartung' ausgewiesenen Kennzahlen sind Ergebnisse von Umfragen unter professionellen Telekommunikationsdienstleistungskunden.

Übersicht 1: Kennziffern zum S.W.I.F.T.-Support

Kriterium	Ergebnis 1996	Ziel 1996	Erwartung	Best Practice
⌀ Wartezeit	9 Sek.	8 Sek.	15 Sek.	9 Sek.
% abgebrochene Anrufe	3%	0%	0%	0%
Gleichtägige Lösung	96%	90%	100%	100%
⌀ Dauer für Lösung	0,4 Tage	1,2 Tage	1,0 Tage	0,4 Tage
% Wartezeit < 5 Min.	99%	100%	100%	100%
Lösung bei 1. Anruf	70%	70%	100%	100%

Die schnellstmögliche Einstellung bzw. Überbietung der Best Practice und der Kundenerwartungen sind vordringliche Ziele für die Weiterentwicklung des Supports. Dieser ist Bestandteil der Dienstleistungen, die über den Nachrichtenpreis mit abgedeckt werden. Selbstverständlich ist der Support von S.W.I.F.T. 24 Stunden täglich an 365 Tagen verfügbar.

Eine weitere Kernaufgabe ist die ständige Anpassung der Netzwerkkapazität sowie des Nachrichtendurchsatzes an die Anforderungen seitens der Kundschaft, wobei oberstes Ziel eine komfortabel eingerichtete Marge an freien Kapazitäten ist, um selbst unerwartete Spitzenbelastungen ohne merkliche Performanceeinbußen darstellen zu können. Besonderes Augenmerk gilt dabei den extrem erhöhten Kommunikationsvolumina, die für den Jahreswechsel 1998/99, bedingt durch die Umstellung auf den Euro und damit verbundenen Berichtsservices der Marktteilnehmer, erforderlich werden. Entsprechende

Erhebungen sind durchgeführt und notwendige Anpassungen hinsichtlich der Euro-Fähigkeit implementiert worden. Aber auch mit Blick auf das Jahr 2000 sind erhöhte Netzwerkkapazitäten erforderlich, da zum einen unter den Marktteilnehmern der Wunsch nach Testmöglichkeiten besteht, zum anderen aber auch manche Staaten (z. B. die USA) und S.W.I.F.T. ihren Teilnehmern sogenannte Y2K-Tests[1] zur Pflicht erhoben haben.

3. Neue Herausforderungen an die Telekommunikationsinfrastruktur

Der Bereich der Finanztransaktionsdienstleistungen befindet sich seit etwa fünf Jahren in einem Umbruch, der an Dynamik und Härte noch erheblich zunehmen wird. Die Auswirkungen zu meistern, ist eine der wichtigsten Aufgaben des Bankmanagements und seiner IT-Spezialisten. Eine falsche Einschätzung der Lage und der zukünftigen Anforderungen kann sich fatal auf die zukünftigen Gesamtperspektiven der jeweiligen Bank auswirken. Die speziellen Anforderungen an die Telekommunikationsdienstleister lassen sich wie folgt definieren:

- Versorgung mit schnellen und zuverlässigen, sicheren und interaktiven Telekommunikationsdienstleistungen,
  - Integration von Zusatzdienstleistungen, die die Automatisierung erhöhen, die Geschwindigkeit beschleunigen und die Risiken reduzieren,
  - Integration von Marktinfrastrukturen in die Kommunikationsnetzwerke sowie
  - Etablierung weltweit einheitlicher Nachrichtenstandards zur Sicherstellung globaler Kompatibilität und damit Unterstützung der automatischen Weiterverarbeitung

3.1 Aktuelles und zukünftiges Kommunikationsnetzwerk von S.W.I.F.T.

Das aktuelle Netzwerk von S.W.I.F.T. basiert auf dem X.25-Protokoll. Es zeichnet sich durch seine Zuverlässigkeit und Robustheit aus. Seit 1992 erhöhte sich das Volumen der jährlich transportierten Nachrichten von 405 Millionen auf 810 Millionen (1997). Es wird erwartet, daß 1998 über 1 Milliarde Nachrichten auf dem Netzwerk transportiert werden, was einem Wachstum von über 145 % entsprechen würde. Wenngleich es sich dabei um ein sogenanntes *Store-and-Forward-Netz* handelt, sind die Übertragungsgeschwindigkeiten dennoch ansehnlich, liegen sie doch weltweit von jeder Destination zu jeder anderen im Sekundenbereich.

Die Anforderungen an die Telekommunikationsnetzwerke der Zukunft hinsichtlich der benötigten Funktionalitäten verlangen nach Lösungen, die mit dem herkömmlichen Netz-

---

[1] Y2K = Year 2000.

werk nicht zufriedenstellend darstellbar sind. Darüber hinaus hat die Informationstechnologie erhebliche Fortschritte hin zu schnelleren und preisgünstigeren Alternativen gemacht. Diesen Entwicklungen ist Rechnung zu tragen, wobei jedoch das Primat der erwarteten Sicherheit des Telekommunikationsnetzwerks hinsichtlich Übertragungssicherheit, Datenunversehrtheit, Vertraulichkeit und Manipulationsimmunität keine Abstriche zuläßt.

Vor diesem Hintergrund wurde ein Forschungsprojekt unter dem Namen ‚Next Generation' aufgesetzt. Es handelt sich hierbei um den Aufbau eines gesicherten Intranet, welches auf Internet-Technologie basiert. Vorgesehen ist die Nutzung des ‚Next-Generation'-Netzwerks zunächst im Zusammenhang mit der Gründung der CLS Services Ltd.[2], die eine Anbindung der wichtigsten Marktteilnehmer im Devisenhandel an ein zentralisiertes Institut (CLS Bank) vorsieht, um auf diesem Weg ein globales Nettingsystem für Devisengeschäfte und deren Abwicklung zu errichten. Mit der Aufnahme der operativen Tätigkeit der CLS Bank erwarten die Marktteilnehmer eine erhebliche Reduzierung der operativen und kreditmäßigen Risiken, die sich aus der Initiierung und Abwicklung von Devisengeschäften ergeben. Im zweiten Schritt ist die Ausweitung der Nutzung des Next-Generation-Netzwerks für den Bereich der Abwicklung von Wertpapiergeschäften sowie die Verwahrung und Verwaltung von Wertpapieren vorgesehen. Schließlich soll dann, nach Ablauf einer angemessenen Parallelphase das derzeitige X.25-Netzwerk abgeschaltet werden.

3.2 Zusatzleistungen im nationalen und grenzüberschreitenden Zahlungsverkehr, Geld- und Devisenhandel

Im Zusammenhang mit der CLS Bank wird eine Reihe von interaktiven Dienstleistungen und Anfrage/Antwort-Funktionalitäten von den Marktteilnehmern erwartet, die durch die technologischen Optionen des neuen Telekommunikationsnetzwerks leichter und effizienter abgedeckt werden können. Es gibt jedoch bereits Zusatzdienstleistungen, die schon jetzt dazu beitragen, die Verarbeitungsdauer von Transaktionen zu verkürzen und gleichzeitig Risiken zu minimieren. Als Beispiele sogenannter *Operational Information Services* (OIS) seien genannt:

- *BIC Database Plus*, eine integrierte Datenbank, die sowohl die nationalen Clearingcodes als auch die *S.W.I.F.T. Bank Identifier Codes* (BIC) beinhaltet. Die automatische Anreicherung mit maschinenlesbaren Codes unterstützt die durchgängige Verarbeitung von Zahlungsaufträgen ohne manuelle Intervention (z.B. Überführung einer Bankleitzahl in einen BIC zur verbesserten Leitwegsteuerung eines Zahlungsauftrags).

- Das *SSI/FX Directory* (Standing Settlement Instructions für Devisenhandelszahlungen) ist eine zentrale Datenbank, die die entsprechenden Anschaffungswege der teilnehmenden Institute verwaltet und verteilt. Für die einstellende Bank ergibt sich hieraus der Vorteil, jederzeit Anschaffungswege aus den verschiedensten Gründen zu

---

[2] CLS = Continuously Linked Settlement.

verändern und gleichzeitig sicherzustellen, daß alle Kontrahenten zeitnah und vollständig über die relevanten Instruktionen verfügen und somit eine falsche Steuerung der Zahlung vermieden wird. Für den Nutzer liegt der primäre Vorteil darin, daß die enthaltenen Instruktionen verschlüsselt und rechtsverbindlich sind und vollmaschinell administriert werden können. Dies ersetzt den üblichen heterogenen Kommunikationsweg für derartige Informationen (Telex, Fax, Brief, Broadcast) und die damit verbundenen Nachweisprobleme hinsichtlich effektivem und terminlichem Erhalt. Außerdem können damit Leitwegsteuerungen ohne manuelle Intervention ausgelöst werden, was eine spürbare Risikoreduktion mit sich bringt.

- Bei dem *S.W.I.F.T. Payments Directory* (PayDir) handelt es sich ebenfalls um eine Informationsdatenbank, die auf dem S.W.I.F.T.-Netzwerk gepflegt wird. Die Teilnehmerbanken stellen in diese Datenbank durch eine spezifizierte Nachricht (MT293) Korrespondenzbankinformationen ein, wie z.B. Ansprechpartner, Produktname, Gebühren, STP-Formatanforderungen[3], und Spätesttermine. S.W.I.F.T. verwaltet diese Informationen und verteilt diese Informationen zeitnah, verschlüsselt und sicher an die Anwender. Die Marktteilnehmer verfügen somit über aktuelle und relevante Informationen zur weiteren Optimierung der Zahlungsverkehrssteuerung mit eigenen wie auch dritten Stellen in aller Welt.

- Auf das PayDir aufbauend offeriert S.W.I.F.T. sogenannte *Service Level Agreements* (SLAs), die verschiedene Anforderungsprofile, Rechte und Pflichten im Zusammenhang mit Zahlungsverkehrsprodukten darstellen, z.B. das *S.W.I.F.T. Pay Service Level Agreement* zur Einhaltung der EU-Direktive im grenzüberschreitenden Euro-Zahlungsverkehr. Der Nutzen für die Banken, die dieses Service Level Agreement unterzeichnet haben, liegt darin, daß Korrespondenzbankverträge für Massenzahlungsverkehrsprodukte weitestgehend durch eine vom Markt getragene allgemeine Geschäftsbedingung, die Rechte, Pflichten, Services und Bedingungen klar definiert und regelt, abgelöst werden, und das Agreement somit nachhaltig zur Erhöhung der operativen Sicherheit beiträgt. Es wird geschätzt, daß durch das obige Beispiel für eine Bank im deutschsprachigen Raum etwa 90% der Vertragsinhalte innerhalb der Euro-Hemisphäre standardisiert werden können. Pflege und Fortschreibung der SLAs erfolgen durch die Marktteilnehmer, was zu einer deutlichen Reduzierung der Pflegeaufwendungen führt.

Weitere Beispiele für derartige Zusatzleistungen sind *PriorityPay* für Großbetragszahlungen mit gleichtägiger Valuta, *Request for Transfer* für das zentrale Cash Management für Großkunden und *Direct Debit* als grenzüberschreitendes Lastschrifteinzugsverfahren.

Die Grenzen zwischen nationalen und grenzüberschreitenden Zahlungen werden sich im „Euroland" schnell verwischen. Angemessener erscheint es in diesem Zusammenhang, von infrastrukturüberschreitenden Zahlungen zu sprechen, da in diesem Fall die Währung identisch bleibt, Zahlender und Empfänger jedoch an unterschiedliche Clearing-Systeme angeschlossen sind.

---

[3] STP = Straight Through Processing; siehe Abschnitt 3.4.

Ähnliche Dienstleistungen sind für den Wertpapierbereich in Planung und Vorbereitung, so z.B. *ISIN Cross Reference Databases*, ein Werkzeug zur Konvertierung unterschiedlicher, nationaler oder sonstiger Wertpapierkennnummern in das allgemein anerkannte ISIN (*International Securities Identification Number*)-Format.

3.3 Vernetzung und Verknüpfung von Marktteilnehmern und Marktinfrastrukturen

Im Zusammenhang mit der Globalisierung der Finanzwirtschaft spielt der möglichst einfache Zugang zu den verschiedenen Märkten und deren Infrastrukturen eine zunehmend wichtige Rolle. Wie das oben erwähnte Beispiel zeigt, ist dabei nicht mehr unbedingt erforderlich, daß eine Marktinfrastruktur einer unmittelbaren geographischen oder politischen Zuordnung unterliegt. Vielmehr orientieren sich Marktinfrastrukturen zunehmend an der Transaktionsart oder dem relevanten Marktsegment. Deutlicher Beleg für derartige Entwicklungen ist die Einführung grenzüberschreitender Zahlungsverkehrssysteme, z.B. im Zusammenhang mit der Einführung des Euro. Verwiesen sei an dieser Stelle auf ein System wie TARGET oder EBA Clearing (*Euro Banking Association*), aber auch auf die Öffnung der nationalen Zahlungsverkehrssysteme und deren Anpassung an rechtliche, regulatorische und transaktionsrelevante Aspekte.[4] Beispiele hierfür sind die Infrastrukturen in Deutschland (EAF), der Schweiz (euroSIC), Frankreich (CRI) oder Großbritannien (CHAPSeuro). Ähnliche Bestrebungen können auch auf der Wertpapierseite beobachtet werden, sei es nun in der Ausweitung der Services seitens der internationalen Clearinghäuser Euroclear oder Cedel, aber auch in der zunehmenden Zusammenarbeit der Zentralverwahrer, welche sich unter der *European Central Securities Depository Association* zumindest für eine bestimmte Palette von zum Euro-Zahlungsverkehr komplementären Dienstleistungen zu einer Kooperation entschlossen haben.

3.4 Etablierung einheitlicher globaler Standards und Formate

Eine wichtige Voraussetzung für die erfolgreiche Öffnung der nationalen oder auch marktsegmentbezogenen Marktinfrastrukturen ist die Adaption weltweit anerkannter Standards. Ein wesentlicher Bestandteil der Aktivitäten von S.W.I.F.T. ist die Versorgung der Finanzindustrie mit allgemeinverbindlichen Standards hinsichtlich der Art, des Umfangs und des Inhalts von Nachrichten sowie der entsprechenden Syntax. Kernpunkt dabei ist die Versorgung mit Nachrichtentypen, welche nicht nur *Straight Through Processing* (d.h. der Empfang einer Nachricht, deren entsprechende Verarbeitung und Weitersendung an den Korrespondenten bzw. an die Marktinfrastruktur sowie die dortige identische Behandlung) ermöglichen, sondern auch dazu beitragen, Klarheit und einheitliches Verständnis der Bedeutung von übermittelten Informationen und Instruktionen sicherzustellen. Die Syntax bildet die Voraussetzung für die nahtlose Kommuni-

---

[4] Vgl. Hartmann, W. (Beitrag in diesem Buch).

kation zwischen den Teilnehmern sowie die automatische Weiterverarbeitung in den eigenen Systemen (Abbildung 1). Bemerkenswert ist in diesem Zusammenhang, daß neben den 6.500 Finanzinstitutionen in über 170 Ländern inzwischen auch mit weit über 30 Marktinfrastrukturen, darunter TARGET, EBA Clearing, EAF, CRI, CHAPSeuro auf der Cash-Clearing-Seite, aber auch Euroclear, Cedel, ECSDA, Sicovam (Frankreich), Austraclear (Australien), Strate (Südafrika) oder NECIGEF (Niederlande) per S.W.I.F.T. in den vorgegebenen Standards kommuniziert werden kann.

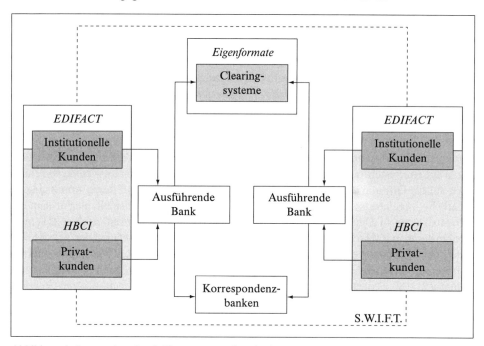

Abbildung 1: Integration durch Nutzung von Standards

S.W.I.F.T.-Teilnehmer haben dadurch den wichtigen Vorteil, daß sie mit Partnern und Marktinfrastrukturen gleichermaßen in identischen Formaten und über identische Kommunikationswege miteinander Daten, Informationen und Instruktionen austauschen können. Dies führt einerseits zu Kostenvorteilen, andererseits zu einer deutlichen operativen Vereinfachung. Die Aufrechterhaltung proprietärer privater und nationaler Standards und Formate bedarf angesichts der zunehmenden grenz-, markt- und segmentüberschreitenden Transaktionsaktivitäten zumindest einer gründlichen Überprüfung hinsichtlich der daraus resultierenden Nutzen im Vergleich mit den in diesem Zusammenhang bestehenden und entstehenden Kosten. Aus europäischer Sicht werden im wesentlichen drei verschiedene Standards angewandt:

- *EDIFACT:* EDIFACT ist das Ergebnis jahrelanger Bemühungen um die Entwicklung eines Standards mit der primären Überlegung der Erleichterung des Austauschs von Instruktionen und Informationen zwischen Handels- und Industrieunternehmen untereinander sowie mit involvierten Intermediären wie z.B. Banken. Initiator der EDIFACT-

Entwicklung waren die Vereinten Nationen. Aus Bankensicht beziehen sich die Auswirkungen von EDIFACT primär auf die Bereiche des dokumentären und nichtdokumentären Zahlungsverkehrs sowie Transaktionen im Zusammenhang mit Geld- und Devisengeschäften. S.W.I.F.T. steht mit entsprechenden Nachrichtentypen zur Verfügung, die die Weiterleitung von EDIFACT-Nachrichten sowie deren Verarbeitung ermöglichen. Während in Europa großes Interesse seitens der Firmenkundschaft an dem Einsatz des EDIFACT-Standards besteht, stellt sich die Situation in Nordamerika etwas differenzierter da. Die Adaption von EDIFACT gegenüber bestehenden ANSI-Formaten wird voraussichtlich etwas länger dauern.

- *ISO 7775:* Die von S.W.I.F.T. entwickelten Informations- und Instruktionsnachrichten für die Marktsegmente Commerce (dokumentärer und nichtdokumentärer Zahlungsverkehr), Treasury (Geld- und Devisenhandel, Derivate) sowie allgemeine Berichte (z.B. Kontoauszüge) beruhen auf ISO 7775. Die Struktur und die Syntax der Datensätze sind klar definiert und erlauben im Rahmen der parallel entwickelten STP-Regeln den vollautomatisierten Erhalt, die Verarbeitung und die Weiterleitung von Informationen und Instruktionen ohne manuelle Interventionen, wobei für alle relevanten und kritischen Informationskomponenten global gültige Codes entwickelt worden sind. Die Nachrichtentypentwicklung und -pflege sind das Ergebnis einer weltweiten intensiven Zusammenarbeit von Banken, die ihre Erfahrung, Kompetenz und die Interessen der durch sie vertretenen Länder und Regionen in die durch S.W.I.F.T. organisierten und koordinierten Arbeitsgruppen einbringen. Derartig erarbeitete Formate werden zu vorausbestimmten Terminen auf das Kommunikationsnetzwerk übernommen, um eine koordinierte Nutzung durch alle Teilnehmer sicherzustellen.

- *ISO 15022:* Aufgrund der zunehmenden Komplexität der Wertpapiertransaktionen sowie aktueller und zukünftig bestehender Anforderungen hat sich S.W.I.F.T. zu einer Neudefinition bestehender sowie der Entwicklung neuer Nachrichtentypen im Einklang mit ISO 15022 entschlossen. Der wesentliche Unterschied zur ISO 7775 liegt darin, daß die Nachrichten, die Nachrichtenfelder und deren Inhalte auf dem *Data Dictionary Field Concept* beruhen. Dies bedeutet, daß für jede Art von Information spezifische Felder definiert und spezifiziert werden, die wiederum mit klar definierten Codes belegt werden. Felder und Codes werden in Datenbanken und Tabellen hinterlegt. Hierdurch wird eine wesentlich dynamischere Gestaltung und Strukturierung der Nachrichten ermöglicht, deren Aufbau sich an der Transaktion orientiert. So wird es z.B. möglich, vorgefertigte oder bestehende Informationsblöcke aus der bereits bestehenden Chronologie der Transaktion zu übernehmen oder beim weiteren Verarbeitungsprocedere entsprechende Blöcke anzufügen, und zwar sowohl durch bankinterne, aber auch bankexterne Serviceprovider wie z.B. ETC Dienstleister (*Electronic Trade Confirmation*), Zentralverwahrer oder auch Datenbankservicestellen. In diesem Zusammenhang sei auf analoge Produkte im Zahlungsverkehr, wie z.B. Standing Settlement Instructions, verwiesen.

Darüber hinaus wird für den deutschen Bankenbereich zukünftig das HBCI relevant sein.[5]

---

[5] Vgl. dazu Krebs, T./Thiel, C. (Beitrag in diesem Buch).

4. Telekommunikationsdienste und Zusatzleistungen in der Wertpapiergeschäftsabwicklung

Gerade in der Wertpapiertechnik steht die Finanzwelt vor großen Herausforderungen, die sich aus der zunehmenden Securitization und Globalisierung ergeben. Um operative Risiken und Infrastrukturrisiken zu minimieren, ist die Finanzindustrie bemüht, grenzüberschreitende Wertpapiertransaktionen in Art und Verarbeitung zu harmonisieren und zu standardisieren. Dies bleibt naturgemäß nicht ohne Auswirkungen auf die individuellen nationalen Wertpapiermärkte und deren Infrastrukturen. So hat beispielsweise die *Group of Thirty*, eine von den 30 weltweit führenden Finanzinstitutionen im grenzüberschreitenden Wertpapiergeschäft gegründete Vereinigung, vor etwa zehn Jahren neun Empfehlungen zur Harmonisierung der nationalen Marktinfrastrukturen entwickelt, die zwischenzeitlich allgemein als Benchmark akzeptiert sind. Hierauf basierend hat die ISSA (*International Society of Securities Administrators*) – eine von der Chase Manhattan Bank, der Citibank, der Deutschen Bank, der Dresdner Bank, der Midland Bank, Nomura Securities und der Union Bank of Switzerland gegründete Initiative mit weltweiter Reputation – 1997 eine Anpassung der neun Empfehlungen an die aktuellen Bedürfnisse vorgenommen. Hieraus resultieren weitergehende Anforderungen an die Marktinfrastrukturen, die auf nationaler, regionaler und globaler Ebene umgesetzt werden müssen, um die bestehenden Risiken (Markt-, Kontrahenten-, Kredit-, Länder-, Transfer-, System-, Geschäfts-, Abwicklungs- und Liquiditätsrisiken) zu begrenzen, zu kontrollieren und soweit wie möglich zu reduzieren.

Ein wichtiger Aspekt in diesem Zusammenhang ist die Verkürzung der Abwicklungsfristen, idealerweise hin zur gleichtägigen Abwicklung eines Wertpapiergeschäfts am Handelstag. Voraussetzung hierfür ist eine vollelektronische Verarbeitung der Transaktion unmittelbar nach Ausführung des Wertpapiergeschäfts bis hin zur finalen Abwicklung von Geld und Wertpapieren. Vor diesem Hintergrund ist die Gründung des GSTPC (*Global Straight Through Processing Committee*) zu verstehen – einer Initiative von Repräsentanten führender involvierter Institutionen (Banken, Broker, Asset Manager). Die Vision des GSTPC ist das Zusammenspiel aller Marktteilnehmer in koordinierter Art und Weise mit dem Ziel der Risikoreduktion, Kostensenkung und Harmonisierung und somit der weiteren Förderung grenzüberschreitender Investmentaktivitäten. Ziel ist die Entwicklung eines Transaktionsmonitors, der jedem Berechtigten zu jedem Zeitpunkt den aktuellen Status der relevanten Transaktion anzeigt. Darüber hinaus soll dieser Transaktionsmonitor die versandten Instruktionen permanent mit einem Raster von definierten Feldern, Codes und Regeln vergleichen und im Fall der Kongruenz die Einleitung des nächstfolgenden Prozesses veranlassen. Im Falle der Inkongruenz erfolgt eine umgehende Weiterleitung an den relevanten Prozeßkettenteilnehmer mit der Aufforderung um Überprüfung und Korrektur.

Voraussetzung hierfür sind wiederum global akzeptierte Nachrichtenformate und Standards (ISO 15022) sowie ein reibungslos funktionierendes, sicheres, interaktiv operierendes und hochverfügbares Telekommunikationsnetzwerk wie das bei S.W.I.F.T. derzeit in Entwicklung befindliche Next-Generation-Netzwerk.

5. Telekommunikationsdienste und Zusatzleistungen für den dokumentären Zahlungsverkehr

Ähnliche Überlegungen liegen dem System *Bolero* zugrunde. Der Ansatzpunkt hier ist eine deutliche Beschleunigung der Abwicklung von dokumentären Zahlungsaufträgen durch Digitalisierung der entsprechenden Dokumente. Die Abwicklung von Handelsgeschäften beruht auch heute noch oftmals auf der physischen Aushändigung der Warenpapiere, wie z.B. Frachtbriefe und Rechnungen, an den Käufer gegen Zahlung oder gegen Akkreditiv. Demgegenüber nimmt das Bolero-System eine Digitalisierung der Dokumente vor mit dem Ziel, Dokumente in Papierform soweit wie irgend möglich zu ersetzen. Der Einsatz des Bolero-Systems wird dazu beitragen, die Abwicklung von Dokumentenakkreditiven und -inkassi gegenüber den heute üblichen Verfahren schneller, sicherer und effizienter zu machen. Darüber hinaus zeichnet sich das Bolero-System durch geringere Risiken beim Versand der Dokumente und der Überprüfung ihrer Gültigkeit sowie bei der Standardisierung von Handelsdokumenten aus.

Die Bolero Corporation, an der S.W.I.F.T. mit 50% beteiligt ist, hat sich zum Ziel gesetzt, die entsprechenden Marktteilnehmer (Käufer, Verkäufer, Frachtführer, Versicherungen, Banken usw.) miteinander elektronisch zu verbinden. Darüber hinaus entwickelt Bolero die Verfahren der Dokumentenerstellung und Übertragung, sei es nun in Form von gescannten Dokumenten oder, was hinsichtlich Verarbeitung und Standardisierung vorteilhafter wäre, in Form von entsprechenden Nachrichtentypen. Hierzu böte sich die Entwicklung entsprechender elektronisch verschlüsselter Dokumente auf EDIFACT-Basis an.

6. Ausblick

Um sich auf die mit der Globalisierung und anderen vorstehend beschriebenen Einflüssen verbundenen Herausforderungen einzustellen, müssen Banken in zunehmendem Maß die Integration ihrer verschiedenen Produkte und Dienstleistungen ermöglichen und damit die Interaktivität und modulare Kompatibilität von Back-Office-Funktionen, beispielsweise die Verarbeitung von Wertpapier- und Zahlungsverkehrstransaktionen in Verbindung mit Devisen- oder Geldmarktdienstleistungen, gewährleisten. Die Flexibilisierung des Back-Office-Bereichs ist einer der entscheidenden Faktoren zur Erreichung einer starken Ausgangsposition im globalen Wettbewerbsumfeld mit seinen Rückwirkungen auf jedes einzelne nationale Markt- und Produktsegment. Dabei können sich Umfang und Methode der Integration je nach nationaler Marktinfrastruktur und den für die einzelnen Banken geltenden Regelwerken (Trennbanken- oder Universalbankensystem) durchaus voneinander unterscheiden. Gleichzeitig muß jede Bank eigene Überlegungen über den im eigenen Haus umzusetzenden Integrationsumfang anstellen und die

Frage entscheiden, in welchem Umfang Funktionen und Prozesse an Spezialisten und Serviceprovider verlagert werden soll.

Entsprechende Restrukturierungen von Banken sind eindeutig erkennbar. Das angelsächsische Trennbankensystem erfordert die strikte Trennung des Commercial Banking vom Investment Banking. Beide Zweige werden im allgemeinen von zwei eigenständigen Unternehmen repräsentiert, auch wenn diese gelegentlich nach dem Holding-Modell unter einem gemeinsamen Dach angesiedelt sind. Demgegenüber sind im Universalbankensystem die Commercial Bank und die Investment Bank üblicherweise unter einem Dach integriert, auch wenn sie gelegentlich als voneinander getrennte Einheiten erscheinen. In diesem Umfeld entwickelt sich das Modell eines gemeinsamen Rückgrats – der Transaktionsbank. Sie kann entweder Teil der eigenen Organisation sein oder durch Outsourcing an einen Dritten abgebildet werden. Gleichermaßen kann eine integrierte eigene Transaktionsbank ihre Dienste auch Dritten als Insourcer zur Verfügung stellen, um somit die Anzahl der Transaktionen zu erhöhen und positive Auswirkungen auf die Stückkosten pro Transaktion zu erreichen. Unterstützt wird diese Entwicklung auch durch den Umstand, daß nicht genügend qualifizierte Mitarbeiter zur Verfügung stehen bzw. die entsprechende Ausbildung für viele, vor allem kleinere Marktteilnehmer schwierig und langwierig ist. Unabhängig von der Frage, ob interne oder externe Anschlußverfügbarkeit betroffen ist, spielt in diesem Zusammenhang die Effektivität bilateraler oder multilateraler Telekommunikation für den Austausch von Daten und Informationen sowie für die Initiierung von Aktivitäten eine maßgebliche Rolle. Um so effizient wie möglich zu kommunizieren, ist es entscheidend, daß sämtliche Kommunikation in einheitlicher Weise abläuft und gleichzeitig die vorstehend beschriebenen Kriterien erfüllt werden. Unterschiedlich strukturierte Telekommunikationsumgebungen führen nicht nur zu höheren Kosten, sondern stellen auch erhebliche Risiken hinsichtlich Wartung, Systemaufrüstung und -erweiterung sowie Kompatibilität dar. Leistungsfähige Finanztransaktionsdienste müssen zukünftig auf global einheitlichen Standards und Formaten sowie einem globalen Telekommunikationsnetzwerk basieren.

Sachregister

Ablauffunktion 98
Accounting 307
Accounting Management 310
Acquirer 160
ADONIS 398
Alternate Service Delivery 177
Altsysteme 11
Angebotsalternativen 116
Anwendungsarchitektur 27, 520
Anwendungslandschaft 59
Application Program Interface 308
Applikationsarchitektur 375
Applikationssoftware 378
Architektur 60, 287, 369
Architekturgruppen 60
Artemis-Views-Reihe 461
Auftragsmanager 93
Ausfallrate 199
Ausfallrisiken 347
Ausführungsprozeß 397
Auslandsgeschät
– kommerzielles 251
Authentizität 149
Automatic Call Distribution 175
Automatisierungsgrad 439

Back End 501
Bank
– virtuelle 181
Bankcontrolling 334
Bankstrategie 470
Bankvertrieb 107
Basisfunktion 98
Batch-Fenster 178
Batch-Verfahren 8
Bestandsverwaltung 94
Betriebssysteme 174
Bewertungsprozeß 397
BIC Database Plus 565
BÖGA 495

Bolero 571
BOSS-CUBE 495
BPMS-Methodologie 387
Broadcast-Verfahren 310
Buchungsauftrag 93
Buchungssysteme 10, 12, 87
Budgetierung 479
Bus-Konzept 310
Business Case 479
Business Graph 397
Business Process Outsourcing 431
Business Process Reengineering 387

Call Center 172, 177, 180
Capital Asset Pricing Model 190
CASCADE 513
Case Tools 81
Cash Management 229, 250
Cash-Pooling 231
Change Management 477
Client/Server-Architektur 80
Client/Server-System 172, 428
Clients 172
CLS Services 565
Collateral Management Service 518
Composite Page Display 305
Computer Telephony Integration 175
Configuration Management 310
Contribution 307
Controlling 333
Corporate Internet Banking 243
CyberCash 134

Data Dictionary Field Concept 569
Data Encryption Standard 152
Data Marts 338
Data Mining 338
Data Retrieval 304
Data Warehouse 293, 358
Data Warehouse Management 335

Datenmodell 46
Datenträgeraustausch 230
Datenverarbeitung
- elektronische 7
Debitkarten 524
Delivery Repo 516
DES-DES-Verfahren 161
Deutsche Börse Clearing 513
Dienstleistung 409
- wertpapierbezogen 513
Direktbank 167, 172
3-Schichten-Architektur 172
Drill down 337

E2S-Projekt 528
EAF 551
Ecash 131
Echtzeit 448
Economies of Scale 426
EDI 245
EDI-Clearing-Center 237
EDIFACT 229, 245, 568
Eigenentwicklung 18
Eiliger Zahlungsverkehr (EIL-ZV) 543
Electronic Banking 108, 256, 496
Electronic Commerce 112, 232, 245
Electronic Loop 233
Electronic-Trade-Confirmation 562
Elektronische Datenverarbeitung 7
Elektronischer Schalter (ELS) 515, 543
EMV-Chipkartenstandard 530
Entscheidungsprozeß
- strategischer 395
Entwicklung
- objektorientierte 98
Entwicklungspartnerschaft 101
Erfolgsfaktor 75
erwartete Ausfallrate 191
erwartete Verluste 188
Euro Banking Association 554
Evaluation Graph 397
Execution Graph 397
Executive Information System 334

Facharchitekturen 62
Faktormodelle 196
Fault Management 310
Fertigungsprozeß 6
Firewalls 157
Firmenkunden 242
First Virtual 133
Flächeninstallationsphase 30
Flexibilität 81
Framework 37
Framework-basierte Systeme 358
Freigabeprozesse 28
Front-End-Rechner 174
Front End 501
Führungsinformationssysteme 334, 337
Full Service Back Office 438
Fünfte KWG-Novelle 212

Geld
- elektronisches 556
Geldbörsen
- elektronische 525
GeldKarte 535
Gesamtbanksteuerung 286
Geschäfte
- grenzüberschreitende 516
Geschäftsfeldorientierung 437
Geschäftskundenzahlungsverfahren 248
Geschäftsprozesse 387, 432
Geschäftsprozeßmanagement-Werkzeuge 387
Geschäftsprozeßorientierung 81, 387
Giroüberzugslombard 545
Großbetragszahlungsverfahren 249
Großrechnersysteme 291
Großzahlungsverkehr 542
Group of Thirty 570
Grundpfandrechte 212
GSTPC 570

Handelsgeschäft 285, 414
Handelsprodukte 252
Handelssysteme
- elektronische 497

Hash-Verfahren 153
HBCI 569
Home Banking 128
Host-Rechner 170
Hybridsysteme 153
Hypertext Transfer Protocol (HTTP) 157

Implementierung 463
Individualsoftware 18
Informatik 7
Informatikfachzentren 65
Informatikkooperation 58
Informatikplattform 58
Informatikstrategie 13
Informationsmanagement 332
Informationsprozeß 332
Informationstechnologie 8, 407, 432
Informationsverarbeitung 7
Innovationsmanagement 431
Insourcing 409
Integrität 149
Interlinking-System 547
Internet 156, 448
Internet Banking 242
Internet-Technologie 255
Internet-Zahlungssysteme 129
ISO 15022 569
ISO 7775 569
ISSA 570
Issuer 160
IT-Architektur 202, 369
IT-Dienstleister 408
IT-Infrastruktur 419
IT-Kompetenzen 476
IT-Kooperationen 81
IT-Kosten 11, 472
IT-Management 426
IT-Outsourcing 425
IT-Projekte 451
IT-Prozeßmodell 473
IT-Reengineering 472
IT-Service 441
IT-Services 426
IT-Strategie 370

IT-Szenarien 471
IT-Wertschöpfung 370
IuKDG 162

JavaCard 525
Joint Ventures 409

Kapitaldienste 446
Kerngeschäft 412
Kernkompetenzen 407, 423
Kernsystem 80
Kommunikation
– controllingorientierte 332
Kommunikationsprozeß 332
Komponenten 60
komponentenbasierte Ansätze 360
Komponententechnik 37
Konditionensystem 94
Kontrollprozeß 397
Konzentration 188
Konzeptionsphase 462
Kooperation 16
Koordinationsprozeß 62
Korrelation 188, 193
Kostenmanagement 78
Kredit 211
Kreditkarten 524
Kreditnehmereinheit 215
Kreditprotokoll 219
Kreditsachbearbeitung 216
Kreditverluste 188
Kundenbeziehung 413
Kundenbindungsprogramme 537
Kundenprofile 119

Lamfalussy-Standards 551
Limit Minding and Alerts 305
Logistik 31

Mainframe 170, 177
Makrozahlungen 527
Marktmodell 497
Marktplatz
– elektronischer 127

Marktprodukte 65
Marktrisiken 347
Massenzahlungsverkehr 555
Medienbruch 127
Megazahlungen 527
Mensch/Maschine-Schnittstelle 114
Mertonsches Modell 195
Methode
– ausfallorientierte 189
– wertorientierte 189
Methodenarchitektur 382
Micropayment 248
Middle Office 122, 286
Middleware 37, 297, 378
Middleware-Technologie 311
Middlewarearchitektur 358
Minizahlungen 527
MISS 444
Modelle
– interne 348
Modularisierung 81
MONDEX 142
Money at Risk 287
Montage 46
Monte-Carlo-Simulation 197
Multi-Channel-Vertrieb 108
Multiproviderfähigkeit 303

NetCash 132
Netting 231
Nettosysteme 550
neuronale Netze 338
Next Generation 565
Notfallsystem 415
Nutzen 53
Nutzendimensionen 168

Objektorientierung 37
Offenes System 378
Offline-Zahlungssysteme 129
OLGA 517
Online Analytical Processing 337
Online-Analysen 350
Online-Zahlungssysteme 129
Orderleitsysteme 444, 495

Ordnungsrahmen 61
Outsourcing 15, 409, 441

Page Shredder 304
Parketthandel 495
Partnerschaft 413
Payline 137
Performance 351
Performance Management 310
Permissions 307
Personalmanagement 482
Personalübergang 418
Pilotierungsphase 462
Planung 479
Planungsphase 462
Plattform 297
Plattformarchitektur 382
Plattformkonformität 65
Plattformprodukte 65
Portfoliobonitätsrisiko 191
Postpurchase Interaction 127
Potentialanalysen 479
Prepurchase Determination 127
Privatkundengeschäft 167
Procurement Cards 232
Produktcharakter 65
Produkteigenschaften
– skalierbare 110
Produktesystem 94
Produktivität 79
Produktkonfiguration 115
Programmrahmen 100
Projektcontrolling
– operatives 456
Projekte 451
Projektmanagement 451, 476
– operatives 455
– strategisches 454
Projektmanagement-Werkzeuge 458
Publish and Subscribe 296
Pull-Prinzip 333
Purchase Consumation 127
Purchasing Cards 528
Push-Prinzip 333

Qualitätssicherung 31

Re-Engineering 80
Real-Time-Prozeduren 440
Real-Time Settlement 514
Realisierungsprojekt 28
Relationship-Karten 537
Replikation 179
Request/Reply-Prinzip 294
Restrukturierungsprozeß 395
Return on Investment 439
Risiko
- spezifisches 188, 206
- systematisches 188, 206
Risikofaktor-Simulationsmodelle 204
Risikokapital 347
Risikomanagement 211, 285
Risikomanagementinformationen 348
RSA-DES-Hybridverfahren 161
RSA-Verfahren 152
RTGS-Systeme 542

S.W.I.F.T. 561
S.W.I.F.T. Bank Identifer Codes 565
S.W.I.F.T. Securities Steering Council 562
Same-Day Settlement 513
SAP Banking 340
SAP R/3 339
SAP-EIS 342
Schichten 40
Schichtenarchitektur 90
Schulungsprogramm 31
Secure Electronic Transaction (SET) 135, 160, 530
Secure Hypertext Transfer Protocol 159
Secure Socket Layer 159, 532
Securitization 301
Security Management 310
Server 174
Service Levels 425
Service Level Agreements 429
Service Management 429
Shopping-Mall 127
Sicherheiten 211

Sicherheitenspiegel 219
Sicherheitenverwaltung 215
Sicherheitsrisiko 138
Sicherungsobjekt 216
SigG 162
Simulation 351
Smart Card 525
Software Factory 484
Softwarearchitektur 378
Softwaremontage 47
Softwareproduktionsprozesse 28
Solvabilität 205
SSI/FX Directory 565
Standardisierungsprozeß 62, 64
Standardsoftware 15, 339
Standortunabhängigkeit 505
Store-and-Forward-Netz 564
Straight Through Processing 567
Supportstruktur 30
Synergien 407
Systemarchitektur 27, 81
Systembetrieb 428
Systemkonfiguration 174
Systemmanagement 309
Systemmanagementarchitektur 29
Systemplattform 24
Systemrisiko 551
Systemsoftware 378
Systemumgebungen 174

Tabellenorientierung 81
TARGET 239, 518
TARGET-System 546
Time-Sharing-Verfahren 8
Token 130
Total-Costs-of-Ownership-Modelle 428
Transaktionen 178
Transaktions-Logs 178
Transaktionsmanagement 119
Transaktionsverarbeitung 177
Treiber-Effekte 440
Trust-Center 155
TRUST-Real-Time Gross Settlement 518

577

Umsetzungsprozeß 64, 395
Unternehmen
– virtuelle 169
Unterschriften
– digitale 130

Value at Risk 287
Verbandszugehörigkeiten 440
Verfügbarkeit 149
Vermögenswert 216
Verpflichteter 216
Verschlüsselungsverfahren
– asymmetrische
– symmetrische 152
Vertraulichkeit 149
Vertriebsprozesse 107
Vertriebsweg
– elektronischer 108
VISA Cash 535
VISA International 525
Volatilitätsmodelle 204

Wallet 531
Warteschlangen 546
Wertpapier-Service-Markt 437
Wertpapierdisposition 515
Wertpapierhandel 414

Wertpapierhandelsprozesse 495
Wertpapierindustrie 437
Wertpapierleihe-Service 517
Wertpapierlieferungen 513
Wertschöpfung 416
Wertschöpfungskette 169
Wettbewerb 407
Wettbewerbsfähigkeit 423
Wiederverwendung 89
Workflow Graph 397
Workflow-Management-Systeme 387
Workflow-Management-Technologie 389
World Wide Web (WWW) 157
Wurzelzertifikat 155

X.25-Protokoll 564
Xetra 497

Zahlungsverfahren 248
Zahlungsverkehrssysteme 247
Zertifikate 130
Zertifizierungsinstanz 155
Ziele
– funktionale 171
– technische 171
Zweckerklärung 216
zweckorientiertes Wissen 332

GABLER-Management
(Auswahl)

Joachim Süchting /
Hans-Michael Heitmüller
Handbuch des Bankmarketing
3., vollständig neu bearbeitete Auflage 1998,
540 Seiten, gebunden, DM 248,–
ISBN 3-409-34709-7

International Bankers Forum
**Banken auf dem Weg
ins 21. Jahrhundert**
Strategien und Konzepte
1996, 522 Seiten, gebunden, DM 168,–
ISBN 3-409-14195-2

Hans E. Büschgen / Oliver Everling
Handbuch Rating
Grundlagen – Instrumente – Perspektiven
1996, 710 Seiten, gebunden, DM 248,–
ISBN 3-409-14165-0

Johann Heinrich von Stein /
Jürgen Terrahe
Handbuch Bankorganisation
2., überarbeitete Auflage 1995,
768 Seiten, gebunden, DM 248,–
ISBN 3-409-24726-2

Thomas A. Lange
Internet Banking
Der Bankvertrieb im Umbruch
1998, 238 Seiten, gebunden, DM 89,–
ISBN 3-409-14232-9

Beat Bernet / Peter P. Held
Relationship Banking
Kundenbeziehungen profitabler gestalten
1998, 260 Seiten, gebunden, DM 89,–
ISBN 3-409-14219-3

Stefan A. Duvvuri / Thomas Schäfer
**Qualitätsmanagementreport
der Banken**
Erfahrungsberichte und Perspektiven
1997, 419 Seiten, gebunden, DM 98,–
ISBN 3-409-14197-9

Zu beziehen über den Buchhandel
oder im Verlag.

Stand der Angaben und Preise:
1. 10. 1998
Änderungen vorbehalten

GABLER
BETRIEBSWIRTSCHAFTLICHER VERLAG DR. TH. GABLER GMBH, ABRAHAM-LINCOLN-STRASSE 46, 65189 WIESBADEN

Die ganze Welt der Wirtschaft

Ein moderner Klassiker der Wirtschafts-Literatur mit weit über 400.000 Lesern: das Gabler Wirtschafts-Lexikon. Die um mehr als 3.000 Begriffe erweiterte 14. Auflage behandelt auf über 4.000 Seiten in rund 25.000 Stichwörtern mit bewährter Informationstiefe alle klassischen sowie die heute aktuell diskutierten Themen wie Agency-Theorie, leapfrogging, virtuelle Unternehmung und viele mehr. Zudem wurden z. B. die Stichwörter zu Marketing und Rechnungswesen stark aktualisiert und erweitert, das Gebiet Volkswirtschaft neu strukturiert. Die renommiertesten Fachleute aus Wissenschaft und Praxis haben ihre Kompetenz vereint. Seit vier Jahrzehnten anerkannt, umfassend im Inhalt und zuverlässig in der Darstellung:

das GABLER WIRTSCHAFTS-LEXIKON!

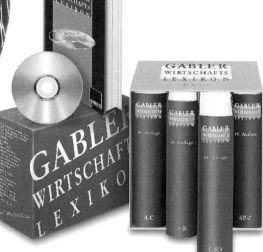

COUPON

Ja, ich bestelle zur sofortigen Lieferung:

___ Expl. **GABLER WIRTSCHAFTS-LEXIKON,** 14., vollständig überarbeitete und erweiterte Auflage 1997, 4.587 Seiten, vier Bände im Schuber, gebunden in Cabra-Ledervlies, mit Schutzumschlag, DM 500,–. ISBN 3-409-32997-8

___ Expl. **GABLER WIRTSCHAFTS-LEXIKON,** 14., vollständig überarbeitete und erweiterte Auflage 1997, 4.587 Seiten, zehn Bände im Schuber, Broschur, DM 188,–. ISBN 3-409-30387-1

___ Expl. **GABLER WIRTSCHAFTS-LEXIKON,** 12 cm CD-ROM, DM 188,–*, ISBN 3-409-39926-7, geeignet für IBM kompatibles System ab 486, mind. 8 MB RAM, 4-fach CD-ROM-Laufwerk, 10 MB freie Festplattenkapazität, Soundkarte, Windows 3.1x

Name/Vorname

Straße (bitte kein Postfach)

PLZ/Ort

Datum

Unterschrift

Änderungen vorbehalten. Erhältlich im Buchhandel oder beim Verlag. *Unverbindliche Preisempfehlung.

Abraham-Lincoln-Straße 46 · Postfach 1547 · 65005 Wiesbaden · Fax (06 11) 78 78-4 20